2018年第1卷

第53卷

刑法论丛

CRIMINAL LAW
REVIEW VOL. 53

高铭暄／学术顾问

赵秉志／主　编

阴建峰／副主编

张　磊　苏明月　彭新林／专业编辑

北京师范大学刑事法律科学研究院／主办

中文社会科学引文索引（CSSCI）来源集刊

法律出版社
LAW PRESS CHINA

目录

CONTENTS

〔恐怖主义犯罪专栏〕

我国恐怖主义犯罪立法扩张及其边界
——兼议“安全刑法观”之提倡

康均心[*]　李迎春[**]

目　　次

一、前　　言

我国《刑法修正案(九)》对恐怖主义犯罪的立法扩张,在学界掀起了探讨的热潮,不免也产生一些争议。事实上,世界各国对这些罪名早已进行了相关立法,我国刑事立法则处于相对滞后的状态。可以说,恐怖主义活动已对全球安全造成严重威胁,立法必须回应公众对社会安

* 武汉大学法学院教授,博士生导师;中南财经政法大学反恐怖主义研究中心主任,教授,博士生导师。

** 武汉大学法学院博士研究生。

全保障的需求。世界范围内近两年平均每月发生 100 多起暴恐事件,造成了巨大的人员伤亡和财产损害,恐怖主义已成为不可预测的常态化新型威胁。① 传统刑法注重“事后制裁”,无法起到事前预防的积极作用。因此,世界各国纷纷倾向于预防和控制的刑事政策,采取了刑事立法前置化的手段。

所谓刑事处罚的前置化,或称刑法的早期化,意味着刑法对犯罪行为进行制裁的介入点提前。德、日刑事立法也同样出现了处罚早期化的倾向,将可能引起实害结果的相当早阶段的行为规定为犯罪。但针对我国恐怖主义犯罪立法前置化趋势,我国学界态度不一:有人认为积极的刑法立法观更符合时代的精神,我国刑法不应固守传统的刑法观,处罚早期化确有必要性。在打击恐怖主义的领域,如果一定要求立法克制,只能对实害犯进行处罚,未必是务实的态度。② 也有人认为随着刑法修正案对刑法的修订,立法的情绪化色彩越发明显,将恐怖主义犯罪预备行为实行化的立法方式存在突破违法相对性的倾向,故对立法前置化持批评态度。③ 还有不少论者站在不同的理论立场,对反恐领域前置化立法予以了肯定。④ 基本上,这些研究显示了在应对恐怖主义威胁社会安全的问题时,我国刑法在立法层面所呈现的两种不同的思潮,即采取“积极”的现代立法观抑或“保守”的传统立法观。

诚然,法律本身便是滞后性与超前性、稳定与变化的统一体。与此同时,法律的生命在于实践,立法只有具有正当性,司法才具有合理性。

---

① 近来,世界各地区发生了一系列的恐怖事件,包括枪杀、汽车炸弹、自杀式炸弹、围攻、近身袭击、纵火等各种形式的暴恐活动,造成了巨大的人员伤亡和损失。截至目前,据统计 2016 年、2017 年期间,世界各地平均每月发生 100 多起暴恐事件。参见 https://en.wikipedia.org/wiki/List_of_terrorist_incidents,最后访问日期:2017 年 6 月 12 日。

② 参见周光权:《积极刑法立法观在中国的确立》,载《法学研究》2016 年第 4 期。

③ 参见孙万怀:《违法相对性理论的崩溃——对刑法的前置化立法倾向的一种批评》,载《政治与法律》2016 年第 3 期。

④ 参见刘志伟:《〈刑法修正案(九)〉的犯罪化立法问题》,载《华东政法大学学报》2016 年第 2 期;黎宏:《〈刑法修正案(九)〉中有关恐怖主义、极端主义犯罪的刑事立法——从如何限缩抽象危险犯的成立范围的立场出发》,载《苏州大学学报》(哲学社会科学版)2015 年第 6 期。

故而，无论是对前置化立法的肯定或批判，都不得不从理论上对其正当性做出合理阐释，传统刑法理论无疑不能给予完美的回答。学者们已试从风险刑法、安全刑法、敌人刑法等不同刑法理念对前置化立法正当性予以论证。以上观点从不同立场表明了支持立法扩张的积极态度，那么，司法是否也应采取相对积极的态度呢？从《刑法修正案(九)》生效之后的司法判例来看，相较于趋向扩张的刑事立法，我国司法则采取了相对谦抑、克制的态度，一定程度上缓和了刑事立法扩张与公民权利保障之间的紧张关系。① 故此，本文将具体阐述恐怖主义行为前置化的立法表现，并在论述我国反恐怖主义领域前置化扩张立法的必要性和现实依据之后，从风险社会理论出发梳理风险刑法、安全刑法、敌人刑法之产生及关系，试以安全刑法观论证前置化立法的正当性，最后围绕权利与秩序权衡下刑法边界的一些问题展开探讨，以期为正确认识和处理恐怖主义犯罪提供法理依据和建议。

二、我国恐怖主义犯罪立法的扩张及前置化表现

世界各国刑事立法的早期化主要表现在：增加危险犯的规定，未遂犯、预备犯的处罚由例外向非例外发展，增加企行犯的规定(将预备行为、未遂行为作为既遂犯处罚)，处罚对预备、未遂的教唆、帮助，增加持有型犯罪，等等。② 恐怖主义在现代风险社会中引发了新型复杂风险。这种新型危险的出现，致使民众对安全保障的需求增加了。与之

---

① 与立法积极态度相反，对于最新罪名在具体案件中司法机关采取克制谦抑的态度，刑罚适用轻缓化。例如，陕西省韩城市人民法院刑事判决书(2016)陕0581刑初57号：被告人明某某犯宣扬恐怖主义罪，判处有期徒刑一年，并处罚金3000元。新疆维吾尔自治区霍城县人民法院刑事判决书(2016)新4023刑初177号：被告人多某某犯宣扬极端主义罪，判处拘役四个月，宣告缓刑六个月，并处罚金10,000元。安徽省六安市中级人民法院刑事判决书(2016)皖15刑初23号：被告人朱某犯非法持有宣扬恐怖主义、极端主义物品罪，判处有期徒刑八个月，罚金人民币3000元。参见中国裁判文书网：http://wenshu.court.gov.cn/Index，最后访问日期：2017年6月15日。

② 张明楷：《刑事立法的发展方向》，载《中国法学》2006年第4期。

相对应,新的刑事立法对自由的保障基于对安全的需求有所弱化。从社会安全与风险分担的角度考察,刑法的防线也必然向前推进。[①] “晚近二十多年来,在世界范围内,传统刑法面临现代社会问题时,正在悄然发生根本立场的转换。比如在素有崇尚哲学理性和恪守法治原则的德国,面临有组织犯罪和恐怖主义活动的威胁,刑法的功能正在明显地转向预防与安全……”[②]“刑法对社会的干预最终还是要通过刑事立法表现出来”,[③]刑法前置化立法也必然成为我国应对恐怖主义的路径选择。整体而言,《刑法修正案(九)》有关恐怖主义犯罪的立法正好契合这种前置化立法的趋势。

(一)宣扬恐怖主义、极端主义及煽动实施恐怖活动罪:抑或走向思想犯?

孟德斯鸠认为,“言语并不构成‘罪体’。它们仅仅栖息在思想里。……言语要和行为结合起来才具有该行为的性质,因此,一个人到公众场所鼓动人们造反即犯大逆罪,因为这时语言已经和行为连接在一起,并参与了行为。人们处罚的不是语言,而是所犯的行为,在这些行为里人们使用了这些语言”。[④] 换言之,现代刑法不处罚思想犯,刑法处罚的对象是行为,而不是思想。即使是恐怖主义、极端主义的思想只有表现为行为,才具有处罚的正当性基础。

恐怖主义、极端主义的观念、主张和意识形态,是恐怖活动、极端主义行为的思想基础,也是其滋生的土壤和得以蔓延的催化剂。恐怖组织往往通过宣扬恐怖主义、极端主义蛊惑社会公众、招募恐怖活动分子或煽动恐怖活动犯罪。因此,任何宣扬、煽动恐怖主义思想或活动的行

① 参见[德]乌尔里希 · 齐白:《全球风险社会与信息社会中的刑法》,周遵友、江溯等译,中国法制出版社 2012 年版,第 198 页。

② 何荣功:《“预防性”反恐刑事立法思考》,载《中国法学》2016 年第 3 期。

③ 高铭暄:《风险社会中刑事立法正当性理论研究》,载《法学论坛》2011 年第 4 期。

④ [法]孟德斯鸠:《论法的精神》,张雁深译,商务印书馆 1982 年版,第 198 页。

为都将受到严厉的惩罚。[①] 我国《刑法修正案(九)》将宣扬恐怖主义、极端主义及煽动恐怖活动行为增设为独立罪名。这是我国刑法在反恐怖立法领域里,第一次将煽动型的恐怖行为入罪。这里的宣扬是指以各种方式散布、传播恐怖主义、极端主义的观念、主张和意识形态的行为,包括制作、散发宣扬恐怖主义、极端主义的图书、音频视频资料或者其他物品,以及通过讲授、发布信息等方式宣扬恐怖主义、极端主义。所谓煽动,是指以各种方式对他人进行要求、鼓动、怂恿,意图使他人产生犯意,去实施所煽动的行为。[②]

英国《反恐法案 2006》甚至将——赞美恐怖行为或者预备实施恐怖行为,并且这种言论或者出版物能使那些可能的社会公众从中推断出什么行为是被赞美的,并且在现实环境中应当为他们所效仿——这种间接煽动恐怖主义行为,也纳入了刑法打击的范围。英国之所以将间接煽动恐怖主义行为予以立法,是因为伦敦恐怖袭击案后人们意识到:不仅直接煽动恐怖活动需要制裁,美化、赞美、颂扬恐怖活动或者为恐怖活动辩护,同样具有不可忽视的危害作用,因为这会促使年轻人或某些易感人群认可和产生极端化思想,甚至仿效恐怖主义的行为。[③] 这些都是因为随着互联网的普及以及移动储存介质的广泛应用,恐怖主义、极端主义思想已形成在全世界蔓延的趋势。民众很容易通过收听、观看、阅读国内外恐怖组织制作的暴恐性质的音视频、图书等资料被"洗脑",这种宣扬、煽动恐怖主义、极端主义的行为极易造成恶劣的影响。将宣扬恐怖主义、极端主义及煽动恐怖活动行为入罪,有助于从根源上防范恐怖活动犯罪的发生。

---

① 参见全国人大常委会法制工作委员会刑法室编著:《中华人民共和国刑法修正案(九)解读》,中国法制出版社 2015 年版,第 40 ~ 41 页。

② 同上书,第 42 ~ 43 页。

③ 李哲、张一:《中英煽动恐怖主义犯罪比较》,载《国家检察官学院学报》2016 年第 5 期。

(二)准备实施恐怖活动罪:预备行为实行化

预备行为实行化,即规定为独立预备犯罪构成,是前置化立法最突出的表现。各国刑事立法政策基本认为,预备行为原则上不具有可罚性,而仅在例外情况下,基于刑事政策的特别需要选择性地处罚个别预备行为。对预备行为的处罚,各国立法模式大致有三种:非独立性的修正预备犯罪构成模式、共谋犯罪构成模式、独立预备犯罪构成模式。① 预备行为实行化即为第三种模式,因预备行为缺乏类型化抑或容易导致处罚范围的扩张,故预备行为实行化饱受质疑。但是,将恐怖犯罪的预备行为规定为犯罪已是世界各国普遍的做法。我国《刑法修正案(九)》将以下恐怖主义预备行为增设为独立的犯罪:(1)为实施恐怖活动准备凶器、危险物品或者其他工具的行为;(2)组织恐怖活动培训或者积极参加恐怖活动培训的行为;(3)为实施恐怖活动与境外恐怖活动组织或者人员联络的行为;(4)为实施恐怖活动进行策划或者其他准备的行为。可以看出,通过具体列举和兜底条款的模式,我国刑法实现了对预备恐怖活动的前置化处罚,严密了刑事法网,加大了对恐怖活动的防范与打击。

我国刑法将恐怖犯罪的预备行为实行化也是基于迫切的现实需求。《刑法修正案(九)》颁布之前,我国刑法在应对恐怖犯罪行为方面明显存在评价不足的缺憾。例如,某些恐怖活动由“孤狼式”恐怖人员或团伙实施,没有具体明确的组织形式,除非恐怖组织自己承认或宣布对恐怖活动负责,否则无法将其认定为恐怖组织,因而他们实施的联络、策划、培训等预备行为便无法按组织、领导、参加恐怖组织犯罪论处。此外,如果犯罪仅处于预备阶段,还没有具体实施具体的恐怖活动,便很难按爆炸罪、以危险方法危害公共安全罪、故意杀人罪等罪名的预备行为论处,或是即便按具体犯罪预备犯处罚,处罚力度也

① 参见梁根林:《刑事法网:扩张与限缩》,法律出版社2005年版,第76~77页。

偏轻。[①] 应该说,这些恐怖主义预备行为主观上足以表征行为人的犯罪意志,客观上也对社会整体安全构成相当的危险,应该纳入刑法惩戒的范围。

(三)帮助恐怖活动罪:帮助犯正犯化

近来,帮助犯正犯化作为一种新的立法模式备受学界关注。依据共犯从属性理论,共犯成立必须以正犯成立为前提,帮助行为必须依托于实行行为才能进入刑法评价的视野。所谓帮助犯的正犯化,是指某些具有严重社会危害性的帮助行为逐渐从共犯形态中获得独立性,随之具备独立的类型化特征,刑法便通过设立独立的罪名和法定刑将其实行化。[②] 我国《刑法修正案(九)》将恐怖活动帮助犯内涵进一步扩张,罪名由"资助恐怖活动罪",修订为"帮助恐怖活动罪",在资助恐怖活动组织行为的基础上,又将资助恐怖活动培训行为,以及为恐怖活动组织、实施恐怖活动或者恐怖活动培训所实施的招募、运送人员的行为,通过正犯化纳入刑事制裁的范围。

这些帮助行为无不是为实施恐怖活动创造了便利条件,提供经费等资助一直都是恐怖活动实施的命脉,扩大此类帮助行为入罪化范围,无疑有助于从源头上遏制恐怖活动的进一步发展。从反恐怖主义斗争的形势看,恐怖活动培训以及对其资助的行为越来越猖獗,需要严厉惩处。这里的"资助"是以有形的物质性利益进行帮助,即只能是提供经费、活动场所、训练基地、各种通信设备、设施等,仅是精神上、舆论宣传等方面给予支持、帮助,不能认定为本款规定的资助行为。[③] 这些具体帮助行为的立法扩张,也是为了适应当前恐怖活动犯罪的新情况所做

---

① 参见全国人大常委会法制工作委员会刑法室编著:《中华人民共和国刑法修正案(九)解读》,中国法制出版社 2015 年版,第 36 页。

② 参见于冲:《帮助行为正犯化的类型研究与入罪化思路》,载《政法论坛》2016 年第 4 期。

③ 参见全国人大常委会法制工作委员会刑法室编著:《中华人民共和国刑法修正案(九)解读》,中国法制出版社 2015 年版,第 30 ~ 32 页。

出的针对性规定。

(四)非法持有宣扬恐怖主义、极端主义物品罪:持有型犯罪类型化

持有型犯罪也是英美刑法中法定犯罪类型之一。持有是支配、控制特定物品或财产的一种状态。以持有特定物品或财产的不法状态为构成要素的犯罪,就是持有型犯罪。[①] 我国刑法也有不少这样的规定,如对枪支、弹药、毒品等都采用了持有型犯罪的立法模式。刑事立法之所以设置以非法持有特定物品或财产为构成要素的持有型犯罪,其可罚性的根据在于这些物品或财产具有侵害重大法益危险性或严重义务违反性,而且往往是更为严重的先行犯罪的结果状态、续接过渡状态或目的犯罪的预备状态。通过处罚持有行为,可以防范和堵截犯罪。[②] 因此持有型犯罪与预防主义刑法理论便具有了某种亲和性,即为了阻止包括在实行行为的前一阶段发生的被计划的或其他面临的犯罪的实行,尽可能广泛地把刑法的法益保护提前化。[③] 鉴于音视频、图书或其他物品的内容均是宣扬恐怖主义、极端主义,很容易转变成传播、散发等宣扬行为而诱发暴恐活动,为遏制宣扬、煽动暴恐犯罪的势头,《刑法修正案(九)》将"明知是宣扬恐怖主义、极端主义的图书、音频视频资料或者其他物品而非法持有"的行为入刑,旨在通过处罚早期的预备行为来防控犯罪,防止更严重的危害行为发生。

当前世界各国在预防和惩治恐怖主义行为上,非法持有特定物品犯罪化的范围更广。例如,英国《2000 年反恐法》规定,行为人如拥有引起合理怀疑的物品,且该物品是为了实施、准备实施或煽动实施恐怖主义行为的,即构成犯罪。同时,美国《2001 年防止生物武器恐怖主义法》、新西兰《2002 年反恐法》也分别将特定生物制剂或霉素、核材料与

---

① 参见赵秉志主编:《英美刑法》,科学出版社 2010 年版,第 42 页。

② 参见梁根林:《刑事法网:扩张与限缩》,法律出版社 2005 年版,第 85 ~ 88 页。

③ 参见邓斌:《持有犯研究》,吉林人民出版社 2004 年版,第 7 页。

放射性物质纳入非法持有的范围。随着反恐情势的发展，将上述危险性物品纳入持有型犯罪的范围也是实有必要。

三、我国反恐领域前置化立法的必要性与现实依据

（一）基于刑事政策的考量

当前，恐怖活动组织受宗教、民族等意识形态影响，基于一定政治目的支配，在全球范围内实施制造了一系列令社会恐慌、危害公共安全的事件，其所带来的风险不确定性和危害性远远超过人们预想的程度和范围，严重威胁着国家和社会公众安全。加之网络恐怖主义盛行加剧了暴恐思想的滋生蔓延，国际反恐形势也愈加严峻。针对恐怖主义、极端主义这种严重的反社会危害性行为，世界各国普遍采取严厉打击的态度，不断采取和落实了"从严"的反恐刑事政策。

宽严相济是我国目前普遍坚持的刑事政策基本原则。在兼顾"宽"的同时，"以严为主"是我国应对恐怖主义犯罪刑事政策的主基调。① 我国全国人大常委会《关于加强反恐怖工作有关问题的决定》最初就确立了"双严"的形势政策，即"国家反对一切形式的恐怖主义，坚决依法取缔恐怖活动组织，严密防范、严厉惩治恐怖活动"。此后"打早打小、预防为主"成为我国反恐的新刑事政策，旨在实现对恐怖活动的事前打击和预防。② 2015 年我国《反恐怖主义法》第 5 条规定，"反恐怖主义工作坚持专门工作和群众路线相结合，防范为主、惩防结合和先发制敌、保持主动的原则。"应该说，"打早打小、预防为主、先发制

---

① 参见王秀梅、赵远：《当代中国反恐刑事政策研究》，载《北京师范大学学报》2016 年第 3 期。

② 2013 年 8 月 27 日，我国公安部部长、国家反恐怖工作领导小组组长郭声琨在国家反恐怖工作领导小组第一次全体会议中提出，"要坚持打早打小、露头就打原则，按照积极预防、综合治理方针，统筹推进、全面落实反恐怖斗争的各项措施，最大限度地将暴力恐怖活动摧毁在行动之前，最大限度地消除暴力恐怖主义的现实威胁，最大限度地铲除滋生暴力恐怖主义的土壤"。

敌”已成为我国现阶段反恐刑事政策的新方向。由此可见,刑法提前介入至危害发生前的阶段确有必要:一方面是我国反恐刑事政策的趋向预防性要求,为根除恐怖主义、极端主义,必须从源头上加强控制和预防;另一方面恐怖主义、极端主义活动给社会公众带来的巨大心理恐惧和损害不容小觑,刑法作为国家管理安全的手段,必须回应社会现实。故此,刑法的前置化立法成为反恐领域的必然选择。

(二)现实依据

早在1937年11月,国际联盟召开会议,27个国家签署了《防止和惩治恐怖主义公约》,这是国际社会制定的第一个专门针对恐怖主义的公约,在此前后世界范围内恐怖主义仍处于萌芽状态;20世纪70~80年代恐怖主义逐渐活跃,此间英国最早在1974年、美国在1983年开始制定专门的反恐法律。20世纪90年代恐怖活动进入发展蔓延阶段,联合国先后通过了《制止恐怖主义爆炸事件的公约》《制止向恐怖主义提供资助的国际公约》等一系列公约。与此同时,区际立法,如欧洲理事会、东南亚联盟、非洲统一组织、上海合作组织者等区域性组织通过了惩治和防止恐怖主义犯罪相关立法。进入21世纪恐怖主义犯罪活动日益猖獗,以2001年美国“9·11”事件为标志,全球进入了严厉打击恐怖主义活动的激烈状态。英国、美国、加拿大等世界范围内许多国家也相继制定和颁布了与反恐怖主义相关的新法案。①

在上述立法过程中,打击和预防的目的逐渐体现出来:为防止恐怖组织得到金钱、物资等资助购买军火和武器、招募人员、获取情报等,早在联合国大会通过的《制止向恐怖主义提供资助的国际公约》就对资助恐怖主义行为予以制裁,以切断恐怖组织的经济命脉,防止其再犯的可能性;2005年9月联合国安理会通过第1624号决议,要求各国禁止煽动恐怖主义的行为,为此,英国、澳大利亚等很多国家都对煽动恐怖

① 参见王燕飞:《恐怖主义犯罪立法比较研究》,中国人民公安大学出版社2007年版,第15页以下。

主义行为规定了类似罪名;再如意大利刑法规定了“为恐怖主义包括国际恐怖主义目的进行训练活动罪”等。① 可见,世界范围内恐怖主义立法已较早走在前面,包括对煽动恐怖主义、资助恐怖主义等犯罪行为都作了犯罪化的规定,我国反恐刑事立法则相对落后,《刑法修正案(九)》所作的前置化规定正好弥补了相关不足。

四、恐怖主义犯罪立法扩张的正当性基础

刑法理念,或称刑法观,是指一种对刑法的基本看法,刑法的基本立场。② 目前我国安全刑法观提法鲜少,实质而言,风险刑法抑或安全刑法都是应对风险社会应运而生,甚至“敌人刑法理论映照着风险社会的影子”。③ 如果追本溯源为恐怖主义立法扩张的正当性寻求理论支撑,便不免陷入风险刑法、安全刑法、敌人刑法三者之间迷思。笔者尝试在我国应对恐怖主义犯罪领域提倡安全刑法理念,为科学论证安全刑法理念,本文在描述风险社会景观的基础之上,探索风险社会理论对刑法领域影响,并进而梳理风险社会与安全刑法的脉络,试图客观地勾勒出建立在恐怖主义刑事法与安全刑法观之间的理论联结。与之相对应,围绕回答以下三个问题而展开:一是风险社会对刑法理论产生了怎样的影响;二是恐怖主义是否属于风险社会的范畴;三是安全刑法观为我国恐怖主义犯罪立法提供怎样的理论指引。

(一)风险社会与风险刑法

20 世纪下半叶以来,由工业革命带来的交通事故、核辐射、转基因食品、环境污染等风险逐渐显现,这超出了人们对传统风险的认知和想

① 参见杜邈:《反恐刑法立法研究》,法律出版社 2009 年版,第 153 ~ 158 页。

② 陈兴良:《当代中国刑法理念》,载《北京大学研究生学志》2007 年第 3 期。

③ 参见姜涛:《风险社会之下经济刑法的基本转型》,载《现代法学》2010 年第 7 期。

象。这种工业社会自带的消极后果直接导致了社会公众普遍的不安全感,人们对风险防范和安全的需求成为社会必须直面的问题。基于此,1986年德国社会学家乌尔里希·贝克提出“风险社会”理论,它只是用来描述当代社会发展的一个阶段,在这个发展阶段里,负面、潜在的全球性风险开始出现,人类日益面临着越来越多的现代化社会本身所造成的风险。这种发达现代性中系统地产生的风险和威胁,作为工业社会的“延迟的副作用”闪亮登场。① 贝克不赞同对新的经济社会“后现代性”的描述,认为应该用一种新的参照标准来解读,他称为“第二现代性”,以诠释后工业时代“风险”特质,与十七八世纪工业社会以来的“第一现代性”相对应。② 贝克提出风险社会的概念,只是希望为社会和政治的创新提供一个新的框架,正如“风险概念就像一根使我们可以不断去探究整个建构方案,以及整个文明结构上的每一块自陷危境的水泥斑点的探针”。③ 无疑风险社会理论为我们认识现代社会提供了一个新的视角,“风险社会”成为认识和解读社会的全新范式。

随着社会安全阀不断弱化,为完成社会安全秩序重建这一任务,风险社会作为理论工具迅速介入公共政策等领域,刑事法领域也在所难免。在这种情况下,公众对安全的需求汇集成刑事政策的压力,最终通过目的管道传递至刑法体系内部,驱使刑法体系向预防目的的方向一路狂奔。强调以预防为目的的刑法登上了历史舞台,积极的一般预防脱颖而出。④ 尽管,刑法不是应对风险的最好利器,但是作为保障法地位的刑法还是不得不面对社会整体对安全的需求,使风险的预防和控制成为刑法的主要任务。随之,刑法的两大机能矛盾呈现出来,强调保护的机能会导致立法和解释中处罚范围的扩大,强调保障机能则要求

---

① 参见[德]乌尔里希·贝克:《风险社会》,何博闻译,译林出版社2004年版,第15~16页。

② 参见[德]乌尔里希·贝克:《世界风险社会》,吴英姿、孙淑敏译,南京大学出版社2004年版,第3页。

③ 参见[德]乌尔里希·贝克:《风险社会》,何博闻译,译林出版社2004年版,第218页。

④ 参见劳东燕:《风险社会中的刑法》,北京大学出版社2015年版,第30~31页。

限定处罚范围和进行严格解释。正如论者所言,究竟重视哪一个机能,会因时代、社会和学者的不同而存在相当大的差异。① 与理论探索相对应,在刑事立法上出现了法益保护提前化的趋势,即立法者将刑法的防卫线前移,实施刑罚的前置化或法益保护提前化,表现为将法益侵害结果发生之前阶段的危险行为或预备行为作为一种独立犯罪予以处罚。②

当代刑事立法和刑法理论不是一成不变的,是伴随社会历史变迁在不断应对新问题时逐步走向完善的。但是,我国刑法学界至今对于"风险社会"概念所持的态度不甚明朗,反对之声不绝于耳。正如学者所言,现代刑法在面对威胁社会安全的风险行为时应当有积极反应,一方面要坚持传统刑法的基本本质,另一方面又要眷顾社会发展,维护社会安全。如此完美的理论逻辑带来的直接后果是,刑事立法者在"自由与秩序""报应与功利"的权衡中左顾右盼,在犯罪化与非犯罪化的抉择中焦灼不安。③

(二)恐怖主义与安全刑法观

虽然风险的概念自人类文明发源时就已存在,但是随着社会的发展,人们所面临的风险内容和类型也在发生本质变化。当今世界恐怖主义、极端主义已成为威胁人类安全的重大风险,这种风险与工业社会所伴随的"风险"同时并在,共同构成了我们所处的"风险社会"。这一点在乌尔里希·贝克后来的《"9·11"事件后全球风险社会》里得到了证实,他同样提出"像切尔诺贝利、环境灾难、有关人类基因的讨论、亚洲经济危机和当前的恐怖主义之类的事件和威胁有着什么样的共同特

① 参见陈家林:《外国刑法通论》,中国人民公安大学出版社 2009 年版,第 16~18 页。

② 参见郝艳兵:《风险刑法——以危险犯为中心的展开》,中国政法大学出版社 2012 年版,第 100 页。

③ 高铭瑄:《风险社会中刑事立法正当性理论研究》,载《法学论坛》2011 年第 4 期。

征?",他在回答这个问题时,指出其共同特征在于"我们开始进入了一个不可预测、不可控制、不可言传的局面,这种局面将使地球上的所有生命都面临灭绝的危险。"并在此基础上,进一步概括出全球风险社会面临的三个层面危险:第一,生态危机;第二,全球经济危机;第三,("9 · 11"事件以来)跨国恐怖主义所带来的危险。①

面对风险社会的挑战,在风险社会理论的基础上,德国法学家乌尔斯 · 金德霍伊泽尔教授发表了《安全刑法:风险社会的刑法危险》一文,首倡提出安全刑法理论:刑法的目的不在于对个人的谴责,而是在于保证社会的安全,安全才是对刑法的最高指引。也就是说,安全刑法不是为了对具体伤害的制裁,而是为了避免社会混乱,保护社会的安全状态。今天的社会已经日益不能满足人们的安全需求了,正视"危险社会"这一事实——我们不禁要问:为什么不能满足这一基本需求呢?——正如在所有容易发生危险的国家、社会领域中,诸如药品……恐怖主义、社会安宁、和平的内在氛围及自动化的数据处理等领域里,刑法已用来满足安全政策的需求,抑制绝对危险犯罪的发生。因而,安全的刑法被定义为一个风险社会稳定的基本前提条件。② 乌尔斯 · 金德霍伊泽尔教授看来,从社会安全的角度观察,立法者应将刑法的防卫线向前推置,这是历史发展的必然性,是每一个公民、团体、社会、国家无论在过去、现在乃至未来都应面临的问题。按照传统刑法理论,刑法只能等到行为发生危险后果时才能做出反应,然后对犯罪分子处以重刑。他认为,这种手段显然使被害人、犯罪人、社会整体都成为受害者,因而主张按照他所倡导的安全的刑法理论,在行为实施之前采取提前

① [德]乌尔里希 · 贝克:《"9 · 11"事件后全球风险社会》,王武龙编译,载薛晓源、李惠斌主编:《当代西方学术前沿研究报告》,华东师范大学出版社 2005 年版,第 97 ~ 100页。

② 参见[德]乌尔斯 · 金德霍伊泽尔:《安全刑法:风险社会的刑法危险》,载薛晓源、李惠斌主编:《当代西方学术前沿研究报告》,华东师范大学出版社 2005 年版,第 174 页。

的实际警戒和保障,阻止危害结果的发生。① 可以说,在风险社会背景下,刑法体系逐渐向预防目的调整,乃至安全刑法日益崛起。如果说风险刑法仍然在兼顾权利和自由之间左右权衡的话,安全刑法则明确视安全为最高指引,其本质在于用自由换安全,即必要时牺牲社会成员的部分权利和自由,来确保安全的社会生活和秩序。

(三)风险刑法、敌人刑法与安全刑法

同时代,雅科布斯提出了"敌人刑法"的思想,②雅氏的敌人刑法也并不专门针对恐怖主义犯罪。基于风险社会背景,主要指向包括恐怖主义在内的经济犯罪、有组织犯罪、性犯罪以及其他危险犯罪,甚至腐败犯罪。③ 但是在"9·11"事件后,敌人刑法理论迅速蹿红,受到国际刑法学者们的广泛关注。美国甚至以此基于"战争模式"动用军事力量,采取了打击恐怖主义的行动。从实质上而言,雅科布斯的"敌人刑法"理论是建立在其规范论的法哲学基础之上的,将刑法分为市民刑法和敌人刑法。因而在他那里,作为基本的人格体应当遵守实在法的基本规范,那些通过行为违反法的基本规范的人被视为"敌人"。市民刑法是针对不是顽固,也非根本之犯罪人,纵其犯罪也应继续保持人格

---

① 参见薛晓源、刘国良:《法治时代的危险、风险与和谐——德国著名法学家、波恩大学法学院院长乌尔斯·金德霍伊泽尔教授访谈录》,载薛晓源、李惠斌主编:《当代西方学术前沿研究报告》,华东师范大学出版社2005年版,第163~167页。

② 早在1985年雅科布斯就在题为《法益侵害的前置入罪》的学术报告中,首次提出了敌人刑法的概念。后来在1995年5月28日在德国罗斯托克召开的刑法学者大会作了《处在机能主义和"古典欧洲"原则思想之间的刑法或者与"古典欧洲"刑法的决裂?》报告,明确表达了区分人格体和个体的想法;1997年在《规范、人格体、社会——法哲学前思》这本小册中提出市民刑法与敌人刑法这组对立的范畴;1999年在柏林的一场研讨会上继续阐发了他的敌人刑法观念;此后2003年、2005年和2006年相继发文,集中阐述了他的敌人刑法理论。具体论述可参见蔡桂生:《敌人刑法的思与辩》,载《中外法学》2010年第4期。

③ 冯军:《死刑、犯罪人与敌人》,载冯军:《刑法问题的规范理解》,北京大学出版社2009年版,第380~381页。

者的身份;相反,对于恐怖分子因其无视社会规范的反社会性,可以剥夺其作为人的基本人格,当作敌人来对待。① 可以说,敌人刑法恰好契合国际打击恐怖主义的政策需求,成为中外一些学者论证对恐怖分子实施严厉惩罚的正当化理论工具。我国也有学者将目光求诸"敌人刑法",主张理性看待敌人刑法,匡正敌人刑法的内涵,为恐怖主义犯罪前置化立法的正当性提供理论依据②。

至此,风险刑法、安全刑法、敌人刑法成为摆在我们面前可供选择的三大宏观理论,它们之间的关系如何呢?那么,在应对我国恐怖主义犯罪时,刑事立法和理论究竟该采取何种刑法观呢?如上所述,三者之间有着千丝万缕的牵连,我国学者对三者的引用也相对不够明晰,具体表现在:一是从宏观上,"风险社会"与"安全刑法"被指代相同的概念。由于"风险刑法"本身也没有明确的定义,广义上的"风险刑法"通常被指代由风险社会引发的社会公共政策在刑法领域所产生的一系列理论变革。正如"安全刑法"也是处于风险社会背景所产生的那样,有学者认为,安全问题构成风险社会理论与刑法体系之间的连接点,由此而使预防成为刑法的首要目的。基于此,用风险刑法理论来指称风险社会中刑法体系所经历的变化并不准确,安全刑法或预防刑法的称谓更为到位。③ 二是狭义上,基于侧重的内容不同,安全刑法被视为对风险刑法的不同称谓。如认为,将风险刑法称为"象征刑法"旨在突出象征性的功能,称"功能刑法"旨在突出一般预防的功能,而称"安全刑法"则是为了说明惩罚风险犯是保证风险社会稳定的基本前提。④ 三是将三

---

① 蔡桂生:《敌人刑法的思与辨》,载《中外法学》2010 年第 4 期。

② 参见王新:《〈刑法修正案(九)〉第 129 条前置化规制的法理探析》,载《北方法学》2016 年第 3 期;江献军、周瑞霞:《惩治恐怖活动犯罪视野下的刑事政策之检讨》,载赵秉志、张军、郎胜主编:《现代刑法学的使命》(上册),中国人民公安大学出版社 2014 年版,第 465 ~ 466 页。

③ 参见劳东燕:《风险社会中的刑法》,北京大学出版社 2015 年版,第 30 ~ 32 页。

④ 这里"风险犯",是刑法所规定的具有风险性的行为形态或犯罪类型。所谓风险是指那些不确定但可预测的危险,一般而言,这种危险时一种抽象的危险。参见刘明祥:《"风险社会"的风险犯极其控制》,载《法商研究》2011 年第 4 期。

者作为不同的刑法理念加以区分和探讨。有学者认为三者存在细微的区别,将“风险刑法”“安全刑法”“敌人刑法”加以区分阐述。①

应当承认,风险刑法、安全刑法、敌人刑法都是学者们面对风险社会种种不安全因素的现实,旨在为控制风险提供理论支撑而提出的理论构建。再者,在全球恐怖主义风险背景下,面对越来越复杂的社会关系和各种风险,身为保障法地位的刑法本身需要不同的刑法理念来支撑刑法理论的发展,从而满足社会公众对安全的价值需求。基于此,笔者认为,应当树立“安全刑法观”,将其作为应对我国恐怖主义犯罪领域的理念指引。其一,恐怖主义的风险不同于工业社会发展产生的一般风险。工业社会的风险是现代化自身和社会决策所伴随产生的副效应,虽与恐怖主义一样都具有人为的不确定性,但以“孤狼式”为代表的新型恐怖主义袭击显然超出了人们的预测范围,对社会安全威胁所造成的人们的心理压迫可谓用“恐惧”来形容,远远超过了工业社会风险所带来的“恐慌”程度。其二,风险刑法以危害的预防与危险的管理防范取代法益侵害作为刑法的主要任务,必然会与传统刑法体系相冲突,这一点为不少刑法学者所忌惮,故而在我国刑法学界饱受各种质疑。其三,雅科布斯的敌人刑法理论也同样遭受着质疑,尤为犀利的责难便是“不把敌人当人看”。这种仅仅把个人作为稳定社会利益的工具的做法——正是康德所批评的、违反人的尊严的工具化作为——遭受着学者们的诸多批评。其四,安全刑法观与我国提出的总体国家安全观相契合。当前在传统安全与非传统安全交织的背景下,为应对各种层出不穷、错综复杂的国家安全问题,我国提出了“总体国家安全观”理念。② 在法治影响下,国家安全和刑事法律安全价值两者互为里表,表现出内在的高度一致性。2015 年 12 月 27 日我国通过《反恐怖主义法》,明确将反恐怖主义纳入国家安全战略,实现了反恐怖主义与国家

① 参见卢建平:《风险社会的形势政策与刑法》,载《法学论坛》2011 年第 4 期;董邦俊、王振:《风险社会中刑法人权保障机能之危机》,载《云南大学学报》2010 年第 1 期。

② 康均心、虞文梁:《后国家安全法时代的国家安全法律体系建设》,载《郑州大学学报》(哲学社会科学版)2016 年第 3 期。

安全战略(总体国家安全观)的衔接,开启了国家安全法治化的序幕。[①]

因此,虽然乌尔斯·金德霍伊泽尔教授的安全刑法也是基于"风险社会"理论,针对各种风险所带来的社会不安全因素,恐怖主义因素也只是其中之一。不过在反恐怖活动领域,强调以保护社会整体安全为目标的刑法理念更为可取,毕竟恐怖主义所带来的恐慌、畏惧等不安全感已成为危害公众安全的重大因素。但有两点需要明确:一是传统刑法仍然是刑法的核心部分,但无疑安全刑法理念有助于弥补传统刑法在控制恐怖风险时的功能不足。本质而言,安全刑法观亦为风险刑法理论在恐怖主义犯罪的一种体现,故具有积极预防和刑法保护早期化等风险刑法理论的基本内涵和机能。二是刑法制裁也必须遵守适当性和辅助性原则。乌尔斯·金德霍伊泽尔教授的安全刑法理论强调安全作为刑法的最高指引,但也同样强调——必须防止国家滥用刑罚权力,即刑事立法在其手段与欲实现目的之间,皆应有合理、适当及公允的比例关系,且不得不成比例,此其一。其二,在国家的安全保障体系中,刑罚规范仅是安全保障的辅助性活动。[②] 故此,基于安全的刑法观,国家权力为保护社会和国民的安全可通过刑事立法的途径提前介入社会生活并由此获得正当性。

从刑法理念角度来看,在平衡保护法益和维护社会安全之间,大致可以勾勒出"传统刑法观(以法益保护为中心)→风险刑法观→安全刑法观→敌人刑法观"的走向。敌人刑法观有使反恐刑事化走向战争化的风险倾向,这与世界"和平与发展"主旨背道而驰;传统的刑法观以规制"实害犯"为重心,而风险刑法观更为适合应对工业社会带来的风险,这种风险与恐怖主义、极端主义风险不同。因此,从侧重维护社会整体安全的功能上权衡,确立安全刑法观更能有效地应对当前乃至长

① 康均心:《全球反恐背景下国家安全法治体系构建》,载《山东大学学报》(哲学社会科学版)2017年第2期。

② 参见薛晓源、刘国良:《法治时代的危险、风险与和谐——德国著名法学家、波恩大学法学院院长乌尔斯·金德霍伊泽尔教授访谈录》,载薛晓源、李惠斌主编:《当代西方学术前沿研究报告》,华东师范大学出版社2005年版,第171~172页。

远时期范围内恐怖主义、极端主义犯罪所带来的巨大威胁。

五、惩罚的边界:权利与秩序之平衡

在涉及安全和自由保障时,复杂犯罪的这些新风险与新形式使传统刑法遭遇其功能上的边界限制。世界各国在法律修改中通常采用以下两个策略来对付这些新变化:首先,拓展刑法的适用范围,减少传统正当程序和其他保护手段;其次,以其他法律手段补充刑法或干脆取而代之,而这些手段被认为更合适在特定领域实现保障安全的目标。① 这反映了世界范围内各个国家在反恐领域应对新风险时刑法的变动走向。然而,即使提倡安全的刑法观应对恐怖主义风险,以保护安全为首要,但并不意味着刑法便将置公民权利于不顾。正如上述,传统刑法仍是刑法的核心,任何时候刑法都必须在保障权利和维护秩序之间保持平衡。

(一)立法方面

刑法在恐怖主义犯罪立法上采取积极扩张态度,有助于一般预防的刑法目的实现,使刑法的安全价值深入人心:一方面满足公众对安全的需求,另一方面促使公众积极遵守法规范的行为要求。经由刑法立法划定行为"红线",人们可以预测自己的行为,必然认识到违反规范的法律后果,促使人们规范意识的觉醒,发挥积极的预防作用。由此,刑法规范对社会一般人的行为产生积极的指向和引导,从而有利于维护社会整体秩序安全。然而,这种刑法保护早期化的立法,也必须坚持"无行为则无犯罪",恪守以行为为核心,以免滑入思想犯的深渊。

众所周知,言论自由是宪法赋予公民的权利。私下的谈话,或是无意的表示,通常即使其表达了犯罪的思想,国家权力也不能随意介入和

① 参见[德]乌尔里希·齐白:《全球风险社会与信息社会中的刑法》,周遵友、江溯等译,中国法制出版社2012年版,第162页。

干预,“行为——刑法上的行为——必须是意志的客观化、行为化和实现”,[①]这是刑法治罪的客观基础。通过发表言论表现思想时,也可谓一般意义的行为,是否属于刑法意义上的行为,则需要进一步判断。[②]对于宣扬恐怖主义、极端主义的,只有具备至少以下两个条件,方才可以对传播思想的行为进行刑罚化:首先,必须是实施了制作、散发、讲授、发布等行为。于此,恐怖主义、极端主义思想向行为的转化,成为刑法惩罚的对象。其次,对传播对象的要求。制作、散发一般是针对不特定的多数人,讲授的对象可以是明确的一人或数人以及一定范围内的不特定人,发布则是通过手机短信、电子邮件、网络平台等方式面向特定、不特定人。[③] 这时,刑法作为公权力介入才获得了正当性基础。

(二)司法方面

刑法谦抑性以有限性、最后性、经济性为内涵,其在立法上表现为犯罪化、非刑罚化和轻刑化。司法保持相对的谦抑性,意味着将国家刑罚权的发动限制在尽可能小的范围,刑罚配置和分配相应也要服务于这个目的,不能超过必要的限度。虽然鉴于恐怖活动的严重威胁,刑事政策采取了颇为严厉的态度,刑事立法也进一步严密了刑事法网。但是,正如刑罚目的更在于预防犯罪,这些前置化的罪行毕竟不同于恐怖活动实行行为,如果超过限度予以严惩,则可能凸显出“刑罚过剩”。过剩的刑罚往往造成践踏公民权利的负面影响,也是对司法资源的过度浪费。在反恐刑事领域保持司法谦抑品性优点便在于——缓和刑事立法扩张与公民权利保障之间的紧张关系。

刑罚权(公权力)的扩张显然会造成对公民权利(私权利)碰撞与

① [日]小野清一郎:《犯罪构成要件理论》,王泰译,中国人民公安大学出版社1991年版,第42页。

② 张明楷:《法律格言的展开》,北京大学出版社2013年版,第203页。

③ 参见全国人大常委会法制工作委员会刑法室编著:《中华人民共和国刑法修正案(九)解读》,中国法制出版社2015年版,第43~45页。

交锋。在一定范围内,刑法的介入便意味着国家公权力对私权利的干预,这种冲突由来已久。鉴于恐怖主义风险的特殊性,强调刑法的保护机能,通过刑法提前介入而扩大制裁的范围的做法,具有相当的合理性和必要性。但人权保障和社会安全就像手心和手背一样,都是刑法应有的价值追求。"在对立的价值之间,必须妥协,不能为提升一方面价值而牺牲另一方价值,一方价值对另一方价值的消极一面有限制作用。"①笔者对这些前置化罪名的案例调研发现:《刑法修正案(九)》实施以来,刑事制裁的案件数量不多,主要集中在宣扬恐怖主义罪、非法持有宣扬恐怖主义、极端主义物品罪名上;量刑相对宽缓,多处较短有期徒刑和罚金,并多适用缓刑。这表明尽管刑事立法前置化扩张,但司法实际上并没有倾向积极扩张的势态,采取了相对谦抑的态度。这使在刑法前置化立法从源头上预防犯罪发生的同时,实现社会安全和公民权利的正当保护。

(三)正当程序方面

面对恐怖活动新形势所带来的新风险,通过预防性措施的采取、特殊追诉程序,介入性国家权力得以延伸。我国刑事诉讼法在级别管辖、技术性侦查手段、辩护人会见、违法所得没收等特殊刑事程序方面,对恐怖主义犯罪作了相对的特别程序规定。相较而言,我国刑事诉讼法规定的特别程序较少,我国《国家安全法》《反恐怖主义法》则通过预防性的监控措施的拓展、特别权力的创设等行政手段的策略应付这些新变化。这些前置化行政权力的介入直接影响着社会生活秩序,关系着公众的人身自由和财产权利,应当受到正当程序限制。

第一,预防性干预措施。我国《国家安全法》允许在反恐领域依法开展情报、调查、防范、处置以及资金监管等预防性工作,加强和打击恐怖犯罪。这些干预措施集中体现在《反恐怖主义法》中行政嫌疑调查程序中,包括:(1)盘问、检查、传唤;(2)提取或者采集人体生物识别信

① 文海林:《刑法科学主义初论》,法律出版社2006年版,第514页。

息和生物样本,并留存其签名;(3)查询、查封、扣押、冻结嫌疑人员的存款、汇款、债券、股票、基金份额等财产;(4)责令恐怖活动嫌疑人员遵守第53条中规定的一项或者多项限制人身自由的约束措施,并通过电子监控、不定期检查等方式对其接受约束措施的情况进行监督检查。此外,还体现在涉及恐怖活动资产冻结措施采取和程序。为规范涉及恐怖活动资产冻结的程序和行为,维护国家安全和社会公共利益,国务院反洗钱行政主管部门、各金融机构发现涉嫌恐怖主义融资的,可以依法采取临时冻结措施。

第二,恐怖主义人员身份的认定。我国关于对恐怖主义人员身份的认定方式,包括行政认定和司法认定。国家反恐怖主义工作领导机构是行政认定与公告的机构。同时,根据刑事诉讼法的规定,有管辖权的中级以上人民法院在审判刑事案件的过程中,可以依法认定恐怖活动组织和人员。被认定的恐怖活动组织和人员对认定不服的,可以通过国家反恐怖主义工作领导机构的办事机构申请复核。国家反恐怖主义工作领导机构应当及时进行复核,然后作出维持或者撤销认定的决定。

在敌人刑法理念之下,恐怖分子不再被当作市民来看待,并且一旦被认为是敌人,就会因否定其人格地位而受到严厉的制裁,不再享有任何公民权利。不仅如此,敌人刑法还主张突破"比例性原则",对敌人施以更严厉的刑罚,并且其所享有的"正当程序"权利也相应被废除或限制。① 诚然,人们不能按照个人喜好运用刑法对他人进行野蛮的干涉。与此相对,安全的刑法却不同,乌尔斯·金德霍伊泽尔在提出安全刑法时,便意识到了安全刑法意图的界限问题。他主张惩罚需要被适用,但必须属于事前被合法的确定。安全刑法同刑法适当性紧密相连,即使以社会整体安全为目标,但对公众自由和权利的干涉也保持必要的克制。② 在此意义上,安全刑法观比敌人刑法观更值得肯定。以上

① 参见刘仁文:《敌人刑法:一个初步的清理》,载《法律科学》2007年第6期。

② 参见[德]乌尔斯·金德霍伊泽尔:《安全刑法:风险社会的刑法危险》,载薛晓源、李惠斌主编:《当代西方学术前沿研究报告》,华东师范大学出版社2005年版,第177页。

预防性措施可谓是我国行政权力的前置化介入,非经司法程序对公民人身权利予以干预。目前,这些措施的启动程序并没有相对完善的规定,在刑事程序发动之前,行政程序便已发动。公安机关接到恐怖活动嫌疑的报告或者发现恐怖活动嫌疑,需要调查核实的,便可以迅速展开调查。因此,必须将特殊追诉程序、预防性介入措施,以及恐怖活动组织和人员身份认定程序置于正当程序之下,包括启动程序、执行程序、各种措施的期限等。

The Expansion and Border of Criminal Legislation Concerning Terrorism with Exploring the Perspective of the Security Criminal Law

Kang Junxin & Li Yingchun

[内容摘要]为保护社会整体安全,刑法的早期化介入成为必然,世界各国相继采取了刑事处罚的前置化立法模式。我国反恐领域采取前置化立法模式具有必要性和现实依据,符合我国现阶段刑事政策的指导方向。《刑法修正案(九)》通过预备犯正犯化、帮助犯正犯化、持有型犯罪类型化等立法方式,表明了我国恐怖主义犯罪前置化立法扩张的趋势,完善了我国应对恐怖主义犯罪的制裁体系。现代风险社会中恐怖主义引发了新型的复杂风险,确立以预防和安全为主导的"安全刑事观",将为刑法提前介入提供正当性依据。然而,为平衡社会秩序和公民权利保护,这种立法扩张也应保持必要的边界,司法应保持必要的谦抑性,并且从正当程序上予以限制。

[关键词]风险社会;恐怖主义;前置化;安全刑法观

Abstract: To protect security of the total society, the advancement of criminal punishment has been a trend of criminal legislation in many countries, which has its social basis and is also compatible with criminal policy in China. Some terrorist crimes are regarded as act of perpetrating, including the preparatory crimes, accessory and the possession crimes in the Criminal Law Amendment IX. Thus the range of punishment is expanded, while leading to a perfect criminal sanction system. For now, terrorist incidents are triggering new types of complicated risk. The perspective of the security criminal law can provide its justification for the advancement of criminal punishment in criminal legislation. However, to seek the balance between security and civil liberties, we should apply reasonable restrictions on the range of crimes in the field of anti-terrorism in terms of legislation, justice and process.

Keywords: Terrorism; A risky society; The advancement of criminal punishment; The Perspective of the Security Criminal Law

我国反恐刑事立法的反思[*]

王秀梅[**]　白路瑗[***]　张　雪[****]

目　　次

恐怖主义犯罪是当今世界面临的重大非传统安全威胁之一，它与腐败犯罪、环境污染被称为21世纪人类面临的三大主要威胁。尤其是近年以来新成立的“伊斯兰国”在全球范围内积极宣传极端宗教主义思想，不断招募外国恐怖主义战斗员，这就加剧了恐怖主义威胁。面对恐怖主义威胁，联合国已经通过各项反恐公约和一系列决议；区域之间也对此积极作出回应，制定了多项区域性反恐条约和协议；各个国家也

---

* 国家社科重点项目“宗教极端主义的防治对策研究”阶段性成果，项目号：17AFX007。

** 北京师范大学刑事法律科学研究院教授、博士生导师，北京师范大学联合国反恐怖主义委员会执行局学术研究中心副主任，国际刑法协会副秘书长暨中国分会秘书长。

*** 德国马克斯－普朗克研究所刑法专业博士研究生。

**** 英国萨塞克斯大学刑法专业博士研究生。

积极修订本国的反恐立法,以便更有效地应对日益升级的恐怖主义威胁。

与其他国家一样,我国也深受恐怖主义之害。与此同时,恐怖主义在中国又具有特殊性。“藏独”“疆独”分子以民族主义为幌,以宗教名义进行分裂,实施暴力恐怖活动。目前,中国面临的恐怖威胁主要来自“东突”恐怖组织,它们是民族分裂主义和宗教极端主义的结合体,依托境外某些政治经济势力或社会团体,“以分裂为目标、以宗教为外衣、以恐怖为手段”,相继制造了多起恐怖事件,暴力恐怖色彩十分明显。为了维护国家安全和社会稳定,当前和今后一个时期对恐怖活动组织实行重点打击,是中国反恐怖工作的重心所在。有鉴于此,中国已加入国际和区域性反恐公约及反恐决议,积极履行本国的国际义务,并且根据反恐实际不断更新本国的反恐立法,积极与国际反恐立法接轨,有效应对恐怖主义带来的威胁。

一、联合国反恐公约与决议的回顾

目前,国际反恐公约有《防止和惩治恐怖主义公约》(以下简称《防恐公约》)、①《东京公约》、《海牙公约》、《蒙特利尔公约》、《反对劫持人质国际公约》、《制止核恐怖行为国际公约》等14个。②③ 这些国际公约有效地打击了国际恐怖主义的嚣张气焰,也为各国加强国际合作,共同反恐提供了合作的依据。但是,从目前国际社会通过的反恐公约数量上看,最近通过的公约是2005年4月13日签订的《制止核恐怖行为国际公约》,由此说明,近10年来在国际反恐领域并没有签订新的国际公约。

为了有效地打击恐怖主义活动,联合国大会和安理会还通过了一

---

① 该条约并没有生效,但是作为国际反恐方面的第一个公约草案仍然意义重大。

② 如果去除《防止和惩治恐怖主义公约》(未生效),当前的联合国反恐公约有13个。

③ 参见赵秉志主编:《〈中华人民共和国刑法修正案(九)〉理解与适用》,中国法制出版社2016年版,第88~89页。

系列决议。自2001年美国“9·11”事件发生之后,截至2016年12月1日,联合国安全理事会通过的反恐怖主义相关决议共32项。其中比较重要的有:2001年第1373号关于设立反恐怖主义委员会的决议;2004年第1535号关于设立反恐怖主义委员会执行局的决议;2005年第1624号关于禁止煽动实施恐怖行为的决议;2005年第1631号关于联合国与区域组织合作维护国际和平与安全的决议;2007年、2008年、2010年、2013年第1787号、第1805号、第1963号、第2129号关于最终延长反恐执行局任期至2017年12月31日的决议;2014年第2178号关于关注外国恐怖主义战斗员的决议等。联合国大会共通过决议4项,分别是2006年、2008年、2010年联合国全球反恐战略以及2012年通过的联合国全球反恐战略审查。① 其中,仅规制2014年定义的外国恐怖主义战斗员现象的决议就多达17个,这些文件主要有:S/RES/2178(2014)、S/PRST/2014/23、S/2014/807、S/2015/683、S/RES/2199(2015)、S/2015/338、S/2015/441、S/RES/2253(2015)、S/2015/358、S/2015/939、S/2015/123、S/2015/377、S/PRST/2015/14、S/2015/975、S/2016/92、S/2016/501、S/PRST/2016/6。② 这17个联合国决议构成了规制外国恐怖主义战斗员的国际基础框架。上述决议阐述了外国恐怖主义战斗员现象带来的威胁、规制该现象的困境与挑战、应对该现象的国际良好做法等一系列问题,为会员国有效应对外国恐怖主义战斗员现象提供了法律支撑。

从上述法律文件可以看出,联合国层面积极回应恐怖主义带来的威胁,并为减少甚至根除此类威胁不断做出努力。但是,我们也可以看出,目前在联合国层面并没有一部全面、专门的反恐公约,而是建立“一行为一公约”的立法模式,例如,针对劫持航空器行为而制定的《关

---

① See security council counter-terrorism committee, http://www.un.org/en/sc/ctc/resources/res-sc.html, andhttp://www.un.org/en/sc/ctc/resources/res-ga.html, accessed on 15 May, 2017.

② See “UN documents on Foreign Terrorist Fighters”, http://www.un.org/en/sc/ctc/resources/index.html#ftf_documents, accessed on 15 May, 2017.

于制止非法劫持航空器的公约》(以下简称《海牙公约》)。实际上,《防恐公约》和其他有关区域性公约规定的恐怖主义犯罪是一个属概念,具有类罪的特征,其中包含了许多体现具体行为的种概念。诸如1937年《防恐公约》、1971年《美洲防恐公约》和1977年《欧洲防恐公约》罗列的恐怖主义犯罪行为特征,而这些行为特征大多都经过专门公约界定为独立的国际犯罪,如非法劫持航空器犯罪、危害应受国际保护人员包括外交代表罪、绑架、劫持人质罪等,这些公约规定国际犯罪都是恐怖主义犯罪属概念下的种罪行。[①] 当前恐怖主义活动在全球范围内日益升级,各种恐怖主义形式不断涌现,如海上恐怖主义、核恐怖主义、网络恐怖主义等,联合国采用的这种分散式的立法模式显然不足以及时地回应当前的恐怖主义威胁。目前,这些公约只适用于特定的恐怖活动,未能涵盖各种形式的恐怖活动。此外,许多先进国家都把电厂、水坝以及大众运输的操作系统计算机化,利用网络攻击电力或大众运输系统,引起社会恐慌等国际恐怖活动已然可能出现。这些犯罪行为有别于以往,其严重性并不亚于爆炸、劫持人质、妨害飞航安全等恐怖活动。但是,目前国际公约尚不能涵盖这些新型的国际恐怖活动,而且也存在打击上的困难。因此,联合国层面有必要通过一项专门的反恐公约,该项公约应该囊括反恐原则、策略、措施、国际合作等内容,以此作为世界各国反恐的法律基础,有效应对层出不穷的恐怖主义形式。国际反恐公约不能仅停留在一些原则性的规定上,而且对具体的和应受刑罚处罚的犯罪行为缺乏明确规定。从这一角度来讲,有必要将这些国际反恐公约内容转化为国内法的具体适用。

二、区域性反恐公约与协议审视

针对日益猖獗的恐怖主义现象,各国不仅依靠其国内法规制恐怖主义活动和恐怖主义犯罪分子,还注重加强区域间合作,建立起一系列

---

① 参见赵秉志、王秀梅:《国际恐怖主义犯罪及其惩治理念》,载《江海学刊》2002年第4期。

的区域性反恐公约。目前的区域性反恐公约主要有:《欧洲制止恐怖主义公约》《欧洲联盟理事会打击恐怖主义框架决议》《美洲国家组织反恐怖主义公约》《美洲反恐怖主义公约》《阿拉伯国家联盟制止恐怖主义公约》《伊斯兰会议组织打击国际恐怖主义公约》《南亚区域合作组织制止恐怖主义公约》《打击恐怖主义、分裂主义和极端主义上海公约》等15个区域性公约,这些区域性公约对国家间合作具有现实意义。①

以上海合作组织通过的《打击恐怖主义、分裂主义和极端主义上海公约》(以下简称《上海公约》)为例。2001年签订的《上海公约》是上合组织反恐法律机制的核心,也是联合打击"三股势力"的法律基础文件,为打击恐怖主义活动提供了法律支撑。2002年的《关于地区反恐机构的协定》、2006年的《上海合作组织成员国打击恐怖主义、分裂主义和极端主义2007年至2009年合作纲要》和《关于在上海合作组织成员国境内组织和举行联合反恐行动的程序协定》、2015年的《上合组织成员国打击恐怖主义、分裂主义和极端主义2016~2018年合作纲要》草案等法律文件共同构成了上合组织反恐的法律框架。上合组织设有地区反恐机构,该机构是上合组织的常设机构,致力于协调成员国各方的反恐工作,在情报共享、交流、分析,法律法规起草方面也发挥作用。上合组织自成立以来,形成了大型活动的安保合作、大规模的反恐演习、情报交流合作机制。例如,上合组织在2008年奥运会的大型安保工作中发挥了很大作用。《上海公约》对"三股势力"分别作出定义,明确了三者之间的联系与区别。自上合组织成立以来,该区域组织实施了十次反恐演习并进行了天山-1号演习和天山-2号演习。有学者提议,应该建立以反恐联合部队为核心的"经常性联合反恐军事机制"。② 其实,该区域已经建立了相对完善的军队反恐机制,尤其是中

① 参见赵秉志主编:《中华人民共和国刑法修正案(九)理解与适用》,中国法制出版社2016年版,第88~89页。

② 参见简基松:《完善上海合作组织反恐法律机制之建言》,载《法律科学》(西北政法大学学报)2008年第4期。

国参与的军队反恐机制。比如,中国与阿富汗、巴基斯坦、塔吉克斯坦建立多边军队合作反恐机制。该反恐机制旨在就反恐形势研判、线索核查、情报共享、反恐能力建设、反恐联合训练、人员培训方面开展协调并提供相互支持。但是,随着反恐形式的不断变化,该组织应当更新反恐机制,尤其是反恐法律机制以更有效的防治恐怖主义,比如日渐猖獗的外国恐怖主义战斗员现象在上合法律机制体系中就没有体现。因此,这些区域性反恐法律文件要根据现实反恐形式不断更新以适应新的反恐需求。就外国恐怖主义战斗员现象而言,上合反恐法律体系可以通过附加协议的形式增加对该现象的规制,为区域反恐提供法律基础,也为区域国家合作提供法律依据。

三、我国反恐立法的演进

中国在积极履行国际义务的同时也在不断推进反恐立法进程。中国规制恐怖主义犯罪的立法内容经历了从无到有、从少到多的过程。1997 年《刑法》首次规定恐怖主义相关犯罪,即组织、领导、参加恐怖活动罪。《刑法修正案(三)》和《刑法修正案(八)》增设了相关规定,《刑法修正案(九)》再次补充了更多的专门内容,已经逐渐确立并完善了应对恐怖主义活动的罪刑体系。中国 1997 年《刑法》对恐怖活动犯罪的明文规定,反映了反恐立法的多样化对策,大体形成了以刑法第 120 条"组织、领导、参加恐怖组织罪"为主线,以危害公共安全犯罪中相关犯罪为辅线的一个相对完整的刑事法律体系。全国人大常委会于 2001 年通过的《刑法修正案(三)》,集中对现行《刑法》中的恐怖活动犯罪进行修订与完善:(1)增设新的相关罪名,如资助恐怖活动罪,投放虚假危险物质罪,编造、故意传播虚假恐怖信息罪;(2)修订相关罪名与罪状,如将投毒罪修改为投放危险物质罪,取消非法买卖、运输核材料罪,在盗窃、抢夺和抢劫枪支、弹药、爆炸物罪中增加了作为犯罪对象的危险物质,将恐怖活动犯罪增列为洗钱罪的上游犯罪等;(3)重设相关罪刑单位,如修改单位犯洗钱罪之法定刑,修改组织、领导、参加恐怖活动组织罪的法定刑等。2011 年《刑法修正案(八)》增设恐怖活动犯罪构成特别累犯的规定。2015年《刑法修正案(九)》修订了专门的恐怖主义犯罪罪名,增设准备实施恐怖活动罪,宣扬恐怖主义、极端主义、煽动实施恐怖活动罪,利用极端主义破坏法律实施罪,制作、散发、宣扬恐怖主义、极端主义服饰、标志罪,非法持有宣扬恐怖主义、极端主义物品罪5项专门恐怖主义相关罪名;同时也对原有罪名进行了修改:对组织、领导、参加恐怖活动组织罪增加了财产刑,包括没收财产和罚金,以此体现对组织、领导、参加恐怖活动组织犯罪分子的经济惩罚;对偷越国(边)境罪在原《刑法》第322条偷越国(边)境罪基础上增加规定了"为参加恐怖活动组织、接受恐怖活动培训或者实施恐怖活动,偷越国(边)境的,处一年以上三年以下有期徒刑,并处罚金"的内容,以此打击中国公民赴外参加圣战的行为。中国反恐刑事立法不断推进不仅加大了对恐怖组织犯罪惩罚的力度,还扩大了恐怖主义犯罪的犯罪圈,对一些恐怖主义犯罪的预备行为进行规制,以实现对恐怖主义"打早打小",将恐怖主义扼杀在萌芽时期的目标。

不仅如此,在刑事程序法方面,中国也积极更新反恐相关的程序性规定。2012年3月,全国人大通过的新《刑事诉讼法》在第2编第2章第8节专门针对恐怖活动等犯罪的技术侦查措施作出规定,具体包括技术侦查、秘密侦查和控制下交付三种。再如,新《刑事诉讼法》在第5编第3章中,增设对恐怖活动犯罪等重大犯罪案件违法所得的没收程序。据此,如果恐怖活动犯罪嫌疑人、被告人逃匿,在通缉一年后不能到案,或者恐怖活动犯罪嫌疑人、被告人死亡,司法机关可以缺席没收其违法所得。此外,新《刑事诉讼法》还在第20条将恐怖活动犯罪规定为中级人民法院管辖的第一审刑事案件。第37条对恐怖活动等犯罪的辩护律师的会见权作出了限制。第62条对恐怖活动等犯罪的证人、鉴定人、被害人及其近亲属的保护措施作出规定。第73条增置对涉嫌恐怖活动等犯罪的犯罪嫌疑人在执行监视居住时,如果在住处执行可能有碍侦查的,经上一级人民检察院或者公安机关批准,可以在指定的居所执行。第83条关于应当在拘留后24小时内通知家属的规定,也将涉嫌恐怖活动犯罪和危害国家安全犯罪通知家属可能有碍侦查的情形除外。上述特别规定,针对的都是恐怖活动犯罪和危害国家安全罪、贿赂罪、黑社会性质组织罪、毒品罪以及其他严重危害社会或重大的犯罪。但值得注意的是,除对“恐怖活动犯罪”无任何限制性条件普遍适用这些特别规定外,对其他犯罪均不同程度限制性适用或者某些不适用,可见新《刑事诉讼法》对恐怖活动犯罪的格外重视。

中国不仅从刑事立法(包括刑事实体法和刑事诉讼法)方面根据反恐实践积极更新立法,而且其他有关法律也加强了针对恐怖主义的规定。例如,2006年全国人大常委会通过的《反洗钱法》,对于预防通过各种方式掩饰、隐瞒包括恐怖活动犯罪所得及其收益的来源和性质的洗钱活动,规定了一系列的措施,如要求金融机构和特定非金融机构建立健全客户身份识别制度、客户身份资料和交易记录保存制度、大额交易和可疑交易报告制度等。更为值得一提的是,中国不断推进专门反恐立法的出台。2011年10月29日,全国人大常委会通过了《关于加强反恐怖工作有关问题的决定》(以下简称《决定》),这是中国反恐法治进程中一起具有重大意义的事件,其性质类似于专门的反恐法。《决定》共8条,第1条表明了中国对待恐怖主义的基本立场,那就是反对一切形式的恐怖主义;第2条是对一些核心术语的界定,包括“恐怖活动”“恐怖活动组织”“恐怖活动人员”;第3条是关于反恐机构、反恐力量和反恐人员的规定,如“国家反恐怖工作领导机构统一领导和指挥全国反恐怖工作”;第4条是关于恐怖活动组织和恐怖活动人员名单的认定;第5条是关于涉恐组织和人员的资金或其他财产的冻结;第6条是关于反恐国际合作;第7条则是授权国务院及其相关部门制定认定恐怖活动组织和恐怖活动人员名单、冻结涉恐资产的具体办法;第8条规定本决定自公布之日起施行。2015年我国通过了《中华人民共和国反恐怖主义法》标志着中国专门反恐立法的正式建立,与此同时,2011年《决定》正式废止。

四、我国反恐法律与国际反恐公约的接轨

中国反恐立法在反恐原则(精神)、反恐内容方面都体现了与国际反恐公约的接轨。在反恐原则上我国一贯坚持:宽严相济、以严为主;

标本兼治、重在治本;打早打小、预防为主;注重国际合作;法治和尊重人权等反恐原则。① 这些原则不仅仅是国际公约中倡导的反恐原则,更是在反恐实践基础上总结出来的适应当前反恐局势的中国反恐原则。无论是联合国公约还是联合国的相关决议都主张打击恐怖主义犯罪要遵守人权法、人道法,要保障恐怖主义分子最基本的人权;同时要加强反恐领域的国际合作,建立情报共享机制等。这些国际原则同样在中国适用。我国《反恐法》第7章专门规定:国际合作。第68条规定,中华人民共和国根据缔结或者参加的国际条约,或者按照平等互惠原则,与其他国家、地区、国际组织开展反恐怖主义合作。总之,中国反恐立法精神与国际公约的规定一脉相承。再如,《刑法》第121条劫持航空器罪规定:"以暴力、胁迫或者其他方法劫持航空器的"最高刑罚为死刑。这一犯罪行为在《关于制止劫持航空器的公约》也有明文规定,即任何人"用暴力或用暴力威胁,或用任何其他恐吓方式,非法劫持或控制该航空器,或企图从事任何这种行为,或是从事或企图从事任何这种行为的人的同犯,即是犯有罪行","对上述罪行给予严厉惩罚"。两者的内容极为相似,反恐的精神也一致,均体现了从严惩治该类恐怖主义罪行精神。②

在反恐内容上,中国反恐立法也与国际反恐公约有效相衔接。自20世纪70年代末至今,中国几乎参加了所有直接涉及反恐内容的国际公约。迄今为止,中国已签署或加入了12项国际反恐公约。③ 另

① 参见王秀梅、赵远:《当代中国反恐刑事政策研究》,载《北京师范大学学报》(社会科学版)2016年第3期。

② 参见王利民:《反恐立法述评》,载《犯罪研究》2003年第1期。

③ 中国加入的国际反恐公约有:(1)1963年《关于在航空器上实施的犯罪和某些其他行为的公约》;(2)1970年《关于制止非法劫持航空器的公约》;(3)1971年《关于制止危害民用航空安全的非法行为的公约》;(4)1973年《关于防止和惩处侵害应受国际保护人员包括外交代表的罪行的公约》;(5)1979年《反对劫持人质国际公约》;(6)1980年《核材料实物保护公约》;(7)1988年《制止危及大陆架固定平台安全非法行为议定书》;(8)1988年《制止危及海上航行的安全非法行为公约》;(9)1988年《制止在为国际民用航空服务的机场上进行的非法暴力行为议定书》;(10)1997年《制止核恐怖主义爆炸国际公约》;(11)1999年《制止向恐怖主义提供资助的国际公约》;(12)2005年《制止核恐怖主义行为国际公约》。

外,中国还签署和批准了多项区域性反恐条约。① 进入 21 世纪以后,中国作为主导者,与其他国家共同制定了《上海公约》与《制止与国际民用航空有关的非法行为的公约》(《北京公约》)。这些国际公约一般都设有“引渡”“司法合作”等专章专门规定缔约国间刑事司法合作之内容。同时,中国也与多个国家签订了刑事司法合作协议,具体包括引渡协议、刑事移送管辖协议等。在这些协议中有些还特别规定了关于恐怖活动犯罪之内容,如中国与西班牙签订的双边引渡协议,明确将恐怖活动犯罪排除出政治犯不引渡原则。从长远来看,中国仍将大力探索与拓展刑事司法合作的范围,并争取起到一定的主导作用,特别是在亚洲地区。我们要重视联合国之主导地位,履行大国义务。除了与上海合作组织国家和亚洲相互协作与信任措施会议成员国进行合作外,中国在未来还应更加重视同西方国家的反恐司法合作,使恐怖分子无处遁形。中国还将扩充刑事司法合作之内容,不仅限于移送管辖、引渡等形式,更要加强对恐怖犯罪的跨国侦查、执法等多方面的合作。

中国刑法经过多年的修改补充完善,在与国际反恐立法接轨方面取得了不小的成绩,如《刑法修正案(三)》增设了资助恐怖活动罪,以履行《制止资助恐怖主义国际公约》与联合国安理会第 1373 号决议明确的国际义务。正如有学者指出,我国现行立法总体上基本囊括了国际反恐公约所规定的恐怖活动犯罪的基本方面,遵循了接轨

① 中国签署的区域性反恐条约主要有:(1)2009 年 6 月 16 日签署,2012 年 1 月 14 日生效的《上海合作组织反恐怖主义公约》;(2)2008 年 8 月 28 日签署,2013 年 11 月 29 日生效的《上海合作组织成员国组织和举行联合反恐演习的程序协定》;(3)2011 年 6 月 16 日签署,2012 年 2 月 17 日核准的《欧亚反洗钱和反恐融资组织协议》;(4)2006 年 6 月 15 日签署,2012 年 7 月 10 日对中国生效的《关于合作查明和切断在上海合作组织成员国境内参与恐怖主义、分裂主义和极端主义活动人员渗透渠道的协定》;(5)2009 年 6 月 16 日签署,2012 年 5 月 21 日国务院决定核准的《上海合作组织成员国反恐专业人员培训协定》;(6)2008 年 8 月 28 日签署,2012 年 7 月 10 日对中国生效的《上海合作组织成员国政府间合作打击非法贩运武器、弹药和爆炸物品的协定》;(7)2001 年 6 月 15 日签署,2001 年 10 月 27 日批准的《打击恐怖主义、分裂主义和极端主义上海公约》;(8)2002年 6 月 7 日签署,2002 年 12 月 28 日批准的《上海合作组织成员国关于地区反恐怖机构的协定》。

原则的要求。① 随着国际反恐局势的变化,联合国安理会于2013年通过了第2129号决议,该决议针对当前恐怖组织和恐怖分子利用互联网发布音频、视频等新动向,对利用互联网实施煽动、招募、资助或策划等恐怖主义活动表示严重关切,明确要求联合国反恐机构会同各国加强对上述行为的打击力度并采取具体措施。②《刑法修正案(九)》对上述国际反恐法的新发展做出了明确回应,不仅规定了宣扬恐怖主义、极端主义、煽动实施恐怖活动罪,而且将涉及信息网络的诸多危害行为纳入刑事制裁的范围,包括拒不履行信息网络安全管理义务,非法利用信息网络、帮助信息网络犯罪活动等,进一步强化了网络服务提供者的安全管理义务,有利于配合有关机关开展的净化网络暴恐信息活动,同时说明中国更加注重对国际反恐立法的国内法贯彻落实,以履行相应的国际义务,加强与其他国家在打击网络恐怖主义、极端主义方面的合作。此外,《刑法修正案(九)》借鉴吸收了外国立法的经验。在国外司法实践中,对恐怖活动犯罪嫌疑人主观目的的证明始终是疑难问题,从而导致定罪率不高。为了降低证明指控难度,很多国家将持有特定物品规定为犯罪行为,如澳大利亚、英国等国均规定"持有与恐怖主义相关物品罪"等罪名,这些立法为中国刑法的完善提供了必要的参考和借鉴,《刑法修正案(九)》同样增设了关于恐怖主义、极端主义的持有型犯罪,与原有的非法持有枪支、弹药罪等犯罪一起,丰富了我国刑法关于持有型犯罪的规定。这说明很多国家在反恐立法过程中达成了共识,即对于公共安全有潜在危害的物品(即使不属于爆炸物、毒害物、放射物等危险物质),不等到其造成实际危害就予以处罚,可以最大限度地防范恐怖袭击的发生。③

---

① 参见马长生主编:《国际公约与刑法若干问题研究》,北京大学出版社2004年版,第369页。

② 参见李洋:《联合国安理会通过决议将加强打击网络恐怖主义》,载中国新闻网:http://www.chinanews.com/gj/2013/12-18/5631564.shtrml,最后访问日期:2013年12月18日。

③ 参见赵秉志、杜邈:《中国反恐刑法的新进展及其思考——〈刑法修正案(九)〉相关内容评述》,载《山东社会科学》(第3卷)2016年第3期。

《刑法修正案(九)》的显著立法特点就是对联合国安理会第 2178 号决议的回应。根据联合国安理会第 2178 号决议的规定,各会员国要积极应对外国恐怖主义战斗员现象带来的挑战,并提出对该现象在本国国内法中入罪化的要求。在《刑法修正案(九)》中,惩治外国恐怖主义参战人员的规定在第 120 条之一、之三以及刑法第 322 条,这些条款基本涵盖了联合国安理会第 2178 号决议要求成员国进行刑事制裁的行为。《刑法》第 120 条之一规定帮助恐怖活动罪,该罪名在原有资助恐怖主义活动罪的基础上加以修订而成。此条所增"资助恐怖活动培训"和"为恐怖活动组织、实施恐怖活动或者恐怖活动培训招募、运送人员的"规定,主要是用于处罚联合国安理会第 2178 号决议规定的资助或者间接资助外国恐怖主义参战人员前往外国接受恐怖主义培训的行为。"资助实施恐怖活动的个人"中的个人包括:"资助外国恐怖主义参战人员";"为恐怖活动组织、实施恐怖活动或者恐怖活动培训招募、运送人员的"人员,完全可以涵盖联合国安理会第 2178 号决议中"故意组织或者推动人员为实施、策划、准备或者参加恐怖主义活动,或者提供、接受恐怖主义培训离开来源国前往外国的"情形。因为《刑法》第 6 条规定:犯罪的行为或者结果有一项发生在中华人民共和国领域内的,就认为是在中华人民共和国领域内犯罪。即只要组织、招募、运送行为有一部分发生在中国境内,就可以认为犯罪行为在中国境内实施,根据中国刑法进行定罪处罚,无论恐怖活动、培训活动是否实际在中国境内实施。① 《刑法》第 120 条之三规定的宣扬恐怖主义、极端主义、煽动实施恐怖活动罪,此条罪名是对联合国安理会第 2178 号决议中应对外国恐怖主义战斗员被招募的回应。该决议号召会员国要出台措施对恐怖主义分子,包括外国恐怖主义战斗员去极端化、激进化,采取有效措施防止恐怖主义组织在全球范围内招募外国恐怖主义战斗员。《刑法修正案(九)》新增此条是通过对"美化恐怖主义、宣扬恐怖主义和极端主义以招募我国恐怖分子,包括分裂分子"入罪化而预防

① 参见周振杰:《外国恐怖主义参战人员刑事立法研究》,载《北京师范大学学报》(社会科学版)2015 年第 6 期。

处罚招募恐怖主义分子的行为。《刑法》第 322 条是对偷越国(边)境罪的补充规定,此条在原有基础上新增"为参加恐怖活动组织、接受恐怖活动培训或者实施恐怖活动,偷越国(边)境的,处一年以上三年以下有期徒刑,并处罚金"的内容。该规定正是对联合国安理会第 2178 号决议中所涉外国恐怖主义战斗员现象的边境控制举措。该条规定旨在防止我国公民通过偷渡方式赴外参战,从而有效地防止外国恐怖主义战斗员的流动。《刑法修正案(九)》的规定体现出两个立法特点:一是预备行为实行化;二是共犯行为独立化。例如,在《刑法修正案(九)》规定的帮助恐怖活动罪中,"为……恐怖活动培训招募、运送人员"的行为,从性质上而言是组织恐怖活动培训的帮助行为,根据《刑法》第 27 条第 2 款"对于从犯,应当从轻、减轻或者免除处罚"的规定,其法定刑应该轻于组织恐怖活动培训罪。但是该规定将该行为独立成罪,参照资助恐怖活动培训罪进行处罚,明显加重了处罚力度。另外,《刑法修正案(九)》规定的准备实施恐怖活动罪,从罪名上看属于实施恐怖活动的预备行为,但是此规定不是按照刑法总则中的预备犯处罚,而是按照分则的独立罪名处罚。《刑法》第 22 条规定"对于预备犯,可以比照既遂犯从轻、减轻处罚或者免除处罚",根据司法实务,一般犯罪的预备犯很少会受到处罚。而《刑法修正案(九)》对恐怖主义预备犯罪的行为按照正犯处罚体现了中国打击恐怖主义犯罪的从严态度。从该修正案的相关规定来看,"犯罪化"是目前中国刑法应对恐怖主义、极端主义的主要指导思想,集中表现为比较频繁地增设新罪名、扩展罪状或加重处罚,加强对于公共安全等重大法益的保护,为反恐怖工作的各个领域、环节提供刑法保障。

综上所述,中国反恐刑事立法与国际公约的对接在现行刑法中主要表现在以下几个方面:

(1)危害航空安全和航海安全相关犯罪

危害航空安全的犯罪主要来自《航空器公约》、《非法劫持公约》和《民航公约》及其议定书,危害航海安全的犯罪主要来自《海上航行公约》及其议定书。中国《刑法》第 2 编第 2 章危害公共安全罪中规定了劫持航空器罪,暴力危及飞行安全罪,劫持船只、汽车罪等犯罪,与国际反恐公约形成了较为完整的对接。另外,中国刑法还规定了编造、故意传播虚假恐怖信息罪和投放虚假危险物质罪,为惩治传送虚假信息危及航空、航海安全行为提供了法律依据。

(2)与核材料相关的犯罪

与核材料相关的犯罪主要来自《核材料实物保护公约》和《核恐怖主义公约》。在此方面,中国刑法规定了投放危险物质罪,危险物品肇事罪,非法制造、买卖、运输、储存危险物质罪,盗窃、抢夺枪支、弹药、爆炸物、危险物质罪,抢劫枪支、弹药、爆炸物、危险物质罪和非法携带枪支、弹药、管制刀具、危险物品危及公共安全罪,其中都包括了放射性物质。另外,还规定了直接与核材料相关的走私核材料罪,因此与国际反恐公约的对接也比较完善。

(3)劫持人质相关犯罪

此类主要来自《劫持人质公约》。劫持人质罪是指非法劫持或扣押并以杀死、伤害或者继续扣押人质为威胁,以强迫第三方作或不做某种行为,并以此作为释放人质的明示或暗示条件的行为。中国刑法中的劫持人质规定主要体现在绑架罪中。绑架罪第 1 款规定了以勒索财物为目的的绑架他人和绑架他人作为人质两种情况,第 3 款规定了"以勒索财物为目的偷盗婴幼儿"依照绑架罪处罚,将公约要求的劫持人质行为囊括在内,也就基本契合了《反对劫持人质国际公约》的要求。

(4)恐怖主义爆炸犯罪

恐怖主义爆炸犯罪主要来自《制止恐怖主义爆炸事件的国际公约》。中国《刑法》中恐怖主义爆炸行为主要由第 114 条爆炸罪来规制。值得注意的是,《制止恐怖主义爆炸事件的国际公约》中规定的犯罪对象是特定的公共场所、国家或政府设施、公共交通系统或基础设施,而中国刑法中的爆炸罪则可以面向任何对象实施。因此,虽然中国刑法并没有专门的恐怖主义爆炸规定,但是现有规定仍然可以完全涵盖公约的内容。

(5)资助恐怖主义犯罪

此类犯罪主要来自《制止向恐怖主义者提供资助的国际公约》和

联合国安理会第1373号决议。中国《刑法修正案(三)》将“资助恐怖活动组织或者实施恐怖活动的个人”的行为规定为犯罪,基本符合了公约要求。《刑法修正案(九)》则增加了资助恐怖活动培训以及为恐怖活动组织、实施恐怖活动或者恐怖活动培训招募、运送人员的行为,进一步实现了与公约的对接。值得一提的是,《刑法修正案(九)》修改了偷越国(边)境罪的规定,增加了“为参加恐怖活动组织、接受恐怖活动培训或者实施恐怖活动,偷越国(边)境”的行为,实际上是对联合国安理会第1373号、第2170号、第2178号决议中关于“外国恐怖主义战斗员”内容的吸收与契合。

在司法程序方面,中国目前已经与一些国家签订了有关刑事司法协助和引渡等主题的国际条约,并且依据宪法规定,这些条约在国内法中应当得到相应的贯彻和实施。整体而言,中国刑事立法在恐怖主义犯罪规制上已经形成一个尽管尚属笼统宏观但却相对完善的体系,这就为中国应对恐怖主义犯罪提供了重要的法律依据,是我国在实行法治和尊重人权的前提下有效地进行恐怖主义犯罪规制的基石。

五、我国反恐刑事立法的反思

首先,有些国际公约中规定的犯罪在中国惩治恐怖主义犯罪的法律体系中并未完全体现,与国际反恐公约的接轨尚存在一定的不彻底性。比如,中国刑法对侵害受国际保护人员罪、危及大陆架固定平台安全罪等内容存有空缺。《关于防止和惩处侵害受国际保护人员包括外交代表的罪行的公约》中规定了侵害受国际保护人员罪。中国刑法中虽然明确规定“享有外交特权和豁免权的外国人的刑事责任,通过外交途径解决”,但是对侵害以外交代表的受国际保护人员的行为,却只能根据行为的方式和目的,按照故意杀人、故意伤害、放火、爆炸、绑架等普通刑事犯罪定罪处罚。因此,刑法中仍然缺少保护受国际保护人员的专门性规定。另外,《制止危及大陆架固定平台安全非法行为议定书》中规定了危及大陆架固定平台安全罪。中国刑法却始终没有将大陆架固定平台安全的相关内容纳入规制范围,只能根据行为的具体方式来进行定罪处罚。这也是中国刑法与反恐国际公约对接中有待完善的一个方面。

其次,中国对恐怖活动犯罪规定的模糊性也在一定程度上导致了在认定恐怖活动犯罪时难以获得他国的认同。例如,对“恐怖活动组织”“组织、领导、参加、资助”等词语的具体含义,在中国刑法学界都存有一定的争议。现代恐怖活动犯罪活动具有全球性特点,早已超越一个国家的领域范围,因此,在应对此类犯罪时仅仅依靠一国的力量很难取得卓有成效的结果。这就要求中国的反恐活动要注意与国际社会的接轨、交流以及合作,以便互通情报,并在引渡、司法协助等方面取得国际社会的认可和支持。

最后,中国刑法体系中并没有设置“实施恐怖主义活动罪”这种专属罪名,因而在司法实践中很大一部分恐怖主义案件只能按照普通罪名处罚。例如,对2009年7月5日新疆乌鲁木齐发生的暴力恐怖袭击事件(“7·5”事件),[①]乌鲁木齐市中级人民法院最终是以故意杀人罪、抢劫罪、放火罪、故意毁坏财物罪等罪名对该起恐怖事件中的犯罪嫌疑人进行处罚;再如,2014年3月1日在云南昆明火车站发生的暴力恐怖案件,2014年3月29日,昆明市人民检察院也分别以涉嫌组织、领导、参加恐怖组织罪和故意杀人罪依法批准逮捕了4名犯罪嫌疑人;再如,2014年6月16日,新疆乌鲁木齐市中级人民法院对2013年北京天安门“10·28”暴力恐怖案件中的8名犯罪嫌疑人是以组织、领导、参加恐怖组织罪和以危险方法危害公共安全罪依法作出裁决的。[②] 这些暴力恐怖犯罪无论在表现形式还是危害性上均不同于一般的犯罪,但是由于缺乏类似于“暴力恐怖主义犯罪”这样的专门罪名,因而对这些暴力恐怖犯罪行为不能以“恐怖主义犯罪”予以特有的处罚,也不能体现

① 2009年7月5日,在境外民族分裂势力的策划煽动和国内“三股势力”的组织下,有200余人在乌鲁木齐人民广场聚集,随后开始不断地打砸抢烧,滥杀无辜,造成197人死亡、1700多人受伤。

② 参见赵秉志、商浩文:《论我国恐怖活动犯罪刑法制裁体系及其完善》,载《新疆警察学院学报》(第35卷)2015年第1期。

中国恐怖主义犯罪的特殊性。目前,中国刑法规定的恐怖主义相关罪行散见于危害国家安全、危害社会管理、危害公民人身安全等诸章节中,这种分散的立法模式不利于对恐怖主义犯罪的有效规制。如果按照危害国家安全犯罪论处,容易突出相关犯罪的政治色彩,在犯罪嫌疑人逃匿至境外的情况下,可能因"政治犯不引渡"而影响国际反恐合作的成效;如果按照普通犯罪论处,则难以体现行为的恐怖主义性质,在是否构成特别累犯、适用特别刑事程序时容易引发争议。因此,在以后的反恐立法中可以尝试设立恐怖主义罪行专章,或者可以单独设立一节恐怖主义犯罪罪名,而不是像现行刑法一样将恐怖主义罪行分散于刑法分则的多个章节中。

当前,恐怖主义和反恐怖斗争仍处在不断变化之中,反恐法制建设亦不可能一蹴而就,一劳永逸,而是应该随着反恐怖斗争形势的发展不断修正、补充、更新反恐立法。就中国惩治恐怖活动犯罪的刑法立法而言,立足于国情和反恐局势与借鉴外国先进立法、贯彻国际反恐公约的要求之间并不矛盾,强调打击恐怖组织更是中国重要反恐方略,它们之间呈现紧密联系、相辅相成的关系。因此,我们应当从多元视角出发,综合考虑多种因素,着眼大局,统筹考虑,把握时机,这样才能保持立法的科学性、合理性,使之发挥良好的效果。① 同时,中国作为一个负责任的大国,积极践行《联合国宪章》的要求,并且加强与世界各国反恐合作,为世界反恐斗争贡献自己的力量。

Rethinking of Criminal Legislation on Counter-Terrorism in China

Wang Xiumei, Bai Luyuan & Zhang Xue

[**内容摘要**]恐怖主义日益成为人类面临的重要问题之一。自20世纪中叶以来,国际社会加大打击恐怖主义犯罪的力度,逐步形成一套较为完整的反恐法律体系。其中,国际反恐公约,区域性反恐公约,以

① 参见赵秉志、杜邈:《我国惩治恐怖活动犯罪的刑法立法经验考察》,载《华东政法大学学报》2008年第6期(总第61期)。

及由联合国大会或者联合国安理会通过的系列决议和宣言构成了较为完整的国际反恐法律体系。我国也存在一定形式的恐怖主义犯罪,为有效打击我国境内的恐怖主义犯罪,在完善本国立法的同时,还应积极批准和执行国际反恐条约。尽管如此,面对日益猖獗的恐怖主义犯罪形式和不断升级的恐怖主义活动,任何国家的法律都很难迅速、全面作出回应,这就更需要增进国际反恐合作,有效贯彻、实施国际反恐条约,积极履行本国应尽的国际义务,以期更好地应对恐怖主义带来的威胁与挑战。

[**关键词**]恐怖主义犯罪;刑事立法;反思

Abstract: Terrorism Crime is becoming the key issues that human beings faced now. Since the middle of 20 century, International Society has tried great effort to fight against terrorism crimes and has set up a series of legal instruments such as International conventions on counter-terrorism, regional treaties, declarations, which has formed a legal system of fighting against terrorism. China is also a victim of terrorism crime. In order to effectively punish this sort of crimes, China actively signed and ratified international conventions and instruments besides improving domestic legislation. However, it still needs international cooperation and working together to implement and carry out the international conventions because the type of terrorism crimes and skill of crime is updating and becoming more complicated.

Keywords: Terrorism crime; Criminal legislation; Rethinking

恐怖主义犯罪的新特点和刑事规制*

屈耀伦**

目　次

2016年7月法国尼斯恐怖袭击案①震惊世界,在此之前的2016年内全世界范围内已经发生了11起恐怖袭击案件,均造成了严重的人员伤亡和不同程度的财产损失,引起了世界人民的恐慌,全球笼罩在恐怖主义犯罪的阴影中。恐怖主义犯罪在世界的泛滥,极大威胁到各国人民的生命财产安全,严重冲击了人类正常的生活秩序,因此打击恐怖主义犯罪是世界人民的共同愿望和诉求。

进入后"9·11"时代,世界各国的反恐形势更加严峻,为了有效应对恐怖主义犯罪带来的压力和挑战,各国纷纷开展国际反恐合作。随着国

---

* 基金项目:2014年度教育部人文社会科学研究西部和边疆地区项目"西北民族地区新型恐怖活动犯罪及其法律对策研究",项目编号:14XJA820001;2013年度甘肃省高校基本科研业务费项目"惩治恐怖活动犯罪的立法完善研究"。

** 甘肃政法学院教授、硕士生导师。

① 参见http://world.huanqiu.com/hot/2016-07/9177320.html,最后访问日期:2016年7月14日。

际反恐斗争的深入,国际恐怖主义发展呈现出新的特点,在意识形态、组织形式、袭击手段、攻击目标等方面都有所变化,而揭示恐怖主义犯罪发展的规律和特点对于准确有效打击犯罪、科学刑事立法是很有必要的。

一、国际恐怖主义犯罪发展的新特点

恐怖主义犯罪具有反人类、反社会的性质,不仅损害到人民的生命、健康、财产等法益,而且威胁到国家的安全和稳定,因此具有严重的社会危害性和刑事违法性。尽管有学者认为从恐怖主义者的诉求及恐怖活动的结果方面来看,恐怖主义有着另一套认识和理解社会的逻辑和世界观,似乎它们在道德上具有一定的正当性,①但是绝大多数观点认为,无论有什么目的、信仰、结果,用残忍和恐怖的手段残杀无辜平民以及攻击民用设施都是非法的。② 恐怖主义犯罪无论发展到什么时候,其非法的本质属性是不会改变的,但是随着科学技术的发展,反恐立法和反恐策略的调整和改变,恐怖主义犯罪呈现出新的特点。

(一)恐怖主义犯罪区域向全球辐射

在传统认知里,恐怖主义犯罪多发生在“伊斯兰弧带”、中东、南亚等地区。这些地区由于传统的民族、宗教矛盾加上错综复杂的政治、经济、文化因素,使宗教极端主义、民族分裂主义和国际恐怖主义三股势力在这些地区和国家滋生、蔓延、发展壮大,逐步形成了规模庞大的恐怖主义组织,制造了一起又一起令人触目惊心的恐怖袭击案件,造成人员伤亡和财产损失无数。但是反观近几年来发生的恐怖袭击案件,恐怖活动的犯罪场所开始从传统区域向全球辐射,欧洲、大洋洲、美洲地区成为恐怖活动攻击的新目标,笔者选取了 2013～2016 年世界上发生的见诸报端的

① [俄]依高·普里莫拉兹:《恐怖主义研究——哲学上的争议》,周展等译,浙江大学出版社 2010 年版,第 57～158 页。

② 王雪梅:《恐怖主义犯罪特点分析》,载《环球法律评论》2013 年第 1 期。

影响较大的恐怖袭击案件，对其进行统计，如下表所示：

2013～2016年世界较大恐怖袭击案情况统计

地区(国家) \ 伤亡人数 \ 年份		2016		2015		2014		2013	
		受伤人数	死亡人数	受伤人数	死亡人数	受伤人数	死亡人数	受伤人数	死亡人数
中东地区	利比亚	100	70	—	150～200	—	—	—	—
	叙利亚	—	148	—	154	—	—	230	95
	阿富汗	—	—	—	—	60	54	—	—
	黎巴嫩	—	—	180	37	—	—	500	50
	伊拉克	200	292	330	196	—	—	45	62
南亚	孟加拉国	—	20	—	—	—	—	—	—
	巴基斯坦	300	74	—	145	165	156	—	—
东亚	中国	—	—	—	—	329	71	61	26
	俄罗斯	—	—	—	200	28	19	40	31
欧洲	法国	50	80	311	149	—	—	20	10
	比利时	300	30	—	—	—	—	—	—
非洲	尼日利亚	—	60	—	145	215	75	170	67
	肯尼亚	—	—	—	148	—	—	173	67
北美	美国	53	50	—	—	260	3	—	—
	加拿大	—	—	—	—	—	3	—	—
澳洲	澳大利亚	—	—	—	—	3	—	—	—

以前认为比较安全的区域已不再安全，也饱受恐怖主义犯罪的困扰和威胁，法国巴黎近些年来发生的一系列恐怖犯罪案件就是最好的例证。一些发展中国家成为世界恐怖活动犯罪的前沿阵地，2008年11

月 26 日于印度孟买发生了长达 59 小时的恐怖袭击事件,被国际社会称为印度版的“9 · 11”。中国从 2009 年到 2014 年全国大小共发生了 15 起暴力恐怖袭击案件,尤其是 2009 年新疆乌鲁木齐“7 · 5”打砸抢事件和 2014 年云南昆明火车站“砍人事件”,震撼世界。从国际社会来看,恐怖主义犯罪根源于复杂的民族、宗教、文化矛盾和长期的世界经济发展的不平衡,而这些问题在短时时间内无法得到彻底的解决,这就意味着恐怖主义犯罪在较长一段时间内将会存在,会成为国际和平与安全的最大隐患。

(二)恐怖主义犯罪意识形态化

从存在论的角度来讲,恐怖体现了个人背后的生存危机,当人从这种危机中体验到不可名状的精神痛苦而又得不到缓解时,就会陷入绝望和仇恨的情绪中。仇恨是恐怖分子最典型的情感动力,仇恨与绝望的结合就会使恐怖主义发展顺理成章。恐怖分子通常以“弱者”自居,实施恐怖活动在他们看来是反抗当下不公平的社会制度的合理手段,是弱者对强者的反抗,具有极大的煽动性和诱惑性。一些宗教极端势力、民族分裂势力和国际恐怖势力常常打着“民族独立”“宗教自由”的幌子,通过暴力恐怖的手段制造社会恐慌,以胁迫国家和政府满足其一定的政治诉求。这种政治诉求与种族、宗教、文化等意识形态因素相结合就形成了一套自身的信念体系,发展为“恐怖主义思想”“恐怖主义精神”,再加上制度体系设计,利用狂热、极端的情绪来解决问题就会变得很容易。但是,揭开恐怖犯罪的邪恶面纱,就会发现其对抗国家、仇视社会的本来面目。

(三)恐怖犯罪手段的现代化

恐怖主义犯罪往往依附于一般的犯罪外形,如爆炸、绑架、放火、谋杀等类似暴力行为。但是恐怖主义犯罪又不局限于特定的犯罪载体。科技的飞速发展在促进人类文明向前发展的同时,又给人类带来了极大的生存风险。当下国际社会面临的更严峻的问题是恐怖主义开始使用大规模杀伤性武器。大规模杀伤性武器是核武器、生物武器、化学武器和放射性武器的统称，其使用造成的社会危害性更大、更深远，后果更加严重。恐怖分子在进行犯罪的过程中也会进行成本与利益的评估，他们选择适用大规模杀伤性武器是因为杀伤性武器的成本和技术要求并没有科学专家所估计得那样高，而且又能最大限度实现其制造社会恐怖的犯罪目的。例如，1995 年发生于日本东京地铁站的沙林毒气案，造成了 13 人死亡、5510 多人受伤的严重后果，“奥姆真理教”的恐怖行为造成了日本及全世界人民的恐慌，在人们的心中留下了难以磨灭的阴影和创伤，严重践踏了人类社会的良知。我们无法预测恐怖主义在当下及未来是否会频繁使用生物武器来达到其犯罪目的，但是我们应该清醒地认识到我们正处在大规模杀伤性武器的包围和威胁之中，我们不能寄希望于恐怖分子的仁慈和善心。

（四）恐怖犯罪的网络化

21 世纪人类文明进入信息社会，网络化成为社会生活的重要特征，一种新的恐怖主义——网络恐怖主义在网络社会环境中产生，它借助互联网将国际性、区域性和国家范围的恐怖活动融为一种超越疆域限制的新型恐怖活动形式，借助于被广泛运用和依赖的信息基础设施和机电一体化设备设施将恐怖活动和思想渗透融为一体，是全球化、信息化的背景下具有更大影响力和破坏力的综合形式的恐怖活动类型，给世界各国带来新的严峻挑战。通过现代化的信息手段的运用，恐怖分子把犯罪的场地由现实转向网络空间，借助网络发动恐怖袭击，主要攻击对象是那些由计算机控制的关乎国家安全和国计民生的系统，如电力通信、金融中心、核电设施等，而且一旦得逞将会带来灾难性后果。在这类案件中，最典型的是 2007 年爱沙尼亚事件，该次网络袭击影响了爱沙尼亚的新闻网站和银行的金融服务，造成广泛的恐慌。但是，恐怖分子又不仅仅局限于发动网络恐怖袭击，还利用互联网传播恐怖活动信息、进行恐怖活动联络、收集信息和获取技术支持。网络恐怖主义大大增强了恐怖犯罪的灵活性和隐蔽性,同时也使打击恐怖犯罪的工作变得更加困难。

(五)恐怖犯罪对象的任意性

在传统的观念中,恐怖袭击犯罪的对象多为政府机构或国家重要部门的领导人、军事设施、驻国外的使领馆、标志性建筑等重要目标。但是近些年来,恐怖袭击的目标转向安保措施比较薄弱、容易得手的民用目标,包括手无寸铁的平民、普通商业机构和网络目标。究其原因,一方面各国均加强了对政府机构、军事设施等作为重点恐怖袭击对象的防护措施,使恐怖分子无从下手,而这些严格的保护措施也提高了恐怖分子的犯罪成本;另一方面对这些民用目标或者是缺乏抵抗能力的普通民众的袭击能制造更大的社会恐慌,更能造成公众的焦虑,对政府形成更大的压力,也更容易达到实施恐怖犯罪的目标。根据GTD数据库①显示,从1970~2010年,全球共发生了101,067起恐怖袭击案件,袭击具体对象占比例较高的如下:普通民众和私人财产(22.3%)、商业(14.4%)、政府(12.9%)、军事(11.9%)、警察(11.8%)、交通(4.9%)、不具名(4.4%)、政府的外交机构(2.3%)、教育设施(2.2%)、宗教机构(2.1%)、记者和媒体(1.9%)。通过以上数据可以发现,恐怖犯罪的对象是任意的不明确的,而且民用目标逐渐成为了恐怖袭击青睐的对象。

---

① GTD是全球恐怖主义数据库,由马里兰大学的恐怖主义研究与应对国际委员会(START)维护。GTD起源于2001年,该年马里兰大学研究人员从平克顿全球情报服务(PGIS)处获得大量数据库。GTD数据库最初由PGIS专业研究人员研发,覆盖1970年至1997年的恐怖主义事件。这些研究人员的任务是从通讯社、政府报告以及主要国际报纸识别并记录恐怖主义事件,为PGIS评估恐怖主义的风险。马里兰大学研究人员获得国家司法研究所资助,并于2005年12月完成原PGIS数据库的电脑化,并对所需处进行更正、增加信息。在此之后,START不断与各家机构合作,更新GTD下数据。GTD是一个开放的数据库,包括了全球从1970年到2010年之间的恐怖活动信息,但由于PGIS的数据遗失,其未能包括1993年的恐怖活动。不像其他数据库,GTD系统收入了国内外发生的恐怖主义事件高达98,000件。对于每起GTD录入的恐怖活动,可以查询的信息有恐怖活动发生日期、地点、武器使用、目标、伤亡人数与负责人或集团。

二、国外反恐刑事立法特点

面对来势汹涌的恐怖主义犯罪,各国纷纷对恐怖恐怖主义采取了更为严格的管控措施。在法治领域,打击恐怖主义犯罪的重任毫无悬念地落在了刑法身上。刑法在现代社会作为防卫社会的最后手段,对维护国家安全、社会稳定和人民群众生命财产安全具有重要作用,是预防和打击恐怖主义犯罪不可缺少的法律武器。在追求法治和文明的今天,反恐斗争无疑更应该走上法治化和规范化的道路。因此,多数国家都通过刑事立法来控制和预防恐怖主义犯罪,虽然在目的上都殊途同归,但立法体现的特点、立法模式的选择各不相同。

1. 美国反恐立法

"9·11"事件对美国的国家安全和社会治理来说是一次严重的打击,前所未有地引发了美国社会对恐怖主义犯罪的恐惧心理,同时也把民众对恐怖主义犯罪的痛恨和报复情绪推向了高潮。美国国会在"9·11"事件后的六周内迅速且顺利地通过了《爱国者法案》(USA PATRIOT ACT)。在此之前。美国也制定了一系列的反恐法律,主要有1983年的《关于国际恐怖主义活动的总统特别令》、1984年的《禁止支援恐怖主义活动法》、1986年的《外交安全与反恐怖主义法》、1995年的《反恐怖主义法》。通过分析这些法律,可以发现美国的反恐立法呈现出以下一些特点:①警察权的扩大,警察执行的是国家的权力,国家权力的扩大就意味着公民权利相应受到一定程度的限制,《爱国者法案》第203条、213条、216条、412条分别涉及恐怖主义犯罪在诉讼程序方面的情报的分享、搜查、跟踪和窃听、拘留的规定,这些规定反映了政府的权力在逐渐扩大,而公民的权利逐渐被削弱;②打击手段的准军事化,采取的是"战争模式"立法,以暴制暴,用武力消灭敌人,从根本上消除敌人对国家的安全威胁,为美国出兵攻打伊拉克、阿富汗找到了正当的借口。这种"战争模式"立法路径的选择体现了"敌人刑法"①的思维模式;③犯罪行为的前置化,这是当前各国刑法立法在应对恐怖主义犯罪的普遍做法。现代刑法对某些严重犯罪提前犯罪化、处理预备犯、阴谋犯,还有的将参加某一些组织行为予以犯罪化,如组织、领导、参加恐怖组织罪,这是考虑到对这些犯罪如果还要等到实行行为开始再处理将给社会带来极大的危害。

2. 德国的反恐立法

"9·11"事件后全球掀起反恐立法的高潮,德国针对恐怖主义犯罪也制定和修改了一系列的法律,如2002年德国内阁向议会提交的"第二个一揽子安全协议",即《反国际恐怖主义法》,该协议修改了20余部法律,②该法的有效期至2007年1月。2007年德国联邦议会通过了《德国反恐怖主义补充法》。近些年来,德国又陆续通过了《共同反恐怖数据法》和《空中安全法》等法律法规。它们共同组成了德国的反恐立法体系。德国反恐立法也有自己明显的特征:①犯罪化前置,即处罚成立参加恐怖组织的行为、为恐怖组织个人提供资助帮助行为、恐怖犯罪活动前期的预谋行为、各种危险品的持有行为等;②行政权力的扩大,这在世界其他国家的反恐立法中都得到了明显的体现;③坚持法治

---

① 1999年,德国著名刑法学家Jakobs教授在柏林的"千年之交的刑法"研讨会上,提出了"敌人刑法"的概念,主张对于恐怖分子这种严重的反社会人员应该当作敌人来对待,并且可以剥夺其作为人的基本人格,甚至把其当作一件物品或者牲畜。按照雅科布斯对"敌人刑法"的最初构想,它由以下几点组成:首先,对敌人要突破"比例性原则",施加更严厉的刑法;其次,要废除或限制一般被刑事指控者所享有的"正当程序"权利;最后,即使行为还没有对法律所保护的利益造成真正的危险,刑法也要提前介入,将其犯罪化。这样的"敌人刑法"具有以下特征:(1)对敌人要适用严厉的惩罚,包括酷刑和死刑,即便在通常的案件中这样做不具有正当性;(2)废除正当程序的权利将意味着"承认通过酷刑取得的证据的效力和违反《日内瓦公约》的传统原则来处置犯人";(3)"将对法益没有真正危险的行为犯罪化"将意味着对那些通常情况下可以被视为"言论自由"的简单表示作为犯罪的行为来处理。

② 包括《联邦宪法保卫法》《军事反间谍局法》《联邦情报局法》《第十条款法》《安全审查法》《联邦边防法》《护照法》《身份证法》《团体法》《联邦刑事局法》《外国人管理法》《避难程序法》《外国人登记中心法实施规定》《联邦中央登记法》《第10部社会法典》《航空交通法》《航空交通可靠性审查规定》,以及1975年的《能源安全法》。

原则，这是德国反恐立法的一个显著特点；④注重实效性，在德国《反恐国际恐怖主义法》中规定了日落条款，[①]这就意味着如果这些条款没有得到德联邦议会的再次授权和批准，联邦情报局等机构基于《反国际恐怖主义法》所扩大的权力到2007年将自动丧失。这是一种典型的"限时法"[②]的立法模式。"限时法"立法模式充分体现了德国议会在反恐立法上持审慎的态度，不违背《基本法》对人权的尊重与保护的精神和原则。

3. 俄罗斯反恐立法

俄罗斯是恐怖主义犯罪的重灾区，而且恐怖主义势力均来自本土，根源是复杂的民族宗教问题。为了有效应对恐怖主义犯罪带来的严峻形势，俄罗斯的反恐立法经历了不同的立法阶段；最终形成了相对成熟和完善的反恐法律体系。1993年俄罗斯宪法以国家根本大法的名义明确阐明了联邦政府反对恐怖主义和民族分裂主义的坚定立场。在1994年，在宪法赋予的权限范围之内，《俄罗斯刑法典》首次将"恐怖主义"列入法典。从架构上来看，恐怖主义是由一系列罪名组成的犯罪类型，主要规定在刑法典的第24章"危害公共安全的犯罪"。1998年俄罗斯联邦议会通过了《俄罗斯联邦反恐怖主义立法》，并经过1999年、2002年和2006年三次修改，更加符合俄罗斯在反恐怖犯罪方面对法律的需要。该法值得借鉴之处有以下几点：①对反恐的基本概念作了清晰、明确的界定，防止"恐怖主义"的概念泛化，扩大了恐怖主义犯罪圈；②确立了反恐立法的基本原则，该原则贯穿反恐的各个环节，对反恐斗争具有指导作用；③规定了反恐的主体以及职责，力求建立一个

---

① "落日条款"是法治发达国家法律中常见的条款，其含义就是法律并非永久有效，而是存在一定的制度周期，会像太阳一样"下落"。这里"落日条款"即《联邦宪法保护法》《军事反间谍局法》《联邦情报局法》《第十条款法》《安全审查法》《联邦刑事局法》第7条第2款从2007年1月11日开始重新适用2001年12月31日的法律文本，除非议会再次授权。

② "限时法"是指规定了反恐法有效施行期间的立法模式，反恐法于时限届满之日当然失效。限时法的失效是因为立法理由的消失，而不是法律观念的改变。如果立法者认为立法的目的不能在期限前实现，就必须在期限届满前延长期限。

上下协调一致,各个部门相互配合,高效运转的反恐系统;同时,《俄罗斯联邦反恐怖主义立法》以法律形式肯定了反恐的正当性和必要性;④授予有关部门特殊权利,如联邦安全局、联邦对外情报局,以便对恐怖犯罪做出准确、迅速和及时的反映,力求把恐怖犯罪扼杀在萌芽状态或者是把恐怖犯罪的危害后果减少到最小;⑤《俄罗斯联邦反恐怖主义立法》特别界定了谈判的限度,俄罗斯很注重通过科学谈判对恐怖分子加以分化和瓦解,降低恐怖活动的危害,但是禁止在谈判中进行政治性让步。为了有效开展反恐国际合作,俄罗斯与中国、哈萨克斯坦、吉尔吉斯斯坦、塔吉克斯坦建立了上海合作组织,[①]俄罗斯将该公约的内容转化为国内法,成为俄罗斯反恐立法体系中的重要组成部分。这样俄罗斯的反恐立法体系由反恐基本法、宪法、刑法典和反恐国际共同构建,织成了严密的反恐法网,为国家打击恐怖犯罪提供了强有力的法律支撑和正当依据,值得我国学习和借鉴。

三、《刑法修正案(九)》恐怖主义犯罪立法特点及评价

为了应对恐怖主义犯罪的新情况、新问题,加大对恐怖主义犯罪的惩治力度,2015年8月29日通过的《刑法修正案(九)》对恐怖主义犯罪做出了相应的规定,这些规定既有对已有罪名的修改,也有新增加的罪名,因其内容较多,成为此次立法修改的重点内容之一,被视为《刑法修正案(九)》的七大亮点之一。近些年,受到国内外各种复杂因素的影响,中国的反恐形势日益严峻。根据最高人民法院的统计,2014年全国各级人民法院审结煽动分裂国家、暴力恐怖袭击等案件588件,

---

① 上海合作组织(The Shanghai Cooperation Organization)是在“上海五国”元首会晤机制基础上成立的区域性多边合作组织。2001年6月15日,新加入上海五国首脑合作机制的乌兹别克斯坦元首在上海举行峰会。中、俄、哈、吉、塔、乌六国在上海宣布成立“上海合作组织”,共同签署了《上海合作组织宪章》《打击恐怖主义、分裂主义和极端主义上海公约》以及《上海合作组织成立宣言》。

判处罪犯 712 人,同比上升 14.8% 和 13.3%。[①] 这说明中国的暴恐犯罪进入了活跃期,反恐斗争越来越激烈,需要完善的刑事立法为反恐工作提供法律保障。《刑法修正案(九)》就是适应这样的形势应运而生的。

(一)《刑法修正案(九)》关于恐怖主义犯罪的立法特点

《刑法修正案(九)》第 5 条至第 7 条是关于恐怖主义犯罪的规定,对《刑法》第 120 条和第 120 条之一的内容进行了修改,并且在第 120 条之一后新增设了 5 个条文。通过对这些条文进行分析与比较,发现《刑法修正案(九)》关于恐怖犯罪的具体规定具有以下特点。

1. 预备行为的实行化

《刑法修正案(九)》关于恐怖犯罪立法的最明显倾向就是将恐怖犯罪的预备行为实行化,如《刑法》第 120 条之二规定:"有下列情形之一的,处五年以下有期徒刑、拘役、管制或者剥夺政治权利,并处罚金;情节严重的,处五年以上有期徒刑,并处罚金或者没收财产:(一)为实施恐怖活动准备凶器、危险物品或者其他工具的;(二)组织恐怖活动培训或者积极参加恐怖活动培训的;(三)为实施恐怖活动与境外恐怖活动组织或者人员联络的;(四)为实施恐怖活动进行策划或者其他准备的。"预备行为的实行化,意味着刑法对恐怖犯罪打击的提前介入。恐怖犯罪具有严重的社会性和刑事违法性,一旦被得逞将会对人民的生命健康和财产安全造成重大损害,因此刑法的提前介入有助于消除恐怖犯罪的潜在威胁,实现对法益的提前保护。中国的立法特点也顺应了世界范围内恐怖犯罪的立法趋势,如德国反恐立法的一个主要特点就是犯罪化前置,将恐怖犯罪前期的预备预谋、帮助、资助、参加恐怖组织的行为都规定为犯罪,《德国刑

---

① 靳高风:《2014 年中国犯罪形势分析与 2015 年预测》,载《中国人民公安大学学报》(社会科学版)2015 年第 2 期。

法典》第129a、129b条就体现得非常明显。[①] 美国、英国、意大利的反恐立法都具有这样的特点。

2. 帮助行为的正犯化

所谓帮助行为的正犯化是指刑法分则条文直接将某种帮助行为规定为正犯行为,并且设置独立的法定刑。[②] 体现在《刑法修正案(九)》中就是第120条之一,所增加的第2款的规定:"为恐怖活动组织、实施恐怖活动或者恐怖活动培训招募、运送人员的,依照前款的规定处罚。"恐怖犯罪的帮助行为被正犯化后,就意味着帮助行为变成了实行行为,在刑罚的适用上不再适用刑法总则对帮助犯设置的刑罚,而适用第120条之一配置的独立的法定刑。并且帮助行为正犯化后,按照共犯的从属性理论,对正犯的教唆、帮助可以成正犯的教唆犯和帮助犯。恐怖犯罪的招募、运送行为可以成立帮助犯和教唆犯,扩大了此类行为的打击范围和打击力度,这也是犯罪前置化的一种表现。

3. 关联行为的增加

《刑法修正案(九)》对与恐怖主义犯罪相关联的行为也作了相应的规定,使得打击恐怖犯罪的刑事法网更加严密。如第38条对《刑法》第311条作了修正规定:"明知他人有间谍犯罪或者恐怖主义、极端主义犯罪行为,在司法机关向其调查有关情况、收集有关证据时,拒绝提供,情节严重的,处三年以下有期徒刑、拘役或者管制。"修改以后将拒绝提供恐怖主义、极端主义犯罪证据的行为入罪化,纳入刑法的规制范围,有力震慑了对暴恐犯罪的包庇行为。第40条在对《刑法》第

---

① 《德国刑法典》第129a条规定对创建恐怖组织的行为进行惩罚,并将其扩大适用于国外的恐怖组织和犯罪组织,参与或支持此类组织也被视为刑事犯罪;禁止在德国境内参与任何犯罪组织,即使经过谋划的犯罪行为发生在德国境外;取消对具有宗教基础的极端组织犯罪的指控的豁免,也能基于与其他极端组织同样的理由而被禁止。《德国刑法典》第129a条,扩大了成立恐怖组织的刑事犯罪范围。包括创立、参加和资助恐怖组织等,以便处理国际恐怖主义带来的新型威胁。

② 张明楷:《论〈刑法修正案(九)〉关于恐怖犯罪的规定》,载《现代法学》2016年第1期。

322 条作了修正规定:“为参加恐怖活动组织、接受恐怖活动培训或者实施恐怖活动,偷越国(边)境的,处一年以上三年以下有期徒刑,并处罚金。”修正案提高了对于涉恐犯罪偷越国(边)境行为的法定刑,普通的偷越国(边)境行为处一年以下有期徒刑、拘役或者管制,涉恐偷越国(边)境的最高可处三年有期徒刑,并处罚金。

(二)《刑法修正案(九)》关于恐怖犯罪立法的进步

《刑法修正案(九)》对恐怖犯罪的修正使恐怖犯罪的刑事法网更加严密、刑罚结构趋于优化,相比之前的立法有很大的进步。这也说明我国的反恐立法在借鉴世界发达国家的反恐立法方面还是所助益的。

1. 刑事法网更加严密

在《刑法修正案(九)》之前,我国的刑法典中规定的关于恐怖主义犯罪的专属罪名只有两个,即《刑法》第 120 条的组织、领导、参加恐怖组织罪和资助恐怖活动罪,相关罪名则是与恐怖犯罪相结合的散见在各章的纵火罪、爆炸罪、故意杀人罪、故意伤害罪、绑架罪、故意毁坏财物罪等罪名。《刑法》第 120 条第 2 款也规定了在实行恐怖犯罪的同时,其依附行为也构成上述犯罪的,可以进行数罪并罚,对恐怖犯罪分子形成了有力威慑。问题是数罪并罚的前提是每个行为都构成了犯罪,而现实发生的情况是伴随恐怖犯罪发生的行为都具有严重的社会危害性,如为恐怖组织培训、招募、运送人员的行为,利用网络讲授、宣扬恐怖主义、极端主义的行为,之前刑法的恐怖犯罪的规定很难对以上行为进行正确的评价,因而就不能认定为犯罪,也就无法进行有效的规制和打击,但是它们的现实危害性却是事实存在着。这就形成了打击恐怖犯罪的现实需要与恐怖犯罪立法滞后的困境。

《刑法修正案(九)》的出台,就是为了改变刑法在恐怖犯罪方面罪名设置滞后的现状,新增加了 5 个罪名和扩大了行为方式。其中,将资助恐怖活动罪调整为帮助恐怖活动罪,行为方式的增加使此罪的适用范围得以相应地扩大;而新增加的 5 个罪名,更是将恐怖主义犯罪发生、发展中具有独立意义和严重社会危害性的行为直接规定为犯罪,这样的修正力度,在此前的历次刑法修正中都是极其少见的。① 并且把与恐怖主义犯罪相关的偷越国(边)境罪、拒不提供恐怖犯罪证据罪也纳入到了惩治恐怖犯罪的体系中,与毒品犯罪、洗钱犯罪等规定一起构成了打击与惩治恐怖犯罪的严密的刑事法网。

2. 刑罚结构趋于合理化

《刑法修正案(九)》在《刑法修正案(三)》的基础上对第 120 条进行修正,对组织、领导、参加恐怖组织罪增设了罚金刑。同时,新增设的罪名全部都配置了罚金或者财产刑。之前的刑法典仅对资助恐怖活动罪配置了财产刑,因为该罪在行为上就体现为金钱物质方面的资助。但是这样的刑法配置已经无法适应当前惩治恐怖犯罪的需要。虽然恐怖犯罪具有强烈的政治目的,不以经济利益为最终的追求,但是不能忽略的实际情况是财产是恐怖犯罪活动的基础和保障,这也可以解释为什么恐怖组织总是通过各种合法或非法的方式筹集资金。金钱是恐怖主义的基础,若没有雄厚的财产基础,恐怖分子将无法培训人员、购买先进的武器、进行恐怖活动。因此对恐怖犯罪施加财产刑,有利于消除恐怖犯罪的财产基础,打击恐怖犯罪的嚣张气焰,从一定程度上遏制恐怖犯罪的高发态势。之前的刑法典由于财产刑的缺失,导致刑法在惩治恐怖犯罪方面的刑罚结构不太合理。《刑法修正案(九)》已经认识到财产刑在控制恐怖犯罪方面的重要性,所以对原来的组织、领导、参加恐怖组织罪和新增加的恐怖主义犯罪均设定了财产刑。这样一来,刑法典中关于恐怖主义的犯罪都配置了主刑和附加刑,刑罚有序衔接,刑罚结构得到优化,更加合理和科学,形成了对惩治和预防恐怖主义犯罪的有力支撑。

---

① 胡江:《刑法修正案(九)恐怖主义犯罪规定的解读与思考》,载《理论月刊》(法政探索)2016 年第 7 期。

（三）《刑法修正案（九）》关于恐怖犯罪立法方面的缺陷与完善建议

1. 恐怖主义犯罪规制刑事立法模式的不科学与完善建议

当前，世界各个国家与地区关于恐怖主义犯罪的刑事立法模式概括起来大致有三种：(1)制定专门的打击恐怖主义犯罪的法律；(2)在刑法典中设专门的章节来规定恐怖主义犯罪，如《俄罗斯刑法典》将恐怖主义犯罪集中规定在第24章的"危害公共安全的犯罪"中，并在基础上进一步细分恐怖主义的犯罪类型，明确具体；(3)在刑法中没有将恐怖主义犯罪规定为独立犯罪，只是根据行为的性质和目的，规定各种恐怖主义犯罪分别适用杀人、伤害、爆炸等具体犯罪的规定。① 反观中国的恐怖犯罪刑事立法，无论是现行的《刑法修正案（九）》，还是以往的刑法及刑法修正案都没有设定专门的章节来规定恐怖主义犯罪，只是按照恐怖主义犯罪侵害的客体法益以及恐怖主义犯罪的社会危性程度，将恐怖主义犯罪的专属罪名和相关罪名分散地规定在危害社会公共安全罪和危害社会管理秩序罪这两个章节中，呈现出恐怖主义犯罪罪名的碎片化和模糊化。这样极为"分散"的立法模式存在极大的弊端：首先，模糊了恐怖主义犯罪与一般刑事犯罪之间的界限。② 我们很难分辨出恐怖主义犯罪与严重侵害公民生命健康及重大财产安全的一般刑事犯罪的根本区别。其次，碎片化的刑事立法模式不利于民众充分认识和把握恐怖主义犯罪的本质和特征。最后，分散性的立法增加了司法实践中理解和适用法律的难度。

针对我国恐怖主义犯罪刑事立法的缺陷，我们可以学习和借鉴俄罗斯的立法模式，在宪法的统摄下，在不破坏现有刑法结构的完整性统

① 黄太云：《立法解读：刑法修正案及刑法立法解释》，人民法院出版社2006年版，第42页。

② 李晓光：《恐怖主义犯罪规制的比较法之维》，载《甘肃政法学院学报》2014年第2期。

一性的情况下,设置专门的章节来规定恐怖主义犯罪,把现有的恐怖主义犯罪以及与恐怖主义相关的犯罪都吸收进去,并按照行为的性质和情节的轻重对恐怖主义犯罪进行类型化的划分。同时,结合我国缔结和加入的恐怖主义国际公约和协定并结合我国的实际,将公约中列举的恐怖犯罪行为但是我国刑法中还未规定的列入刑事犯罪行为中,如核恐怖犯罪,实现国内反恐法律与国际反恐立法的接轨,有助于我国在反恐领域与其他国家开展广泛的合作与交流。

2. 网络恐怖主义犯罪刑事立法存在的漏洞及完善建议

信息时代恐怖犯罪表现出一个明显的特点就是恐怖主义犯罪网络化。恐怖分子充分利用网络平台传播恐怖主义犯罪信息、传授恐怖主义犯罪技能、恐怖主义募资和融资、煽动实施恐怖犯罪袭击,网络成为恐怖犯罪分子的重要工具。例如,2009 年我国新疆发生的"7 · 5"暴力打砸抢事件就是恐怖分子借助网络一手推动的。[①] 由于网络的虚拟性和通信的便捷性,恐怖犯罪的隐蔽性提高、犯罪成本大大降低,恐怖犯罪分子能够以最小的代价达到犯罪的最大目的,因此恐怖犯罪分子越来越倾向于网络恐怖犯罪。我国也充分认识网络恐怖犯罪的危害性,《刑法修正案(九)》增设宣扬恐怖主义、极端主义、煽动实施恐怖活动罪,从立法上填补了刑法在规制网络平台宣扬、煽动恐怖主义犯罪的法律漏洞;增设了网络犯罪技术支持行为的专门罪名,有利于打击恐怖分子利用网络提供技术支持的行为,符合当前打击网络恐怖犯罪发展的需要。但是相对于网络恐怖犯罪发展的态势和危害性程度,当前的刑事立法仍然存在缺陷和漏洞。如《刑法》第 291 条之一规定的编造、故意传播虚假恐怖信息罪,很明确法律打击的是编造、故意传播虚假恐怖信息的行为,问题是若传播的是真实的恐怖信息该如何处理,该行为同样也会引起社会公众的巨大恐慌,引起社会管理秩序的混乱,带给政府巨大的压力,实现了恐怖犯罪的直接犯罪目的,但是刑法中却找不到一

---

① 2009 年 7 月 5 日境外分裂势力以广东省韶关旭日玩具厂发生的一起普通治安事件为借口,煽动民族、宗教仇恨,利用网络平台教唆极端暴力恐怖主义分子在新疆乌鲁木齐市实施恐怖袭击犯罪。

个合适的罪名来准确评价该具有社会危害性的行为，这不能不说是刑法在规制恐怖主义犯罪立法方面的漏洞。即便是《刑法修正案(九)》对网络提供专门犯罪技术支持的行为进行了立法规制，相关罪名规定在妨害社会管理秩序罪章节，配置的法定刑相对较轻。现实情况却是网络恐怖犯罪威胁的是国家安全、公共安全，其社会危害性已经超出网络犯罪技术支持行为专门罪名的评价范围，罪责刑严重不均衡，也不符合立法者的价值判断。

为此，有必要将编造、故意传播虚假恐怖信息罪中"虚假"二字去掉，这样就将编造、故意传播真实恐怖信息的行为予以犯罪化；利用网络传授恐怖犯罪技能、提供恐怖犯罪技术的行为可以设置在《刑法》第2章危害公共安全罪中，以达到行为的社会危害性与罪名相适配的目的；鉴于网络安全的重要性，单纯以计算机信息系统作为犯罪对象的恐怖主义犯罪完全可以成立；增设利用互联网威胁实施恐怖活动罪。

New Characteristics and Criminal Regulation of Terrorism Crime

Qu Yaolun

[**内容摘要**]恐怖主义犯罪在世界范围内已经滥觞，给人类社会的和平与安全带来严重的危害，为了有效预防和应对恐怖主义犯罪，一方面，要充分认识和把握当下恐怖主义犯罪发展的新趋势，在意志形态、组织形式、袭击手段、攻击目标方面的变化。另一方面，通过介绍国外美国、德国、俄罗斯反恐立法的特点，把握当下世界反恐立法的发展脉络，并结合《刑法修正案(九)》关于恐怖犯罪的规定，分析、比较我国反恐立法方面的进步和存在的缺陷与不足并提出完善建议。

[**关键词**]恐怖主义犯罪；立法特点；刑法修正案九；刑法规制

Abstract: The crime of terrorism has taken place more frequently in the world, and it has brought serious harm to the peace and security of human society. In order to effectively prevent and deal with the crime of terrorism, we should fully understand and grasp the new trend of the development of terrorism, in the form of the will, the form of organization, the means of attack, changes in the target of attack. On the other hand, by introducing the characteristics of anti-terrorism legislation in the United States, Germany and Russia, we will grasp the development of anti-terrorism legislation in the world, and combine the criminal law amendment (9) to analyze and compare the progress and shortcomings of anti-terrorism legislation in our country, and make perfect suggestions.

Keywords: Terrorism crimes; The characteristics of legislation; The criminal law amendment 9; Criminal law regulation

网络暴恐信息筛查标准(建议稿)*

印　波**

目　次

前　言

在信息化时代,网络暴恐信息逐渐成为恐怖活动的主要诱因之一。网络暴恐信息的内容主要为招募恐怖组织成员,发布各种恐怖、暴力、

---

* 本文为中国法学会一般项目“网络暴恐信息筛查标准研究”[编号:CLS(2015)C78]的成果。

** 北京师范大学刑事法律科学研究院副教授,英国阿伯丁大学法学博士。

血腥的景象,募集资金以及物资装备,教授暴恐方法、技能等。网络暴恐信息(尤其是网络暴恐音视频)的传播成本低,传播渠道便利,然而技术监管却比较难,产生的社会危害难以预料、衡量且具有弥散性,造成的潜在破坏可能较暴恐实行行为更加严重。有经验性的事实表明我国发生的一些“恐怖事件”与暴恐音视频有直接或间接的关系。我国在规制网络暴恐信息时主要依赖刑事法,辅之以相关的行政规制程序。在判断何谓网络暴恐信息时,刑事法所提供了大致的框架。这些标准过于抽象,且由于刑法系最终保障法,不便于各类网络筛查人员援引。反恐怖的主要阵地不应当是事后的惩戒,而更多的是政府和社会各界齐抓共管下事前的密切监视和及时筛查、删除。

国家网信办于2005年创设了中国互联网违法和不良信息举报中心,并于2014年发布了《关于鼓励网民举报暴恐音视频等违法信息的公告》。对于网民举报的每条含有宣扬宗教极端思想、教唆实施暴力恐怖袭击、传授暴恐犯罪技能、煽动民族仇恨、鼓吹分裂主义等违法信息有害信息,举报中心经核实后将根据危害程度给予1000元至1万元的奖励,对于特别重要的有害信息和线索,举报中心将会同有关部门给予重奖,奖金为10万元。举报中心在举报网站(www. 12377. cn)以及网络举报客户端设置了专门的暴恐有害信息举报入口。从举报中心对网络暴恐信息举报的相关统计数据、情况来看,该项工作呈现出如下特征:(1)举报数量不断攀升;(2)举报渠道不断拓宽;①(3)举报情况统计日趋全面;(4)举报受理流程日臻完善;(5)举报处置仍然具有一定运动化特征;(6)暴恐有害信息界定不明确。② 该举报体系不能完全释放出治理药力,原因在于其程序性意义过于浓厚,而缺少实体性规定,即规定了较为详细的举报受理、审核、移交、处理、奖励程序,而缺少对

① 除了举报中心开通的网站、移动客户端、微信公众账号、微博公众账号等,全国31个省、直辖市、自治区举报部门以及腾讯网等228家主要网站均开通举报电话,并在网站首页显著位置设置“暴恐有害信息举报入口”的图标,有些在移动客户端设置窗口引导群众举报。

② 参见印波:《〈网络暴恐信息筛查标准〉创制的必要性及初步设想》,载《中国行政管理》2017年第4期。

于网络暴恐有害信息的具体界定。没有网络暴恐有害信息的明确类型,则举报制度空有程序树皮,缺少实体树干,网络信息反恐必然乏力且不经济。

起草说明及理由

在这样的背景下,《网络暴恐信息筛查标准》呼之欲出。创制《网络暴恐信息筛查标准》可以为群众举报提供相对明确的指引,提高网络暴恐信息举报的针对性和有效性;也为举报中心及各网站提供便利,提高暴恐信息筛查效率,节约行政执法资源。不仅如此,《网络暴恐信息筛查标准》还有助于明确反恐刑法的相关定义——诸如暴力恐怖、宗教极端等,从而增强网络反恐的效能。这就如同认定新型毒品犯罪时,需要依据国家食品药品监督管理局、公安部、卫生部发布的《麻醉药品品种目录》《精神药品品种目录》一般。[①] 故此,《网络暴恐信息筛查标准》可以作为打击新型暴力恐怖犯罪有益且必要的补充。鉴于此,该标准最好应当上升到行政法规或部门规章的级别,由国家网信办负责起草。当然,由于网络暴恐信息的有效治理可能依赖于行业内部的伦理自觉,也可以作为行业内部的自治规则。

该标准应当建立在现有的法律、法规、规范性文件、国际公约和联合国决议基础上,在话语体系上与已有规范在原则上保持一致,不可以违背上位规范的规定(标准中详细列明了这些规范)。最高人民法院、最高人民检察院、公安部《关于办理暴力恐怖和宗教极端刑事案件适用法律若干问题的意见》,新疆高级人民法院、检察院、公安厅、文化厅和工商行政管理局联合发布的《关于严禁传播暴力恐怖音视频的通告》等对网络暴恐信息作了简单的类型划分,尤其需要在标准中予以充分体现。腾讯等企业内部的一些关于暴恐音视频筛查的指引也需要充分予以借鉴。当然,对于暴恐音视频的类型划分涵盖不了所有的暴

① 参见印波:《〈网络暴恐信息筛查标准〉创制的必要性及初步设想》,载《中国行政管理》2017 年第 4 期。

恐信息。暴恐信息的筛查标准具有一定的前瞻性和预见性,其规制的信息形式包括但并不限于现有的暴恐音、视频。目前而言,暴恐音、视频在引发暴恐犯罪方面虽然是罪魁祸首,但是它无法涵盖其他的一些煽动、教唆暴恐犯罪的信息形式,如音、视频的截图以及相关的暴恐书籍。以上这些规范指引经过位阶整理和协调后,提供了暴恐信息筛查标准的框架。由于这些客观的框架具有一定抽象性,还需要进一步写实。笔者将对已经确认为暴恐有害信息(含大量外文文献、境外网站上整理的暴恐有害信息)作系统梳理、概括归类,以一定合理的方式编排起来,最终形成了《网络暴恐信息筛查标准(建议稿)》。当然,如同我国反恐怖主义以及网络安全监管领域的全新局面一样,《网络暴恐信息筛查标准(建议稿)》也不免具有一定的探索性,希望广大读者予以批评指正。

一、一般规定

第一条【法律基础】

本标准的法律基础为《反恐怖主义法》、《刑法》及其修正案(尤其是《刑法修正案(三)》和《刑法修正案(九)》)、《国家安全法》、《网络安全法》、全国人大常委会《关于加强网络信息保护的决定》和《关于维护互联网安全的决定》等法律,国务院《互联网信息服务管理办法》《互联网上网服务营业场所管理条例》《电信条例》等行政法规,公安部《计算机信息网络国际联网安全保护管理办法》《互联网安全保护技术措施规定》,公安部、国家互联网信息办公室、工业和信息化部、环境保护部、国家工商行政管理总局、国家安全生产监督管理总局联合发布的《互联网危险物品信息发布管理规定》、国家互联网信息办公室发布的《互联网新闻信息服务管理规定》、国家广播电影电视总局《互联网等信息网络传播视听节目管理办法》等部门规章,最高人民法院、最高人民检察院、公安部《关于办理暴力恐怖和宗教极端刑事案件适用法律若干问题的意见》等法律解释,新疆维吾尔自治区人民政府《关于加强互联网信息安全管理的通告》,新疆维吾尔自治区高级人民法院、人民检察院、公安厅、文化厅和工商行政管理局联合发布的《关于严禁传播暴力恐怖音视频的通告》,新疆维吾尔自治区高级人民法院、人民检察院和公安厅联合发布的《关于依法严厉打击暴力恐怖活动的通告》,联合国大会通过的《联合国全球反恐战略》等决议,联合国安理会通过的第1373(2001)号、第1624(2005)号、第2178(2014)号等决议,以及中国加入的一系列反恐怖主义国际公约。

第二条【制定背景】

在网络新媒体技术普遍应用的环境下,暴力恐怖音频、视频已经成为我国暴恐案件多发的重要诱因。恐怖分子利用互联网信息技术从事煽动、教唆、招募、资助恐怖活动,使反恐工作遭受严峻挑战。我国国家互联网信息办公室召开全国视频会议,研究部署打击网络暴恐音、视频工作,在全国开展“网络暴恐音视频专项清理行动”,要求各地网信部门把网络反恐工作放在日常工作重要位置。国家及各地网信办互联网违法和不良信息举报平台正式上线,设置了专门的暴恐有害信息举报入口,并指导一些主要属地网站建立了举报中心。网络是国家反恐的新战场,网络恐怖主义亟须应对。网络与信息安全是国家安全的重要组成部分,必须加强网络管理,防范、制止和依法惩治网络暴恐信息等违法有害信息。

第三条【制定目的】

针对网络时代暴恐音视频传播频繁以及对于暴恐事件的诱发作用,同时缺乏足够的规范指导的问题,本标准旨在拟定具体的网络反恐信息筛查标准,为涉网职能部门、机构和企事业单位在筛查、研判、监控、报告、拦截、清理、消除网络暴恐信息提供相对明确的指导,为公安司法机关及国家安全机关提取、保全、审查、移交暴恐证据提供依据,为网民举报网络暴恐有害信息提供更为具体的参考。

第四条【调整范围】

本标准适用于所有在我国传播的与恐怖组织、恐怖分子、恐怖主义思想、恐怖活动、恐怖方法和技能、恐怖辅助行为和其他相关的网络信息,尤其是含有宣扬、煽动、教唆、帮助、组织、策划、准备实施、实施暴力恐怖、宗教极端、民族分裂等内容的音视频、电子图书、文稿、图片(含视频截图):

(一)"暴力恐怖",是指通过暗杀、爆炸、劫机、投毒、绑架、劫持人质等毁灭、暴力和威胁手段,实现恐怖效果的思想、言论和行为。旨在以攻击计算机网络系统为目的的"网络恐怖主义"和以破坏生态环境造成恐怖效果为目的的"生态恐怖主义"等也应当认定为恐怖主义。

(二)"宗教极端",是指断章取义,歪曲宗教教义,破坏国家宗教政策,或者宣扬极端意识形态,仇视社会、反对人类的思想、言论和行为。邪教不仅是极端宗教教派,而且近些年来往往表现为一种特殊的恐怖主义,必须从反恐的高度予以认真对待。当邪教组织面向公众和社会,采取各种暴力或破坏手段制造社会恐怖,以达到某种政治性或社会性目的时,相关活动就具备了恐怖主义的特征。

(三)"民族分裂",是指聚集部分民族势力或反动势力,接受国际势力的直接或间接支持与资助,以脱离平等、团结、互助的社会主义民族关系的整体为目的,破坏国家统一和团结,攻击我国现有的民族政策、法律法规、境内少数民族群众生活习惯,制造并加剧各民族之间以及本民族内部的隔阂的民族分离思想、言论和行为。民族分裂主义是民族主义极端化的产物,与暴力恐怖主义、宗教极端主义具有天然的联系。

所有符合本条第一款三项特征之一的信息一律属于本筛查标准所指的有害信息。对于是否有害尚需审核、确认的信息属于本筛查标准所指的敏感信息。

有害信息和敏感信息的载体可以是网站、网页、论坛、电子邮件、博客、微博、贴吧、唱吧、即时通讯工具、群组、聊天室、网盘、微盘、网络电话、手机及其应用软件、其他网络应用服务、电子阅读器等;信息的形式可以是视频、音频、电子图书、文稿、图片等。

有害信息和敏感信息的来源可以是境内的网络载体,也可以是境外的网络载体,且没有语言限制。同等内容的情况下,语言风险层级排序为维吾尔语、汉语、土耳其语、哈萨克语、阿拉伯语、英语、俄语等。在审查该类信息时,不仅要关注信息的语言表达,也需要关注信息的字幕或文字表达。

本标准遵循法律面前人人平等的原则,反对区分民族、种族、宗教信仰并刻意隔离一定的群体,反对采取歧视性态度。

第五条【适用主体】

本标准的制定响应了国家坚决反对和禁止恐怖主义和极端主义思想,将反恐怖主义纳入国家安全战略中,动员所有职能主体,依靠、动员企业事业单位开展反恐怖主义工作,严密防范恐怖主义信息的号召。本标准的适用主体可以是公安司法、国家安全、网信、电信、新闻、出版、广播、电影、电视、文化等有关单位、网络与信息系统运营者、电信业务经营者、互联网服务提供者等。一般的网民也可以根据该标准向职能主体举报、检举、控告。

二、恐怖组织

第六条【原则】

凡是由恐怖组织制作、发布、传播的网络信息均应认定为有害信息。恐怖组织的政治纲领、章程、宣言等揭示组织自身性状或理念的信息是有害信息。即便是非暴力的宣传性信息,只要是恐怖组织制作、发布、传播的,均应认定为有害。

符合下列标准的,可以认定为恐怖组织:

(一)以暴力、破坏、恐怖等手段,从事恐怖活动,以引发社会恐慌、破坏社会稳定、危害人民群众生命财产安全、制造民族仇恨、危害国家安全和统一为目的的组织;

(二)一般三人以上,组成人员相对固定,具有一定的组织领导或分工体系;

(三)符合本款(一)和(二)的特征,并具有下列情形之一:曾组织、策划、煽动、实施或参与实施恐怖活动,或正在组织、策划、煽动、实施或参与实施恐怖活动;资助、支持恐怖活动;建立恐怖活动基地,或组织招募、训练、培训恐怖分子;与其他国际恐怖组织相勾结,接受其他国际恐怖组织资助、训练、培训,或参与其活动。

本标准中的恐怖组织既包括国内的恐怖组织,也包括总部位于中亚、中东等境外地区的恐怖组织;既包括国家反恐怖主义工作领导机构(及公安部反恐怖局)认定的“东突”恐怖组织,也包括有管辖权的中级以上人民法院在审判刑事案件的过程中依法认定的恐怖组织,还包括联合国安理会认定的恐怖组织。在对涉恐信息进行筛查时,既需要重点审查“东突厥斯坦伊斯兰运动”“东突厥解放组织”“世界维吾尔代表大会”“东突信息中心”“伊吉拉特”等“东突”恐怖组织,也需要关注境外为“东突”组织提供训练、培训、资助并与其相互勾结的“伊扎布特”“伊斯兰国”“基地组织”等极端恐怖组织。

涉网职能部门、机构和企事业单位可以根据需要制定“主要恐怖组织”名单,作为该标准的附录之一。“主要恐怖组织”名单可随着情势不断变更。这些情势包括新的暴恐事件的出现,公安司法机关对以往涉嫌暴恐犯罪的组织的排查、锁定以及国际反恐局势的发展等。

第七条【邪教恐怖组织】

凡是利用歪理邪说蛊惑人心,控制信徒,让众多信徒为追求他们所谓的理想(成仙成佛、消灾避难、躲避世界末日、圆满等)狂热痴迷,愿意实施亡命舍身、集体自杀等极端行为,造成社会恐慌的组织均为邪教恐怖组织。

邪教组织制作、发布、传播的可能引发自焚、虐杀、以残忍方式伤害等暴力恐怖行为,或渲染恐怖场景,造成社会恐慌的信息应认定为有害信息。

对于影响力大的邪教恐怖组织所制作、发布、传播的音视频、电子图书、文稿、图片等信息,应重点予以审查。

三、恐怖分子

第八条【原则】

凡是由恐怖分子制作、发布、传播的网络信息均应认定为有害信息。即便是非暴力的宣传性信息,只要是恐怖组织制作、发布、传播的,均应认定为有害。符合下列标准之一的个人,均可以认定为恐怖分子:

(一)恐怖组织的成员;

(二)宣扬、煽动、教唆恐怖主义的;

(三)组织、领导、参加恐怖活动组织的;

(四)组织、策划、准备实施、实施恐怖活动的;

(五)为恐怖组织或者人员提供信息、资金、物资设备或者技术、场所等支持、协助、便利的;

(六)从事其他恐怖活动的。

本标准中的恐怖分子既包括国内的恐怖分子,也包括总部位于中亚、中东等境外地区的恐怖分子;既包括国家反恐怖主义工作领导机构(及公安部反恐怖局)认定的“东突”恐怖分子,也包括有管辖权的中级以上人民法院在审判刑事案件的过程中依法认定的恐怖分子,还包括联合国安理会认定的恐怖分子。

在对涉恐信息进行筛查时,既需要重点审查第九条所指的“重要人物”,也不能遗漏从事一般暴恐行为的恐怖分子;既要审查幕前被拍摄、录制、记录的恐怖分子,也要研判幕后制作、发布、传播暴恐信息的恐怖分子;既要审查已制作暴恐音视频、电子图书、文稿、图片的恐怖分子,也要审查从未制作暴恐信息但具有潜在可能性的恐怖分子,还要审查已故但是相关的暴恐音视频、电子图书、文稿、图片仍有可能广为散播的恐怖分子。

第九条【重要人物】

本标准所指的“重要人物”是指符合下列标准之一的恐怖分子:

(一)具有较大的社会影响力,组织、领导、策划、实施、煽动、教唆恐怖活动,造成严重社会危害的;

(二)恐怖组织的头目、骨干成员;

(三)重大恐怖主义犯罪的已决犯或者通缉在逃的犯罪嫌疑人。

凡是由“重要人物”制作、发布、传播的暴恐音视频、电子图书、文稿、图片应认定为有害。对这些人物及其思想、言论、活动进行正面宣传、报道等亦应认定为有害。

涉网职能部门、机构和企事业单位可以根据需要制定“重要人物”名单,作为该标准的附录之一。“重要人物”名单可随着情势不断变更。这些情势包括新的暴恐事件的出现,公安司法机关对以往涉嫌暴恐犯罪的嫌疑人的排查、锁定以及国际反恐局势的发展等。

第十条【男士特征的认定】

视频、图片中的男士,具有下列特征之一的,结合具体场景,具有恐怖分子嫌疑的,该视频、图片应认定为有害:

(一)头部绑或披绿巾、黑巾或白巾;

(二)面部蓄大胡子;

(三)蒙面;

(四)身着黑袍或白袍;

(五)头部绑或手持圣战标语或旗帜、清真言标语或旗帜;

(六)携带致命武器。

男士仅符合本条第一款特征的(一)、(二)、(三)、(四)、(六)之一,则该视频、图片应视为敏感信息,需要结合人物所阐述的内容以及信息的背景认定是否构成有害信息。男士符合本条第一款特征(五)的,该视频、图片应直接认定为有害。

第十一条【妇女、儿童特征的认定】

视频、图片中的妇女,具有下列特征之一的,具有恐怖分子嫌疑的,该视频、图片应认定为有害:

(一)妇女全身上下罩吉里巴甫(黑色长袍、长头巾),中青年妇女穿戴里切克(长袍、长头巾);

(二)面蒙黑面纱或以其他方式隐蔽面部特征;

(三)头部绑或手持圣战标语或旗帜、清真言标语或旗帜;

(四)携带致命武器。

妇女、儿童仅符合本条第一款特征的(一)、(二)、(四)之一,则该视频、图片应视为敏感信息,需要结合人物所阐述的内容以及信息的背景认定是否构成有害信息。妇女、儿童符合本条第一款特征的(三)的,该视频、图片应直接认定为有害。

第十二条【军人特征的认定】

视频、图片中的军人,具有下列特征之一的,该视频、图片应被认定为有害:

(一)蒙面;

(二)头部绑或披绿京、黑京或白京;

(三)头部绑或手持圣战标语或旗帜、清真言标语或旗帜。

如军人蓄大胡子,则该视频或图片应视为敏感信息,需要结合人物所阐述的内容以及信息的背景认定是否构成有害信息。

四、恐怖主义思想

第十三条【原则】

凡是宣扬、煽动、教唆暴力恐怖主义、宗教极端主义和民族分裂主义思想的信息均应认定为有害。

具有下列特征之一的均应认定为恐怖主义思想:

(一)以造成恐怖为目的,宣扬、煽动、教唆实施爆炸、暗杀、纵火、投毒、“自杀式袭击”“人体炸弹”等以暴力手段危害不特定无辜平民生命、公私财产安全与社会稳定,冲击国家机关、扰乱公共场所秩序、交通秩序,破坏法律实施的行为。

(二)断章取义、歪曲宗教教义,宣扬、散布、传播“迁徙”“圣战”“伊吉拉特”“消灭异教徒(‘卡菲尔’)”“建立政教合一的国家(‘伊斯兰王国’‘哈里发国家’)”等宗教极端意识形态的思想。

(三)以分裂新疆为目的,篡改历史,曲解民族政策,大量造谣维吾尔等民族被汉族“压迫”的内容,主张“泛伊斯兰主义”“泛突厥主义”,宣扬、煽动、教唆“维吾尔独立”“东突厥斯坦独立”“建立东突厥斯坦国”等破坏民族团结和国家统一的思想。

在筛查该类信息时,应重点审查那些循环播放或反复出现的视频、图形、照片、符号,判断其是否易使受众产生激进的思想。

在筛查该类信息时,还需要警惕"人权""自决""宗教自由""民族独立""一族一国"等一系列宣传符号,分析它们所处的场景,将少数民族群体的曲解、泄愤与暴力恐怖、宗教极端和民族分裂的借口加以区分。

第十四条【宣扬、煽动、教唆、声援"圣战"】

本标准中的"圣战"(或"吉哈德"),是指宗教组织曲解教义,将驱赶外国人及异教徒和建立纯粹意义上的单一宗教国家作为目标而进行的带有殉教色彩的军事活动。除了"军事圣战"之外,鼓动妇女前往战场,自愿为圣战士兵充当性工作者的"性圣战"也应认定为"圣战"行为。

一切宣扬、煽动、教唆、声援"圣战"的信息均应认定为有害,具体情节包括:

(一)号召建立恐怖秩序、对受众科以"圣战"义务的纪录片、教学视频、音频、手册等。恐怖组织领导人的"圣战"在线讲演(诸如《全球伊斯兰抵抗运动号召》)及其翻译也应归为该类信息。

在筛查该类信息时,应重点审查是否有将"为圣战牺牲"视为信教者的义务、"积累善功""自我拯救"或者"通往天堂"的途径或实现其他"崇高"目标的必需手段等表述或关键词。

(二)就"圣战"思想进行沟通、宣誓、表态的视频、音频及文字记录。该类信息一般含有为"圣战"提供合法性论证,鼓励、动员受众为宗教牺牲、对非信徒攻击等内容。

在筛查该类信息时,应重点审查是否有宣扬殉教者不朽、是否鼓励将"圣战"视为生活方式等表述。

(三)对于"圣战"加以公开辩解、美化、澄清或弘扬的视频、音频、图片、文稿。

在筛查该类信息时,应重点审查是否使用章法、教义规定对"圣战"进行辩解或者以直接或间接的方式予以歌颂、赞美等。将所谓"烈士"(自杀袭击者)的插图、名字予以宣布,希望受众在情感上予以支持、认同等也应归为该类信息。

(四)表示怀疑、批评或谴责“圣战”的人将遭受教法上报应的视频、音频、图片、文稿。所有声称将惩罚、攻击非信徒或“离经叛道者”的信息都应归为该类信息。

(五)宣扬、煽动、教唆女性牺牲自己的尊严、贞洁,来满足“圣战”战士的性需求,从而提高战斗力,将“性圣战”解释为女性洗刷自身罪恶、拯救自己、死后升入天堂的途径的视频、音频、图片、文稿。

(六)积极声援其他组织“圣战者”及恐怖袭击的视频、音频、图片、文稿。例如,“东伊运”在圣战者论坛上发布的题名为《致高加索的圣战者们》的维语视频,盛赞和支持车臣恐怖分子。

“圣战”信息还包括境外势力蛊惑人心,煽动境内人员偷渡出境参加圣战的视频、音频、图片、文稿,即所谓的“迁徙圣战”。

在筛查该类信息时,需要注意该类暴恐信息一般有不同语言版本。例如,“东伊运”通过“晨礼”发布的名为《为了安拉坚持圣战》的视频有阿拉伯语、土耳其语和维吾尔语三个语言版本。

提供“圣战”视频文件托管服务的网站均为有害网站。

散播暴力恐怖思想,宣扬、煽动、教唆“圣战”的网络游戏、歌曲、赞美诗等也应认定为有害。

第十五条【宣扬、散布、传播暴力恐怖思想】

除了上述“圣战”信息之外,一切宣扬、散布、传播暴力恐怖思想的在线传播的教义以及相关信息均应认定为有害。即便没有明确表明建立单一宗教国家的政治理想,只要信息涉及暴力恐怖思想,就可以认定为有害。

为神职人员、其他潜在受众提供的具有暴力伊斯兰思想的理论书籍、文章、手册等在线读物及音视频均应认定为有害。

有害信息不仅包括固定、成型、正式的文本,还包括在传播暴力恐怖思想的聊天室、聊天工具互动中产生的信息。

在筛查该类信息时,应重点关注进入特定聊天室、聊天工具时是否需要经过身份确认,讨论话题是否受到限制,是否允许出现异议的言论等。

那些通过接口可以进入全球暴力伊斯兰虚拟网络的聊天室、聊天工具的信息,应认定为敏感信息,一旦确定涉及暴力恐怖内容,应认定为有害。

第十六条【宣扬、煽动、教唆铲除异教,颠覆世俗政权,建立神的国度】

除了第十四条的"圣战"信息之外,一切宣扬、煽动、教唆铲除异教,用宗教法则替代现有社会规范,颠覆世俗政权,在不信者的土地建立安拉(真主)或其他"神"统治的在线传播的教义及相关信息均应认定为有害。

无论信息中是否明确表明通过暴力恐怖等极端手段实现本条第一款的目的,都应认定为有害。

第十七条【散布宗教极端思想、破坏国家宗教政策,煽动、胁迫群众破坏国家法律确立的婚姻、司法、教育、社会管理等制度实施】

凡是散布宗教极端思想、破坏国家宗教政策,煽动、胁迫群众破坏国家法律确立的婚姻、司法、教育、社会管理等制度实施的信息均应认定为有害,具体情节包括:

(一)违反宗教自由的原则,在信教徒和非信教徒之间制造对立面,宣扬相信的才能得到拯救,不信和抵制的均被贬斥(如称为"撒旦""邪灵")甚至毁灭;

(二)抵制政府管理,利用极端主义煽动、胁迫群众破坏国家法律确立的婚姻、司法、教育、社会管理等制度实施的。例如,损毁结婚证等国家法定证件,认为政府颁发的结婚证不清真,以宗教为由强制包办婚姻、重婚、以宗教仪式代替婚姻登记等。

第十八条【以宗教为名攻击、颠覆党或政府】

凡是以宗教为名诋毁中国共产党、中华人民共和国政府或国家机关形象,煽动、教唆信徒与党或政府作对、决战,攻击、颠覆党或政府的信息,均应认定为有害。

含有涉嫌恐怖活动人员焚烧、损毁或践踏中华人民共和国国旗、国徽、中国共产党党旗、党徽等标志内容的图片、视频,应归为该类信息。

含有涉嫌恐怖活动人员威胁党或国家领导人,或者对其加以侮辱、诽谤的视频、音频,也应归为该类信息。

第十九条【宣扬、煽动、教唆民族分裂】

一切宣扬、煽动、教唆民族分裂的信息均为有害,具体情节包括:

(一)主张维吾尔独立或“东突厥斯坦”独立,鼓吹“东突厥斯坦自古以来就是一个独立的国家”;宣扬“泛伊斯兰主义”“泛突厥主义”或“泛突厥共同体”,鼓噪所有操突厥语和信奉伊斯兰教的民族联合起来,组成一个“政教合一”的国家(“哈里发国家”),叫嚣“要反对突厥民族以外的一切民族”的意识形态;其他旨在将新疆等地区从我国分裂出去,挑战国家安全和领土完整的思想;

(二)歪曲、捏造事实,声称所属的族群遭受汉族侵占、剥削、侵害、欺骗、凌辱、酷刑、屠杀等,渲染族群遭受耻辱,从而煽动、挑唆民族间歧视、仇恨、分裂(尤其是“反汉排汉”的想法)的思想;

(三)歪曲、捏造事实,诬蔑、丑化少数民族干部,将其服从党和政府的领导视为背叛民族利益,煽动民族主义情绪,挑拨干群关系,挑唆少数民族内部敌对,破坏民族团结的思想。

在筛查该类信息时,应重点审查以“世维会”等为首的分裂势力制作发布的煽动分裂国家、破坏民族团结和国家统一的信息。

第二十条【伊斯兰宣教、讲经、传道、劝诫信息】

古兰经讲解等宣教、讲经、传道、劝诫性质的音视频(所谓“台比力克”音、视频)应当根据情况审查。如未获准在中国境内播放,且含有强化穆斯林宗教信仰等内容,应认定为宗教类敏感信息。

在筛查该类信息时,需要密切关注其是否歪曲教义,含有宣扬暴力恐怖、宗教极端或民族分裂内容。如具有上述情节之一的,应认定为有害信息。

五、恐 怖 活 动

第二十一条【原则】

所有出于某种目的,主要针对非军事目标采取暴力、威胁手段,刻意制造恐怖气氛的违法活动都是恐怖活动。恐怖活动既包括实施中的恐怖活动,也包括事前的准备活动和事后的总结活动;既包括实行的活动,也包括教唆、煽动他人实施的活动。记录、再现、描绘、宣扬、渲染恐怖活动的信息均应认定为有害。

暴力手段包括暗杀、爆炸、劫机、投毒、绑架、劫持人质、劫持交通工具、攻击计算机网络系统、破坏生态环境等。

实施暴恐活动、采取武装行动的号召可以归为教唆、煽动实施恐怖活动的信息。

在筛查该类信息时,需要重点关注那些旨在渲染恐怖气氛、要挟社会,含有相应警告和要求,反复播放的视频、音频。

本条的有害信息既包括上传的视频、音频、图片、文稿,也包括通过电子邮件、聊天室、网络会议、BBS 等具有交互技术的聊天工具为暴力恐怖活动的策划、组织、实施而进行的指令、交流、沟通、协调等信息。

第二十二条【实施恐怖活动前的准备活动】

记录、再现、描绘下列实施恐怖活动前的准备活动的信息应认定为有害:

(一)为实施恐怖活动所作的计划、策划;

(二)为实施恐怖活动分析潜在袭击的目标、对象以及应当采取的袭击方法(包括如何突破防御和安检措施);

(三)为实施恐怖活动所作的演练、模拟训练;

(四)即将实施恐怖活动的威胁、恐吓、最后通牒;

(五)实施恐怖活动前的行动宣誓;

(六)其他为最终执行恐怖活动实施的准备活动。

在筛查该类信息时,需要重点关注那些循环播放以实现多次重复出现的视觉效果,旨在渲染恐怖气氛、制造社会恐慌的视频。

即便没有实施恐怖活动的犯意和结果,只要视频、音频、图片、文稿中含有威胁、恐吓采取恐怖活动的内容,都应认定为有害。

第二十三条【自杀式炸弹袭击】

记录、再现、描绘、宣扬、渲染自杀式炸弹袭击的视频、音频、图片以及在论坛、博客、网站的各种描述、渲染性的文字注解均应认定为有害。

在筛查该类信息时,需要重点关注那些揭示自杀式炸弹袭击的意识形态基础(主要是用“圣战”的方式消灭异己),记录、再现、描绘自杀者的个人情况、乘坐的交通工具、炸弹的性状、袭击的目标、对象、策略、受害者的个人情况等的信息。

如该类信息以音视频为载体,还应关注朗读宗教教义,播放宗教音乐或曲目,穿插着记录、再现告别的拥抱、问候、祷告等非语言姿势,表示暴恐群体之间的集体认同和依存关系等情节。自杀者所攻击目标可以是军事车辆、军事基地、飞机,也可以是标志性建筑、政府机关、市镇街道,还可以是重大赛事、仪式、其他重大社会活动现场。

第二十四条【枪毙、斩首、焚烧、绞杀等处决活动】

记录、再现、描绘、宣扬、渲染恐怖分子枪毙、斩首、焚烧、绞杀等处决人质、战俘、平民活动的信息均应认定为有害。

在筛查该类信息时,尤其要关注反映恐怖分子大规模屠杀人质、战俘、平民的信息。在该类信息中,可能会记录、再现、描绘被处决的人的处遇,包括从人格上对其加以羞辱,或限制、剥夺其人身自由,例如展现身穿囚服、剃光头发、绑住双手等情景。

在该类信息中,可能会记录、再现、描绘暴徒在实施暴行后侮辱、肢解、焚烧尸体或制造其他血腥场景,营造恐怖气氛,例如展现尸首分离、血液四溅或烧成灰烬等场景;暴徒在实施暴行后还可能会发表相关的威胁、恐吓言论,暗示下一个暴恐目标。

仅记录、再现、描绘、宣扬、渲染第二、三款的情形之一的信息可以单独认定为有害信息。

第二十五条【殴打、虐待、破坏人体组织的完整、破坏人体器官的正常机能、强迫使用毒品或致人形成瘾癖的麻醉药品和精神药品等故意伤害他人的活动】

记录、再现、描绘、宣扬、渲染恐怖分子殴打、虐待、破坏人体组织的完整(如断手臂、挖眼睛)、破坏人体器官的正常机能(如使人失去听觉、视觉、神经机能失常)、强迫他人使用毒品或致人形成瘾癖的麻醉药品和精神药品等故意伤害他人活动的信息均应认定为有害。

第二十六条【绑架、劫持、控制人质等限制人身自由,予以威胁、恐吓的活动】

记录、再现、描绘、宣扬、渲染恐怖分子绑架、劫持、控制人质等限制人身自由,予以威胁、恐吓活动的信息均应认定为有害。

在该类信息中,恐怖分子有时会提示人质控制的地点,进行威胁并表达交换的对价。

第二十七条【冲击国家机关、扰乱公共场所秩序、破坏交通秩序的活动】

记录、再现、描绘、宣扬、渲染恐怖分子冲击国家机关、使领馆,扰乱车站、码头、民用航空站、商场、学校、公园、影剧院、展览会、运动场或其他公共场所秩序,堵塞交通,破坏交通秩序,抗拒、阻碍国家治安管理工作人员依法执行职务的信息均应认定为有害。

第二十八条【恐怖活动后的声明负责、庆祝、纪念、反思等事后行为】

记录、再现、描绘恐怖分子恐怖活动后的声明负责、庆祝、纪念、反思等行为的信息均应认定为有害,具体情节包括:

(一)展示爆炸装置、火炮、火箭等暴恐武器,袭击后逃匿的策略或其他相关证据,证明实施暴力袭击,就暴力袭击声明负责或认领;

本项的情节包括了恐怖组织或成员为了制造恐怖气氛,获得国际恐怖势力的认同,冒领恶性事件。

(二)庆祝顺利实施暴恐活动或达到了预期的恐怖效应;

(三)纪念实施暴恐活动或对死亡的恐怖袭击者的吊唁;

(四)反思恐怖活动失败的教训,分析恐怖组织接下来所面临的考验。

第二十九条【对恐怖活动的辩解】

记录、再现、描绘恐怖分子对恐怖活动作出各种辩解理由,将恐怖活动合法化、正当化的信息均应认定为有害,具体情节包括:

(一)使用宗教法则、恐怖组织的教义、纲领、恐怖组织领袖的观点、讲话对恐怖活动加以解释。

在筛查该类信息时,尤其要关注恐怖分子为论证恐怖袭击的合法性,选择性地截取一些经典文本(如《古兰经》)的部分文字,或者曲解宗教法则的情况。

(二)歪曲事实,宣称恐怖组织、成员系遭受迫害的受害者,系被逼无奈,遭受歧视,只能通过暴力恐怖袭击来解决,从而要求免除或减少责任。

在筛查该类信息时,要重点审查对恐怖分子伤害他人的信息不加描述,而对政府针对恐怖分子的强制性行动加以渲染的情况,以及“屠杀”“谋杀”“种族灭绝”“限制言论自由、宗教信仰自由”之类的关键词。

(三)颠倒黑白,抹黑政府,宣扬“我们暴力比起敌人的侵害微不足道的”,将政府认定为恐怖组织,通过暴力能力的比较来转嫁或减少责任。

(四)试图颠覆恐怖分子暴力形象,声称正在寻找和平解决问题的方式,暴力恐怖活动只是权宜措施,最终的目标是通过协商和对压迫自己的政府施加压力来解决问题。

(五)其他对恐怖活动的辩解理由。

六、恐怖方法、技能

第三十条【原则】

凡是传授如何进行“圣战”,如何制造、装配、使用炸药、爆炸装置、枪支、管制器具、危险物品、毒药、有毒气体或其他致命化学武器,如何劫持交通工具、侵入计算机网络、使用网络病毒侵袭网站,实施暴力恐怖犯罪后如何逃匿、规避监视或审查、毁灭、伪造证据等方法、技能的信息均应认定为有害。

任何宣称上述方法、技能不得用于恐怖、犯罪活动,但事实上使人可以获悉该等方法、技能的信息,都应当认定为有害。

暴力恐怖犯罪方法、技能既包括根据指南和日常生活经验易操作的方法、技能,如“如何在你妈妈的厨房里制造炸弹”,也包括需要特殊技能,较难操作的方法、技能,如“如何劫机撞楼”;既包括单一方法、技能,如“如何制作‘自杀式炸弹’”,也包括综合、系列方法、技能,如在线书籍《无政府主义者食谱》教授人们制作炸弹,制造假币,近身格斗,用刀刺穿肋骨后准确扎中心脏等一系列犯罪方法、技能。

第三十一条【“圣战”方法、技能】

传授“圣战”方法、技能的电子书籍、文章、手册等在线读物及音视频均应认定为有害,具体情节包括:

(一)涵盖了各种“圣战”的知识和技能的“圣战”百科全书;例如网上流行的《服务及参与“圣战”的39种方式》电子书。

(二)传授如何建立地下“圣战”组织、如何在组织之间建立联系。

(三)传授如何为实施“圣战”制作、装配、使用实施暴力恐怖犯罪的武器。

(四)传授如何执行“圣战”暴力恐怖袭击任务。

第三十二条【制造、装配、使用炸药、爆炸装置等实施暴力恐怖犯罪方法、技能】

传授如何自行动手制造、装配、使用炸药的教学视频、音频、手册、文档等均应认定为有害。例如,网上公开的《恐怖分子手册》《如何制作炸弹》(第二卷)等,收编多篇指导如何制造、装配、使用炸药,动手实施袭击的文章。炸药包括:

(一)冲击炸药(三碘化铵晶体、雷汞、硝酸甘油、苦味酸盐等);

(二)低阶炸药(黑火药、硝化纤维、燃料＋氧化剂混合物、高氯酸盐等);

(三)高阶炸药(旋风炸药、硝酸铵、铵油炸药、三硝基甲苯、氯酸钾、硝酸甘油、硝化淀粉炸药、三硝基酚、苦味酸铵、三氯化氮、叠氮化铅等);

(四)其他爆炸物(铝热剂、燃烧弹、化学火瓶、瓶装气体爆炸物等)。

传授如何自行动手制造、装配、使用爆炸装置的教学视频、音频、手册、文档等均应认定为有害。爆炸装置一般由下列部分组成:

(一)点火装置(导火线、撞击起爆器、电子点火器、电机械点火器、水银开关、拌网开关、无线电控制雷管等);

(二)延时装置(引信延迟、计时器延迟、化学延迟等);

(三)爆炸容器(纸容器、金属容器、玻璃容器、塑料容器等);

(四)炸药/炸弹(锥形炸药、管形炸药、雾化爆炸粒子、灯泡炸弹、书籍炸弹、电话炸弹、火柴头炸弹、肥皂炸弹、油漆炸弹)。

本条所指的爆炸装置包括自杀炸弹背心、人体炸弹及其引爆装置。例如,展示选择面料、缝合背心、选择炸药、放置炸弹碎片、对接雷管等全部过程的教学视频属于有害信息。

第三十三条【制造、装配、使用火炮、火箭、枪支、火箭助推手榴弹、管制器具、自杀车辆、其他危险物品等武器】

传授如何自行动手制造、装配、使用火炮、火箭、枪支、火箭助推手榴弹、管制器具、化学武器、自杀车辆、其他危险物品等武器的教学视频、音频、手册、文档等均应认定为有害。

第三十四条【制造、配制、传播病毒、细菌等生物武器】

传授如何自行动手制造、配制、传播病毒、细菌等生物武器的教学视频、音频、手册、文档等均应认定为有害。

本条所指的病毒、细菌等生物武器系包含它们的孢子在内的致命病原体。例如,如何制造炭疽信件的视频、电子手册属于本条所认定的有害信息。

第三十五条【制造、配制、使用毒药、有毒气体、其他致命化学材料等化学武器】

传授如何自行动手制造、配制、使用毒药、有毒气体、其他致命化学材料等化学武器的教学视频、音频、手册、文档等均应认定为有害。例如,刊载在网上的《圣战者制毒手册》有23页的篇幅来描述如何制作用于恐怖袭击的各式各样自制毒药、有毒气体和其他致命材料。

第三十六条【侵入计算机网络、使用网络病毒侵袭网站造成系统瘫痪等网络恐怖主义方法】

传授如何侵入计算机网络、如何使用网络病毒来侵袭网站造成系统瘫痪等,并且引发大规模社会恐慌的教学视频、音频、手册、文档等均应认定为有害。

第三十七条【规避监视或审查,逃匿、毁灭、伪造证据的方法、技能】

除了常见的暴力恐怖的方法、技能的传授之外,为恐怖分子提供的任何规避监视或审查,逃匿、毁灭、伪造证据从而逃匿罪责的方法、技能传授的信息均应认定为有害。

例如,在圣战者论坛上,“圣战者”们曾在一个名为“Facebook 账号用不了啦!”的帖子下,讨论如何在 Facebook 上规避对“圣战”和“暴力”信息的审查。再如,指导如何下载一个叫“朋友谈话”软件的文稿,这个软件能够让用户在互联网上互相对话而不必担心被监视。

第三十八条【化学实验、武术格斗、武器介绍等科研、教学、科普信息】

涉及化学实验、武术格斗、武器介绍等带有科研、教学、科普性质的信息应视为科研、教学、科普性质的敏感信息。对于该类信息,严禁个人在网上网下传播。如该类信息涉及恐怖活动,一律应认定为有害。

七、预备性、辅助性活动

第三十九条【原则】

本条所指的预备性、辅助性活动,是指为恐怖组织、组织首领、成员或者其他恐怖分子宣传、造势、致敬、悼念等,加强其恐怖活动的合法性,为恐怖组织、恐怖活动提供信息、资金、武器弹药、交通工具、物资设备、技术、场所等支持、协助、便利,帮助其扩充实力、招募人员、提供便利的活动。

凡是宣传、煽动、教唆并致力于实现预备性、辅助性活动的信息均应认定为有害。

第四十条【为恐怖组织、组织首领、成员或者其他恐怖分子的宣传、造势、致敬、悼念等作正面评价】

凡是为恐怖组织、组织首领、成员或者其他恐怖分子的宣传、造势、致敬、悼念等作正面评价的信息均应认定为有害,具体情节包括:

(一)通过各种宣教表明恐怖组织、组织首领、成员具有特殊崇高地位的视频、音频、图片、手册。

本项的情形包含虚构事实甚至编写故事明确应崇拜的偶像以及相应的社会理想。

(二)号召、要求对于宗教组织及首领绝对服从并表现出过度狂热、崇拜,任由摆布的视频、音频、图片、手册。

在筛查该类信息时,重点审查是否采用麻木抑制思维的手段(如冥思、吟诵、说教、公开责骂等)压制对恐怖组织及其首领的怀疑。

(三)记录、再现、描绘恐怖组织及其成员良好宣传、训练、集体动员的纪录片、视频、音频、图片、文字信息(尤其是时事通信)。

在筛查该类信息时,还应关注那些故意编造的使人错误地认为恐怖组织的力量强大和成熟的夸张性报道。

(四)恐怖组织成立、合并、解体等声明。

(五)为恐怖组织、领袖、成员、其他恐怖分子致敬、悼念的视频、音频、图片、文稿。

在筛查该类信息时,应关注信息有时会附有阿拉伯文字幕和宗教经文。

对于恐怖组织、组织首领、成员、其他恐怖分子进行正面介绍、描述、新闻报道的信息应认定为敏感信息。如果其达到宣传、造势的效果,则应进一步认定为有害。

第四十一条【恐怖组织招募人员、动员支持者在恐怖活动中扮演更加积极的角色】

凡是恐怖组织招募人员、动员支持者在恐怖活动中扮演更加积极的角色的视频、音频、电子布告板、电子海报及文字信息均应认定为有害。

在筛查该类信息时,需要了解恐怖组织往往会运用网络技术去捕捉用户的浏览记录,迅速遴选那些对恐怖主义最为热衷或者最为适合开展恐怖活动的人,进而私下联系(如通过私信)他们。猎头们会利用特定问题网络聊天室、网络社区、社交圈等交互技术招募成员。这些邮件、聊天记录等均应认定为有害。

凡是个人表示接受恐怖组织招募,或者明确表示加入恐怖组织、参与恐怖活动的信息也应认定为有害。

第四十二条【为恐怖组织募集资金或其他后勤提供支持】

凡是为恐怖组织募集资金或其他后勤提供支持的视频、音频、电子布告板、电子海报及文字信息均应认定为有害。

在筛查该类信息时,还应关注恐怖组织为了鼓励捐款可能通过互联网公布支持者们捐款的数目。恐怖组织敛财、索要捐款、融资或者洗钱的网络银行、网上赌场、捐助网站等以及交易的账号、电子货币等都可以认定为有害。

在筛查该类信息时,还应关注恐怖分子有时会利用问卷调查的方式了解个人信息,发觉哪些人会对该组织及其成员表示同情,从而为随后要求捐款提供信息依据。这些问卷调查等统计资料的方式及其内容也应认定为有害。具有代表性的是通过掩盖非法活动的合法组织(支持恐怖分子但却与恐怖组织没有任何联系的公共合法组织)的邮件或者其他网络沟通方式要求捐款,这些索要的信息也应认定为有害。

其他后勤上的支持包括为恐怖活动组织或者人员提供信息、武器弹药、交通工具、物资设备、技术或场所等方面的支持、协助、便利。

凡是个人或组织明确表示为恐怖组织或恐怖活动捐助资金或者提供其他后勤上的支持也应认定为有害。

第四十三条【旗帜、图标、网站标识、符号、文字】

凡是出现"圣战"旗帜图标的图片、视频以及文字描述均应认定为有害。这些"圣战"旗帜包括黑旗上加清真言经文(清真言旗或撒哈拉旗,如用阿拉伯文或者维吾尔文所标示的"万物非主,唯有真主"),以及"东伊运""基地"组织等恐怖组织所使用的旗帜、徽章等。

凡是出现黑底白星月、黑底黄星月、白底黑星月、蓝底白星月、红底白星月与蓝底星月在一张旗帜或图标上的图片、视频均应认定为有害,其余星月视监管压力而定。

凡是标明新疆(以及西藏、内蒙古等地区)独立于中华人民共和国,或图中显示维吾尔旗帜、维吾尔斯坦旗帜,或显示任何表意分裂中华人民共和国的图式以及带有该类图标的图片、视频均应认定为有害。

凡是出现恐怖组织及其媒体(如世维会、伊斯兰之声、东突信息中心)网站标识、其他标志的图片、视频均应认定为有害。

八、杂　项

第四十四条【含有暴恐内容的影片、连续剧、动漫、歌曲、网络游戏、诗歌等】

国内外发行的含有宣扬暴力恐怖、宗教极端、民族分裂内容的影片、连续剧、动漫、说唱、歌曲、网络游戏、诗歌等应认定为有害。

对于该类作品的筛查可以参考文化部下发的违法违规互联网文化活动查处名单。例如,网络动漫产品"黑名单"中的《东京残响》应认定为有害。

涉网职能部门、机构和企事业单位可以根据需要制定主要暴恐影片、连续剧、动漫、歌曲、网络游戏、诗歌名单,作为该标准的附录之一。

第四十五条【因犯罪侦查、风险预警、警示教育、科普宣传所作的报道、评论】

因犯罪侦查、风险预警、警示教育、科普宣传所作的网络公开报道、评论等不属于本标准所指的有害信息或敏感信息。

公安司法、网信、新闻出版、广播、电影、电视、文化等有关单位、网络与信息系统运营者、电信业务经营者、互联网服务提供者应把握好报道、评论的犯罪控制、法制教育功能,不能超出公众能够接受的言论自由的界限,渲染恐怖气氛,造成严重的社会恐慌。

第四十六条【对于恐怖事件报道、舆论中涉及身份偏见的信息】

涉及的身份因素容易因言语表达失误而导致对民族或地域产生偏见的恐怖事件网络报道、舆论属于敏感信息。

网络媒体不应缺乏政治理性、违反逻辑常识地将暴恐与新疆人、维吾尔族人、伊斯兰信徒无条件等同起来,或者将冲突性议题极端化,激化宗教、民族矛盾。如遇到该类情况,应该敦促其修改或删除相关信息。

第四十七条【煽动仇恨、造成恐慌散逃事件的谣言】

网上编造、传播虚假暴恐的谣言,煽动仇恨(尤其是民族主义和宗教仇恨)或放大社会公共安全风险,制造社会恐慌的信息属于敏感信息。

新闻媒体报道时不得夸大恐怖事件、渲染恐怖氛围以及发布残忍、不人道场景,该类信息应视为敏感信息。

如上述信息已经威胁国家和社会安全,造成恐慌散逃事件,则应进一步认定为有害。

Standard for Filtering Cyber Violent and Terrorist Information (Recommendation)

Yin Bo

[**内容摘要**]针对网络时代暴恐信息传播频繁,且对暴恐事件具有诱发作用,但却缺乏足够规范指导的问题,《网络暴恐信息筛查标准(建议稿)》将为涉网职能部门、机构和企事业单位在筛查、研判、监控、报告、拦截、清理、消除网络暴恐信息时提供相对明确的指导,为公安司法机关及国家安全机关提取、保全、审查、移交暴恐证据提供依据,为网民举报网络暴恐有害信息提供更为具体的参考。该标准适用于在我国传播的与恐怖组织、恐怖分子、恐怖主义思想、恐怖活动、恐怖方法和技能、恐怖辅助行为和其他相关的网络信息,尤其是含有宣扬、煽动、教唆、帮助、实施暴力恐怖、宗教极端、民族分裂等内容的音视频、电子图书、文稿、图片(含视频截图)。本标准对于暴力恐怖、宗教极端、民族分裂等关键性名词作进一步具体解释,并区分有害信息和敏感信息。

[**关键词**]网络暴恐信息;筛查标准;恐怖主义;有害信息;敏感信息

Abstract: This Standard for Filtering Cyber Violent and Terrorist Information will provide the internet-related authorities, institutes and enterprises with relatively clear guidance in filtering, deciding, supervising, reporting, stopping, clearing and eliminating cyber violent and terrorist information, and provide the basis for the policing and justice agencies and the national security agencies in distilling, ensuring, verifying and transferring the related evidence, and provide the net citizens with a more specific reference for reporting these information. This Standard will apply to cyber information relating to terrorist groups, terrorists, terrorism, terror activities, terrorist skills and means, terrorist supplementary activities and others. This Standard will differentiate between violent terrorism, religious extremism, national separatism and other key nouns whilst the harmful information and sensitive information are also divided.

Keywords: Cyber violent and terrorist information; Filtering Standard; Terrorism; Harmful information; Sensitive information

〔中国刑法〕

刑法治理的公众参与:过程叙事、理论重塑与路径实现*

姚万勤**

目　　次

一、问题的提出与分析的理路

在人类社会进程中,存在诸多维护社会秩序的方式,但是在社会趋于文明的进程中逐渐诞生的法律最终成为社会治理的主要措施。强调

---

* 本文系国家社科基金一般项目"刑法适用公众参与机制研究"(13BFX057)、中央财政支持地方高校建设项目"特殊群体权利保护与犯罪预防研究"项目以及"西南政法大学青年教师学术团队资助项目"(2016XZCXTD—07)阶段性成果。

** 西南政法大学法学院教师,西南政法大学"特殊群体权利保护与犯罪预防研究中心"研究员,法学博士。

法律治理国家的重要性,除了法律本身所具有的明确性与稳定性等原因之外,还主要在于法律作为一种规范体系,对行为人的权利与义务做了较为清晰的划分。不仅能为社会个体的行动提供明确的指引,而且还能对社会治理主体的治理权属问题做出了明确的界分,因而在社会发展进程中越发突出其重要的地位而成为解决社会问题的主要治理工具。柏拉图穷其一生在研究人治与法治的优劣以及晚年对自己的主张改弦更张便可略窥一斑,其在早期作品《理想国》中主张"贤人政治",过分强调哲学家的智慧在国家治理中的重要作用,认为人治优于法治,而人治就是智慧之治,提出"如果没有哲学家成为国王,那么社会将永无宁日"等主张。① 过于强调人治实质在于强调"强者逻辑",最终会与社会运行机制不相符合而招致失败。因此,其在晚年的著作《论政治家》和《论法律》中,将法律称为除了哲学智慧之外的"第二位好的"治国方略。其在《论政治家》中明确提道:"一个专制的政府,如果是根据好的成文法律来统治,就是六种政体中最好的一种,但如果他不根据法律,那就是最无情的,对他的国民的压迫也是最厉害的。"②因而在西方社会的延续中,特别是西方思想解放运动的兴起与促进,导致18世纪资产阶级以突出法律重要价值的法治得以确立,法律作为法治社会的独立要素,以其独特的法律思维、法律知识、法律技术、法律共同体、法律机构等这些法治的要素,对政治权力形成强有力的制约。从19世纪开始,法律成为解决人口、犯罪、贫困等突出社会问题的最为重要的治理工具。可以说,目前在西方社会逐渐形成了内容完备、体系严明的法律治理体系。而我国社会由于处于现代转型以及后现代性的困境中,

---

① 参见姜丽萍:《中西法律思想源流解读》,黑龙江人民出版社2006年版,第79页。

② 值得注意的是,结合柏拉图在《论政治家》和《论法律》中的相关论述,这六种政体分别是指"一人统治的君主政体、少数人统治的贵族政体、多数人统治的平民政体",然后根据是否实行法治,与这三种政体一一对应,分别产生"僭主政体、寡头政体和暴民政体"(参见姜丽萍:《中西法律思想源流解读》,黑龙江人民出版社2006年版,第79页)。当然,这种政体的划分得到其学生亚里士多德的支持,其在《政治学》卷四中对这些不同政体一一加以阐述,参见[古希腊]亚里士多德:《政治学》,吴寿彭译,商务印书馆2012年版,第178~234页。

基于缺乏法律传统以及启蒙思想家的推动，法律成为应对社会转型中的特殊社会问题的工具。我们近20年来的法治建设，就是以“将法律逐步从工具主义中解放出来、将法律作为一种独立的自主性的力量”为目标。虽然对法律的应然和实然面貌有不同之见解和认知，时至今日仍无定论且该争论将一直持续下去，但是，“法律依然成为我们这个时代用来管理社会的最高手段，凭借法律的治理被我们视为现代社会不可更改的标志”。①

刑法作为法律大厦的一个重要分支，理应具有治理社会的重要功能。然而一直以来，刑法由于制裁措施的特殊性而备受统治阶级的青睐和推崇，逐渐被作为对犯罪行为进行谴责的工具，因而在社会治理的过程中越来越呈现出“狰狞”的面目。我国大力提倡社会治理现代化的理论背景之下，刑法过度泛化的治理模式的弊端已经逐渐显现，有两个现象值得我们反思：一是通过高频率、大范围修改刑法的相关规定，导致犯罪圈越来越呈现扩张的趋势，然而所带来的社会治理效果并不显现。二是虽然在现代法治建设的背景之下，我国刑法又在全方位接受西方刑法话语，但是为何我国刑法与其他发达国家相比，仍然显得不够先进，这不仅表现在立法上的随意与司法上封闭化的趋势，而且诸多个案的判决罪名以及量刑结果都难以获得社会公众的积极认同。产生这些现象的原因归结起来，主要是统治阶级在使用刑法治理社会的过程中，过多强调其打击犯罪的工具本性，只要是有危害社会的行为发生，使用刑法介入似乎已经成为社会治理的常态。因此，如何克服刑法治理社会过程中的弊端，重塑刑法治理的社会公众参与模式则成为目前阶段极为重要的理论课题。

基于以上的思考，本文将重点解决以下问题，首先，考察我国刑法治理社会公众参与的具体现状；其次，探求导致我国刑法治理社会公众参与不足的理论根源，并基于这一逻辑思维之下重新确立刑法治理社会公众参与的理论根据；最后，在此理论基础的指导下，为我国刑法治

① 周少华：《刑法理性与规范技术——刑法功能的发生机理》，中国法制出版社2007年版，第61～62页。

理的公众参与建构具体方案。

二、刑法治理公众参与的现状:具体景象与过程叙事

从刑法治理社会发生机理的视角而言,首先,刑法作为法律文本规范,在内容上要严格遵循罪刑法定原则,也即刑法治理社会的广阔及深度必须预先以明文的方式予以规定;其次,刑法同时作为司法法的重要组成部分,对于社会治理效果也是通过刑法对具体犯罪的惩治来予以体现。因此,本文主要从立法与司法两个角度来检视刑法治理公众参与不足的表现。

(一)立法过程的检视:刑法立法公众参与的不足

相对而言,我国立法过程社会公众参与不足主要表现在以下几点。

第一,立法动议的来源形式较为单一。立法的启动要受理智的控制而不能任意启动立法程序,立法的动议是在反复研究的基础上,认为确实有必要增设相关规范的情况下,根据立法权限的划分,由有权提出立法动议的机构提出。① 立法动议谨慎性是基于刑法最后手段原则支配下的确信,也就是说,刑法的规范是否有必要进行设定不是基于某类人的喜好而任意为之的结果。然而事实上,我国立法动议的来源并不像西方社会带有很大的民意导向,甚至在很大程度上带有盲目性和随意性等特点,且受政治因素影响较大。具体表现在两点:一方面,在加强法制建设的同时,刑法逐渐成为人们趋利避害的重要法宝;另一方面,在尚未理性分析刑法规范合理与否的前提下,加快补充修改刑法的呼声此消彼长。一旦司法实践中出现一时半会难以化解的疑难问题,要求补充修改刑法的呼声此消彼长。以恶意欠薪入刑为例。犯罪学认为,经济因素一直是诱发违法犯罪的重要原因,而随着中国经济高速发展,也产生了一系列的社会越轨行为。其中集中反映社会底层现状的

① 张智辉:《刑法理性论》,北京大学出版社 2006 年版,第 233 页。

便是农民工生存权问题,拒不支付劳动报酬似乎就理所当然地成为了农民工生存现状堪忧的缩影。期间不仅有多方媒体报道劳动者在讨薪无望而采取极端自伤自杀的新闻,引起了社会广泛关注,更有甚者,当时身为国家总理的温家宝也卷入了帮助农民工讨薪的行列。因此,将恶意欠薪行为纳入刑法的规制中的呼声越来越高,[①]最终《刑法修正案(八)》正式增设了拒不支付劳动报酬罪。据此可见,这些建议和要求会随着社会问题越发严重而不断被放大,以致在很大程度上影响了立法机关。立法动议的随意是缺乏公众参与的最为重要的表现,由此较易带来两个极端的现象,一是立法活动的频繁。我国从1997年刑法修订颁布之后到2015年《刑法修正案(九)》通过实施,在短短的19年间我国共进行了10次立法活动(其中包括一部单行刑法与九部刑法修正案)。虽然对刑法的修改时间并未有任何强制性规定,但是平均两年就要进行一次修改性立法,与国外(如日本)刑事立法相比,足以看出立法活动的频繁。例如,日本从1907年通过已经实施了100多年才经过13次修改,且修改的内容均是对刑法原有条文的小修小补,几乎从未对刑法典本身做过伤筋动骨的修改。正如有学者指出的,"如此频繁的刑法修改,不但在古今中国刑法立法史上绝无仅有,而且在有据可查的世界刑法立法史上,恐也无出其右"。[②] 二是单次刑法从商议到出台的时间间隔较短。以最近两次颁布的刑法修正案为例。2010年8月23日《刑法修正案(八)》(草案)首次提交审议,其后全国人大法律委员会于2011年1月27日召开会议,根据常委会组成人员的审议意见和各方面的意见,对草案进行了再次审议,最终于2011年2月25日第十一届全国人民代表大会常务委员会第十九次会议通过《刑法修正(八)》,据此可见,从草案提交审议到正式条文最终出台只用了短短的

① 自温家宝总理帮助农民工讨薪之后,2005年深圳有关部门就建议在刑法中增设拒不支付劳动报酬罪,之后一些代表陆续提出增设该罪名的建议。特别是在2008年全球金融危机爆发时期,仅广东省欠薪总额达到了6亿多元,因此在各种因素等综合影响之下,中国总工会副主席张鸣等代表在2010年"两会"期间提出要在刑法中增设"恶意欠薪罪"。参见曾粤兴等:《欠薪入罪应当慎行》,载《法学杂志》2010年第9期。

② 邢馨宇、邱兴隆:《刑法的修改:轨迹、应然与实然》,载《法学研究》2011年第2期。

半年时间。《刑法修正案(九)》(草案)于 2014 年 10 月正式进入立法审议程序,2015 年 8 月 29 日第十二届全国人民代表大会常务委员会第十六次会议通过,从其提交审议到最终通过不足一年。不论《刑法修正案(八)》还是《刑法修正案(九)》,涉及的内容都非常庞杂,例如,在两次修改中,均涉及刑罚结构的调整、新罪名的增设、死刑的废除等重要内容。而立法机关往往只是基于书面审议并在短短的半年到一年时间就决定如此重要内容的修改,与发达国家刑事立法活动相比,确实存在操之过急的弊端。

第二,社会公众参与立法途径的闭塞。虽然在刑事立法模式的选择上一直以来就存在精英立法模式与民众立法模式的理论对立,精英立法模式主张是法律的制定、修改以及废除应当由熟知法律知识的专家进行,而民众立法模式强调的是刑法应当由社会民众参与讨论,并在充分尊重民意的基础之上最终出台。就目前我国目前立法现状来看,精英立法模式主要以专家座谈的方式进行,专家影响立法的程度加大。当然,这种专家座谈的形式存在不足,其一,座谈会的规模存在一定的限制,因而导致参加人员不具有广泛性的特征。其二,由于座谈会参会者有身份条件的限制,因而致使较为底层的社会公众无法参与其中,且专家座谈的方式往往具有封闭性和神秘性,专家的意愿往往又凌驾于社会民众的意愿之上,①因而出台的相关法律规定不是基于社会共识,②最终反而会导致立法规定理想化色彩较为浓厚。而立法吸纳民意的做法较为单一,③主要是在网络上公布《刑法修正案》(草案)的征

① 参见陈正云:《刑法的精神》,中国方正出版社 1999 年版,第 106 页。

② 参见马荣春:《共识刑法观:刑法公众认同的基础》,载《东方法学》2014 年第 5 期。

③ 就目前我国与立法吸纳民意的做法相近的是 2007 年 3 月 23 日最高人民法院发布的《关于司法解释工作的规定》,在该规定中,首次确立了任何公民和组织都可推动司法解释立项以及就涉及人民群众切身利益重大疑难问题向社会公开征求意见的机制。参见马荣春:《共识刑法观:刑法公众认同的基础》,载《东方法学》2014 年第 5 期。对于此举措,有学者持较为谨慎的乐观态度,因为在其看来,“这种制度潜伏着来自民主化举措的危机”。沈岿:《司法解释的“民主化”与最高法院的政治功能》,载《中国社会科学》2008 年第 1 期。

求意见稿,然而,基于以下原因导致社会公众参与程度也不高:其一,网络普及化人群的局限。虽然我国已经进入自媒体时代,但用户主要集中于农村地区的手机用户,而此类群体对于刑法修改问题并未表现出更多的热情。其二,参与透明度的欠缺。虽然每次刑法修改之前,全国人大网站上均会公布与之相关的《刑法修正案(草案)》的内容并设置参与者提出意见的程序,一旦社会公众参与并提交了相应的意见,然而在随后的任何阶段不仅得不到任何回复,而且也不会有任何官方数据说明社会公众对该条修正案反馈情况的说明,欠缺透明度的参与最终逐渐打消了人们参与的热情。① 久而久之,刑法条文的设立、修改或者废除逐渐成为远离社会公众视野的"闭门造车"的活动。

(二)司法过程的检视:刑法司法公众参与的不足

虽然在我国司法独立原则的确立能够确保法院以及法官能够自由行使审判权,但是确立独立审判原则并非排除其他社会主体的参与和监督,由此促进了我国人民陪审员制度的诞生。可以说,我国人民陪审制度的设置与西方陪审团制度的初衷相一致,都是在运用刑法打击犯罪的司法过程中能够最大限度地实现社会公众参与其中,但是,与西方设立的陪审制度相比,我国人民陪审制下的刑法适用显然又存在参与度不足的尴尬现状,其主要表现在以下几点:

第一,人民陪审员参与案件的性质有限。相对而言,在英美法系的国家,哪些案件由陪审团参与均有明确规定,陪审团参与这些案件的审判成了一种常态,而我国"人民陪审员"参与案件审判似乎成了一种例外。虽然我国通过的《全国人民代表大会常务委员会关于完善人民陪审员制度的决定》第 2 条明确规定,人民法院审判社会影响

① 关于此点是就笔者亲身经历所言的,因为在《刑法修正案(八)》(草案)以及《刑法修正案(九)》(草案)公布之际,笔者就在网络平台上提交了相关的意见,此后,并未得到任何形式的反馈意见,也未知该意见是否被采纳,更不确定该意见是否能够真正反馈给立法者。

较大的第一审刑事、民事、行政案件,应当由人民陪审员和法官组成合议庭进行。然而,笔者通过对Z省法院适用的数据来看,其中,对于较为轻微的刑事案件适用陪审团的比例占到总案件数的一半以上,而对于故意杀人以及故意伤害致死等重大刑事案件适用人民陪审员审理的数量反而较少。甚至有些地方明确规定对重大刑事案件排除适用人民陪审制。

第二,人民陪审员参与案件的权限有限。西方创设陪审制的另一初衷在于,将大众的普适价值观运用到案件审判过程中,从而通过朴素的正义观来纠正精英司法的弊端或保障精英司法的运行。相比之下,西方陪审员对于案件的审判结果具有绝对的控制权限,如果法庭想要对犯罪嫌疑人做出有罪判决,必须要得到陪审团成员的一致同意。虽然根据我国《全国人民代表大会常务委员会关于完善人民陪审员制度的决定》第11条的规定,"人民陪审员参加合议庭审判案件,对事实认定、法律适用独立行使表决权。"然而事实上,这一情况并不乐观。2014年笔者参与对Z省法院人民陪审员制度调研并与相关人员进行座谈会时发现,很多人民陪审员在案件审理过程中并没有获得相应的独立表决权,按照司法工作人员的解释,人民陪审员由于自身的素质较低,对于一些案件事实以及法律问题无法进行独立判断。而人民陪审员对此解释为,由于刑事法律知识的欠缺,不敢贸然地行使表决权,对于很多案件的表决也是在请教了法官之后才敢为之的结果。据此可见,我国人民陪审员参与审理的权限并未真正得到有效贯彻。

三、刑法治理公众参与的理论根据的抉择:反思与重塑

法律作为社会意识的重要组成部分,受到人类社会客观发展水平的制约,同时还要受制于奠定各国社会文化等理论基础。无论是就我国刑法立法还是司法现状来看,难以保证每一个社会公众成员均能参与其中,所以取而代之的较为理想的方案是:尽量保证一部分社会公众能够参与其中。显然,我国立法以及司法活动是以代议制民主理论为基础的建构性产物,推崇的是社会精英居于主导地位的精英立法和精

英司法，因而刑法的制定与实施是由社会极为少数人掌控。虽然代议制民主为了纠正古代社会的暴民政治而粉墨登场，但是随着民主程度的不断发展以及民主制度的不断完善，代议制民主制度的缺陷逐渐显现，因而也逐渐成为制约刑法治理公众参与的理论因素。

（一）从实践到反思：代议制民主的式微

可以说，现代西方政治民主理论的源头可以追溯到古希腊和古罗马的政治思想家的理论论述之中，但是古代民主与现代民主相比，“不仅在地理和人口方面存在差异，而且在目标与价值上也存在不同”。① 早期的民主理论思想家认为，虽然古代西方实施的直接民主的历史源远流长，但也无法避免“暴民政治”的发生。而“暴民政治”与封建时代的专断权力运作并无差异，因而在近代政治社会中必须要予以避免。为了弥补长久以来在统治模式结构中占据支配地位的“直接民主制度”的弊端，代议制民主制度应运而生。促进代议制民主产生的客观因素主要包括两个方面：一方面，如古代雅典式的直接民主的客观条件已经不复存在，新的社会客观条件为其产生奠定了客观的基础。另一方面，与国家相分离的市民社会意识的形成以及选举制度的确立，为代议制民主提供了制度保障。② 众所周知，近代资本主义经济的发达使国家与社会走向分离并最终促进了市民社会的诞生。一旦市民社会产生便会导致该集团对政治利益需求的扩张，主要体现为市民社会力图要求普遍参与到立法活动之中。而限于当时客观因素，国民无法全部参与到国家事务的管理活动中，因而只有通过选举来实现市民社会中国民的要求和主张。反过来说，也正是由于市民社会以及选举制度的确立，为代议制民主制度的发展奠定了坚实的制度基础。

此后，以自由主义为理论基础的代议制民主一直以来是西方社会

① ［美］乔·萨托利：《民主新论》，冯克利等译，东方出版社 1998 年版，第 314 页。

② 参见孙永芬：《西方民主理论史纲》，人民出版社 2008 年版，第 99 页。

的主流模式,其作为对古代直接民主的一种否定形式而出现,是超越了古代直接民主的一种选择性制度的建构。当然,随着代议制民主制度的确立,其也不可避免地影响到立法以及司法领域。在较早时期,之所以在立法与司法领域贯彻代议制民主能够受到世界各国的热捧有其历史的必然。首先,在立法与司法中贯彻代议制民主理论能够满足一个政府理想的设置模式,不仅能够为其提供良好的管理运作体系,而且促进较好或较高形式的民族性格的发展。不仅能够克服简单民主的局限性,而且又能发扬民主制中"人民主权""少数服从多数""政府公开"三项最重要的原则。[①] 显然,将代议制民主理论贯彻到刑事立法以及司法过程中,无疑最能体现这三项原则。

其次,在立法与司法中贯彻代议制民主理论能够实现对少数人自由和权利的最大限度的理解和包容。民主制度的发展核心就是使民主得到最低限度的发挥,而达到这一目标就是要重视和保障少数人的自由和权利,而代议制民主正好能够解决好这一难题。关于涉及的相互竞争的概念必须包含两点重要内容:其一,作为一个历史问题,特别是他们倡导的支持家长监护的理念革命完全被否定了。其二,更重要的是,代表作为家长监护人得不到相当民众的支持,因而不能建立一个稳定的平衡。符合代议制民主政治形势需要平衡一个政治家的私人利益与社会整体利益之间的冲突对立。[②] 而这就涉及代议制民主所应当具有的"包容性的公民权"。换句话说,如果公民没有自由和权利,那么他们将失去了影响政府决策议程的能力,因而也就不能对涉及政府的有关行为表达自己的想法,所以也就无法让他人知道他们的想法以及说服他人接受自己的想法。[③] 而代议制民主本身具有的制度包容性使得少数人的自由和权利得到尊重,因而导致了20世纪的刑事立法由以

---

① 参见孙永芬:《西方民主理论史纲》,人民出版社2008年版,第106~107页。

② See Jonathan Macey, Representative Democracy, 16 *Harv. J. L. & Pub. Pol'y* 49, 1993, p. 50.

③ 参见[美]罗伯特·A. 达尔:《论民主》,李风华译,中国人民大学出版社2013年版,第81~82页。

国家本位为核心转向以社会本位为核心。①

最后,在立法与司法中贯彻代议制民主理论能够较好地解决公民参与与体制效率之间的两难,有利于参与人员充分讨论、统一意见。古代社会中实行的直接民主制度认为每一个公民都应该可以直接参与所有政策的制订,而方法是全体投票来决定,因而极易导致平时很小的社会问题讨论很久,不仅效率低下,而且还难以就同一问题达成共识。而在代议制民主中确立了最为重要的议事规则,即多数决定规则。多数决定规则直觉上具有特别强烈的吸引力,因为多数决定原则对在个人偏好结构的最大领域内循环(也就是说,规则是传递性的)具有免疫力,并且是唯一一个这样的规则。② 换言之,代议制民主一方面通过竞争性选举产生统治阶层,因而确立了公民参与立法与司法决策的可能性;另一方面,正是由于多数决定规则的确立,有效克服了在立法或司法过程中贯彻直接民主所导致的机制效率低下的弊端,从而使立法以及司法的效率大大提高;最后,也正是由于多数决定规则的存在,对于待决议的事项(如法案的通过、待决案件的判决),只要实现了多数人同意就能视为有效的决策,从而有利于提高统一认识。

然而,随着资本主义市场经济的发展以及政治多元化格局的形成,代议制民主的弊端逐渐显现,其也不可避免地影响到刑事立法与司法领域,因而该理论的合理性遭到以下普遍怀疑。

首先,代议制民主中的“代议”存在失真和偏差。从理论的角度来说,代议制民主主要是由公民通过选举而产生的统治者以及其他成员代为行使权利,而作为社会中的少数人,真的能代表其他多数人的意愿去表达和行使权利吗?答案显然是否定的。“我们目前民主立法机构依靠多数票,大多数人认为一个民主国家能做的最好的事情就是确定

---

① 这在刑法领域,主要体现在法益地位的变化,虽然目前各国仍然将国家的法益视为最为重要的法益予以保护,但是重视程度有所下降,相反,突出个人法益保护的立法体系更是得到大多数国家的支持。在大陆法系的德国以及日本表现特别明显。

② 参见[美]伊恩·夏皮罗等主编:《民主的价值》,刘厚金译,中央编译出版社2015年版,第87页。

选择和做出满足那些投票的人 51% 的决定。这个假设的另一面是,其他得到 49% 支持的应该接受失败。我们甚至很少试图制定政策或决定,以满足主要公共政策涉及的所有利益相关者(或几乎所有)的利益决定。"[①]因而,被选举者鉴于在现代种族选民的规模,他们必须花费绝大多数资金进行大众营销向所有相关选民传达信息,这可能会激发他们的支持。[②] 加之受各种客观条件的限制,如每一个人的思维方式、理解能力、表达途径等都存在差异,少数人不仅很难将社会中的多数人的意志清晰而又准确地表达出来,而且较低的要求促使其不可能真正代表多数人的自由和权利。具体就刑事立法进行考察,根据 2015 年重新修订的《立法法》第 15 条的规定,我国提出法律案的程序较为简单,只要一个代表团或三十名以上代表就某事项达成一致看法,就能将其作为法律议案向人民代表大会提出,如果进展顺利,由主席团或其他专门委员会审议后列入会议议程,最终很大程度上会促成法案的出台。如此低的要求决定着该法律不可能是全体人民意志的反映,这也是近几年来我国刑法修正案频繁出台而又不断遭受质疑的重要原因之一。因而代议制度的失真和偏差逐渐成为代议制民主中难以化解的悖论性难题。

其次,代议制民主导致绝大多数的利益得不到平等对待。如达尔所言,"如果剥夺了你在国家统治中平等的话语权,与其他有平等话语权的人相比,你的利益很有可能不会受到平等关注"。[③] 对于这种断言,达尔从民主的历史进程中找到了证据,如在近代的英国,中产阶级长期认为他们的利益受不到保障,妇人、穷人以及手工业者的权利在长期之间存在法律和事实上的排斥,即使是号称广泛民主的英国和美国

---

① Lawrence Susskind, Deliberative Democracy and Dispute Resolution, 24 *Ohio St. J. on Disp. Resol.* 395, 2008 - 2009, p. 398.

② Daniel P. Valentine, November Madness: A Proposal for Representative Democracy Brackets to Eliminate the Undue Influence of Moneyon Election sp, 4 *Tex. A &M L. Rev.* 137, 2016, p. 139.

③ [美]罗伯特 · A. 达尔:《论民主》,李风华译,中国人民大学出版社 2013 年版,第 64 页。

政府,也没有对这些受到剥削和虐待的群体给予有效的保护。[①] 也就是说,在实施代议民主制的国家,如果没有参与到国家的管理或统治中,那么尚未参与决策的权利也就得不到那些统治者充分的保护和增进,因而也就不会有谁为你的主张摇旗呐喊。这点在刑事立法以及刑事司法中体现得较为明显。以嫖宿幼女罪从设立到废除的过程为例,我国 1979 年《刑法》并未涉及对幼女性权利的特别保护,而在 1997 年《刑法》修订之际,考虑到对幼女身心不健全等特殊原因,有必要对其实行全方位保护,嫖宿幼女罪成了与强奸罪分道扬镳的独立罪名。然而,随着司法实践中发生的越来越多的案件逐渐证明,该罪名不但未能有效保护未成年人,反而为犯罪分子制造了逃避处罚的制度漏洞。[②] 即便全国妇联以及诸多刑法学者等曾多次呼吁废除嫖宿幼女罪,然而效果甚微,直到 2015 年 8 月 29 日第十二届全国人大常委会第十六次会议表决通过了《刑法修正案(九)》,才正式删除了存在了近 20 年的嫖宿幼女罪。究其原因也不难理解,因为主张废除论的妇联以及刑法学者在社会治理中难以与国家获得平等的话语权,因而也就难以真正影响到立法进程。

(二)理论根据的重塑:协商民主的兴起及合理性论证

虽然 20 世纪以来,以自由主义为基础的代议制民主在西方国家占据了主流地位,但是作为与其不同的参与式民主理论并没有消失。卢梭作为公民参与理论的主要代表人物之一,一直主张并提倡复兴公民

---

① [美]罗伯特·A. 达尔:《论民主》,李风华译,中国人民大学出版社 2013 年版,第 64 页。

② 在我国,较为典型的案例当属“贵州习水嫖宿幼女案”,虽然该案最终是以嫖宿幼女罪定罪,但是由于违背了罪刑相适应原则遭到了诸多学者的批判,因为强奸幼女情节严重的,最高法定刑可以判处死刑,而按照嫖宿幼女罪定罪,最高只能判有期徒刑 15 年。其后,围绕该问题而产生了诸多的改革方案,具体文献可参见车浩:《强奸罪与嫖宿幼女罪的关系》,载《法学研究》2010 年第 2 期;劳东燕:《强奸罪与嫖宿幼女罪的关系新论》,载《清华法学》2011 年第 2 期。

参与理论。然而,即便卢梭在启蒙思想运动时期所作的关于公民参与理论实质上是一种直接民主的倾向,但是在代议制民主的发达时期,其存在的合理空间自然受到压制而无法得到足够的关注。随着 20 世纪 70 年代一系列民主理论学家的推动,参与民主又开始得到复兴并迅速崛起成为当代世界最为重要的民主制度。其中,科尔、佩特曼以及本杰明·巴伯等大大发展了卢梭的参与民主理论。科尔主要是以"社团理论"作为参与民主的突破口,他所界定的社会是由按照他们的成员意志结合在一起的许多社团所构成。因而科尔主张,"随着工业化发展,人们无论是生活还是生产,都必须通过团体合作满足各方面的需要"。[①] 在具体的参与模式中,科尔认为每一个人都具有身份的多重性,因而通过团体的广泛参与来决定自己在社团中的事情,而不是由他人来代表自己是其"社团理论"的核心。随后的佩特曼也在积极呼吁参与民主的重要价值和意义,按照其分析来看,民主制度首先应当给社会中的一切人提供一个机会,只有人们能够切实参与到社会中来,才能对事务作出更准确的判断和理解,而这是参与民主所不能忽视的。[②] 而本杰明·巴伯比科尔乃至佩特曼的视野更加广泛,其主张要在实践中发展一种参与式的政体的理论模式,因而突破了将参与民主限定在特定场域的做法,从而认为社会中的所有领域都能实现参与民主。[③]

毋庸置疑,在社会物质大大得到丰富的同时,社会政治多元化格局的形成以及社会民众需求多元化的现实存在,为参与民主的复兴提供了重要的基础。仔细分析参与民主的发展,其有诸多的积极价值和意义。

首先,与代议制民主相比,参与民主拓展了代议民主的范围,能够较大程度地体现社会整体成员的意志。在代议制民主中,最能体现民

---

① See G. D. H. Cole, *Self-government in Industry*, G. Bell andSons, 1913, p. 157.

② 参见[美]卡罗尔·佩特曼:《参与和民主理论》,陈尧译,上海世纪出版集团 2012 年版,第 45 页。

③ 参见[加拿大]杰弗里·希尔墨:《参与式民主理论的现状》(上),毛兴贵译,载《国外理论动态》2011 年第 3 期。

主的莫过于选民投票制度,除此之外,即使有零零星星的全体公众参与的事项,但其范围也是十分狭窄。而参与民主的理论主张将民众参与的事项扩张到"大到国家、小到自治组织"等事项,因而在参与的范围上,参与民主比代议民主要宽泛得多。其次,参与民主有利于培养公民的政治参与热情,能够促进社会的发展。对此,佩特曼主要从两个方面重点阐释了参与民主的价值,其一,只有个人直接参与到决策的过程和选择代表,他才有希望控制自己的生活前景以及自己周围环境的发展;其二,参与民主能够使参与的社会公众处理好公共领域与私人领域的关系,因为如果赋予每一个社会公众参与事务的权利,那么普通人都会对自己周围事务的决策感兴趣,因而也就会更加评价政府官员的行为、更有能力做出全国性的决策。①

显然,与代议制民主相比,参与民主更能切合现代社会的发展趋势,因而在现代国家越来越受到重视。然而,参与民主本身也存在较大的问题,同样受到其他学者的评判,例如,赫尔德对参与民主提出过批判时认为,"目前没有学者更加系统地阐释参与民主的基础和特征;对于参与民主边界的论述也不够详尽彻底"。② 而萨托利则认为,"参与民主不仅存在概念含混不清的嫌疑,而且还存在将公民直接参与的范围扩大到宏观层面的非现实性"。③ 而沃伦更进一步地指出,"参与制民主可能使个人发现决策的无效,因而使多数人退居到漠不关心的状态,由此可能会注定民主理想的失败"。④ 曼斯布里奇更加直截了当地谈道,"参与民主在80年代已经衰落,从而导致提倡这一理论的学者以

① 参见[美]卡罗尔·佩特曼:《参与和民主理论》,陈尧译,上海世纪出版集团2012年版,第103页。

② 参见[英]戴维·赫尔德:《民主的模式》(最新修订版),燕继荣等译,中央编译出版社2008年版,第163页。

③ 参见[美]乔·萨托利:《民主新论》,冯克利等译,东方出版社1998年版,第129页。

④ See Mark Warren, "Deliberative Democracy and Authority", *American Political Science Review* 90, 1996, p. 58.

及关注民主发展的人士陷入了知识的泥潭”。[①] 这些批判导致了诸多学者基于参与民主的理论基础之上而进一步发展了参与民主,促进了协商民主理论的诞生。[②] 最早使用“协商民主”一词的是约瑟夫·毕塞特,其主要是在主张公民参与而反对精英参与的背景下使用“协商民主”一词。当然,由于其并未从根本上对参与民主的弊端提出质疑,所以其理论主张并未得到其他学者的重视。正式揭开并推动了西方协商民主理论研究的热潮当属曼宁发表的《论合法性与政治协商》一文。其后得到诸如罗尔斯、哈贝马斯、科恩、埃尔斯特、詹姆斯·博曼等著名协商民主理论学家的推动和发展,在极大丰富并拓展了协商民主理论的相关内容的同时,也进一步使协商民主成为普世的价值理念从而得到了其他各国政府、社会以及学者的广泛认同。

目前协商民主理论的主要支持者用其来标识一种致力于改善民主质量的政治途径。“协商民主主义者所关注的问题是:民主过程和制度是否应该建立在那些政治参与者实际的或经验性的意志上,或者是否应该建立在被称为‘理性’的政治判断的基础上。”[③]因而长期以来,“协商民主作为一种决策机制而存在,但凡受到政策影响的社会公众均能参与到集体的决策之中,并基于讨论与协商的方式达成共识”。[④]

在协商民主中强调“理性的判断”与“普遍的参与”成为协商民主与代议民主最为重要的区别。也就是说,“协商民主强调在民主的体制下自由平等的公民及其团体对公共事务的积极参与,并在信息充分、机会平等与程序公平的条件下,对公共政策进行理性思考和公开讨论,

---

① See Jane Mansbridge, The Holding Pattern, *Political Theory* 27(5), 1999, pp. 706 - 715.

② 值得注意的是,目前在我国学界,对于参与民主以及协商民主的使用不大加以区分,其实参与民主与协商民主是一个既有联系又有区别的概念,具体的内容可参见郑慧:《参与民主与协商民主之辨》,载《华中师范大学学报》2012 年第 6 期。

③ [英]戴维·赫尔德:《民主的模式》(最新修订版),燕继荣等译,中央编译出版社 2008 年版,第 266 页。

④ See Jon Elster, ed., *Deliberative Democracy*, Cambridge University Press, 1998, p. 8.

依靠说服而非强制、控制或欺骗,达到个体价值和偏好的转换,形成公意和共识,从而赋予立法或决策以合法性”。①

当然,将协商民主制度贯彻到刑事立法以及司法过程中,至少存在以下的优势。首先,可以确保立法以及司法的合法性及其质量。在达尔看来,即使民主不可能发展到国际这个层次上,但是,任何一个民主国家都需要小的单位,这个小的单位形式多样、种类繁多,无论如何都构成了一个多元的市民社会。② 对于这个涉及多元民主社会的单位,民主制度对其管理也提出了诸多的要求。第一,决议形成的规则是否确保了受其决议约束的每一个成员的幸福和利益得到平等的考量;第二,管理人员是否比其他人更具有管理资格;第三,管理成员在政治上是否平等以及提供给成员的有效参与、平等投票、充分知情和对议程最终控制的机会有多大。③ 无论是刑事立法还是刑事司法等各个环节,都属于公共决策的领域,为了确保决策的科学化,需要全体公民进行“协商”。因为,“对公共协商最好的辩护在于它更有可能在认识论上提高政治决策正当性的质量。当协商在开放的公共集会上进行的时候,理性的质量就可以提高”。④ 也就是说,协商民主主要通过协商的方式达成共识,在协商的过程体现了人民主权原则,并最大限度地顾及每一个参与者的利益,因此,即便是与那些采取多数决定制原则的民主制度相比,协商民主不仅能体现民主的合法性,而且还能基于理性的基础之上提高决策的质量。⑤

其次,有利于限制国家刑罚权的膨胀。自20世纪以来,自由民主主义面临的最为重要的挑战在于国家无限膨胀的行政权力以及由此而产生的官僚自由裁量权。如何控制这一非民主的趋势成为各国普遍寻

① 应克复等:《西方民主史》(第3版),中国社会科学出版社2012年版,第456页。

② 参见[美]罗伯特·A. 达尔:《论民主》,李风华译,中国人民大学出版社2013年版,第99页。

③ 同上书,第99~100页。

④ [美]詹姆斯·博曼:《公共协商:多元主义、复杂性与民主》,黄相怀译,中央编译出版社2006年版,第39页。

⑤ 陈炳辉等:《参与式民主的理论》,厦门大学出版社2012年版,第222页。

求解决的关键问题。[①] 政府公共权力膨胀的弊端在于其握有政策制定的权力,却无力承担相应的责任。[②] 在多数协商民主论者看来,"只有通过公民参与的政治决策,且公民及其代表超越自私狭隘的观点反应共善的公共商讨和辩论过程中被制定出来时,其合法性才能被确立"。[③] 因此,"协商民主就是为了实现'高位善',而高位善与权力之间关系密切,因而这就决定了在实现'高位善'的过程中,政府就会扮演着另一角色,其目的不是为了寻求政府本身的一己之私"。[④] 换言之,协商民主就是基于不同的利益群体之上,在协商的过程中将公开、平等等原则贯彻其中,从而使协商的过程充满了公平正义,因而只有协商模式才能规范、建构现代的公共行政。[⑤] 过于膨胀的政府权力对刑法立法以及司法而言,必然会衍生出刑法治理的国家主义倾向。国家主体地位的不可撼动一方面会造成对国家权力缺乏应有的制约,另一方面会逐渐使刑罚权的发动充满了恣意的成分。通过社会制约权力,防止权利受到不正当的侵害,必须要以实现直接参与民主的形式。因为,"一方面,现代市民精神——自律意识、参与意识与公德意识只有在真正实行直接的民主参与形式的社会中才能得以培育;另一方面,制约国家权力的目标最为重要的措施就是需要社会真正实现自治,如此才能有效避免国家对社会个体的过多干预,并能最终保障社会个体的独立、维护其正当的利益"。[⑥] 强调刑法的治理作用,就是为了抑制刑法的惩罚色彩,而使刑法朝着更加民主的方向发展。无疑,公民之间的

① 陈家刚主编:《协商民主与政治发展》,社会科学文献出版社 2011 年版,第 22 页。

② 应克复等:《西方民主史》(第 3 版),中国社会科学出版社 2012 年版,第 463 页。

③ See Bohman. James, *Public Deliberation: Pluralism, Complexity, and Democracy*, The MIT Press, 1996, pp. 4 – 5.

④ 参见[美]伊恩 · 夏皮罗:《民主理论的现状》,王军译,中国人民大学出版社 2013 年版,第 50 页。

⑤ 陈家刚主编:《协商民主与政治发展》,社会科学文献出版社 2011 年版,第 22 页。

⑥ 王周户:《公众参与的理论与实践》,法律出版社 2011 年版,第 219 页。

协商能够有效解决这一难题。

最后,有利于培养公民意识或公民精神。“所谓公民意识是指社会个体对自己在国家和社会中所处政治地位的现实感受和应有的认识。”①公民意识通过参与意识、法律意识以及责任意识来予以体现。协商民主超越了个人私利的狭隘视角,鼓励参与者用一种更加开阔的视野来看待社会公共利益,形成公民的公共理性。而这种公民精神的形成,需要以公共协商这种方式达成共识来予以实现。② 因而,协商民主有助于公民意识以及公民精神的培养和达成。“首先,协商民主能够培养出健康民主所需要的美德;其次,协商民主能够形成集体责任观;最后,协商民主能够促进不同文化的沟通和理解。”③在不同的民主制度之下,公民具有典型的双重身份,一方面,公民可以作为社会的管理者参与到社会治理过程中;另一方面,公民作为社会管理的对象,其不能参与到社会治理之中,只能由其他人代为行使权利。作为社会管理的主体,公民可以直接参与到国家事务与社会事务之中,这是直接行使民主权利的方式,而作为社会的被管理者,由他人代为行使权利的是一种间接行使民主权利的方式。④ 随着民主制度的逐渐深入发展,传统的间接式的民主参与形式越来越受到怀疑,通过政治民主间接控制的行为,在很多人看来越来越不具有可信性。⑤ 正如达尔所论,民主能为公民带来诸多好处,作为公民,他们拥有保护和增进他们最重要的个人利益的手段,他们也将参与制定与他们生活息息相关的法律。⑥ 虽然从历史的视角来具体审视,“似乎法治的实现与民主之间并不存在必然的互为条件的关系,在特定的条件下,一种民主制度可以存在于没

① 魏健馨:《论公民、公民意识与法治国家》,载《政治与法律》2004 年第 1 期。

② 应克复等:《西方民主史》(第 3 版),中国社会科学出版社 2012 年版,第 463 页。

③ 参见陈家刚:《协商民主与国家治理》,中央编译出版社 2014 年版,第 26 ~ 27 页。

④ 王周户:《公众参与的理论与实践》,法律出版社 2011 年版,第 218 页。

⑤ 同上书,第 219 页。

⑥ [美]罗伯特 · A. 达尔:《论民主》,李风华译,中国人民大学出版社 2013 年版,第 63 页。

有法治的社会,而一个法治社会也可能不需要公众的政治参与”。[①] 然而,从现代社会的视角进行审视,法治的目标只有在社会广泛参与的情况下才能实现。回顾世界乃至我国法治的发展进程,如果排除社会成员参与其中,甚至会产生灾难性的后果。

四、刑法治理公众参与的路径实现:具体方案的建构

“治理作为不同主体之间的权力依赖性的活动,若要各主体之间能够达成共同治理的目标和结果,那么就需要各主体之间交换资源、进行谈判。”[②]也就是说,“治理是只有被多数人接受才会生效的规则体系”。[③] 显然,就如何实现刑法治理的公众参与机制而言,需要基于协商民主的理论体系进行重新的建构。

(一)立法路径的实现:刑法立法公众参与具体方案的建构

“按理说,立法过程是基于公共理性的讨论和协商的过程,也是一个公共意志凝结的过程,是一个公共利益的形成过程。”[④]西方社会吸纳社会公众参与立法过程以保证立法的民主主要体现在两个方面:一方面,西方社会公民参与立法过程的制度化程度较高。一是对于公众参与的事项进行了专门的立法规定,二是还成立了专门负责公共咨询的机构。[⑤] 另一方面,社会公众的参与热情较高。正是由于公众参与的制度性保障的优势导致社会公众能够参与其中,这不仅大大提高了

① 梁治平:《在边缘处思考》,法律出版社 2010 年版,第 50 页。

② 俞可平:《治理与善治》,社会科学文献出版社 2004 年版,第 241 页。

③ [美]詹姆斯·N. 罗西瑙:《没有政府的治理》,张胜军等译,江西人民出版社 2001 年版,第 79 页。

④ 叶传星:《转型社会中的法律治理——当代中国法治进程的理论检讨》,法律出版社 2012 年版,第 385 页。

⑤ 李拓等:《中外公众参与体制比较》,国家行政学院出版社 2010 年版,第 145 页。

社会公众的参与热情,而且还能为国家治理获得最为重要、最为直接的建议,可以进一步促进法律改革和完善。协商民主下的商谈理性为立法过程的公众参与方案的建构提供了独特的视角。

商谈理性以怎样与交往共同体建立关系作为理论的核心,“如何实现在不受强制的情况下,人与人之间的关系通过语言能够得到相互理解”是商谈理性的目标,也就是以交往合理性取代主体中心理性。[①]因而导致在主体模式的选择上,必然会对个人独白式的哲学基础产生质疑,从而主张建构一种主体间性的哲学范式,即主体间基于平等的对话才是获得交往的基础。商谈理性与立法公众参与的实现存在切合。首先,两者均发生在公共领域,存在相似的逻辑基础。在哈贝马斯看来,“公共领域首先是人们社会生活的一个空间,公共意见在其中得以形成,而所有的公民都有机会进入到这一空间中”。[②] 显然,立法属于公共领域,作为公共领域的立法自然需要所有的公民参与其中来促成立法意见的最终形成。

其次,两者都是程序性的理性获得,存在相似的发生机理。在阿列克西看来,商谈理性作为一种程序性法律论证理论而存在,“依据该理论,当一个规范性陈述可能是一种特定的程序,即理性商谈的程序结果时,它就是正确或——在一种自由主义真理的理论前提下——真的。正确性与程序的关系是所有的程序性理论的典型特征”。[③] 也就是说,正是商谈理性的程序性特征能够保证结论的正确性。由此观及立法也可明确两者的发生机理相似。立法发生在一个理性的、其本身也受法律调整的程序之中,法律在这一程序中“通过全体自由、平等的公民的

① 刘峰:《商谈伦理之维——哈贝马斯的伦理学解决方案及其现实道路》,载《社会科学论坛》2010 年第 18 期。

② Jurgen Habermas, The Public Sphere: An Encyclopedia Article (1964), in Sara Lennox and Frank Lennox, eds., *New German critique* No. 3 (Autumn, 1974), Duke University Press, 1974, pp. 49 – 55.

③ [德]罗伯特·阿列克西:《法·理性·商谈:法哲学研究》,朱光等译,中国法制出版社 2011 年版,第 88 ~ 89 页。

一致性及联合性意志形成的社会整合力量”获得合理性。[①] 然而,理性的刑法制定的最高目标不仅是通过义务依照外部的现象达成所履行(单纯的合理性达成这一目的)的目标来实现,而且还可以通过被赋予义务的主体为履行义务而自由地作出决定的方式来实现。[②] 在这一过程中,需要公民作为政治自治的权利主体参与来确保立法的合法性以及合理性。

基于商谈理性之下,哈贝马斯引述阿列克西的相关理论并阐释了一种理想的立法商谈模式包括三个基本要求:“其一,就商谈的主体而言,每一个能言谈和行动的主体都可以参加商谈讨论;其二,就商谈的内容而言,每一个人都可以将自己的主张作为商谈的问题,并将其引入到商谈讨论中且就其表示他的态度愿望和需要;其三,就商谈的平等性而言,其他任何人不应当以强势的地位压制或者妨害他人的商谈。”[③] 正如施塔姆勒所言:“一个处于社会义务中的个人不得被任意地逐出法律社会之外。”[④]“如果一个社会强制性地使个体受制于社会联合,而同时在给定情形下拿他当只承担法律义务的人对待,它就会陷入一种自相矛盾之中……避免法的基本理念与它的具体演示所可能产生的逻辑矛盾的愿望导致了参与的原则。”[⑤]无论哈贝马斯的商谈理性还是施塔姆勒的参与理论,均表达了需要重视立法的多元主体参与价值。因而,“即使大量的立法事项不可避免地非常复杂,也必须要审视分析一下,现在的立法数量及其风格,是不是很好地服务于法治”。[⑥] 因此,某一行为是否由刑法进行规制——创立刑法规范,必须经过深思熟虑的

---

① [德]托马斯·莱塞尔:《法社会学基本问题》,王亚飞译,法律出版社2014年版,第104页。

② [日]庄子邦雄:《近代刑法思想史序说——费尔巴哈和刑法思想史的近代化》,李希同译,中国检察出版社2010年版,第66页。

③ 薛华:《哈贝马斯的商谈伦理学》,辽宁教育出版1988年版,第14页。

④ [德]施塔姆勒:《正义法的理论》,夏彦才译,商务印书馆2012年版,第121页。

⑤ 同上。

⑥ [英]汤姆·宾汉姆:《法治》,毛国权译,中国政法大学出版社2012年版,第63页。

探讨与论证,最终还需要通过法治的目标予以检视正当与否。刑法是社会共同体长期形成的共同价值观,①得到社会的积极回应才是刑法得以创设的社会基础。因此,作为国家基础的立法过程应当将自由平等的个人纳入集体商谈之中来,而作为立法的社会公众参与机制应当包含立法商谈有效性所具备的广泛、平等以及充分等重要内容。②

首先,就广泛性而言。如果立法不能得到社会公众的积极呼应,那么对于创设的刑法规范,社会公众也就不能较好地遵守,最终还是不能实现刑法的规范效应。基于商谈理性原则的立场,笔者提倡一种"开门立法"的方式,对于刑事立法应当交与社会公众共同决定,如此才能真正减少刑法规范的陌生感,才能使普通民众真正了解刑法的规定,而不是通过冰冷的文字强加于社会公众。当然,"开门立法"方式要求在立法过程中广泛吸收民意。那么,目前摆在中国最为突出的问题在于——如何正确而科学地吸纳民意。通过目前立法机关对立法理由说明时,立法者往往均会标示出因为社会公众的需求或者是基于社会公众的渴望,才创设该条规定。那么,民意来自何处?谁又能代表民意?往往又成为立法机关语焉不详的致命缺陷,而这一切又源于对民意缺乏重要制度保障。因此,我国有学者提出,实现"开门立法"中的民意应当是一种通过法定程序保障的民意,而不是立法机关自行标榜的民意。具体而言,从刑法立法的终极强制力和普遍适用性这一事实出发,最合乎现代正义标准的刑法立法程序应当是全民公决。③ 按照商谈理性的要求,一切具有言语或者行动能力的社会人都能成为立法参与的主体。从我国法律体系的整体思路来理解,这类主体应当是年满18周岁具有选举权或被选举权的社会人。

其次,就平等性而言。"个人参与商谈的可能性隐含地受到了经济和社会机会机会分配的不平等的影响,于是,哈贝马斯强调只有一个

---

① 参见[美]埃德温·萨瑟兰:《犯罪学原理》,吴宗宪译,中国人民公安大学出版社2009年版,第41页。

② 参见贾健:《刑法目的论》,法律出版社2014年版,第157页。

③ 参见梁根林:《刑事政策:立法与范畴》,法律出版社2005年版,第269页。

规范受到了所有的权益相关人员的合理的讨论,并得到他们的赞同才是有效的。哈贝马斯还特意强调,这里的合理的讨论就有关的问题平等自由地讨论,并达到共同的理解。"[①]"即使得每个人都有平等机会行使对具有可批判性和有效性主张表示态度的交往自由。"[②]据此可见,平等性作为刑事立法多元主体参与机制的重要内容,应当得以重视。那么,如何才能实现立法商谈的平等性呢?就刑事立法商谈的实际情况而言,"最为关键的是进入商谈平台资格的平等,必须设置能向所有群体开放的公众平台,所有不同机能、职业、财富、年龄、文化、宗教信仰、价值观的主体都能就某个刑事立法问题在这个平台中进行自由的、没有障碍的商谈尤为重要"。[③] 实际上,这种立法平等性的实现与国家的软实力休戚相关。正如笔者在前文中所阐释的,我国目前对于刑事立法的商谈主要通过网络以及座谈会的方式进行,但两者的方式在我国都不能实现立法多元参与机制的建构。立法商谈关系到立法的合法性问题,因而确立立法平台不是一个可有可无的问题,作为公法性质的刑事立法的商谈必须深入我国的基层组织之中。虽然政府是我们最常想到的审议机构:提供公众问责、晾晒不同的观点,适当地考虑结果和公共利益衡量。但政府不应持有垄断作为审议的场所。多年来,印刷和广播媒体,教育机构,公民组织,以及更多最近在互联网上,都发挥着类似的功能。[④] 然而,考虑到我国经济、社会发展的不平等性,笔者主张应当采取多元化的方式来具体解决社会公众参与的平台问题,首先,应当确立一种直接商谈的机制,这种机制要确保每一个人都能参与到立法商谈之中来。例如,可以根据我国基层选举的范围来确立一种参与体制,利用问卷调查的方式对基层的每一个社会成员进行"面对面"的交谈,让其了解到相关的立法内容并就立法的内容表达自己的看法。

---

① 王晓升:《商谈道德与商议民主》,社会科学文献出版社2009年版,第276~277页。

② [德]哈贝马斯:《在事实与规范之间》,北京三联书店2003年版,第155页。

③ 贾健:《刑法目的论》,法律出版社2014年版,第157页。

④ Janet A. Flammang, Democracy: Direct, Representative, and Deliberative, 41 *Santa Clara L. Rev.* 1085, 2000 - 2001, p. 1090.

其次,注重现代化的科技手段与传统的传媒手段相结合。基于我国区域发展不平衡性的考虑,在社会发展程度较高的区域,可以利用网络作为媒介,通过互联网及时广泛征集社会各阶层对于立法的意见和建议,以保障社会公众的参与权。① 在社会发展程度较低的区域,可以利用一些传统的媒介手段,如电视、报纸、杂志等保障其他社会公众的参与权。②

最后,就充分性而言。商谈立法的社会公众参与不仅体现在社会公众这一主体的广泛性,而且还体现在社会公众参与立法的深度上。从商谈理性出发建构的充分性应当是社会公众就任何刑事立法问题都能发表意见和看法。笔者认为,应当拓展我国社会公众参与刑事立法的广度和深度。具体而言,无论刑法出于何种理由、何种形式的变动,都应当由社会公众来共同决定,不仅要由社会公众来确定罪名的存废,而且还需要社会公众来决定该罪名究竟需要保护什么以及具体的保护限度。以目前争议较大的"性贿赂"为例,我国《刑法》以及九个刑法修正案并没有涉及将"性贿赂"立法化问题,但在司法实践中,"性贿赂"现象确实非常普遍且频繁地发生着,因而在我国掀起了对"性贿赂"是否立法化的探讨。笔者认为,这种立法探讨正是体现了立法充分商谈原则。再如,对于腐败犯罪是否废除死刑规定的探讨在我国依然是热门话题。有学者针对贪污罪是否保留死刑规定在武汉市做了问卷调查,结果显示,其中有258份问卷认为"不能废除贪污罪的死刑规定,且在司法实践中应提高适用率",占到总人数的43%;239份问卷认为"不能废除贪污罪的死刑规定,但应限制并减少适用",占到总人数的39.8%;支持"可以有条件地废除"以及"无条件立即废除"的分别为85

① 参见汪习根等:《法治中国:民主法治精神举要》,中国人民大学出版社2014年版,第115页。

② 其实这些传统新闻媒介在国外存在较大的使用空间,如美国每次举行总统选举时,都会在电视上直播候选人之间的辩论实况。电视作为我国大众传媒中最为重要的媒介,普及程度远远高于网络,因而在我国将其作为社会公众参与的重要媒介并不过时。

人、14 人,分别占总人数的 14.2%、3%。[①] 虽然从调研的地域来看存在一定局限,但在一定程度上反映了对贪污贿赂等腐败犯罪保留死刑规定符合我国民众的要求。这也是立法商谈理性的重要体现。

(二)司法路径的实现:刑法司法公众参与具体方案的建构

在哈贝马斯看来,当代资本主义发展带来了社会的巨大变革,改变了人类生存方式的同时,也改变了人类的关系——尤其是随着自然资源的日益枯竭、人与人之间的信任缺失,进一步加剧了人与自然、人与人之间的关系对立和矛盾。而导致这种现象的原因是理性形态的缺陷。因而,哈贝马斯寻求一种重整理性的改革方案,并期望通过主体之间的交往行动来消除社会关系的矛盾、冲突,实现整个社会的和谐与一致。[②] 回归问题的本源,在哈贝马斯看来,传统的理性虽然在马克斯·韦伯的提倡之下而被合理地划分为工具理性以及价值理性,而现实是人们过于关注工具理性致使价值理性得不到应有的重视,不断工具化的生活世界脱离了越发复杂的、形而上组织起来的行动领域,使政府与民主渐行渐远。[③] 因而,即便在理论上作出了完美的划分体系,如果无法运用到实际生活中,也就意味着该理论本身存在缺陷与不足。正是基于对传统理性的反思,其主张的"交往理性"改变了主体对客体的控制关系,而是将其理解为具有语言和行动能力的主体基于对客体理解所产生的主体内部关系。[④] 因此,哈贝马斯所倡导的"交往行为理论"是以主体之间的相互活动为理论的逻辑基点,且主要是以沟通(对话

---

① 参见马英红等:《贪污贿赂犯罪应否适用死刑的民意调查报告——基于武汉市的社会调查》,载《中南财经政法大学研究生学报》2011 年第 6 期。

② 参见彭海青:《刑事裁判共识论》,法律出版社 2012 年版,第 17 ~ 18 页。

③ 参见杨凡:《法律的理性愿景与实证维度——哈贝马斯法律商谈理论的社会学释义》,载《社会中的法理》2014 年第 1 卷。

④ 参见[德]哈贝马斯:《交往行动理论》,洪佩郁等译,重庆出版社 1994 年版,第 498 页。

沟通与相互理解)作为达成妥协或者共识的行为方式。这就意味着,"诸多参与者的行动在一种通过理由动员的基础上合作化的相互信赖的一种过程。理解也意味着通过以有效的意见一致为目的的交往"。[①]为了保障共识的达成,哈贝马斯进一步提出了三点具体的限制,"其一,所讨论的论断具有真实性;其二,规范关系的运用符合正确性要求;其三,意图与表达不能违背真诚性要求"。[②]

随着社会认识以及社会发展的变换,多元化的社会事实对现有的理论的挑战愈加明显,也就意味着——"在自由条件下观点多元化的状况必然会持续下去,在这种情况下,作为公平的正义又该如何才能具有持续性(或者不断自我再生)?"[③]而罗尔斯对此的回答就是我们可以针对"好"的概念的构想找到一个共同的基础,基于此点之上提出的"重叠共识"的要旨也是满足一个社会实现"作为公平的正义"要求的必要原则。[④] 如果说哈贝马斯的民主是一个特定刑罚理论,一种类似于防守的表现主义理论,旨在填补法律的更广泛的话语理论的差距。[⑤]但与哈贝马斯的不同在于,罗尔斯从共识的下限、深度、广度及其具体程度等方面来进一步阐释。在罗尔斯看来,作为共识的下限是假设人们所达成的契约一样足够深入的基本理念;[⑥]"作为共识的深度也需要建立在政治的正义基础之上;共识的广度包含一种政治观念的各种原则和价值;共识的具体程度的核心焦点是一种具体的政治正义观念,而

① 参见[德]哈贝马斯:《交往行动理论》,洪佩郁等译,重庆出版社 1994 年版,第 498~499 页。

② 同上书,第 141 页。

③ [美]劳伦斯·索伦:《法理词汇》,王凌皞译,中国政法大学出版社 2013 年版,第 195 页。

④ 同上书,第 195~196 页。

⑤ See Pablo de Greifft, Deliberative Democracy and Punishment, 5 Buff. Crim. L. Rev. 373, 2001-2002, p. 375.

⑥ 参见[美]罗尔斯:《政治自由主义》,万俊人译,译林出版社 2000 年版,第 158 页。

公平正义即是其标准规范”。①

无论是哈贝马斯的“交往行为理论”还是罗尔斯的“重叠共识理论”,均为我们提供了一种达成共识的分析范式。上述理论阐释的核心思想在于主要通过沟通达成共识,而沟通旨在确立平等主体的基础之上广泛吸纳社会公众参与其中。这种共识的获得不仅体现了民主这一最为基本的理念,而且也是实现公平的正义的重要保障。尤其随着社会民主的发展,社会公众对于刑事司法的关注度大大提高,而我国目前的刑事司法水平还不尽如人意,因此将共识理论引入刑事司法之中,具有重要的理论价值和实践意义。共识理论与刑事司法在起点与终点上均存在相似性,首先,刑事司法过程就是一个共识达成的过程。虽然在我国刑事司法领域一直强调社会精英的作用,然而随着越来越偏离社会公众基本认知的刑事判决致使刑事司法的社会公信力严重下滑。作为刑法能否发挥治理社会的作用的一个重要环节——刑事司法质量的高低是实现刑法治理公众参与的重要影响因素。如果刑事司法的结论得不到社会公众的支持,那么进一步说明刑法治理公众参与尚未得到有效实现。其次,刑事司法的共识达成需要社会多元主体的参与。无论是“交往行为理论”还是“重叠共识理论”,具有“语言和行动能力的主体”均是共识达成的主体,因此社会公众广泛参与是获得共识的可靠保证,参与的主体越加广泛,获得共识的基础就越牢固,因而共识形成的公平性也就越充分。

刑法自从诞生之日起就被认为是最残酷的部门法,一旦运行不当将会对犯罪嫌疑人抑或被害人造成无法弥补的损害,因此,为了将出错比例降至最低,需要普通民众参与到刑法司法过程中。显然,协商民主下的“交往行为理论”或“重叠共识理论”为共识的形成与发展奠定了基础,也为刑事司法公众参与的实现提供了重要的理论营养。在司法过程中,“社会共识制度是有关社会公众对刑事裁判的共识制度,目前在国外基于社会共识理论之上而建构的陪审制度无疑是最为耀眼的制

① 参见[美]罗尔斯:《政治自由主义》,万俊人译,译林出版社 2000 年版,第 174 ~ 175 页。

度创举”。[①] 就共识论的角度而言,陪审制度无疑是吸纳社会公众参与司法活动最为重要的途径之一。因此,在西方社会,为了保证司法的民主和裁判结论的正确性和社会公众的认同感,将较为专业的审判工作交由法律的“门外汉”——社会公众与法律职业工作者来共同决定。从现代西方的法律实践的过程来看,“无论陪审团有怎样的缺点,它确实服务于这样的目的:将权威的核心从国王转到臣民,从一人之治转到多人之治,并最终转为法治”。[②] 这也是陪审制度在西方社会中从其产生虽已历时数百年之久但未有实质性变动的重要原因之一。

虽然能够将我国人民陪审员制度视为实现刑事司法民主的重要路径——这样不仅能够使社会公众对于裁判的结论达成共识,而且对于刑法的治理结果也表示足够的尊重和服从。但是通过与西方社会陪审的具体制度相比较可以发现,我国人员陪审员制度还存在较大的不足,如何在现有的制度之下进一步完善人民陪审员制度是刑法司法公众参与能否有效实现的重中之重。笔者认为,与西方国家相比,还需对我国人民陪审制度进行以下改革:

首先,降低我国人民陪审员的资格要求。在西方国家,对于陪审员的选任基本没有特殊的要求和限制,一般只要达到法定年龄且是本辖区的选民即可。而根据我国《全国人民代表大会常务委员会关于完善人民陪审员制度的决定》(以下简称《决定》)第4条的规定,公民担任人民陪审员,应当具备“拥护中华人民共和国宪法”“年满二十三周岁”“品行良好、公道正派”“身体健康”等基本条件之外,还需要“一般应当具有大学专科以上文化程度”的限制,而在最高人民法院、司法部关于印发《人民陪审员制度改革试点方案的通知》(以下简称《通知》)的规定中,对其条件出现了两个明显的变化,一是将人民陪审员的年龄提高到“具有选举权和被选举权的年满28周岁的公民”,二是对放宽了“农村地区和贫困偏远地区公道正派、德高望重者”不受学历条件的限制。

---

① 参见彭海青:《刑事裁判共识论》,法律出版社2012年版,第214页。

② [美]彼得·德恩里科、邓子滨编著:《法的门前》,北京大学出版社2013年版,第310页。

从全国各地选取陪审员的实际情况来看，各地方对此条件的宽严程度的把握存在不一致，有的只要求大专以上学历，有的是以本科学历为标准，更有甚者，有的地方对陪审员的选取完全按照法官的选任标准进行，如此造成了“陪审专业户”等背离人民陪审制度设计初衷的现象发生。[①] 如果担任人民陪审员的资格过高，必然会影响到社会公众参与刑事司法的广泛性。[②] 因此，笔者认为，应当取消人民陪审员条件中的学历限制，将人民陪审制度的参与主体扩大到年满十八周岁的所有社会民众。虽然有些民众的确存在知识结构欠缺的客观现实，但这不是阻碍其参与审判的实质理由。如果对于此问题过于担忧，可以进一步采取案件分离的做法，即在事实审的部分可以吸纳人民陪审员参与，而在法律审部分可以由具有专业知识的法官等完成，而不是单单通过提高人民陪审员的任职条件来加以限制。

其次，扩大人民陪审员参与案件的人数。究竟多少人参与到具体案件中来，因西方实施的陪审制以及参审制不同而有所区别。在陪审制中，参与到案件审判中的人数一般较多，例如，英国从较早时期以及到目前，较为普遍的是实行由 12 人组成的陪审团，在美国也基本实行 12 人制的陪审团。在参审制中，陪审人员可能较少，例如日本是实行参审制的典型国家，目前日本在《裁判员法》中明确规定了合议庭由职业法官 3 人以及裁判员 6 人组成，对于被告人认罪的案件，且检察官、法官以及被告人及其辩护人没有异议，主审法官可以根据案件的实际情况决定由 1 名职业法官以及 4 名裁判员组成合议庭进行审理。与西方国家相比，我国人民陪审员占合议庭人数的比例较低。根据《通知》的相关规定，我国目前尚处在积极探索重大案件由 3 名以上人民陪审员参加合议庭制度的阶段。笔者认为，我国应当扩大合议庭中人民陪审员的比例，因为吸纳社会公众广泛参与不仅是共识获得的重要基础，而且还可以进一步促进司法民主的实现。在具体的建构方案中，可参

---

① 参见廖永安:《社会转型背景下人民陪审员制度改革路径探析》，载《中国法学》2012 年第 3 期。

② 同上。

见日本参审制的经验，可以根据案件的复杂程度、有无认罪等实际情况来决定具体的人数。

五、结　　语

在人类进程的历史长河之中，法律的出现无疑将社会文明推向了更高的层次，虽然以法律为基础的法治理念曾经由于战争等因素而招致短暂的摧毁，但是复兴并实现法治的理念在世界以及我国从未停息过，尤其是随着市场经济的确立、民主制度的发展，法律本身也随之呈现出不断进化的状态。目前，随着全球化时代的到来，"'法治'理念作为西方政治学中的精华部分，也正逐渐成为全球化时代的必要条件"。① 然而，在中国实行改革开放后，社会经济已然取得了令人瞩目的成绩，但是"中国的法治建设与司法的改革与人民的期待有着相当大的差距，也与中国共产党的基本方针和要求存在较大的距离。"②虽然刑法主要依赖于制裁手段的严酷来实现社会的治理，但并不意味着刑法就是狰狞可恶的产物。相反，作为法律体系重要组成部分的刑法，也是制约法治能否实现的重要基础，因而，在现阶段，如果能够实现社会公众在立法以及司法领域最大限度的参与，必然能够大大提高我国法治建设的水平。

Public Participation in the Governance of Criminal Law: Process Narrative, Theoretical Reconstruction and Path Realization

Yao Wanqin

[内容摘要]在当代社会中，刑法作为法律体系中最为重要的部门法之一，理应具有治理社会的重要功能。虽然刑法自诞生之日起就承

① Thomas Carothers, The Rule of Law Revival, *Foreign Affairs* 95, 1998, p. 77.

② [加]麦克尔·崔贝尔考克、[美]罗纳德·丹尼尔斯：《法治与发展》，冯川等译，南京大学出版社 2014 年版，序第 3 页。

载着“打击犯罪”的使命,但这不意味着刑法就是狰狞的面目。而事实上,我国刑事立法与刑事司法的现状逐渐折射出刑法治理的社会公众参与程度严重不足,具体表现为立法中社会公众很难有实质性参与,即便在司法中有所参与,参与的权限和范围也极为有限。深究导致这一现状的根源,与以代议制民主理论为基础而建构的立法与司法参与模式休戚相关,而代议制民主本身具有的理论缺陷将不可避免地导致刑法难以实现科学化地治理。而目前,标识一种致力于改善民主质量的协商制民主逐渐在世界范围内得到认可和推崇,因此基于协商民主理论基础之上建构刑法治理的具体方案无疑具有可取性。具体而言,在立法中应当贯彻商谈理性,从广泛性、平等性以及充分性等方面保障社会公众能够最大限度地参与其中;在司法过程中,基于共识理论的要求,也应当较大程度地吸纳社会公众参与其中。

[**关键词**]刑法治理;公众参与;代议民主;协商民主;陪审

Abstract: In contemporary society, criminal law, as one of the most important department laws in the legal system, should have the important function of governing society. Although the criminal law has been carrying the mission of "cracking down on crime" since its birth, it does not mean that the criminal law is a ruthless face. In fact, the status of criminal legislation and justice gradually reflects the serious inadequacy of public participation in the governance of criminal law in China, which is manifested in the fact that it is difficult for the public to participate substantially in legislation, even if they participate in the judiciary, but the Jurisdiction and scope of participation is extremely limited. A thorough study of the root causes of this situation is made. It is closely related to the mode of legislation and judicial participation based on representative democracy theory. And the theoretical defects of representative democracy will inevitably lead to the difficulty of scientific governance of criminal law. At present, a consultative democracy which is committed to improving the quality of democracy is gradually recognized and respected worldwide. Therefore, it is undoubtedly desirable to construct a concrete scheme of criminal law governance based on the theory of consultative democracy. Specifically, the legislature should implement negotiation rationality, ensure the maximum participation of the public from the aspects of universality, equality and adequacy; in the judicial process, based on the requirements of consensus theory, should also absorb a greater degree of public participation.

Keywords:Criminal law governance; Public participation; Representative democracy; Deliberative democracy; Jury

对刑法目的解释不当运用的反思与修正*

王　帅**

目　　次

在众多的解释方法中,目的解释一直占据重要地位,甚至有德国学者认为"解释方法之桂冠当属于目的论之解释方法"。① 然而,面对刑法目的解释,学界一直是一种"又爱又恨"的态度:一方面,目的解释在更加有效地廓清文义的同时,也暗含着突破文义的风险。另一方面,目的解释中的"目的"究竟应当如何把握,也是非常复杂的。这样一种复杂性可能会损害法律意义的固定性和客观性,以至于在根本上磨蚀人们对法律的信仰。正因如此,考察目的解释的现实适用,讨论目的解释的限度,并进一步梳理目的解释的正当运行,就是一个非常有意义的学术命题和实践命题。在本文中,笔者将首先梳理当前刑法司法解释实

* 中国博士后科学基金面上资助成果"解释分歧的司法化解"(2017M611117);国家"2011 计划"司法文明协同创新研究中心资助成果。

** 中国政法大学刑事司法学院博士后。

① [德]耶塞克:《德国刑法教科书》,许久生译,中国法制出版社 2001 年版,第 193 页。

践中目的解释的不当运用,并对这种现象进行反思,进而提出刑法目的解释的合理运行方法。

一、刑法目的解释不当运用的表现

作为一种解释方法,目的解释运行的关键在于目的的内容是什么,如何在目的的指引下做出解释。正因如此,考察刑法目的解释的不当运用,也需要从“目的”入手,集中表现为规范目的的不适当。在实践中,规范目的的不适当集中表现为目的的绝对化、非规范化和片面化。体现在解释方法的适用上,就表现为刑法目的解释的绝对化、非规范化和片面化。

(一)刑法目的解释的绝对化

刑法解释是一种带有主观意志的规范评价活动,因而难免带有对规范进行塑造的成分。如此一来,每一次解释都可能会带来不同的刑法解释结论,这就可能加剧刑法解释的不确定性。正因如此,对待解释我们应当保持一种审慎的态度:不是所有的规范都需要解释,清晰的规范不需要解释,解释也不得超越规范的文义边界。然而,当刑法解释不再保持这种审慎的姿态,就可能呈现出解释的绝对化:所有的规范都需要被解释,也可以被解释。规范的文义边界并不足以限制解释,反而成为一种可以被随意捏造的对象。从我国刑事司法解释的现实运行来看,这种现象无疑是存在的。

首先,我国有的刑事司法解释活动并非是在对文义加以阐释,而是突破了文义的界限。所谓阐释,就是解释活动必须发生在文义的限度内,因而只能是依附于文本而存在。如果没有文本的限制,解释就不再是解释,而是创造。我国出台的许多刑事司法解释明显突破了立法文本的文义,成为一种变相的立法。这种倾向在我国刑事司法解释实践中有很多实例,以下列举些许典型:例如,“两高”2001 年发布的《关于办理生产、销售伪劣商品刑事案件具体应用法律若干问题的解释》第 6

条规定:"医疗机构或者个人,知道或者应当知道是不符合保障人体健康的国家标准、行业标准的医疗器械、医用卫生材料而购买、使用,对人体健康造成严重危害的,以销售不符合标准的医用器材罪定罪处罚。"这一规定"把购买、使用也解释为生产、销售","显然是一种越权解释,实际上具有补充立法的性质,这是司法解释对罪刑法定主义的破坏。"①又如,最高人民检察院在2002年曾将足球比赛裁判的受贿行为按照公司、企业人员受贿罪论处,实际上是将足球比赛裁判解释为"公司、企业工作人员",显然也超出了刑事立法对"公司、企业人员"规定的应有含义。② 再如,最高人民法院2013年发布的《关于审理拒不支付劳动报酬刑事案件适用法律若干问题的解释》第5条规定,"对要求支付劳动报酬的劳动者使用暴力或者进行暴力威胁的",应当认定为"造成严重后果"。然而,"造成严重后果"应当是指已经造成实质性的损害结果,"使用暴力或者进行暴力威胁"只是一种行为方式,根本不是实害结果,因而完全无法归入"造成严重后果"之列。因此,该解释也明显突破了法律文本的可能之义,属于越权解释。

其次,我国有的司法解释并非是基于规范本身的模糊在进行解蔽,而是基于打击犯罪的需要便出台解释。所谓解蔽,就是解释活动必须基于刑法的不确定性,而这种不确定性源于案件的疑难和规范文义的空缺。解释必须基于文义模糊和案件疑难,否则没有解释的必要。然而,我国某些刑事司法解释并非如此,往往基于打击犯罪的需求即可出台,表现出超然的能动。这种思维的典型实例是2009年《关于审理洗钱等刑事案件具体应用法律若干问题的解释》(以下简称《洗钱罪解释》),在权威解读中明确指出"我国反洗钱、恐怖融资犯罪的刑事立法、司法上还存有一些差距和问题……上述问题在一定程度上制约了刑事打击洗钱和恐怖融资犯罪活动的有效性。1997年至今全国法院审理的、以《刑法》第一百九十一条洗钱罪追究刑事责任的洗钱案件仅20余件;2001年《刑法》第一百二十条之一规定的资助恐怖活动罪以

① 陈兴良:《罪刑法定主义》,中国法制出版社2010年版,第65页。

② 赵秉志主编:《刑法解释研究》,北京大学出版社2007年版,第310页。

来尚无一例以此罪名追究刑事责任的案件,这与当前我国洗钱、恐怖融资犯罪活动的实际情况明显不适应,与前述提及的适用《刑法》第三百一十二条追究刑事责任的洗钱案件数量形成鲜明的反差”。[①] 之所以称之为典型,是因为从背景描述中可见,1997 年以来,以《刑法》第 191 条洗钱罪追究刑事责任的案件仅 20 余件,而资助恐怖活动罪更是尚无一例。如此情况下,就很难谈得上是基于“疑难”而出台的解释。相反,出台的目的则是与相关犯罪的实际情况明显不适应,无法满足打击犯罪的需求。可见,其出台司法解释的主要考虑并非案件的疑难或者条文的模糊,而是洗钱与恐怖融资行为本身的社会危害性。在其看来,司法在面对这种社会危害性时发挥的作用明显不足,故而该司法解释出台的主要目的就是要利用刑事手段,提高打击洗钱与恐怖融资犯罪的有效性。在这种情况下,法益保护的需求就可能超越文义本身的限制,在解释主体的考虑中占据更大的比重。

(二)刑法目的解释的非规范化

面对目的解释,学界一直是一种“又爱又恨”的态度,原因无非在于目的本身的复杂性。这种复杂性的一个重要表现,就是随着语境的不同,目的也将呈现出不同的内容。在刑法解释的语境下,目的解释首先应该强调规范的基础性制约。但如果过分强调解释主体对社会情势的关注,要求解释主体积极回应社会需求,以便实现更好的社会治理效果,就可能呈现出刑法目的解释的非规范化。

社会治理是一个多元主体、多种方法协同作用的治理体系。刑法解释作为一种规范化的治理方式,在参与到社会治理中时,就难免导致目的呈现出多元化:一方面,从目的的内容来看,除了需要关注规范本身的目的,刑法解释可能还需要关注国家政策、经济任务、文化建设、道

① 刘为波:《解读〈关于审理洗钱等刑事案件具体应用法律若干问题的解释〉》,载《解读最高人民法院司法解释》(2009 年卷),人民法院出版社 2010 年版,第 197 ~ 198 页。

德塑造等目的。另一方面,从时代的流变来看,规范的目的具有相对的稳定性,但其他的目的则具有较强的流变性。随着社会形势的不同,某一个时空背景下的主要目的在另一个时空背景下将成为次要目的,这也使得目的呈现出多样化的态势。可见,如果仅仅关注刑法规范本身,其目的会比较单纯,也比较稳定。但一旦考虑到刑法解释在整个社会治理体系中的定位,目的就会呈现出复杂性,除了考虑规范目的以外,还必须考虑非规范目的;除了要考虑曾经的目的,还必须要考虑当下与未来的社会治理重点,以确定新的目的。

面对目的的多元化,刑法解释当然不能将自己封闭起来,而是应当在互动中考察多元目的是否可以与规范目的相契合,进而以规范化的手段参与到社会治理中来。以刑事政策与刑法解释的互动为例,刑事政策属于政治机制,刑法属于法律治理机制。刑事政策解决的是"治理犯罪"的目的性问题,而刑法解决的是"合法/非法"的规范判断问题。两者之间难免会发生冲突。但刑事政策中的理念并不必然反映到刑法规范中,这呈现出一种系统之间的自主运作。当然,这种自主运作并不排斥二者的相互关联,只是关联方式并非直接反映的关系——刑事政策决定刑法或刑法决定刑事政策——所以刑法必须对刑事政策中的信息进行选择和过滤,并以自身的规范目的与刑事政策发生关联,只有刑事政策的目的与刑法规范的目的发生契合,才可以由刑法解释机制加以回应,否则只能由其他的机制(如立法机制,通过新的刑事立法)予以回应。

与规范化的自主运作相反,刑法解释如果过分强调社会治理的需求,就有可能注重规范之外的目的,甚至可能放弃规范本身的目的,这就是刑法目的解释的非规范化。社会治理是一个体系,需要多元主体与多种手段的协同。在刑法解释的视野下,如果过分强调社会治理的优先性,规范便没有先天的权威与优势,相反只是一种被利用的手段和方法。在解释过程中,解释主体首先关注的是如何与其他主体和手段互动与配合,以实现更好的社会治理效果,因此目的就难免呈现出多元化态势。并且,当政策、经济、道德、文化或者伦理等因素的社会治理效果要超过规范治理的效果时,社会治理的功利化需求就会要求解释主体优先寻求其他的目的为指导,来做出刑法解释。更有甚者,当规范目的与非规范目的发生矛盾,以至于可能影响到社会治理的效果时,解释主体甚至会将规范目的搁置起来,径直在非规范目的下做出解释。

以诽谤罪的解释为例。2013 年 9 月,最高人民法院与最高人民检察院联合发布《关于办理利用信息网络实施诽谤等刑事案件适用法律若干问题的解释》,在出台背景中明确指出,“一些不法分子将信息网络作为一种新的犯罪平台,恣意实施诽谤、寻衅滋事、敲诈勒索、非法经营等违法犯罪活动……上述违法犯罪活动侵犯了公民的名誉权、财产权等合法权益,破坏了社会公共秩序和市场管理秩序。广大人民群众深受其害,社会各界对此反映强烈,要求依法惩治利用信息网络实施的各类违法犯罪活动”。[①] 在这样一种背景下,第 2 条就规定“利用信息网络诽谤他人,具有下列情形之一的,应当认定为刑法第二百四十六条第一款规定的‘情节严重’:(一)同一诽谤信息实际被点击、浏览次数达到五千次以上,或者被转发次数达到五百次以上的……”该条文一出,立刻在社会上引起轩然大波,引发了“被转发五百条入罪”的大讨论。抛开实际效果不言,“情节严重”这样一个条款的规定,原本就是立法给司法留下的裁量空间,让法官基于自身的正义理念做出入罪或出罪的判断。但是,诽谤罪司法解释中将入罪标准定得过严过死,目的当然是为了回应诽谤犯罪治理的需求,但其实已经背离了立法的初衷,以至于入罪的色彩更加明显,出罪空间被大幅度压缩。

(三)刑法目的解释的片面化

刑法解释之“刑”,意味着刑法解释是一种惩罚技术,暗含着惩罚哲学的运作。诚如论者所言,“刑法是关于惩罚的制度技术”。[②] 相应地,刑法解释就是惩罚这种制度技术的一种。刑法解释的背后是一个

① 最高人民法院刑事审判第三庭:《〈关于办理利用信息网络实施诽谤等刑事案件适用法律若干问题的解释〉的理解与适用》,载《人民司法》(应用)2013 年第 21 期。

② 周少华:《刑法理性与规范技术》,中国法制出版社 2007 年版,第 55 页。

国家的惩罚哲学,是国家对个体进行惩罚的正当性问题。这种惩罚哲学贯彻在刑法解释者的脑海中,影响着具体的解释过程和解释结论,最终影响到某种行为是否构成犯罪的结论。而这种决定某种行为犯罪与否、属于何种犯罪的惩罚哲学,也是刑法解释与其他法律解释的区别所在。

作为一种惩罚权力的运行方式,刑法解释在运行过程中天然呈现出秩序与自由、权力与权利的相对关系。其中国家整体是惩罚权力的决策者,决定着惩罚权力是否要加诸社会个体,以此维持整个国家的秩序与稳定。社会个体则是惩罚权力的被决策者,是惩罚权力效果的作用对象,惩罚权力的运作将直接影响到社会个体的自由空间。二者之间呈现出冲突关系:"自由强调的是主体个性的发挥,而秩序强调的是有序状态的建立与维持:自由难免有打破既有平衡——秩序的趋势,秩序也在一定程度上制约自由、维持平衡的规律性,因此二者之间的冲突在所难免。"①有论者将之形象地描述为"蛋糕"之两半——任何社会,国家刑罚权的量和公民权利的量都不可能是无限的,两者是一种相对的关系,并且形成"蛋糕"之两半。国家刑罚权一旦扩张,意味着国家分得"蛋糕"份额会相应扩大,在总量不变的情况下,公民权利的份额就不得不减少。②

刑法解释中暗含着秩序与自由、权力与权利之间的矛盾关系,这就要求在进行目的解释时,需要综合考虑矛盾冲突,并通过制度设计来保证冲突双方的相互交流,进而实现刑事法治的均衡。在这种理念的指导下,国家虽然是惩罚权力的决策者,但也必然要关注到惩罚权力对象——社会个体的价值需求。然而,我国当前有的刑法司法解释运作还是过分重视权力机关的需求,以至于在惩罚哲学上更加侧重秩序价值。具体而言则表现为两点:规范模糊时倾向入罪和应当出罪时拒绝出罪。

---

① 卓泽渊:《法的价值论》,法律出版社1999年版,第178页。

② 参见何荣功:《社会治理"过度刑法化"的法哲学批判》,载《中外法学》2015年第2期。

首先,司法解释一般都源于规范模糊,而在模糊的状态下,解释者倾向于在秩序优先理念的指导下做出入罪的解释结论。最高人民法院在2011年发布的《关于审理破坏广播电视设施等刑事案件具体应用法律若干问题的解释》中将"删除、修改、增加广播电视设备系统中存储、处理、传输的数据和应用程序,非法占用频率"这些非物理性破坏解释为"破坏"。最高人民法院在阐述出台背景时承认"破坏"这种表述存在模糊性,在出台过程中也存在争议,但却依然做出入罪解释。其理由是"尽管此类行为没有对广电设施造成现实的物质性损坏,但是影响了正常节目的播放和设施功能的正常发挥,危害着国家的政治、文化安全,根据广电设施的功能特点,应将此类行为认定为'破坏行为',予以惩治,故本解释将'非法占用频率'明确为破坏广电设施的一种行为"。[①] 由此可见,在某些文义模糊之处,解释主体会优先考虑社会保护的价值,从而导致解释更加倾向于入罪。

其次,司法解释的结论有出罪与入罪的选择,但在秩序价值优先理念的指导下,解释主体在应当出罪时却拒绝出罪。如对诽谤罪公诉条款的解释。我国《刑法》第246条第2款针对诽谤罪规定了公诉条款:"前款罪,告诉的才处理,但是严重危害社会秩序和国家利益的除外。"换句话说,我国针对诽谤罪设置了自诉兼公诉的并存模式。通常情况下为自诉,但"严重危害社会秩序和国家利益的",则采用公诉模式。这样一种立法规定蕴含着压制言论自由的风险,而解释者在面对这种风险时,应当在公权力与公民言论自由博弈的过程中恪守中立立场,在实质正义理念的指导下做出目的性的限缩解释,避免因过分亲近公权力而产生对公众言论自由的压制,甚至影响公众参政议政的积极性。然而,有论者在分析2006年至2010年国内诽谤"公职人员"案的基础上指出,我国《刑法》第246条的但书为诽谤罪的非正当公诉化提供了有力的支撑。近年来,影响较大的诽谤罪公诉案件,大多都是诽谤"公职人员",甚至是"诽谤领导"的。也就是说,借助《刑法》第246条的

① 人民法院出版社法规编辑中心编:《解读最高人民法院司法解释》(2011年卷),人民法院出版社2012年版,第128页。

“但书”条款,司法机关将本属于公职人员自诉的案件,任意解读为严重危害“社会秩序或国家利益”的案件,进而启动公诉程序。[①] 这一现象背后的逻辑无非是认为公职人员和领导的身份具有公共性或者国家性,因而可以与“严重危害社会秩序和国家利益”等同视之。然而,“严重危害社会秩序和国家利益”是一种抽象的危害结果,而被害人的特殊身份只是其中的一个考量要素,绝不可仅仅因为被害人身份特殊就直接引出对公益甚至国家利益的危害。事实上,针对公职人员与领导个人加以诽谤,通常只是对其个人的名誉权进行了侵害,并不会危害社会秩序和国家利益,只能采用自诉方式。即便是针对公职人员与领导的特殊身份加以诽谤,也需要考虑具体的目的。当对其名誉权的侵犯是为了更好地监督其公权力的行使时,其名誉权不仅不能与“社会秩序和国家利益”等同视之,反而应当受到更多的制约。

二、刑法目的解释不当运用的风险

从当前的实践来看,刑法目的解释的不当运用主要表现为目的解释的绝对化、非规范化和片面化。其中目的解释的绝对化就是绕开规范文义直接进行目的解释,而目的解释的非规范化是绕开规范目的直接进行目的解释。规范文义与规范目的都是规范对解释主体能动性的制约,故而目的解释的绝对化与非规范化都可以被概括为绕开规范进行目的解释。而目的解释的片面化则是对刑法规范目的的误读。考察目的解释不当运用的风险,不妨就从绕开规范进行目的解释与规范目的的片面化入手,加以考察。

(一)绕开规范进行目的解释导致规范化治理的失效

刑法解释是一种社会治理手段,针对的是犯罪这种社会现象。特

---

① 参见索燕妮:《诽谤去公诉化与舆论监督权之保障——以宪法第41条和刑法第246条的关系为中心》,浙江大学2012年硕士学位论文,第19~20页。

殊的是，刑法解释是通过解读规范的方式参与到犯罪治理中来。从这个意义上来讲，规范是刑法解释无法绕过的存在。片面强调实质正义，固然能够更加有效地参与到犯罪治理中来，却也造成了规范的退隐。换句话说，为了更加有效地进行犯罪治理，解释主体绕过了规范在进行惩罚。但是，这种方式真的能够实现规范化的犯罪治理吗？其实不然。

惩罚，据福柯所言，是一种关于肉体的政治技术学：惩罚制度最终涉及的总是肉体，即“肉体及其力量、它们的可利用性和可驯服性、对它们的安排和征服”。① 可见，惩罚对于我们的意义，远远不在于将某种强制力施加到某个人身上而已，而是通过惩罚来体现出国家权力的某种价值宣誓，呈现出某种引导效应，以此实现权力对社会的整合。固然，刑法解释通过提高规范的灵活性，确实保证了惩罚资源的优化配置，似乎在短期上实现了有效的犯罪治理。但是，这种做法毕竟是绕过了规范在进行惩罚，从长远来看只能是国家惩罚的失效。归根结底，理由有三：

首先，绕开规范进行惩罚，只是看到了惩罚的强制性，但却可能带来暴力的无限循环，破坏社会秩序。抛弃了刑罚的规范性，从短期来看也许能够通过打击犯罪来维持社会的稳定，但长远来看却可能使社会陷入无休止的混乱中。毕竟，抛弃了规范的惩罚并不是以理性作为社会的根基，而是将暴力作为社会的根基。但是，“通过暴力协调群体会陷入恶性循环，注定难以成功”。② 在以暴力作为根基的社会中，拥有最大力量的人就具有了针对所有人的最大权力，他可能暴力地强制所有的人，并且以所有人都同样会恐惧的严厉惩罚来控制他们。但是，在力量更强大的人出现时，原来的暴力行使者就会被迫沦为服从者，社会只会迎来新的一轮的暴力循环。在这样一个社会中，秩序只是暂时的、片断的，人们并不会将规范和理性作为权威，而只是会把强力作为权威。在这样一个社会中，人们都会自觉或不自觉地陷入对强力的崇拜

① ［法］米歇尔·福柯：《规训与惩罚》，刘北成、杨远婴译，三联书店 2012 年版，第 27 页。

② 周光权：《刑法学的向度》，法律出版社 2014 年版，第 94 页。

和追逐之中,强力与实力将成为社会成功的准则。如此一来,人与人之间的关系不仅无法被整合,反而可能因为相互之间的倾轧而呈现出愈加孤独,愈加原子化的态势。

其次,绕开规范进行惩罚,可能造成惩罚的弥散,不仅无法塑造国家惩罚的权威,还可能使惩罚沦为被质疑和嘲笑的对象。惩罚的弥散就是将惩罚作为一个社会治理的根基,整个社会都围绕着惩罚权力的运作来建立起来,任何主体都可能会在惩罚主体与惩罚对象之间转换。惩罚也不再仅限于刑法意义上的规范评价功能,而是以工具主义作为指导思想,因此更大程度上具备道德塑造、文化建设、经济发展与政治稳定的功能。从正面效果来看,惩罚的弥散使整个社会都处于高度戒备的警觉状态中,毕竟脱离了规范的制约,任何一种情况,任何一个人都是有可能被评价为犯罪。在这样一个社会中,人们只能时刻保持着高度警觉,才能避免惩罚的不利后果。但需要注意到的是,惩罚的弥散在使人们保持高度警觉的同时,也破坏了惩罚的严肃性,使其成为人们质疑和嘲讽的对象。因为,在这种环境下,惩罚是随意的,守法与犯法的界限并不清楚,因此无论是守法还是犯法都不是公众的最优选择。对公众来说,可能既没有选择反抗乃至接受极刑惩罚的方式,也没有选择循规蹈矩对法律的服从;相反,采取了一种游戏的态度:在接受惩罚之后却依然可能选择犯罪,在口头上认罪的同时,内心中可能在盘算着犯罪的机会。① 在惩罚弥散的社会中,任何一种惩罚的降临不会让人们感觉到规范的权威,被评价为犯罪的人,可能也不会感觉到违法的耻辱感,更多的可能是一种对于自己不幸的自我嘲讽。人们在面对犯罪时,不仅不会感觉到犯罪的恶劣与反社会性,还可能因为惩罚的过分随意而心有戚戚,甚至对犯罪分子产生同情。在这种情况下,国家惩罚权力又谈何犯罪治理呢?

最后,绕开规范进行惩罚,也可能破坏规范对整个社会的维系作用,使得法治理性沦为空谈。“对于一个法律时代的风格而言,重要的

---

① 参见强世功:《惩罚与法治》,法律出版社 2009 年版,第 28 页。

莫过于对人的看法,它决定着法律的方向。"①依法治国的理想要求我们必须以规范人为原型对刑法进行设计,人与人之间的关系也需要以规范来加以维系。规范人具有对规范的理智、判断和思考能力。在法治社会中,人们将被塑造为规范人格体。只有规范人格体产生了,有秩序的规范性社会才能被人为地建构起来。在这个依照规范目的而定义出来的社会中,个体之间依照规范设定的沟通模式往来,如果有人背离,规范就需要及时作出反应,反对干扰,保持规范沟通的继续有效。在规范性社会中,主体都是有自我意识的人,这样的主体就是规范意识主体。在这里,规范意识主体整合着社会,使其成为一个安全的世界。规范意识主体,既包括了遵守规范,因而在正常社会中生活的人,也包括了破坏规范,因而在非正常环境中生存的人——因为犯罪人就算是已经犯罪,社会对其依然有期待,犯罪人理应返回社会,弥补过去的错误,营造自己的独立生活。由此可见,正是在规范意义上,我们实现了对社会一般人与犯罪人的整合,从而以规范意识主体作为根据来对刑法进行设计,进而切合法治国家的理想。然而,一种丧失了规范稳定性的刑法解释,是无论如何不能在公众心中获得认同的。为了满足犯罪治理的需求,它往往将具有危害性的犯罪解释入罪,甚至突破规范文义也在所不惜。这种处理方式从短期来看固然是满足了法益保护的需求,但从长远来看却是破坏了社会中规范关系的稳定——随意入罪与出罪都会导致公众既畏惧刑法,又怀疑刑法,从而丧失对刑法的信赖与认同,进而在根本意义上侵蚀着刑法规范的有效性。

(二)规范目的的片面化暗含对权利的压制风险

诺内特与塞尔兹尼克曾指出,"压制的关键既不在于强制,也不在于同意本身。问题在于当权者在多大程度上考虑服从者的利益和为这

① [德]拉德布鲁赫:《法律上的人》,舒国滢译,载方流芳主编:《法大评论》,中国政法大学出版社2001年版,第1页。

些利益所约束,而这是由同意的质量和强制的各种用途来体现的”。[①]换句话说,评价压制风险存在与否的关键并不在于法律是否具有强制性或者是否会获得公众的同意,而在于是否考虑了公众的利益。当一个国家的法律运行不再有限考虑公众的利益,不再考虑人权的保障,就可能使法律的运作呈现出压制型法的状态,而这种状态具有以下两大特征:首先,法律与政治紧密结合起来,法律直接服从于公共的和私人性质的统治精英;法律工具主义占据主导地位,很容易被用来巩固权力和权威,保护特权。其次,官方的自由裁量权蔓延,以此来保证法律的柔顺性。[②] 当前的一些目的解释,往往更加关注公权力的需求与秩序价值。然而,刑法解释在越来越亲近公权力和秩序价值的同时,却与私权利和自由价值产生了越来越大的疏离,以至于产生对权利的压制风险。

一个理性的刑法目的解释,应当能够做到关注秩序与自由、权力与权利的冲突,并要求以规范和中立的方式来化解二者的冲突。“法律解释对私权利影响甚大,法律解释权的运行体现了法律解释机关权力与私人权利的冲突和矛盾,故此有必要对法律解释通过法律形式加以规范。”[③]毕竟,刑法解释的存在从来不是为了更有效地实施惩罚权力,而是为了更加理性地实施惩罚权力。这种理性就在于其通过规范的方式来限制国家惩罚权力的过分张扬,以此避免过分侵入公众的自由空间;同时,刑法也限制个体理性的过分张扬,以此避免社会秩序遭到破坏。在刑法解释中贯彻理性的惩罚哲学,就是要以一种法治的方式,在国家理性与个体理性、权力与权利、秩序与自由之间求得法治均衡,实现刑法正义:“当自由和秩序维持良性互动并能够得到恰当实现时,刑法正义就能够实现。”[④]但是,目的解释的片面化往往倾向于国家理性,

---

① [美]诺内特、塞尔兹尼克:《转变中的法律与社会》,张志铭译,中国政法大学出版社1994年版,第29页。

② 同上书,第57页。

③ 李翔:《刑法解释的利益平衡问题研究》,北京大学出版社2015年版,第285页。

④ 胡启忠:《法律正义与法律价值之关系辨正》,载《河北法学》2010年第3期。

更加关注秩序的价值,如此一来,刑法只是维持社会稳定的工具。为了达成这一目标,刑法解释就不再被作为化解秩序与自由之间冲突的社会机制,而是打击犯罪,维持秩序的工具。在这种需求之下,包括解释主体在内的所有国家权力机关,都将被整合起来作为打击犯罪的一部分,也就难免呈现出权力之间的配合。在这种配合的状态下,公众的权利与自由空间都无法得到有效的保障:一方面,在权力配合成为主流的社会中,一旦发生公权力侵害私权利的情况,公众便寻求不到一个具有公信力的权力机构,对自己的权利予以救济,权利被侵害之后就只能是听之任之。另一方面,在权力过分张扬的社会中,自由的边界是模糊的,也是变动不居的。法律的一个重要作用就是划定公众自由的边界,一方面指导公众行为,另一方面限制国家权力的恣意。但是,在权力过分张扬的社会中,法律的这一作用就可能被刻意忽略,一旦发生不稳定因素,秩序的价值就会压倒自由,掌握更加强势的话语权。在一个秩序与稳定压倒一切的社会中,公众的自由空间就可能面临不断的缩水。更有甚者,即便是已经被法律划定的自由空间,也有可能被公权力以秩序的名义加以突破,以便更好地完成打击犯罪的任务。

三、刑法目的解释正当运用的途径

作为一种流行于理论界和实践部门的解释方法,目的解释的不当运用往往会对一个国家的刑事法治产生更大的消极影响。在前文的论述中,已经对这种消极影响进行了梳理。而在这一部分中,笔者将对目的解释正当运用的途径进行讨论。应当注意到,当前目的解释的不当运用,主要集中在对规范文义的突破和对规范目的的误读两个问题上。正因如此,想要使刑法目的解释的运用呈现出正当与理性的状态,也必然要从规范文义与规范目的入手,方可寻求应循之道。

(一)规范文义构成对目的解释的绝对限制

为了使目的解释运用得更加理性,解释者必须要接受规范文义的限制,这种限制是绝对的。刑法解释的目的是以规范的方式来化解社会冲突,这就要求通过解释建立起来一个规范场域,将冲突纳入这一场域之中。此时,最重要的是要寻求规范文义,以此作为场域的边界。如果边界丧失了,就谈不上一个稳定的场域,更谈不上在规范的场域内化解分歧。

建立起来一个规范场域,必然要求以规范作为化解分歧的根本。规范在刑法解释中具有最终极的价值,也享有最高的权威。"刑法司法解释的创造性发挥到极致也不过就是:对刑法规范现在的、客观的含义进行阐述。"①在对任何一个刑法规范进行审视时,首先应当考虑到的是规范文义,而不是规范背后的目的。之所以如此,是由于规范文义的相对确定性。毕竟,文字虽然没有绝对的确定性,但依然具有相对的确定性,如没有人会将自行车认为是汽车,没有人会将导弹认为是子弹。这种相对的确定性源于人们的一般共识,也正是因为这种一般共识的存在,法律才得以维持公众对它的预测可能性。刑法解释所要从事的工作,是通过解读规范的方式来化解冲突,自始便抛开规范文义的做法,其实暗含着反共识的观念。但是,这种观念却存在悖论,以至于无法有效化解冲突:只有求得共识才是真正化解冲突,但过分强调目的理性却往往绕过规范本身,其实也就绕过了规范背后的一般共识。以一种"反共识"的思维去求得共识,这无疑是一种悖论,也导致冲突始终是存在的。为了避免这样一种悖论,解释者在进行解释时,应当优先考虑规范文义,寻求规范文义的边界,探求规范文义背后的社会共识。换句话说,任何一个刑法解释者,在面对解释问题时首先要以一个共识维护者的身份出现,才能是建构法治的理想角色。

坚持规范文义的绝对限制,就需要在刑法解释中坚持合法性原则的优先,坚持罪刑法定原则的形式判断优先,坚持"法治反对解释"的命题。"法治反对解释",即强调司法克制主义,对明确的法律必须无

---

① 陈兴良、周光权:《刑法司法解释的限度——兼论司法法之存在及其合理性》,载《法学》1997 年第 3 期。

条件遵守,在解释中不能附加法官个人的意思。① 笔者支持这一观点,理由有三:首先,规范制定出来并不是为了被解释,而是为了被遵守,解释主体不仅不能是例外,还要有更强的守法义务。固然,解释主体因为被赋予了解释权力,而具有了特殊的身份,但不能忘却自己首先是作为社会公众的一员,需要接受规范的制约,因此自然负有遵守法律的义务。同时,解释主体因为被赋予解释权力,往往会受到公众更多的关注,而解释主体对规范权威的尊重和自我克制,也可以在公众心中形成更好的示范效应。相反,解释主体如果过于能动,认为所有规范都可以被再加工,再解释,又会在公众心中形成什么指引效应呢?其次,法律规范的确定性是一种客观存在,一概否定并不合理。文义虽然不具有绝对的确定性,但却具有相对的确定性。以"汽车"的概念为例由于时代的发展,如今电动汽车已经越来越普及,那么电力驱动的汽车是否等同于传统意义上汽油或柴油驱动的汽车,确实会存在模糊之处,需要解释。然而,火车、自行车这些绝对不会属于汽车,这就是文义的相对确定性。这种相对的确定性是由社会公众的共识塑造出来的,也构成了"可能性文义"的边界。在这种明显存在共识的问题上,不允许解释,也不需要解释。最后,过分强调解释主体的能动亦不理性。固然,法律可以通过解释主体的能动性更加明确,但也有可能通过解释而变得更加模糊。毕竟法律解释就是解释主体对法律条文的再加工,必然伴随解释主体的主观意志。在我国这样一个司法公信力尚待完善的国家,过分强调解释者的能动性,不仅无法实现法治理想,反而还可能因为过分能动而破坏了规范的稳定,从而带来更大的法治危机。

需要强调的是,"法治反对解释"这一命题,归根结底是为了维护社会共识。文义本身没有清晰与否的概念,毕竟文义就是人们通过主观意志塑造起来的存在,往往会因为主体的差异存在意义的差异。但是,文义背后的共识却是一种相对稳定和客观的存在。坚持合法性原则和形式判断优先,并不是说词典中的规范文义优先,也不是说机械化地适用文字,而是规范所反映的社会共识优先。而"法治反对解释"的

---

① 陈金钊:《法治反对解释的原则》,载《法律科学》2007 年第 3 期。

真正含义,并不是一概反对解释,而是反对解释者认为自己的能动可以超越社会共识,以至于产生主观擅断的风险。

(二)立法者本意应当是目的解释的优先考虑

目的解释之所以复杂,是因为其目的的复杂性。但是,如果将目的置于特定的场合,限制目的解释的语境,则会有效地降低问题的复杂程度。目的虽然是复杂的,但并非不可把握的,需要根据具体的应用场合来进行解读。目的解释作为一种解释方法,在进入了法学视野之后,就成为一种法律方法,为了保证其结论的合理性,需要具备作为法律方法的独立地位和品格。而法律对思维方式的规范性,铸成了法律方法论的特色,法律方法在本质上就是法律思维方法。此时,规范成了法律思维的出发点和归宿,用法律方法看问题就是要用法律规范赋予事实以法律意义;用法律方法解决问题就是用规则、程序分配权利与义务、职权与责任、惩罚与救济等。这是其他学科的方法所不完全具备的。[①]即便学界有人对法律方法的地位提出质疑,但是也不能否认多年来形成的法律知识与思维形式,尤其是经过法学教育的法律共同体还是共同拥有着法律知识体系、法律方法论体系和大体一致的思维判断能力,这些对法律解释者思维的影响还是巨大的。至少说,如果解释者过度背离了法学专业的解释,职业共同体成员便不能容忍,很有可能引发关于正当性或者合法性的大追问,法律制度内的程序也会对此作出反应。

由此可知,目的解释想要成为刑法解释方法的一种,并不是要强调“目的”,而是要强调“规范性”。换句话说,强调规范文义的制约和规范思维的制约。正如论者所言,“现代刑法是规范性刑法,而不是名义性刑法或文字性刑法。规范性刑法乃是规范语言表达与规范保护目的之间的有机统一,这在任何刑法条文中均适用……当规范语言表达相对不明确之时,就需要法官诉诸刑法文本之规范保护目的,以明确刑法

① 参见陈金钊等:《法律方法论研究》,山东人民出版社 2010 年版,第 54 页。

中规范语言表达之文义射程,进而确保处罚的妥当性"。[①] 刑法解释所要寻求的目的是一种规范目的,因此必然要结合"规范"来进行。那么在这里我们首先面对的问题就是,规范是谁塑造出来的?换句话说,规范文义是基于谁的意志产生的?

规范究竟是由谁创造的?在这样一个问题上,主观解释论和客观解释论明显是存在差异的。主观解释论强调立法者意志优先,因此主张规范文义是立法者意志的产物。而客观解释论则认为解释的根据只能是文本而不是立法者的意志。这种立场似乎是将文本放在一个很高的地位,但实际上却是张扬了解释者的主观能动性。毕竟,任何一种文本都是某种主观意志塑造出来的,规范文义如果不是由作为作者的立法者塑造出来的,那就只能是作为读者的解释者塑造出来了。因此,主观解释论与客观解释论的根本分歧,并非是解释根据到底是立法者的意志还是文本本身,而是在解释过程中,到底是立法者的意志居于更加优先的地位,还是解释者的意志居于更加优先的地位。

目的解释需要受到规范的制约,从这个要求出发,立法者的意志必然居于更加优先的地位。首先,规范性的根本目的不是为了解放司法者,而是为了以规范文义和规范思维来限制司法者,避免其过分冲动,甚至出现"司法造法"的现象。因此,从整体上来看,必然要求解释者的意志居于一种克制的地位。其次,从公众利益最大化的手段来看,民主程序无疑是最好的方法。相对于司法而言,立法的首要价值在于民主,司法的首要价值在于公正。因此,单就民主的程度而言,立法要远远超过司法。从这个角度来看,立法所塑造的意志一般而言都是正当的,司法只要执行立法,就足以维持公众利益的最大化。也正因为如此,从司法实践来看,疑难案件永远是少数的,大多数的案件都是对立法价值的直接落实。可见,在民主性的考虑下,解释者也应当处于一种克制的地位,当他想要突破立法者的意志时,就必须自问:司法者个体心中的正义,凭什么能够高于经过了立法程序民主商谈而确定的正义呢?

---

① 姜涛:《规范保护目的:学理诠释与解释实践》,载《法学评论》2015 年第 5 期。

总之,任何一种表述都是意志的载体,法律条文也不例外。关键问题只是究竟是谁的意志塑造了规范文义。在规范性的要求下,规范文义无疑是立法者塑造的。“任何法律规范都包含着立法者的价值判断,因此,法律适用意味着在具体的案件中如何实现立法者的价值判断。”①因此,从一般意义上来看,刑法解释者都应当推定立法者的意志是合理的,目的解释之目的理性,也首先应当是立法者的目的。如此一来,就具有两大要求:一方面,在立法者对自己的目的做出了清晰的阐释,就应当依照立法者的目的行事。另一方面,在立法者没有对自己的目的做出清晰的阐释,也应当做出有利于立法者的推定。

(三)均衡理念应当是目的解释的指导理念

从目的理性应用的一般情况来看,立法者意志居于优先地位,但在现实中,难免出现有立法者的意志落后于某个时代的现象。具体而言则表现为两种情况:第一种情况是某种行为在社会评价上看来需要入罪,但立法者并没有如此评价。第二种情况则是某种行为在社会评价上需要出罪,但立法者将其认为是犯罪。面对这两种情况,我们首先要做的是观察是否会明显突破文义。对于明显超出文义而无法入罪的,必须坚持罪刑法定原则,只能由立法修改的方式来加以完善。对于因为模糊而在入罪和出罪的问题上发生分歧的,则需要基于均衡理念来对规范目的做出进一步的反思。

均衡是指各种力量的平衡状态,想要达到这种平衡的状态,就要求解释主体必须要坚持权衡的姿态。前文已经指出,刑法解释是一种惩罚技术,而惩罚的背后,往往暗含着秩序价值与自由价值的冲突。此时,在规范目的的确定上,我们既要反对秩序价值的片面优先,也要反对自由价值的片面优先。规范目的的确定必须是经过对国家与个人、权力与权利、秩序与自由之间冲突的充分考虑和中立权衡之后才能做出的。

---

① [德]伯恩·魏德士:《法理学》,丁小春、吴越译,法律出版社2003年版,第64页。

从解释目的的确定来看,任何一个法律的首要目的都是为了维持社会秩序,刑法也不例外。因此,在目的的确定上,首先必然是某种法益的保护。诚如论者所言“刑法对依然侵害国家、社会或者公民个人法益的犯罪行为予以刑罚处罚,以保障国家、社会或者个人的法益,维护社会秩序,体现了刑法存在的原始根据。作为刑法的原始和基础的功能,法益保护功能的存在正是刑法的工具性的渊源所在”。① 但是,任何一个规范设置出来都会要求公众履行一定的法定义务,影响到公众的自由空间。保护法益当然无可厚非,但我们必须考察这种保护是否赋予了公众不合理的法定义务,过分侵犯了公众的自由空间。毕竟“仅靠确定性并不足以保障公民的自由,一个含义‘确定的’犯罪规范,完全可能是专横与无理的产物”。② 如果立法能够解决一切问题,便不会存在法律运行过程中的矛盾与冲突。这些冲突的背后,其实都是对公众所要履行的法定义务的内容存在分歧,从深层次上反映出的是秩序与自由的价值冲突。解释主体想要化解这样的分歧,就必须要立于一个权衡的姿态,考察法定义务的合理性与公众自由空间的范围。此时,刑法解释者扮演的是一个正义的维持者和权利的救济者的角色。当过分张扬的立法权力过分侵犯公众的利益,过分侵入公众的自由空间,刑法解释并不排除对立法者的意志进行修正,从而扮演“权利救济者”的角色,以此来维持整个政治秩序的稳定。

可见,在均衡理念的指导下,规范目的一般是为了保护法益,但面对规范适用过程中的价值冲突,刑法解释者也要在均衡理念的指导下做出权衡,从而保证解释目的的全面:任何一个规范目的的确立,绝不能仅仅是为了维持某种社会秩序的稳定,而忽视了公众的自由空间。从这个意义上讲,法益是一个具有批判和反思性的一个概念,是对自由空间的维持。“法益不仅仅是一个指导解释的方法论概念,而且也应当兼具批判性的功能,也就是一个位于刑法条文之上的、能够预先勾勒

① 梁根林:《合理地组织对犯罪的反应》,北京大学出版社 2008 年版,第 4 页。

② [意]杜里奥·帕多瓦尼:《意大利刑法学原理》(注评版),陈忠林评译,中国人民大学出版社 2004 年版,第 13 页。

刑罚权边界,并据此审查和批判刑法规定正当性的角色。”①当然,我们也绝不能仅仅是为了保障某一个体的自由,而忽视了公众的安全感,甚至出现规范文义存疑就一概做出有利于被告人的解释。这两种做法之所以片面,都是因为解释主体没有坚持均衡理念,从而使规范目的的确立是不完整的,也就更谈不上运用目的理性,来化解冲突,进而实现刑事法治的均衡了。

The Reflection and Correctionon the Improper Objective Interpretation of Criminal Law

Wang Shuai

[**内容摘要**]当前刑法解释实践中存在对目的解释的不当运用,具体表现为刑法目的解释的绝对化、非规范化和片面化。然而,绕开规范进行目的解释可能导致规范化治理的失效,规范目的的片面化又暗含着对人权的压制风险。想要使刑法目的解释的运用呈现出正当与理性的状态,也必然要从规范文义与规范目的入手。其中,规范文义构成对目的解释的绝对限制,立法者意志应当是目的解释的优先考虑,均衡理念应当是目的解释的指导理念。

[**关键词**]目的解释;可能性文义;规范目的

Abstract: The improper objective interpretation of criminal law exists in practice currently, specific performances absolutism, arbitrary and unbalanced. However, the ignorance of possible meaning leads to failure of normalized crime control; the unbalanced objective leads to the risk of suppression of human rights. The correction on the improper objective interpretation needs to forces on possible meaning and balanced objective. Specifically, the possible meaning should be the absolute limitation;

① 车浩:《刑事立法的法教义学反思——基于〈刑法修正案(九)〉的分析》,载《法学》2015年第10期。

legislative purpose should be the priority; the balance ideal should be the guiding principle.

Keywords: Objective interpretation; Possible meaning; Specification protection purpose

规范保护目的与过失犯的归责研究

胡　洋*

目　次

注意规范的保护目的,本是客观归责理论的术语,旨在限制实现法不允许危险的范围,在传统过失犯理论中,对应的是因果关系的判断。① 其内涵在于:不属于注意规范的保护目的的行为,是注意规范没有设定行为人需要注意的行为,行为人不需要注意;不在注意规范保护目的内的法益侵害,是被允许的危险,或被允许的不注意,即使造成了法益侵害结果,也没有规范的结果回避可能性,阻却因果关系。

事实因果关系(归因)和规范因果关系(归责)的双重检验中,即使行为人注意到了结果可能发生,对结果有现实的预见可能性,甚至回避可能性,也不对自己具体造成的法益侵害结果负责,因为规范在当时情

* 中山大学法学院博士后研究人员,助理研究员,法学博士。

① [日]亀井源太郎:《因果関係論に求められるもの》,载《法学研究》2010 年第 8 期。

况下不保护这种法益,不禁止对法益的侵害。行为制造了法不允许的危险,有实害发生,但没有发生构成要件范围内的危险现实化。说到底,注意规范保护目的的机能,在于限制预见可能性的处罚范围,它是过失犯中规范的构成要件阻却事由。正如山口厚教授曾经指出,“将因果经过认定为‘预见可能性的结果回避义务关联性’也不是不可能的”。[①]

一、规范保护目的的体系地位:规范违反与规范目的

(一)结果无价值中的规范保护目的困境

注意规范保护目的常举的案例,是自行车车灯事件:在德国,自行车晚上行驶需要打开车灯,某日晚上,X 骑一辆自行车在前,Y 骑一辆自行车在后,两个人都没有开车灯,在黑暗的街道上行驶。此时,被害人 Z 骑着自行车,也没有开灯,迎面而来,结果 X 和 Z 相撞,导致 Z 死亡。事后查明,如果在后面骑车的 Y 开灯的话,X 就可以避免撞到 Z。[②] 那么,Y 是否对被害人的死亡归责,构成过失犯罪?根据结果无价值的话,会得出 Y 的行为和法益侵害结果间有因果关系,想要否定 Y 构成犯罪的话,按照西田典之教授的说法,只能要么“否定存在相当性”,要么“否定存在过失”。[③] 可是,晚上不开灯,骑车撞上他人本不是一件异常的事,被告人对此也不能说完全没有预见可能性,所以完全站在结果无价值预见可能性说的立场,在结论上得出 Y 无罪的解释就可能存在困难。

有学者曾经提到,牧场主圈养牲畜,需要设置栅栏,按照规定其本

---

① [日]山口厚:《从新判例看刑法》,王昭武、刘隽译,中国人民大学出版社 2009 年版,第 66 页。

② [德]克劳斯·罗克辛:《德国刑法学总论》(第 1 卷),王世洲译,法律出版社 2005 年版,第 256 页。

③ [日]西田典之:《刑法总论》,王昭武、刘明祥译,中国人民大学出版社 2013 年版,第 96 页。

应设置1.5米高的栅栏,防止牲畜逃出伤害附近居民。但行为人为了节省开支只设置了1米高的栅栏,结果一个小孩子翻进栅栏玩耍,被牲畜咬伤。在这个案件中,在相当性的范围内,当然能肯定牧场主过失行为和结果间的因果关系。① 而此时将犯罪是否最终成立的判断检验,转移给责任,在责任过失的预见可能性中解决,无异于宣告行为人构成过失犯。因为小孩子翻越栅栏被动物伤害,对行为人来说并不是不可预见或难以预见的危险,所以成立疏忽大意的过失。可是,将过失的成立完全交给预见可能性判断,并不是稳妥的,因为预见可能性总是具有推定性。② 不考虑行为规范要求行为人设置1.5米高的栅栏是为了防止牲畜脱逃,还是防止小孩翻越的话,对行为人的义务违反和结果发生的规范性关联就检验不足,可能将未遂因果关系的过失判定为既遂犯。③ 在这个意义上,旧过失论和客观归责方法论,并不完全兼容。

实际上,注意规范保护目的解决的类型,正是行为人在现实危险中有预见可能性和回避可能性的案件。自行车车灯案中,事故发生当时,在后面骑车的行为人Y对前面的X可能撞上被害人当然有预见可能性,打开车灯也是一件很容易的事。不以此为前提的话,本案直接用意外事件解决就可以了,而不需要提出注意规范保护目的的理论。换言之,在行为人没有预见可能性时,我们当然不能以注意规范保护目的处罚他;当行为人有预见可能性时,结果无价值的预见可能性说就一定要处罚,因此,注意规范保护目的在旧过失论的体系中完全起不到限制的作用。结果无价值固守法益衡量,根本不承认规范,不承认规范违反具有违法判断基准的意义,④又何来规范保护目的,如何发挥规范保护目

① 参见黎宏:《刑法学总论》(第2版),法律出版社2016年版,第97页。

② [日]井田良:《変革の时代における理论刑法学》,庆应义塾大学出版社2007年版,第149页。

③ 参见[德]Ingeborg Puppe:《规范保护目的理论》,李圣杰译,载国际刑法学会台湾分会主编:《苏俊雄教授七秩华诞祝寿论文集》,元照出版有限公司2005年版,第97页。

④ 付立庆:《日本刑法学中的行为无价值论与结果无价值论之争及中国的选择》,载《江苏行政学院学报》2013年第1期。

的阙如的构成要件阻却机能,限缩过失犯成立?因此,规范保护目的在结果无价值犯罪论中缺乏体系地位。

在这个意义上,我国结果无价值学派的学者,处理规范保护目的的取舍时,就难免令人感到些许困惑。所谓结果无价值违法论,其基本立场和前提是坚守法益侵害说,拒绝规范违反说,法益衡量是违法判断的唯一基准。可是比如陈兴良教授,他持结果无价值论,①但赞同客观归责和规范保护目的论;刘艳红教授主张自己是结果无价值论者,认为客观归责并未超越传统因果关系,不赞同客观归责,②但也在过失犯中承认行为基准乃至背离结果无价值构造的新过失论,使用着规范保护目的的概念和方法。之所以如此,诚然可能有不同学者对客观归责的范畴理解不同的原因。但笔者的意思是,结果无价值的学者,一方面不承认规范违反,另一方面又通过解释规范目的进行构成要件判断,那么这种规范目的和判断的正当性和根据性何在,是否存在体系原点和解释方法上不可调和的矛盾?进言之,在法益侵害和规范违反两种判断基准发生矛盾时,既然前者处于优先位阶地位,处罚引起了实害结果的行为有利于保护法益,且不违反责任主义,旧过失论又在法益衡量之外允许规范保护目的介入,使用规范论的范畴,可能存在自陷禁区的疑问。

(二)行为无价值与规范保护目的的兼容

在行为无价值的立场上,则完全没有结果无价值的困境。周光权教授曾经明确指出,“结果无价值论通常排斥客观归责理论”,“彻底站在法益侵害说的立场……要系统地研究、发展规范判断程度较高的客观归责理论,可能是比较困难的”。③ 反之,行为无价值和客观归责的概念及规则则具有天然的兼容性,过失犯中的规范保护目的,可以适用在不是意外事件,行为人对结果具有相当因果关系和责任过失的场合。

---

① 陈兴良:《刑法教义学的发展脉络》,载《政治与法律》2017 年第 3 期。

② 参见刘艳红:《客观归责理论:质疑与反思》,载《中外法学》2011 年第 6 期。

③ 周光权:《行为无价值论的中国展开》,法律出版社 2015 年版,第 177 页。

以新过失论为基底,在规范不要求保护对象法益的案件中,行为人造成了法益侵害,有事实回避可能性,又有预见可能性,仍不构成犯罪。对比旧过失论和修正的旧过失论,其能够在事实因果关系外增加一项规范保护目的的价值判断要素检验,缩小归责范围,继而限制过失犯的处罚。

在我国也发生过规范保护目的视域下的典型案例,比如,2013 年 2 月 21 日下午 2 时许,被告人胡某文在高速公路上驾驶车辆,经过一段隧道时,没有遵守限速标志以及进入隧道需要打开汽车大灯的警示,径直前行,进入隧道后,胡某文发现一个老人迎面走在路中间,被告人避让不及,撞上老人,随后,他停下车,查看了自己的车辆,对老人视而不见,既没有实施救助,也没有报警,驾车逃离现场,被害人被撞后,倒在路上,被随后过往的多辆汽车碾轧致死。那么,被告人胡某文对被害人的死亡归责吗,是否构成交通肇事逃逸?安徽省岳西县检察机关认为,被害人进入高速公路,虽然自身有一定过错和责任,但被告人没有救助被害人,而是驾车逃离,导致被害人被其他车辆轧死,也要承担刑事责任。因此,以交通肇事罪将胡某文批捕。①

以传统理论看来,客观上,行为人胡某文当然存在注意义务的违反,进入隧道不限速不开灯,甚至撞上被害人后的不救助,都可以算作过失行为的客观注意义务的违反;主观上,被告人在撞上被害人之前,已经发现了被害人,撞上被害人之后,对把被害人遗弃在现场,可能被繁忙的高速公路上其他来往的车辆轧死,也有充分的预见可能性。表面上看,从被告人发现被害人,实施对法益有紧迫危险的撞人行为开始,到被害人死亡的结果发生,整个危险现实化的因果流程,都在行为人的实行行为和预见可能性掌握之下。换言之,被告人构成过失犯罪,甚至可能被认定为交通肇事逃逸致人死亡。

但是,在规范保护目的论看来,高速公路交通规则保护的,是一般情况下正常参与高速公路交通行驶秩序的车辆和个人。本案中,被害

---

① 参见王庆峰:《高速路撞人不救　逃逸司机被批捕》,载《检察日报》2013 年 3 月 28 日,第 2 版。

人异常地侵入机动车辆高速行驶的专属领域，行人不符合规范的在高速公路上行走，就等于规范已经不再保护这种忽视规范的法益。正如周光权教授所说："对进入高速路的行人的保护已经超越了规范保护目的，而在构成要件的射程之外。"[①]诚然，行为无价值的观点可能被批评为，无视国民个人法益的具体保护，用规范碾压了弱势的人。法规范本是为了保护人，在具体案件中却又放弃了对被害人的保护，只留下抽象的面目。但实际上，在类似案件中，行为人喝醉了酒在高速公路上驾驶机动车，撞死了突然违章横穿高速公路的被害人。张明楷教授也认为，不能要求行为人对被害人的死亡结果负责，因为"禁止酒后驾驶的规范，是为了防止因丧失或减轻控制车辆的能力而造成伤亡结果"。[②]因此，社会秩序和整体规范想要得到维护，在极端情况下就必然会有一定的牺牲者，法治是一种绝对理念。

前述案件中，被害人当然是不幸的，他走入高速车道，对交通道路规范违反也许只是无心之过；被告人当然是恶的，他从进入隧道不限速不开大灯开始，客观上就实施了多个严重的过失行为，主观上其对被害人的死亡也有预见可能性，甚至在驾车逃逸时是间接故意的放任态度。然而，无论被害人多么可怜，被告人多么可恶，不在注意规范保护目的之内的结果，就不能归属给被告人。规范没有设定国民在高速公路上驾驶车辆时，具有对高速公路上行走的行人的保护义务。行为人即使在事实上对撞上高速公路上的行人有预见可能性，有回避可能性，也不构成过失犯罪。

二、规范保护目的的机能考察：因果关系与预见可能性

（一）取代预见可能性与限制因果关系

注意规范保护目的是对预见可能性，以及以预见可能性为前提的

① 周光权：《客观归责方法论的中国实践》，载《法学家》2013 年第 6 期。

② 张明楷：《刑法学》（第 5 版），法律出版社 2016 年版，第 189 页。

结果回避可能性的限制,但并不等于说,注意规范保护目的可以代替预见可能性的判断。在我国,有观点立足于客观归责理论认为,预见可能性的概念没有存在的必要。如林钰雄教授主张,"客观归责论重新架构了过失不法的体系……在客观构成要件上可归责者,至少必定成立过失,因而,传统过失论所谓的注意义务违反、可预见性、认识可能性及避免可能性等要件判断,皆为重复而多余"。① 陈璇博士也说,"过失犯结果归责的问题上,结果预见可能性标准的老路是走不通的","致命的弊端在于……预见可能性也好,还是因果关系的相当性也罢……始终拘泥于'经验法则'、'发生概率'等存在论意义上的事实标准"。"某一因果流程是否处于日常生活的经验范围之内,能否为一般人所预见,这实际上与结果能否被归责的问题并无必然联系。"或言之,"某种因果经过对于行为人或一般人而言闻所未闻,但若规范从其保护目的出发认为有必要加以禁止,则同样可以肯定结果归责"。② 虽然同属于客观归责和注意规范保护目的肯定说,笔者认为需要反对或厘清的,也包括这种行为无价值内部规范论过度的观点。

以往的过失论中,结果无价值也好,行为无价值也好,都承认预见可能性的必要性,不同的只是体系安排的差异。③ 结果无价值主张预见可能性只在责任过失中发挥作用,过失犯的因果关系和不法是纯客观的物的不法。相当因果关系客观说不应加入主观材料的判断;而行为无价值主张,刑法中的不法是人的不法,预见可能性在构成要件阶段就应发挥犯罪判断的检测阻却作用。故意犯的不法是对法益侵害结果有认识的不法,过失犯的不法是对结果只有预见可能性的不法,所以同等结果的情况下,故意犯的不法高于过失犯,并处罚重。所谓的相当因果关系折中说,就是在因果关系中加入预见可能性的判断。正如井田良教授所说,折中说更加考虑了人的预测可能性和制御可能性,也与行

① 林钰雄:《新刑法总则》,元照出版有限公司 2011 年版,第 177 页。
② 陈璇:《论过失犯中注意义务的规范保护目的》,载《清华法学》2014 年第 1 期。
③ [日]松宫孝明:《刑事过失论の研究》,成文堂 2004 年版,第 301 页。

为无价值的整体思考方法吻合。①

然而当前在国内,陈璇博士等提倡客观归责一派的意思是,预见可能性对过失犯的成立根本没有影响,行为人没有预见可能性,也有违法和责任,即使社会一般人对法益侵害结果的发生都没有预见可能性,行为人也构成犯罪。② 这种观点,可以称为第(1)说:注意规范保护目的对预见可能性的替代说,或预见可能性不要说。与第(1)说不同,笔者以为,规范因果关系只是对事实因果关系的排查检验,这种观点,可以称为第(2)说:注意规范保护目的对预见可能性的限制说,或预见可能性保留说。

(二)行为无价值规范论不能走得太远

作为同属于行为无价值内部的观点,限制说和替代说有一点是相同的,因果流程不异常,具有充分相当性和合法则性,行为人具有预见可能性,不符合注意规范保护目的,就不具有过失既遂犯的因果关系。但是,限制说和替代说的不同,在于因果流程异常,行为人没有预见可能性的行为,是否基于规范的意思处罚。无疑,替代说不要预见可能性的标准,处罚范围太广,规范论要求太高,如果我们说其走向了另一种意义的新新过失论,也不是不可。比如,X 驾驶车辆,对 Y 驾驶的汽车实施违章超车的行为,被害人 Y 有心脏病,因为 X 的超车行为受到惊吓,导致心肌梗死发作死亡了。无论结果无价值,还是行为无价值,一般认为,X 对 Y 的死亡没有预见可能性,所以不构成犯罪。③ 陈璇博士认为,行为人构成犯罪。因为根据替代说,X 违章超车的行为符合了注意规范保护目的规制的,在日常生活中"注意避免他人死亡的一般注意义务的功能范畴":客观上,行为人有不当超车行为,虽然被害人不是因为超车行为的距离过近撞死的,是因为超车行为的精神刺激吓死

① 参见[日]井田良:《讲义刑法学总论》,有斐阁 2008 年版,第 128 页。

② 陈璇:《论过失犯中注意义务的规范保护目的》,载《清华法学》2014 年第 1 期。

③ 周光权:《结果回避义务研究》,载《中外法学》2010 年第 6 期。

的。但被吓死的和被撞死的都是被害人死了一个人,有了这种要处罚的行为、结果和条件的致死因果关系就足够了,所以被告人构成过失致人死亡罪。

换言之,客观归责中的替代说学者不要求行为人在过失犯中有传统的实行行为、因果关系和预见可能性,只要有违反一般注意义务的任何不当行为和制造引起了结果,就完成了判断。诚然,这是一种没有预见可能性的过失犯,也是最符合规范论的必然形态,明白了这一点,我们就会看到,以危险犯、未遂犯的因果关系代替结果犯、既遂犯的因果关系的危险升高理论,也水到渠成,呼之欲出。正如有学者指出,"只要行为人的不谨慎的举止并非不显著地增高了发生结果的可能性,就足以将结果归属于他"。[①] 注意规范保护目的的一元化标准和危险升高理论,都旨在因果关系上,要求超脱存在论:违法上,科学的、经验的、概率的、相当的、客观的因果关系;责任上,高度的、具体的、现实的、主观的预见可能性,都是没有意义的。规范目的的标准,才是决定犯罪成立的一切。质言之,替代说中,归责决定归因,规范世界决定事实世界;限制说中,归责限制归因,事实世界限制规范世界不要走得太远。

在行为无价值看来,我们不能说替代说是错的,而是说,替代说对我国不合适,规范要求太高。司法机关的实践理性和国民的规范自觉性达不到预见可能性不要说的要求,理论上一步到位的揠苗助长可能适得其反,更容易造成冤假错案,脱离国情。规范需要一步步的刑法引导和理论积淀,而不是一上来就全盘照搬客观归责,规制以严苛的入罪范围和惩罚。其实,德国的规范论也不一定都完全适合我国。刑法具有行为引导机能,解释者并不会希望,我国的国民都像德国人一样成为"严谨"几近机器人一样的规范人偶。在规范允许的范围内,学者应当为人民争取自由、尊严和空间,争取田园牧歌般避免强权力不当干涉的自然生活。虽然自由主义哲学犹如一把"双刃剑",用之不当可能导致规范弱化,但我们却从不能放弃自由。行为无价值同样重视法益保护

---

① [德]乌尔思·金德霍伊泽尔:《刑法总论教科书》(第6版),蔡桂生译,北京大学出版社2015年版,第337页。

说的限制处罚机能，并提醒我国刑法学不能成为规范的婢女。

德国国民能够接受高度规范论的刑法，是因为德国古典哲学一开始为西方文明打下了坚实的基础，习惯成自然。这一点，只要看看比钟表还准时的康德，每天下午三点钟在哥尼斯堡的庭院里散步就明白了。麦耶曾经指出："违法是指与国家承认的文化规范不相容的态度……法律规范原则上是国家承认的文化规范。"①团藤重光也说，违法性是对整体法秩序的违反。② 换言之，在规范违反说看来，违法范围的划定和尺度受到国家历史形成的规范秩序影响，刑法是国民精神和整体文化价值的体现。而事实上，不仅德国和日本的刑法精神和规范选择不同，我国和德国的民族意志、价值观念也不完全相同。在我国，中国古典哲学对国民精神培育有道法自然，天人合一的思想和态度。③ 如果完全采用德国刑法学这种高度规范的理论，对国民行为规范如此严苛，过失的注意义务范围和强度要求如此之大，结局不一定是大治，而有可能使正常的社会运行崩溃，又遑论法治国的未来。因此在解释论层面，笔者的观点是，过失犯上，保留预见可能性，注意规范保护目的只是对因果关系的反向排查、限制思考和实质判断，而不是全盘否定和替代。那么，针对不要说，在预见可能性保留说的基础上，我们对一些有争议的具体案件再作出解释学的检验和展开论证。

三、规范保护目的的适用方法：疑难案件与规则选择

（一）争议案件概述

结合国内外研究现状，有关注意规范保护目适用的疑难案例主要有：(1)穆某祥过失致人死亡案。1999 年 9 月 6 日上午 10 时许，被告

---

① ［日］福田平：《行政刑法》，有斐阁 1978 年版，第 15 页。

② ［日］团藤重光：《刑法纲要总论》（改订版），创文社 1979 年版，第 170 页。

③ 王博：《权力的自我节制：对老子哲学的一种解读》，载《哲学研究》2010 年第 6 期。

人穆某祥驾驶农用三轮车,营运载客,在经过某村路段时,前方有县交通局工作人员检查过往车辆。因自己的农用三轮车欠缴相关费用,担心被处罚,被告人便驾车向左拐,驶离了306公路,下路后,在该村村民李某华家附近,让乘客下车。此时,因三轮车的车顶碰触到另一村民李某明从李某华家接电线接头的裸露处,车身带电。先下车的几名乘客,因为直接跳下车,未发生意外,也没有发觉车身带电,后面的乘客,被害人张某下车时,手抓了车尾的车梁,触电身亡。

事后查明,首先,穆某祥违反了有关交通管理法规,因为按照法规规定,该种车型的最大高度只能达到200厘米,可是,被告人穆某祥的农用三轮车出厂高度为147厘米,被告人私自改装,在车顶焊接了一个行李架,致使该车的实际高度达到235厘米。此外,李某明也违反了电力法的规章制度,其私接的火线对地距离不符合安全标准。因为按照有关电力法规规定,电线对地距离最小高度应为250厘米以上,可是,李某明套接李某华家的电表,套接火线距地面垂直高度为228厘米,且接线头处裸露。①

(2)X是一名牙医,给病人Y实施全麻醉状态下的拔牙手术,可是,在麻醉的过程中,Y因心脏衰竭死亡了。被害人在手术前,曾经告知被告人,自己的心脏“有些问题”,被告人X明知这种事实,却没有按照医疗规章请内科医生对Y进行检查。

事后查明,常规的内科检查无法发现Y的心脏疾病,但如果X按照规定请内科医生进行了检查,由于该检查必然需要耗费一定时间,因此至少可以使Y的死亡向后推迟数小时甚至数日。②

(3)某条公路限速每小时50公里,被告人X驾驶汽车,以每小时70公路的速度超速行驶。这时,处于醉酒状态的被害人Y,从路边蹿入车道,与X的汽车相撞死亡。

事后查明,因为Y从路边进入车道,与X的距离过近,即使被告人

① 陈兴良、张军、胡云腾主编:《人民法院刑事指导案例裁判要旨通纂》,北京大学出版社2013年版,第414页。

② Vgl. BGH St 21,59.

以50公里每小时的正常车速行驶,在撞上被害人时也无法及时刹住车。但是,如果X遵守50公里每小时的限速规定,他抵达事发地点的时刻就会向后推移,被害人也会有足够时间安全穿越车道,交通事故不会发生,Y不会被撞死。①

(4)公路上,X驾驶汽车,对Y驾驶的汽车违章超车。此时,被害人Y因为X的超车行为受到惊吓,心脏病发而死。②

(5)劫匪抢劫银行,警察与劫匪展开枪战,Y正好在旁边路过,被流弹击中,受伤倒在马路中央。随后,被告人X驾车经过此地,疏于注意地轧死了Y。③

(6)某日大雾,按照德国的交通规范,司机应当限速到每小时30公里,X驾驶汽车,在公路上以80公里每小时的速度违章驾驶。此时,X驾驶汽车的右前轮,因为产品质量缺陷,突然脱离车身,一路滚开,击中了路边行走的被害人Y,导致Y死亡。

事后查明,如果被告人X遵守交通规范,以30公里每小时的速度行驶,他的汽车轮胎就不会恰好在当时当地脱落,也不会击中撞死被害人。④

(7)X驾驶汽车,在公路上通过车牌发现前面驾车的是自己的好友Y,半小时前,X在酒馆内与Y相遇,知道Y已处在高度醉酒状态,X为了赶时间,便对Y实施了正常的超车行为,这时,已经处于神志不清状态的Y,因为受到被超车的刺激,一时无法控制车辆,汽车跌翻下路,Y当场死亡。

(8)某高科技的通信物理研究所明文规定,凡进入该实验室者必须将手机关闭。某日,X作为参观者,访问该科学研究机构,进入实验室后,X明知应当关闭手机,却违反规范保持自己的手机处于开机状态,这时,X接到电话,手机铃声大响,实验室内的一名工作人员Y,受

① Vgl. BGH VRS 20,129.

② Vgl. OLG Stuttgart,NJW 1959,S.2320.

③ BGH St 12,75.

④ BGH St 12,78.

到突然响起的铃声的惊吓,手一抖,操作失误,使正在进行中的某项实验彻底失败,给实验室造成了重大的科学、经济损失。①

以上八个案例,(2)、(3)、(4)、(5)、(6)是德国法院审判的真实案件,(1)、(7)、(8)是国内的真实和教学案例,对这些事件能做出妥当处罚结论和解释的话,注意规范保护目的的逻辑脉络和适用规则就可以显出轮廓了。可以肯定的是:

其一,就案例(2)而言,被告人不构成犯罪。因为,虽然行为人 X 实施了违反注意规范的行为,即牙医有义务在麻醉拔牙前为病人实施内科检查,有过失的实行行为。但拔牙前进行内科检查行为的注意规范保护目的,是发现病人有不宜接受麻醉的身体隐患,保障拔牙手术的安全进行,而不是救治被害人的生命,延缓病人的死亡时间。

行为人确实有规章制度的违反,有注意义务的不作为,但我们也不能说被告人构成过失犯罪。因为做了拔牙手术前的内科检查,也查不出被害人的心脏病,检查完后,牙医还是要给病人麻醉拔牙,病人还是高度可能心脏病发死亡。那么,没有实施义务行为导致被害人死亡的结果,就不在注意规范的保护目的之内。换言之,实施了内科检查能够让被害人多活几小时甚至几天,并不是内科检查的目的,所以被害人提前死亡,就不是过失犯要处罚的范围。无论是注意规范保护目的,还是合义务的替代行为角度,都可以得出被告人无罪的结论。

其二,就案例(3)而言,被害人突然闯入汽车车道的场合,被告人不构成犯罪。因为,驾驶员不得超速行驶的注意规范保护目的,不包括保护有明显异常举动的行人的安全。虽然被告人以正常速度行驶,到达事发地点的时间就会晚一点,不会撞上被害人,但这个理由不能成为被告人归责的原因。

换言之,交通法要求汽车驾驶员以正常速度行驶的规范保护目的,是保障交通环境的有序、通畅,而不是为了保护在某个特定的时间和地点不撞上被害人,不是为了延迟被告人危险驾车到达某个特定地点的

① 选取德国案例来源转引自陈璇:《论过失犯中注意义务的规范保护目的》,载《清华法学》2014 年第 1 期。

时间。因为正如雅科布斯指出的,如果行为人更加严重的超速,把违章的速度增加到70公里每小时的话,被害人进入马路时,行为人已经驶离该地,就更不用处罚了。“既然严重程度更高的违法行为也能防止结果的出现,那就说明避免该结果并非注意义务的目的所在。”

(二)过失犯中的规范保护目的竞合与回旋禁止

接下来的案例(1)、(4)、(5)、(6)、(7)、(8),就存在巨大争议:对案例(4),X驾驶汽车对Y实施违章的超车行为,Y因为X的超车受到惊吓,心脏病发而死。客观归责中的预见可能性不要说认为,被告人X构成犯罪,成立过失致人死亡罪。因为,从交通运输的注意规范保护目的看,违法超车要避免的,只是处罚“车辆碰撞”引起的事故和法益侵害,Y是被吓死的,就和X汽车驾驶的业务过失没有规范的关联性,不成立因果关系,也不构成交通肇事罪。但是,X导致Y死亡的行为不成立交通肇事罪,不意味着不构成犯罪,在业务过失和一般过失竞合的时候,陈璇博士指出,法条竞合中,不符合特别法条但却符合普通法条的行为,仍应按普通法条处理。所以不符合交通规范处罚目的的交通肇事罪的行为,仍然构成违反一般生活规范,注意不得过失杀死他人的过失致人死亡罪。

笔者不赞同这一观点,主张本案中的被告人不构成犯罪。因为无论是故意犯,还是过失犯,一般法和特别法竞合,一般规范和特别规范竞合的时候,我们都应当坚持特别法优于一般法的原则,而不能反过来处罚。虽然有学者主张特别关系的法条竞合可以适用作为重法的一般法。[①] 但是,也有学者明确指出,特别法是定型化的构成要件观念,特别法不处罚的,说明立法者本就不想处罚这种行为,在属于特别法条规范的行为类型时,就排斥普通法的适用。[②] 因此,过失的法条竞合中,

① 参见张明楷:《法条竞合中特别关系的确定与处理》,载《法学家》2011年第1期;陈洪兵:《竞合处断原则探究》,载《中外法学》2016年第3期。

② 周光权:《法条竞合的特别关系研究》,载《中国法学》2010年第3期。

某一行为同时从属于普通过失和业务过失,业务过失不构成犯罪的,也不构成普通过失犯罪。

首先,当我们说,某种行为在特别法中不被处罚,就意味着这种行为本身不具有刑法处罚的针对性,而不是说在本法条中不处罚,在彼法条中又处罚。认为一般法可以对特别法补充适用的观点,实际上是认为立法者在立法时一开始就是错误、有疏漏的,因为立法不周延,漏掉了对某种行为的法益保护,所以通过解释论,使所有侵害优越法益的行为都得到处罚。可是,正如罗克辛所说,立法者在立法时,也是有所衡量的。构成要件是立法者特意选择出来宣示要处罚的行为,他在描述一个法条以及对某个行为的罚与不罚时,已经进行了实质的评价。[①]立法和有权解释固然也可能有疏漏,但脱离法条竞合一般规则的无限解释,也可能使罪刑法定意义的构成要件学说(Tatbestandslehre),在法律评价的预期可能性(Berechenbarkeit)和安定性(Rechtssicherheit)上,愈加薄弱。[②]

把竞合可以从一般法的立场贯彻到底,刑法分则在每种法益上只要规定一个最一般兜底的法条就可以了。比如,规定过失致人死亡罪、过失致人重伤罪,就可以不必再规定交通肇事罪、重大责任事故罪、以危险方法危害公共安全罪等;故意犯中,财产犯罪上只要规定一个侵占罪、盗窃罪、诈骗罪、故意毁坏财物罪,就可以不必再规定职务侵占罪、贪污罪、信用卡诈骗罪、贷款诈骗罪等。可是,这种观点,无疑是对规范和立法者太过于不信任,也不符合事实。因此,在本案中不适用交通肇事罪,又返回来适用过失致人死亡罪的方法论本身,就是有疑问的。

其次,所谓注意规范的保护目的,说到底,是注意义务违反行为与结果发生间规范的因果关系,即义务违反的关联性。[③] 本案中,行为人

---

① Vgl. Claus Roxin, Offene Tatbestande und Rechtspflichtmerkmale, Walter de Gruyter & Co. ,1970, S. 171. 转引自张明楷:《论表面的构成要件要素》,载《中国法学》2009 年第 2 期。

② 参见苏俊雄:《刑法总论 I》,作者自版 1998 年版,第 214 页。

③ 蔡圣伟:《“交通过失”与谈稿》,载刘明祥主编:《过失犯研究》,北京大学出版社 2010 年版,第 314 页。

有违章超车的交通规范的义务违反行为,但这能否就评价为保护被害人的注意义务违反呢?换言之,行为人有没有保护被害人的注意义务呢?笔者认为,没有。因为X和Y,只是两个在公路上开车的人,既没有家庭团结的紧密义务,也没有先行行为的义务来源。被害人有心脏病可能被吓死的危险。在德国,因为有见危不救罪,假设不是自己的超车行为引起的,只是路过见危不救的,也可能构成犯罪;但在我国,社会生活和一般规范没有要求行为人驾驶汽车的时候,要注意不要因为违章超车吓死被害人,所以,德国高强度的规范论在我国就未必适用。

将有罪论的逻辑贯彻到底,假设某饭店为了保障客人舒适安静的就餐环境,在店内贴出告示要求顾客禁止喧哗,X明知有此注意义务,仍然大声吵闹,结果店内正好有另一食客Y因此受到惊吓,心脏病发作死亡的,X也构成过失致人死亡罪。可是,这一结论在我国明显难以被接受,因为我国社会生活中的注意义务,本就不像德国那样严格紧密,没有此种已经形成社会相当性的,过于严苛的谨慎义务。所以,本案中,行为人既不构成不得撞死他人的交通肇事罪,也不构成不得过失杀死他人的过失致人死亡罪,不在构成要件的注意规范保护目的之内,当然不构成犯罪。

与案例(4)关联的,是案例(7)。如果说,前者的行为人还实施了违反规章制度的过失行为,后者的行为人完全实施的是合法的超车行为,可是客观归责的部分学者仍认为,行为人构成犯罪。本案的内容是,X驾驶汽车,发现前面驾驶汽车的是自己的朋友Y,X知道Y处于高度醉酒状态,仍对Y实施了符合交通规则的超车行为,Y受到刺激,驾驶汽车失控翻车死亡。和案例(4)一样,该论者也认为,X虽然不符合交通肇事罪的注意规范的保护目的,但符合不得过失杀死他人的注意规范保护目的,"违反了社会日常生活中防止他人生命、健康受到侵害的一般性注意义务",①所以构成过失致人死亡罪。笔者认为,行为人不构成犯罪。

本案中,就算可以根据X认识到Y处于高度醉酒状态,承认X对

① 陈璇:《论过失犯中注意义务的规范保护目的》,载《清华法学》2014年第1期。

Y的死亡有预见可能性,也不能说,X正常的超车行为,构成过失犯罪。把客观归责的逻辑贯彻到底的话,过失犯就不要过失的实行行为,只要求有行为。如施特拉腾韦特教授所说,其“并未解决对符合构成要件的行为应该设定哪些要求”。[①] 或言之,这种行为在注意规范的保护目的之内的话,就是构成要件该当行为;通过实质判断确定这种行为需要归责后,因果关系便不再重要。或者说,既然注意规范要处罚这种行为,这种行为就和结果有了因果关系。

案例(7)中,且无论行为人对被害人有无保护义务,即使行为人有结果回避义务,如果他以不违反交通规则、日常生活允许的正当行为的形式造成了法益侵害结果时,这种危险的行为,也是被允许的危险。[②] 如果说,X合法超车,吓死被害人Y的,构成过失致人死亡罪,那假设Y在驾车途中,X给Y打了个电话,提醒他要注意安全,Y因为受到手机铃声惊吓,方向盘失控翻车死亡的,X也要归责,这恐怕是令人难以接受的。

如果说,只凭借社会日常生活中防止他人生命、健康受到侵害的一般性注意义务,就可以裁判行为人有没有违法,那现实生活中任何造成他人损害的行为都会被认为是过失的实行行为。这无疑给国民造成了过重的义务负担,也没有考虑行为本身的社会相当性。每个人都会谨言慎行,如履薄冰,过失的教唆犯、帮助犯也会变成过失的正犯,被害人自我答责中,自己危险化的参与会变成基于合意的他者危险化,过度处罚。

比如,Y高度醉酒,神志不清地在道路上驾驶汽车,车来车往,Y不被X超车,也可能被别的车超车,如果说谁超车吓死了Y就要归责的话,那犯罪人实在太多了。而实际上,本案中的Y应当是自我答责;如果说,X因为认识到Y高度醉酒,神志不清,就要因为自己的合法行为归责的话,那社会生活中面对老人、幼儿等脆弱法益,谁也不敢与其过

① [德]冈特·施特拉腾韦特、洛塔尔·库伦:《刑法总论Ⅰ》,杨萌译,法律出版社2006年版,第401页。

② [日]井田良:《刑法总论の理论构造》,成文堂2005年版,第112页。

多接触。因为一句玩笑、大声说话、轻轻拍一下等都可能使他们受到惊吓,造成伤亡的,行为人都违反了不得伤害他人的一般义务,构成犯罪。这种观点,无疑是忽视了过失犯造成法益侵害行为本身的定型性,使过失的犯罪行为无边无际,人人自危。

本来,过失犯中,规范保护目的这一法理的目的,是为了限制处罚,①可是,在客观归责的部分学者那里,却变成了扩张处罚的事由。客观归责理论本身,就弱化传统理论的实行行为限制,这样一来,以注意规范保护目的之名,编织过度严密的规范网络,使国民时时刻刻生活在紧张机械的心情下,并不符合行为无价值的本意。高度发达的规范论,只能适用于高度理性、发达、严谨、自律的民族和国家,对我国来说,这种从德国照搬的思考,并不合适。案例(7)中,被告人X不构成犯罪,Y的死亡是被害人自我答责。

(三)预见可能性标准不能废弃

案例(5)中,Y因为在警匪枪战时恰在事发现场,被流弹击中,受伤躺在马路中央,这时,被告人X驾驶汽车驶过,撞死了Y。陈璇博士主张,即使在马路上突然出现一名被枪弹击中的伤者,对于这一客观事实一般人抑或行为人事先都无法预见,也无法阻止X构成犯罪。但笔者以为,X不构成犯罪,因为X没有预见可能性,进而以此为由否定结果归责和构成要件符合性。

对本案的判决,德国联邦最高法院认为X有罪,并指出:"原则上来说,行为人只需要对作为最终结局的结果,而不需要对具体引起该结果发生的事实流程具有预见可能性。"但是,对预见可能性的程度的抽象,不意味着就不需要预见可能性。普珀教授主张,所谓的预见可能性,只是一种理论的鸡肋,给人以假想的安慰,因为"无论是预见可能性的对象还是预见可能性的程度本来就拥有过分宽广的伸缩范围和变

① [日]松原芳博:《刑法总论重要问题》,王昭武译,中国政法大学出版社2014年版,第66页。

动空间,这也直接导致因果流程相当性的内涵具有高度的易变性和模糊性”。鲁登菲教授也说:“相当性的判断(Adaquitatserwagung)并不能保证得出确定的和经得起理性检验的结论;最终起决定作用的必然是那些在各判决中并未言明的其他理由。”①

但是,究竟什么是那些并未言明的理由,在疑难案件中,究竟什么是正义和理性,我们并不容易判断。相当性的因果关系和预见可能性当然不是全部,但是没有预见可能性的话,过失犯的判断更可能会变成一种司法者和解释者个人感觉的判断。法律反而可能更容易失去稳定性,更可能犯错。

实际上,在案例(6)中,德国联邦最高法院就又做出了与案例(5)相反的判决,重拾预见可能性。本案的内容是,X 驾驶汽车超速行驶,汽车的右前轮却因为质量缺陷直接脱离车身,一路滚去击中了路边的行人 Y,导致 Y 死亡。德国联邦最高法院认为:“人们根据其日常生活经验根本无法预料到车轮会突然脱落并击中路人,故该因果流程不具有任何的预见可能性,不能将死亡结果归责于……过失行为。”在预见可能性上,“若某一事件严重偏离了日常的经验……则应认为该事件不具有预见可能性”。因此,被告人不构成犯罪。笔者赞同本案的判决,这说明,有了注意规范保护目的,也不能不考虑预见可能性的相当和异常性。正如曾根威彦教授也主张,相当性判断和客观归责检验并不是对立的关系。② 而所谓的因果关系相当性判断,在日本实际上就是以加入了预见可能性判断为材料的折中说为通说。③

在我国,曾发生一起与案例(6)类似的案件:2005 年某日,被告人赵某文在公路上超速行驶,在限速 60 公里每小时的路段,被告人的车辆速度达到了高于 77 公里每小时。在行至一路口时,行为人采取措施

---

① Hans-Joachim Rudolphi, Vorhersehbarkeit und Schutzzweck der Norm in der strafrechtlichen Fahrlässigkeitslehre, JuS 1969, S. 551.

② [日]曾根威彦:《刑法总论》(第 4 版),弘文堂 2008 年版,第 77 页。

③ [日]松宫孝明:《刑法总论讲义》,钱叶六译,中国人民大学出版社 2013 年版,第 57 页。

不及，驾驶汽车的车轮恰好轧在了散落在路面上的一个雨水井盖上，汽车随之失控，冲过隔离带进入辅路，与正常行驶的杨某驾驶的汽车，以及骑自行车正常行驶的刘某等人相撞，造成被害人3人死亡、2人受伤。事后交通管理部门认定，被告人赵某文对此次事故负全部责任。

北京市中级人民法院终审认为，行为人轧上井盖是否必然导致结果发生，这一点虽然缺乏证据证明，但行为人撞死被害人时驾驶车辆违章超速却是可以证明的，所以“被告人上诉提出事故的原因是由井盖引起的，理由不充分；驾驶员驾车行驶是一项危险作业，其有义务随时‘注意’道路上的各种状况，以便及时采取有效措施……赵某文由于超速驾驶，致使其遇到紧急情况后，尽管已采取措施，但仍不可避免……对此赵某文应承担相应的刑事责任”。判决被告人构成交通肇事罪，处有期徒刑3年，缓刑3年。[①]

本案行为人超速行驶，突然轧上井盖，车辆失控飞出，撞死他人，和案例(6)中行为人超速行驶，突然前轮脱落，轮胎高速滚出，撞死他人，本质是一样的。周光权教授认为，对于有罪判决，“能否要求赵某文对结果负责这一问题上，仍然有进一步讨论的余地”。[②] 换言之，只看重规章制度违反和规范处罚，采预见可能性不要说的话，德国的车轮飞出案和我国的赵某文交通肇事案都构成犯罪，但在客观归责中不承认危险升高原理，又承认预见可能性说的话，这两个案件都不构成犯罪。

总而言之，就过失犯是否成立而言，在预见可能性不要说看来，规范保护目的的适用规则是：第一，有预见可能性，又在规范保护目的之内的，构成犯罪。第二，有预见可能性，但不在规范保护目的之内的，不构成犯罪。第三，没有预见可能性，但在规范保护目的之内的，构成犯罪。

但是，预见可能性保留说看来，注意规范保护目的的判断规则是：第一，因果关系具有相当性，行为人有预见可能性，又符合注意规范保护目的的时候，当然构成犯罪。第二，因果关系具有相当性，行为人有

① 参见北京市第一中级人民法院(2005)一中刑终字第3679号刑事附带民事裁定书。

② 周光权：《客观归责方法论的中国实践》，载《法学家》2013年第6期。

预见可能性,但不符合注意规范保护目的的时候,不构成犯罪。第三,因果关系没有相当性,行为人没有预见可能性,但被认为符合注意规范保护目的的时候,也不构成犯罪。显然,较之于前者的预见可能性不要说,预见可能性保留说更有利于保障责任主义,兼顾法益保护和个人自由,兼顾事实判断和规范判断,稳妥划定过失犯罪的处罚范围。

四、规范保护目的的相当性检验:罪刑法定与实质解释

(一)同一法条可包含多个规范保护目的

通过以上分析,可以看出,在前面八个案例中,根据注意规范的保护目的,案例(2)、(3)都是无罪的结论;案例(4)、(5)、(6)、(7)有争议,部分学者如陈璇博士认为构成犯罪,笔者认为不构成犯罪。这样给人的印象,是预见可能性不要说经常扩大过失犯的处罚,实际上,其不当之处,还在于在某些案件中,继承德国人的思维模式,几近教条化的要求一个注意规范保护目的只能对应一种禁止行为,过分缩小过失犯的处罚。

比如,案例(8)中,行为人在进入实验室时被明确告知关闭手机,X 没有履行这一注意义务,保持手机开机状态进入实验室内,因为别人给他打电话手机铃声大响,惊吓到正在做实验的 Y,产生重大损失。刑法当然不处罚过失毁坏财物罪,本例的目的,是想说明注意规范保护目的的明确性问题。有学者认为,X 没有关闭手机的行为不符合实验室规定的“请关闭手机”的注意规范保护目的,因为该实验室是一个通信物理实验室,关闭手机是为了防卫手机信号的无线电波干扰实验室设备,影响实验,而不是为了防止工作人员受到噪声,如手机铃声的干扰。并进而指出,如果关闭手机的规范是为了禁止噪声,那么“规范绝不可能单单只要求关掉手机,而是应当禁止任何可能造成高分贝声响的行为。既然规范只命令来访者关闭手机,并未禁止发出声音”,结果就不能归

属给行为人。[①]

笔者认为，这种见解不完全合理，可能存在机械解释的疑问。陈璇博士的意思，是指类似于德国，既然我们强调罪刑法定和对规范的严格遵守，那么对于每一条规范，刑法就应当作出最小限度的解释；或者要求，立法者对每一条禁止规范都做出明确具体的描述。比如，在德国，故意杀人罪的罪状，就被描述分类的具体细致。但是，在我国，一方面，要求刑法分则对每一条规范，即罪状都事无巨细地罗列，并不符合立法现实。因为故意杀人罪一条，就可以包括一般杀人、谋杀、情节严重的杀人等情况。如果说，一定要按照德国刑法的逻辑，那么我国刑法没有规定谋杀、虐杀、残忍地杀、激情杀、迷信杀等情节的杀人，难道这些行为和结果就不在第 232 条故意杀人罪的注意规范的保护目的之内，不归责处罚吗？

另一方面，该论主张，为了保护被告人，在规范的语义范围中，应当"挑选出对规范对象的自由限制程度最低，给他造成的负担最小者作为规范的内容"，并且，要"尽量避免对某一法益的保护出现'多个义务的不必要重叠'"。也就是说，尽量解释的一条规范只有一个注意义务，一个注意规范保护目的只有一条内容，避免出现多重义务的重复。

可是，这种理由也是站不住脚的，刑法某一罪名的构成要件不可能事无巨细地把该当行为都罗列出来，但只要这些行为侵犯了该法条的同一法益，根据实质解释就可以归之于构成要件的效力范围之内。[②]我们有什么理由说，一个规范只能处罚一种行为，一个规范只包含一个义务呢？本质上，这种只抓取法条最核心内容的平义解释和最小解释，是取消了实质解释和扩大解释，使目的解释也被限制地只能被解释出一个目的。实际上，如前田雅英教授所说，对构成要件的解释，只要在处罚的正当性之内，在条文通常语义上，沿着核心语义向边缘范围扩

---

① 陈璇：《论过失犯中注意义务的规范保护目的》，载《清华法学》2014 年第 1 期。

② 参见劳东燕：《刑法解释中的实质论与形式论之争》，载《法学研究》2013 年第 3 期。

散,在国民的接受范围之内,这种解释和处罚就是妥当的。[①] 张明楷教授指出,所有解释技巧中,平义解释是最稳妥的,但是,“仅对法条或者用语进行平义解释,不可能解释法条与用语的真实含义,只是一种……‘机械’法学”。[②] 周光权教授也认为,只要规范解释的结论,在一般民众看来不是极其意外和难以接受的,这种解释就是可行的。[③] 所以,规范保护目的的实质解释是允许的,[④]我们不宜因为担心陷入类推解释而矫枉过正。

立足于一个规范保护目的可以包含多个在国民预见可能性内的义务内容和要求,我们再看案例(8):实验室要求所有人员进入实验室必须关闭手机的规范,是否包含避免在静谧的实验环境中因为手机铃声的干扰而影响工作的目的?笔者认为,答案是肯定的。因为高科技的实验活动本就是一项精神高度集中、紧张、专注的工作,当然要求安静有序的环境,否则可能影响实验操作。这一点,无论是实验人员、社会一般人,还是行为人X,都有相当的预见可能性,甚至是常识。如果认为,关闭手机的规范效力只在于禁止信号干扰,不包括铃声吵闹,那等于说,在实验室的门口应当张贴两条规范指示:一是请所有人员关闭手机,二是请所有人员关闭手机防止铃声噪声干扰。这显然是不可想象的,也十分烦琐。

比如,考试的时候,一般也会有注意规范要求参加者关闭手机,这里注意规范的保护目的也有两条:一是防止考生利用手机作弊;二是防止考试中电话铃声响起干扰考生答题。如果认为,要求关闭手机的目的只包括前者,不包括后者的话,毫无理由,也缺乏常识。实际上,社会生活中有很多类似的包容性规范,再如,动物园对某些动物会有特别的规范保护,为了防止动物吃到不合理的食物发生疾病,树一个游客禁止喂食的牌子。假设,X在动物园观赏大熊猫时,给大熊猫喂了一个掺了

---

① [日]前田雅英:《刑法总论讲义》,东京大学出版会2006年版,第79页。

② 张明楷:《刑法学》(第5版),法律出版社2016年版,第39页。

③ 参见周光权:《刑法总论》(第3版),中国人民大学出版社2016年版,第45页。

④ 姜涛:《规范保护目的:学理诠释与解释实践》,载《法学评论》2015年第5期。

毒药的蛋糕,大熊猫吃了之后死亡了。难道X能够抗辩说,动物园的规范只命令禁止向大熊猫喂食物,我喂大熊猫吃的是有毒的食物,是毒物,不是食物,所以喂死了大熊猫,也不被禁止吗?答案当然是否定的。因为动物园规定禁止游客给大熊猫喂食,当然包含有防止游客通过给大熊猫喂食的行为毒杀大熊猫的目的。这种一个注意规范保护目的内包含复数行为义务要求的情形,只要在社会相当性行为禁止的范围之内,就并不异常,行为人违反了这种社会相当性行为的,就有了处罚的可能性。

笔者的意思,不是说注意规范保护目的不具有确定性,而是说注意规范保护目的本来就具有抽象性。所以,案例(8)中,行为人明知关闭手机的规范要求,以及在静谧的实验室环境中手机铃声大响可能影响试验人员工作,造成损失,从客观的注意规范保护目的,主观的预见可能性上,都符合归责的条件,其应当对被害单位的损失承担责任。

(二)规范目的的预见可能性与罪刑法定

从案例(8)中,我们再看案例(1),案例(1)也关乎一个规范可否包含多个保护目的的问题,因此在处理结论上存在对立。陈璇博士认为,行为人穆某祥不构成犯罪;①周光权教授认为,构成犯罪。② 案件的内容是:被告人穆某祥驾驶私自加高的农用三轮车,载客营运,因为害怕被县交通管理局的工作人员检查,便从公路上左拐,带着乘客驶离公路后,进入某村,在李某华家附近,让乘客下车。但是因为李某明在李某华家门口接拉电线,线头裸露,三轮车的车顶与电线接触,车身带电。被害人张某下车时,手扶接触了车身的导电部分,触电身亡。

本案中,三轮车驾驶员穆某祥和接拉电线的李某明,都有违反行政法规的行为。交通管理法规定,该种三轮车的最高高度只能是200厘米,穆某祥违法加高到了235厘米;电力法规规定,电线对地距离最小

---

① 陈璇:《论过失犯中注意义务的规范保护目的》,载《清华法学》2014年第1期。

② 周光权:《客观归责方法论的中国实践》,载《法学家》2013年第6期。

应为250厘米以上,李某明套接的电线,违法低垂到了228厘米,且线头处裸露。也就是说,三轮车的高度太高了,电线的高度太低了,三轮车车顶和电线碰触,导致事故发生。对被告人穆某祥来说,问题的争点在于,三轮车禁止加高到200厘米以上的注意义务,是否包含防止三轮车因为高度太高而与电线接触带电,造成乘客发生被电击伤害、死亡结果的注意规范保护目的?还是说,规范禁止三轮车加高到200厘米以上,仅是为了防止三轮车因为太高而发生车体不易控制的倾覆、碰撞和交通事故,在交通事故以外的,如因为车顶太高和电线接触,车体带电电击导致被害人伤害、死亡的结果,就不在注意规范的保护目的之内,不构成犯罪。

周光权教授认为,禁止加高到200厘米以上的规范的保护目的,既包括防止交通运输中发生车辆碰撞的危险,也包括防止可能和高空电线接触,车身触电伤害、电死被害人的危险。所以被告人穆某祥构成犯罪。

然而,正如在案例(8)中所展示的逻辑一样,陈璇博士认为,禁止三轮车加高到200厘米以上的规范,从尽量减少被告人义务负担的角度出发,只能解释为只禁止"可能导致车辆在运行过程中失衡侧翻"的危险。虽然鉴于农村的特殊路况和私拉电线的现实,不能说行为人对加高三轮车后可能因为倾覆造成被害人生命法益侵害的危险没有预见可能性,但因为触电事故不是交通运输事故,又发生在公路下,所以不构成交通肇事罪;又因为,行为人对李某明接拉的电线过低,不符合安全标准没有预见可能性,对自己的车顶过高可能触电不具有预见可能性,所以不构成过失致人死亡罪,本案的被告人穆某祥不构成犯罪,是我国《刑法》第16条规定的意外事件。

笔者认为,陈璇博士的解释可能并不完全妥当,周光权教授的见解是合理的。另外有三点补充说明:

第一,可以达成共识的是,行为人不构成交通肇事罪。因为根据注意规范的保护目的,交通肇事罪的构成要件效力范围,是交通运输道路范围中的注意义务履行。本案中,行为人已经驾车驶离了306公路,进入农村,所以也脱离了交通肇事罪的处罚范围。

第二,评价被告人构成过失致人死亡罪,并不是支持法条竞合特别法不适用后,还可以适用一般法的观点。而是因为本案中行为人实际上有两个行为,一个是306公路上危险驾驶的行为,另一个是驾离公路之后在李某华家附近疏于注意,让乘客下车的行为。前者是交通运输范围的危险,后者是生活范围的危险,而不是说对一个行为,比如案例(4)中,行为人实施一个超车行为吓死被害人的,不构成交通肇事罪的时候,还可以定过失致人死亡罪。

第三,规范禁止三轮车加高到200厘米以上的目的,究竟包不包含防止乘客因为三轮车过高与电线接触,被电伤、电死的危险?如何确立判断的标准,还是要取决于危险的相当性和客观的预见可能性。客观上,在农村,私拉电线比较普遍,被告人对加高自己的三轮车高达235厘米,超出了规范规定的标准,可能与空中的电线接触,造成车身带电,进而给乘客带来危险。这一危险,立足于行为人所属的一般人领域,被告人应当具有相当的结果回避可能性和预见可能性。

这样的话,行为人、一般人都能够预见,规范也当然能够预见,立法者当初也就考虑到了要处罚此点。虽然说,交通法没有明确指出车辆禁止过度加高是为了防止与电线接触带电,但这是不言自明的国民都能够理解和预见到的事实。所以说,其也就包含在交通法该条的规范保护目的之内,这并不会使国民感到极其意外和不可接受。解释者没有理由,把一般人都有预见可能性的几近于常识的危险,解释到注意规范的保护目的之外。

按照陈璇博士的逻辑,规范没有“指名道姓”表述的危险,就不在规范保护目的之内。可是,违法加高三轮车可能与电线碰触带电,给乘客带来身体、生命法益侵害,是如此显而易见的危险,规范当然会注意、预见和禁止。陈璇博士还是主张,条文没有写出来,就是立法者的缺陷。因为规范里没有说要防止可能触电的危险,所以这还是“规范自身的缺陷”,“规范保护目的是一个解释论,而非立法论上的概念;我们对规范保护目的的探求只能严格以现行规范的内容为依据,实定规范自身的缺陷无法通过规范保护目的来得到弥补”。这不是和实质解释论背道而驰吗?梁根林教授指出,在平义解释之后进行目的解释,并辅以合宪解释的审查,其结论就是符合罪刑法定原则的。[①] 张明楷教授也说,"对构成要件的解释不能停留在法条的字面含义上,必须以保护法益为指导,使行为的违法性与有责性达到值得科处刑罚的程度;在遵循罪刑法定原则的前提下,可以做出扩大解释,以实现处罚的妥当性"。[②] 或言之,规范保护目的单一最小化的逻辑,过于形式,等于说,实定法的法条完全没有扩大和实质解释的空间。对刑法的解释,根本没有学者进行客观解释的空间,一切只有立法论和立法者解释才有效力。

还有论者主张,"规范是用于协调利益并保证各法益的和谐发展享有其自由空间的必要手段。在此,刑法上的行为规范是对规范对象者一般的行为自由,和某个法益的完整性得到维护时所带来的个人或集体利益之间的协调"。[③] 言下之意是,注意规范保护目的的标准,不包括危险的相当性,以及与之连带的预见可能性,而是处罚效果的协调性,即法益和自由两极的"相互制约和平衡"。

刑事正义需要理性和常识,可是,只凭借正义感的理性和规范世界的价值判断刑法处罚的范围,过于抽象。与其将注意规范保护目的的标准划入一种黑箱之中,还不如不否认规范判断的效力,承认前者,但仍保留事实世界的预见可能性。也就是说,我们承认注意规范保护目的,但不等于一定就要采取预见可能性不要说。最小的处罚范围不一定是最合理的处罚范围,规范保护目的的义务内容也不是说不在法条中书写出来就不能得以明确。所谓有罪无罪的结论,归根结底是对行为人法益侵害"作品"、"勾当"(Werk)的规范评价。[④] 所以,诸如案例(8),规范世界中,被告人导致法益侵害结果发生的行为既在注意规范

---

① 参见梁根林:《罪刑法定视域中的刑法适用解释》,载《中国法学》2004 年第 3 期。

② 张明楷:《实质解释论的再宣示》,载《中国法学》2010 年第 4 期。

③ Urs Kindhäuser, Zumsog. Unerlaubten Risiko, in: Festschrift für Maiwald, 2010, S. 406.

④ 参见[日]松宫孝明:《"结果无价值论"与"行为无价值论"的意义对比》,张晓宁译,载《法律科学》2012 年第 3 期。

的保护目的之内;事实世界中,相当的预见可能性又能得以肯定,行为人才构成过失犯罪。另外,既然普通国民对某一法条的规范保护目的内容具有预见可能性,那么将这一目的解释为包含在法条的构成要件效力范围之内,就不是类推解释或对责任主义的违反。

质言之,如此解释并没有与前述规范保护目的对过失犯处罚的限缩机能矛盾,因为扩大解释也是揭示法条内涵的符合罪刑法定的解释方法。所谓现实生活中的疑难案件,往往处于法条最明显的核心含义和国民预测可能性之间的灰色地带。刑法不可能将每个罪名包含的所有保护目的都一一罗列,这时司法者就需要运用常识、经验以及实质解释的方法,根据法益保护原则和行为人具有预见可能性的责任主义原则,满足两者要求的,构成过失犯罪;反之,全盘套用德国的立法观念和思维习惯,在我国人为刻意地限定构成要件的范围和规范保护目的的个数,或者一味要求以规范保护目的完全替代预见可能性的判断,反而可能过小或过大地划定了过失犯的处罚范围,与刑法的罪刑法定和目的理性不完全契合,与国民对法的期待预测性及经验常识不符,也使行为无价值倡导的预防引导机能弱化。

五、结　语

相对于传统的因果关系理论,注意规范保护目的具有超越性。它的意义在于:一方面,即使相当因果关系存在,有预见可能性,不符合注意规范保护目的,法律因果关系也不成立;另一方面,危险相当性的判断和预见可能性,对过失不法的成立又是不可或缺的。符合注意规范保护目的,不具有预见可能性,也不能认为实现了法不允许的风险,构成犯罪。也就是说,预见可能性对规范保护目的具有制衡作用。立足于此种思路解释的话,规范保护目的就是一种新的因果关系阻却事由,有利于限缩过失犯的处罚,这是以往新旧过失论所未曾注意的。

规范保护目的是一种价值判断的产物,如果全盘照搬德国的客观归责理论和处罚冲动,就有可能走向限制处罚的反面,弱化国民的可预测性和司法机关的稳定适用。我国不宜采取过失犯不法阶层的预见可能性不要说。同时,对规范保护目的外延的判断,又不宜采取相对机械的规范保护目的内容最小化说,而应承认,一个规范保护目的可以包含多个在国民预见可能性范围内的义务内容和注意要求。此外,在法条竞合关系的不同过失犯罪构成中,禁止规范保护目的的回旋适用。某种行为不在特别法规范保护目的之内,不符合优先位阶法条因果关系的,不能回旋以一般法评价处罚。

On the Protection Purpose of Norm and Foreseeability of Negligent Crime

Hu Yang

[**内容摘要**]规范保护目的是限缩不法的构成要件阻却事由。法益侵害事实符合相当因果关系,但不在规范保护目的之内的,也不归责。仿照德国主张以规范保护目的取代预见可能性标准的观点过于激进,有违责任主义,因此我国不宜采纳。司法适用中,不同法条之间的过失规范保护目的竞合时,应当遵从特别法优先原则,禁止一般法回旋评价;同一法条中,没有必要采取义务个数单一说,而宜采取实质解释。在国民的预见可能性和常识性检验范围内,承认多个规范保护目的存在,妥当处罚。

[**关键词**]过失犯;规范保护目的;预见可能性;归责方法

Abstract: The protection purpose of norm is a component elimination factor to restrict the illegal scope. It means even there is an adequate causation existed, if the protection purpose of norm can not be fulfilled, the negligent crime will not be established. The viewpoint which suggests the foreseeability should be substituted by the protection purpose of norm is not proper, because it makes a violation of schuld prinzip. In the judicial practice, we should insist on the principle of special law priority when the protection purpose of norms concurrence existed. What's more, in the same norm multiple protection purposes can be admitted, the judge can use substantive interpretation to determine the negligent crime with the reference of foreseeability and common sense review.

Keywords: Negligent crime; Protection purpose of norm; Foreseeability; Application method

正当防卫之不法侵害的司法认定：客观条件的主观标准

江耀炜*

目　　次

一、问题的缘起

在我国正当防卫认定的司法实践中，存在“片面结果导向”的倾向和追求道德“洁癖”的倾向。前者表现为只要防卫行为造成侵害人重伤或者死亡结果，凡是不属于《刑法》第 20 条第 3 款规定的无过当防卫的情形，法官便倾向于否定正当防卫的成立，进而认定防卫人的行为构成犯罪；①后者表现为过度追求防卫意志的唯一性，将正当防卫

---

* 厦门大学法学院刑法学博士研究生。

① 参见陈璇：《侵害人视角下的正当防卫论》，载《法学研究》2015 年第 3 期；伍金平：《正当防卫司法适用的困境探析——从一宗致不法侵害人倒地“猝死”案的定性之争切入》，载《河北法学》2012 年第 5 期。

权的享有者仅仅限定在对于冲突的发生毫无道德瑕疵的绝对无辜者之中。①

司法实践对正当防卫的认定出现“片面结果导向”的倾向,直接原因在于对正当防卫成立条件中防卫限度认定标准模糊,很大程度上是因为对《刑法》第20条第2款规定之“明显超过必要限度”与“造成重大损害”之间关系的不当理解。对于正当防卫的限度条件的判断在刑法理论上有“基本相适应说”“必需说”“折中说”等学说。② 但是无论采用哪一学说,正当防卫限度的确定均离不开不法侵害的有无及其程度。不法侵害作为正当防卫成立最为根本的条件,其认定标准反而被司法实践所忽略。因此,司法实践中正当防卫认定的“片面结果导向”的倾向,从本源上说是对“不法侵害”本身认定标准的模糊。事实上,正当防卫成立起因条件即“不法侵害”的含义并非不言自明。而司法实践对正当防卫的认定出现追求道德“洁癖”的倾向,很大程度上在于防卫人防卫意图与侵害意图并存时防卫行为性质认定模糊。更具体而言,是因为防卫意图与侵害意图并存时,对正当防卫起因条件即不法侵害的认定标准不确定。防卫人对冲突的发生存在道德瑕疵的极端情况是防卫人持有侵害意图,故意挑起侵害人实施侵害行为,并以正当防卫为借口,通过“防卫”行为侵害侵害人的法益。这种情况刑法理论一般在防卫挑拨的视野下展开讨论。

巧合的是,近期在网络引起全社会(包括法学界和非法学界)热议高潮的于某刺死辱母者案,一审法院否定于某成立正当防卫的理由亦是在于正当防卫成立前提的不法侵害不存在。③ 而引起热议的原因恰恰在于,为社会各界普通民众所怨恨并基此而理解于某刺死辱母者行为的被害人一方实施侮辱、辱骂、非法拘禁行为的事实,在司法上却被

---

① 参见褚陈城:《正当防卫回归公众认同的路径——“混合主观”的肯认和“独立双重过当”的提倡》,载《政治与法律》2015年第9期;陈璇:《克服正当防卫判断中的“道德洁癖”》,载《清华法学》2016年第2期。

② 参见赵秉志主编:《刑法总论》,中国人民大学出版社2007年版,第391页。

③ 参见(2016)鲁15刑初33号刑事判决书。

认为不属于不法侵害。那么,究竟是司法对不法侵害的认定标准出现了偏差,还是民众的常识、常理、常情出现了问题?对此,陈忠林教授一语中的:“没有不讲理的法,只有不懂法的人。”①

如果想要纠正司法实践中正当防卫认定“片面结果导向”的倾向和追求道德“洁癖”的倾向,最为直接有效的途径在于明确正当防卫起因条件“不法侵害”的认定标准。有鉴于此,本文将正当防卫成立条件之“不法侵害”作为研究对象,提出并论证不法侵害之“不法”认定的防卫人标准和不法侵害之“侵害”认定的行为时标准,最后在此基础上对假想防卫、偶然防卫和挑拨防卫的通说处理方案进行检视。

二、不法侵害之“不法”:防卫人标准之提倡

不法侵害的“不法”即违反法律、行为为法律所不允许,在法律上是无价值的、反价值的,但与刑法理论上符合构成要件且违法意义上的“不法”不是同一概念。“‘不法’,没有必要时该当了构成要件且能够肯定违法性的,只要是对于一般值得保护的利益的侵害就可以了。”②正当防卫起因条件不法侵害中的“不法”既包括犯罪行为,也包括其他一般违法行为。对于不法侵害之“不法”的判断应该站在防卫人的立场进行,还是应站在社会一般人的立场进行,在我国刑法理论上并未过多地予以讨论。本文认为,对于不法侵害之“不法”是否存在的判断,应从实质违法论的角度站在防卫人的立场进行判断,只要其遭受的侵害不存在违法阻却事由,对防卫人而言就是不法。理由如下:

---

① 陈忠林:《刑法散得集》(Ⅱ),重庆大学出版社 2012 年版,第 20 页。国外学者亦有类似表述:“如果一项立法违反了理性的律令,那么,它就不是英格兰法。”[美]乔治・P. 弗莱彻:《地铁里的枪声——正当防卫还是持枪杀人?》,陈绪纲、范文洁译,北京大学出版社 2007 年版,第 46 页。

② [日]山口厚:《刑法总论》(第 2 版),付立庆译,中国人民大学出版社 2011 年版,第 117 页。

(一)采用一般人标准实际就是没有标准

如果采用“一般人的判断”标准,那么,到底什么是一般人的判断呢? 由于无法在规范层面进行圆恰的界定,因而,实际上也就是没有标准。以一般人的判断为基准确定不法的有无,意味着脱离了客观事实的判断。并且,一般人的判断结论不一定是可靠的。例如,甲曾经威胁用手枪打死乙,乙看见甲将手伸入衣服口袋,就先用枪打死了甲,而实际上甲口袋里除了手绢,其他什么也没有。从“甲将手伸入衣服口袋”这个事实来看,站在一般人判断的立场,并不会就此认为甲是在掏枪。但是,从防卫人的立场来看,由于“甲曾经威胁用手枪打死乙”这一事实的存在,乙当然有理由在这一基础上认为“甲将手伸入衣服口袋”的行为是要掏枪杀害乙的行为。即便事后查明甲的口袋里面除了手绢其他什么也没有,但是从防卫人乙当时的情境来看,乙的认识错误是合理进而被法律所允许的。正如美国大法国霍姆斯所言,“在面对举刀的情况下不能要求作出分寸恰当的反应”。[①] 而防卫人的标准则是要求司法者在司法决策过程中,站在防卫人的立场,从其所经验(感知)到的防卫人情境,进行客观判断。再者,从刑法作为行为指引规范的层面而言,刑法对国民行为的指引功能在客观上只能体现在行为人自己对规范的理解之中。换言之,防卫人行为时对不法的判断只能从防卫者的立场进行考量。

(二)防卫人标准能够解释“不法”理论诸问题

在传统的刑法理论中,“不法”在判断时呈现出了主观违法论与客观违法论的二分格局。主观的违法性论将刑法规范理解为对行为人的命令规范,只有可能遵照命令做出行为之人的规范违反才是违法,只有能够做出意思决定的人的行为,才谈得上有无违法性的问题。而客观

① 储槐植、江溯:《美国刑法》(第 4 版),北京大学出版社 2012 年版,第 77 页。

的违法性论将法律理解为客观的评价规范,违法与否原则上不考虑行为人做出行为的内心侧面而是客观地加以判断。[①] 对于未达到刑事责任年龄人、精神病人、无刑事责任能力人的侵害是否属于正当防卫起因条件中的“不法”侵害这个问题,主观违法论与客观违法论存在争议,但是不论是从主观违法论的立场还是从客观违法论的立场,均存在理论缺陷。按照主观违法论的立场,不法侵害只能是达到法定年龄、具有责任能力的人在故意或者过失心理支配下实施的不法侵害,也就说对于未达到刑事责任年龄人、精神病人、无刑事责任能力人的侵害只能退避不能进行防卫,这与正当防卫的本旨不符。按照客观违法论的立场,对于未达到刑事责任年龄人、精神病人、无刑事责任能力人的侵害同样属于不法侵害,因此允许正当防卫。问题在于,正当防卫起因条件判断的意义在于确定防卫人的行为是否能够阻却违法,对防卫人而言,其所面临的侵害在客观上是否违法并不重要,重要的是对防卫人而言是否违法。

违法的本质是法益侵害,对防卫人而言,只要是侵害其法益的行为,如果对他而言只要没有违法阻却事由存在,那就是违法的。换言之,如果采取实质违法论,站在防卫人的立场进行判断,只要其遭受的侵害不存在违法阻却事由,对防卫人而言当然就是不法,从保护法益的立场出发,就符合正当防卫的起因条件。至于说这个侵害的来源是达到刑事责任年龄人还是未到达刑事责任年龄人,是来源于有刑事责任能力人还是无刑事责任能力人,对于防卫人而言并不重要。甚至进而言之,这个侵害是来源于人的侵害,还是来源于物的侵害?是有过失的侵害还是无过失的侵害也不重要,对于防卫人而言都是符合正当防卫起因条件的“不法”侵害。例如,对于动物自发侵害他人,饲主没有过错时,能否进行正当防卫?行为无价值论主张故意、过失是违法的要素,因而否认物是违法的主体,进而否认对物防卫。然而,面对动物的侵害,法律不可能认为作为主体的人只能回避,所以行为无价值论者主

① 参见[日]山口厚:《刑法总论》(第2版),付立庆译,中国人民大学出版社2011年版,第99页。

张对动物的反击通过紧急避免来阻却违法。[①] 这样一来,面对人的侵害时,可以采取实施条件较为缓和的正当防卫,不需要进行严格的法益衡量,而面对动物的侵害时,却只能采取实施条件较为严格的紧急避险,需要进行严格的法益衡量。[②] 这一结论在法情感上令人难以接受。而站在防卫人的立场,只要他面临着法益侵害,而这一侵害没有违法阻却事由,那么,对他而言这一侵害就是“不法”侵害。显然,面对动物的侵害是没有违法阻却事由的,因此,物的侵害符合正当防卫起因条件。再如,在侵害者利用第三人进行侵害的场合,防卫行为侵害了该第三人的情形如何处理?即A把C推向B,B则推开C,结果导致C摔倒并负伤的情况,B对C是否成立伤害罪?如何解决这种情形的问题,虽然存在多种见解,但基本的思考方法大致上有作为紧急避险解决和作为正当防卫解决。[③] 而站在防卫人B的立场来看,对B而言一方面其正在面临来自C的法益侵害威胁(实际上是A的行为造成),另一方面其所面对的法益侵害威胁并没有违法阻却事由,那么,法益侵害威胁就是不法的威胁,进而从起因条件看,B当然能够对来自C的直接威胁进行正当防卫。

需要注意的是,我国传统刑法理论认为对于遗弃罪、偷税罪、假冒注册商标罪、重婚罪、贿赂罪等不能进行正当防卫,理由是这些犯罪不具有攻击性、破坏性、紧迫性、持续性。[④] 这实际上涉及不法的外延问题,我国代表性的观点有犯罪侵害说、无限制的违法犯罪说、有限制的违法犯罪说,并以有限制的违法犯罪说为通说。[⑤] 但是,这一观点值得反思。首先,从《刑法》第20条的关于正当防卫的规定并未对不法侵

---

① 参见[日]福田平:《全订刑法总论》(第3版),有斐阁2001年版,第153页。

② 参见[日]松原芳博:《刑法总论重要问题》,王昭武译,中国政法大学出版社2014年版,第120页。

③ 参见[日]山口厚:《从新判例看刑法》(第2版),付立庆、刘隽译,中国人民大学出版社2009年版,第42页。

④ 参见赵秉志主编:《刑法总论》,中国人民大学出版社2007年版,第386页。

⑤ 参见李怀胜:《正当行为制度适用》,中国人民公安大学出版社2012年版,第25~26页。

害做出上述限定。不法侵害"正在进行"也并不等于说不法侵害具有紧迫性,要求不法侵害"正在进行"并不妨碍防卫人对不法侵害有所预见和准备。其次,德国学者主张,"即便贿赂、重婚等行为不能成为正当防卫的起因,也是因为该类行为所侵害的是纯粹的国家法益,一旦允许公民以私力加以制止,就会导致任何个人都能不经法定的程序随意介入国家事务、直接行使国家权力的混乱局面"。① 但事实是,我们《刑法》第 20 条明确规定国家利益、公共利益可以成为正当防卫所保护的法益。再次,从 1997 年《刑法》第 20 条对 1979 年《刑法》第 17 条在正当防卫限度上的修改和增加无过当防卫情形的规定来看,立法倾向于鼓励国民实施正当防卫行为。据此,不应人为地在法条之外,额外限制正当防卫起因条件的成就。最后,正当防卫起因条件成就后,仍可以依据起因条件限制防卫手段和防卫结果的限度。因此,在理论上应当承认对假冒注册商标罪、重婚罪、贿赂罪等在起因条件上存在成立正当防卫的空间。

(三)国外立法和司法实践亦可为防卫人判断标准脚注和佐证

从美国立法和司法实践来看,美国刑法将防卫分为自身防卫(self-defense)、防卫他人(defense of another)、防卫财产(defense of property)和执法防卫(defense for law enforcement)四类。在自身防卫中,判例和制定法中都把"防卫人合理地相信为避免非法侵害而使用这种暴力是必需的"作为合法辩护的一个条件。合理性居于美国法律思想的中心,理性的声音变成了包容精神。② 而这"合理相信"的内容包括不法

---

① Vgl. Erb, in: MK-StGB, 2. Aufl., 2011, § 32 Rn. 93. 转引自陈璇:《克服正当防卫判断中的"道德洁癖"》,载《清华法学》2016 年第 2 期。

② 参见[美]乔治·P. 弗莱彻:《地铁里的枪声——正当防卫还是持枪杀人?》,陈绪纲、范文洁译,北京大学出版社 2007 年版,第 48 页。

侵害的存在。[①] 我国香港特别行政区刑法亦规定,“正当防卫辩护中侵害行为的性质(是否存在及为何种类型)应根据被告人确信的事实判断,而不管这一确信有无合理根据,只要是基于确信而实施防卫行为,就可以成立正当防卫”。[②]

三、不法侵害之“侵害”:行为时判断抑或是事后判断

关于不法侵害事实的认定,在司法实践中存在这样一类疑难问题:行为人持杀伤力很强的凶器实施不法侵害,防卫者使用了强度很大的手段进行防卫,对行为人造成了严重损害后果。事后证明行为人所谓的杀伤力很强的凶器系假的,根本不可能造成任何损害,此时对于防卫人的行为性质如何认定?例如,甲持炸药包冲进乙的房间向乙讨债,警察接警后立即赶到现场并疏散群众包围现场,乙在警方的授意下与甲进行了9个小时的谈判和周旋,终于甲怀揣着炸药包走出乙的房间,埋伏在周围的民警立即向他喊话接受检查,并鸣枪警告,甲继续往前走,民警在二次鸣枪和口头警告无效的情况下,将其击毙,事后查明甲所持的炸药包系热水袋。要确定本案中民警的行为是否构成正当防卫,首先需要确定的问题是在民警击毙甲时是否存在正当防卫起因条件之不法侵害。当防卫人对不法侵害的认识与客观事实不一致时,对于不法侵害事实的确定,究竟是应依据防卫人行为时的认识进行判断,还是应依据事后所查明的事实进行客观判断?这是争议的焦点之所在。

我国刑法理论主张行为后判断说,即认为不法侵害是否存在应当在事后通过查明的事实进行客观判断确定,防卫人主观上是否存在认

① 参见储槐植、江溯:《美国刑法》(第4版),北京大学出版社2012年版,第77~78页;张旭:《英美刑法论要》,清华大学出版社2006年版,第71页;刘士心:《美国刑法中的犯罪论原理》,人民出版社2010年版,第141页;[美]约书亚·德雷斯勒:《美国刑法纲要》,姜敏译,中国法制出版社2016年版,第34~35页。

② 赵秉志、陈志军:《英美法系刑法中正当防卫构成条件之比较研究》,载《法商研究》2003年第5期。

识错误不影响其客观行为对法益侵害的事实认定。如果防卫人存在事实认识错误,就要进一步考察防卫人在行为时是否应当预见不法侵害不存在的事实,如果应当预见而没有预见到不法侵害不存在,那么防卫人的防卫行为可能成立相应的过失犯罪;如果防卫人在行为时根本不可能预见到不法侵害不存在,那么就防卫人的防卫行为造成的损害可能成立意外事件。① 近年来有学者提出正当防卫不法侵害认定的风险分担原则,主张当防卫人对不法侵害的有无产生错误认识时,应采取行为后标准进行判断;当防卫人对不法侵害的严重程度产生错误认识时,应采取行为时标准进行判断。② 窃以为,对于不法侵害事实的判断,依据行为时防卫人所认识的事实进行判断比依据事后查明的全部事实进行判断更为可取。理由如下:

(一)是正当防卫的合法化根据的要求

对于正当防卫的合法化根据,德国通说以个人的保全和法的确证两个原理来说明。③ 根据个人的保全原理,正当防卫的本质虽是直接行动,但对违法侵害加以反击,因为是人的自卫本能,所以法律上予以允许。根据法的确证原理,正当防卫等紧急行为是在国家机关没有工夫进行预防或恢复对法秩序的侵害时,允许私人补充进行的情况,这些是法的自己保全,在这个意义上,被认为是违法阻却事由。④ 按照《刑法》第20条的规定,正当防卫不仅可以是为了保护自己的法益,也可以是为了保护国家利益、公共利益和他人法益,因此个人的保全原理并不能说明我国正当防卫的合法化根据。而法的确证原理同样存在缺陷:

---

① 参见马克昌主编:《犯罪通论》,武汉大学出版社1999年版,第762页。

② 参见陈璇:《正当防卫中风险分担原则之提倡》,载《法学评论》2009年第1期。

③ 参见[德]克劳斯·罗克辛:《德国刑法学总论》(第1卷),王世洲译,法律出版社2005年版,第424~425页;[德]汉斯·海因里希·耶赛克、托马斯·魏根特:《德国刑法教科书》(总论),徐久生译,中国法制出版社2001年版,第402~403页。

④ 参见马克昌:《比较刑法原理——外国刑法学总论》,武汉大学出版社2002年版,第303页。

一方面,将国民规范意识的维持作为正当防卫的目的,会过度重视国家和社会秩序,会产生“为了保护国家或者公共利益,即便杀人也可以”的危险。[①] 另一方面,“当公民针对不法侵害人实施反击时,他实际上是代替国家公权力机关宣示,凡是胆敢以违法方式侵害他人者,必将为此付出代价,从而发挥了威慑其他潜在的违法行为人、确证法规范效力的一般预防机能”。[②] 法的确证原理实际上是将正当防卫作为不法行为一般预防的手段。然而,正当防卫在性质上和适用条件上并不同于刑罚措施,正当防卫起因条件中的“不法”不仅包括犯罪行为还包括一般违法行为,并且刑罚的实施以行为人具有责任为前提,而正当防卫并不受此限。正当防卫是否附带起到一般预防的效果并不影响其本质,“如果将正当防卫的本质认为是公民代替公权力机关完成一般预防任务,那无异于把正当防卫看成了施加刑罚的行为”,[③]这无论如何都是令人难以接受的。

目前,关于正当防卫正当化的根据,通说是优越利益说(法益衡量)。[④] 正当防卫是在紧急状态下实施的行为,“正没有必要向不正让步”,因而防卫人面对不法侵害没有退避的义务,与侵害者的利益相比,防卫者的利益受到了更高的评价。[⑤] 更进一步而言,由于侵害人违反了不得侵犯他人法益的义务,因而在正与不正的冲突中只能通过损害不法侵害者利益来解决冲突,不法侵害者利益的保护价值在防卫的必要限度内被否定(法益性的减少或者保护性的降低),于是,防卫行

---

① [日]前田雅英:《刑法总论讲义》,东京大学出版会1999年版,第223页。转引自黎宏:《论正当防卫的主观条件》,载《法商研究》2007年第2期。

② Roxin, Die, sozialen Einschrankungen des Notwehrrechts, ZStW 93(1981), S. 73. 转引自陈璇:《侵害人视角下的正当防卫论》,载《法学研究》2015年第3期。

③ Vgl. Hassemer, Die provozierte Provokation oder uber die Zukunft des Notwehrrechts, FS-Bockelmann, 1979, S. 240. 转引自陈璇:《侵害人视角下的正当防卫论》,载《法学研究》2015年第3期。

④ 参见王剑波:《正当防卫正当化的根据及其展开》,对外经济贸易大学出版社2010年版,第77~79页。

⑤ 参见黎宏:《论正当防卫的主观条件》,载《法商研究》2007年第2期。

为所保护的法益优越于不法侵害者的利益(也可以说不法侵害者的利益实质上受到了缩小评价)。[1] 更为本质地说,正当防卫之所以阻却违法在于它符合公平性原则的要求。正如德国学者所指出的,"谁要是只想享受一种实体(institution)带来的好处,却不去接受该实体为了自身的延续而要求他承担的那份必要负担,他就是一个'搭便车'的人,违反了公平性要求"。[2]

众所周知,在客观上防卫人做出是否实施防卫行为的依据只能是行为时所认识的事实,如果防卫人在行为时确信不法侵害存在,按照正当防卫的本质要求,他对此"不正"当然不需要承担回避义务。但当他实施防卫行为后,法律又如何能够苛求他对事后查明的客观事实(而非行为时所认识的事实)承担责任进而否定正当防卫起因条件的成立呢?显然,如果按照事后判断的立场,行为人确信不法侵害存在的情况下,防卫人并不能据此做出防卫行为的选择,还要顾虑事后判断是否会否定不法侵害的存在,那么,面对其确信的不法侵害,为了确保行为的合法性,防卫人只能选择回避的方式来避免或者降低不法侵害。这样一来,势必会对防卫人的自由造成不当限制,即"任何人在面临危险之时都无法从正当防卫条款中获得任何有益的行动指引。因为,除了'合理'的判断啊,他根本无法对是否存在不法侵害做出'纯粹客观'的判断"。[3] 一个社会,如果谨小慎微的是守法者,而不是违法的人,如果公民不能期待法律赋予其捍卫自己权利的自由,那么,公道与正义何存?

---

① 参见马克昌:《比较刑法原理——外国刑法学总论》,武汉大学出版社2002年版,第304页。

② Hoerster, Ethik und Interesse, Stuttgart 2003, S. 201 ff. 转引自[德]米夏埃尔·帕夫利克:《人格体主体公民——刑罚的合法性研究》,谭淦译,中国人民大学出版社2011年版,第18页。

③ 马乐:《论基于合理信念的假想防卫》,载陈兴良主编:《刑事法评论:犯罪的阶层论》,北京大学出版社2016年版,第124页。

(二)采用事后查明的全部客观事实进行判断的理论困境

首先,依照事后判断的立场,侵害人使用虚假的工具(如用热水袋冒充炸药包)在客观上不可能造成法益侵害结果,因此这种情况下不存在不法侵害。但是,这个判断结论是值得反思的。尽管虚假的工具(热水袋)在客观上不可能造成真实的工具(炸药包爆炸时)对法益所造成的侵害结果,但是并不能认为虚假的工具不会造成任何法益侵害结果。一方面,《刑法》第20条对正当防卫的规定并未将不法侵害限制为“严重的不法侵害”,因此轻微的不法侵害也是不法侵害,在理论上即便是针对盗窃一块钱的轻微不法行为,也是存在成立正当防卫的空间。另一方面,编造虚假恐怖信息本身也是对法益严重的侵害,如《刑法》第291条之一将编造爆炸威胁、生化威胁、放射威胁等恐怖信息严重扰乱社会秩序的行为规定为编造虚假恐怖信息罪。

其次,尽管意外事件和正当防卫都是排除犯罪事由,但是二者排除的根据存在本质的区别,正当防卫行为因为阻却违法因而是合法行为,而且是法律所鼓励的行为;而意外事件行为人则是因为不存在主观过错,因而不需要承担责任。从客观违法论的立场来看,无过失的意外事件也是符合正当防卫的起因条件不法侵害,而对正当防卫行为本身则不能再次进行正当防卫。这样依照事后判断的立场,在以下情形就会得出令人难以接受的结论:A持着儿童玩具枪到街上抢劫,B则趁着按照A的要求向A交付现金之机,持枪支瞄准A射击,此时A父赶到现场,他知道儿子拿的是假枪为救A而迅速将B推到,导致B后脑勺着地,经鉴定为重伤。在这一情形中依照事后判断的立场,由于A拿的是儿童玩具枪不可能对生命法益造成侵害,不存在不法侵害,B持枪向A射击的行为成立假想防卫,由于B在行为当时不可能认识到A持儿童玩具枪抢劫,因此B对A的射击行为在性质上认定为意外事件。而A父的行为则符合正当防卫的起因条件(意外事件),而成立正当防卫,由于B是持枪射击,因此属于《刑法》第20条第3款的无过当防卫情况,对于B的重伤结果不负刑事责任。即使认为A持玩具抢劫的行为虽不可能侵害生命法益但是侵害了财产法益(被害人可能据此交付财物),因而B对A存在正当防卫的空间,但是B持枪射击的行为明显超过了必要限度,而成立防卫过当(此时尽管A的行为属于抢劫行为但是B的防卫行为不适用《刑法》第20条第3款无过当防卫之规定,理由是从客观上看由于A持有的儿童玩具枪,因此不可能严重危及人身安全),对A父而言亦是符合正当防卫起因条件而成立正当防卫。

最后,事后判断有从结果反推行为的嫌疑。① 事实上,对于不法侵害事实的判断是采取行为时判断还是事后判断,与未遂犯、不能犯的区分相类似。对此,日本学者精辟地指出,"对于事物的经过进行事后的、科学的考虑时,一切都是必然的,没有发生结果也是必然的……在这个意义上,可以说所有的未遂犯都是不能犯。因此,既然现行法的立场承认未遂犯,那么,就不允许进行事后的科学判断"。②

(三)采用行为时判断标准并不会无限扩大正当防卫的成立范围

行为时的判断标准对于不法侵害事实的判断以防卫人在实施防卫行为时所认识到事实为判断依据,而不是以事后查明的所有客观事实为判断依据。于是,即使从事后客观地看,防卫人在实施防卫行为时并不存在不法侵害,也可以在规范上认定存在不法侵害,视为正当防卫起因条件成就。按照这一解释立场,只要防卫人在实施防卫行为时合理确信存在不法侵害,不管客观事实如何,其行为都属于法律所鼓励的正当防卫。于是有学者担心,"行为时判断几乎免除了防卫人的一切风险,从而将正当防卫的成立范围扩张到了令人无法容忍的程度"。③ 事

① 参见黎宏:《刑法学》,法律出版社2012年版,第141页。

② [日]西原春夫:《刑法中的危险概念》,载《法学演习》1983年第27卷第12号,第31页。

③ 陈璇:《正当防卫中风险分担原则之提倡》,载《法学评论》2009年第1期。

实上,前述推论是存在问题的,因而该担心大可不必。

一方面,防卫人在实施防卫行为时所认识的“事实”属于主观世界的内容,并不能够被司法者所完全经验(感知)到。包括刑法在内的法律,既是行为规范,又是裁判规范。司法的过程就是对物自体①意义上的案件事实按照裁判规范进行抽象并赋予法律意义的过程。单纯就“甲持刀砍乙”这个物自体事实而言,对于司法没有任何意义。只有依据裁判规范将该事实抽象成“甲实施了杀人罪意义上的砍乙行为”,或者“甲实施了正当防卫意义上的砍乙行为”,又或者“甲实施了意外事件意义上的砍乙行为”,诸如此类,赋予物自体事实以法律意义之后对于司法才有意义。显然,赋予物自体事实以法律意义之后的事实并不等于物自体事实本身,但又离不开物自体事实。而物自体意义上的事实如果要被赋予法律意义,又必须能够被司法者经验到;如果不能够被司法者经验到,那物自体意义的事实也只能在物自体意义上存在而不具有法律意义。那么,防卫人在实施防卫行为时所认识的“事实”(主观事实)作为物自体意义上的事实,如何才能够被司法者所经验到呢?这当然有赖于媒介(客观证据)的传递。需要注意的是,被赋予法律意义的事实不同于物自体意义的事实,因此说,以防卫人在行为时所认识的事实作为不法侵害是否存在的依据,并不等于说只要防卫人在实施防卫行为时确信存在不法侵害,不管客观事实如何,其行为都属于法律所鼓励的正当防卫。关键在于行为人树立内心确信是否存在客观事实依据,以及这些客观事实依据能否被司法者所经验(感知),或者说在多大程度上被司法者所经验(感知)。

另一方面,正当防卫的成立仅仅具有起因条件(存在不法侵害)还不够,还需要符合其他客观条件和主观条件。即便是防卫人在行为时

---

① “物自体”(thing in itself)是康德哲学中的一个重要范畴。康德认为,“物自体”世界是客观存在但却不能完全被主体所认识的一个世界,人们只能认识其现象,或只能无限接近物自体意义上的存在。那么为什么物自体世界不能完全被认识却可以肯定它的存在呢?“因为不可能没有某种显现着的东西却有现象。”参见[德]康德:《纯粹理性批判》,邓晓芒译,人民出版社2004年版,第20页。

所认识的内容能够被司法者所完全经验(感知),也不能当然地认定防卫人的行为成立正当防卫。防卫的时间条件、限度条件、防卫对象以及防卫意思等任何条件不成就均能够否定正当防卫的成立。因此,采用行为时判断标准并不会无限扩大正当防卫的成立范围。

四、不法侵害判断标准的具体展开

(一)对假想防卫的处理

"在不法侵害并不存在的情况下,误认为发生了不法侵害,因而进行'防卫'的,属于假想防卫。"①例如,甲起身如厕,见陌生人乙骑自行车从其居住楼门口经过,认为其形迹可疑,遂尾随其后查看。见乙向前骑至一拐角处,将自行车停靠在该处路灯下,右向拐进小弄,至一门口,用手开门旁的窗户。甲跟至乙身后约五六米处停下,查问乙是干什么的,乙回答"你管我是干什么的!"甲听后未作声,返身至一邻居家,对邻居讲"有贼,快跟我去捉贼!"并从门后取得一根晾衣用的铁杈返回现场,见乙正欲推自行车离开,遂用铁杈向乙头部打去,正击中乙的嘴部,致乙7颗牙齿脱落。随后赶至的邻居认出乙系送奶员,甲也发现了自行车倒下后从篓筐中散落在地的牛奶瓶,才知道乙原来是送牛奶的。经法医鉴定,乙的损伤已构成重伤(以下简称送奶员案)。② 甲在主观上为保护他人的财产而实施的侵害乙人身权益的行为,由于客观上不法侵害并不存在,因此,成立假想防卫。对于假想防卫如何处理,传统刑法理论主张假想防卫不是正当防卫,符合过失成立条件的,以过失犯罪论处;如果没有过失,则按意外事件处理。③ 通说一概否定假想防卫

---

① 参见赵秉志主编:《刑法总论》,中国人民大学出版社2007年版,第386页。

② 案件来源于北大法宝网:http://www.pkulaw.cn/case/pfnl_1970324836997107.html,最后访问日期:2017年3月12日。

③ 参见周光权:《刑法总论》,中国人民大学出版社2011年版,第144页;郭泽强:《正当防卫制度研究的新视界》,中国社会科学出版社2010年版,第25~26页。

成立正当防卫值得质疑。

对于假想防卫是否能够成立正当防卫问题,首先应当对正当防卫起因条件不法侵害是否存在进行判断。(1)如果根据司法查明的防卫人在实施防卫行为时所认识的事实,从行为时判断能够合理相信不法侵害存在,那么,应当认为符合正当防卫的起因条件。即便依据事后查明的事实判断,防卫人在行为时在客观上根本不存在不法侵害,也不能据此否定防卫人的防卫行为成立正当防卫。(前述警察击毙持热水袋讨债人案件即是正当防卫的适当例。)①(2)如果根据司法查明的防卫人在实施防卫行为时所认识的事实,从行为时判断不能够合理相信不法侵害存在,那么,即便防卫人在实施防卫行为时真诚地认为不法侵害存在,也不能认为正当防卫客观条件成就,不能成立正当防卫。只能依据司法查明的事实判断防卫人在行为时主观上是否存在过错,如果存在过错,则可能成立过失犯罪,如果不存在过错则应认定为意外事件。在前述送奶员案中,从甲找邻居帮忙捉贼的事实来看,甲在实施防卫行为时是真诚地相信存在不法侵害的,但是能不能认为正当防卫起因条件成就,关键在于司法所查明的甲在防卫时所认识的事实是否能够合理认定不法侵害事实存在。诸如窗户的大小(人是否能够进入)、房屋的位置、送奶员自行车的装潢、车筐的设置等客观事实,均能够影响甲在行为时判断不法侵害是否存在。如果根据查明的事实能够认定甲在行为合理地相信不法侵害存在,则正当防卫起因条件成就,进而通过判断甲的行为是否符合正当防卫其他条件如防卫的限度等确定其行为性质;如果根据查明的事实不能够认定甲在行为时合理地相信不法侵害存在,则需要进一步判断甲的主观过错情况确定其行为的性质。

---

① 美国、日本刑法也有类似的规定。参见[美]约书亚·德雷斯勒:《美国刑法精解》(第4版),王秀梅等译,北京大学出版社2009年版,第196页;黎宏:《日本刑法精义》(第2版),法律出版社2008年版,第166页。

(二)对偶然防卫的处理

“偶然防卫,是指行为人故意对他人实施犯罪行为时,巧遇他人正在进行不法侵害,其行为客观上制止了他人的不法侵害的情况。”[①]对于偶然防卫的处理,就处理结果的角度而言,中外刑法学理论基本上存在三种学说:无罪说、二分说和有罪说。[②] 无罪说从结果无价值的立场认为正当防卫的成立不要求防卫意识,偶然防卫成立正当防卫。[③] 无罪说的观点显然存在不足:首先,正当防卫不需要防卫意识,至少需要防卫人认识到不法侵害正在进行,而在偶然防卫中,从前述不法侵害判断的标准来看,防卫人并未认识到不法侵害正在进行,因此正当防卫的起因条件对防卫人而言并未成就,进而排除正当防卫成立的可能。其次,在偶然防卫中不法侵害结果到底是法律的允许的结果还是法律所不允许的结果?无罪说论者从正当防卫立场出发,认为偶然防卫行为保护了即将被不法侵害的法益,即便偶然防卫行为本身造成了不法侵害人损害后果,但是就法益衡量的角度而言,偶然防卫行为能够被正当化,因而是法律所允许的结果。问题在于正当防卫行为合法化的根据有两个方面内容,一是公平正义即“正对不正”,二是法益衡量。在偶然防卫中,并不是“正对不正”,而是“不正对不正”,因而,在正当防卫法益衡量过程中法律对侵害者的利益保护性降低并不当然适用于偶然防卫。换言之,偶然防卫对侵害人法益造成的损害后果并不当然被法律所允许。这样,即便站在结果无价值的立场,偶然防卫人的防卫行为在结果上亦是反价值的。有反对意见认为,甲出于防卫意思攻击正在不法杀丁的丙,保护了丁的生命,成立正当防卫,为法律所允许;而乙偶然防卫攻击正在不法杀丁

① 参见赵秉志主编:《刑法总论》,中国人民大学出版社 2007 年版,第 391 页。

② 黎宏:《论正当防卫的主观条件》,载《法商研究》2007 年第 2 期。

③ 参见[日]关根彻:《论偶然防卫》,[日]川端博等编:《立石二六先生古稀祝贺论文集》,成文堂 2010 年版,第 191 页。

的丙,保护了丁的生命,却因为乙具有犯罪意图就否认该结果为法律所允许。在客观行为和结果完全相同的情况下,仅因为行为人的意图不同就对结果做出不同的评价,实际上是出于难以被人接受的主观主义立场。问题在于犯罪恰恰是主观罪过客观实现的过程。事实上,由于主观意图不同对结果做出不同评价的情况广泛存在,例如,A 警察误以为无辜的甲是通缉犯而对其实施抓捕,按照《刑事诉讼法》的规定,A 警察的行为是合法的职权行为;而 B 警察为报复乙而对其实施抓捕的行为,则是滥用职权行为。

二分说认为紧急救助型偶然防卫属于正当防卫,自己防卫型偶然防卫成立犯罪未遂。[①] 在结论上明显不协调,将伦理的判断纳入刑法领域,对防卫人的道德提出了过高的要求,也是不可取的。

有罪说则是站在行为无价值的立场,认为正当防卫的成立要求防卫意识(主观正当化要素),偶然防卫缺乏防卫意识,且造成了侵害结果,因而成立犯罪。与此不同,本文主张对于偶然防卫的处理并不能受囿于结果无价值与行为无价值对正当防卫防卫意识必要性之争,而是应当:首先立足于防卫人的标准在防卫行为时对不法侵害的有无进行判断,由于偶然防卫的防卫人并未认识到不法侵害正在进行,因此正当防卫的起因条件对防卫人而言并未成就,进而排除正当防卫成立的可能。在此基础上,从犯罪成立的主客观条件出发,判断偶然防卫人的行为在客观上是否符合《刑法》规定的构成要件,在主观上是否存在故意或者过失等责任,从而确定偶然防卫的性质。

(三)对防卫挑拨的处理

"防卫挑拨,是指为了加害对方,故意挑逗他人向自己进攻,然后借口正当防卫加害对方的行为。"[②]对于防卫挑拨,通说认为,原则上来

---

① 参见黎宏:《论正当防卫的主观条件》,载《法商研究》2007 年第 2 期。

② 参见赵秉志主编:《刑法总论》,中国人民大学出版社 2007 年版,第 390 页。

说,行为人对有意挑拨产生的不法侵害无权实施正当防卫。① 但是在特殊情况下不排除正当防卫成立,即“防卫挑拨人先挑起事端,欲加害于对方,但并非要置对方于死地,而对方在被挑拨后,其侵害强度大大超过防卫挑拨人的预想,防卫挑拨人的生命受到严重威胁;或者防卫挑拨人想要中止争端,而对方却不肯善罢甘休,一再侵害,对防卫挑拨人造成人身重大损害。在前述两种情形中允许防卫挑拨人进行正当防卫。”②通说过于限缩防卫挑拨中挑拨人正当防卫的成立范围,对国民自由进行不合理的限制,值得反思。

对于防卫挑拨的挑拨人能否实施正当防卫行为,同样需要对不法侵害事实的有无进行判断。(1)从挑拨人的立场来看,挑拨行为本身属于不法侵害从而对方能够对之实施正当防卫行为时,或者挑拨行为本身属于给对方法益造成紧迫危险的行为从而对方能够对之实施紧急避险时,对方实施的反击行为对挑拨人而言具有违法阻却事由,不属于不法侵害,挑拨人不能对该反击行为进行正当防卫。当然,从挑拨人的立场来看,对方的反击行为如果明显存在防卫过当或者紧急避险过当,则应肯定挑拨人在此时具有正当防卫的起因条件。(2)从挑拨人的立场来看,挑拨行为本身既不属于对方能够对之实施正当防卫行为的不法侵害,又不属于对方能够对之实施紧急避险给法益造成紧迫危险的行为时,对方的反击行为对挑拨人而言属于不法侵害,挑拨人对之能够实施正当防卫。不法侵害的程度,决定挑拨人进行防卫的限度。当然,在防卫挑拨人可以实施正当防卫的场合,其防卫限度同时应受社会伦理限制。③

---

① 对于否认防卫挑拨成立正当防卫的理由,国外刑法理论主要存在以下观点:权利滥用说、原因中的违法行为理论、挑拨行为 = 着手实行说、不法侵害紧迫性否定说、防卫意识否定说、相关性否定说、社会相当性说、个人保全原理与法确证原理等。参见马克昌:《比较刑法原理——外国刑法学总论》,武汉大学出版社 2002 年版,第 328 页。

② 陈兴良:《正当防卫论》(第 2 版),中国人民大学出版社 2006 年版,第 52 页。

③ 参见 Ronnau/Hohn, in: Leipziger Kommentar, StGB, Band 2, 12 Aufl., 2006, § 32 Rn. 226。转引自王钢:《自由主义视野下的刑法问题研究》,法律出版社 2015 年版,第 52 页。

综上所述,正当防卫起因条件即不法侵害的判断应当站在防卫人的立场,依据防卫人实施防卫行为时所认识的全部事实进行判断。对于偶然防卫,由于防卫人并未认识到不法侵害正在进行,据此能够排除正当防卫成立的可能。偶然防卫的性质应从犯罪成立的主客观条件进行认定。对于假想防卫和防卫挑拨,在理论上均存在成立正当防卫的空间。

The Judicial Recognition of the Illegal Infringement of Self-defense: the Subjective Criteria of Objective Conditions

Jiang Yaowei

[**内容摘要**]在我国正当防卫认定的司法实践中,存在"片面结果导向"的倾向和追求道德"洁癖"的倾向。究其根源均在于正当防卫成立前提之不法侵害认定标准模糊。不法侵害之"不法"判断,应从实质违法论的角度站在防卫人的立场进行判断,只要其遭受的侵害不存在违法阻却事由,对防卫人而言就是不法。不法侵害之"侵害"存在与否,从正当防卫合法化根据和保护国民自由的角度出发,应依据防卫人在行为时所认识的事实在行为时进行判断,而不是依据事后查明的所有客观事实在事后进行判断。对于偶然防卫,由于防卫人并未认识到不法侵害正在进行,据此能够排除正当防卫成立的可能,其是否成立犯罪应依据犯罪成立的主客观条件进行认定。对于假想防卫和防卫挑拨,在理论上均存在成立正当防卫的空间。

[**关键词**]正当防卫;不法侵害;防卫人标准;防卫挑拨

Abstract: In the judicial practice of justifiable defense recognized in our country, there is a tendency of one-sided result-oriented and a tendency to pursue impeccable in moral. The root cause is that the standard to recognize illegal infringement is fuzzy which is the premise of legitimate defense. We should judge the lawless of unlawful infringement on the point of substance violation theory and by the defenders stand. As long as there is no justifiable cause in the infringement, it is illegal for the defenders. From the perspective of the legalization basis of justifiable defense and the protection of civil liberties, whether there is an infringement should be judged according to the fact that the defender knows when he acts, rather than the fact that all the objective facts identified after the fact are later judged. In the case of accidental defense, it is impossible to establish justifiable defense because the defenders do not realize that the infringement is ongoing. Whether the defender should be a crime or not is determined according to the subjective and objective conditions of the establishment of the crime. For the imaginary defense and provocative defense, there is possibility of establishing justifiable defense in theory.

Keywords: Self-defense; Illegal infringement; Criteria of defender; Provocative defense

注册资本认缴制背景下资本犯罪形态和刑法重构

巫文勇[*]　张　鉴[**]

目　次

我国公司注册资本认缴制改革在颠覆了传统法定资本制度的同时也再次引发学界对《刑法》中"资本三罪"的普遍质疑。在这种看似顺理成章的逻辑下，全国人大常委会对《刑法》中的"资本三罪"进行了限制性解释："刑法第一百五十八条、第一百五十九条的规定，仅适用于依法实行注册资本实缴登记制度的公司"；反向的理解是，一般性公司将不再有"虚报注册资本""虚假出资""抽逃出资"等犯罪。

一、注册资本认缴制下"资本三罪"废止的评价

2013 年《公司法》对注册资本制度的修改，使传统的"资本三罪"认定与注册资本认缴制度造成理论和司法实践困境。以"虚报注册资

---

* 江西财经大学法学院教授、经济学博士、法学博士研究生导师。
** 江西财经大学法学院法经济学专业博士研究生。

本罪"为例,普遍认为因为《公司法》对一般性公司没有规定最低资本额和资本缴纳期限,登记机关也不再将验资作为公司登记必备条件,注册资本仅为一种形式记载,所以无须通过虚报注册资本以实现夸大公司经济实力、塑造公司形象的目的。根据2010年《最高人民检察院、公安部关于公安机关管辖的刑事案件立案追诉标准的规定(二)》(以下简称《追诉标准(二)》)第3条规定,[①]虚报注册资本罪的构成条件必须是实缴注册资本不足法定最低注册资本且虚报达到一定数额和比例,或者虽然所缴纳的注册资本已达到最低注册资本限额,但是仍然虚报达到一定数额和比例的注册资本额。然而"在认缴制下,不再强制要求公司在设立时必须缴纳最低限额的法定注册资本金,股东或者发起人只需要在公司章程中确定其认缴的出资额和出资期限。而该出资额由股东或发起人根据自己的投资能力酌定所设的公司规模,并由此限定自己的出资义务。"[②]因为"《追诉标准(二)》中的'实缴注册资本'与'法定注册资本'最低限额都已经没有了立法根据,所以也无从对该类案件进行刑事追诉。同理,对于《追诉标准(二)》中的'仍虚报注册资本'的数额也无从算起,续而无法进行追诉"。[③]

同理,在认缴制背景下,由于《公司法》对公司的登记设立未要求

① 《追诉标准(二)》第3条规定:一是超过法定出资期限,实缴注册资本不足法定注册资本最低限额,有限责任公司虚报数额在30万元以上并占其应缴出资数额60%以上的,股份有限公司虚报数额在300万元以上并占其应缴出资数额30%以上的;二是超过法定出资期限,实缴注册资本达到法定注册资本最低限额,但仍虚报注册资本,有限责任公司虚报数额在100万元以上并占其应缴出资额60%以上的,股份有限公司虚报数额在1000万与以上并占其应缴出资数额30%以上的;三是因虚报注册资本造成投资者或其他债权人直接经济损失累计数额在10万元以上的,或者虽未达到上述数额标准,但在两年内因虚报注册资本受过行政处罚2次以上然后又虚报注册资本的,或者向公司登记主管人员行贿的,或者为进行违法活动而虚报注册资本的;四是存在其他后果严重或者有其他严重情节的情形。

② 赵旭东:《资本制度变革下的资本法律责任——公司法修改的理性解读》,载《法学研究》2014年第5期。

③ 李军:《认缴制下对"资本三罪"的修订或重新解读——"废用论"外的另一条可行路径》,载《政治与法律》2015年第9期。

成立时缴纳注册资本，也未就缴纳期限做统一要求，因此《刑法》第159条规定的“公司发起人、股东违反公司法的规定未交付货币、实物或者未转移财产权，虚假出资，或者在公司成立后抽逃其出资”行为描述，难以具体界定。除此之外，《追诉标准(二)》第4条规定的虚假出资罪中的“超过法定期限”判断标准因为没有强制缴纳期限而失去法律依据，①使这一罪名缺乏存在的环境和意义。反对“资本三罪”的观点还认为，抽逃出资罪的立法目的是配合公司“资本三原则”中的“资本维持原则”和“资本不变原则”的落实，以确保“公司股东一旦把自己的财产交给公司，就丧失了对该财产的所有权，而取得了股权，股东个人无任何直接处置公司财产的权利”②规则的实现。但是，新《公司法》中的注册资本认缴规定：一是使股东失去了抽逃注册资本的动机，因为股东可以根据自身的资金实力认缴其出资和设定出资期限，而无须采取抽逃出资的方式实现其流动性；二是由于没有法律明确界定出资期限和最低资本额，股东抽逃注册资金的刑事追责在实践中难以实现。

基于“资本三罪”的理论认知和法律界对其种种诘难，2014年4月24日全国人大常务委员会出台了《关于〈中华人民共和国刑法〉第一百五十八条、第一百五十九条的解释》(以下简称《解释》)。《解释》获得

① 《追诉标准(二)》第4条规定，公司发起人、股东违反公司法的规定未交付货币、实物或者未转移财产权，虚假出资，或者在公司成立后抽逃其出资，涉嫌下列情形之一的，应以虚假出资罪和抽逃出资罪立案追诉：一是超过法定出资期限，有限责任公司股东虚假出资数额在30万元以上并占其应缴出资数额60%以上的，股份有限公司发起人、股东虚假出资数额在300万元以上并占其应缴出资数额30%以上的；二是有限责任公司股东抽逃出资数额在30万元以上并占其实缴出资数额60%以上的，股份有限公司发起人、股东抽逃出资数额在300万元以上并占其实缴出资数额30%以上的；三是抽逃出资造成公司、股东、债权人的直接经济损失累计数额在10万元以上的；四是虽未达到上述数额标准，但致使公司资不抵债或者无法正常经营的，或者公司发起人、股东合谋虚假出资、抽逃出资的，或者两年内因虚假出资、抽逃出资受过行政处罚2次以上，又虚假出资、抽逃出资的，或者利用虚报出资、抽逃出资所得资金进行违法活动的；五是其他后果严重或者有其他严重情节的情形。

② 赵旭东：《资本制度变革下的资本法律责任——公司法修改的理性解读》，载《法学研究》2014年第5期。

了我国法律界“一边倒”的评价,对其赞誉有加,鲜有反思和批评。但从法理角度来看,这种解释值得商榷,对注册资本认缴制公司取消“资本三罪”的立法实践,客观上放弃了刑法对一般性公司资本制度的保护,使交易相对方——债权人的利益失去了最后一道法律保护屏障。理性地思考,注册资本认缴制度改革并不表明“虚报注册资本”“虚假出资”和“抽逃出资”的行为就此不存在或类似行为从此不具有社会危害性。注册资本认缴作为一种商事行为,行为主体仍然应该遵守其法律设置的行为规则,规制与反规制的博弈行为将永远存在,而严重逾越其规则行事仍将客观存在。政府对此的正常或应有反应是设定必要的法律责任,以保障其规则的遵守。如果,“其一,危害行为具有相当严重的社会危害性;其二,犯罪行为的反应,刑罚当有无可避免性”①时,则应该采取刑法这一极致手段震慑并预防其犯罪,以维护资本市场和诚信交易秩序。

注册资本认缴仅是注册资本缴纳的一种制度模式,公司并不会因为资本缴纳形态改变而改变其“资合型”性质,也不因此而改变股东承担责任的方式。注册资本和股东有限责任,其核心价值在于:一是注册资本显示着公司运行的基础性财产价值和股东的最大财产责任;二是公司的资产仅能用于偿付公司债务,股东不能抽回其出资用于偿付自身的其他债务;三是不经法定程序公司不得减少注册资本或随意分配和转移其资产。“对此的一个简单回应是,对公司资本制度改革的解读不能以偏概全。取消‘最低资本额’要求,甚至个别国家公司法抛弃了‘法定资本’概念,都只是公司法自身的规制方式顺应商业实践发展而进行的调整,并不意味着商业实践中‘资本’对于公司不再重要。”②在我国现行注册资本认缴制语境下,虽然出资由法律强制性规定转变为按照合同约定,注册资本违法也从直接违反公司法强制性规定转变为违反注册资本认缴合同,但其本质并无不同,均具违法性和可惩罚

---

① 陈兴良:《刑法哲学》,中国人民大学出版社2015年版,第8页。

② 刘燕:《重构“禁止抽逃出资”规则的公司法理基础》,载《中国法学》2015年第4期。

性，当其所造成的损失达到一定数额或情节严重者也应该追究其刑事责任。由此可见，注册资本认缴与“资本三罪”的刑事立法并不矛盾，甚至在放松公司登记入门要求的环境下更有其法理基础，而且在资本实践中也存在合理性和可行性。

二、注册资本认缴制下“资本违法”的逻辑语境

理论普遍认为，无论是从行商自由与政府干预平衡的角度，还是从现代公司立法发展趋势，废除注册资本最低限额，实行注册资本认缴，“去除繁杂的验资程序，将监管权交给法律和公司自己，让企业回归天然的市场竞争环境，充分相信企业和市场，这便是经济自由、私权彰显、有限政府的体现。以‘市场之手’代替‘国家之手’，不仅契合了商法维护私权、鼓励交易、崇尚效率的本质属性，更是迎合了市场经济发展的需要”。[①] 但是，理论推导的种种好处必须根植于恰当的市场基础和法制土壤才能发挥出来，而我国现阶段注册资本认缴制改革最缺乏的也就是这种市场基础和法律环境，使这种貌似追求商事行为自由与效率，顺应了世界公司资本制度发展潮流的创新举动，在实践中产生异化，造成理想化的顶层制度设计严重偏离精英阶层所预期的运行轨道。

第一，我国实施注册资本认缴制缺乏自然人股东破产法律制度的支撑。现代公司法共筑了一项默示法律规则——公司人格独立和股东有限责任，但这一规则的具体落实需要以完善的破产法律制度为前提。认缴制下的注册资本缴纳，是一种“资本数额的自我认定和缴纳期限的自我设定”，但在非理性思维和外在因素驱动下，股东基于种种原因认缴超越自己实际支付能力的出资，或者在认缴后发生降低实际支付能力的事件，高额的注册资本认缴和实际支付能力不足必然成为公司资本实践的新常态。一旦此类事件发生，则需以破产方式免除包括自

① 王雪丹：《有限责任公司认缴登记制度解析——以珠三角地区商事登记改革为研究中心》，载《暨南学报》（哲学社会科学版）2013 年第 6 期。

然人和机构股东认缴的资本和其他债务的实际清偿责任。然而,我国现阶段由于缺乏自然人破产这一基础性法律制度,在匆忙引进注册资本认缴制的同时忽略了股东缴纳不能的处置规则设置,引发“股东有限责任与股东缴纳能力”之间的法律悖论。由于自然人破产制度的缺失,使自然人股东在承担出资认缴责任不能时,缺乏基本的权利能力限制或剥夺规则,自然人股东不会因为出资缴纳不能而受到任何经济损害或法律权利限制,所以无形之中刺激了自然人股东的资本违法冲动。

第二,我国实施注册资本认缴制缺乏资本缴纳合同特别法律制度的支撑。现行《公司法》仅规定公司注册资本为全体股东所认缴的数额,具体的出资数额和期限没有任何限制性规定,而是由出资人根据《合同法》规定自我约定。但是由于我国《合同法》是一种规范普通民商事合同行为的法律,坚持的是“契约自由”立法精神和“合同相对性原则”,股东签订注册资本认缴合同时缴纳数额和期限未能受到任何强制性约束,所以实践中屡屡出现动辄几十亿元,缴纳期限上百年的认缴合同。也许在合同订立时,此类合同并不都存在《合同法》规定的“以欺诈、胁迫的手段订立合同,损害国家利益”,“恶意事通、损害国家、集体或者第三者利益”,“以合法形式掩盖非法目的”或者“损害社会公共利益”等合同无效理由或主观动机,但其本质上则是“股东出资合同因为过长履行期限而变得不需要履行,这完全颠覆了公司设立作为商事行为之本质”。① 由于《公司法》和《合同法》缺乏注册资本认缴数额和期限等特殊商事规定,使公司设立者有意无意地忽略商事法律中的诚实信用原则,毫无节制地设立过长的注册资本缴纳期限,或超越实际履行能力的出资数额,或认缴无实际价值的1元注册资本,其目的都是期望以最小代价牟取最大利益,促涨了市场潜在的投机和欺诈心理。

第三,我国实施注册资本认缴制缺乏公司财产欺诈性转移禁止法律制度的支撑。我国《公司法》对公司利润分配沿袭了传统的弥补亏

---

① 蒋大兴:《合同法的局限:资本认缴制度下的责任约束——股东私人出资承诺之公开履行》,载《现代法学》2015年第5期。

损规则、提取法定公积金规则和违法分配退回规则。但这些规则仅是一些粗线条规定,缺乏类似《美国示范商事公司法》规定的“偿债能力限制”和“破产测试和衡平偿付不能测试”利润分配标准,以及《统一欺诈转移法》规定的“约束股东对公司财产的非法侵占,达到守住公司资产的目的”,①禁止公司财产不公平地转移、违法分配或欺诈性转让条款。我国《公司法》利润分配标准原则性的规定在第34条,股东可以按照实缴的出资比例或股东持有的股份比例,也可以由全体股东约定按照其他的分配方式分取红利。该条所叙含义,体现出公司股东利润分配法则是一种任意性规定,公司股东并不需要以实际出资作为分配利润的前提条件,只要承诺未来某个时期将向公司提供资本(是否真实提供仍处于不确定状态),则可源源不断将公司的资产转移至股东名下,“本来应视为欺诈性转移的股息支付变成了‘合法的分配’。”②除此之外,《公司法》仅规定股东将违法分配利润返还公司,零成本的违法不可避免地激励股东实施各种不合法的利润分配,包括从公司抽逃资产和实行没有对价的欺诈性公司财产转移。

第四,我国实施注册资本认缴制缺乏注册资本缴纳违约对第三者责任法律制度的设定。我国现行公司立法中关于注册资本违法责任,主要是对公司和其他股东承担违约责任,而不是对公司债权人的侵权赔偿责任,而且存在“责任主体错位”和“违法成本过低”双重错误。如,最高人民法院《关于适用〈中华人民共和国公司法〉若干问题的规定(三)》第7条规定的以不享有处分权的财产出资,第8条规定的以划拨或设定权利负担的土地使用权出资,第9条规定的非货币出资实际价值低于作价,第10条规定的未办理出资财产转让手续,以及“股份有限公司的认股人未按期缴纳所认股份的股款”和“股东未履行或者未全面履行出资义务”等,仅规定了违约股东的补缴责任,而且这种责

① 蒋大兴:《质疑法定资本之改革》,载《中国法学》2015年第6期。

② Official Committee of the Unsecured of Color Thle, inc. V. Blackstone Family investment Partnersnip, L, P, (In re Color Tile . Inc.), 2000 U. S. Dist. LEXIS 1303 (D. Del. 2000).

任大部分都须由公司或其他股东追诉。《公司法》中规定的其他“虚报注册资本”“抽逃出资”“虚假出资”等行为,法律除规定责令改正之外,仅规定了处以违法公司一定数量的罚款,或撤销公司登记。由于现行公司法律制度中资本违法责任主要是补缴或罚款,而且罚款的责任主体是公司而非其实际行为人即认缴出资的股东,所以其责任规则不仅无法抑制资本违法冲动,反而刺激股东频繁地实施资本违法以牟取最大的非法利益。

注册资本认缴制下,传统的“资本法定”原则确已被修正为“资本确定”原则。“在资合公司中,于公司设立时在公司合同(公司章程)中必须载明的基本资本数额,该基本资本成为独立于股东的具有自己的独立人格的资合公司的独立存在基础,为公司的最初经营活动提供了所必要的初始资产,并构成了进一步向第三人借款的信用担保基础。”①理论上,注册资本作为公司营运的财产基础,同时也是股东承担民事责任的最低财产范围,不会也不应该因其缴纳方式的改变而产生实质性减弱。但作为公司设立的一种资本模式改革,由于理论认识差异、社会信用观念异化、配套制度不完善等,使我国现阶段的这种毫无节制、极度宽松的资本缴纳制度极大地刺激了股东“经济人秉性”膨胀,利益最大化的心理强烈驱动投资人的资本违法冲动,也昭示着“道德风险”和“逆向选择”行为增加。没有法律强制性规则约束的注册资本认缴,使注册资本违法沿着注册资本认缴——经济人理性——成本最低化——资本违法冲动的逻辑结构蔓延,论证了在注册资本认缴制下资本违法犯罪的现实存在,甚至更加频繁发生且危害后果更大。

三、注册资本认缴制下资本犯罪的反思与重构

不同的制度设计影响着人们的现实行为模式,同时也会使被规制的主体在守制博弈中突破制度边界或寻找新的制度漏洞,产生新的违法行为。注册资本认缴作为一种新资本规则在规范和引导投资者出资

① 白江著:《公司治理前沿法律问题研究》,法律出版社 2015 年版,第 171 页。

行为时，必然会影响投资者遵循资本守法的价值观念和资本违法的动机、行为判断标准，并且不可避免地进一步改变资本犯罪的构成方式和认定条件，甚至在新制度环境下衍生出传统“资本三罪”之外的新资本犯罪形态。

传统意义下的虚报注册资本是公司注册时采取欺诈或利用虚假文件骗取公司登记的行为，当其数额或后果符合法律规定的标准则可以科以刑法处罚，即构成虚报注册资本罪。在注册资本认缴制下，公司和股东已无须“使用虚假证明文件或者采取其他欺骗手虚报注册资本”，但并不能据此断定虚报注册资本行为因此而不存在。对此，某些学者进行了精辟的论述：在注册资本改为认缴资本之后，最低注册资本和注册资本实缴作为其前提条件已经取消，注册资本的真实要求却没有变化，而此时的真实就是认缴的真实；未实际认缴，即为虚假资本，此处的真实在于是否存在资本缴纳的承诺与登记在册的资本总额的差异。“《公司法》无论采取实缴资本制还是认缴制体制，都不会改变和放弃这一法律要求，与实缴资本一样，认缴资本同样需要真实，虽然二者真实性的具体内容不同，但其寻求的法律价值和价值取向却是完全相同的。这是民商法讲求诚信、反对欺诈的诚实信用原则在资本制度中的体现，也是注册资本在界定股东出资义务和责任方面所具有的法律效力的必然要求。同时，我国会计法所实行的可靠性原则和客观性原则也是资本必须真实的重要法律依据。”①基于此可认为，注册资本认缴语境下，资本的真实申报构成了虚报注册资本罪的法律基础。但是，仔细研判虚报注册资本罪与虚假出资罪二者的犯罪形态，都存在“利用虚假材料、主观欺诈和未能真实出资”等特征，它们存在诸多重叠，虚报注册资本在很多情况下就是虚假出资，并无本质差别，因此可将虚报注册资本和虚假出资二罪合一。

我国《刑法》规定的虚假出资罪，是公司发起人、股东违反公司法律规定，未实际交付货币、实物或者未转移财产权，虚假出资，数额巨

① 赵旭东：《认缴资本制下的股东有限责任——兼论虚报资本、虚假出资和抽逃出资行为的认定》，载《法律适用》2014 年第 11 期。

大,后果严重或者有其他严重情节的行为。公司资合性特征要求资本真实缴纳,而虚假出资则违背了这一原则的本意。注册资本认缴制下尽管未要求在公司设立时缴纳注册资本,但这并不否认注册资本的真实缴纳要求,“只要存在实际缴纳问题,就必然存在虚假缴纳的可能”。在注册资本认缴制下,虽然公司无须以验资报告作为其登记基础,因此也不存在登记阶段的虚假评估、虚假进款、虚假验资和应办而不办财产转移手续等问题,但“注册资本的真实缴纳规则”要求公司在成立之后的约定资产缴纳期进行资产缴纳,而此时出资认缴人仍可能基于“最小投入获取最大收益”的心理期望,通过虚假证明文件或其他非法方式实施并不真实存在的出资,或者存在严重缺陷的出资。由此可见,虚假出资行为并不会因为实行注册资本认缴而消失,发生变化的仅是虚假出资的时间节点从公司登记时挪后至合同约定的缴纳时期。

“在公司法中,有限责任是出资人和公司全体利害关系人之间就风险分配达成的一项格式化契约。通过有限责任,出资人与所固定清偿主体潜在的公司行为受害人、客户等均达成了关于风险分担的契约。在该契约下,有限责任使出资人在承受责任方面有了一个上限,但出资人必须对公司进行真实出资,并放弃对该部分出资的直接控制权,使其处于风险状态。”①“无论是基于实缴资本对股东出资的免责效力,还是基于对公司独立财产的界定效力,都决定了实缴资本必须真实,如果股东虚假出资,必导致实缴资本的虚假,如此而免除股东的出资责任会导致极不公平的后果。”②注册资本认缴制的实行并不否定和排斥实缴资本应有的价值和法律效力,不会减弱更不会消除虚假出资行为的违法性,对虚假出资的防范和遏制仍然是公司资本制度的重要目标和任务,因此保留虚假出资罪的罪名和刑事处罚仍然有其正当性和必要性。在

① 胡改蓉:《“资本显著不足”情形下公司法人格否认制度的适用》,载《法学评论》2015年第3期。

② 赵旭东:《认缴资本制下的股东有限责任——兼论虚报资本、虚假出资和抽逃出资行为的认定》,载《法律适用》2014年第11期。

注册资本认缴制下,虚假出资罪的虚假性和欺骗性并没有改变,只不过欺诈的时间和对象有所差异:一是虚假出资从原来的工商登记之时挪后至股东按约缴纳出资之时,采用虚假评估报告或产权证明文件;二是虚报注册资本行为欺骗的对象从公司登记机关和债权人转变为公司债权人。

传统"资本三罪"中的最后一罪"抽逃出资罪"的罪状描述为"公司成立后有抽逃出资的行为"。虽然实施注册资本实行认缴,公司成立之时股东无须立即缴纳所认缴的出资,"公司成立后有抽逃出资的行为"的判断标准与公司注册资本实践相悖,但是股东认缴的出资终究必须按约缴付,缴付之后同样存在基于各种原因将其抽逃或转移的可能。公司股东何时缴纳注册资本并非问题的关键,无论在公司成立之初或之后缴纳注册资本,只要是将已经属于公司的财产抽逃、转移,则降低了资合性公司的债务清偿能力,其结果不仅使得公司的信用受损,而且损害了公司债权人的利益。"虽然在公司运营过程中,公司的资产额可以更真实地反映公司的经济实力,但是并不是每一个市场主体都可以轻易地获得反映公司资产额的数据,一般的市场主体对公司信息的获知也只能通过公司对外公示的信息来了解公司的运营状况,经济实力。如果允许股东或发起人转移公司资产,使公司对外公示的信息虚置化,那么整个市场经济就没有公司信用可谈。"①因此作为一种资本缴纳之后违反"资本维持"和"资本不变"原则的行为,保留"抽逃出资罪"以作为严重违法的惩罚仍有其法理和实践基础,无非是将犯罪行为实施从公司设立之时置于注册资本缴纳之后。

除此之外,现行《刑法》将抽逃出资罪的犯罪主体界定为公司的发起人和股东,其规定与公司法理不兼容。公司与公司股东是完全独立的法律主体,"公司股东向公司出资后,所有出资人的财产综合起来构成了公司独立的法人财产,其与股东的个人财产是严格分离的,股东出资后对其出资只能享有相应的股权,但不能再直接支配其

① 李军:《认缴制下对"资本三罪"的修订或重新解读——"废用论"外的另一条可行路径》,载《政治与法律》2015 年第 9 期。

作为出资投入到公司的财产”,[①]除非是对公司财务享有控制权的控股股东。其他股东的抽逃资本行为成功与否,取决于是否能够得到公司财产实际掌管者,如董事长、总经理或其他财务管理人员的许可或支持。因此,抽逃出资罪的行为主体应该修正为公司、股东和其他直接责任人员。

在对传统“资本三罪”进行重新解读并提出修正性的保留建议之外,我们还应该充分认识到新的注册资本缴纳制度必然会催生新的突破制度规范行为模式,如“违法分配利润”和“出资诈骗”,当这些行为严重侵害公司、债权人或其他股东的利益时也应该实施必要的刑事处罚。

“在所有者权益的完整框架下,基于公司向股东输送利益所依附的不同资金来源,可以区分为‘抽逃出资/返还资本’与‘分配’”,[②]其中的“分配”又包括“合法分配”和“违法分配”。通常意义的“违法分配利润”,是公司未按法律规定提留法定公积金或未能弥补亏损而分配利润,或采取其他无对价方式非法转移公司财产,如编造虚假财务报告、虚增利润对股东实行股息分配或借助各种交易形式向股东输送利益。虽然公司所作的“违法分配利润”行为可能没有违反“资本不变”和“资本维持”原则,没有减损公司的注册资本,也不具备抽逃出资罪的构成要件,但是其行为违反了法律规定的利润分配规则,减损了公司资产信用,本质上影响了公司积累和债务清偿实力,其行为的违法性在足够严重时也应该对其进行刑事立法。“违法分配利润”作为一种新的资本犯罪,可作如下法律界定:“公司违反法律规定向股东分配利润,或者股东违反法律规定从公司无偿取得经济利益,或者股东在实际缴纳注册资本之前,按约分配利润,然后无法或不按注册资本认缴合同缴纳注册资本的行为或交易,数额较大或情

① 王彦明:《公司资本犯罪刑法规制的有限性即其抗制——兼论刑法与公司法关系之协调》,载《吉林大学社会科学学报》2003年第6期。

② 刘燕:《重构“禁止抽逃出资”规则的公司法理基础》,载《中国法学》2015年第4期。

节严重者。”此定义包含以下几个关键要素：一是时间发生在公司成立后的利润分配之时；二是其行为和责任主体包括公司董事、相关股东和其他实际决策者；三是其行为违反《公司法》《会计法》和其他法律规定的公司利润分配规则。

除“违法分配利润”外，注册资本认缴制下另一种最为常见的资本违法行为是，拟出资股东基于各种原因和目的认缴无实际履行能力的出资或自我设定“长期限”的注册资本缴纳期。所以“出资欺诈罪”的界定为，股东认缴额度超越其实际缴纳能力或者其自始就无实际履行缴纳义务的意愿，或者设置不打算实际履行的缴纳期限，并且存在情节严重、数额巨大或者给其他股东、公司和债权人造成较大损失者，应该承担刑事法律责任。“出资欺诈罪”主要包括以下几方面要素：(1)出资欺诈行为发生在公司设立或公司增资时，后果则显现在缴纳期限到达之日或之前。(2)出资欺诈的行为方式包括认缴超越自己履行能力的出资，或者设定与公司经营不相符合的缴纳期限；或者缴纳期限到达之后，故意不缴纳所认缴的出资。(3)出资欺诈数额较大，或者因其欺诈行为导致公司、其他股东或债权人产生较大损失。

四、结　　语

“在风险社会中，我们应当尊重公司的财产权利，强调公司财产权利保障的重要性，防范公司资产风险。”①我国公司资本制度改革的出发点是，为了追求公司制度给社会带来的效益，相信公司和股东的智慧和自律自治能力，“扩大了自治空间，赋予了公司和股东更大的自治权，强化了契约在公司中的作用”。② 但是，这种过度使用契约方式表达公司效率优先的积极功能在我国公司相关法律制度缺失环境下，其

① 刘斌、雷兴虎：《现代公司法总则的功能变迁与体系发展》，载《法学评论》2014年第3期。

② 同上。

契约功能的发挥面临着一系列的困境。因为,当立法者片面或过分追求公司注册资本的合约解释时,公司资本的消极功能就会被放大,股东有限责任和债权人风险自负平衡开始被打破,公司资本和资产就会丧失其设计价值和风险抵御能力。

我国《公司法》宣告退出传统的资本管制领域,不应该是对资本行为不加约束,更不是消除公司法中的资本痕迹,而是把此问题交由破产法、欺诈转移法、甚至商业实践自己解决。"美国加州公司法一方面废除无实质意义的法定资本或声明资本概念,另一方面借助债务合同、会计实务来修正资本维持原则,对公司施加资本充足率要求,给债权人提供了他们心目中法定资本制应提供的保护。"①因此,我们应该深刻认识到,对法定资本的革命并不是简单地"抛弃法定资本"概念,对"注册资本认缴"不加约束,而是在选择注册资本认缴制时,围绕《公司法》《会计法》《合同法》和《破产法》以及其他相关规则作出相应的制度性变革,并对严重违反资本制度行为实施必要的刑事制裁。我国注册资本认缴制改革,并不表明"虚报注册资本、虚假出资和抽逃出资"的行为就此消失或不需要刑法规制。因为在任何时候,只要有资本制度,就会有严重违反资本制度事件发生,即存在资本犯罪。民事责任是资本违法行为的事后弥补,而行政责任的震慑力尚不足以遏制人们的资本违法冲动。因此,在缺乏诚信、商业欺诈行为普遍的经济环境下,仍有必要保持适度的资本违法刑事处罚规则,只有这样才能真正保障经济主体遵守资本法律制度。但不可否认的是,在肯定刑法保护资本制度的必要性的同时,我们应该认识到传统的"资本三罪"是注册资本实缴制下的产物,其中的罪状或内涵已不完全适用认缴背景下的资本犯罪,应该在立法上进行修改和补充,如更改某些犯罪要件,设立新的罪名,使其更适应于新形势下的资本犯罪特征。

---

① 刘燕:《公司资本制度改革的逻辑与路径——基于商业实践视角的观察》,载《法学研究》2014年第5期。

The Pattern of Capital Crime and Reconstruction of Criminal Law under the Background of Subscription Capital System

Wu Wenyong & Zhang Yin

[**内容摘要**]注册资本认缴作为一种商事行为,行为主体遵守规制与反规制博弈将客观存在。在缺乏诚信、商业欺诈行为普遍的经济环境下,仍有必要保持适度的注册资本违法刑事处罚规则,只有这样才能真正保障经济主体遵守注册资本法律制度,保护公司债权人利益。但在肯定刑法保护注册资本制度的必要性时,应该认识到传统"资本三罪"中的罪状描述和内涵已不完全适用认缴背景下的资本犯罪现实,应该进行适应性修改和补充,如更改某些犯罪判断标准,设立新的罪名,使其符合新形势下的注册资本犯罪特征。

[**关键词**]缴纳规则;资本真实;守法博弈;罪状修改

Abstract: As registered capital subscription is a commercial behavior, adherence to regulation and anti-regulation games will be objective for the behavior subjects. In the economic environment where absence of integrity and commercial fraud is in the general, it is necessary to maintain a moderate criminal rules for registered capital crime to ensure the economic subject observe the registered capital system and protect the interests of the creditors of the company. While affirming the need for criminal law to protect the registered capital system, we should be recognized that the crime description and connotation of traditional capital three crimes are not fully applicable to the reality of capital crime, it is necessary to reconstruct the criminal law, such as changing some of the criteria for criminal judgments, the establishment of new charges, making it in line with the new situation under the registered capital crime characteristics.

Keywords: Capital contribution rules; The principle of real capital; Law-abiding game; Modification of accusation

论侵犯公民个人信息罪的证明困难及推定的适用

刘广三[*]　吴玥悦[**]

目　　次

随着信息化社会的日益发展,信息在个人生活和社会管理活动中发挥着越来越重要的作用,信息资源的收集和利用成为占有社会财富的重要手段,侵犯公民个人信息犯罪呈现出愈演愈烈的趋势,不仅犯罪主体、犯罪手段、犯罪对象多样化,更出现了以侵犯公民个人信息为手段的上下游犯罪,与电信网络诈骗、敲诈勒索、绑架等犯罪紧密结合,严重侵犯公民人身权利,危及社会秩序的稳定。鉴于此,2015 年《刑法修正案(九)》在《刑法修正案(七)》增设出售、非法提供公民个人信息罪和非法获取公民个人信息罪的基础上进一步完善,扩大了犯罪主体范围,增加了利用工作便利加重处罚情节,加重法定刑。2017 年6 月1 日起施行的最高人民法院、最高人民检察院《关于办理侵犯公民个人信

* 北京师范大学刑事法律科学研究院证据法研究所所长,教授,法学博士,博士生导师。

** 北京师范大学刑事法律科学研究院博士研究生。

息刑事案件适用法律若干问题的解释》(以下简称《解释》)继续贯彻了从严惩治侵犯公民个人信息犯罪的刑事政策,体现在从实体法上进一步明确犯罪构成要件,从程序法上明确排除"情节特别严重"的犯罪人适用从宽制度,为了解决实务中困扰已久的海量信息数量计算问题,将事实推定规定为法律推定,明确规定"对批量公民个人信息的条数,根据查获的数量直接认定,但是有证据证明信息不真实或者重复的除外"。

一、司法实践中侵犯公民个人信息罪的证明困难

从2009年《刑法修正案(七)》增设侵犯公民个人信息的相关罪名以来,①对公民信息的刑事法保护一直以建立和完善实体立法为重心展开,力图通过在犯罪构成要件层面清晰界定侵犯公民个人信息犯罪的认定标准,达到打击此类犯罪的目的。然而在司法实践中,国家对侵犯公民个人信息犯罪行为的追诉却并不理想。通过对中国裁判文书网2009年2月28日至2017年6月1日期间涉及侵犯公民个人信息犯罪的一审案件进行检索,全国仅有582起案件,这个数据不仅与国家对严惩公民个人信息犯罪的政策相矛盾,更不符合现实生活中作为被害人的公民个人信息被泄露的普遍经历。刑事实体法的精细和完备是个人信息刑事法保护的一方面,而更重要的是具体刑事诉讼程序中如何实现实体法的适用。侵犯公民个人信息犯罪在司法实践中难以追究刑事责任的主要原因是证明困难,这是源于信息技术发展而产生的证据缺乏,而能否解决证明困难是决定是否"这是一场已经失败的战斗"②的关键。

① 《刑法修正案(七)》增设"出售、非法提供公民个人信息罪"和"非法获取公民个人信息罪",《刑法修正案(九)》将其整合为"侵犯公民个人信息罪",本文统一使用"侵犯公民个人信息罪",不再进行区分。

② [德]乌尔里希·齐白:《全球风险社会与信息社会中的刑法》,周遵友等译,中国法制出版社2012年版,第306页。

(一)个人信息获取手段"非法"的证明困难

根据我国《刑法》第253条之一的规定,侵犯公民个人信息罪包括三个行为类型:一是违反国家有关规定,向他人出售或者提供公民个人信息;二是违反国家有关规定,将在履行职责或者提供服务过程中的公民个人信息出售或者提供给他人;三是窃取或者以其他方法非法获取公民个人信息。其中前两种是描述提供信息的罪状,后一种是对取得信息的非法性描述,而鉴于"窃取"的常见性,在法条中予以明示属于注意规范。前两种以违反国家有关规定为前提,在实践中是否违反了国家有关规定往往不存在证明困难,只要有关规定是明确的,而在《网络安全法》颁布实施以前,实践中也并没有国家有关规定的立法存在。证明困难主要发生在后一种"非法获取"的情况,它是从肯定角度进行的违法阻却事由强调,即如果被告能对获取手段的合法性进行成功抗辩,则不能认定为犯罪。反过来讲,"非法获取"公民个人信息罪状的关键在于证明获取手段的非法性,手段非法是侵犯公民个人信息罪犯罪构成要件的客观方面,是核心的待证事实。根据我国《刑事诉讼法》第49条规定,检察院应当承担被告人有罪的举证责任,而刑事诉讼的无罪推定原则要求控方应当以排除合理怀疑的证明标准承担证明被告人有罪的证明责任,否则控方将要承担败诉的风险。但是因为"网络交易的便捷性和低风险性使其成为罪犯获取公民个人信息的首选方式",①从技术层面讲,网络交易的瞬时性、超空间性、关联信息的放射性导致了获取手段非法性的取证困难;从证明的角度来讲,司法实践确实中存在"非法获取"手段证明困难时的认定模糊问题。

司法实践中的"非法获取"证明困难主要有以下两种情形:一种情况是查获的公民个人信息来源不明。实体法上明确规定了非法获取的公民个人信息来源主要有:购买、窃取以及其他非法方法。但司法实践

---

① 庄晓晶等:《非法获取公民个人信息犯罪区域性实证分析》,载《人民检察》2011年第9期。

中更棘手的问题是无法判断信息来源，大量信息交易或交换通过网络进行，提供者以虚拟身份存在，侦查机关往往仅能查到 QQ 号码，并且“大多非法获取的公民个人信息案件中的信息都是几经转手或者直接购买于网络，犯罪嫌疑人也不知道信息最初的来源”。[①] 根据我国《刑事诉讼法》第 53 条关于定罪证明标准的要求，信息来源无法查明，很难讲达到了“证据确实、充分”的标准。在刑事实体法上，明确规定降低证明责任的是巨额财产来源不明罪，通过运用法律推定的证明技术，降低控方对巨额财产来源的证明难度。但是，在立法没有明确侵犯公民个人信息罪的信息来源可以适用法律推定的背景下，如何解决实践中的定罪困难是学理上必须回答的问题。另一种情况是控方有证据证明个人信息（如特定数据包）是被告非法手段获取，但被告提出抗辩，称侦查机关查获的个人信息中，有部分是通过合法手段取得，例如，从网络搜索、正常工作渠道取得等违法阻却事由。此时法官应当如何裁量？被告的抗辩需要达到何种证明程度？例如，在杨某非法获取公民个人信息罪案件中，“杨某上诉称：一审判决认定杨某非法获取公民个人信息 260 万条证据不足，该 260 万条中有……160 万条系杨某通过正常的工作渠道获得”。[②] 二审法院驳回了此项上诉意见，认为“杨某上诉称部分车主信息系通过合法渠道获得但无法提供相应的证据或线索”。本案中，法官认为在控方完成对数据包非法获取的举证责任前提下，被告应当对其合法获取的抗辩承担证明责任，并且履行相当的提供证据义务；但是从理论上讲控方应当对每条信息的非法获取手段承担证明责任，这种概括证明方式事实上减轻了控方证明责任，而加重了被告的抗辩负担。

另外，在加重情节的证明中也存在证明困难的问题。根据我国

---

① 庄晓晶等：《非法获取公民个人信息犯罪区域性实证分析》，载《人民检察》2011 年第 9 期。

② 《杨某、周某犯非法获取公民个人信息罪二审刑事裁定书》，载中国裁判文书网：http://wenshu.court.gov.cn/content/content?DocID=7243752d-d26d-4da4-97bafe909e0d01a6&KeyWord=2015 浙温刑终字第 800 号，最后访问日期：2017 年 6 月 6 日。

《刑法》第253条之一第2款的规定,在履行职责或提供服务过程中获得的公民个人信息出售或者提供给他人的,从重处罚。加重情节的证明责任由控方承担,并且应当达到排除合理怀疑的证明标准,才算完成对加重情节的证明。在实践中往往存在这样的情况,对于查获的公民个人信息,控方无法确定其中部分的来源是否属于在履行职责或提供服务过程中获得。对于控方的指控,辩方也可能提出其中部分信息是网络购买获取并非被告人履职或提供服务过程中获得的抗辩。对于无法确定获取来源的部分信息,法官应当怎样裁判?被告的抗辩是否需要提出证据证明?如果需要,应当达到何种程度?

(二)个人信息有效数量的证明困难

涉及海量证据是侵犯公民个人信息犯罪的特点之一,实际案例中涉及的个人信息数量几万到几千万甚至上亿条不等,实体法中将"情节严重"作为罪与非罪的界限,司法实践中涉案信息的有效数量是判断情节严重与否的重要因素,从刑事诉讼证明责任的分配原则讲,信息的有效数量是控方必须证明的犯罪构成要件。但在实践中,因为涉案信息往往数量巨大,不论是重复信息的剔除还是虚假信息的核实,都存在海量证据的核实困难。

重复信息的产生主要有两方面原因,一是客观上存在同一信息指向主体重复登记或者订单拆分统计的情况;二是主观上个人信息的交易或者交换过程中故意复制信息,达到增加信息条数的目的。而"从司法鉴定的角度讲,目前尚没有一种鉴定方法能够有效剔除重复信息"①。是否能够剔除重复信息是个技术问题,或许随着信息技术的发展会迎刃而解,这里需要讨论的是在重复信息剔除证明困难的情况下,法官如何裁量。在张某等侵犯公民个人信息罪案件中,上诉人张某上诉提出:"原判认定从其使用的个人电脑中勘验出含有公民个人信息

① 潘度文、林维等:《如何认定侵犯公民个人信息犯罪》,载《人民检察》2012年第16期。

的数据9800万余条不准确,其电脑里面的数据百分之九十是重复的,要求重新勘验,"[①]二审驳回其诉求并认为:"有公安机关依法制作的勘验笔录、张某使用的个人电脑、U盘等证据证实,勘验笔录客观反映了从张某使用的作案工具中所勘验出包含有公民个人信息的所有数据条数,足以认定。张某的该上诉理由不能成立。"[②]二审裁判隐含的逻辑是:所有数据条数等于所有有效数据条数;而在理论上,这种将查获的信息条数直接推论为有效信息条数的做法,并不符合事实情况。

虚假信息的核实并剔除是确定信息有效数量的另一大难题。例如,在涉及个人通信信息的证据中,存在大量空号、无法接通的信息,要对几千万个电话一一拨打并核实是一项几乎不可能完成的任务,如果说可以通过自动拨打电话等技术解决的话,其他更加复杂的信息,例如,住址、订单、银行征信等信息也无法通过技术自动核实。实践中基本以抽样筛查并推定全部信息为真的方式核实,但是抽样的样本数量、种类、方式,推定全样本为真的最低比例等都缺乏科学规定。在推定为有效信息的前提下,被告抗辩其中有无效信息,是否要求被告对每一条无效信息进行证明,被告对抗辩是否也可以适用盖然性的技术推定无效信息?在齐某非法获取公民个人信息罪案中,上诉人齐某提出涉案信息中存在空号或者信息不实的情况导致原判量刑过重的上诉请求,二审法官确认了无效信息存在的事实,但认为并不影响量刑,予以驳回。[③] 问题的关键是有效信息的数量,而不是有效与否,侵犯公民个人信息犯罪以"情节严重"为入罪标准,其实是数额犯,如果无效信息大量存在,那么就会影响量刑,甚至定罪,但是二审法官实际上回避了无效信息到底有多少这个重要的待证事实问题。

---

① 《胡某甲、张某等犯侵犯公民个人信息罪二审刑事裁定书》,载中国裁判文书网:http://wenshu.court.gov.cn/content/content? DocID = f2cfbdce - 9458 - 476a - bb01 - 5dc304384b4e&KeyWord = 2016鄂96刑终81号,最后访问日期:2017年6月7日。

② 同上。

③ 参见《齐×非法获取公民个人信息罪二审刑事判决书》,载中国裁判文书网:http://wenshu.court.gov.cn/content/content? DocID = 867a3467 - 2cb6 - 42f5 - acb2 - edea4a3357b0&KeyWord = 2014一中刑终字第2200号,最后访问日期:2017年6月7日。

(三)《刑法修正案(七)》实施之后获取的个人信息证明困难

根据刑法溯及力的从旧兼从轻原则,《刑法修正案(七)》施行之后发生的侵犯公民个人信息犯罪行为才会追究刑事责任。在实践中,查清实行行为是否发生在 2009 年 2 月 28 日之后往往存在困难,“犯罪事件的确定只能依靠行为人的供述,造成行为人对犯罪时间的供述能够左右案件处理结果的窘境”。① 而实践中存在的另一个极端是法官自由裁量犯罪时间,并直接作出不利于被告的推论。在李某非法获取公民个人信息罪案件中,②李某上诉称其所持有的绝大部分公民个人信息是在《刑法修正案(七)》增设非法获取公民个人信息罪之前获取的,不应作为定罪量刑的依据。二审驳回的理由是原审判决认定李某犯罪时间为 2013 年 3 月至 8 月间,且查获的移动硬盘中存有大量《刑法修正案(七)》增设非法获取公民个人信息罪之后的公民个人信息。其实二审法官回避了查获的移动硬盘中上诉人抗辩部分信息取得时间的证明问题,直接将查获信息的取得时间推定为《刑法修正案(七)》实施之后。客观的问题是技术上一一区分数据获得的时间有难度,那么是否意味着法官就可以直接推定为应受刑法处罚?被告的抗辩需要提出证据证明吗?如需要应当达到何种证明程度?

二、证明困难的解决方式

解决证明困难是证据法的核心,其目的不是要更准确地查明事实,

---

① 庄晓晶等:《非法获取公民个人信息犯罪区域性实证分析》,载《人民检察》2011 年第 9 期。

② 参见《李×非法获取公民个人信息罪上诉二审刑事裁定书》,载中国裁判文书网:http://wenshu.court.gov.cn/content/content? DocID = fb47a296 - 9c17 - 4107 - 85b8 - 87a03a06dc65&KeyWord = 2014 二中刑终字第 93 号,最后访问日期:2017 年 6 月 7 日。

而是使法官可以做出具有相当可接受性的判决。为了解决证明困难，证据法提供了以下解决方法：一是放宽证据资格，证据资格是证据材料成为案件处理根据的前提条件，不符合证据资格要求的证据材料不可以作为定案的根据。但是通过在一定条件下放宽证据资格，可以使原本没有证据资格的证据材料也可以作为定案依据，从而解决证明困难。《美国联邦证据规则》第404条明确规定品格证据禁止使用，但是“在杀人案中，公诉人可以提供所称被害人具有平和品格特性的证据，以反驳所称被害人是首先挑起事端者的证据”。[①] 二是转换证明对象，也就是法律推定的适用。例如，在主观要件的证明较为困难的情况下，通过法律推定将对主观的证明转换为对客观的证明，只要对客观的证明满足了证明标准的要求，则视为对主观的证明责任完成。例如，《办理毒品犯罪案件适用法律若干问题的意见》中，将“体内藏匿毒品的”作为推定走私、贩卖、运输、非法持有毒品主观故意中“应当知道”的基础事实，相对主观的“明知”，客观的体内藏毒更加容易证明，从而降低了针对“明知”的证明困难。三是证明责任的倒置。通过由法律提前分配结果责任的承担者，以解决当待证事实真伪不明时，谁来承担不利后果，从而终结证明困难的状态。刑事诉讼中证明犯罪成立的证明责任由控方承担，例外情况下倒置证明责任，从而减轻控方证明困难。例如，我国台湾地区“刑法”中诽谤罪对于伪事实的证明，明确规定由被告承担。我国台湾地区“刑法”第310条规定：“对于所诽谤之事，能证明其为真实者，不罚。”四是合理设置证明标准。在大陆法系国家，主张犯罪成立的要件证明责任由控方承担并应当达到“内心确信”的证明标准，违法阻却事由和有责阻却事由的证明责任由被告承担，在无罪推定和被告证明弱势的背景下，被告仅需以达到“优势证明”的证明标准即可卸除证明责任。但是在某些特定犯罪的特定事项证明上，采用降低控方证明标准的方式，解决控方证明困难。降低证明标准的方法在立法中鲜有明确规定，而主要通过在实践中法官的自由裁量来达到

---

① 王进喜：《美国〈联邦证据规则〉(2011年重塑版)条解》，中国法制出版社2012年版，第77页。

客观上降低证明标准的效果。

以上四种解决证明困难的方法必须是由法律预先加以规定的,通过法律提供标准,从而减少法官的认定责任,这是解决证明困难正当性和合法性的保障。事实上,证明困难在每一个案件中都不同程度地发生,通常情况下通过证明责任分配机制来解决真伪不明时谁来承担不利后果问题;在刑事诉讼中,则是由控方对犯罪成立的要件事实承担客观证明责任,也就是说,如果犯罪成立的要件事实出现真伪不明的情况,若没有特别规定,法官应当裁定控方承担败诉结果。但是,基于刑事政策以及证明便利等因素,在某些特定的犯罪认定中,打破这种常规,减轻控方证明难度,达到追究犯罪的目的。在刑事诉讼中,解决证明困难,其实是解决控方证明犯罪成立的困难,无论采用上述哪种方法,客观上的效果都是减轻控方证明难度,增加被告被定罪的风险,其实质是增加被告抗辩的负担。

三、《解释》解决证明困难的方式和不足

(一)《解释》对法律推定的运用

一项法律推定的创设一般基于以下理由:一是证明的便利。“就像基于公正分配证明责任一样,一些推定的创设目的是纠正由于一方当事人更容易证明而引起的不平衡。”①证明便利的理由在民事诉讼中使用得更加广泛,比如若某待证事实由一方当事人独知时,该当事人负有证明责任。但是在刑事诉讼中,鉴于控辩双方的力量对比悬殊,为了保证审判公正,证明便利的使用受到严格的限制。二是对盖然性的估计。证据法学家麦考密克认为创设推定理由中最重要的是盖然性因素,田口守一也认为推定的前提事实与推定事实之间必须存在“一般

① 约翰 · W. 斯特龙主编:《麦考密克论证据》(第 5 版),汤维建等译,中国政法大学出版社 2004 年版,第 663 页。

的合理的密切关系”。[①] 建立在经验法则基础上的盖然性推定是推定设立的逻辑前提,立法者认为基础事实的证明很可能得出推定事实的存在,可以说,很难找到一项法律推定是以小概率事件为基础的,从这个意义上可以讲盖然性因素最为重要。盖然性理由不仅可以为推定提供合理性根据,并且可以产生节约司法成本的实际效果。三是刑事政策的需求。刑事诉讼中的推定设立最主要的动因是刑事政策。无论是证明便利还是对盖然性的估计,都只是为法律推定提供合理性基础,而真正将一项间接证明转变为法律推定的力量是刑事政策。刑事政策推动力的大小不仅决定是否创设一项法律推定,还直接影响法律推定的效果。“在某种情况下,政策是这样,其只能引起一个标准化的推论、一个能使案件移送到陪审团,但并不能得到有利的指示裁决的法律规则。在另一种情况下,政策是强有力的足以获得有利的指示裁决,因而,把提供证据责任转移到反对的当事人。但是其不够强大不能再分配说服责任。在其他情况下,政策是强有力的足以再分配说服责任。”[②]在我国的刑事诉讼中,“只要稍加分析就不难看出,刑法适用推定规范的案件,往往都是我国近年来一直强调严厉惩治的犯罪案件”。[③]

《解释》中对批量信息有效的法律推定设立的决定性原因是刑事政策。首先,从证明便利角度来说,被告并不比检察官享有更加便利的证明优势,除了被告自己明知的部分,对于批量数据中哪些数据是无效信息的证明,被告除了逐条验证,并不拥有比检察官更加便利的证明方法,特别是非法获取的批量信息有效性的证明,获取者本人并不知道提供者对哪些信息进行了故意复制或者故意捏造。其次,从盖然性的角度讲,从批量信息到批量有效信息,中间并不具备高度盖然性,不仅因为数千万甚至上亿条个人信息的交换过程中发生错误的概率很高;而且个人信息随时在变化,之前的信息随时可能成为无效信息;并且出于盈利目的,现实中确实存在信息提供者故意复制和提供虚假信息的情

① [日]田口守一:《刑事诉讼法》,刘迪等译,法律出版社 2000 年版,第 29 页。
② 同上书,第 672 页。
③ 陈瑞华:《论刑事法中的推定》,载《法学》2015 年第 5 期。

况。相反,甚至可以说从批量信息推定出批量信息一定存在无效信息有更高的盖然性。所以,无论是《解释》对有效信息条数的法律推定,还是学者们将法律推定作为解决其他证明困难的热捧,都取决于当前严厉打击侵犯公民个人信息犯罪的政策,以及保护公民个人信息安全,维护社会和谐稳定的目的。

《解释》第11条第3款规定:"对批量公民个人信息的条数,根据查获的数量直接认定,但是有证据证明信息不真实或者重复的除外。"此款规定是针对实践中个人信息有效数量的证明困难制定的,通过法律推定的技术方式,降低控方证明难度,为实践中有效信息的证明责任由被告承担提供法律依据。《解释》采用了上述四种解决证明困难方法的法律推定方法,通过转移证明对象,从批量有效信息到批量信息,跳过了每条信息的有效性证明,达到降低证明难度的目的。通过司法解释的方式明确信息有效性的可反驳推定将产生以下效果:一是控方一旦完成对批量信息条数的举证,则推定完成对批量信息有效条数的举证,不再需要对逐条信息的有效性进行举证;二是区别于事实推定,法律推定从批量信息到批量信息有效的推定过程不需要经验法则说理,可以直接从基础事实得出推定事实;三是信息的无效抗辩,被告应当承担至少主观的证明责任,也就是证据提供责任。《解释》施行之后,同样的案件,例如,张某等侵犯公民个人信息罪案件,法官可以直接适用法律推定,而不需要进行事实推定的说理过程。《解释》通过将事实推定规定为法律推定的方式,解决了实践中信息数量有效性的证明困难问题,减轻控方举证责任,体现了严厉惩治侵犯公民个人信息犯罪的刑事政策。

(二)《解释》尚未解决的问题以及新的证明困难

《解释》侧重从实体法的角度解决侵犯公民个人信息犯罪的法律规定模糊问题,通过明确"公民个人信息"的范围,明确非法提供、获取公民个人信息的行为方式,明确侵犯公民个人信息罪的定罪量刑标准等实体法规定,力图提高法条的可操作性。然而,实体法的精细并不能解决法律适用的问题,上文论述的个人信息获取手段"非法"的证明困难以及《刑法修正案(七)》实施之后获取的个人信息证明困难,《解释》中并没有作出回应,而这类问题在实践中还会持续存在。有观点认为上述证明困难只涉及取证的技术性问题,“对于司法实践层面上所存在的信息获取时间、信息来源、信息数量以及真实性等问题,其根源在于取证的困难,司法机关应加强和相关部门的配合,以保证证据的调取与核实”。① 这种观点的逻辑前提是认为证明困难的证明责任应当由控方承担,只要控方加强与有关部门的配合,就能取得有足够证明力的证据,也就不会产生真伪不明的证明困难的问题,然而这种观点未免有些乌托邦。证明责任分配的主要功能,就是解决法官穷尽一切查证手段之后,如果事实仍旧处于真伪不明状态,由谁承担败诉责任的问题。鉴于人类认识的有限性,无论取证手段如何进步,真伪不明的状态是证据法永远面临的问题。有观点提出,“侵犯公民信息犯罪中信息来源合法性的证明责任应该分配给被告方,即由被告证明自己获取信息的合法性”。② 这种观点主张通过法律推定的方式,直接将获取手段的非法性的证明责任倒置给被告,其主要理由是“侵犯个人信息犯罪的专业性、行业性较强”“控方很难查明究竟是从哪一个渠道获得”,③ 然而,这种因为控方取证困难就直接将证明责任倒置给被告的观点有违背无罪推定之嫌。更普遍的观点是在最广泛意义上使用“推定”一词,主张“可以在判断非法获取公民个人信息罪的手段非法性上,运用司法推定的证明方法”。④ 这种观点认为,如果行为人抗辩是通过网络合法搜集的个人信息,“结合我国国情”,行为人不可能合法获得,所以推定其是非法获得。下文将对刑事推定的含义和分类进行详细讨论,从而证明这种观点所谓的“推定”其实不是推定,而只是在司法证明过

① 庄晓晶等:《非法获取公民个人信息犯罪区域性实证分析》,载《人民检察》2011年第9期。

② 马荣、胡忠慧:《大数据时代个人信息刑事法保护问题研究》,载《宁夏党校学报》(第17卷)第1期。

③ 同上。

④ 付强:《非法获取公民个人信息罪的认定》,载《国家检察官学院学报》(第22卷)第2期。

程中最普通且常见的间接证明。所以,这种观点实际上并没有为解决侵犯公民个人信息犯罪的证明困难提供特别的方法。

《解释》第 5 条增加"情节严重"的情形之一:"知道或应当知道他人利用公民个人信息实施犯罪,向其出售或提供的。"这是基于公民个人信息的用途不同对权利人的侵害程度也有差异,被用于犯罪的个人信息危害程度高于一般盈利等用途的考虑,所以将"明知将用于犯罪"规定为"情节严重"的情形之一。事实上,主观要件中"明知"的证明是实务中的一大难题,目前主要通过司法解释的方式,对发生在毒品犯罪、走私犯罪、盗抢机动车犯罪、盗伐或者滥伐林木犯罪及销售假冒注册商标商品的犯罪案件中的"明知",进行法律推定,从而达到降低控方证明难度的效果。例如,最高人民法院、最高人民检察院 2004 年颁布《关于办理侵犯知识产权刑事案件具体应用法律若干问题的解释》第 9 条第 2 款,列举了四种具体行为,只要符合其中情形之一的,则应当认定为"明知"所销售的是假冒注册商标的商品。2007 年最高人民法院、最高人民检察院、公安部颁布《办理毒品犯罪案件适用法律若干问题的意见》针对走私、贩卖、运输、非法持有毒品主观故意中的"明知"认定困难,明确列举了八种行为方式,只要符合其中情形之一,并且不能做出合理解释的,可以认定其"应当知道"。上述司法解释都是在严厉打击相关犯罪的刑事政策背景下出台的,将事实推定规定为法律推定,减少经验法则的论证过程,为司法实践的定罪量刑提供更易操作的标准。结合当前对侵犯公民个人信息犯罪的严厉打击刑事政策,《解释》增加主观"明知"他人利用公民个人信息实施犯罪的情形入罪,也体现了严厉惩治、有效防范侵犯公民个人信息犯罪的政策目的,但是《解释》没有一并将"明知"的证明困难问题一并解决,势必会引发实践中的认定混乱。一方面是严厉惩治的刑事政策,另一方面却没有明确的法律推定规定,可能会导致当司法实践中通过事实推论难以达到相当的证明标准时,为了达到追究刑责的目的,法官自由裁量降低控方证明标准,甚至转移证明责任,侵犯被告人合法诉讼权利的问题。

四、侵犯公民个人信息罪中法律推定的司法适用及其界限

针对侵犯公民个人信息犯罪的证明困难,其解决方式不论是司法解释的明确规定,还是理论上专家学者对推定的大力提倡,都将法律推定视为解决证明困难的灵丹妙药。法律推定的创设和适用应当在厘清推定概念的基础上,对法律推定的创设心有所畏,而在法律推定的具体司法适用中,应当以基础事实与推定事实存在合理关联性为前提,并考虑被告出罪的可能性,以保护人权为界限防止国家权力的过度。

(一)法律推定与间接证明的司法适用界限

鉴于学术上和实践中对“推定”一词的混淆和乱用,本文使用“法律推定”以强调推定的法定属性,区别于事实推定。但法律推定一词本身是画蛇添足,因为“所谓法律上推定及事实上推定,亦系误用借自大陆法系之术语。所谓事实上推定,仅为逻辑上之推论(或推理),为免混淆起见,亦不应称为推定。严格言之,真正之推定,只有一种,即法律上之推定是已”。[①] 推定特指法律推定,事实推定其实是一种推论。“事实推定的逻辑结构与间接证据证明的逻辑结构完全一致,事实推定在推定中并没有独立存在的空间。所谓事实推定实际上就是间接证据证明。”[②]相对于直接证明的稀缺性,在案件的认定过程中间接证明更广泛地存在,法官在认定间接事实的基础上,结合经验法则自由心证,从而得出推论事实,这是间接证明的逻辑过程。所以认为在解决公民个人信息取得手段的非法性上,“结合我国国情”推定“其是非法获得”中所谓的“司法推定”并不是推定,而只是间接证明方法而已。

区别法律推定和间接证明的意义在于:首先,二者适用的限制不

---

① 李学灯:《证据法比较研究》,五南图书出版股份有限公司 1992 年版,第 249 页。

② 卞建林等:《从逻辑到法律:推定改变了什么》,载《南京大学法律评论》2009 年(春季卷)。

同。在自由心证证据制度体系下,为了限制法官权力,防止法官滥用心证,通过证明标准以及判决说理来制约间接证明的适用,对于没有达到证明标准的间接证明(以及直接证明),该主张不能成立。其次,二者适用错误的法律后果不同。使用间接证明方法引起的错误属于事实认定错误,其救济适用我国《刑事诉讼法》第 225 条第 1 款第 3 项的规定,①可能引发重新审判的救济程序。而法律推定的适用错误属于法律适用错误,其救济适用我国《刑事诉讼法》第 225 条第 1 款第 2 项的规定,②产生二审法院直接改判的效果。最后,二者的适用前提不同。在司法实践中混淆法律推定和间接证明将会直接冲击无罪推定原则。法律推定是作为一种常规证明过程(包括直接证明和间接证明)的例外出现的,首先必须经过立法者的慎重利益权衡,其次必须以法定为前提,如果将其与间接证明相混淆,则会造成法官随意推定的后果,“要么就是法定的证明责任分配被随意改变,要么就是证明尺度被降级”。③ “如果法官可以根据案件情况随意地改变证明责任分配要求,降低证明标准,那么‘无罪推定’就会荡然无存。”④

根据当前的法律和司法解释,只有《解释》对批量信息的有效性作了明确的法律推定,规定“根据查获的数量直接认定”。个人信息获取手段“非法”,以及《刑法修正案(七)》实施之后获取的个人信息的证明困难问题,并没有法律推定的相关规定。所以,在司法实践中,法官不可直接推定信息是“非法”取得,或者直接推定犯罪行为发生时间为《刑法修正案(七)》实施之后。控方运用间接证明的方法证明案件事实,必须达到“排除合理怀疑”的证明标准,并且每一个定案证据应当“均经法定程序查证属实”。

---

① 《中华人民共和国刑事诉讼法》第 225 条第 1 款第 3 项规定:“原判决事实不清楚或者证据不足的,可以在查清事实后改判;也可以裁定撤销原判,发回原审人民法院重新审判。”

② 《中华人民共和国刑事诉讼法》第 225 条第 1 款第 2 项规定:“原判决认定事实没有错误,但适用法律有错误,或者量刑不当的,应当改判。”

③ [德]普维庭:《现代证明责任问题》,吴越译,法律出版社 2006 年版,第 85 页。

④ 龙宗智:《推定的界限及适用》,载《法学研究》2008 年第 1 期。

(二)法律推定的立法创设界限

一项法律推定的创设可以产生转移主观证明责任的效果,也可以重新分配客观证明责任。在刑事诉讼中,法律推定的创设应当遵循必要的界限,否则以无罪推定为基石的现代刑事诉讼大厦就会轰然倒塌,被告人的人权保障将无从谈起。鉴于在应对侵犯公民个人信息犯罪案件的证明困难问题上,实务和理论界对推定的大力推崇,有必要强调法律推定创设的界限,防患于未然。①

一是法律推定应当以基础事实与推定事实之间存在合理关联性为界限。根据法官在认定基础事实的前提下对推定事实的成立是否享有自由裁量权,可以将推定分为许可性推定和强制性推定。美国联邦最高法院在 1979 年的 *County Court of Ulster County* v. *Allen* 一案中②,确立了许可性推定的合宪性规则。麦考密克认为,"如果考虑案件中的所有证据,在控诉方证明的基础事实与推定的基本事实之间有合理的联系,后者极有可能产生于前者,那么,在宪法上,这项任意性推定是可以接受的"。③ 也就是说,一项许可性的法规推定应当建立在一定程度的关联性基础上,尽管法律对于"合理"的含义难以界定,但是推论应当以不得违背经验法则和伦理法则为限。在强制性推定中,至少会转

① 有学者专门就我国刑事法及其司法解释中的 44 项推定进行了研究,并将司法推定和立法推定进行区别,认为司法推定不能创设不可反驳的法律推定。参见劳东燕:《认真对待刑事推定》,载《法学研究》2007 年第 2 期。

② 该案的基本事实是:警察拦截一辆汽车,车里有三位成年人和一位 16 岁少女,警察在少女手提包内搜查到两只大口径手枪,三名成年人被控方以非法拥有枪支罪起诉。法官根据纽约州刑法规定:"存在车内的枪支,是共同乘车人所非法持有的推定证据",告知陪审团"陪审团可以推论认定该禁止持有的枪支是被查获时共同乘车的所有人所持有"。联邦最高法院以五比四裁决,该推定并没有违反被告正当法律程序的推定,因为首先这是一个任意性推定,其次陪审团依据枪支存在车内的事实,可以合理推论出枪支系车内人所有,这样的推定可以认为是合宪的。参见 442 U. S 140(1979)。

③ 约翰·W. 斯特龙主编:《麦考密克论证据》(第 5 版),汤维建等译,中国政法大学出版社 2004 年版,第 682 页。

移证据提供责任,那么就应当以许可性推定同样的方式进行合理关联性的审查。如果被告没有提出反证,则基础事实应当达到排除合理怀疑的证明标准,否则该推定不具有正当性。所以,麦考密克提出:“刑事推定法则合宪性之最佳保证应为基础事实必须确实,且推定事实可由该确实的基础事实衍生出来。”①

二是不可创设涉及犯罪成立构成要件并产生转移说服责任的推定。不论是按照罗森贝克法律要件分类说②的证明责任分配规则,还是根据无罪推定原则,或是“谁主张,谁举证”的证明责任分配规则,③都认为由控方承担犯罪成立要件的说服责任是毋庸置疑的。一项推定,不论是许可性推定还是强制性推定,都不能突破不能让被告承担犯罪成立的说服责任的界限。在美国,“在转移说服责任之强制推定情形,如所强制推定之事实系犯罪构成要件者,一般皆以违反‘检方就每一犯罪构成要件应负证明至合理怀疑存在’的宪法原则为由,判定此种强制推定违宪”。④ 而许可性推定“也不分配这些事实的说服责任给被告”。⑤

另外,有学者还提出应当从证明对象的范围和犯罪类型的角度对法律推定的创设提出限制,认为“刑事推定的适用对象一般应限于主

---

① Charles T. McCormick, *Evidence*, p. 598. 转引自林辉煌:《刑事审判之证明负担及证明程度》,元照出版有限公司 2011 年版,第 152 页。

② 罗森贝克在对实体规范进行分类的基础上,提出了权利成立构要件、权利妨碍要件、权利消灭要件、权利排除要件。并提出主张相应要件存在的人,应当就该要件事实承担结果责任。参见[德]莱奥 · 罗森贝克:《证明责任论》(第 4 版),庄敬华译,中国法制出版社 2002 年版。

③ 有学者提出“谁主张,谁举证”同样也适用于刑事诉讼,并提出“‘谁主张,谁举证’原则完全可以作为刑事证明责任分配的一项基本原则……既可以解释犯罪构成要件的证明责任问题,也可以解释阻却事由的证明责任问题”。参见刘广三主编:《刑事证据法学》(第 2 版),中国人民大学出版社 2015 年版,第 272 页。

④ 林辉煌:《刑事审判之证明负担及证明程度》,元照出版有限公司 2011 年版,第 150 页。

⑤ 约翰 · W. 斯特龙主编:《麦考密克论证据》(第 5 版),汤维建等译,中国政法大学出版社 2004 年版,第 682 页。

观构成要素;在犯罪类型上则限于对公共利益具有重大危险的犯罪"。①

在刑事诉讼中,不利于被告人的法律推定会降低控方证明难度,增加被告人被定罪的风险。法律推定的创设和适用,不可突破国家权力和被告人权利保护的相对平衡,以及保障刑事诉讼公平正义的底线。所以,通过创设法律推定的方式解决侵犯公民个人信息犯罪案件的信息获取"非法性"和时效证明困难应当慎之又慎,因为严厉打击相关犯罪的刑事政策并不足以自证其正当性。应当以基础事实与推定事实存在合理关联性为前提,以不转移说服责任为底线。在违宪审查制度缺失的背景下,从立法上防止国家权力过度扩张不仅必要而且必需。

(三)《解释》中法律推定的司法适用限制

《解释》规定了对批量公民个人信息条数的有效性推定,虽然司法解释用"根据查获的数量直接认定"回避了是许可性推定还是强制性推定的定位,但是作为一项不利于被告人的推定,从法定原则的角度来讲,如果法律没有明确规定是强制性推定,则应当理解为许可性推定,因为强制性推定对被告更加不利,也正是基于此强制性推定在适用中才受到比许可性推定更为严格的限制。批量信息有效作为一项许可性推定,在司法实践的适用中应当注意以下问题:

一是法官认定应当以基础事实与推定事实存在合理关联性为前提。也就是说,并不是所有批量信息都可以直接推定为批量有效信息。《解释》并未对批量信息的查获情况进行区分,实际上在不同的情况下,批量信息和批量有效信息的关联性也不相同。例如,从批量信息查获来源是信息提供者还是获取者的关联性就不同。如果是从信息提供者特别是第一手提供者查获,可以推定被告知晓哪些信息无效哪些有效,从批量信息推定出批量有效信息,此时被告可以就自己知晓的内容提出反证,推翻推定效果。而如果是从非法购买者处查获的批量信息,

① 劳东燕:《认真对待刑事推定》,载《法学研究》2007 年第 2 期。

实践中更多是多次转手买卖的信息,其有效性的关联性则很低,前文已述,甚至这种情况下批量信息包含无效信息的推定更符合经验常识。这种情况下法官不可以适用推定的方式直接免去控方的证明义务,否则违背无罪推定,不具有正当性。再如,信息种类和收集时间不同也会对关联性产生影响。例如,三年前收集的公民个人通讯信息,在实践中很有可能发生变化,即便曾经有效的信息此时也非常有可能无效,直接从批量信息得出批量信息有效就缺乏合理的关联性基础。

二是应当为被告提供必要的出罪可能性。法律推定的适用中,"必须权衡无辜被告人成功出罪的可能性。如果无辜被告人提起反驳证据的难度很高,那么,即使基础事实与待证事实之间存在强大的合理联系,该推定的正当性也值得质疑"。①《解释》中批量信息有效的推定规定了"但是有证据证明信息不真实或者重复的除外"。此处是对该法律推定只转移提供证据责任的注意规定;但是被告要逐条证明信息的无效也是几乎不能实现的,除非是被告自己明知,否则被告并不比控方具有任何证明便利或技术优势。例如,非法购买个人信息的被告人,并不知道哪些信息是经过提供者复制、虚构,所以对于剔除批量信息中的无效信息,只能采取逐一验证的办法,上千万条的信息对于被告来说是无法完成的。更何况在我国的司法实践中,信息条数的证明通常采用鉴定的法定方法来进行,而被告自己是无权聘请鉴定机关私自鉴定的,只能申请重新鉴定,但是否启动重新鉴定,法官可以自由裁量。如此,凡是想要通过申请重新鉴定来证明信息无效的被告就陷入了无法自救的悖论中,除非能提供除了鉴定意见以外的证据。

三是应当强调被告对法律推定提出反驳的反证属性,达到能够动摇法官的临时心证即可。在刑事诉讼中,控方应当对犯罪构成要件的成立承担以达到排除合理怀疑为标准的说服责任,被告对犯罪违法性和有责性构成要件的成立承担以达到优势证明为标准的说服责任。批量信息有效性的推定是对犯罪构成要件的推定,本来应当由控方证明到排除合理怀疑的程度,被告不承担任何说服责任,甚至在具体提出证

---

① 劳东燕:《认真对待刑事推定》,载《法学研究》2007 年第 2 期。

据责任中，如果控方不能证明到排除合理怀疑的程度，则被告方不需要提出任何反证，即不需要履行任何提供证据的责任。在适用法律推定的过程中，当控方证明基础事实成立，法官认为推定事实成立的临时心证形成时，被告提出的反证仅需削弱控方证据的说服力，使其降低至排除合理怀疑的法定证明标准之下，动摇法官的临时心证即可，无须达到优势证明，即证明反证的事实存在比不存在更加可能，或者达到排除合理怀疑的程度。应当强调被告对法律推定提出反驳的反证属性，不能与本证相混淆，否则就提高了被告证明标准，加重了被告证明负担。所以对"但是有证据证明信息不真实或者重复的除外"的解读应当是，"但是被告有证据证明批量信息不排除存在无效的可能性"即可。

Difficulties in Proving the Crime of Infringing on Civil Personal Information and Application of Presumption

Liu Guangsan & Wu Yueyue

[**内容摘要**]侵犯公民个人信息罪存在个人信息获取手段"非法"的证明困难、信息有效数量的证明困难以及犯罪行为是否发生于《刑法修正案(七)》实施后的时效证明困难。2017 年 6 月 1 日起施行的关于侵犯公民个人信息犯罪的司法解释采取了将事实推定规定为法律推定的方式以应对上述证明困难，规定了批量信息有效的法律推定，但对其他两种证明困难未作回应，而新增的关于主观方面"明知"的规定极有可能产生新的证明困难。本文在厘清法律推定与事实推定概念区别的基础上，提出应当严格区分二者的界限，否则将危及无罪推定的根本原则；提出法律推定的立法创设应当以基础事实与推定事实之间存在合理关联性为界限，并且不可创设涉及犯罪成立构成要件并产生转移结果责任的推定；通过对司法解释中法律推定的司法适用具体情况进行分析，提出应当以合理关联性为前提，考虑被告必要的出罪可能性，且被告对法律推定提出的反证能够动摇法官的临时心证即可。

[**关键词**]侵犯公民个人信息罪；证明困难；法律推定

Abstract: To prove the crime of infringing on civil personal information facng difficulties, such as whether the means of personal information collection is "illegal", whether the volume of information collected is effective and whether such crime is committed after the enforcement of "Amendment to Criminal Law VII". From June 1st, 2017, the judicial interpretation of the crime of infrringing civil personal information have adopted the method of identifying presumption of fact as a legal presumption in order to cope with the difficulties above. It provided a legal presumption of the effectiveness of batch information. However, it didn't give response to the other two difficulties in proving. The newly added "clearly-know" stipulations of subjectivity are likely to bring some new difficulties in proving. The paper, on the basis of making clear distinction between legal presumption and actual presumption, proposes a strict limit to discriminate the two concepts. By doing so, it can save a lot of trouble of breaking primary principles of innocence presumption. The paper suggests that the creation of legislation shall be based on the limit of rational relevance between basic fact and presumed fact, yet shall not be presumptions regarding constituents of the establishment of a crime and transferring final responsibility for results. Through analyzing the judicial application situation of legal presumption in judicial interpretation, the paper proposes an expedient that, determination shall be based on reasonable relevance, while considering necessary possibility of defendant's decriminalization, and the disproof opinions against legal presumptions are required just be able to influence judge's temporary confirmation.

Keywords: Crime of infringing on civil personal information; Difficulty in proving; Legal presumption

论侵犯公民个人信息罪的法益

陈梦寻*

目　　次

2009年《刑法修正案(七)》新增了第253条之一,设置了出售、非法提供公民个人信息罪与非法获取公民个人信息罪;2015年《刑法修正案(九)》修订了第253条之一,将犯罪主体从特殊主体扩大至一般主体,同时将“违反国家规定”修改为“违反国家有关规定”,并统称为侵犯公民个人信息罪。然而,自刑法新增侵犯公民个人信息犯罪以来,对于本罪保护的法益一直聚讼不止,《刑法修正案(九)》颁布以后,再次掀起了探讨本罪法益的热潮。侵犯公民个人信息罪的法益引发学界争论,一方面源于近年来侵犯公民个人信息的违法犯罪活动持续高发,并呈现出新的态势,涉案公民个人信息的数量往往极大;另一方面源于前置法中个人信息保护规定的欠缺,对公民个人信息的法律属性与法

* 中国人民大学刑法学博士研究生。

律地位尚未达成共识,此时讨论本罪法益必然存在诸多见解。有鉴于法益对构成要件的解释具有重要指导作用,法益侵害是违法性的实质,法益是对侵犯公民个人信息行为进行定性的关键因素。本文认为有必要对本罪的法益进行深入探究,形成一致认识来指导司法实践。

一、关于侵害公民个人信息罪法益的探讨

刑法理论对法益有两种划分方法。一是将法益分为个人法益、社会法益和国家法益;二是将法益分为个人法益和超个人法益(或称"集体法益"),社会法益与国家法益都归入超个人法益。个人法益与集体法益的关系一直是法益论的重要问题,对此,学界存在"一元论"与"二元论"两种不同观点。"一元论"以个人为出发点,将集体法益作为个人法益的下位概念,认为集体法益是个人法益的量的集合;"二元论"则把个人法益与集体法益视为质量不同的两个种类,集体法益具有独立于个人法益的地位。[①] 然而,无论是个人法益还是集体法益,都是"人"的法益,"一元论"和"二元论"之争只在于功能面向,法益中"不只有服务于人类个体的个人法益,也有服务于社会生活中之全体个人的集体法益,两者对个人各有功能,不是这个为了那个而设"。[②] 基于个人法益—集体法益的框架,本文对侵犯公民个人信息罪法益进行梳理。

(一)个人法益说

1. 一般人格权说

有观点认为,本罪的立法宗旨在保护公民权益,所以"情节严重"

---

① 参见杨萌:《德国刑法学中法益概念的内涵及其评价》,载《暨南学报》(哲学社会科学版)2012年第6期;王永茜:《论集体法益的刑法保护》,载《环球法律评论》2013年第4期。

② 参见钟宏彬:《法益理论的宪法基础》,元照出版有限公司2012年版,第249页。

应当以公民权益的受害程度作为判断标准。[①] 还有观点认为,本罪保护的法益应为人格尊严和个人自由,“侵犯个人信息罪填补了我国个人信息刑法保护的空白,为公民个人隐私、人格尊严与个人自由提供了更加有力的保护,体现了国家对人权的重视与保障”。[②] 该类观点主张本罪的保护法益是公民的个人权益,但是具体保护何种权益没有明示,故称其为一般人格权说。“公民权益”与“人格尊严和个人自由”的表述高度抽象模糊,不免让人猜测论者试图用笼统的上位概念概括本罪法益,以回避对本罪保护法益的细致探讨。

2. 具体人格权说

(1)隐私权说

“非法获取公民个人信息罪强调通过打击非法取得涉及公民隐私性信息的行为,实现对公民人身权、财产权、隐私权的保护……可以确定该罪的法益就在于公民人身权利,具体而言是‘公民的人格尊严和隐私权’……对于那些根本就无法体现公民隐私性的信息,就不应当列为犯罪对象。”[③]有论者进一步指出,“非法获取公民个人信息罪侵犯的是公民个人信息的秘密性,即公民个人信息秘密的存在状态,非经公民个人的允许与授权,他人不得随意处置,认定相关事实行为是否属于‘情节严重’时,应当以公民个人信息秘密性被侵犯的程度为评价核心”。[④] 该类观点认为公民个人信息应当是隐私信息或秘密信息,隐私权才是本罪的保护法益,这种认识在实务判决中也有较为明显的表现(见表1)。

---

① 参见张磊:《司法实践中侵犯公民个人信息犯罪的疑难问题及其对策》,载《当代法学》2011 年第 1 期。

② 参见高福平、王文祥:《出售或提供公民个人信息入罪的边界——以侵犯公民个人信息罪所保护的法益为视角》,载《政治与法律》2017 年第 2 期。

③ 参见付强:《非法获取公民个人信息罪的认定》,载《国家检察官学院学报》2014 年第 2 期。

④ 参见庄晓晶、林洁、白磊:《非法获取公民个人信息犯罪区域性实证分析》,载《人民检察》2011 年第 9 期。

表 1　侵犯公民个人信息罪案例

序号	案号	案情	判决理由
1	(2017)鲁 1324 刑初 150 号	非法买卖公民的户籍信息、车辆信息等	“其行为侵犯了公民的隐私权”
2	(2016)沪 0230 刑初 351 号	非法购买个人信息,用于教育培训推广	“为保护公民的隐私权不受侵犯”
3	(2016)内 0402 刑初 396 号	利用黑客软件窃取个人信息并出售(法院未提及信息内容,辩护人称仅有姓名、电话)	“行为侵犯了公民的隐私权”
4	(2014)青刑初字第 1448 号	非法购买个人信息(某公司客户联系电话),冒充该公司客服推销产品	“保护公民的隐私权不受侵犯”
5	(2017)陕 0113 刑初 7 号	非法获取、提供业主信息(姓名、电话、房屋面积等),用于增加房源获取佣金	“保障公民个人信息权利不受侵害”
6	(2017)闽 0524 刑初 97 号	非法买卖公民个人信息	“保护公民个人信息权利不受侵犯”
7	(2016)闽 0624 刑初 209 号	非法买卖个人行踪轨迹(手机定位)信息	“其行为侵犯了公民个人信息权”
8	(2016)琼 9003 刑初 150 号	甲非法获取公民的机票订购信息(姓名、身份证号码、航班号、始发地和目的地、手机号码等)并出售给乙,乙出售给丙	“侵犯了公民的个人信息权”

(2)个人信息权说

①个人信息自由与安全

该观点认为出售、非法提供公民个人信息罪与非法获取公民个人信息罪的犯罪客体都是公民个人的信息自由和安全,[1]公民个人的信息自由和安全指的是公民自由支配其个人信息,不容他人侵犯的权利。[2] 相似的观点认为,侵犯公民个人信息罪的犯罪客体是公民个人的信息安全。[3]

②个人信息权

早在《刑法修正案(七)》新增第253条之一时,有学者即提出,《刑法修正案(七)》第7条第1、2款规定的行为都侵犯了公民的个人信息权,无须规定两个罪名,以"侵犯个人信息权罪"合称即可。[4]《刑法修正案(九)》出台后,有学者在构建侵犯公民个人信息罪定罪标准时也明确指出,本罪的犯罪客体是公民的个人信息权。[5] 近年来,有观点认为,刑法对于公民个人信息的保护,应当从隐私权模式转向以个人信息权为基础的保护模式。如此,既能容纳越来越多的个人信息类型,又能为将来公民个人信息的合理利用提供潜在的理论基础,还能兼顾公民个人信息的人格属性与财产属性。[6] 从表1中也能看出,以公民个人信息权利为本罪保护法益的认识在司法判决中也有一定的体现。

个人信息自由与安全说与个人信息权说实际上可归为一类。个人信息安全与自由是指公民自由支配个人信息并且不容他人侵犯的权利;个人信息权是指本人依法对个人信息所享有的支配、控制并排除他

① 参见赵秉志:《公民个人信息刑法保护问题研究》,载《华东政法大学学报》2014年第1期。

② 参见赵秉志主编:《刑法修正案最新理解适用》,中国法制出版社2009年版,第119页。

③ 参见谢望原、赫兴旺主编:《刑法分论》(第3版),中国人民大学出版社2016年版,第240页。

④ 参见刘宪权、方晋晔:《个人信息权刑法保护的立法及完善》,载《华东政法大学学报》2009年第3期。

⑤ 参见林哲骏:《侵犯公民个人信息罪定罪标准研究——以"个人信息"和"情节严重"认定标准构建为视角》,载《尊重司法规律与刑事法律适用研究(下)——全国法院第27届学术讨论会获奖论文集》。

⑥ 参见于志刚:《"公民个人信息"的权利属性与刑法保护思路》,载《浙江社会科学》2017年第10期。

人侵害的权利,[①]二者均强调对个人信息的支配控制与排除妨害。考虑到在《民法》等前置法领域中,对个人信息权的讨论逐渐深入并呈现出体系化的趋势,本文认为个人信息权的表述更加简洁、规范,因此以个人信息权说概括这两类观点。

(二)集体法益说

1. “公权(益)关联主体”对公民个人信息的保有

在《刑法修正案(七)》的背景下,有学者认为,侵犯公民个人信息犯罪的主要保护法益既非“公民个人的信息自由和安全”或者“个人隐私”,亦非公民用以对抗公权的“宪法隐私权”,而是“公权(益)关联主体”对公民个人信息的保有。“公权(益)关联主体”在向社会提供各种服务过程中收集的大量公民个人信息不仅属于相关单位,也是国家或社会整体占有的某种“战略性资源”,事关国家和社会整体的公共利益,公民个人信息一旦从这些渠道泄露最终将损害公权主体及公权(益)主体的形象和公信力。因此,动用刑法是顺理成章的。[②] 该观点强调公民个人信息对国家与社会的重要意义,倾向于从国家利益和社会利益的角度解读本罪法益,忽视了对个人法益的应有关注。

2. 公共信息安全

该观点主张确立侵犯公民个人信息罪法益的公共性,认为在大数据环境下,个人信息关联的法益呈现出公共化、多样化态势,将侵犯公民个人信息罪规定在《刑法》第四章“侵犯公民人身权利、民主权利罪”中略有不妥。侵犯公民个人信息犯罪的法益不是公民个人的人身权利,而是公共信息安全,只有侵犯多数公民的个人信息及对公共信息安全造成侵害或危险时,才有必要通过刑事手段加以保护。对于利用公

---

① 参见齐爱民:《论个人信息的法律保护》,载《苏州大学学报》(哲学社会科学版)2005 年第 2 期。

② 参见赵军:《侵犯公民个人信息犯罪法益研究——兼析〈刑法修正案(七)〉的相关争议问题》,载《江西财经大学学报》2011 年第 2 期。

民个人信息对个人人身、财产法益或其他重大法益进行侵害的行为，只需作为下游犯罪的一个情节加以考虑，不需要单独处罚。[①] 这一观点基于立法论而不是解释论的视角对现有侵犯公民个人信息罪的规定进行了批判，虽然承认了个人信息首先和个人法益相关，但是，只有公共信息安全才具有刑法上的法益重要性和法益保护紧迫性。

（三）双重法益说

公民个人信息是个人法益且具有超个人法益属性。"'公民个人信息'确实是公民个人法益的一种，但是，仅仅作如此理解还远远不够，我们不能忽视公民个人信息'超个人法益'的属性及其对犯罪构成要件的意义"。《刑法》第253条之一使用"公民"概念的潜在意义即说明"公民个人信息"具有超个人法益的属性，本罪的立法宗旨与侵犯公民个人信息犯罪的现实状况也表明了"公民个人信息"的超个人法益属性，"公民个人隐私是侵犯公民个人信息犯罪直接侵害的对象，而对公民的人身、财产造成的严重威胁只能在间接的、可能的意义上理解，并不是说侵犯公民个人信息的犯罪行为直接侵害了公民人身、财产权利"。[②] 有观点进一步指出，公民个人信息"不仅包含个人法益范畴的内容，也应当融入大数据时代之下国家的、社会的个人信息，这就是'公民个人信息'的双重法益属性：个人法益和超个人法益"。[③] 如果说前者是含糊其词地承认了侵犯公民个人信息罪法益的双重属性，那么后者则是直截了当地承认了本罪法益的双重属性。

本文认为，《刑法》第253条之一规定的侵犯公民个人信息罪保护的法益只能是公民的个人法益，而且是公民的个人信息权，隐私权保护

---

① 参见皮勇、王肃之：《大数据环境下侵犯个人信息犯罪的法益和危害行为问题》，载《海南大学学报》（人文社会科学版）2017年第5期。

② 参见曲新久：《论侵犯公民个人信息犯罪的超个人法益属性》，载《人民检察》2015年第11期。

③ 参见李谦：《侵犯公民个人信息罪的法解释学释义》，载《北京邮电大学学报》（社会科学版）2017年第1期。

模式在中国法律传统中难以实现对公民个人信息的周全保护,集体法益说与双重法益说则不符合《刑法》的基本原理,不宜采纳。

二、侵犯公民个人信息罪保护的不是集体利益

“公权(益)主体对公民个人信息的保有”不宜作为本罪的法益。侵犯公民个人信息罪位于《刑法》第四章“侵犯公民人身权利、民主权利罪”中,这决定了本罪保护的是个人法益,不是集体法益,同类法益对具体个罪法益的限制应当是强效力的。“对具体犯罪直接客体内容的确定,离不开该罪所属类罪的同类客体要件的内容,具体犯罪的直接客体要件内容不得超出同类客体的内容,否则,《刑法》就不会将该罪规定在这一章中”。[①] 以遗弃罪为例,1979 年《刑法》将遗弃罪规定在第七章“妨害婚姻、家庭罪”第 183 条中,1997 年《刑法》修订时,将遗弃罪挪至第四章“侵犯公民人身权利、民主权利罪”中,虽然理论界和实务界就本罪的法益曾展开激烈争论,但是,从现在看来,通说认为,非家庭成员之间的遗弃也应当按照《刑法》第 261 条遗弃罪定罪处罚。[②] 先前,遗弃罪明确保护公民在婚姻家庭中的受抚养权利,因在罪名体系中的位置变动,最终保护的法益发生了实质性变更,成为保护公民生命、健康权利的规定。与之相比,侵犯公民个人信息犯罪自增设以来,就位于《刑法》第四章之中,尚不受沿革解释对体系解释之束缚,更应认可其保护个人法益之属性。将侵犯公民个人信息犯罪保护的法益界定为“公权(益)主体对公民个人信息的保有”的观点,过度关注社会利益与国家利益,过度重视公权主体的形象与公信力,而完全忽视了类罪法益对个罪法益的约束。除此之外,公民个人信息与个人高度相关,能否认为公民个人信

---

① 参见苏彩霞:《遗弃罪之新诠释》,载《法律科学》2001 年第 1 期。

② 参见张明楷:《刑法学》(第 5 版),法律出版社 2016 年版,第 865 ~ 866 页;马改然、梁云宝:《比较视域下我国遗弃罪刑罚的缺陷及完善》,载《湖北社会科学》2013 年第 9 期;吴学斌:《现行刑法体系下遗弃罪内涵的重新建构》,载《河北法学》2006 年第 9 期;苏彩霞:《遗弃罪之新诠释》,载《法律科学》2001 年第 1 期。

息属于相关单位？公民个人信息到底是信息主体（公民个人）所有，还是处理公民个人信息的相关单位所有？学界对此尚无定论。

公共信息安全说将多数人的信息安全等同于公共信息安全，认为公共信息安全由个人信息安全聚合而成，这与集体法益的基本特征不符。“可以诠释为个人法益者，就不得假设为集体法益。”[①]集体法益具有共有性和不可分性，共有性指所有人都能使用集体法益，不可分性即事实上或者规范上不可能将集体法益进行划分并按份分给个人。[②] 集体法益不可分配这一命题来源于“个人先于集体”这个宪法命题，如果某个法益能够明确归给个人享有，便不得假设其为集体法益，据此，集体法益的形式要件必然有一项是无法归属或分配给个人。[③] 主张侵犯公民个人信息犯罪保护法益应为公共信息安全的论者认为，“公共信息安全主要包括两类：一类是某一公共领域与公共范围重要信息的安全，如某一族人群的基因图谱；另一类是个人信息安全聚合而成的公共信息安全”，大量侵犯公民个人信息的行为实质上侵犯了公共信息安全，即多数人的信息安全。[④] 应当说，公共信息安全若是作为一项集体法益，首先必须具备不可分的基本要求，个人信息安全聚合而成的公共信息安全，也就能再次拆分为具体个人的信息安全，涉案信息数量巨大并不等于受害法益一定是集体法益，受害法益依然能够分解对应到具体的信息主体。集体法益要获得正当性除了不可拆分外，还必须具备公共性，即能为社会潜在的任何成员所利用，在侵犯公民个人信息行为发生时，被侵犯的法益对应的是固定主体，未对不特定社会成员的利益造成危险。

如果从立法论的角度探讨侵犯公民个人信息所可能侵害的集体法

---

① 参见钟宏彬：《法益理论的宪法基础》，元照出版有限公司 2012 年版，第 315 页。

② 参见杨萌：《德国刑法学中法益概念的内涵及其评价》，载《暨南学报》（哲学社会科学版）2012 年第 6 期。

③ 参见钟宏彬：《法益理论的宪法基础》，元照出版有限公司 2012 年版，第 252 ~ 253 页。

④ 参见王肃之：《网络犯罪法益的公共化与刑法回应路径探析》，载《北京邮电大学学报》（社会科学版）2017 年第 2 期。

益,本文认为,与其将之概括为公共信息安全,倒不如抽象为国家对公民个人信息的管理秩序,即以社会全体成员对公民个人信息保护制度的信赖为法益。“制度是一套彼此相关的规范之体系,将人类在社会中所扮演的角色,以及对此角色的行为期待予以定型化,订为规范,要求任何人只要担任此角色就必须符合期待……对制度的信赖是制度运作的重要基础。信赖意味着把生活一部分的风险交由特定角色(受信者)去应付与决策,授信人可以减轻负担,专心在较小范围的事项上,把这部分事情做得更好。”①随着信息科技的推进,个人信息的保护已经获得各国法律的关注,如何在数据保护与数据流通之间进行平衡,域内外都正在积极地进行制度探索。如果将来社会就个人信息保护发展出一套完整的规范体系,确定了社会成员在收集、使用、提供、披露公民个人信息时的行为期待,而社会又必须依靠对这种制度体系的信赖完成社会分工,那时将大量侵犯公民个人信息的行为规定为破坏国家对公民个人信息的管理秩序的犯罪将是可行的。

侵犯公民个人信息的行为既可能是对特定信息主体享有的个人信息权的严重侵害,例如,行为人以特定个人为目标,收集其身份信息、财产信息、行踪轨迹信息、通讯记录、健康生理等个人信息予以出售,也可能是对数量众多的信息主体的个人信息权的一般侵害,例如,行为人一次出售以“姓名+联系方式+地址”为组合的公民个人信息10万条。实践中,后种情形是侵犯公民个人信息犯罪的主要形态。以民法理论解读,这种侵害公民个人信息的情况,可称为“分散损害”或者“大规模的微型损害”,“分散损害”的特征是单个受害者遭受的损失十分微小,甚至达不到最低损害标准,但是,所有个人的损害总量相当可观,分散损害面临请求权价值微小与诉讼成本高昂的矛盾,因而,受害者从理性上怠于行使该权利。② 侵犯众多主体公民个人信息的行为造成了一种集合性的大规模损害,就单个受害人而言,损害是微小的,受害人往往

① 参见钟宏彬:《法益理论的宪法基础》,元照出版有限公司2012年版,第261页。

② 参见[德]瓦格纳:《损害赔偿法的未来:商业化、惩罚性赔偿、集体性损害》,王程芳译,中国法制出版社2012年版,第178页。

不愿意请求行为人承担责任，但就整体侵权规模而言，损害却是巨大的。因此，需要国家作为代理人去保护公民的权利。①

三、侵犯公民个人信息罪保护的不是双重法益

双重法益说认为，公民个人信息确实是个人法益的一种，但是不能忽视其超个人法益属性，并给出两点支撑理由：一是公民个人信息之“公民”征表个人信息的超个人法益属性；二是立法材料与部门规范性文件中的表述说明了公民个人信息的超个人法益属性。② 本文认为，这两点理由都是站不住脚的。首先，按照《宪法》，公民仅指具有我国国籍的人，但是长期以来，我国法律中混用“公民”和“自然人”两个概念，最为典型的就是1986年《民法通则》将第二章规定为“公民（自然人）”，与第三章法人相对应。《刑法》第四章章名“侵犯公民人身权利、民主权利”也未在严格意义上使用“公民”二字，中国境内外国人和无国籍人的生命健康等权利依然受刑法保护。对于侵犯公民个人信息罪中公民个人信息中的“公民”，学界也作等同于自然人的理解。该观点依照如此混乱的公民概念，认为“公民”具有总称意义和中国意蕴，说明公民个人信息的超个人法益属性，难以令人信服。其次，论者认为，《刑法修正案（七）》的草案说明——“近年来，泄露公民个人信息的情况时有发生，对公民的人身、财产和隐私造成严重威胁，这类侵犯公民权益情节严重的行为，应当追究刑事责任”，表明隐私是犯罪直接被侵害，公民的人身、财产只是间接被侵害，而这在模糊的意义上表明了公民个人信息的超个人法益属性，随后论者又引用《关于依法惩处侵害公民个人信息犯罪活动的通知》中的内容加以佐证，但并未作任何阐释。毫无疑问，隐私权就是公民的一项人身权利，论者承认本罪对个人

① 参见王利明：《论个人信息权的法律保护——以个人信息权与隐私权的界分为中心》，载《现代法学》2013年第4期。

② 参见曲新久：《论侵犯公民个人信息犯罪的超个人法益属性》，载《人民检察》2015年第11期。

隐私的直接侵害,也就承认了本罪对公民人身权利的直接侵害,但是又否定本罪对公民人身、财产的直接侵害,前后矛盾。从论者给出的理由,难以得出公民个人信息具有超个人的法益属性。

更为关键的是,双重法益说将极大地限缩本罪的处罚范围。根据具体犯罪侵害的法益个数,刑法理论将法益分为单一法益和复合法益。单一法益即某一犯罪仅侵害一种具体法益,复合法益即某一犯罪侵害两种以上的具体法益。而根据具体法益在决定犯罪性质中的作用,复合法益又有如下划分:主要法益,复合法益中刑法重点保护并为具体犯罪较为严重侵害的法益,主要法益决定了该具体犯罪的性质,也是区分犯罪归类的重要依据;次要法益,复合法益中刑法非重点保护并为具体犯罪较轻侵害的法益,其既不决定犯罪性质,也不决定犯罪分类,但却是该罪成立必须具备的要素;随机法益,复合法益中刑法保护的可能为具体犯罪侵害的法益,随机法益既不能决定犯罪性质也不能决定犯罪分类,犯罪成立也与其无关,随机法益通常是适用加重犯罪构成的法定刑的重要依据。① 按照双重法益说,侵犯公民个人信息犯罪中个人法益是主要法益,超个人法益是次要法益,成立侵犯公民个人信息罪必须同时侵犯了二者,仅仅侵犯了公民个人权利,未对国家利益或者社会利益造成损害就不能成立本罪。这就导致即便公民个人信息遭受了极其严重的侵害,只要行为没有同时侵害集体利益,也不能成立侵犯公民个人信息罪。此外,双重法益并未解释公民个人信息的超个人法益属性具体是对哪种国家利益或者社会利益的侵害,泛泛而论,难言对个罪解释有所助益。

四、侵犯公民个人信息罪保护的是个人信息权

(一)隐私权难以实现公民个人信息的周全保护

个人信息与隐私二者紧密相关,在很大范围内,个人隐私同时也是

① 参见张小虎:《刑法学》,北京大学出版社2015年版,第105~106页。

公民个人信息,但是不能将二者等同,公民个人信息的范围远大于个人隐私。公民个人信息被定义为“以电子或者其他方式记录的能够单独或者与其他信息结合识别特定自然人身份或者反映特定自然人活动情况的各种信息”,其核心特征为信息能够识别特定自然人,不论该信息是否公开,也不论该信息是否具有隐私性或秘密性,只要信息能够识别个人即为公民个人信息。此外,公民个人信息的概念还包含了间接识别特定自然人的信息,这些信息尚未识别特定个人,但是可以结合其他信息完成识别,而个人隐私信息则是清楚明确地与个人直接相关。①

综观各国的个人信息保护模式,主要有隐私权保护模式与人格权保护模式,前者是美国模式,后者是德国模式。为什么美国可以采取隐私权保护模式,而德国和我国不能采取隐私权模式?原因在于美国法意义上的隐私权内容极广,其不仅具有消极、静态、阻碍他人获取与个人有关的信息等特性,还具备支配权的特性,具体包含了对个人信息是否被收集、储存、传播、修改等的决定权,按自身意志从事个人活动不受非法干涉的自由权,私有领域不受侵犯的权利;按自身意志利用个人信息满足自身需要的权利,此种意义上的隐私权承担了德国法中一般人格权的功能。② 但是在我国法律中,“隐私权是指自然人享有的私人生活安宁与私人信息秘密依法受到保护,不被他人非法侵扰、知悉、搜集、利用和公开的一种人格权”。③ “从我国法律发展的路径来看,是先规定了相当数量的具体人格权后,再应经济与社会的发展需要,将隐私权纳入具体人格权的范畴,给予全面保护。”④因此,我国法律中的隐私权概念相对狭窄,仅涉及生活安宁与私人秘密两个方面,是一项与生命权、健康权、姓名权、肖像权并列的具体人格权,无法发挥美国隐私权所

---

① See Orla Lynskey, Deconstructing Data Protection, the “added-value” of a Right to Data Protection in the EU Legal Order, *International and Comparative Law Quarterly*, Vol. 63, Issue 3, p. 583.

② 参见周汉华:《中华人民共和国个人信息保护法(专家建议稿)及立法研究报告》,法律出版社 2006 年版,第 48 ~ 49 页。

③ 张新宝:《隐私权的法律保护》(第 2 版),群众出版社 2004 年版,第 12 页。

④ 王利明:《隐私权概念的再界定》,载《法学家》2012 年第 1 期。

承担的类似于一般人格权所承担的功能。正如王利明教授所指出的,个人信息与隐私虽然存在关联,但就整体而言,个人信息的范畴远远超出隐私权的范畴,并且二者在权利属性、权利客体、权利内容和保护方式上存在诸多差别,应当将个人信息权单独规定,不能以隐私权替代个人信息权。[①] 石佳友教授也认为,以隐私来保护个人信息的局限性日益突出,信息本身具有越来越多的经济价值,信息保护的另一方面目的还在于促进信息流通,而这与隐私权不具有相关性。[②] 因此,在我国法律传统中隐私权概念的相对狭窄封闭,将个人信息作为"隐私"难以实现对个人信息的全面保护,个人信息不应当作为隐私权的客体予以保护。与此对应,隐私权也不应当成为刑法上侵犯公民个人信息罪的法益。

刑法学者倾向于认为侵犯公民个人信息罪保护的是与公民人身、财产权利密切相关的个人信息,对个人信息权是否能作为一项独立的权利并进而由刑法来保护持保守态度。本文认为,个人信息权是一项独立的权利,为我国《宪法》规定所包容,将其作为侵犯公民个人信息罪的法益,既符合确定法益的基本规则,又有利于实现法秩序内部个人信息保护的统一。接下来,本文将从民法视角、宪法视角、比较法视角、刑法视角依次检视个人信息权作为本罪保护法益的正当性。

(二)个人信息权为我国民法所确立

2017年3月15日《中华人民共和国民法总则》审议通过,个人信息权被正式确立为一项民事权利。我国《民法总则》第111条规定:自然人的个人信息受法律保护。任何组织和个人需要获取他人个人信息的,应当依法取得并确保信息安全,不得非法收集、使用、加工、传输个

---

① 参见王利明:《论个人信息权的法律保护——以个人信息权与隐私权的界分为中心》,载《现代法学》2013年第4期。

② 参见石佳友:《网络环境下的个人信息保护立法》,载《苏州大学学报》2012年第6期。

人信息，不得非法买卖、提供或者公开他人个人信息。立法者考虑到一段时间以来，出售、提供、非法获取个人信息的违法行为泛滥，个人信息权利是公民享有的一项重要权利，明确对个人信息的保护有利于保护公民的个人尊严，使公民免受非法侵扰。而早在个人信息权被《民法通则》确立为一项基本的民事权利之前，学界已经提出了个人信息权并对其展开深入研究，个人信息权体系已基本定型并且内容丰富。具言之，个人信息权是个人信息本人依法对其个人信息所享有的支配、控制并排除他人侵害的权利，包括：(1)信息决定权。即本人直接控制与支配个人信息，决定个人信息是否被收集、处理和利用以及在多大范围、以何种方式、何种目的被收集、处理和利用的权利。(2)信息保密权。即本人要求信息处理者保持其个人信息隐秘性的权利。(3)信息报酬请求权。即本人因其个人信息被商业性利用而请求信息处理主体支付对价的权利。(4)其他权利：信息查询权、信息更正权、信息封锁权、信息删除权。①

(三)个人信息权为我国宪法所包容

"人格尊严条款"是个人信息权的直接依据。我国《宪法》第38条规定："中华人民共和国公民的人格尊严不受侵犯。禁止用任何方法对公民进行侮辱、诽谤和诬告陷害。"人格尊严，是与人身有密切联系的名誉、姓名、肖像等不容侵犯的权利，是人格权的基础，是以人的价值为核心的权利体系。人格利益是衔接个人信息权与人格尊严的关键，个人信息在现代社会成为人格形成的重要方面，承载着丰富的人格利益，其与名誉、姓名、肖像、隐私等在维护人格尊严上具有同等作用。因此，个人信息权应当为人格尊严所包含。有观点认为，可以将"人格尊严"认定为一般人格权，成为涵盖一般人格法益的框架性权利，统率已经类型化和各种将要类型化的各项具体人格权，为新型的人格利益上升为正式权利形态提供空间，形成《宪法》上人格权调整模式的基本架

① 参见齐爱民：《论个人信息的法律保护》，载《苏州大学学报》2005年第2期。

构——“人格尊严(一般人格权)+某些具体人格权”。[①] 借鉴该种观点,人格尊严作为一般人格权,是个人信息权的上位概念,统率包含个人信息权在内的各项具体人格权。“人格尊严条款”成为保护人格法益的框架性规定,有足够空间将个人信息权容纳在内。

“人权条款”是个人信息权的补充依据。“国家尊重和保障人权”位于《宪法》第二章“公民基本权利和义务”的第 1 条。结构主义视野下,人权条款具有总括宪法具体权利和作为宪法基本原则的双重功能,“人权条款是宪法未列举权利的安身之所”。[②] 人权条款作为保障基本权利的概括性条款对列举的基本权利和未列举的基本权利均发挥一定的保障作用,但人权条款对于宪法未列举权利的保障只能是补充性的。例如,为了扩大基本权利保护范围,可以依照人权条款提炼现有条款中隐含的新的权利类型。人权是以人的尊严与自由为核心的价值体系,只要是维护人的尊严所必要的权利和自由都应该纳入国家的保护范围,人的尊严是宪法上未列举的基本权利的判断基础。[③] 个人信息权以人格尊严作为上位概念,对维护人的自由和发展具有重要价值,与人权保护的核心价值相契合,符合宪法上未列举的基本权利的判断标准,能够置于人权条款之下。

个人信息权在民事基本法领域的确立与其作为一项宪法未列举的基本权利并不冲突。有学者提出,个人信息权是一项独立的民事权利,保护的是类型化的私益,是一种新型的具体人格权。[④] 本文以为,个人信息权不仅仅是一种民事权利,更是宪法上未列举的一项公民基本权利。这涉及对人格权性质的理解,人格权究竟是仅具备宪法属性,还是同时具备宪法属性与民法属性?尹田教授认为,整个近代法律制度的

① 参见石毕凡:《作为基本权利的人格尊严及其规范意涵——以“卖淫女示众事件”为例》,载《现代法学》2008 年第 5 期。

② 参见张薇薇:《“人权条款”:宪法未列举权利的“安身之所”》,载《法学评论》2011 年第 1 期。

③ 参见胡锦光、韩大元:《中国宪法》,法律出版社 2016 年版,第 160 ~ 163 页。

④ 参见王利明:《论个人信息权在人格权法中的地位》,载《苏州大学学报》2012 年第 6 期。

基础和起点是自然人人格的普遍确认,人格权作为一种自然权利或者一种法定权利,根本不是来源于民法的授予,人格权的地位高于民事权利,民法的任务只是对其予以司法领域的保护。[①] 刘凯湘教授则主张人格权具有宪法权利与民事权利的双重属性,但更主要的是一种民事权利。《宪法》上规定了人格权不等于公民自动获得了司法领域的赋权,民事权利仍需民事基本法来赋权,可将其称为第二次赋权,民法典可以而且必须创设宪法中没有规定的人格权类型。因此,人格权是由宪法和民法共同创设。[②] 要寻找这一问题的答案,还需要回到宪法的基本权利理论中去。

基本权利具有双重性,即基本权利作为主观权利与客观价值秩序。前者是公民对抗国家的具体权利,后者是一种"价值秩序",构成立法机关建构各种国家制度,行政机关执行法律和司法机关解释法律的上位指导原则。作为客观价值秩序的基本权利,要求国家为基本权利的实现提供实质性的前提条件,国家的这种帮助和促进的义务被称为"保护义务",而其中最主要的就是立法机关的义务,即基本权利实现的各种前提条件应当由立法机关制定法律使之完备。[③] 因此,个人信息权作为宪法上未列举的基本权利,在客观价值秩序的意义上统率整体法秩序内的所有个人信息保护,作为主观权利的个人信息权使公民能够对抗国家权力活动,民事法领域对个人信息的保护是对作为客观价值秩序的个人信息权的细化规定,民事基本法对其予以二次确认,也即刘凯湘教授所称的"第二次赋权"。

(四)个人信息权为域外法律实践所承认

个人信息权作为一项基本权利在域外宪政实践中得到广泛认可。

---

① 参见尹田:《论人格权的本质——兼评我国民法草案关于人格权的规定》,载《法学研究》2003 年第 4 期。

② 参见刘凯湘:《人格权的宪法意义与民法表述》,载《社会科学战线》2012 年第 2 期。

③ 参见张翔:《基本权利的双重性质》,载《法学研究》2005 年第 3 期。

德国联邦宪法法院在 1983 年人口普查案判决中,以《德国基本法》第 1 条和第 2 条规定的人的尊严与人格权为宪法依据,通过一般人格权到自决权再到信息自决权的逻辑演绎,确立了信息自决权为德国基本法上的基本权利。美国的个人信息保护虽然从隐私权视角展开,联邦最高法院多以隐私权名义为个人信息提供保护,但是隐私权的实质内容已经从消极的不受干扰的权利转变为积极决定控制个人信息的权利。法国将该项权利称为个人资料保护权。法国宪法委员会以《法国宪法》第 66 条"人的自由"为根据,在通过宪法解释确认隐私权为宪法保障的基本权利的前提下,确立了个人资料保护权的基本权利地位。[①] 个人信息权应当作为一项基本权利受到宪法的保护在世界范围内已经成为趋势,这种趋势凸显了个人信息保护与人的自由发展的密切联系,也为个人信息权在我国作为一项宪法未列举的基本权利提供了佐证。

(五)个人信息权为我国刑法条文所容纳

法益必须与宪法相关。刑法的任务是保护法益,法益是根据宪法的基本原则,由法所保护的、客观上可能受到侵害或者威胁的人的生活利益,其中由刑法所保护的人的生活利益就是刑法上的法益。因此,刑法将何种法益作为自己的保护对象,必须符合宪法的原则,宪法要求刑法保护的法益,应当成为刑法上的法益。[②] 基本权利由主观权利向客观价值秩序的转变,使基本权利具有了客观价值的功能,形成了基本权利的价值体系,包括其制度性保障功能、组织与程序保障功能、基本权利的第三人效力功能以及保护义务功能,保护义务要求立法者通过设立刑法规范等,来制止国家以外的主体对公民基本权利的侵害,如侮辱罪、诽谤罪、盗窃罪等就是国家在履行保障公民人格尊严、财产权等基

---

① 参见姚岳绒:《论信息自决权作为一项基本权利在我国的证成》,载《政治与法律》2012 年第 4 期。

② 参见张明楷:《刑法分则的解释原理》(第 2 版),中国人民大学出版社 2011 年版,第 345 页。

本权利的义务。[①] 个人信息权作为一项宪法未列举的基本权利，其具有宪法要求刑法保护的客观价值功能，刑法应当予以保护，属于刑法上的法益。

透过结构主义视角，刑法的条文并非杂乱无章地散落在刑法典中，刑法分则的章罪名大体上明确了该章犯罪所保护的同类法益。侵犯公民个人信息罪是刑法的第253条之一，位于《刑法》分则第四章"侵犯公民人身权利、民主权利罪"中，因此，该罪所属类罪保护的法益应当是公民的人身权利和民主权利。具体到个罪保护的法益，犯罪通过侵害行为对象来侵害法益，行为对象本身体现法益，因而可以借助其对象特征来确定所保护的法益。[②]《刑法》第253条之一中，向他人出售、向他人提供、窃取、以其他方法非法获取的对象均是"公民个人信息"，除依国家有关规定，其收集与处理应当获得信息主体的同意或者授权，个人信息的非法流通严重破坏了主体对与自己人格利益密切相关的个人信息的控制与决定，侵犯了公民的人身权利。因此，本罪保护的法益应当是"个人信息权"。

刑法永远是国家对抗违法行为的最后一道防线。罗克辛教授认为，从属性原则与法益保护原则具有完全相同的地位，只有当较为轻缓的规制手段制裁力量不足之时，才能考虑动用刑罚。[③] 具体到个人信息保护领域，个人信息权是一项重要的法益，受到整体法的保护，行政法与民法等非刑事部门法中对个人信息保护的规定依照行为手段的类型具体设置，以《网络安全法》的规定为例，在第四章"网络信息安全"中，第41条规定，网络经营者不得收集与其提供的服务无关的个人信息；不得违反法律、行政法规的规定和双方的约定收集个人信息。第42条规定，网络运营者不得泄露、篡改、毁损其收集的个人信息；网络

---

① 参见张翔：《基本权利的体系思维》，载《清华法学》2012年第4期。

② 参见张明楷：《刑法分则的解释原理》(第2版)，中国人民大学出版社2011年版，第351页。

③ 参见[德]克劳斯·罗克辛：《对批判立法之法益概念的检视》，陈璇译，载《法学评论》2015年第1期。

运营者未经被收集者同意,不得向他人提供个人信息。第44条规定,任何个人和组织不得窃取或者以其他非法方式获取个人信息,不得非法出售或者非法向他人提供个人信息。第64条规定,违反以上条文规定,侵害个人信息依法得到保护权利的,给予行政处罚。刑法中的侵犯个人信息犯罪仅限于出售、提供、窃取或者以其他方法非法获取个人信息的行为,不包括不当收集、篡改、毁损个人信息的行为。但是在违法行为类型与犯罪行为类型一致的情形下,如何划定刑事法处罚的界限,则成为实现有效刑事处罚的重要问题,即何为出售、提供、窃取或以其他方法非法获取个人信息"情节严重"的行为。基于整体法的视角,"情节严重"的认定需要注意与前置法的合理衔接,并以对法益侵害的严重程度作为区分罪与非罪的重要标准。例如,《最高人民法院、最高人民检察院关于办理侵犯公民个人信息刑事案件适用法律若干问题的解释》第5条第1款第9项规定,曾因侵犯公民个人信息受过刑事处罚或者二年内受过行政处罚,又非法获取、出售或者提供公民个人信息的,应当认定为《刑法》第253条之一规定的"情节严重"。因侵犯公民个人信息受到行政处罚而又再次侵犯公民个人信息的行为,表明行政处罚的力度不足,需要刑事处罚加以支援。对个人信息权的保护在整体法秩序内部应当是和谐有序的,将个人信息权作为侵犯公民个人信息罪的法益,有利于与前置法中的相关规定良好衔接,实现法秩序的统一。

五、结　　论

不可否认,法律带有强烈的地域特色,总是与特定国家的政治体制与文化传统相关,但是经济发展的全球化要求建立共通的规则,以便利国际贸易的进行。2016年4月14日,欧洲议会投票通过了《一般数据保护条例》(以下简称《条例》),该条例将于2018年5月25日生效。根据《条例》第3条,全球范围内的任何一家企业,只要向欧盟内的个人提供商品或者服务并处理个人信息,都会落入《条例》的管辖范围。这意味着个人数据的法律保护已不再局限于一国之内或者区域之中,而是随着科技与国际贸易的发展上升为全球化的问题。综观域外的个人保护法案,不难发现个人信息权作为一项独立权利已经是一项共识。《英国1998年数据保护法》规定数据主体享有"个人数据访问权""对可能导致损害的处理的阻止权""对为直接营销而处理的阻止权"等权利。欧盟《一般数据保护条例》总则规定:"本法保护自然人的基本权利和自由,尤其是自然人的个人数据保护权。"分则规定:个人享有"知情权""数据访问权""纠正权""被遗忘权""限制处理权""可携带权"等权利。

总而言之,域外,个人信息保护立法逐步完善,无论是在国家层面,还是在国际组织层面,围绕个人信息都形成了一系列公民权利。域内,个人信息权为宪法"人格尊严条款"与"人权条款"所包含,是《民法总则》新近确立的一项自然人民事权利,虽然与隐私权在保护范围上存在部分重合,但其范畴远大于隐私权的范畴,更多时候保护个人信息与隐私无关,并且其与侵犯公民个人信息罪的构成要件规定相契合,符合刑法法益确立的基本要求。基于此,本文认为,侵犯公民个人信息罪所保护的法益是个人信息权。

Research on the Legal Interest of the Crime of Infringing on Citizens' Personal Information

Chen Mengxun

[**内容摘要**]对于侵犯公民个人信息罪的法益,学界存在一般人格权说、隐私权说、个人信息权说、"公权(益)关联主体"对公民个人信息的保有说、公共信息安全说、双重法益说的不同观点。一般人格权说将本罪法益表述为"公民权益"与"人格尊严和个人自由",以模糊的上位概念回避了对本罪法益的细致探讨。公民个人信息的范围远大于个人隐私,基于我国相对狭窄封闭的隐私权概念,隐私权说难以实现对公民个人信息的周全保护。同类法益对具体个罪法益的限制具有强效力,侵犯公民个人信息罪在罪名体系中的位置决定了本罪保护的是个人法益而非集体法益。双重法益说极大限缩了本罪的处罚范围。个人信息

权不仅契合了个人信息保护的发展趋势,而且为宪法所包容、由民法所确立,亦符合刑法法益确立的基本要求,应当是本罪的保护法益。

[**关键词**]侵犯公民个人信息罪;法益;个人信息权;隐私权

Abstract:With regard to the legal interest protected by the crime of Infringing on Citizens' Personal Information, there are different opinions: theory of general personality, theory of privacy, theory of the right to personal information, theory of retainment of personal information of public rights related subjects, theory of public information security and theory of double legal interests. Theory of general personality defines the legal interest of the crime as "Citizens' Rights and Interests" and "Personal Dignity and Individual Freedom", avoiding careful exploration of the legal interests of the crime with vague upper concepts. The scope of personal information is far greater than that of privacy. Based on the relatively narrow and closed concept of privacy in Chinese legal system, it is difficult to achieve appropriate level of personal information protection. Legal interests of the same kind limit the interpretation of a specific crime of the kind. The position of the crime of Infringing on Citizens' Personal Information in the accusation system determines that legal interest of this crime is individual legal interest rather than collective legal interest. Theory of double interests extremely narrows the boundaries of the crime. By contrast, the right to personal information not only complies with the development of the protection of personal information, but also is included in the constitution and established by the civil law. It also meets the requirements of the establishment of legal interest in criminal law. The right to personal information should be the legal interest behind the crime of Infringing on Citizens' Personal Information.

Keywords: The crime of Infringing on Citizens' Personal Information; Legal interest; The right to personal information; The right to privacy

快播案：应受惩罚的是作为抑或不作为？

董桂武*

目　　次

快播案一审直播后所带来的与之相关的一条条网络段子，一篇篇讨论时文，已经渐渐远去。一审的有罪判决，偃息了大众对此的关注，罪与非罪的争论多在法学圈流传，全社会传播的盛况已不再，但是快播案案件事实本身、快播公司行为的性质及认定仍然留有遗问。

本文立足于我国现有的刑法规范和通说刑法理论，从快播案案件事实的厘清、网络服务提供者相关法律规范规制对象、快播公司行为的法教义学分析三个方面对快播公司导致淫秽物品传播的行为进行法教义学的认定。

一、快播案案件事实的厘清

在刑法上，行为性质不同，认定该行为是否构成犯罪所评价的内容

* 青岛大学法学院副教授，法学博士。

存在重要差别。

根据所违反的法律规范的不同,刑法上的行为可以分为作为和不作为。以作为的方式实行的犯罪属于作为犯,以不作为的方式实行的犯罪属于不作为犯。作为犯违反禁止性规范,不作为违反命令性规范。某些犯罪既可以通过作为的方式实现,也可以通过不作为的方式实现,如故意杀人罪,甲枪杀丙,甲系故意杀人罪的作为犯,乙母拒绝喂养婴儿乙,婴儿乙被饿死,乙母系故意杀人罪的不作为犯。乙母本可选择掐死乙,却选择了饿死乙婴儿,乙母系故意杀人罪的不真正不作为犯。

根据行为人参与犯罪的角色不同,作为犯与不作为又可分为正犯和共犯,正犯是通过自己行为直接引起犯罪结果的行为人,共犯是通过自己的行为间接引起犯罪的行为人。

假定深圳市快播科技有限公司(以下简称快播公司)导致淫秽物品传播的行为构成犯罪,则有疑问的是:该行为是作为还是不作为?如果是作为行为,其属于正犯行为还是共犯行为?

(一)快播案的行为性质争议

1. 快播案一审判决所认定的快播案事实与性质

快播案一审判决①所认定的快播公司主要有三个行为:(1)"快播公司放任其缓存服务器存储淫秽视频并使公众可以观看并随时得到加速服务的方式,属于通过互联网陈列等方式提供淫秽物品的传播行为。"根据该论述,快播公司所应受到刑法评价的行为应该是其提供淫

---

① 笔者搜索了中国法裁判文书网,有几个与快播公司的法律文书,但没有快播公司传播淫秽物品牟利罪的判决书。笔者只能依据法制网发表的《法制网邀请北京海淀区人民法院"快播"案合议庭法官就该案的相关审判情况进行访谈》(http://www.legaldaily.com.cn/direct_seeding/node_83482.htm? node = 76939)、《海淀法院对快播案作出一审判决王欣获刑三年六个月快播公司被罚一千万元》(http://www.legaldaily.com.cn/index_article/content/2016 - 09/13/content_6802535.htm? node = 5955)进行论述,该两文应是除快播案一审判决书外的最权威资料。

秽物品并导致淫秽物品传播的行为。该行为属于传播淫秽物品的正犯行为。(2)"快播公司及各被告人均明知快播网络系统内大量存在淫秽视频并介入了淫秽视频传播活动。""王某、张某东、牛某举对于缓存服务器实质上介入淫秽视频传播均已知晓,王某、张某东对于介入传播的具体技术原理更有深入研究。"根据该论述,快播公司导致淫秽物品传播的行为因其"介入"了淫秽物品传播的行为,该行为属于帮助行为,即属于共犯行为。(3)"快播公司负有网络视频信息服务提供者应当承担的网络安全管理义务。""快播公司具备承担网络安全管理义务的现实可能但拒不履行网络安全管理义务。"根据该论述,快播公司导致淫秽物品传播的行为是因为其具有网络安全管理义务而拒绝履行该义务,因此,该行为属于不作为。

2. 学者所认定的快播案事实与性质

笔者所见,快播案一审直播之后,虽然评论文章很多,但是主要有三篇文章在微信朋友圈、公众号以及微博上大量传播,①快播案一审判决后,主要有四篇文章②在上述平台传播。综合上述文章论证可以看出:③

① 韩友谊:《"快播"案的刑法学教义分析》,载 http://weibo.com/1970376053/DclWHAdAr? type = comment#_rnd1469028282137,最后访问日期:2018 年 2 月 1 日;李翔:《"快播"案的刑法教义学分析》,载 http://www.thepaper.cn/newsDetail_forward_1419229,最后访问日期:2018 年 2 月 1 日;车浩:《谁应该为互联网的中立行为买单》,载《中国法律评论》2015 年第 3 期。

② 张明楷:《快播案定罪量刑的简要分析》,载最高人民法院新浪微博:http://weibo.com/3908755088/E87McrnOV? type = comment#_rnd1506808815207,最后访问日期:2018 年 2 月 1 日;陈兴良:《在技术与法律中间——评快播案一审判决》,载最高人民法院新浪微博:http://weibo.com/3908755088/E86RqxG1N? type = comment#_rnd1506808961452,最后访问日期:2018 年 2 月 1 日;高艳东:《与陈兴良、张明楷教授商榷》,载 https://weibo.com/p/23041841234e630102wmfp,最后访问日期:2018 年 2 月 1 日;魏东:《简评"快播"案的一审判决》,载 http://weidong1111.fyfz.cn/b/900492,最后访问日期:2018 年 2 月 1 日。

③ 魏东教授、高艳东教授从作为、不作为两个角度对快播公司导致淫秽物品传播的行为构成作为犯或不作为犯进行了否定性的反驳,笔者将在界定快播公司导致淫秽物品传播的行为事实之后,再进行罪否分析。

第一,张明楷教授从作为犯与不作为犯角度论证了快播公司导致淫秽物品传播的行为构成传播淫秽物品牟利罪。[①] (1)张明楷教授认为,“快播调试服务器不仅拉拽淫秽视频文件存储在缓存服务器里,而且也向用户提供缓存服务器里的淫秽视频文件。后一行为就属于以陈列方式传播淫秽物品的行为”。“快播公司拉拽淫秽视频文件存储在缓存服务器里,并且向用户提供缓存服务器里的淫秽视频文件的行为,则不是中立的帮助行为,而是传播淫秽物品的正犯行为,对正犯行为不可能适用有关中立的帮助的任何理论。”[②]张明楷教授把以上快播公司导致淫秽物品传播的行为定性为作为行为中的实行行为。(2)“快播公司拉拽淫秽视频文件存储在缓存服务器之后,就有义务防止用户观看该视频文件,但快播公司却同时向用户提供缓存服务器里的淫秽视频文件。”[③]张明楷教授把以上快播公司导致淫秽物品传播的行为定性为不作为。

第二,车浩教授认为快播公司导致淫秽物品传播的行为是作为行为中的帮助行为。车浩教授认为,“快播既不是一个淫秽信息的内容提供者,也不是一个专门供用户发布淫秽信息的平台,但是作为一款可以播放各种视频信息的播放器软件,客观上为那些分享淫秽信息的用户提供了帮助和便利,这就是其涉嫌犯罪的事实基础”。[④]

第三,陈兴良教授、韩友谊博士、李翔教授认为快播公司导致淫秽物品传播的行为是不作为。(1)陈兴良教授认为,“快播公司的缓存服务器便自动将视频文件下载存储起来,用户可以直接从快播公司的缓

① 在2016年中国刑法学研究会年会上,张明楷教授介绍:快播公司导致淫秽物品传播的行为构成传播淫秽物品牟利罪应是基于传播淫秽物品的正犯行为,不作为犯仅是因为判决论述,其附带论述而已。

② 张明楷:《快播案定罪量刑的简要分析》,载最高人民法院新浪微博:http://weibo.com/3908755088/E87McrnOV? type = comment#_rnd1506808815207,最后访问日期:2018年2月1日。

③ 陈兴良:《在技术与法律中间——评快播案一审判决》,载最高人民法院新浪微博:http://weibo.com/3908755088/E86RqxG1N? type = comment#_rnd1506808961452,最后访问日期:2018年2月1日。

④ 车浩:《谁应该为互联网的中立行为买单》,载《中国法律评论》2015年第3期。

存服务器下载观看。因此,缓存服务器就成为视频资源站"。"快播公司在提供视频软件技术的同时,还利用该技术建立了一个视频发布、传播和分享的平台。""但从刑法理论上分析,这是一种不作为的行为方式。不作为的传播淫秽物品牟利罪的行为特点是网络信息提供者明知存在他人上传的淫秽信息,应当履行安全管理义务并且能够履行而拒不履行,因而构成传播淫秽物品牟利罪。"①(2)韩友谊博士认为,"快播公司提供的视频软件不仅可以打开淫秽网站的淫秽视频,还可以由于视频的打开而在快播公司的服务器上形成存储,而此种存储又可以被其他客户调取(本文的一切论述建立在这个事实基础上,如果这个事实基础不存在,则另当别论)。注意这里的行为:'打开'不是传播,'存储'也不是传播,但允许他人'调取'就是不作为的传播了"。② (3)李翔教授认为,"从行为角度分析,快播播放器被网络用户用于发布、搜索、下载、播放淫秽视频,快播公司的先前行为(通过交互式的在线数字媒体服务)引起了其防止淫秽物品被传播的义务,'防止淫秽物品被传播'成为社会和法律的合理期待,而行为人未履行该义务,升高了刑法所禁止的风险。因而具备刑法上的行为属性,即不作为"。③

显然,快播案所评价的行为具有以下争议:快播公司导致淫秽物品传播的行为,是因为该公司提供了淫秽物品导致淫秽物品传播的正犯行为?还是因为快播公司提供快播软件以及缓存导致淫秽物品传播的帮助行为?还是快播公司因提供快播软件以及缓存之后,因未履行网络安全管理义务导致淫秽物品传播的行为?

---

① 陈兴良:《在技术与法律中间——评快播案一审判决》,载最高人民法院新浪微博:http://weibo.com/3908755088/E86RqxG1N? type = comment#_rnd1506808961452,最后访问日期:2018 年 2 月 1 日。

② 韩友谊:《"快播"案的刑法学教义分析》,载 http://weibo.com/1970376053/DclWHAdAr? type = comment#_rnd1469028282137,最后访问日期:2018 年 2 月 1 日。

③ 李翔:《"快播"案的刑法教义学分析》,载 http://www.thepaper.cn/newsDetail_forward_1419229,最后访问日期:2018 年 2 月 1 日。

(二)快播案的行为事实确认

快播公司导致淫秽物品传播行为性质的争议,源于快播公司行为事实界定的模糊。因此,本部分笔者通过对比传统视频传播模式、快播公司视频传播模式,明确快播公司导致淫秽物品传播的行为事实。

1. 传统视频传播模式

从多数网络视频观看者的经验来看,观看视频主要是两种运行模式:(1)观看者登录一个网站,利用下载软件直接从网站上下载选中的视频,然后利用自己电脑上的播放器观看。(2)观看者从某一视频网站直接点击某个视频,直接在浏览器里观看。这些网站上的视频,部分网站只有网站管理者自己上传,如搜狐视频等,部分网站管理者和客户均可上传视频,如土豆网等。这是典型的无数客户对一个服务器模式。我们可称该模式为客户—服务器模式(见图 1)。

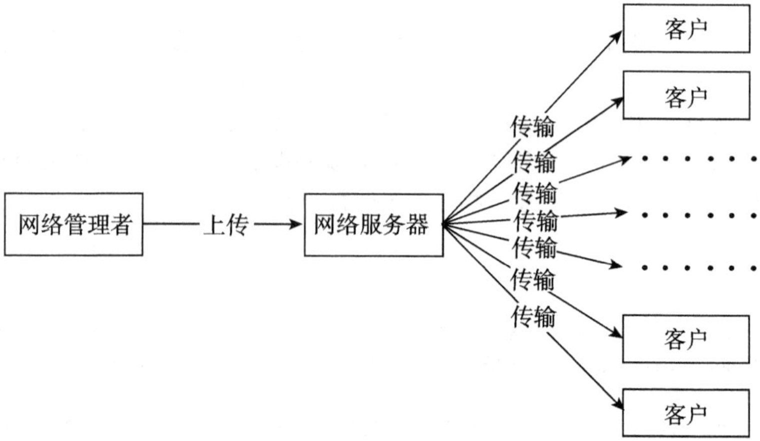

图 1　传统视频传播模式

客户—服务器模式下，网络管理者如果把淫秽物品上传到淫秽物品上，客户可以通过服务器下载或观看淫秽物品。[①] 网络管理者作为内容提供者，其必然构成传播淫秽物品罪。

2. 快播公司视频传播模式

与这种客户—服务器视频模式明显不同，快播公司传播视频是基于 P2P 技术，快播播放器客户端即服务器，每一个客户端就是一个微型服务器，每一个用户既是使用者也是上传者。我们可称该模式为 P2P 模式。[②]

以快播公司是否介入缓存为标准，快播公司传播视频的方式可以分为“非缓存”视频传播模式、缓存视频传播模式。

快播公司“非缓存”视频传播模式是其最初的视频传播模式（见图 2）。其运作方式如下：(1)快播公司向用户提供快播媒体服务器安装程序(QSI)和快播播放器软件。(2)用户（站长）安装 QSI 和快播软件。(3)用户（站长）通过 QSI 生成含有视频文件特征码的链接，发布链接，成为微型服务器。(4)其他用户点击链接，其他用户已经安装的快播播放器通过快播公司取源服务器识别该视频文件，视频就会从用户（站长）传输到其他用户，视频文件开始播放。(5)其他用户在播放视频的同时，也把自己所下载的视频分享给自己之外的用户。

① 为论述方便，本文只讨论网站管理者自己上传视频的情况。

② 参见大炮小白兔：《都用 P2P 分享技术，为什么快播被禁了?》，载 http://www.guokr.com/article/441141/，最后访问日期：2018 年 2 月 1 日，该文详细叙述了基于 P2P 技术的视频播放软件的演进；陈文飞：《快播案 P2P 技术分析，法律人你懂吗?》，载 http://blog.sina.com.cn/s/blog_151e11e0d0102wbwp.html，最后访问日期：2018 年 2 月 1 日；周益琇：《快播模式版权责任分析——“中影诉快播案”为例》，载 http://www.wipren.com/html/2014/anli_0804/173.html，最后访问日期：2018 年 2 月 1 日，利用百度检索该篇论文，显示在前两条，一条没有作者，注明为转载文章，一条有作者为周益琇，其他题目没有该文的信息。

快播公司“缓存”视频传播模式是其升级的视频传播模式(见图3)。该模式的运作方式同于“非缓存”视频传播模式(1)(2)(3)(4),两者的不同在于(4)之后,其变化如下:(5)当某一视频因为点击或下载次数较多时,快播公司的缓存调度服务器便开始自动、抓取该视频,并存储到快播公司的缓存服务器上。(6)其他用户再点击链接时,快播公司缓存服务器上的视频内容就会被传输到该用户上。此时,就会形成用户与用户、用户与缓存服务器之间的传输网络。

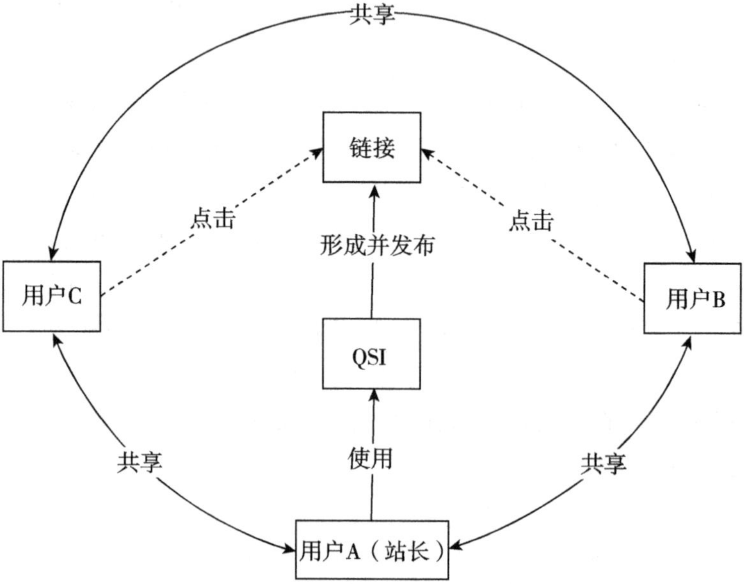

图 2　传播公司“非缓存”视频传播模式

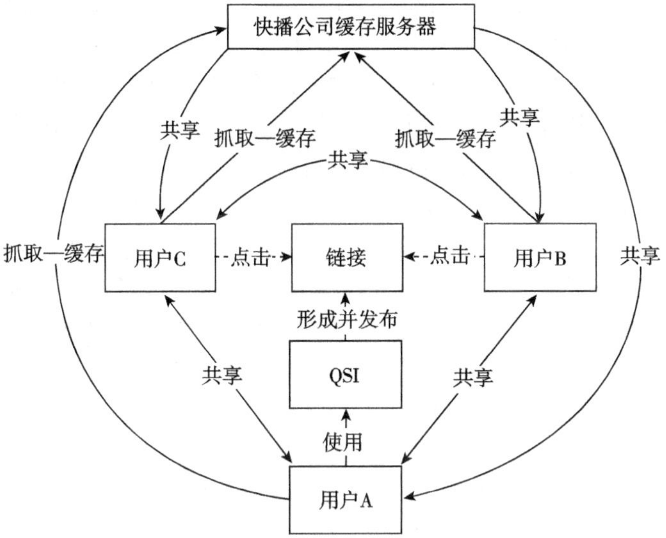

图3 快播公司"缓存"视频传播模式

(三)结　论

快播公司导致淫秽物品传播的行为是否属于不作为,其前提性条件是快播公司是否具有淫秽物品的法定的管理义务,如果具有法定管理,则可能构成不作为犯,如果不具有法定管理义务,则不可能构成不作为犯。快播公司作为信息网络服务提供者,无论是其提供快播软件等行为,还是其提供缓存成为内容提供者,均具有禁止淫秽视频传播的义务。因此,快播公司导致淫秽物品传播的行为可能构成不作为犯,至于其是否构成不作为犯,则是定性问题,而非事实问题,相关问题将在后文探讨。

快播公司导致淫秽物品传播的行为定性的核心争议点是快播公司导致淫秽物品传播的行为是属于传播淫秽物品的正犯行为,还是属于传播淫秽物品的帮助行为。

在快播公司“非缓存”视频传播模式下,快播公司仅提供视频传播软件(包括共享软件和播放软件),其本身并不是内容的提供者,用户才是内容的提供者。该模式下,用户才是视频的传播者,快播公司的所有行为属于视频传播的帮助行为。在此意义上,车浩教授对快播公司导致淫秽物品传播的行为定性是准确的。

在快播公司“缓存”视频传播模式下,快播公司的缓存服务器抓取并存储视频,并在用户点击链接时,传输该视频的全部或部分给用户。此时,快播公司就成为内容提供者。快播公司在 2013 年年底前采取的是“完整视频文件存储”,①之后改为“碎片化存储”。② 两者之间的区别主要在于:一是“完整视频文件存储”的视频存储(备份)于一个服务器,“碎片化存储”的视频则存储(备份)于多个服务器。二是“碎片化存储”可以加速用户播放视频的速度,而“完整视频文件存储”则不具有此功能。相同之处在于,两者均把视频进行了完整备份,并能够进行完整的传输。

“抓取并存储”视频行为性质的定性是界定快播公司导致淫秽物品传播行为定性的关键。一审判决把快播公司“抓取并存储”完整视频文件于缓存服务器的行为认定为“通过互联网陈列等方式提供淫秽物品的传播行为”,张明楷教授也认为该行为属于“陈列”方式的传播淫秽物品的行为。③ 高艳东教授认为“站长‘上传’≠快播‘拖拽’”,淫秽物品的上传者是用户(站长),用户(站长)“发布”视频快播接收、配合,但不是快播“拉拽”(“拉拽”属于作为),不能追究快播公司的作为。④

---

① “完整视频文件存储”是指快播公司把符合条件的视频抓取并保存到一个缓存服务器上,当用户需要时,该视频直接从该缓存服务器上传输到用户。

② “碎片化存储”则是快播公司把符合条件的视频以 32M 大小的视频片段抓取并保存到多个缓存服务器上,当用户需要时,该视频片段就会传输到用户。

③ 参见张明楷:《快播案定罪量刑的简要分析》,载最高人民法院新浪微博:http://weibo.com/3908755088/E87McrnOV? type = comment#_rnd1506808815207,最后访问日期:2018 年 2 月 1 日。

④ 参见高艳东:《与陈兴良、张明楷教授商榷》,载 https://weibo.com/p/23041841234e630102wmfp,最后访问日期:2018 年 2 月 1 日。

笔者认为，快播公司的“抓取并存储”行为并不是“陈列”行为，该行为也不是作为，该行为属于帮助行为。因为：(1)从庭审情况看，快播公司存在“抓取并存储的行为”，也即“拉拽”的行为。(2)“拉拽”的行为不能评价为作为，快播公司“拉拽”行为，不能与用户(站长)的“上传”行为割裂，先有用户(站长)的“上传”行为，后才产生快播公司“拉拽”行为，没有用户(站长)的“上传”行为，就不会产生快播公司“拉拽”行为。因此，此处的“拉拽”行为就是快播公司的接收、配合的行为。正如用户上传淫秽视频到百度等网站，百度等网站接收该淫秽视频，淫秽视频在百度等网站显示，百度等网站的接收行为不会被认为是陈列的行为一样。正是基于此，此种情况下，网站管理者的所应负的责任为管理责任，而非作为责任。(3)张明楷教授所举的“一个展览厅的管理者，不仅允许他人将淫秽图片存放在展览厅，而且允许不特定或者多数人进入展览厅观看淫秽图片的行为，当然属于传播淫秽物品”。①并不能说明“抓取并存储”行为属于“陈列”行为。此例中，展览厅的管理者构成传播淫秽物品，不在于他人存放淫秽图片，而是基于展览厅管理者“陈列”淫秽图片的行为。与快播案更相似的例子应是，一个集市场所提供者，不仅允许贩卖淫秽光碟的小贩进入市场，而且不制止他人购买。此例，小贩实行了贩卖淫秽物品牟利罪的正犯行为，但是集市的场所提供者只能限于提供场所的帮助行为或是其管理责任。快播公司导致淫秽物品传播的行为中，用户分享了淫秽视频，快播公司为用户分享淫秽物品传播提供了软件和缓存的帮助。一审判决把快播公司“抓取并存储”行为定义为“介入”了用户淫秽视频传播的行为是正确的。

陈兴良教授、韩友谊博士、李翔教授则把快播公司“抓取并存储”行为作为不作为犯的义务来源，并未论证该行为属于正犯行为或共犯行为。一审判决论证快播公司导致淫秽物品传播的行为构成不作为，快播公司“抓取并存储”行为是不作为犯的作为义务来源。笔者认为，

---

① 张明楷：《快播案定罪量刑的简要分析》，载最高人民法院新浪微博：http://weibo.com/3908755088/E87McrnOV？type = comment#_rnd1506808815207，最后访问日期：2018年2月1日。

一审判决之所以论证了快播公司作为的正犯、作为的帮助犯、不作为犯,并特别论证快播公司构成不作为犯,其原因也在于其并不能确认"用户传播—快播公司缓存"模式中,快播公司导致淫秽物品传播的行为属于淫秽物品传播的正犯行为。

二、网络服务提供者相关法律规范规制对象:作为或不作为

网络服务提供者如网络存储空间提供者因向他人提供服务(网络存储空间)所应受到刑罚惩罚的行为,主要存在两种情况:第一种情况,网络存储空间提供者因明知淫秽物品传播者租用网络存储空间是进行淫秽视频传播,而为其提供了网络存储空间的。此种情况下,法律禁止向传播淫秽视频者提供帮助的行为,因此,提供网络空间的帮助行为的这种作为应该受到刑罚处罚。第二种情况,网络存储空间提供者向他人提供了网络存储空间之后,发现他人存储的视频是淫秽视频,但是没有采取任何措施而放任其继续存储,此种情况下,法律要求网络存储空间提供者积极删除淫秽视频,怠于行使阻止淫秽视频传播的这种不作为应该受到刑罚的处罚。

(一)规制网络服务提供者的行为认定模式

我国刑事立法、刑事司法规范规制网络服务提供者的行为存在两种模式:

第一,规制网络服务提供者的帮助行为,此种帮助行为系作为。此种帮助行为的规制模式又存在共犯模式、共犯正犯化模式两种:(1)共犯模式,2004年最高人民法院、最高人民检察院联合发布的《关于办理利用互联网、移动通讯终端、声讯台制作、复制、出版、贩卖、传播淫秽电子信息刑事案件具体应用法律若干问题的解释》(以下简称《淫秽电子信息刑案解释》)第7条规定:"明知他人实施制作、复制、出版、贩卖、传播淫秽电子信息犯罪,为其提供互联网接入、服务器托管、网络存储

空间、通讯传输通道、费用结算等帮助的，对直接负责的主管人员和其他直接责任人员，以共同犯罪论处。”2005 年最高人民法院、最高人民检察院联合发布的《关于办理赌博刑事案件具体应用法律若干问题的解释》第 4 条规定：“明知他人实施赌博犯罪活动，而为其提供资金、计算机网络、通讯、费用结算等直接帮助的，以赌博罪的共犯论处。”2011 年最高人民法院、最高人民检察院、公安部联合发布的《关于办理侵犯知识产权刑事案件适用法律若干问题的意见》第 15 条规定：“明知他人实施侵犯知识产权犯罪……或者提供互联网接入、服务器托管、网络存储空间、通讯传输通道、代收费、费用结算等服务的，以侵犯知识产权犯罪的共犯论处。”这 3 个条文均规定了“以共同犯罪论处”或“以……罪共犯论处”，明确了网络服务提供者给其他人提供的帮助行为从属于正犯行为。(2)共犯正犯化模式，《刑法》第 287 条之二第 1 款规定：“明知他人利用信息网络实施犯罪，为其犯罪提供互联网接入、服务器托管、网络存储、通讯传输等技术支持，或者提供广告推广、支付结算等帮助，情节严重的，处三年以下有期徒刑或者拘役，并处或者单处罚金。”根据该规定，网络服务提供者的帮助行为被独立作为一种犯罪类型——帮助信息网络犯罪活动罪。当本罪与共犯模式产生竞合时，根据该条第 3 款的规定，依照处罚较重的规定定罪处罚。

第二，规制网络服务提供者怠于行使阻止犯罪或违法行为的行为，此种怠于行使的行为系不作为。规制该不作为的犯罪行为亦存在从属罪名模式、独立罪名模式：(1)从属罪名模式，2010 年最高人民法院、最高人民检察院联合发布的《关于办理利用互联网、移动通讯终端、声讯台制作、复制、出版、贩卖、传播淫秽电子信息刑事案件具体应用法律若干问题的解释(二)》(以下简称《淫秽电子信息刑案解释(二)》)第 4 条规定：“以牟利为目的，网站建立者、直接负责的管理者明知他人制作、复制、出版、贩卖、传播的是淫秽电子信息，允许或者放任他人在自己所有、管理的网站或者网页上发布，具有下列情形之一的，依照刑法第三百六十三条第一款的规定，以传播淫秽物品牟利罪定罪处罚……”明确了因网站建立者、直接负责的管理者怠于行使管理职责，导致淫秽物品在其所有或管理的网站或网页上传播，是以不作为的方式实施淫秽物品的传播。[①] 第 6 条规定:"电信业务经营者、互联网信息服务提供者明知是淫秽网站,为其提供互联网接入、服务器托管、网络存储空间、通讯传输通道、代收费等服务,并收取服务费,具有下列情形之一的,对直接负责的主管人员和其他直接责任人员,依照刑法第三百六十三条第一款的规定,以传播淫秽物品牟利罪定罪处罚……"互联网信息服务提供者因怠于履行法定职责——阻止犯罪或违法行为,导致淫秽物品传播的,是以不作为的方式传播了淫秽物品。该两条规定与共犯模式规定有明显不同,共犯模式是"以……共犯论处",而该两条则是"以传播淫秽物品牟利罪定罪处罚",这一方面与 2004 年《淫秽电子信息刑案解释》第 7 条的共犯模式相通,另一方面认为网站建立者、直接负责的管理者、信业务经营者、互联网信息服务提供者具有阻止犯罪行为或违法行为的法定职责,根据该职责,互联网信息服务提供者在最初不知行为人正在传播淫秽物品,但是在服务过程中知道行为人在传播淫秽物品,网络信息服务提供者就具有履行法定职责的义务,如果网络信息服务提供者怠于行使该职责,则该不作为即构成不作为的犯罪。(2)独立罪名模式,《刑法》第 286 条之一规定:"网络服务提供者不履行法律、行政法规规定的信息网络安全管理义务,经监管部门责令采取改正措施而拒不改正,有下列情形之一的,处三年以下有期徒刑、拘役或者管制,并处或者单处罚金:……"该罪客观构成要件要求:网络服务提供者不履行法定网络安全管理义务并且被责令整改而拒不整改。从属罪名与独立罪名产生竞合,根据该条第 3 款规定,依照处罚较重的规定定罪处罚。

---

① 参见喻海松:《〈关于办理利用互联网、移动通讯终端、声讯台制作、复制、出版、贩卖、传播淫秽电子信息刑事案件具体应用法律若干问题的解释(二)〉的理解与适用》,载最高人民法院刑事审判庭:《刑事审判参考》(总第 73 期),法律出版社 2010 年版,第 95 页。

(二)网络服务提供者的不作为犯认定的特殊问题

虽然网络服务提供者的不作为行为可以构成不作为犯,但仍然存在两个待解疑问:一是网络服务提供者的作为义务来源——法定职责是如何产生的?二是《刑法》第286条之一所规定的拒不履行信息网络安全管理义务罪的构成要件对于解释从属罪名的不作为犯是否具有限定性作用?

第一,网络服务提供者作为义务来源问题。

有论者认为,网络服务提供者的作为义务来源是法定网络管理义务,主要根据是2000年全国人民代表大会常务委员会《关于维护互联网安全的决定》第7条,2000年国务院《互联网信息服务管理办法》第15条、第16条,2000年国务院《中华人民共和国电信条例》(2015年修订)第57条、第62条。[①] 2012年全国人民代表大会常务委员会《关于加强网络信息保护的决定》第5条为网络提供者网络管理义务提供了根据。比较上述4个法律规范的内容,可以发现:(1)《互联网信息服务管理办法》第15条、《中华人民共和国电信条例》第57条内容具有高度的相似性,基本内容为:任何组织或者个人不得利用电信网络制作、复制、发布、传播含有下列内容的信息:……(七)散布淫秽、色情、赌博、暴力、凶杀、恐怖或者教唆犯罪的……这是针对淫秽视频传播者作为犯的禁止性规定。(2)《关于维护互联网安全的决定》第7条、《互联网信息服务管理办法》第16条、《中华人民共和国电信条例》第62条、《关于加强网络信息保护的决定》第5条内容具有高度相似性,基本内容均为:网络服务提供者应当加强对其用户发布的信息的管理,发现法律、法规禁止发布或者传输的信息的,应当立即停止传输该信息,

① 参见喻海松:《〈关于办理利用互联网、移动通讯终端、声讯台制作、复制、出版、贩卖、传播淫秽电子信息刑事案件具体应用法律若干问题的解释(二)〉的理解与适用》,载最高人民法院刑事审判庭:《刑事审判参考》(总第73期),法律出版社2010年版,第97页。

采取消除等处置措施,保存有关记录,并向有关主管部门报告。这是针对淫秽视频传播者的命令性规定。针对淫秽视频传播者作为犯的禁止性规定与针对淫秽视频传播者的命令性规定相结合,确定了网络服务提供者的法定管理义务——网络服务提供者具有作为的义务。

网络服务提供者具有作为的义务内容由《关于维护互联网安全的决定》第 7 条、《互联网信息服务管理办法》第 16 条、《中华人民共和国电信条例》第 62 条、《关于加强网络信息保护的决定》第 5 条所确定,是"应当立即停止传输该信息,采取消除等处置措施,保存有关记录,并向有关主管部门报告",正如有论者指出的那样,这是"发现时"的义务,而非"发现"义务,[①]网络服务提供者只有在发现了淫秽视频之后才能产生上述法定管理职责,在发现之前并不会产生上述法定管理职责,即以上相关法律规范并没有确定网络服务提供者应该去"发现"淫秽视频的义务,而只是确定了网络服务提供者在发现了淫秽视频之后的作为义务。

第二,网络服务提供者从属罪名的不作为犯的构成要件的解释。

根据《淫秽电子信息刑案解释(二)》第 6 条的规定,网络服务提供者从属罪名的不作为犯的构成要件可以理解为:网络服务提供者如网络存储空间提供者发现淫秽视频并且不履行法定管理职责。但是,2015 年《刑法修正案(九)》新增条款《刑法》第 286 条之一所规定的拒不履行信息网络安全管理义务罪的构成要件为:网络服务提供者不履行法定网络安全管理义务并且被责令整改而拒不整改。拒不履行信息网络安全管理义务罪要求在履行法定网络安全管理义务之前发现禁止信息,只有发现了禁止信息,才能产生法定网络安全管理的作为义务。因此,上述两个法律规范所界定的构成要件前半部分都可以界定为:发现禁止信息并且不履行法定管理职责。所不同的是,《刑法》第 286 条之一所规定的拒不履行信息网络安全管理义务罪要求"被责令整改而拒不整改",而《淫秽电子信息刑案解释(二)》第 6 条的规定却不能解读出此内容。如此解释,必然导致拒不履行信息网络安全管理义务罪

---

① 参见涂龙科:《网络服务提供者的刑事责任模式及其关系辨析》,载《政治与法律》2016 年第 4 期。

的构成要件内容轻于《淫秽电子信息刑案解释(二)》第6条所规定的不作为犯的构成要件内容。

笔者认为,网络服务提供者从属罪名的不作为犯的构成要件的解释应该与拒不履行信息网络管理义务罪的构成要件解释相同,除“发现禁止信息并且不履行法定管理职责”外,应该加上“被责令整改而拒不整改”相似内容。主要理由为:(1)拒不履行信息网络管理义务罪属于较轻罪名,而与该罪相比较,网络服务提供者从属罪名的不作为犯所触犯的罪名通常属于较重罪名,在规范类似行为时,如果较重罪名的构成要件内容比较轻罪名的构成要件内容少,则明显不合理。(2)《淫秽电子信息刑案解释(二)》第8条规定,行政主管机关书面告知后仍然实施上述行为的、接到举报后不履行法定管理职责的,应该认定网络服务提供者明知。虽然这是明知的认定情形,但也相当于增加了该解释第6条所规定的网络服务提供者从属罪名的不作为犯的构成要件内容。因此,把网络服务提供者从属罪名的不作为犯的构成要件内容界定为“发现禁止信息且不履行法定管理职责,被责令整改而拒不整改或经举报仍不履行法定职责”较属合理。

三、快播公司行为的法教义学分析

为了对快播案进行清晰的刑法教义学论证,笔者采用德国刑法教义学通用的鉴定模式进行分析。[①] 因本案中是否具有牟利目的,是一个颇有争议的问题,为论证简要,故本部分的分析限于快播案是否构成《刑法》第364条的传播淫秽物品罪,如得出肯定性结论,笔者再对此进行讨论。同样为简要,故本部分主要论证构成要件符合性,违法性和罪责的检讨将在构成要件符合性得出肯定性结论之后再进行讨论。[②]

---

① 参见蔡圣伟:《刑法案例解析方法论》,元照出版有限公司2014年版,第56~60页。

② 因快播案发生于《刑法》第286条之一、第287条之二公布之前,本部分不讨论这两个罪名。

(一)快播公司提供快播等软件、抓取缓存行为可能构成《刑法》第 364 条的传播淫秽物品罪

快播公司提供快播播放器等软件、抓取缓存行为是一个帮助行为,其与正犯构成共同犯罪。快播公司是否构成传播淫秽物品罪,根据共犯限制从属性说,首先要看正犯是否构成传播淫秽物品罪。①

无论是淫秽视频网站的站长还是普通用户,只要利用 QSI 向网站上传淫秽视频的编码(种子),并自己作为微型服务器,他人通过种子观看淫秽视频,其行为均是传播淫秽物品的行为,其传播淫秽物品的数量达到法定数量,则构成传播淫秽物品罪。因此,在行为人利用快播公司提供的软件传播淫秽物品的情况下,行为人传播的淫秽视频数量未达到法定标准,则无须检讨快播公司的是否构成犯罪的问题;只有行为人传播的淫秽视频数量达到一定的法定标准,才有必要讨论快播公司是否构成传播淫秽物品罪。

如果行为人利用快播公司提供的相关软件传播的淫秽视频数量达到一定的法定标准,行为人已经构成传播淫秽物品罪,快播公司提供的相关软件对行为人传播视频提供了帮助,则通常应该认定快播公司提供相关软件行为构成《刑法》第 364 条的传播淫秽物品罪。

但是,快播案的特殊性在于,快播公司提供相关软件行为作为中立性的帮助行为应否作为犯罪行为受到惩罚?快播播放器作视频播放软件,既有用户用来播放淫秽视频,也用户用来播放合法视频,且播放合法视频用户的数量要远大于播放非法视频的用户的数量。我们不得面对以下选择:我们是希望通过把快播公司的行为解释为犯罪行为,以预防

---

① 有学者认为,《关于办理利用互联网、移动通讯终端、声讯台制作、复制、出版、贩卖、传播淫秽电子信息刑事案件具体应用法律若干问题的解释(二)》的规定"在传播淫秽物品罪和传播淫秽物品牟利罪两个罪名中实现了帮助犯的正犯化。"(参见于志刚:《网络空间中犯罪帮助行为的制裁体系与完善思路》,载《中国法学》2016 年第 2 期。)司法解释能否确立帮助犯正犯化存疑不论,如因网络帮助行为的特点,突破共犯限制从属性或者坚持统一共犯论,则属于突破现有理论或转化认定的问题。

淫秽视频传播者借助其传播淫秽视频,还是希望把该行为解释为社会可以接纳的有风险的行为,不得不容忍个别人借助其传播淫秽视频?①

汽车的运行必然带来交通事故的风险,但是,我们为了享受汽车交通所带来的便捷,只能采取允许汽车运行,容忍大量交通事故的发生,没有人因此要求消灭汽车,追究汽车制造商的刑责。手机诈骗短信,隔三差五就能收到,但是,我们为了通信的便捷,没有人认为应该禁止手机通信,也没有人认为手机短信运营商未履行法定职责,应该追究刑责。显然,价值判断在这里居于决定性作用的地位。快播播放器等软件的使用与淫秽视频传播两相比较,笔者认为快播播放器等软件的使用具有较优的价值。淫秽视频不通过这个渠道传播,也会通过另一个渠道传播,淫秽视频或淫秽刊物总是禁而不绝,但是,对于作为网络新生技术的快播播放器等软件,我们不能因噎废食,应该给予其发展的空间。可能,随着技术的发展,快播软件会发展到能够识别所播放画面是否属于淫秽物品,并进行自动停播,那时,快播播放器将不会再被用来播放淫秽视频。

快播公司提供快播播放器等软件、抓取缓存行为的行为虽然创造了淫秽视频传播的风险,但是该风险属于可容许的风险,因此,其行为不构成传播淫秽物品罪的帮助行为。快播公司提供相关软件、抓取缓存行为不构成《刑法》第 364 条的传播淫秽物品罪。

(二)快播公司删除淫秽视频不力行为可能构成刑法第 364 条的传播淫秽物品罪

认定一个不作为行为是否构成犯罪,其认定内容与顺序存在不同的学说。② 笔者在本部分按照结果或构成要件的实现、不作为与结果

---

① 快播公司王某在庭审中以电信公司不因电信诈骗而被认定为诈骗罪作类比具有一定的相似性。

② 参见董桂武、肖媛媛:《论不纯正不作为犯认定的评价内容及顺序——以母亲女友案系列案例为例》,载《法律适用》2016 年第 5 期。

的实现具有因果关系、行为人居于保证人地位、行为人具有作为的可能性、具有故意或过失等进行认定和讨论。

(1)淫秽视频大量传播,传播淫秽物品罪的结果实现。

(2)快播公司删除或阻止淫秽视频不力与用户利用快播等软件进行淫秽视频传播具有因果关系。

(3)快播公司作为网络服务提供者,对于其已经发现的淫秽视频,其具有"应当立即停止传输该信息,采取消除等处置措施,保存有关记录,并向有关主管部门报告"的义务。其对于未发现的可能是淫秽视频不具有发现义务。因此,(1)中所认定的被传播的淫秽视频应该是快播公司已经发现的淫秽视频,(2)中快播公司处置不力的淫秽视频也应该是快播公司已经发现的视频。(1)、(2)中所指的淫秽视频均非指快播公司未发现的可能是淫秽视频的视频。

需要讨论的是,快播公司提供快播播放器软件等行为是先行行为,该行为是否会带来附带"发现"淫秽视频的义务?笔者认为,网络服务提供者"发现"禁止视频并进行处理的义务,是不可实现的义务,快播案庭审过程中,每天用快播软件播放视频的用户有时竟达上亿,画面识别淫秽物品技术还没有实现,因此,法定管理义务都未包含此"发现"的义务,该先行行为更不应产生此义务。

(4)快播公司对于已发现的淫秽视频具有处理的可能性。快播公司设立了110系统进行主动防御,也通过举报的方式对淫秽视频进行处理,显然,其对已发现的淫秽视频具有处理的可能。但,其对未发现的可能淫秽视频的视频,不具有处理的可能性。

(5)如果其对已经发现的淫秽物品未进行处理,其就具有了故意。

讨论至此,快播公司是否构成不作为犯的争点在于通过快播播放器传播的淫秽视频是否属于快播公司已经发现的淫秽视频。

如果传播的淫秽物品属于快播公司已经发现的淫秽视频,这些淫秽视频或监管部门责令整改或用户已经举报,则快播公司处置不力与该淫秽视频传播具有因果关系,快播公司对该部分视频具有法定管理义务且能够对该部分视频进行处理其仍不处理,因此,就该部分传播的淫秽视频,快播公司删除淫秽视频不力行为构成《刑法》第364条的传播淫秽物品罪。

如果传播的淫秽物品属于快播公司未发现的淫秽视频,这些淫秽视频监管部门未责令整改,用户未举报,虽然快播公司处置不力与该淫秽视频传播具有因果关系,但是快播公司对该部分视频不具有法定管理义务,因此,就该部分传播的淫秽视频,快播公司删除淫秽视频不力行为不构成《刑法》第364条的传播淫秽物品罪。

遗憾的是,快播案庭审进行了两天,对被传播的淫秽视频是属于已经发现的淫秽视频,还是属于已经发现的淫秽视频根本没有进行审理,一审判决书也未对此加以讨论。一审庭审表明,快播公司在2012年已经对深圳市公安局责令整改的内容进行了整改。当然,这个区分在该案中,显然也无实现的可能。根据事实存疑时有利于被告人的原则,应该推定该部分传播的淫秽视频属于未被发现的淫秽视频,所以,快播公司删除淫秽视频不力行为不构成《刑法》第364条的传播淫秽物品罪。

笔者从快播公司提供软件的作为、处理淫秽视频不力的不作为两个方面对快播公司是否构成传播淫秽物品罪的构成要件符合性进行了分析,都得出了否定性的结论。因此,就无必要进一步分析快播公司是否具有牟利目的以及违法性、罪责阶层是否成立。

四、结　　论

无论是在犯罪论三阶层体系下,还是在犯罪论四要件体系下,故意的作为犯、过失的作为犯、不作为犯的认定,其认定过程中所评价的内容均存在差别。

刑事案件的认定,首先在于对所要评价的行为事实的认定,其次应对行为进行定性,最后是根据行为选择相应评价体系。

快播公司作为一个提供各类视频(健康视频、淫秽视频等)播放软件的网络服务者,给客户提供快播软件等相关软件,通过抓取、缓存、传输相关视频内容给客户,实现视频的网络共享。该行为中的提供视频软件以及抓取缓存的行为均属于作为行为的帮助行为,属于不可罚的中立帮助行为;其抓取缓存之后如因监管不力导致淫秽视频传播属于不作为;该行为不存在作为行为的正犯行为。针对其帮助行为,或选择共犯评价模式,或选择独立罪名评价模式;针对其不作为行为,则应选择不作为犯的评价模式。根据刑法教义学的鉴定模式,笔者论证的结论为,立足于现有刑事法规范与刑法理论通说,快播公司导致淫秽物品传播的行为无论在帮助行为上,还是在不作为上均不构成传播淫秽物品罪。

The Case of QvodPlayer: Criminal Offences Committed by Action or by Omission?

Dong Guiwu

[**内容摘要**]快播案中快播公司导致淫秽物品传播的行为属于作为行为的帮助行为、不作为,不属于作为行为的正犯行为。我国的刑事立法、刑事司法规范规制网络服务提供者行为存在两种模式:一是规制网络服务提供者的帮助行为,又分为共犯模式、共犯正犯化模式两种;二是规制网络服务提供者怠于行使阻止犯罪或违法行为的义务,规制该不作为的犯罪行为,又分为从属罪名模式、独立罪名模式。网络服务提供者的作为义务对于已发现的淫秽物品具有法定管理义务,对于未发现的可能是淫秽视频的视频不具有法定管理义务。基于价值判断,快播公司提供快播播放器等软件的行为属于帮助行为,属于不可罚的中立帮助行为,该行为不构成传播淫秽物品罪。无法查明通过快播播放器传播的淫秽视频是否属于快播公司已经发现的淫秽视频,根据事实存疑时有利于被告人的原则,应该推定该部分传播的淫秽视频属于未被发现的淫秽视频,快播公司删除淫秽视频不力行为不构成传播淫秽物品罪。

[**关键词**]快播案;作为;不作为;传播淫秽物品罪

Abstract: In the case of QvodPlayer, QvodPlayer Company's action leading to the transmission of obscenity should be regarded as the neutral help behavior of criminal offences committed by action, or criminal offences committed by omission rather than principal offender of criminal offences committed by action. In Chinese criminal legislation and criminal justice, there exist two modes to regulate Internet service providers' behaviors: first, the regulation of aiding behavior of Internet service providers, which consists of two subtypes: accomplice offender and accomplice principal offender; second, the regulation of criminal offences committed by omission of Internet service providers who are reluctant to perform the obligation of preventing criminal or illegal activities, which consists of two subtypes: subordinate crime mode and independent crime mode. As to the obligation committed by action, Internet service providers ought to perform their obligations of lawful management when discovering obscenity while possess no management obligation when discovering no or possible obscenity. Based on the value judgment, Qvod Player Company's behavior of providing QvodPlayer software could be judged as the aiding action, or neutral aiding action with no punishment. This behavior could not be judged as crime of obscenity transmission. According to the principle in favor of the accused when existing uncertain facts, the obscenity transmitted by QvodPlayer software which could not be inspected whether it is discovered by QvodPlayer Company or not, could be considered as the undiscovered obscenity videos. The insufficient deletion of obscenity videos of QvodPlayer Company should not be regarded as crime of obscenity transmission.

Keywords: The case of Qvod Player; Criminal offences committed by action; Criminal offences committed by omission; Crime of obscenity transmission

网络中立帮助行为的刑法规制

李永升[*]　张　楚[**]

目　次

在缺乏犯意联络的情形下,网络技术提供者的技术支持行为具有很明显的中立帮助性质。网络帮助行为单独入罪和不作为犯罪处理的两派观点,在理论界的交锋一直都是如火如荼。2015 年 11 月 1 日,《刑法修正案(九)》正式生效,其中第 28 条和第 29 条分别在《刑法》条文第 286 条和第 287 条中新增了拒不履行网络安全管理义务罪和帮助信息网络犯罪活动罪,明确将网络中立帮助行为以立法的形式正犯化。然而,学界对网络帮助行为入罪化的争议并没有因此而消停。以张明楷为首的权威学者用共犯的从属性原理诠释法条,主张第 287 条之二的第 1 款只是网络帮助行为的处罚原则,不构成独立性的罪名。① 以

---

* 西南政法大学法学院教授,刑法专业博士生导师,博士后合作导师,中国犯罪学学会常务理事。

** 西南政法大学法学院刑法专业博士研究生。

① 参见张明楷:《论帮助信息网络活动罪》,载《政治与法律》2016 年第 2 期。

于志刚为首的年轻学者在早年的专著中就另辟蹊径，认为网络帮助行为具有独立的法益侵害性，在不违背帮助犯从属性原则的情况下，主张网络帮助行为单独入罪，独立地用刑法分则中的罪名加以规定。[①] 但笔者认为，论者们虽然论证的立场不尽相同，但是最终的结论都是殊途同归的：网络帮助行为应当以刑法加以规制，这样的合理规制没有加重对帮助者的苛责，合理的限度下动用刑法也并不违背刑法的谦抑性要求。

一、网络中立帮助行为入罪化的理论依据和现实依据

在网络帮助行为正式被刑法分则纳入之前，部分司法解释已经对网络帮助行为的定性和处罚作出了相应规定：2004 年和 2010 年出台的最高人民法院、最高人民检察院《关于办理利用互联网、移动通讯终端、声讯台制作、复制、出版、贩卖、传播淫秽电子信息刑事案件具体应用法律若干问题的解释（一）》第 7 条和《关于办理利用互联网、移动通讯终端、声讯台制作、复制、出版、贩卖、传播淫秽电子信息刑事案件具体应用法律若干问题的解释（二）》中第 6、7 条分别规定了为制作、贩卖、传播淫秽物品提供技术服务的帮助者的刑事责任；2006 年出台的最高人民法院、最高人民检察院《关于办理赌博刑事案件具体应用法律若干问题的解释》第 4 条规定了赌博罪的网络帮助犯的刑事责任；2011 年联合出台的最高人民法院、最高人民检察院、公安部《关于办理侵犯知识产权刑事案件适用法律若干问题的意见》第 15 条规定了侵犯知识产权罪中帮助者的刑事责任。众多的司法解释都指向了一个结论，网络帮助行为和平台责任应当纳入刑法的调整范围。但问题的症结在于，以传统的刑法理论，帮助行为的可罚性高度依附于正犯行为，如果实行犯不构成犯罪，帮助犯的行为也不应当受到刑法处罚。因此，解决问题的方法，只能以修改刑法条文的形式，将各论者的意见加以调和。

---

① 参见于志刚：《网络空间中犯罪帮助行为的制裁体系与完善思路》，载《中国法学》2016 年第 2 期。

(一)网络中立帮助行为入罪化的理论依据

"帮助"行为或者是"协助"行为,学者立马能想到的是共同犯罪中的帮助犯,所以传统的刑法理论都是从共同犯罪的理论出发的,认为帮助行为是否应当为刑法所评价,很大程度上从属于共同犯罪中实行行为的性质。其实,学者们在论证此问题时忽略了三个前提:第一,共同犯罪中,到底如何区分正犯与共犯,具体到论点上,就是如何区分实行犯和帮助犯;第二,帮助行为的法益侵害性是否一定小于实行行为的法益侵害性;第三,帮助行为的社会危害性能否独立于实行行为,以及是否具有独立的依据。

1. "正犯"和"共犯"区分标准的质疑和启发

根据大多数学者支持的共犯从属性说,共同犯罪中共犯不具有独立的可罚性,其可罚性来自对正犯的"借用"。按照这种观点,独立的帮助行为不足以受到刑法的处罚,除非在《刑法》分则中以实行行为加以规定,比如第 385 条第 4 款的协助组织卖淫罪。但抛开法条的形式规定,从实质上分析,在什么条件下,我们可以讨论部分的帮助行为的"正犯化",这是一个首先不能加以回避的问题。

正犯和共犯区分的学说有形式客观说和实质客观说之分。形式客观说认为,正犯是通过自己的行为实施符合刑法分则所规定的具体罪名的构成要件的犯罪类型,而共犯是通过参与和分工协作间接引起法益侵害结果的犯罪类型。① 据此,正犯和共犯在形式上的区分是立足于刑法分则的罪状的规定,对构成要件意义的实行行为进行着手实施的人是正犯,对构成要件仅仅起了准备、支持、帮助作用的人是共犯。② 在刑法理论上,我们把原本作为共同犯罪中只作为共犯定罪量刑的参

---

① 参见钱叶六:《双层区分制下正犯与共犯的区分》,载《法学研究》2012 年第 1 期。

② 参见钱叶六:《共犯论的基础及其展开》,中国政法大学出版社 2014 年版,第 27 ~ 34页。

与人，单独在刑法分则中加以规定，以独立的罪名来定罪量刑加以规制的现象称为共犯正犯化。[①] 共犯正犯化不仅意味着共犯行为的处罚不再依据刑法总则有关共犯的处罚原则来量刑，而直接依据分则的条文来定罪量刑，也意味着帮助行为、教唆行为等共犯行为可以独立于实行行为，不以实行犯构成犯罪作为处罚前提。[②] 帮助行为规定在刑法分则中，以独立的罪名出现的现象是帮助犯的正犯化，典型的如《刑法》第 107 条规定的资助危害国家安全犯罪活动罪、第 358 条第 4 款规定的协助组织卖淫罪等。有的学者把帮助犯正犯化的现象分为绝对正犯化和相对正犯化。[③] 前者是指相应帮助行为的性质完全拟制为实行行为，不以帮助或者资助对象的实行行为构成犯罪为入罪条件，比如《刑法》第 120 条之一规定的帮助恐怖活动罪。后者指的是帮助行为能否直接纳入刑法评价，还要结合实行犯是否构成犯罪来进行判断，比如《刑法》第 358 条第 4 款规定的协助组织卖淫罪，行为人构成协助组织卖淫罪必须以实行犯构成组织卖淫罪为前提。帮助行为绝对正犯化和相对正犯化的区分其实已经给论者们埋下了疑问：为什么某些帮助行为的法益侵害性可以独立于实行者，有些帮助行为的法益侵害性必须从属于正犯？

形式客观说紧扣刑法分则之规定，而忽略了犯罪行为基本形态的认定。基本形态的犯罪行为才是整个刑法学研究的基石，[④]共犯行为和未遂行为只是对上面的修正。问题关键在于，什么样的“行为”才能作为入罪的模型，以其作为标准，根据犯罪形态在定罪量刑上进行一定加减。刑法分则条款罪状中，实行行为外延的界定莫衷一是，很多情况下我们都无法界定传统刑法学中的行为概念，毋宁说是在网络刑法领域。比如，通过互联网传播淫秽物品的行为人，与为其提供深度链接的

---

① 参见陈毅坚、孟莉莉：《“共犯正犯化”立法模式正当性评析》，载《中山大学法律评论》2010 年第 2 期。

② 参见阎二鹏：《共犯行为正犯化及其反思》，载《法学评论》2013 年第 3 期。

③ 同上。

④ 参见陈世伟：《论共犯的二重性》，中国检察出版社 2008 年版，第 45 页。

行为如果构成共同犯罪,提供深度链接的行为应当被评价为法律上的“传播”行为,还是评价为“传播”的辅助行为?深度链接提供者应当评价为帮助犯,或者是“传播”行为的共同实行犯?不同学者对此给出的评价不同。[①] 抛开刑法条文本身之规定,学者也提出了实质客观说,实质的客观说着眼于行为的社会危害性和行为对共同犯罪的支配程度,从中又分解出诸多理论。德日刑法中主流的理论有必要性理论、同时性理论、优越性理论、危险性程度说、犯罪事实支配理论和重要作用说等,[②]其中,张明楷教授倡导的是事实支配理论。[③] 实质的客观说更多关注的是共犯参与人行为本身对共犯结果的原因力,考察的是每个共犯参与人的法益侵害的程度。认为对犯罪结果最具有原因力、最具有支配力的行为是正犯行为,起影响作用、促进作用的行为是共犯行为。实质客观说为正犯和共犯的划分提出了高度抽象的区分标准,在实际案件中难以操作,但是从共犯参与人可罚性的角度,也为研究提供了可取的思路。从犯罪的本质出发,犯罪行为以严重的社会危害性和刑事违法性为评价的前提,以应受惩罚性为最终的归宿。正犯和共犯的区分最终落脚到正犯和共犯不同的归责原则,以实现罪刑相适应。因此,犯罪的本质最终落脚到法益侵害,分则中的刑法条文也是对法益侵害程度较大、犯罪表象频率较高的部分行为以罪名的形式加以规定,作为基本的犯罪形态,犯罪未完成形态和共犯形态是在此基础上的修正,作为非典型形态出现在司法研究的视野。一个行为能否被刑法的犯罪圈所纳入,或者一个看似共犯的行为能不能被“正犯化”或者“犯罪化”,应当对该行为的法益侵害性作出合理的评估,以做出入罪或出罪的结论。

2. 共犯理论的论证起点以及立场选择

我国共同犯罪的相关理论多为德日刑法的舶来品。在共同犯罪的

---

① 参见林清红、周舟:《深度链接行为入罪应保持克制》,载《法学》2013 年第 9 期;王冠:《深度链接行为入罪化问题的最终解决》,载《法学》2013 年第 9 期;徐松林:《视频搜索网站深度链接行为的刑法规制》,载《知识产权》2014 年第 11 期;孙万怀:《慎终如始的民刑推演——网络服务提供行为的传播性质》,载《政法论坛》2015 年第 1 期。

② 参见钱叶六:《共犯与正犯关系论》,载《中外法学》2013 年第 4 期。

③ 参见张明楷:《刑法学》(第 4 版),法律出版社 2011 年版,第 357 页。

成立上，我们采用的学说开始发生转向，逐渐从以往的犯罪共同说、部分犯罪共同说逐渐过渡为行为共同说，以解决缺乏双向意思联络的片面共犯的成立问题，在共同犯罪的有责性上，以限制从属性说对未达到刑事责任年龄的共犯参与人予以出罪。有学者指出，刑事立法应当及时修改，针对具有较大法益侵害性的网络犯罪行为应当单独规定罪名，网络共同犯罪逐渐走向独立性。① 但是，张明楷教授指出，即便网络犯罪呈现出有别于传统犯罪的部分特点，其本质也是共同犯罪，片面共犯在网络犯罪中的普遍化不能成为网络中立帮助行为独立成罪的依据，"一对多""多对一"的犯罪现象在传统共同犯罪中更是常见，我们应当恪守共犯的从属性，用原有的共犯理论解释网络共同犯罪。②

我们认为，即便网络共同犯罪的本质不能完全脱胎于传统的共同犯罪，网络共同犯罪的新特点和趋势也只能鞭策我们不断与时俱进，而不是墨守成规，以固有的立场去解释新生的现象。三阶层学说和四要件学说对于共同犯罪展开论述的逻辑起点是有所不同的。比如，20 岁的行为人甲通过网络传播淫秽物品，14 岁的乙明知其犯罪为其提供技术支撑，用三阶层学说来解释，甲、乙两人的行为满足了构成要件的该当性以及有责性，两人构成传播淫秽物品罪的共同犯罪。根据绝大部分学者提倡限制从属性学说，在有责性层面，排除 14 岁乙的刑事责任。如果用四要件学说来解释，由于其中一个行为人未达到相应的刑事责任年龄，不符合共同犯罪的主体条件，直接认定甲具有单独的责任。有学者认为，我们国家理论上其实倡导的是极端从属性学说。③ 我们不反对这一结论，但不赞成整个论证思路。从构成要件学说来看，我们国家也逐渐在经历一个从三阶层学说到四要件学说的转型阶段，三阶层学说更侧重对一个犯罪团伙整体的考察，从构成要件该当性层面先进行入罪评价，再从违法性和有责性层面进行出罪评价。四要件学说是耦合式的标准，更加侧重几个要件的评定，侧重对行为个体的评价，一

① 参见于志刚：《网络犯罪与中国刑法应对》，载《中国社会科学》2010 年第 3 期。
② 同上。
③ 参见张伟：《帮助犯研究》，中国政法大学出版社 2012 年版，第 63 页。

个要件不符合便会“一损俱损”,是从行为人构成犯罪的前提下来考察他们之间是否构成共同犯罪。由于论证的逻辑起点不同,我们也不能一味地用拿来主义解决共同犯罪以及网络共犯的实际问题。无论是用形式客观说还是实质客观说,我们推定的前提都是行为人之间已经构成共同犯罪,而在论证的逻辑上本末倒置,如果对“共犯参与人”的行为本身就有根据单独处刑,我们又何以非要论证其构成与他人的共同犯罪,再进一步论述该参与人的行为如何依附于其他参与人,最后论证其犯罪作用的主与次呢?不管是立足于现在逐渐上升为主流观点的四要件学说,还是从罪责自负的最终落脚点来看,我们都应当立足于行为人个体的刑事责任,从个体的刑事违法性、法益侵害性加以研究,再根据行为人犯意联络的有无以及强弱,对共同犯罪形态加以断定。

3. 帮助行为和实行行为的法益侵害性评述

我国刑法条文中没有对帮助犯的概念进行界定,只有从犯的概念。根据《刑法》第 27 条的表述,从犯有两类,一类是起次要作用的,另一类是起辅助作用的。一般认为起辅助作用的从犯就是帮助犯。我们国家共犯类型的划分是混合分类法,也有学者称之为“双层区分制”分类法。第一层是解决共犯的分工问题,第二层是解决共犯的作用大小问题。根据共犯的分工,我们把共犯人分为实行犯、组织犯、教唆犯和帮助犯,根据共犯人的作用,我们把共犯人分为主犯、从犯和胁从犯。从犯的处罚一般情况下应当轻于主犯,这是没有质疑的,但是起帮助作用的行为人的处罚是否一定要轻于实行者,这不能一概而论。有学者指出,帮助犯也可以在共同犯罪中起主要作用,“在共同犯罪中其主要作用”的规定也并没有把帮助犯排除在外。① 从汉语意思来理解,帮助是指“以出钱、出力或出主意的方式相助别人”,所以我们不能单纯地把“帮助”理解为一种作用上的辅助,有可能体现为一种作用上的替代,即实行者不具备某种能力,帮助者以自己的能力代替其实施。比如行

① 参见梁世伟:《刑法学教程》,南京大学出版社 1987 年版,第 209 ~ 230 页;张伟:《帮助犯概念与范畴的现代展开》,载《现代法学》2012 年第 4 期;谢彤:《帮助行为可以在共同犯罪中起主要作用》,载《华东政法学院学报》2002 年第 1 期。

为人意欲杀人但手无缚鸡之力,雇人为自己实施杀人计划,来“帮忙”的人未必起的是辅助作用,可能在杀人犯罪过程中起关键作用。再如在网络犯罪中,行为人意欲通过网络实施侵犯知识产权类的犯罪而苦于没有技术支撑,行为人提供的“技术帮助”更有可能在整个犯罪活动中起到决定性的作用。因此,我们不能认为帮助行为的法益侵害性一定小于实行行为。

有学者把刑法条文中的帮助行为区分为四种情形:一是依附于实行行为的帮助犯,即帮助者与行为人之间有通谋,构成共同犯罪,比较典型的是为骗保提供虚假证明文件的中介组织也构成保险诈骗罪的共犯;二是连累犯,即帮助者与实行者在实行过程中无通谋,事后为其提供帮助,如洗钱罪、窝藏包庇罪等;三是帮助型犯罪,即帮助者和关联行为人在实行过程中有通谋,但是刑法没有规定实行者的责任,规定了帮助者的独立的罪名,最典型的是资敌罪、帮助毁灭、伪造证据罪等;四是帮助行为的单独处罚,没有独立罪名,最典型的是帮助他人自杀的构成故意杀人罪。① 从帮助行为的性质和内涵来看,并非所有的帮助行为的入罪都依附于关联性为,帮助行为可以在关联行为不构成犯罪的情况下单独受到刑法的规制。这也证明,帮助行为的法益侵害性也未必小于关联行为的法益侵害性。

(二)网络中立帮助行为入罪化的现实依据

帮助行为的法益侵害性可能比关联行为的法益侵害性更大,只能作为其具有独立的社会危害性的理由,但并不能直接成为帮助行为独立成罪的依据。一个行为是否能够为刑法所评价,最终还要经过“有没有、能不能、应不应”三个层面的考量。② 刑法的谦抑性是违法行为纳入犯罪行为的门槛,这主要体现为刑法的补充性、不完整性和宽容性

---

① 参见汪红飞:《帮助型犯罪问题研究》,载《浙江万里学院学报》2003 年第 5 期。

② 参见陈兴良:《婚内强奸犯罪化:能与不能——一种法解释学的分析》,载《法学》2006 年第 2 期。

三个方面的要求。① 第一方面的要求意味着若其他法律能够调整尽可能不动用刑法;第二方面的要求意味着刑法没有必要介入市民生活的每一个角落;第三方面的要求意味着刑法的解释必须有利于被告人,不能让行为人承担苛责过重的责任和义务。

首先,从实然的角度出发,网络犯罪的数量逐年呈上升趋势,网络犯罪的刑法规制势在必行。在 2015 年官方的"网络安全博览会"上,北京网安反诈骗联盟在短短一季度的时间里,接到了近 5000 起、诈骗金额高达近 1800 万元的网络诈骗案件,从网络犯罪案件频发的程度上来看,足以让网民们猝不及防。比起传统犯罪,网络传播呈现出"一对多""多对一""多对多"等形式,网络犯罪多以共同犯罪、网络聚合犯罪的形态出现。② 在行为人实施诈骗犯罪的过程中,网络平台为行为人提供了"相互磨合、实施犯罪"的平台。另外,网络系统漏洞是最为重要的一个原因,网络平台和网络服务商在其中的监管责任不容小觑。随着网络 2.0 时代向网络 3.0 时代的过渡,网络渗透到人们生活的方方面面。网络对人们工作生活的渗入,从原来简单的交流分享到对金融、交易、购物、理财、旅游等诸多领域的渗透。因此,网络犯罪的现象不仅已经普遍化,而且呈现出一定的异化趋势,应当受到相应的法律规制。

其次,刑法是调整范围最为广泛的部门法,其规制的范围应当逐渐从传统领域蔓延至网络空间,从传统的网络传播者转向平台提供者。刑法应当对网络平台的刑事责任加以规制,并不等于刑法介入网络生活的方方面面。随着"互联网+"时代的到来,网络空间与现实世界进一步融合,所以对互联网犯罪的规制,从以前只是局限在计算机领域的技术保护,逐渐过渡到对生活领域的安全保护。迫在眉睫需要构建的,不再是计算机系统和软件的安全,而是网络环境的健康和网络秩序的

① 参见[日]大谷实:《犯罪化和非犯罪化》,黎宏译,载陈兴良主编:《刑事法评论》(第 6 卷),中国政法大学出版社 2000 年版,第 418 页。

② 参见吴雨豪:《聚合类网络服务商著作权侵权的刑事处罚边界》,载《电子知识产权》2014 年第 9 期。

安定。从这个层面来讲,网络环境的搭建者、网络平台的设立者比起一般的网民有更高的职业操守和注意义务。有学者提出,网络帮助者和网络平台的技术服务具有独立的法益侵害性,即是网络公共生活的平稳和安宁,[①]所以我们对网络犯罪的关注也应当从传播者到平台提供者进行转向和过渡。

最后,网络帮助者追责体系建立,是一个方法论的问题。我们推行的一直是刑事立法和刑事司法的双轨并行。[②] 为了从刑事立法上表明我们的立场和态度,在司法实践中应当严格断定个案中行为人的入罪和出罪,建立完善的定罪量刑机制。刑法修正案和历来的司法解释都表明了司法界和理论界对网络帮助犯罪行为所作出的否定评价,但如何正确地定罪和量刑,更好地保障被告人的合法权益,恪守刑法的谦抑性则是在更高层面上所追求的法律价值。在司法层面,我们应当对新增条款的解释和适用进行严格限制,从行为人的主观方面、客观方面等诸多要素框定网络帮助者的注意义务和管理义务,从而构建普适的司法裁量标准。

综上所述,鉴于网络环境的特殊性,我们主张网络帮助行为可以独立入罪处罚。这并不是因为其法益侵害性大,而是在犯意联络缺乏,帮助手段特殊的网络犯罪环境下,网络犯罪帮助者的社会危害性并不以网络犯罪实行者为依托,刑法对其法益侵害性独立评价具有净化网络环境,捍卫网络安全的现实意义。

二、网络中立帮助行为的内涵界定和行为特点

通说认为,帮助犯是故意帮助其他人实施犯罪或者在共同犯罪中起辅助作用的人。[③] 不论关联行为者和帮助者人身危险性的大小,帮助行为对相关行为必然有效果上的加功。有学者提出帮助行为是为实

---

① 参见于志刚:《共同犯罪的网络异化》,中国方正出版社 2006 年版,第 175 页。

② 同上。

③ 参见高铭暄、马克昌:《刑法学》,北京大学出版社 2000 年版,第 179 页。

行犯罪创造条件、给予援助的行为,[①]我们把网络帮助行为理解为依托于网络、对其他行为人实施犯罪施以帮助的行为。

(一)网络中立帮助行为的内涵界定

《刑法修正案(九)》新增的拒不履行信息网络安全管理义务罪,以及帮助信息网络犯罪活动罪,规范了网络犯罪平台提供者和网络犯罪技术支持者的刑事责任。前罪属于网络监管渎职类犯罪,后罪属于网络共同犯罪帮助者的刑事责任,前者是消极的不作为行为,后者是积极的作为行为。两罪都具有兜底条款的性质,尤其是帮助信息网络犯罪活动罪,只有在不构成其他罪名的情况下,才考虑该条款的适用。在帮助者与其他网络犯罪实施者有共谋犯意的情况下,帮助信息网络犯罪活动罪极有可能被正犯行为的罪名所吸收。如果行为人同时构成帮助信息网络犯罪活动罪与其他罪名的,是想象竞合,以处罚较重的规定定罪处罚。因此,帮助信息网络犯罪活动罪的存在空间相对狭小。

帮助网络犯罪活动的行为和拒不履行网络安全管理义务的行为,在内涵上有异曲同工之处,在法益侵害上也具有高度的相似性,因此在司法实践中,也存在想象竞合的极大可能,我们不能将两罪孤立地对待。首先,从主体上来看,网络技术支持者和网络平台提供者都是具有网络运营资质或者准运营资质的单位和个人,其内涵和范畴在一定程度上是重合的。构成前罪的主体也以网络平台作为技术支持,成为后罪的主体。其次,从业务上看,技术支持和网络平台支持的内涵界定也有一定交叉,平台提供也是广义上的技术支持。一般而言,ISP是提供互联网接入服务的单位,ICP是互联网服务的单位。有学者认为,广义的ISP也能包含ICP。[②] 最后,从主体的义务上看,两者具有重合性。提供技术支持的帮助者应当对服务对象进行适当的审查,在服务对象

① 参见刘守芬、丁鹏:《网络共同犯罪之我见》,载《法律科学》2005年第5期。

② 参见孙占英、李毅:《ICP侵权之若干法律问题探讨》,载《河北法学》2004年第9期。

有明显违法倾向的情形下停止技术服务;网络平台的管理者在搭建之初,也应当对平台的安全性和合法性进行审查,营造良好的上网环境。帮助信息网络犯罪活动罪中的“提供技术支持、网络推广、支付结算等帮助行为”,可以解释为技术支持者一开始便知道相关人预备或者正在实施网络犯罪活动而施以帮助,也可以理解为技术支持者一开始并不知道相关人实施网络犯罪活动,而是发现之后才继续提供技术支持。因此,司法界一直存在对快播案件定性的争议,抛开帮助信息网络犯罪活动罪的“情节严重”的要求,本案既符合拒不履行信息网络安全管理义务罪的犯罪构成,也符合帮助信息网络犯罪活动罪的犯罪构成。[①]鉴于此,网络平台责任和网络帮助行为具有互补性和交叉性,我们在剖析网络帮助行为时,平台责任的建构也能为网络帮助行为的研究提供崭新的思路。

必须承认的是,两个平台在刑法规制的法理上仍然有重大的区别。于志刚教授将现在的网络犯罪的追责体系评述为“单向双轨三核”,严格区分了网络共同犯罪中的共犯责任和平台责任。单向指网络犯罪帮助行为的治理思路从共犯从属性向共犯独立性转向,双轨指立法表明网络帮助行为惩处态度,司法上建立网络帮助行为的出罪机制。三核指建立网络共犯责任、网络正犯责任和网络平台责任。第一层责任是基础,第二层责任是补充,第三层责任是强化。于教授认为平台责任是对共犯责任的强化,是在网络犯罪相关正犯罪名缺乏、帮助行为入罪机制薄弱的情形下另辟蹊径新增的罪名,所以两个罪名从立法的原意和适用范围上都有着明显的区别。首先,两个罪名的性质有所不同。从法条的表述上看,拒不履行信息网络安全管理义务罪是结果犯,只有发生了法定的后果才作为犯罪处罚,帮助信息网络犯罪活动罪是情节犯,情节严重的才作为犯罪处理。其次,两个罪名的主观方面有所不同。帮助信息网络犯罪活动罪是故意犯罪,包括直接故意和间接故意。有学者指出,拒不履行信息网络安全管理义务罪的规定的是一种“过失

① 毛玲玲:《传播淫秽物品罪中“传播”行为的性质认定——“快播案”相关问题的刑事法理评析》,载《东方法学》2016 年第 2 期。

责任”,[①]这种责任的主观方面为混合罪过,可以由故意构成,也可以由过失构成。网络平台的管理者有三个层面的主观心态:“不履行义务”可能是故意不履行,也可能是过失不履行;“拒不改正”是经监管部门责令之后的反应,无疑是“故意”不改正;“造成严重后果”可能是故意,也可能是过失,所以整个犯罪的主观构成要件仍然统筹为故意和过失兼容的罪过形式,[②]类似于《刑法》第397条规定有关滥用职权罪和玩忽职守罪的规定。再次,两个罪名对行为人入罪的成立条件有所不同。帮助信息网络犯罪活动罪的入罪不要求有监管部门的责令和督促,拒不履行信息网络完全管理义务罪的构成要求有监管部门责令更改的前置程序,属于刑法对违反行政法律规范行为的二次评价。最后,两个罪名对作为入罪的前提有所不同。拒不履行信息网络安全管理义务罪的独立性远远高于帮助信息网络犯罪活动罪,前者不要求有明确帮扶的网络犯罪对象,而后者以“明知他人利用信息网络实施犯罪而为其提供帮助”作为入罪的前提。

如果网络技术支持者、网络平台监管者明知相关人通过网络技术或平台实施犯罪,与网络犯罪相关人有事先通谋的,构成与网络犯罪实行者的共谋,按照共同犯罪原理,以其他罪名定罪处罚。因此,直接适用两个罪名的情形并不多,其适用范围应当限定为中立色彩的网络帮助行为。我们认为,最广义上的网络帮助行为,是基于网络技术,通过网络手段对网络犯罪实施者施以的全部物理帮助和精神激励。广义的网络帮助行为,仅仅指通过网络手段的物理帮助那一部分,包括基于共谋和非基于共谋对其他网络犯罪实行者施以的帮助。狭义的网络帮助行为,是指非基于共谋为网络犯罪者提供技术支持或者平台支撑的行为。最狭义的网络帮助行为,是指非基于共谋,为网络犯罪实行犯罪加以技术支持,客观上对网络犯罪起到了促进作用的行为,以区分网络帮

① 参见王文华:《拒不履行信息网络安全管理义务罪适用分析》,载《人民检察》2016年第6期。

② 参见喻海松:《网络犯罪的立法扩张与司法适用》,载《法律适用》2016年第9期。

助责任和平台责任。下文将重点论述的是最狭义的网络帮助行为。

(二)网络中立帮助行为的行为特点

与相关行为相比,网络帮助行为的可罚性相对独立。由于犯意联络的缺乏,网络犯罪帮助者的犯意相对独立;由于网络技术的可重复利用的特点,网络帮助行为所起的作用不是一对一的接济,而是一对多的援助,网络帮助行为的社会危害性相对独立。如果网络犯罪帮助行为情节严重或者手段恶劣的,可以直接理解为网络犯罪的实行行为。比起一般的帮助行为,网络帮助行为具备以下几个方面的特点:

1. 手段上的技术性。一般的帮助行为可以是为他人出谋划策、打气鼓舞或者物质帮扶,所以脱离帮助行为,实行者可以全凭自己的能力实施犯罪,也可以借助于其他人的帮忙实施犯罪,帮助者的可替代性较强。网络帮助行为就是较为精通网络技术的人,为实施网络犯罪的人提供强有力的技术支持,不同的网络技术、不同网络的平台、不同的网络软件对于实施犯罪的可替代性有所不同。这一类技术或为行业内部的技术垄断,或为知识产权的独占许可,行为人实施网络犯罪对网络技术提供者具有很强的依附性。与"明知道对方要杀人而出售屠刀的帮助者",以及"明知道对方要实施抢劫而给付面包"的帮助者相比,技术支持者在网络犯罪中起到了高度的不可替代的作用。

2. 属性上的业务性。从帮助者和相关人的关系上来看,提供技术服务的行为具有襄助性质,从帮助行为本身来看,帮助行为具有准业务性的性质。即便软件的投放和网页平台的适用并不都具有营利性,技术支持者或者平台提供者,也应当对提供的网络技术,或者平台上流通的网络信息、交易安全有一定的审查义务。有学者甚至主张网络从业人员亦是一类专业的从业人员,构成相关网络犯罪的,刑法可以禁止其网络从业的资格。① 虽然我们对《刑法》第 37 条之一"从业禁止"的主

① 参见于志刚:《从业禁止制度的定位与资格限制、剥夺制度的体系化——以〈刑法修正案(九)〉从业禁止制度的规范解读为切入点》,载《法学评论》2016 年第 1 期。

体的适用范围还存在一定的争议,但是我们也不能否认网络技术提供者的业务属性,无论网络从业人员是否具有职业资格,网络从业人员都应当对其设置的网络平台施以监管,建立有效的监控机制。技术支持者或者平台提供者监管义务的大小直接关系到刑法归结行为人的责任大小。

3. 立场上的准中立性。从帮助行为的立场上来看,技术支持者倾向的是一种"中立"的帮助,而非"共谋"的帮助。"中立的帮助行为"并不是一个法定的术语,陈洪兵教授指出中立的帮助行为具有两方面的特征:从表象上来看,这一类行为表面上是无害的,与犯罪不相关的、不追求犯罪目的的;从客观效果上看,这一类行为能够促进他人的犯罪行为。① 这一类行为又被称为典型职业行为、职业相当性行为、惯常的业务活动等。但是"中立"只是表象的,其行为值得科处原因有二:一是在于行为人对危害结果的发生有放任和疏忽的主观心态,二是在于行为人应当而没有尽到平台的管理义务,或者滥用了网络技术。有人以"技术中立"为快播案辩解,但是技术的中立未必等于行为的中立。刑法所评价的行为,无都是主观与客观的有机统一。普通的帮助行为多以作为的、积极的方式以实施,而"中立"的帮助行为多以不作为的、消极的方式以实施。中立帮助行为明知的程度、不作为的义务来源,是断定网络帮助行为入罪的两个重要指标。

4. 意思联络上的片面性。从技术支持者和平台支持者犯意本身出发,行为人与相关犯罪实行者并没有犯罪意思联络。双方对对方的犯罪虽然在作用上是帮助和促进,但是在双方的犯意上,只有利用对方的犯罪行为的意图。网络犯罪活动帮助者与网络犯罪实施者根本不知道对方明确的犯罪意图,甚至可能根本不了解对方的身份。网络犯罪的实行者,寻求的是网络技术支持和平台支撑,即只需要"有技术、有平台、有支持",其不了解也不在乎自己所利用的技术是合法还是非法的;相反,网络技术服务的提供者,追求的是提供网络技术活动背后运行的丰厚的经济利益链条,即只在乎"有点击量、有流量、有浏览量",

① 参见陈洪兵:《中立行为的帮助》,法律出版社 2010 年版,第 2 页。

不在乎自己的技术或者平台是被合理使用或者是被违规滥用。

(三)网络中立帮助者刑事责任确立的司法意义

根据网络犯罪的不同形式,我们把网络犯罪分为以网络为对象、以网络为手段和以网络为平台三个大类。[①] 本文所讨论的网络帮助,限定在以网络为手段和以网络为平台的这两个类型上。对网络犯罪起促进作用的网络行为,可以从下面两种形式加以区分:其一,为实行者提供相应的技术支持,即为关联行为人实施违法犯罪提供相应的网络接入、服务器托管等技术支撑,为犯罪的实施提供硬件上的帮助;其二,为实行者提供相应的犯罪平台,即为关联行为者提供浏览平台或者软件平台,为犯罪行为的展开提供空间上的佐理,并进行业务上的监督和管理。刑法分则新增罪名对两者在罪名上作出了区分,即《刑法》第287条之二的帮助信息网络犯罪活动罪和第286条之一的拒不履行网络安全管理义务罪。虽然网络监管渎职责任能带来和网络帮助行为类似的效果,但是行为人的主观心态、违反的注意义务、构罪所要求的犯罪后果都是截然不同的,我们应当从犯罪构成上区分网络平台监管责任和网络中立帮助行为。

网络帮助者刑事责任和网络平台责任的明文确立,在立法上承认了网络帮助行为独立评价,对于刑事司法活动具有以下几个方面的重要意义:

其一,表明了对网络帮助者独立入罪处罚的肯定态度。虽然以张明楷教授为首的学者仍然主张该法条仍然体现的是共犯从属性原则,网络帮助者入罪的前提主观上是"明知他人利用信息网络实施犯罪",客观上是"为其犯罪提供……技术支持,或者……帮助",两个"犯罪"强调了该条文是网络共犯成立下的处罚原则而非独立的罪名,帮助者的入罪必须以正犯入罪为前提。但是我们认为,法条的表述实质是表

---

① 参见于志刚、郭旨龙:《网络刑法的逻辑与经验》,中国法制出版社2014年版,第34~42页。

明帮助行为只有在“为严重的网络违法犯罪行为”提供帮助才能入刑,而非强调“正犯”成立犯罪是网络帮助行为入罪的必要条件。于志刚教授也认为,帮助信息网络犯罪活动罪中的“犯罪”应当进行扩张解释,这里的“犯罪”应当理解为一种“具备刑法分则客观方面性质特征,具有社会危害性”的行为。这样的解释并没有超出国民的预测性,也正如有学者主张掩饰隐瞒犯罪所得、犯罪所得收益罪的“上游犯罪”可能并不必然构成犯罪。再如,行窃者小偷小摸,每一次的行为尚未构成盗窃罪,但收购其赃物的行为人仍然可能构成掩饰、隐瞒犯罪所得罪。①

其二,确立了网络帮助者相对独立的量刑原则。两个罪名的最高法定刑为 3 年以下有期徒刑,处刑较轻,其量刑幅度和侵犯知识产权罪一节的罪名量刑幅度颇为类似。我们不难看出,早年的司法解释,正是将侵犯知识产权相关犯罪的中立帮助行为作了正犯化处理的规定。因为追究网络平台刑事责任的争议案件,最早出现在网络侵犯知识产权的案件中,帮助信息网络犯罪活动罪的量刑幅度也参考了这一类罪名。随着互联网 3.0 时代的到来,网络延伸到生活的方方面面。对于不同程度法益侵害网络犯罪的帮助行为,我们给予相同的量刑幅度,可能有违罪刑相适应原则,所以《刑法》第 286 条之一和第 287 条之二第 3 款都规定了构成其他犯罪的处罚原则。这一条表明刑事立法在本罪与其他罪构成竞合时的立场,是想象竞合而不是法条竞合,定罪量刑的原则是“依照较重的规定定罪处罚”而非“依照其他规定处罚”。打个比方,行为人为网上从事非法经营的相关人提供技术支持时,倘若行为人和相关人以非法经营罪的共犯论处,最多可判处 5 年以下有期徒刑,而行为人为网上不以盈利为目的传播淫秽物品的相关人提供网络技术支持时,相关人构成传播淫秽物品罪,最多只能判处 2 年以下有期徒刑,而行为人以帮助信息网络犯罪活动罪定罪处罚,理论上可以判处最多 3 年的有期徒刑。网络帮助行为的量刑幅度之所以可能高于网络犯罪的

① 参见冯英菊:《赃物犯罪研究》,中国政法大学出版社 2000 年版,第 53 页;王作富主编:《刑法实务研究》(第 3 版)(下),中国方正出版社 2007 年版,第 1389 页。

相关人,是因为网络帮助行为的法益侵害性相对独立。

其三,限制了条文的适用范围,防止兜底条款的滥用。首先,从客观方面所要求的"情节严重"来看,并非所有的网络帮助行为都一律入罪,还应当根据网络帮助行为的行为和影响来综合评价。其次,从"明知他人利用信息网络实施犯罪"和"为其犯罪提供……等技术支持"等表述来看,即便不否定该罪犯罪构成的从属性,也应当恪守刑法谦抑性的底线,在相关行为没有犯罪或者社会危害性不大的情况下,尽可能地限制网络帮助者的入罪评价。《刑法》第286条之一和第287条之二第3款"同时构成其他犯罪的,依照较重的规定定罪处罚"也表明了该条文的"补丁条款"的性质,只有在未与其他共犯人有明显共谋的情形下,我们才着眼对社会危害性较大的部分中立网络帮助犯罪的行为予以处罚。

三、网络中立帮助行为入罪的条件限制

有关中立帮助行为的研究,在刑法学界已经早有学者涉猎,青年学者陈洪兵较早开始研究中立的帮助行为,并且于2010年出版了个人专著《中立行为的帮助》,对中立行为进行了理论化和类型化的研究。近年来,以网络帮助行为作为切入点来研究刑法理论中中立帮助行为,成为一种新的趋势。无论是理论界还是司法实践,并未全盘否定中立帮助行为的可罚性,也没有全然肯定中立帮助行为的可罚性,而是通过不同帮助类型的研究加以区别对待,①从理论界的解释思路来看,无论是德国理论、日本学说还是英美的判例都经过了一个从主观说,到客观说,最后到折中说的逐渐转型。各学说对中立帮助行为的解释也是盲人摸象,更多学说或者论点只是提出了理论上的解决态度,而不可能成为司法活动中的裁量准则。"他山之玉"或许能为解决中国化的刑法问题提供灵感和思路,但理论的借鉴和移植也应当要符合中国理论土

① 学界研究的中立帮助行为大约有商品销售中立行为、服务中立行为、履行民事义务的中立行为、企业中立行为、网络中立行为以及日常中立行为等。

壤的生长。“主客观相一致”是解决所有刑法问题的基础性原则,我们在考虑中立的帮助行为入罪时也应当考虑主观和客观两个方面的要素。帮助者在主体要件上能不能、该不该提供或者中断网络技术支持,是截断网络帮助行为入罪的先决前提,帮助者对帮助行为的“明知”的程度、层面以及意志方面的因素,是评判网络中立帮助行为入罪的首要条件,帮助行为个案法益侵害大小的权衡,是保障个案行为主体出罪功能的重要机制。

(一)主体义务的考察——入罪问责的前提

无论是网络技术支持者还是网络平台提供者,都对其提供的技术和管理的平台有理所应当的管理义务,旨在对不良网络信息的屏蔽和违法网络信息的过滤。“监管义务”是“管理义务”的派生,针对不同类型案件中的特定监管人进行分析。“管理义务”是网络提供者明知或者应当知道网络违法犯罪行为而应当采取回避、挽救措施的义务,网络技术帮助者的“管理义务”,是指在明知道自己的网络技术行为可能或者必然被特定或者不特定的人利用实施犯罪,应该采取补救措施的义务大小。

网络监管义务的大小,取决于行为人的身份和在整个网络犯罪活动中所起作用的大小。监管义务的范围,更多来自法律对该职务或者业务应尽义务范围的规定,也参考于网络行业对从业人员要求的相当性程度。然而,其他法律所要求网络从业者履行的义务,是否能够全部作为网络不作为犯罪的义务来源,还要视不同网络服务者的具体情况而定。网络技术的使用从以前的专业化,后面逐渐发展为平民化、生活化,网络平台或者网络技术支持者的角色定位从以前的“专业人员”发展为后来的“从业人员”,网络技术的提供行为从以前的“职务行为”,逐渐发展为往后的“业务行为”。学界对网络犯罪视角的研究发生了微妙的转变,从 2000 年到 2010 年的文献对网络犯罪的研究,多把计算机犯罪、网络犯罪定义为专业犯罪,[①]而2010年之后的文献,多把网络犯罪定义为特殊身份主体的犯罪。[②]

1. 网络服务者职业行为和业务行为概述

传统刑法理论中对“职业行为”和“业务行为”的研究少之甚少,学界并未对行为人职务上或者业务上应尽的义务展开进行描述。“职业行为”是个全新的提法,《刑法修正案(九)》第1条增设了从业禁止令,开辟了有关职业行为刑法规制的先河。根据该条,对于“利用职业便利实施犯罪,或者实施违背职业要求的特定义务的犯罪”,人民法院可以对其从事相关职业作出相应限制。有人指出,网络服务从业者就属于《刑法》第37条之一的“职业行为”,违反特定义务构成犯罪可能承担从业禁止的附属惩罚。从法条的变化中我们可以看出“职业行为”具有两方面的特征:其一,从业人员所从事的职业相对较稳定,否则刑法新增“从业禁止”的设定则没有操作的意义;其二,从业人员具有来自法律规定的“特定义务”,该“特定义务”的违反则是行为人承担“从业禁止”责任的前提。“业务行为”的提法来自排除违法事由中的“正当业务行为”,是指虽然没有法律、法令、法规的直接规定,但在社会生活上被认为正当的业务上的行为。[③]

职业行为和业务行为的区别在于:第一,职业行为具有反复性和惯常性,业务行为具有短暂性和临时性。职业行为是从业人员经营生活的看家工具,业务行为表现为个体之间偶尔的帮助和扶持。第二,职业行为对于职业操守和准则相对稳定,对从业人员的约束较大,而业务行为没有稳定和统一的准绳和原则,对业务人员的约束较小。第三,职业行为对从业人员的权利义务的规定较为明确,法定义务由法律法规直

① 参见王云斌:《网络犯罪》,经济管理出版社2002年版,第34~37页;张宗亮:《全球化背景下的网络犯罪及其控制对策》,载《中国人民公安大学学报》(社会科学版)2003年第19期。

② 例如,于志刚:《网络、网络犯罪的演变与司法解释的关注方向》,载《法律适用》2013年第11期;于志刚:《网络思维的演变与网络犯罪的制裁思路》,载《中外法学》2014年第6期。

③ 张明楷:《刑法学》(第4版),法律出版社2007年版,第216页。

接规定,业务行为的从事人员有一定的权利义务,但未必来自法律法规的规定,产生于行业习惯,或者是法律法规对类似业务规定的延伸。有学者指出,《刑法》第 286 条之一的平台责任属于刑法对网络职业行为的规定,第 287 条之二的网络帮助行为属于刑法对网络业务行为的规定。①

按照此逻辑,刑法对网络平台责任科以的监管义务较大,对网络帮助行为科以的注意义务较小。这也印证了笔者之前的分析:网络平台责任的主观心态可以是故意,也可以是过失,主观恶性较小,而网络帮助责任的主观心态只能是故意,主观恶性较大。网络平台责任可以没有特定帮助的对象但必须有犯罪后果的发生,网络帮助行为必然有帮助对象的存在但构罪的前提是“情节严重”。“情节”是由一定的后果表现和展开的,在网络平台责任的法定刑与网络帮助行为的法定刑完全一致的情况下,网络帮助行为所带来的社会危害性必然要大于网络平台责任,才有入刑的可能。由于网络平台责任和网络犯罪帮助责任外延的模糊,我们还要根据网络平台、网络技术支持行为对犯罪的加功程度来确定注意义务的大小,以评断网络平台或者网络技术支持行为入罪的可能性。

2. 网络服务者的监管义务评述

有学者认为,网络服务提供者与信息的密切程度是判定其责任的核心标准。② 网络服务者是网络平台和网络技术支持从业主体的统称,网络平台和网络技术支持从业主体都对网络环境的维护有一定职责。网络平台责任是网络服务者责任的加深和固化,《刑法》第 286 条之一的“网络服务提供者”应当解释为网络平台提供者,即为网民提供上网平台或空间,供他人上传或下载信息资料,实现信息交流和信息搜

① 参见阎二鹏:《法教义学视角下帮助行为正犯化的省思——以〈中华人民共和国刑法修正案(九)〉为视角》,载《社会科学辑刊》2016 年第 4 期。

② 参见王华伟:《网络服务提供者的刑法责任比较研究》,载《环球法律评论》2016 年第 4 期。

索的平台。[1] 网络平台为网络犯罪实施者提供了最直接、犯罪法益侵害性最大的支持,所以注意义务较重,承担的责任也较大。根据《刑法》第287条之二的规定,网络技术支持行为包括但并不限于“提供互联网接入、服务器托管、网络存储、通讯传输”等技术支持,其中包括类似于网络平台的服务,与网络犯罪的法益侵害关系较近,网络监管义务较大,也包括类似于网络接入的服务,与网络犯罪的法益侵害性较远,网络监管义务较小。所以网络技术支持对网络犯罪的关联程度大小也决定了网络技术支持者监管义务的大小。

网络平台和网络技术从业主体在一定业务范围内是重合的,学术界将网络服务商分为ISP和ICP两类,[2]由于对两者的界定有所不同,也导致了学术界对两者关系的内涵和外延出现了分歧。有学者将网络服务商分为基础设施经营者、接入服务提供者、主机服务提供者和电子公告板系统经营者等五类,[3]有学者将网络服务商分为网络内容的提供者和网络信息传播的中介服务者。[4] 无论网络服务商如何细化和专业化,都可以分为四个大类,就是网络技术的接入者、网络内容服务提供者、网络信息交换平台的提供者和网络内容接收服务商。[5] 网络内容提供者处于网络活动最核心的地位,网络内容接收服务商对网络犯罪的决定作用较小,对网络犯罪起关键影响作用的,正是网络技术的接入者和网络信息交换平台的提供者,前者相当于传统分类方法的ISP,后者相当于传统分类方法的ICP,前者属于对网络活动的硬件支持,后者属于对网络活动的软件支持。前者包括从事互联网接入、服务器托管、基础设施经营、主机服务等职业人员,比如互联网运营商、移动客户

---

① 参见杨彩霞:《网络不作为犯罪新论》,载《求索》2007年第2期。

② 参见于志刚:《共同犯罪的网络异化》,中国方正出版社2006年版,第178页;夏锦尧:《计算机犯罪问题的调查分析与防范》,中国人民公安大学出版社2001年版,第42页等。

③ 参见薛虹:《网络时代的知识产权法》,法律出版社2000年版,第205~206页。

④ 参见蒋志培:《网络与电子商务法》,法律出版社2002年版,第181页。

⑤ 这与德国和欧盟法律的四分法比较类似:内容提供者、接入服务提供者、缓存服务提供者以及存储服务提供者。

端等。后者包括为网民提供暂时性或者永久性的信息储存、信息公示、信息交换等虚拟场所,比如网页浏览器、聊天软件、手机 APP 等被网民所使用的直接工具。

网络技术接入者的行为,按照《刑法》第 287 条之二的规定定罪处罚,即帮助信息网络犯罪活动罪,但不到迫不得已,一般不追究网络技术的接入者的刑事责任。即便接入者对网络犯罪的实施具有不可或缺的作用,但接入者对网络犯罪发生的态度是“中性”的,所谓“水可载舟亦可覆舟”,网络接入对于网络活动的作用就如同电话对于人们日常生活沟通上的作用一样,我们不可能因为犯罪嫌疑人可能通过电话通话,来部署和安排犯罪活动,就要求网管在一个片区短时间或者长时间地中断移动网络。况且,网络使用的关键还在于直接的网络使用者和平台提供者处理网络的方式,网络接入者对于网络犯罪的法益侵害关联性较远。但是,如果网络技术的接入者很明确认识到相关行为人正在通过网络实施犯罪,或者意图实施犯罪,其主动给予网络技术支持的,应当构成犯罪。

网络信息交换平台的提供者如果构罪,可能按照《刑法》第 286 条之一定罪处罚,也有可能按照《刑法》第 287 条之二来定罪处罚。网络技术支持者发现网络犯罪的存在而不中止技术服务,可认定为监管责任,也可认定为帮助信息网络犯罪活动罪的不作为犯罪。一般认为,不作为犯罪的义务来源一般认为有四方面:法律法规规定的义务、职务或者业务上规定的义务、先前行为所引发的义务以及法律行为所引起的义务。由于网络技术服务提供者的行为人具有临时性和不稳定性,网络技术支持的监管义务不宜直接参考网络交易习惯的义务,也不宜评价为法律行为所引起的义务,比起网络犯罪的结果,网络技术支持行为具有相对独立的意义,其性质也不宜评价为先行行为的义务。因此,网络信息交换平台的提供者是否承担责任,很大程度上参考于其他法律法规对行为人法定义务的规定。

《侵权责任法》、《全国人民代表大会常务委员会关于维护互联网安全的决定》、《全国人民代表大会常务委员会关于加强网络信息保护的决定》以及国务院《信息网络传播权保护条例》均有对网络服务提供者义务的规定,总结起来,网络信息交换平台提供者的义务大约有:(1)信息安全保障义务;(2)隐私保障义务;(3)信息监管义务;(4)信息保管义务;(5)采取措施制止侵权的义务。这些义务都是一些宣誓性的义务,其中《全国人民代表大会常务委员会关于维护互联网安全的决定》第5条规定若互联网上出现违法犯罪信息,从事互联网业务的单位应当停止传输信息并及时报告。① 有学者指出,网络服务管理者对于网络犯罪的义务只有发现之后的消除和报告的义务而没有主动发现的义务。②《全国人民代表大会常务委员会关于维护互联网安全的决定》发布的时间为2000年,处于网络1.0时代到2.0时代的过渡期,从事网络活动的人相对少,网络安全体现为局域网内的系统、资料、文件的安全,所以法律没有苛责行为人主动发现网络犯罪的义务。《刑法修正案(九)》的出台正处于网络2.0时代到3.0时代的过渡,从事网络活动的网民增加,使用移动互联网的人数剧增,法律对网络从业人员的业务素养要求更高,净化网络、监管网络的义务增强。根据先前的结论,网络平台义务比网络犯罪活动帮助者的义务更大,从现行的法律法规来看,网络信息交换平台的管理者尚无主动发现网络犯罪的义务,网络犯罪活动的技术支持者更不应当被科以发现网络犯罪的义务,只有发现或被告知相关网络犯罪后,终止技术服务、清理违法信息的义务,这也反证了为什么帮助网络活动犯罪的主观心态一定要限定为故意。

综上所述,网络服务提供者对不知情的网络犯罪事实没有发现的义务,但对已知晓的网络犯罪事实有制止的义务。义务的大小受不同平台在网络犯罪的帮助中所起的作用影响,也受其技术支持的网络犯罪活动社会危害性大小的影响。网络服务提供者是否应当受到刑法处罚,还要结合行为人主观上的认识程度,以及网络帮助行为所引发的客

① 《全国人民代表大会常务委员会关于维护互联网安全的决定》第7条:从事互联网业务的单位要依法开展活动,发现互联网上出现违法犯罪行为和有害信息时,要采取措施,停止传输有害信息,并及时向有关机关报告。

② 参见涂龙科:《网络服务提供者的刑事责任模式及其关系辨析》,载《法律与政治》2016年第2期。

观结果等要素来综合评判。

(二)帮助行为主观方面的评价——归罪量刑的条件

我们认为,所谓“中立帮助”的行为,原则上都是不“中立”的。无罪过则无责任,一个看似“中立无害”的行为之所以受到刑法的评价,不仅仅在于该帮助行为制造了刑法所不允许的危险,而且行为人主观上具有促进相关人实施犯罪的动机,或者具有利用相关人实施犯罪的目的,只是这种主观方面尚未与相关人达成共谋。诚然,网络共同犯罪由于环境的特殊性,缺乏共同犯罪人的意思联络。甚至有学者提出网络共同犯罪不是“缺乏犯意联络”,而是“不需要犯意联络”。①

我们认为,帮助行为所认为的“中立”,并不是说行为人对帮助结果的发生持“中立”的态度,而是行为人对是否与相关人达成一致的犯意持“中立”态度。无论是犯罪共同说还是部分犯罪共同说,都强调犯罪的共同,所以即便共犯参与人没有完全一致的故意内容,成立共犯也要求他们的犯意有所重合。而行为共同说的基本要义在于“数人通过共同的行为实现各自的犯罪的方法类型”,②因此不强调犯意和构成要件的重合,着眼法益侵害的重合。片面共犯,或者网络片面共犯的成立并不在于通过共谋同化了其他共犯参与人的故意,也不在于行为人自己调整了故意犯罪的内容,而在于在明知道他人有犯罪倾向而利用了他人的犯罪行为。根据行为共同说,共犯的本质就在于共犯参与人行为的同向性,共犯参与人的犯意联络可能是单向的,但是对其他共犯参与人行为的利用可能是双向的。网络共同犯罪中,我们只看到了网络犯罪实行者对帮助者网络技术的利用,帮助者对实行者的犯罪行为同样存在利用。网络技术提供者通过相关人传播淫秽信息增加点击量,以消耗流量的形式赚取高额的利润。

共犯参与人的“相互利用”仍然是以他们对共犯活动的知晓程度

① 参见张俊霞:《网络共同犯罪若干疑难问题探讨》,载《河北法学》2007年第11期。

② 钱叶六:《共犯论的基础及其展开》,中国政法大学出版社2014年版,第79页。

和犯意倾向等主观方面为前提的。根据德国新近的学说，作为中立帮助犯的故意，不仅需要认识到客观构成要件的诸多要素，还要求在主观方面存在"实现意思"的必要。① 该学说一直饱受批判，因为"实现意思"的提出有效地区分了中立行为的罪与非罪，但并未揭示中立帮助行为与共谋帮助行为的区别。网络中立帮助行为的主观方面的确立要实现两方面的机制：一方面确立犯罪圈的范围，另一方面确立与共谋行为的界限。帮助者主观方面仍然可以分为认识因素和意志因素两方面。帮助者的认识因素又可分为认识的程度和认识的层面。

1. 行为人的认识程度

行为人的认识程度是行为人对相关人犯罪活动知悉的可能性。为中立帮助行为奠定理论根基的理论是罗克辛的学说，德日刑法有关中立帮助行为的其他学说都是在此基础上进行的修缮和改良。根据罗克辛的观点，如果帮助者确证相关人有犯罪意图而施以帮助的，原则上具有犯罪联系而可罚，若对实行人具有犯罪之外的意义而例外不可罚。如果帮助者无法证明相关人的犯罪意图，原则上因为信赖原则而不可罚，若相关人具有明显的犯罪倾向而例外可罚。② 我们把帮助者能够确证相关人犯罪意图的主观心态称为确定的故意，帮助者无法确证相关人犯罪意图的主观心态称为未必的故意。罗克辛教授的观点一直为国内学者所诟病，且不论中国的刑法理论是否适合移植德日刑法所主张的"信赖原则"，更重要的是何以区分确定的故意和未必的故意，进而来区分帮助者应当分担的不同的后果。③ 我们认为，这与行为人认识的程度相关。刑法理论上评判行为人的主观方面是认识因素和意志因素的有机整合。如果行为人只是抽象地、概括地知道相关人实施犯罪活动，那么刑法科以他们身上的结果回避义务相对较轻，如果行为人

---

① Ygl. Christian Baumgarte, Die Strafbarkeit Von Rechtsanwlten und and eren Beratern Wegenunterlassenerkonkurusanmeldung, wistra 1992, S. 46.

② 参见陈洪兵：《中立行为的帮助》，法律出版社 2010 年版，第 88 页。

③ 参见刘艳红：《网络中立帮协行为可罚性的流变及批判》，载《法学评论》2016 年第 5 期。

是明确地、清楚地知道相关人实施犯罪活动,那么刑法科以他们身上的结果回避义务相对较重。这也是国内通说认为直接故意中行为人的主观恶性更大,行为人追求犯罪结果发生的,其可以是认识到结果"可能发生的",也可以是"必然发生的"。间接故意,行为人放任结果发生的,一般学者都认为是行为人认识到结果"可能发生"。①

法条载明了行为人"明知他人利用信息网络实施犯罪"的,才能按照帮助信息网络活动罪定罪处罚。刑法理论通说将"明知"分为可能知道和应当知道,司法解释通行的做法也是将主观认识划分为明确知道、应当知道、不知道三类,但三分法其实遗漏了一类重要情形,即行为人"可能知道"的情形。② "应当知道"不是刑法强制在行为人身上的义务,而是在司法认定上的推定。"明确知道"和"不知道"是证据确切情形下的两个对立面,前者符合了中立帮助行为处罚的主观条件,后者从主观方面排除了帮助行为的入刑可能。"应当知道"和"可能知道"是内涵矛盾界限模糊的两个对立面。判断行为人的"明知程度",一方面要结合网络技术支持者的身份,另一方面要结合国民的预测程度。

网络技术支持者的身份是判断网络支持者监管义务大小的指标,也是推定网络技术支持者"明知程度"的重要参考。一般情况下,高订阅量、高点击量的综合网站和专业网站,对页面和网站内容通常情况下都会定期审查,即便帮助信息网络犯罪活动罪的犯罪构成不要求经过监管部门责令,我们可以从技术层面上推定其"明知"的可能,在知晓自己的技术支持为其他人实施犯罪所盗用,应当对自己所经营的网络技术服务进行修复和整改。技术层面的纯熟和企业内部的科学管理只能作为反证行为人主观方面的一个指标,行为人的主观方面还可以结合传播受众的反应来加以印证,网民对违法或者犯罪信息传播的知晓程度也可以作为行为人"明知"的主要参考,比如,在网民对快播的知

① 少部分学者认为间接故意的认识因素可以为"认识到犯罪结果可能发生或者必然发生"。

② 参见于志刚:《"应当知道"与"可能知道"的差异与并存》,载《人民检察》2007年第2期。

悉程度上我们可以反推,快播公司对角色扮演和营利方式的定位足以表明公司对视频传播的内容是“明知”的,快播公司不能以“不知道淫秽信息”“技术中立”等理由为其抗辩。刘宪权教授曾主张可用“大于半数规则”推定帮助行为人的主观状态;但“大于半数”的标准过于死板和僵硬,我们主张,可以从其他方面佐证或者补强网络技术支持者对相关网络犯罪活动的明知:其一,被害人已经告知合法权益被侵害的;其二,互联网用户曾对网络技术的违法犯罪活动有过投诉或举报;其三,网络技术的具体业务被相关部门查处或要求整顿。

2. 行为人的认识层面

行为人的认识层面是犯罪构成主观方面所要求的行为人知悉相关人犯罪的内容和进程。与传统的“违法性认识”的讨论略有不同,“违法性认识”是要求行为人对自己行为的违法性有一定的认识,而共犯行为人的成立还要求共犯参与人对其他参与人的行为的违法性有一定的认识。构成“帮助信息网络犯罪活动罪”,应当认识到何种层面,有几种理解:一是行为人对相关人的行为有所了解,但不知道相关人所实施的行为构成违法;二是行为人认为到相关人预备实施或者正在实施的是违法行为,不一定是犯罪行为;三是行为人准确地认识到行为人预备实施或者正在实施的一定是犯罪行为;四是行为人准确地认识到行为人预备实施或者正在实施的一定是犯罪行为,并且自己的帮助行为可能对相关人的犯罪起到促进的作用;五是行为人准确地认识到相关人预备实施或者正在实施犯罪行为,自己的帮助行为可以结合其行为制造并实现严重的后果。①

我们认为,之所以要求行为人对其他共犯人的违法性有一定的认识,一是因为要排除同时犯的情形,二是要排除间接正犯的情形。片面共犯的成立要求行为人之间有“单向的犯意联络”或者“相互利用的犯罪意图”,如果行为人双方都不知道其他犯罪参与人的存在或者对其他参与人的犯罪意图完全不知情,不构成共同犯罪。科以行为人刑事

① 参见花岳亮:《帮助信息网络犯罪活动罪中“明知”的理解适用》,载《预防青少年犯罪研究》2016 年第 2 期。

责任的本身,还是归根于行为人对自己的行为违法有认识的可能。对网络帮助行为而言,即行为人对自己的帮助行为“违法”有一定的认识可能性。网络犯罪相关人行为的内容和进度只是行为人对“帮助”行为违法层面的映射。张明楷教授认为行为人应该对刑法的禁止规范或者评价规范的违反有所认识,①网络犯罪帮助者能够认识到自己的行为可能受到刑法的评价即可。比较上述五种理解,前面三种理解都把着眼点过多放在了相关行为人构成违法或者犯罪,没有落脚到行为人对自身帮助行为的认识,第四种理解和第五种理解尚有可借鉴之处。

首先,行为人构成犯罪并不以确信网络犯罪实施者构成犯罪为必要。如前所述,我们所主张的为“网络犯罪”提供技术支持或者其他帮助的,应当做扩大解释,包括一系列可能符合分则规定,具有严重社会危害性的行为。从技术支持者和网络犯罪实施者的对比来看,帮助者的社会危害性可能更大。随着网络犯罪的异化,网络帮助犯呈现出犯意前置的趋势。所谓网络帮助犯的犯意前置,是指技术支持以“工具”的形式出现在网络空间里,实施网络犯罪的特定主体还未出现,行为人的犯意就先于其他共同犯罪的主体出现。网络提供者更多的时候是提供好技术服务,守株待兔,等鱼上钩,我们只能要求行为人对泛滥提供技术支持可能带来的后果有所认识,而不是要求行为人对每一条“上钩的鱼”能否实施犯罪行为有肯定的判断。

其次,行为人能认识到技术支持能够为网络犯罪的实施起促进作用,但并不要求认识到该技术是实施网络犯罪的必要支撑,行为人明知网络技术对相关人的网络犯罪起正相关作用,也不排除行为人包含其他犯意的可能。网络的技术支持可能对特定的网络犯罪起不可或缺的效用,但行为人未必能认识到该技术在网络共同犯罪中所起的关键作用。行为人应当认识到的是,网络犯罪相关人,无论是特定还是不特定的,正在或者预备对自己提供的技术加以利用,以实现他们的犯罪目的。因此,行为人与网络犯罪相关人的利用是相互的,双方都明知利用对方的行为能够对自己意欲实施的犯罪起促进作用。

---

①　张明楷:《刑法学》(第4版),法律出版社2011年版,第296页。

最后，行为人能够认识到网络技术支持的提供能被特定或者不特定的人使用，带来严重的社会危害性。行为人所认识到的社会危害性，并不以行为人认识到网络技术提供的行为构成犯罪为前提。行为人知道自己的技术支持行为具有严重的反社会性而提供网络技术支持，这才是构罪的前提。这个认识层面不是说网络技术支持者明知“网络技术一旦提供便会引发网络犯罪的后果”，任何一门技术都有可能被用作犯罪的手段或工具，但是，如果有明确迹象表明有犯罪实施者正在或准备利用网络技术实施犯罪，或者有其他证据表明行为人有将网络技术提供给不特定的人以实施犯罪的主观倾向，应当推定行为人明知自己提供网络技术，可能或者必然带来现实危险。

3. 行为人的意志因素

中立帮助者的意志程度是指行为人明知有人实施网络犯罪而为其提供网络技术支持，对已经预见到危害结果的主观态度。所以所谓“中立”的帮助，主要指行为人在看似中立的技术支持过程中有没有意图促进网络犯罪行为实施的倾向，以及在网络犯罪的相关者的实行行为上是否具有行为关联。“中立帮助”只是在表象上对帮助行为是否构罪的抽象描述，并没有揭示行为人与网络犯罪相关人之间的联系与互动。从意志因素上看，网络帮助行为的行为人可以是“容忍”或“放任”，但也不排除可以是“希望”，网络帮助行为在意志因素上区别于一般日常的中立行为，结合认识因素，网络帮助行为的主观方面区别于网络共谋犯罪行为、网络同时犯和网络间接正犯。

首先，行为人的意志因素区别于一般的中立行为的意志因素。一般的“中立帮助”行为中的“帮助”，是一种消极帮助，是指通过物理的或者精神上的支持给予正犯以援助，虽然在表象上没有帮助正犯实施犯罪的目的，但是效果上促进或者加强了正犯实施犯罪。在整个过程中，行为人对正犯实施犯罪的主观心态是容忍和放任，一般不可能是希望。中立的网络帮助行为，其最大的特点不在于犯意的“中立”而是犯意联络的“片面”。所谓意思联络的“片面”是帮助者和相关人意思联络的缺乏，而不是帮助者对相关人的犯罪意思促进意思的缺乏。一个网络技术支持者在明知自己的技术将被特定的网络犯罪实施者加以利用,在网络技术提供者犯意前置的情况下,行为人对提供网络技术的危害结果的产生不仅可以表现为消极的容忍和放任,还可以表现为积极的追求。一般中立行为的社会危害性远小于实行犯,并且一般中立行为的可罚性相对从属于实行犯的可罚性,如果所帮助的行为人不构成犯罪,构成中立帮助的行为人一般也不构成犯罪。网络技术支持者的主观恶性不一定小于其对应的网络犯罪实行者,由于犯罪意思联络的缺乏,双方之间共同犯意重合的部分相对较小,更多表现为两个人相互的犯意利用。网络中立帮助者的人身危险性相对比较独立,不以被帮助者构成犯罪为刑法规制的必要条件。

其次,结合认识因素,网络中立帮助行为区别于网络共谋犯罪行为。准确地说,网络帮助行为和网络共谋犯罪行为的区别,不在于行为人认识因素或者意志因素的某一方面,而在于两方面统一的效果。无论是网络帮助行为,还是网络共谋行为,单个行为人的意志因素可以是希望,也可以是放任。对共谋的双方行为人而言,他们的犯意是合二为一的,双方在实行犯罪过程中所处的犯罪阶段通常是同步的。通过共谋,双方行为人对彼此的犯罪进程、犯罪实现的可能性、手段的可操作性都有较为统一的认识。若双方行为人对整个犯罪进程熟知,双方对犯罪结果的发生都是“希望”,若双方对整个犯罪进程只是概括性地知晓,则双方对犯罪结果的发生可以是“希望”,也可以是“放任”。在一般情况下,双方行为人对结果发生的意志因素不会有“希望”和“放任”的错位,除非双方在共谋的过程中就产生对犯罪活动认识的偏差。与之相比,网络帮助行为多为片面帮助,行为人之间缺乏意思联络,可能出现认识因素和意志因素的差异和偏离。行为人一方对对方的犯罪活动、犯罪进程和犯罪手段并不是明确地知晓,对犯罪结果的发生,一方认识到的只是“可能”,另外一方认识到的是“必然”,所以在意志因素上可能一方是“放任”,另外一方已经达到“希望”的认识条件。在网络犯罪中,若有相关的电子证据证明行为人双方有沟通聊天、发帖跟帖等行为,表明行为人之间有较为明确的犯意联络,双方的行为宜评价为网络共谋犯罪,按照实行的具体网络犯罪定罪处罚;若无双方意思联络的证据,只能认为双方在沟通不足的情况下对对方行为的加功和利用,网络技术支持一方宜评价为“网络中立帮助行为”,适用《刑法》第287条之二的规定。

再次,结合认识因素,网络帮助行为区别于网络同时犯。行为人对其他犯罪相关人的认识程度和认识层面,直接决定了他在犯罪中的意志因素。行为人与其他犯罪相关人之间缺乏意思联络,并不等于行为人在实施犯罪的过程中缺乏对其他犯罪相关人犯意和行为的利用。倘若行为人在实施犯罪的过程中对其他相关人完全不知情,也无利用对方犯罪行为的可能,双方整体行为评价为同时犯。在同时犯的框架内,行为人只能对自己所实施的犯罪活动知情并且通过“希望或放任通过自己的行为来实现犯罪的结果”,网络帮助行为,是行为人明知特定相关人对自己的网络技术加以利用实施犯罪,或者明知道自己提供技术必然会被不特定的相关人加以利用来实施犯罪,希望或者放任这一结果的发生。我们认为,在多人实施的网络犯罪中,利用技术的一方多半对提供技术一方的存在是知晓的,且不论双方是否知晓对方的具体身份。所以网络帮助行为多为片面意思联络的帮助行为,网络同时犯的存在空间相对较小。

最后,结合认识因素,网络帮助行为区别于网络间接正犯。根据部分学者的观点,行为人利用无特定故意的行为者实施犯罪的,构成间接正犯。① 有学者认为,虽然对特定犯罪无故意,但对其他犯罪有故意的,行为人对其加以利用,可能构成间接正犯。② 比如行为人意图烧死在仓库里的仇人,教唆有毁坏财物目的的第三人烧毁仓库以泄愤,如果第三人不知道仓库里还有人,行为人构成故意杀人罪的间接正犯(假设仓库偏僻,远离人群密集区)。对于间接正犯,行为人是通过他人之手实施犯罪,被利用者沦为他人实施犯罪的工具。③ 即便被利用的一

---

① 参见马克昌:《外国刑法》,中国人民大学出版社2009年版,第314~315页。

② 参见[日]川端博:《刑法总论二十五讲》,于振华译,中国政法大学出版社2003年版,第385~386页。

③ 参见[日]西原春夫:《刑法总论》(改订准备版)(下卷),成文堂1995年版,第358~359页。

方由于有单独的犯罪故意构成其他犯罪,双方在犯意上面是几乎没有联系和重合的。在网络帮助行为中,虽然网络犯罪实行者和网络犯罪技术提供者之间没有确切的犯意联络,但双方相互利用,在主观上视对方为“犯罪工具”的倾向是存在的,双方行为人的认识因素和意志因素相对独立,有交叉和重合的部分,最后双方都成立犯罪,即便不被评价为单独的犯罪,也可能被评价为独立的罪名。

(三)客观方面的评断——出罪机制的保障

入罪的要件和出罪的功能是辩证统一的。有日本学者用日本著作权法中的“危险中心”理论来解决网络帮助行为的可罚性问题,①这其实类似于客观归责原则中的“危险增加”理论,为学者们提示的思路亦是从客观危害后果的严重性来综合评价的。如果行为人满足了构成网络犯罪帮助活动罪的构成要件,其可罚性还要结合行为人提供网络技术所带来的社会危害性来评断,各类因素可能成为行为人排除犯罪的事由。比如美国 1998 年开始采用的“避风港原则”,给网络技术服务者出罪开出一道“天窗”:如果互联网服务提供者只提供了标准化的技术措施,没有参加制作内容,即便没有执行显而易见的侵权行为或者移除网络服务的,均不承担责任,“红旗原则”作为不能免责的例外。这是结合网络技术措施的性质所作出的行为人免予刑事处罚的规定,除了网络技术措施本身,从客观事由上来看,网络帮助犯罪活动的行为人免予刑事责任的参考情形还有:相关网络犯罪行为法益侵害性的大小、网络帮助行为与网络犯罪的因果关系等。

1. 中立帮助行为出罪机制的域外借鉴

参考德国刑法的中立帮助行为,入罪的评判和出罪的限制比较有代表的学说有:社会相当性说、职业相当性说、违法阻却事由说、利益衡

---

① 参见[日]泉克幸:《公泉送信权的電子揭示板》,载中山信弘编:《著作权判例百选》(第 4 版),有斐阁 2009 年版,第 95 页。

量说、义务违反说、正犯不法连带说、客观归责论和溯及禁止论。[①] 日本刑法、英美刑法以及我国大陆部分学者在中立帮助行为上的理论也对此多为借鉴。不同学说各有千秋,虽然因为标准的单一和片面被学术后辈反驳和诟病,但也为往后学者的论述提供了建设性的思路。诚然,各学说在实践中很难把握一个统一的准则,比如职业行为的相当性程度如何评估、处罚犯罪人的利益和第三者的行为自己如何衡量,但是这些莫衷一是的学说却在某一个方面概括出了入罪或是出罪的抽象标准。

我们不难发现,各理论主要从三个方面对中立帮助行为的可罚性进行了辨析:第一,以法益侵害大小来分析具体类型中立帮助行为的可罚性,比如社会相当性说、职业相当性说、客观归责论等,几种学说最终落脚点都是行为的法益侵害性,只是不同学说对法益侵害的评判标准大相径庭。第二,从帮助犯处罚的根据上来分析具体类型中立帮助行为的可罚性,比如义务违反说、正犯不法连带说、溯及禁止论等,这几种学说着眼于帮助犯的主体,要么研究帮助犯对犯罪结果的避免义务,要么着眼于帮助犯与正犯之间的可罚性关系。第三,从阻却事由的角度来分析具体类型中立帮助行为的可罚性,比如违法阻却事由说、利益衡量说等,这几类学说多为设定好帮助行为的不可罚的结论,以此为其寻找理论支撑。

所谓晋才楚用,三种大类别的学说也能在基础理论上深化我们对网络帮助犯的认识。首先,网络帮助犯的处罚根据,我们在前文已经用“帮助行为独立性”“行为共同说”“片面共犯”等观点加以佐证,这里不再累赘。倡导三阶层学说的学者有把职务业务行为放在违法阻却事由里研究,[②]也有把职务业务行为放在责任阻却事由里研究,[③]但我国

① 参见陈洪兵:《中立行为的帮助》,法律出版社2010年版,第78~114页。

② 参见马江领、王海涛:《我国刑法理论中排除犯罪事由的定位——行为概念的重构和界定功能的重申》,载《法治研究》2011年第1期。

③ 参见张薇薇:《排除犯罪性事由的证明责任研究》,载《政治与法律》2014年第8期。

刑法理论还尚未真正引入“职务业务”行为的免责,即便是免责,免责也是严格限定为“正当的”职务业务。网络中立帮助行为并非真正意义上的“中立”,行为人对网络犯罪具有促进意思,这种促进意思有可能还独立于网络犯罪实施者,我们因此也很难用阻却事由的观点来否定网络帮助行为的可罚性。

随着社会相当性学说的深化,德国学者Weigend发展出了替代原因说,认为促进效果很少的帮助,对法益侵害不存在重要的危险增加,就应当否定可罚的帮助的成立,①危险增加的程度,还要结合不同的个案具体考虑。如果替代性越高,行为人成立帮助犯的可能性就较低,替代性越低,行为人成立帮助犯的可能性就越高。②

2. 网络中立帮助行为出罪机制的中国构建

由于网络犯罪具有片面性、隐蔽性等特征,网络中立帮助行为也与其他的中立行为相区别,我们不能将西方的理论完全照搬。德日刑法理论在讨论中立帮助行为的入罪时,往往讨论了行为人的身份、个案中的法益衡量以及行为人处罚的根据,在客观方面出罪的机制相对薄弱。我们认为,总结起来,网络中立帮助行为的出罪机制可以从两个方面来构建:

(1)网络中立帮助行为社会危害性的大小

社会相当性学说、职业相当性学说、客观归责论等学说都是对帮助者社会危害性的诠释。根据通说,客观归责的三个条件是:行为人是否制造了不被法允许的风险,行为人是否实现了不被法允许的风险以及是否超出构成要件的保护范围。③ 客观归责论虽为舶来品,也能为四要件学说中的客观方面的入罪或出罪评价提供重要的参考。网络技术支持者为网络犯罪相关人提供技术支持的行为,是否属于“不被法允

---

① Vgl. Thomas Weigend, GrenzenstrafbarerBeihilfe, in Festschrift fur Haruo Nishihara zum 70, Geburtstag, S. 204 ff.

② 参见黎宏:《刑法总论问题思考》,中国人民大学出版社2007年版,第275～277页。

③ 参见张明楷:《外国刑法纲要》(第2版),清华大学出版社2007年版,第117页。

许的风险”？网络技术支持者的社会危害性不由网络犯罪相关人决定，但受网络犯罪相关人社会危害性的影响。但问题在于，网络技术支持行为在怎样的程度下，可以排除到刑法规制的范围之外？

从相同的法定刑，不同注意义务的要求上我们可以比对，网络技术支持者所带来的后果应当比网络平台监管渎职所带来的后果更大，才有入罪的可能。《刑法》第 287 条之二所表述的“情节严重”应当比第 286 条之一所列举的四种情形在情节或者后果程度更深。我们可以看出，无论是违法信息的大量传播，用户信息的泄露、刑事案件证据的灭失，都是严重而尚未构成犯罪的后果。因此，网络犯罪的技术支持行为要构成犯罪，无论是法条规定还是法理分析，其支持对象都应当构成犯罪或者实施了社会危害性相当犯罪的行为。网络帮助行为的情节可以从两个方面来参考，一是相关网络犯罪行为社会危害性的大小，二是网络技术支撑的传播波及范围和影响程度。参考最高人民法院、最高人民检察院 2011 年出台的《关于办理危害计算机信息系统安全刑事案件应用法律若干问题的解释》(以下简称《解释》)第 3 条第 1 款，《解释》从程序被利用的次数和违法所得的数额对“情节严重”进行了列举。① 数额是现实生活中的损害评定，相当于实害和后果，程序的利用次数则是情节在网络空间的印证，相当于网络技术支持行为的波及范围和传播程度。这一点对网络犯罪社会危害性的评估尤其重要，在缺乏犯意联络的网络帮助行为中，技术支持者以设定好的平台或者程序等待网

---

① 《最高人民法院最高人民检察院关于办理危害计算机信息系统安全刑事案件应用法律若干问题的解释》第 3 条第 1 款：提供侵入、非法控制计算机信息系统的程序、工具，具有下列情形之一的，应当认定为刑法第二百八十五条第三款规定的“情节严重”：(1)提供能够用于非法获取支付结算、证券交易、期货交易等网络金融服务身份认证信息的专门性程序、工具五人次以上的；(2)提供第(1)项以外的专门用于侵入、非法控制计算机信息系统的程序、工具二十人次以上的；(3)明知他人实施非法获取支付结算、证券交易、期货交易等网络金融服务身份认证信息的违法犯罪行为而为其提供程序、工具五人次以上的；(4)明知他人实施第(3)项以外的侵入、非法控制计算机信息系统的违法犯罪行为而为其提供程序、工具二十人次以上的；(5)违法所得五千元以上或者造成经济损失一万元以上的；(6)其他情节严重的情形。

络犯罪实施者的出现。我们建议,除了程序和技术实际上被运行的次数,还可以从网民对该技术或程序的点击量、浏览量、转发量等因素加以综合评定。①

(2)网络中立帮助行为对网络犯罪结果促进作用的可替代性

网络中立帮助行为对网络犯罪的促进作用,是从因果关系上对行为和结果之间的评断。Weigend的替代原因说正是对行为结果因果关系的反向论证。诚然,假定的代替原因与法益侵害或者社会相当性的出发点是不谋而合的,其本质在于行为人的帮助行为使法益侵害的程度进一步加剧,其论证的起点是正确的,只是在说理证成的过程中"跑偏"了标准,论者们在寻求替代原因的过程中错误地把替代性的大小全等于法益侵害的大小。有学者质疑:即便帮助行为不是结果所必需的,也不能否定帮助行为对犯罪结果的促进作用。②

但是,帮助行为的替代性程度确能作为法益侵害大小的一个重要依据,因为帮助行为的替代性程度就是实行行为对该行为的依赖程度。这并不意味着,帮助行为的替代性等于法益侵害性,而意味着,帮助行为的替代性可以成为犯罪结果的归因因素。从可替代性的评价来看,它可以作为评断双方行为人客观上相互利用程度的指标,也可作为独立评断网络帮助行为社会危害性的尺度。与一般的中立帮助行为不同,网络中立帮助行为具有技术性和专业性,倘若某项技术是网络犯罪得赖以实现的唯一支撑或途径,我们可以肯定帮助行为对犯罪结果的促进作用甚至是决定作用,从而肯定帮助行为严重的社会危害性。技术手段永远没有所谓的"中立",技术都具有双面性:一面造福社会,一面危害社会。所以有些技术可以向公众科普,有些技术由于其自身风险只能让少部分人掌握。倘若某项网络技术可能对人们的日常生活、工作经营造成威胁,这项网络技术就应当在从业人员、从业范围上严格限制,即便这项技术还没有被现行法律加以规制和整合,我们也可以反推出这类业务人员比起一般业务

① 参见李永升、张楚:《网络公共谣言的刑法规制》,载《理论月刊》2016年第8期。

② 参见孙万怀、郑梦凌:《中立的帮助行为》,载《法学》2016年第1期。

人员有更明显的注意义务，比如密码破解技术、系统入侵技术等业务。反之，对于一般的网络帮助行为，网络技术对网络犯罪的结果仍然有促进的作用，但这种技术并非唯一的不可替代的，我们认为这类网络技术的社会危害性较小，应当否定或减轻网络技术提供者的法益侵害性，比如广告推广、支付结算等业务。

四、结　　语

网络帮助行为的从属性和独立性虽然论证的出发点和立场不统一，但对于犯罪圈的划定的立场是相仿的。无论是坚守帮助犯从属性原则的老一辈学者，还是主张帮助行为独立入罪的年轻学者，有一点是殊途同归的，也就是刑法谦抑性的坚守。我们虽然旗帜鲜明地主张网络帮助行为法益侵害的独立性，但是仍然主张网络帮助行为的谨慎入罪。网络帮助行为的社会危害性之所以能够单独评价，不是因为网络帮助行为的社会危害性与网络实行行为相比较小，而是由于网络犯罪帮助者与网络犯罪实行者之间的犯意联络缺乏，行为上不是相互协作而是相互利用。《刑法》第 287 条之二的帮助信息网络犯罪活动罪入罪的前提，是行为人明知自己提供的网络技术可能或者必然造成严重的后果，对结果发生的主观心态可以是放任，也可以是希望。不同网络技术提供者对网络犯罪结果的避免义务有所不同，网络技术接入者原则上不承担责任，网络信息交换平台的提供者对技术和平台的监管义务较大，在明知自己的技术被他人用作犯罪时，有中断和修复的义务。最后，并不是所有故意为他人实施网络犯罪活动提供技术支持的行为人都一律承担刑事责任，帮助行为实害后果的严重性程度和帮助手段的可替代性是重要的抗辩理由。

Criminal Law Regulation on the Neutral Network Assisting Behavior

Li Yongsheng & Zhang Chu

[内容摘要]因网络帮助行为意思联络的单向性、帮助行为的片面

性、法益侵害的独立性,学者们主张的网络帮助行为独立性具备有力的支撑。我国《刑法》第 287 条之二的帮助信息网络犯罪活动罪,肯定了网络帮助行为的社会危害性,在立法上承认了网络帮助行为独立的犯罪性质。该条第 1 款表述为“明知他人利用信息网络实施犯罪,为其犯罪提供……等技术支持,或者……等帮助”,所指的网络帮助行为是中立色彩的帮助行为,排除与其他网络犯罪实施者达成共谋的情形。网络技术从业者在明知自己的技术和平台被其他人用作犯罪时有中止服务的义务,构成本罪的前提是:行为人认识到自己的技术支持能够促进特定或不特定的网络犯罪的实施,希望或者放任危害结果的发生,客观上网络犯罪的危害结果以及网络技术的可替代性可以作为行为出罪的抗辩事由。

[**关键词**]帮助信息网络犯罪活动罪;网络帮助行为;明知程度;注意义务

Abstract: The independence of the neutral network assisting behavior advocated by scholars has a strong support due to the unilateral contact, one-side accessory and the independence of the legal rights itself. The second of the 287th in Chinese Criminal Law, named assisting the network crime, affirms the social harmfulness of network assisting behavior and acknowledges the nature of crime of network assisting behavior . The first paragraph of the article described as deliberately provide technical support or assisting behavior fully awared others' network crime. The network assisting behavior tends to neutral colour, exclude other collusive case of cyber criminals. Network technology practitioners in the technology and platform are obliged to suspend service obligations if knowing they are used to commit a crime. The premise of constituting the crime is subjectively realizing their technical support can promote the implementation of specific or non-specific network crime, hoping or laissezing faire harm results. Objectively severity of harm result of network crime and the substitutability of network technology can be regarded as crime defense for decriminalization.

Keywords: Assisting the network crime; Network assisting behavior; Degree of congnition; Duty of care

网络钓鱼行为的刑法规制探析*

李光宇**

目　　次

2017 年 5 月 12 日晚，一款名为 Wannacry 的蠕虫勒索软件袭击全球网络，这被认为是迄今为止最巨大的勒索交费活动，影响了近百个国家和上千家企业及公共组织。2015 年腾讯网址安全云共检测出恶意网址 3.87 亿条，其中钓鱼欺诈网址 1.86 亿条。① 2016 年阿里云誉反欺诈发布《2016 第一季度钓鱼网站报告》，在 2016 年 1 月至 2016 年 3 月阿里云誉反欺诈系统共检出拦截钓鱼网站 59,567 个，涉及钓鱼 url（Uniform Resource Locator，统一资源定位符，以下简称 URL）总计

---

* 本文为安徽省高校人文社会科学研究重点项目“网络空间共犯的刑事治理研究”（SK2018AD22P）阶段性成果。

** 北京师范大学刑事法律科学研究院博士，安徽师范大学法学院副教授。

① 参见腾讯电脑管家：《2015 年度互联网安全报告》，载 https://guanjia.qq.com/news/n1/201601/20_224.html，最后访问日期：2018 年 3 月 1 日。

81,089个。[①] 威瑞森最新的《数据泄露调查报告》指出,社会工程对目标用户的有效程度依然令人心惊,2016年超过30%的网络钓鱼消息都被打开了,而2014年钓鱼消息打开比例为24%。[②] 可见当前网络钓鱼现象已经具有很大的危害,甚至有人断言,没有任何一个地区、行业或公司可以躲过网络钓鱼。网络钓鱼犯罪行为随着网络的普及和发展,已经成为我们每天不得不面对的威胁。

一、网络钓鱼行为概述

网络钓鱼行为可以归类于诈骗犯罪的一种,本质上也是一种以非法占有为目的,虚构事实或者隐瞒真相,通过欺骗的方法占有他人数额较大的公私财产的行为。[③] 国际反钓鱼网站工作组APWG(Anti-Phishing Working Group,以下简称APWG)给出的定义:一种利用社会工程和技术欺骗,针对个人身份数据和金融账号进行盗窃的犯罪机制。社会工程就是利用人的心理弱点(如人的本能反应、好奇心、信任、贪婪)、规章与制度的漏洞等进行诸如欺骗、伤害等手段,以期获得所需的信息(如计算机口令、银行账号信息)。[④] 笔者认为,网络钓鱼行为属于充分利用现实社会人际交往方式的行为,是随着计算机、网络的发展而发展起来的新型犯罪方式,其成长的特点与网络不同发展时期有着紧密的关系。截至目前,网络世界的发展大体可以分为三个阶段,即网络1.0阶段、网络2.0阶段、网络3.0阶段。网络钓鱼行为在不同的阶段有不同的表现:

---

① 参见阿里云誉反欺诈:《阿里云誉反欺诈2016年第一季度钓鱼网站报告》,载http://bbs.kafan.cn/thread-2039732-1-1.html,最后访问日期:2018年3月1日。

② 参见nana:《威瑞森数据泄露调查报告10周年:安全事件的进化与趋势》,载http://www.aqniu.com/industry/24654.html,最后访问日期:2018年3月3日。

③ 参见李玉琼:《论网络钓鱼诈骗犯罪的原因及对策》,载《广西政法管理干部学院学报》2015年第5期。

④ 参见FreeBuf:《防火防盗反钓鱼,2016年全球网络钓鱼总汇概览》,载http://www.w2bc.com/article/198402,最后访问日期:2018年3月1日。

1. 网络1.0阶段

网络第一阶段属于计算机、网络包括软件初始发展阶段,时间大体可以定位在1990年前后。初始阶段的网络基本上是公司、企业内部的局域网,局域网的主要功能还是属于联网阶段,数据的传送功能比较弱,而且计算机硬件的配置普遍不高,运行的速度慢。计算机与软件的发展也处于探索阶段,能够进行的操作具有很大的局限性。因此网络1.0时期,主要还是对于计算机机器本身及其存储资料的保护,基本上不存在网络钓鱼的行为。

2. 网络2.0阶段

网络第二阶段的时间定位在2000年前后,全世界各种网站像雨后春笋般涌现出来。这一阶段是计算机和网络飞速发展的阶段,尤其是全世界的互联网连在一起。无论是计算机机器本身的运行能力,计算机软件的应用和开发,互联网所展现的空间与领域,都给网络钓鱼提供了条件与可能。网络2.0时期开启了人们另外的一个虚拟世界,相关的法律规范却远远没有适应对网络世界的管理,网络钓鱼犯罪行为从无到有,再到泛滥成灾。这个阶段典型的网络钓鱼方式是通过大量发送声称来自银行或其他知名机构的欺骗性垃圾邮件,意图引诱收信人给出敏感信息[如用户名、口令、账号ID、ATM PIN码(Personal Identification Number,Sim卡的个人识别密码以下简称PIN码)或信用卡详细信息]。利用掌握的受害人信息,使钓鱼者可以假冒受害者进行欺诈性金融交易,从而获得经济利益。

3. 网络3.0阶段

网络第三阶段的时间可以定位2010年之后直至现在,网络3.0时期使所有网上公民不再受到现有资源积累的限制,具有更加平等获得财富和声誉的机会。① 网络与生产、工作和生活更有效、深入的融合,引发人们生活习惯和思维的转变,网络钓鱼的行为随着社会的发展,具有了新的方式和内容,除了传统的虚假网购、中奖诈骗外,仿冒手机银行、运营商等钓鱼手段呈爆发式增长。手法上由简单的钓鱼欺诈转变

---

① 参见夏燕:《网络空间的法理研究》,法律出版社2016年版,第23页。

为结合虚假短信、诈骗电话、植入木马等新型欺诈模式,[1]钓鱼软件更加科技化、现代化,网络钓鱼趋向职业化、专业化、集团化迅速发展,更加难以识别和防范。

二、网络钓鱼行为的现状

当前,中国网络的发展已经处于世界先进的行列,智能手机功能更加便利,无线网络基本上遍布了城市的各个角落,网络的速度更加迅捷,移动终端更加便利,支付宝、微信、网约车、美团等网络平台的热络使用,每一位民众的正常生活已经离不开网络,而由此引发的网络钓鱼犯罪现象层出不穷。

(一)网络钓鱼行为的新情势

网络钓鱼行为随着社会进步和生活习惯的变化又具有了新的形式,从原先的单兵作战、漫天撒网型的钓鱼方式,转向团伙作战、针对性更强的钓鱼方式。各种新的网络钓鱼方法以及网络钓鱼程序、工具越新、越多地显露出来。以下列举一些当前有代表性的钓鱼方式和方法:

1. 鱼叉式钓鱼、鲸钓

鱼叉式网络钓鱼(Spear phishing)指一种源于亚洲与东欧只针对特定目标进行攻击的钓鱼方法。"传统"意义上的网络钓鱼是以几个(通常是很多)随机独立主机为目标,并以某种方法使它们中的一些能够执行包含其能被钓鱼者获得的私有信息的特定动作。鱼叉式网络钓鱼的不同之处则在于它并不以随机目标为对象,而是以特定的对象为标靶,主要针对的是大型企业,因为早已经锁定了目标,并且有针对性地进行研究和部署,往往成功率比较高。而且针对不同的操作平台,无论是Linux、Mac OS,还是windows,都可以顺利实施钓鱼的犯罪行为。鲸钓主

① 参见邓天鹏、李伟清:《互联网灰色产业治安风险及防范》,载《广西警察学院学报》2017年第1期。

要针对的是企业高管、政界精英、影视明星或者一些名人,据 FBI(Federal Bureau of Investigation,美国联邦调查局,以下简称 FBI)的统计显示,自 2015 年 1 月以来,鲸钓的受害者已经增加了 270%,而此类骗局在过去 3 年已经让这些公司损失了至少 23 亿美元,受影响的国家超过 80 个。

2. 社交媒体钓鱼

近几年,出现一种名叫"安康鱼"的网络钓鱼新攻击方法。与传统的钓鱼方式不同,实施"安康鱼"网络钓鱼者是通过虚拟的社交媒体进行钓鱼。《2016 社交媒体品牌欺诈报告》中,Proof point(PFPT,网络安全公司)发现,与 10 家全球品牌有关的社交媒体账号中,近 20% 都是虚假的。① 网络钓鱼犯罪分子会根据所掌握的要模仿的部门资料,通常这种部门资料比较容易掌握,可以通过很多的途径了解,甚至被模仿部门本身就会将自己的一些资料进行宣传。利用被模仿部门的方式、习惯等,创建极具可信度的虚拟客户服务账号,并通过虚拟客户服务账号,与被模仿部门的真实客户进行联络之后,等待客户向虚拟账号求助。当客户主动与虚拟客户服务账号寻求帮助的时候,也就降低了防范心理,从而使网络钓鱼的犯罪行为更容易得逞。

3. 勒索软件和软定位

勒索是一种网络犯罪手段,从 2005 年以来,勒索软件一直没有停止过破坏的脚步。事实上,在过去的 2016 年,新出现的勒索病毒种类暴涨了近 8 倍,收取的赎金接近 10 亿美元。② 网络安全初创公司 Phish Me 的 2016 年第一季度《恶意软件综述》表明,有记录的所有网络钓鱼邮件中,92% 都含有某种加密勒索软件。到了第三季度,该数字增长到了 97%。③

---

① 参见安全牛:《网络钓鱼进化之路》,载 http://www.sdluckycloud.com/ShowNews.asp? id = 204,最后访问日期:2018 年 3 月 1 日。

② 参见米雪儿:《趋势科技发布"勒索软件的过去、现在和未来"安全报告》,载 http://www.freebuf.com/articles/paper/136213.html,最后访问日期:2018 年 3 月 1 日。

③ See Phish Me,"Ransom ware Delivered by 97% of Phishing Emails by end of Q3 2016 Supporting Booming Cybercrime Industry", https://phishme.com/ransomware-delivered - 97 - phishing-emails-end-q3 - 2016-supporting-booming-cybercrime-industry/, accessed on Mar. 1,2018.

Phish Me 研究人员指出,犯罪团伙还在不断精练勒索软件构造和投放方式。

"软定位"的功能在时下适用比较普遍,然而"软定位"功能也为网络钓鱼犯罪人实施钓鱼犯罪所利用,成为了另一种新型犯罪手段。"软定位"部署的网络钓鱼,介于钓鲸攻击和大规模网络钓鱼邮件之间,其广泛分布的攻击使用也是关键。智能手机有一种功能就是定位,软定位一般是利用被害人的手机或者其他电子设备,对被害人进行远程监控和定位。例如,有些犯罪行为将传统犯罪行为与软定位结合起来,欺骗被害人,通过软定位的寻找附近人功能,只要能够与定位所指定的被害人联络上,就比较容易进一步去诈骗被害人,使被害人不经意间就被欺骗。

4. 鬼钩①

安全公司 CyberArk 的安全专家发现一种钓鱼方法,通过英特尔 CPU(Central Processing Unit,中央处理器,以下简称 CPU)的新功能 Processor Trace (以下简称 Intel PT)绕过 Windows 系统中的 PatchGuard 内核保护。借助这种方法,攻击者可以在此前被认为坚不可摧的系统上植入 Rootkit(一种特殊的恶意软件)。研究人员表示,"鬼钩"目前仅针对运行 Intel PT 的系统。PT 是使用专用硬件捕获当前软件执行相关信息的英特尔 CPU 功能,以帮助调试操作,并检测恶意代码。正常情况下,进入 Intel PT 操作需要攻击者将恶意功能植入内核级代码,而 PatchGuard 一般会立即发现并阻止这种操作。CyberArk 的研究人员称,分配非常小的缓冲区处理 Intel PT 数据包会导致 CPU 耗尽缓冲空间,并打开 PMI 处理器(PMI Handler)来管理溢出代码。而 PatchGuard 不会监控 PMI 处理器,攻击者可能会趁机通过 PMI 处理器利用恶意代码修改内核操作。攻击者通过这种方法神不知鬼不觉地修改 Windows 内核,并在 64 位 Windows 上嵌入 Rootkit。

① 参见 E 安全:《新型"鬼钩"攻击可绕过 Windows Patch Guard 保护》,载 https://www.easyaq.com/news,最后访问日期:2018 年 3 月 1 日。

5. 利用CIA工具①

美国时间2017年6月22日,维基解密披露发布了CIA(Central Intelligence Agency,美国中央情报局,以下简称CIA) Vault7系列的第12批文件,披露的文件详细描述了美国情报机构如何远程隐蔽地入侵访问封闭的计算机网络或独立的安全隔离网闸(Air-Gapped Devices,从未连接过互联网的设备),目前,这两个项目的工具只针对微软Windows操作系统。实际上,自2016年3月到目前,维基解密已经披露发布了11种CIA工具。② CIA近年来利用研制的这些工具,能够无视相关人员的权利保护和法律规定,肆意收集所需要的情报和信息。时下许多CIA工具已经沦为钓鱼工具,因其专业性和技术性属于国家设计级别,所以其破坏性远非一般的钓鱼工具和方法能够相比,而且在技术层面上,民间技术很难进行有效防御。

另外,维基解密称智能手机也是CIA关注的重点,截至2016年年底,CIA"军火库"已经有24款针对Android系统的漏洞代码,这些程序或者软件部分是CIA独自研发,有些来自英国情报机构政府通信总部(Government Communications Headquarters,GCHQ)、美国国土安全局和第三方。三星、HTC、索尼等品牌的部分智能手机据称已经"沦陷",CIA可以利用漏洞读取用户在WhatsApp、Signal、Telegram和微博等社交平台上的数据,苹果iPhone和iPad也未能幸免。通过从GCHQ、美国国土安全部和FBI获取的iOS漏洞代码,技术人员已经可以实现定位,激活设备照相功能和麦克风,并读取短信记录。

① 参见E安全:《维基解密披露CIA利用"野蛮袋鼠"渗透封闭网络》,载https://www.easyaq.com/news/1415312130.shtml,最后访问日期:2018年3月1日。

② Brutal Kangaroo(野蛮袋鼠)、Emotional Simian(情感猿猴)、Cherry Blossom(樱花)、Pandemic(流行病)、Athena(雅典娜)、After Midnight(午夜之后)、Archimedes(阿基米德)、Scribbles(CIA追踪涉嫌告密者的程序)、Weeping Angel(哭泣天使)、Hive(蜂巢)、Grasshopper(蝗虫)、Marble Framework(大理石框架)、Dark Matter(暗物质)。

（二）网络钓鱼行为的犯罪特性

在过去，网络钓鱼仅仅只是简单的攻击，例如，攻击者发送一条带有跳转信息的链接，然后引诱用户在自己的电脑上运行恶意代码。但现在，网络钓鱼已经大大超出了以前的范畴，尽管概念没有变，但手法却变得异常复杂，有的网络钓鱼甚至是好几种技术结合在一起的，层出不穷的钓鱼手法已经开始颠覆我们对网络钓鱼的传统看法。

1. 钓鱼行为与传统犯罪相结合

钓鱼的方式、方法不断推陈出新，有的钓鱼犯罪与传统的犯罪方式、犯罪工具相结合，从而衍生出来更多的钓鱼犯罪行为。例如，钓鱼软件与勒索软件的结合，现在90%以上的钓鱼软件都会包含勒索软件，传统的敲诈勒索犯罪具有一定的局限性，而钓鱼软件恰巧能够克服传统敲诈勒索的这些局限，犯罪成本小、成功概率高。而且钓鱼勒索软件还有一个与传统敲诈勒索型犯罪显著区别，其勒索的赎金价格较低，被勒索的受害人往往认为需要花钱买教训而接受钓鱼者的勒索。许多犯罪分子看中这一可乘之机而加入钓鱼犯罪的行列之中，因为钓鱼软件的泛滥，甚至部分受到过钓鱼勒索的受害人也成为另外一些钓鱼勒索犯罪的加害人。

2. 犯罪对象的针对性更具体

网络钓鱼开始锁定特定的目标或者群体，有针对性地研究钓鱼对象。针对的对象有大型的企业、机关、事业单位、公司等，还有企业的管理人员、企业高管还有一些名人，包括一些有特定工作范畴的人，等等。比较典型的代表有鱼叉式钓鱼、鲸钓等。犯罪对象的具体化的变化反映了网络钓鱼的发展和网络钓鱼主观心态的变化，过去的“漫天撒网”型钓鱼方式，偶然因素占了较大的影响，攻击者对于钓鱼进程的把控相对较弱；而通过锁定具体的目标，攻击者能够更好地掌控攻击方向和进程，成功率得到大幅提升，破坏性更加显著。

3. 钓鱼行为的掩饰性更强

传统钓鱼方式是需要攻破被害人的防御，而许多民众也认为只要保护好账号的密码或者身份信息就能够有效地避免财物或者信息被侵犯。新的网络钓鱼犯罪根本不需要账号或者密码,只需要被害人“授权”就可以对被害人的财物或者身份信息有效掌控,而被授权的行为或者授权以后的行为都掩饰成为“正当”行为而无法防御。例如,网络钓鱼攻破一些公共服务网站,在服务网站链接一个后台,从而其所有的指令和行为都成为了“正当”行为;而被害人认为网址正确的条件下,就不会出现钓鱼的犯罪行为,对于网站的指令放松了警惕心理,从而导致自己的财物受到损失。

4. 钓鱼手段凸显科技化、专业化、智能化

随着网络与科技的发展,钓鱼的手段也越来越科技化、专业化、智能化。钓鱼的手段往往与最新的科技相联系,利用最新的科技产品。而此时因为产品的前沿化、高端性,民众注意或关注的重点多在产品的适用性上,相对就弱化了防范意识,使钓鱼犯罪者有了可乘之机。例如,WIFI(Wirefess Fidelity,无线局域网,以下简称WIFI)钓鱼,除了能盗取到用户的银行账户、网络支付密码外,还能利用相应软件截获数据包,并用分析软件破译用户使用过的WIFI密码等。再有键盘记录器钓鱼,这是一种专门用来记录键盘监控以及屏幕监控的记录器,受害人几乎不会注意到键盘成为钓鱼工具。还有一些钓鱼手段,如域名解析攻击、XSS攻击(Cross Site Scripting,跨站脚本攻击,以下简称XSS攻击)、交叉询问式等方式,充分显示了钓鱼手段的科技化、智能化特点。

5. 网络钓鱼犯罪朝着产业化、职业化发展

网络钓鱼正向着产业化的方向发展,通过与商业资本的紧密结合,黑客与网络犯罪团伙获取了高额利润。由于利益的驱使,不少商业公司或多或少地介入黑色产业链的链条。网络钓鱼甚至已经出现了一条龙的犯罪产业链条,从钓鱼软件的开发、购买钓鱼所获得的各种信息、钓鱼犯罪的后续服务等,都有专门的人员从事。另外,钓鱼犯罪也出现了分地域、分时间、分环境等划分标准,具有分工明确、相互支持的产业化特点。

钓鱼犯罪亦呈现职业化发展趋势,一些犯罪分子以网络钓鱼作为职业,有专门研究钓鱼的工具、软件,有对钓鱼所获得账户或者信息进

行处理,等等。例如,实时交互式网络钓鱼,这种类型的攻击能够模拟目标网站的外观和感觉,而不仅是一般的钓鱼页面,如果没有职业化、专业化的训练,这种钓鱼犯罪行为很难获得成功。与网络钓鱼行为的配套行业也在蓬勃发展,如复制银行卡片、倒卖个人信息、散发网络信息、勒索被害人,这也使网络钓鱼不再是孤立的犯罪行为,是众多犯罪环节中一个重要环节。

三、网络钓鱼行为相关刑事法规定及完善建议

2014年10月党的十八届四中全会通过的《中共中央关于全面推进依法治国若干重大问题的决定》进一步提出,要加强互联网领域立法,完善网络信息服务、网络安全保护、网络社会管理等方面的法律法规依法规范网络行为。规范网络行为的刑事法律亦在不断完善中,《刑法修正案》(五)(七)(九)就增加了关于网络犯罪的立法。

(一)现有规范网络钓鱼行为的相关法律规定

截至2016年8月,中国已经初步形成了网络法律法规体系。2015年颁布的《国家安全法》以及2016年颁布的《网络安全法》《电子商务法》等一系列最新立法实践表明我国网络立法工作正处于发展和完善阶段。

1. 网络1.0时代法律规定

在网络1.0时期,中国计算机、网络立法处于落后阶段,直到1994年国际互联网进入中国,中国才陆续出台关于计算机、互联网的立法。第一部立法是1994年2月18日国务院发布的《计算机信息系统安全保护条例》,之后在计算机系统和互联网安全管理方面又发布了《计算机信息网络国际互联网管理暂行规定》《计算机信息网络国际联网安全保护管理办法》等规范。

2. 网络2.0时代

随着互联网的广泛应用,计算机犯罪发展到了网络犯罪阶段。为了打击日益严重和不断变化的网络犯罪,1997年中国修订刑法的时

候,规定了非法侵入计算机信息系统罪和破坏计算机信息系统罪两种犯罪,成为最早制定计算机犯罪立法的 12 个国家之一。到了 2000 年左右,网络钓鱼行为开始呈现爆发式的增长,网络钓鱼行为最主要的表现就是侵犯个人信息,2000 年 12 月 28 日全国人大常委会通过了《全国人民代表大会常务委员会关于维护互联网安全的决定》,明确规定依照《刑法》有关规定处罚 21 种利用互联网实施的犯罪;对于以网络为犯罪工具实施的传统型犯罪进行了体系性的阐述和系统解释。为了打击严重侵犯公民个人信息的犯罪,2005 年生效的《刑法修正案(五)》增设了窃取、收买、非法提供信用卡信息罪。针对网络犯罪的犯罪手法越来越多,2008 年中国重启网络犯罪立法,2009 年 3 月生效的《刑法修正案(七)》增设了三种新的网络犯罪,以打击新形式的网络经济领域的网络犯罪,中国最高司法机关还为审理新型网络犯罪颁布了若干司法解释。

3. 网络 3.0 时代

2012 年 12 月制定了《全国人民代表大会常务委员会关于加强网络信息保护的决定》,规定了互联网环境下公民个人电子信息保护的相关制度。《刑法修正案(九)》第 16 条、第 26 条、第 27 条、第 28 条、第 29 条共 5 个条文与信息网络安全犯罪直接相关,通过信息网络实施侮辱、诽谤行为,通过网络出售、非法提供公民个人信息,网络服务提供者拒绝履行信息网络安全管理义务,利用信息网络设立用于实施诈骗、传授犯罪方法、制作销售违禁物品,管制物品等违法犯罪活动的网站、通信群组、利用信息网络发布制作、销售毒品、拒不履行信息网络安全管理义务罪,非法利用信息网络罪,帮助信息网络犯罪活动罪,加大了对信息网络犯罪的刑罚力度,进一步加强了对公民个人信息的保护,①对增加编造和传播虚假信息犯罪设立了明确条文。另外,《刑法修正案(九)》第 6 条所涉及的帮助恐怖活动罪、第 25 条涉及的组织考试作弊

---

① 2009 年 2 月 28 日起施行的《刑法修正案(七)》增设了出售、非法提供公民个人信息罪和非法获取公民个人信息罪,2015 年 11 月 1 日起施行的《刑法修正案(九)》对相关条款作出修改完善,将"出售、非法提供公民个人信息罪"和"非法获取公民个人信息罪"整合为"侵犯公民个人信息罪"。

罪等,时下通过信息网络实证相关的犯罪行为也比较突出。

2016 年 11 月 7 日中华人民共和国第十二届全国人民代表大会常务委员会第二十四次会议通过了《中华人民共和国网络安全法》,2016 年 7 月《国家信息化发展纲要》进一步强调要完善信息化法律框架,要以网络立法为重点,加快建立以促进信息化发展和强化网络安全管理为目标的法律、行政法规框架。

(二)完善刑事法律的建议

习近平总书记强调,网络安全和信息化是相辅相成的。网络钓鱼犯罪行为尽管表现为多个行为集合在一起,有可能侵犯到个人信息,但是其侵犯个人信息的主观目的与钓鱼行为所要求的最后要求具有明显的区分,网络钓鱼行为具有自己的特点和内涵。现有的刑事法律罪名和刑事责任的规定对于规范网络钓鱼的行为有一定的滞后性与不适性,因此需要完善相应的刑事法律规定,笔者建议如下:

1. 严密法网,增设相关罪名

网络钓鱼的行为虽然可以归类于诈骗犯罪的一种,然而网络钓鱼行为的表现形式多种多样,已经形成了自己独特的类型和特点。而且,网络本身的发展亦冲击传统犯罪的行为模式与处罚模式,通过上文的研究与总结,网络钓鱼行为涉及了新的犯罪行为类型和新的行业种类,呈现出来范围广、行业密、侵犯客体多的特点。已有的法律规定和罪名明显表现出滞后性,并且不能完全规制好相应的犯罪行为。例如,2017 年年初 Wannacry 的蠕虫勒索软件,这是钓鱼手法与勒索软件结合的典型案例,本案的行为如果以敲诈勒索罪条文来定性的话,就有与实际情形不相符合的地方。[①] 再有,鱼叉式钓鱼、鲸钓、使用钓鱼软件的行为是否需要处罚,如何处罚? 现有的刑事法律条文也具有不适性。笔者建议应该严密网络钓鱼行为相关的刑事法网,以求预防和打击相关的犯罪行为。

---

① 笔者认为,本案无论是加害人还是受害人都具有不确定性,勒索的内容是无法打开文件,索要财物是通过付费来实现等,这些因素会影响敲诈勒索罪的定性。

对于核心的网络钓鱼行为,建议增设网络钓鱼罪,具体论证详见下文。

2. 完善刑责,增设职业禁止

《网络安全法》第 63 条①规定凡是违反网络安全的犯罪人员,终身不得从事网络安全管理和网络运营关键岗位的工作,这是有关于网络安全犯罪会受到职业禁止的法律规定。笔者建议,网络钓鱼的犯罪行为,也应该有职业禁止的法律规定,②原因如下:

(1)实施网络钓鱼的主体特点所决定

网络 3.0 时代,实施网络钓鱼犯罪的行为人,表现出来越来越专业化、职业化的特征。此类行为人对于网络知识的掌握、网络软件的运用都是比较熟悉,甚至对于网络的漏洞、网络法律的不健全都有一定的了解。当实施过网络钓鱼犯罪行为又有着专业技能的人,继续从事与网络相关的工作,在巨大的利益诱惑面前,自控的难度就会比较大,社会所承担的风险就会增加。因此,有必要对于这样类型的犯罪行为人实行职业禁止的处罚。

(2)保护相关网络行业的需要

网络已经成为人们生活、工作中必不可少的工具,无法隔离开的空间。未来的发展,网络更是具有举足轻重的地位和作用。甚至可以断言,网络已经成为未来生活最重要的一个因素,保护好相关的网络行业发展也就成为当前工作的重点。网络钓鱼犯罪涉及的范围比较广,涉及的行业也比较复杂,牵连的人也比较多。鉴于网络钓鱼犯罪的特点和原因,实施网络钓鱼的犯罪行为人,如果未来仍然从事网络行业的相关工作,很难改变思维和习惯,笔者认为对于网络行业存在比较突出的威胁,不利于网络行业的发展。通过实施职业禁止,能够有效控制行业风险,从而保护好相关网络行业的发展。

① 《网络安全法》第 63 条第 3 款:"违反本法第二十七条规定,受到治安管理处罚的人员,五年内不得从事网络安全管理和网络运营关键岗位的工作;受到刑事处罚的人员,终身不得从事网络安全管理和网络运营关键岗位的工作。"

② 笔者建议职业禁止所禁止的从业内容和范围应该扩大,另有文章详细论证。

四、增设网络钓鱼诈骗罪

通过上文的分析,网络钓鱼行为的危害显而易见,应该严密规制网络钓鱼行为的刑事法网。时下,笔者建议可优先考虑增设网络钓鱼诈骗罪,具体论证如下:

(一)增设网络钓鱼诈骗罪的必要性

网络钓鱼行为已经具有了相当严重的社会危害性,与其他类型的诈骗罪亦具有显著的独立性特点。

1. 网络钓鱼行为社会危害性较大

据中国反钓鱼组织 APWG 的统计,2016 年前三季度,整个网络钓鱼的数量达到前所未有的高度,检测到的钓鱼攻击就多达上百亿次。相当于每 30 秒钓鱼者就会发起一次新的攻击,零售业、服务业、金融业以及支付业已经是千疮百孔,伤痕累累。网络钓鱼行为已经造成了严重的社会危害。网络钓鱼攻击一般仅利用一些简单的工具和技术来欺骗缺乏警惕性的用户,本身网络钓鱼的行为就具有很大的欺骗性,难以认定相应的行为。支撑一次网络钓鱼攻击的底层基础设施可以是最基本的简单地拷贝一个 HTML 页面,上传到一个刚刚攻陷的网站服务器,以及一个服务器端的用来处理用户输入数据的脚本,也可能涉及更为复杂的网站及内容重定向,①这样一个简单的拷贝行为很难与传统的犯罪行为相联系。正是这样看似简单的行为,既麻痹了实施犯罪的行为人也迷惑了被侵犯的潜在被害人,中国互联网络信息中心(China Internet Network Information Center,CNNIC)联合国家互联网应急中心发布的《2016 年中国网民网络信息安全状况调查报告》显示,仅仅三成以上网民对网络安全环境持信任态度,认为上网环境“不太安全”和

① 参见陈达:《网络钓鱼的现状、方式及防范初探》,载《网络安全技术与应用》2006 年第 7 期。

“很不安全”的用户占比为 20.3%。认为网络安全一般状态有 40.8%,网络安全事件仍然对大部分网民构成影响。数据显示,2016 年遭遇过网络安全事件的用户占比达到整体网民的 70.5%,其中网上诈骗是网民遇到的首要网络安全问题,39.1% 的网民曾遇到过这类网络安全事件。[①] 网络钓鱼犯罪行为已经不是件小事情,其已经严重扰乱了社会正常的管理秩序,对网络钓鱼的犯罪行为必须要重视起来,不能因为网络钓鱼行为实施的方式看似简单,放松对网络钓鱼行为的预防和打击。

2. 有助于打击网络钓鱼犯罪

钓鱼者通常都具有相对较高的理性,所以他们在实施钓鱼行为之前,通常会对自己的钓鱼行为可能付出的法律惩罚代价和预期的经济收益进行一些理性的比较分析。[②] 网络钓鱼的行为明确入刑,才能够有效打击相关的犯罪行为。钓鱼的多数极端行为有相关的刑事法律进行规制,但是这些能够适用的法律条文仅仅是对相关的行为进行规范,并没有涉及网络钓鱼行为的根本问题。通过将网络钓鱼行为以刑法规制,使规范网络钓鱼行为于法有据,能够有效打击网络钓鱼犯罪。

3. 有助于维护网络安全和发展

网络空间非常发达,网络上的信息更是丰富,这是世界经济飞速发展,全球经济一体化的必然结果。我们日常所需要的所有信息和知识都可以在网络上寻找到相应的答案,人们越来越习惯于在网络上交流相互的信息和资料。这一方面民众能够很方便、迅捷地找到自己想要的信息,另一个方面也使有意获得犯罪信息和资料的人比较便捷地获得自己所要的信息。另外,网络钓鱼软件在网络上可以很轻松获得,而且如何使用、怎么使用都有专门的人来教,入门门槛很低,甚至没有学过网络知识的人也能够很快掌握使用网络钓鱼软件的技巧。这些都是网络钓鱼行为泛滥的原因。通过将网络钓鱼行为规定为犯罪行为,使

① 参见 CNNIC:《2016 年中国网民网络信息安全状况调查报告》,载 http://www.199it.com/archives/560155.html,最后访问日期:2018 年 3 月 1 日。

② 参见王龙国:《网络钓鱼与刑法规制的完善》,上海社会科学院法学研究所 2010 年硕士学位论文,第 34 页。

实施网络钓鱼行为人能够得到应有的处罚,有益于净化网络空间,维护好网络空间正常的秩序与安全。

(二)网络钓鱼诈骗罪的特征

网络钓鱼诈骗罪具有自己的特征,其侵犯的客体具有复杂性,属于复杂客体。犯罪的客观方面也具有显著的特点。

1. 网络钓鱼诈骗罪侵犯的客体

网络钓鱼诈骗罪侵犯的是复杂客体,包含了网络用户的身份识别信息安全和互联网的信用体系。网络钓鱼者欺诈性地获取网络用户敏感的身份识别信息,对网络用户的信息安全产生了巨大的破坏,同时破坏了网络用户对互联网的信任,损害了整个互联网的信用体系。[①]

随着互联网应用的深入,网络已经从虚拟空间变成了现实社会不可或缺的组成部分,开启了我国网络全面社会化阶段。在网络 3.0 时期,网络空间虽然仍旧无法触及,但是网络空间已近实实在在存在于每个人的生活中,与现实空间交相呼应。网络主权、网络关键基础设施、网络运行安全、网络信息安全、网络空间各行为主体权益等,已经成为新型的权利内容,而且这些权利内容已经不容再任意被侵犯。网络钓鱼行为是复杂行为,往往是通过几个单独的行为完成的,每个单独行为都不可避免地侵犯不同权益客体。网络钓鱼的犯罪目的由传统诈骗财物向深发展,开始演化成侵犯网络空间的本身权益。综上所述,网络钓鱼犯罪行为侵犯的犯罪客体由复杂客体组成,其中侵害的对象包含了个人信息、网络安全、社会秩序、计算机信息网络安全、公私财物等。

2. 网络钓鱼诈骗罪的客观方面

网络钓鱼的犯罪行为一般分为三个阶段,第一个阶段是布置"钓饵";第二阶段,被害人上钩,实施网络钓鱼的犯罪分子获得被害人的个人信息;第三阶段,实施钓鱼的犯罪分子获得利益,一般是获得被害人的财物等。

---

① 参见陈玲:《"网络钓鱼"与刑法规制》,载《政治与法律》2008 年第 8 期。

(1)三个阶段间隔的时间具有一定的概率

网络钓鱼行为所期待的犯罪目标具有是一定的概率,司法实践中需要注意的关键在于,尽管三个阶段的间隔实践不确定,但是这种概率具有一定的范围,具体的时间间隔可以根据网络钓鱼的工具、攻击的对象以及实施钓鱼的频率等相关因素进行确认。

(2)三个阶段行为本身会涉及相关刑事法律规范规制

第一阶段布置钓饵,这一阶段的行为会涉及侵犯计算机网络等相关犯罪。第二阶段加害人获取个人信息,这一阶段也可能涉嫌侵犯个人信息犯罪。第三阶段加害人获得财物,又可能涉嫌触犯盗窃罪、诈骗罪等。所以司法实践中,需要注意与相关犯罪的竞合关系。

(3)三个阶段行为之间的因果关系

实施钓鱼行为的犯罪分子其第一阶段的行为与最后加害人获取财务之间的因果关系需要着重关注,这是认定网络钓鱼犯罪行为的关键所在,钓鱼犯罪行为只有三个阶段行为联系在一起,才可以算是网络钓鱼的完整行为。

3. 网络钓鱼诈骗罪的主观方面

(1)网络钓鱼的犯罪目的具有欺骗性

网络钓鱼的犯罪行为已经由传统的钓鱼犯罪,仅仅侵犯个人或者单位财务,转化了具有多种目的性。例如,在 2017 年 5 月发生的勒索型犯罪,其实质就是属于网络钓鱼犯罪,通过实施钓鱼行为,引诱被害人点击木马软件,从而导致利益受到损害。司法实践中,网络钓鱼的行为往往被多种形式所掩盖,通过不同的目的表现形式掩饰了网络钓鱼的主要目的性。

(2)网络钓鱼的心理成本低廉

网络钓鱼与传统的普通诈骗犯罪不同,在网络钓鱼诈骗中,行为人无须与被害人直接接触,他们只需要借助于计算机和网络即可实施诈骗,这种间接性的特点导致行为人常常存在侥幸心理,他们认为被害人不知道自己的真实身份,也不会知道加害者身在何处。即使有一天受害人发现上当受骗,也只能自认倒霉,不能拿加害者怎么样。因此,如所有网络犯罪的行为人一样,实施网络钓鱼的人亦常常有恃无恐,自认为技高一筹，并且在这种侥幸心理的驱使下，行为人往往会重复的实施钓鱼诈骗行为。① 网络钓鱼诈骗犯罪心理成本低廉，其犯罪目的具有一定的欺骗性，仿佛其实施网络钓鱼的行为目的仅仅就是使用钓鱼软件而已；但正是这种看似与侵犯被害人权益无关的心态，掩饰了最终的犯罪目的。

（3）网络钓鱼诈骗罪的罪过形式与传统网络犯罪的故意并不相同

网络钓鱼犯罪行为的故意内容与普通犯罪的故意标准并不能完全的吻合，普通犯罪的故意，刑法规定是明知道自己的行为会发生危害社会的结果，希望或者放任这种结果的发生；而网络钓鱼的明知在于行为人知道自己的行为大概能够发生危害社会的结果，“大概”与“会”有一定的距离，这种大概的概率是有很多的条件进行限制，如钓鱼软件的性质、被害人的防范意识、网络服务商的服务、监管机构的监管，甚至被害人的杀毒软件，都能够影响到“大概”的概率性，甚至网络钓鱼对象的范围也会影响到其明知的程度。另外使用钓鱼软件的意图也因为使用者的不同而不同，某些软件本身属于正常的软件，却被钓鱼者利用实施犯罪行为。

五、结　　语

网络钓鱼是一个复杂的犯罪行为，其中还涉及网络帮助行为、共同犯罪的行为，笔者认为，网络钓鱼的帮助行为、共同犯罪行为，对于传统的共同犯罪理论具有一定的冲击作用，应该在传统的共同犯罪理论框架下，按照我国的刑法理论的核心原理进行完善，未来要对于网络共同犯罪问题进行更加深入的研究，本文限于篇幅不涉及相关内容。但是对于网络钓鱼行为的复杂性、现实性等特点，我们需要给予更多的关注，从而对于网络钓鱼行为能够有效预防和打击，维护网络安全。

---

① 参见李玉琼：《论网络钓鱼诈骗犯罪的原因和对策》，载《广西政法管理干部学院学报》2015 年第 5 期。

Research on Criminal Regulation of Phishing Behavior

Li Guangyu

[**内容摘要**]网络钓鱼行为属于充分利用了现实社会的人际交往方式的诈骗行为,是随着计算机、网络的发展而演变起来的犯罪方式。网络钓鱼行为伴随着社会进步和生活习惯的变化又具有了新的形式,鱼叉式网络钓鱼、鲸钓、社交媒体钓鱼、鬼钩、利用 CIA 工具钓鱼等,钓鱼手法更难识别和防范。网络钓鱼的犯罪特性更加明显,犯罪对象的针对性具体,钓鱼手段凸显科技化、专业化、智能化,钓鱼犯罪朝着产业化、职业化发展。我国规制网络钓鱼行为的刑事法律还有待完善,建议增设网络钓鱼诈骗罪,增设职业禁止的处罚。

[**关键词**]网络;钓鱼;刑法规制

Abstract: Phishing behavior make full use of the reality of social interpersonal communication, it is a fraud. With the development of the computer and the network, the act is evolving in new forms of crime. Phishing accompanied by changes in lifestyle and social progress but also has new forms, such as spear phishing, whale fishing, social media fishing, ghost hook, using the CIA tools, and so on. Fishing practices are more difficult to identify and prevent. The criminal features of phishing are more pronounced. Criminal object specific, fishing means show technological, specialization, intelligence, fishing crime towards industrialization, professional development. China's criminal law on the regulation of phishing laws still need to be improved. It is proposed to increase the crime of phishing, additional professional prohibition of the qualification penalty.

Keywords: Network; Fishing; Criminal law regulation

聚众斗殴成罪评价的一体化分析
——以施某某等聚众斗殴案为例的商榷

吴美满*

目　　次

施某某等人聚众斗殴案是最高人民检察院公布的第1号指导性案例。该案肇始于2008年12月,处理终结于2010年4月。近7年来,该案所产生的广泛社会影响和深入理论探讨至今没有停歇。作为发生施某某等聚众斗殴案的当地人、作为处理该案的直接见证者和参与者、作为在第一时间对该案进行理论总结的执笔者和最高人民检察院第1号指导性案例的直接提供者,①个人认为确有必要对施案进行全面回顾

---

* 武汉大学法学院刑法学专业博士生,福建省泉州市人民检察院检察官。

① 2010年4月,笔者直接参与了对施案的研究处理;案件处理结束后,又执笔与胡激洋合作撰写了《从刑法文本到社会学意义的成功实践——石狮市院妥善处理两村村民聚众斗殴的个案价值分析》(以下简称《从》文)一文,对施案的处理及时进行实践总结和理论提升。当年10月适逢最高人民检察院首次向全国征集指导性案例,便在《从》文基础上根据指导性案例体例要求报送施某某等人聚众斗殴案,后经修改以1号指导性案例颁布。《从》文载《中国检察官》2011年第2期(上)。

也借此回应社会各界对该案的各种关切。陈兴良教授《施某某等聚众斗殴案:在入罪与出罪之间的法理把握与政策拿捏——最高人民检察院指导性案例的个案研究》①一文(以下简称陈文)所涉问题在社会各界对本案的关切中具有代表性。因此,相关回顾便围绕该文相关问题展开,一并就教于陈教授。

一、基本案情及两村近年关系回顾

福建省石狮市永宁镇西岑村与子英村相邻,原本世代友好而居。后因两村相邻的土地和排水问题多年纷争不断,一村认为另一村排水经过其祖坟影响祖上风水,进而危及子孙后代福祉。永宁镇政府为解决两村之间的纠纷,曾组织人员对发生土地及排水问题的地界进行现场施工,但被村民多次阻挠未果。2008 年 12 月 17 日 8 时许,该镇组织镇干部与施工队再次进行施工。9 时许,子英村与西岑村两村村民百余名头戴安全帽、身背装有石头的袋子、手持木棍、铁锹等器械在两村交界处聚集对峙,双方互相谩骂、互扔石头。双方村民后被警方隔开并劝说离去,但仍有村民不听劝说并扔掷石头,致使两辆警车被砸损(经鉴定损失价值人民币 761 元),3 名民警手部被打伤(经鉴定均未达轻微伤)。事后,积极参与斗殴的西岑村施某某等 9 人和子英村李某某等 8 人以涉嫌聚众斗殴罪被批准逮捕,后两村通过村两委、老人会、村民代表和旅居海外的侨胞表达强烈的和解和从轻处理意愿。案件移送审查起诉后,检察机关在两村具有强烈和解意愿基础上做了大量矛盾化解工作,促使纠纷得以妥善解决,矛盾根源得以消除。检察机关认为,施某某等 17 人已经涉嫌聚众斗殴罪,依法应当追究刑事责任。鉴于其参与斗殴的目的并非为了私仇或争霸一方,且造成的财产损失及人员伤害均属轻微,并未造成严重后果;两村村委会也达成和解协议,施某某等 17 人也出具了承诺书,从惩罚与教育相结合的原则出发及有利于

---

① 陈兴良:《施某某等聚众斗殴案:在入罪与出罪之间的法理把握与政策拿捏——最高人民检察院指导性案例的个案研究》,载《法学论坛》2014 年第 5 期。

促进社会和谐的角度考虑，最终决定对施某某等17人作相对不起诉。宣布不起诉决定后，两村村民代表和事后专程从海外赶来的两村侨胞代表分别将三面锦旗赠与石狮检察院，表达感激之情。至此，两村持续多年的矛盾纠纷在检察机关的精心处理下终于尘埃落定。

案结事了近七年来，除石狮检察院对不起诉案件进行常规回访外，包括《法制日报》《检察日报》《福建日报》等在内的多家省地市级和国家级媒体曾多次深入案发地进行回访。屡次回访的情况都无差别：施某某和李某某等双方17名当事人及其家属都对处理结果表示满意，都能不受案件影响继续积极投入生产生活中，相互之间甚至成为好朋友。作为双方当事人所在的石狮市永宁镇西岑村与子英村，两村村民径自抛开层层法律迷雾和理论纷争，相互增加理解、沟通与包容，全面结束案发前几年持续不断的矛盾冲突状态，彻底恢复了世代睦邻而居、婚配往来的历史常态，完全达致该案作不起诉处理所欲追求的效果。两村村民用他们不自觉的朴素方式检验了检察机关当年处理该案时的创新勇气和责任担当。事实证明，施某某等聚众斗殴案所追求的社会效果、法律效果和政治效果全面经受住了时间、实践和社会检验。

二、构成要件的法理探讨

施某某等人聚众斗殴案结案至今已近7年，7年来该案引发的法理探讨仍在继续。如同陈文指出："该指导性案例并不仅仅涉及相对不起诉问题，而且涉及聚众斗殴罪客观构成要件的认定问题，同时也涉及主观违法要素等问题。这些被遮蔽了的法理问题，恰恰是值得我们认真研究的。"①陈文对这两个问题的结论是：施某某等只有聚众行为而无斗殴行为因此是未遂；在主观上不具备流氓动机这种特定的主观违法要素，不能认定为构成聚众斗殴罪。因此，以构成犯罪为前提所作

① 参见陈兴良：《施某某等聚众斗殴案：在入罪与出罪之间的法理把握与政策拿捏——最高人民检察院指导性案例的个案研究》，载《法学论坛》2014年第5期。

的相对不起诉决定虽然考虑了社会效果,但在法律效果上还值得推敲。[①] 而检察机关处理该案时认为施某某等人已经涉嫌聚众斗殴罪,且属犯罪既遂,最终决定作相对不起诉论证的着力点也放在本案具有持械聚众斗殴和聚众斗殴人数多、规模大这两个应处3年以上10年以下有期徒刑的法定情节、作相对不起诉是否具有足够法律依据以避免为追求不起诉的社会效果却直接损害法律尊严这一点上。对同一个问题的同一种思考却得出完全不同的结论,理论与实务两界的"同途殊归",需要深入探讨的问题何止一二。

(一)施某某等人的聚众斗殴行为是既遂还是未遂

陈文认为,聚众斗殴罪是复行为犯,构成本罪在客观上必须具备聚众行为与斗殴行为。如果行为人只是纠集了多人但由于意志以外的原因,尚未实施斗殴行为的,应当认定为是聚众斗殴罪的未遂。本案中,双方虽然聚集多人到了现场,但因为警察到场制止,没有实际发生斗殴行为,因此应当认定为未遂。[②] 对此,有两个问题需要探讨:

1. 聚众斗殴犯罪是否属于复行为犯?

当前刑法理论界对聚众斗殴罪是否属于复行为犯存在肯定与否定两种不同观点之争。集中几种肯定观点,大致有以下理由:[③]聚众犯罪属于复行为犯,是包含了两个具有作为手段的聚众行为和作为目的的特定行为关系的危害行为的一种犯罪类型。具体到聚众斗殴犯罪中,肯定说认为该罪客观行为包含聚众和斗殴两个各自独立的行为,因此,聚众斗殴罪属于复行为犯。否定观点认为:[④]如果聚众斗殴罪是复行

① 参见陈兴良:《施某某等聚众斗殴案:在入罪与出罪之间的法理把握与政策拿捏——最高人民检察院指导性案例的个案研究》,载《法学论坛》2014年第5期。

② 同上。

③ 参见刘德法:《聚众犯罪理论与实务研究》,中国法制出版社2011年版,第91页。

④ 参见张明楷:《刑法学》(第4版),法律出版社2011年版,第934页;王明辉:《复行为犯研究》,中国人民公安大学出版社2008年版,第80页。

为犯，会影响对没有直接参与斗殴行为的首要分子的定罪，且会不当扩大该罪的处罚范围。有观点从另一种角度表达否定：认为刑法为聚众犯罪所预设的行为类型确实包括聚众行为和其他性质的行为，但是刑法上所预设的这些复数行为并非都是首要分子成立犯罪既遂所必需的行为。对于首要分子来说，刑法惩罚的主要是聚众行为，也就是组织、策划、指挥的行为。因此，只要首要分子实施了聚众行为，就满足了成立该罪的客观实行行为的要求，至于首要分子本人是否亲自参与实施了其他性质的行为，并不是该罪成立既遂所必需的条件。而在复行为犯中，实施了全部复数行为是行为人成立犯罪既遂的必要条件。因此，聚众犯罪不是复行为犯。陈文对聚众斗殴犯罪是否属复行为犯持肯定观点，其基本认同上述第二种否定观点的分析框架，但认为应当区分必要共犯的复行为犯与单独犯罪的复行为犯，由此出发得出的结论会有所不同。单独犯罪的复行为犯中的行为人必须同时实施复行为犯中的两个行为才能构成复行为犯；但必要共犯的复行为犯是一种共同正犯，在共同故意范围内适用部分行为之全体责任的定罪原则，因此并不要求各个行为人都同时实施复行为犯中的两个行为才能构成复行为犯。

笔者认同陈文关于聚众犯罪是复行为犯的分析，具体到聚众斗殴罪中，该罪属于必要共犯，首要分子实施了聚众行为，而一般参与者实施了斗殴行为，这是在必要共犯中的行为分工，并不影响复行为犯的构成，因此本罪属于复行为犯。

2. 本案的聚众斗殴行为是既遂还是未遂？

陈文既将聚众斗殴罪界定为复行为犯，认为构成本罪在客观上必须具备聚众行为与斗殴行为。但具体到施某某聚众斗殴案中，陈文认为双方虽然聚集多人到了现场，但因为警察到场制止，没有实际发生斗殴行为，因此从聚众斗殴罪属于复行为犯的原理出发，应当认定为聚众斗殴罪的未遂。

笔者与陈文在关于聚众斗殴犯罪是属于复行为犯的法理把握上不存在分歧，但是，认同同一法理并不意味着在具体个案应用上就会得出完全一致的结论。因为，对犯罪行为完成状态的判断，除了根据法理，还涉及对具体事实的把握。就本案而言,笔者认为施某某等的行为应该认定为既遂,与陈文的分歧点在于对施某某等17人以及其两村近百名村民在“两村交界处聚集对峙,双方互相谩骂、互扔石头”这一客观行为是既遂或未遂状态的具体把握上。

从客观事实看,施某某等17人在双方村界处长达一个多小时的对峙中,持械参加聚集、互相谩骂互扔石头,后被警方及时隔开并劝说离去,但仍有村民不听劝说,继续叫骂并扔掷石头。该案行为人已经完成聚众行为毫无疑义,对于是否发生斗殴行为存在分歧。在陈文看来,本案并没有实际发生斗殴行为。我们认为,石头也是双方事先准备并身背的作案器械之一,从双方互相向对方扔出第一块石头开始,斗殴行为即已启动。只是由于随后赶赴现场的警方及时将双方村民隔开,致使双方事先准备的木棍、铁锹等其他器械没有机会使用,因而没有发展成大规模、不可控的聚众斗殴场面且双方互扔石头没有直接导致对方受伤、后来伤害后果由横在双方中间的警方人员(其中3人手部轻微受伤)和警车(被砸损,损失761元)承受而已。从双方准备石头开始,结合石头在双方斗殴中的使用特性看,互扔石头也是双方预谋实施的斗殴方式之一。斗殴行为已经开始实施这一事实不会因为石头这一器械相比木棍、铁锹等其他器械杀伤力小、互扔这一行为比直接的身体接触对视觉的冲击力弱、犯罪所造成的后果由警方而不是对方直接承受以及危害后果轻微这四方面因素而改变。因此,即便是持聚众斗殴罪属于复行为犯的观点,如同前述分析斗殴行为已经开始实施,聚众行为和斗殴行为两个行为同时具备,因此本案应当认定为既遂。

当然,在认定犯罪既遂前提下,正是石头而不是木棍、铁锹等其他杀伤力更大的器械、正是互扔而不是双方直接的身体接触以及犯罪后果轻微没有造成其他重大财产损失或人身伤害等因素,为认定该案犯罪情节轻微并作相对不起诉提供了事实和情节依据。

（二）施某某等人行为是否具备聚众斗殴罪的主观违法要素

陈文认为，根据我国刑法学界的通说，流氓动机是聚众斗殴罪的主观违法要素，以此作为聚众斗殴罪与非罪以及此罪与彼罪的界限，对于聚众斗殴罪的认定具有重要意义。据此，施某某等人的行为显然不具有所谓流氓动机，而是出于邻村之间的土地和水利的纠纷引发的群体性械斗事件。在这种情况下，就本案的性质而言，根本就不能认定为聚众斗殴罪。① 对此，有几个问题需要首先厘清。

1. 流氓动机是否聚众斗殴罪的主观违法要素？

目前没有关于聚众斗殴罪要求流氓动机这一特定主观违法要素的立法或司法解释，即便是聚众斗殴罪的前身流氓罪，对于流氓动机的要求也没有法律依据而只是存在于刑法理论中。1997 年《刑法》将流氓罪分解为聚众斗殴罪、寻衅滋事罪、侮辱妇女罪和聚众淫乱罪，这些分解以后的犯罪主观上是否还要求具备流氓动机，理论界存在正反两种观点的争论。如王作富教授持肯定观点，②张明楷教授则持否定观点。③ 对此，有两个问题需要进一步思考：（1）即便流氓罪的流氓动机需要由分解后的罪名继受，是否分解出来的四个罪名都要求无一例外地承载？（2）分解出来的四个罪名与原罪名之间是否存在亲疏远近关系因而可以在承受原罪名的特征上进行差别化对待？就流氓罪而言，显然寻衅滋事罪离其“母罪”流氓罪最近，聚众斗殴罪则最远。因此，完全可以认为，流氓罪中原有的流氓动机由离其最近的寻衅滋事罪一罪继受即已足够阐述法条分解的合理性，离其最远的聚众斗殴罪则不

① 参见陈兴良：《施某某等聚众斗殴案：在入罪与出罪之间的法理把握与政策拿捏——最高人民检察院指导性案例的个案研究》，载《法学论坛》2014 年第 5 期。

② 参见王作富：《刑法分则实务研究》（中）（第 5 版），中国方正出版社 2013 年版，第 1125 页。

③ 参见张明楷：《刑法学》（第 4 版），法律出版社 2011 年版，第 937 ~939 页。

要求具有流氓动机。循着这样的解释路径,既可有效弥合当前理论界对该问题的两种针锋相对的观点,原流氓罪分解出来的另两个罪名当前的尴尬处境也可得到顺当解决。

(1)侮辱妇女罪的空置与合并。自1997年侮辱妇女罪从流氓罪中分解出来获得独立地位以来,在司法实践中的适用几乎空白,成了“僵尸”罪名。根本原因并不在于社会生活中不存在此类行为需要刑法规范,而在于刑法条文中存在另外两个相近罪名可供选择,即强制猥亵罪和(以妇女为犯罪对象的)侮辱罪。在以妇女为犯罪对象的场合,强制猥亵罪、侮辱妇女罪与侮辱罪三罪之间本身很难区别,必须根据主客观各种因素加以综合分析、判断,才能正确界定,这给司法实践中造成极大的适用困难,带来司法适用之不统一,影响司法公信。强制猥亵罪与侮辱妇女罪都侵犯妇女的性权利,侮辱罪侵犯的是人格权、名誉权,但性权利本身是一项重要而独立的人格权,因此,侮辱妇女罪完全可被侮辱罪吸收,需要检讨的是用是否具备流氓动机来区分侮辱妇女罪和以妇女为犯罪对象的侮辱罪。这或许是《刑法修正案(九)》第13条虽对《刑法》第237条第1款作了修改,但只是扩大犯罪对象的根本原因。笔者认为,不管是从三罪的互相包含看,还是从立法技术上的便宜、克服司法适用上的困难看,该罪名都完全可以与强制猥亵罪、侮辱罪合并而无独立存在的价值。取消流氓动机便可避免一个罪名的空置和因立法上的无谓繁复而增加司法适用选择上的困难,值得认真推敲。

(2)聚众淫乱罪的存废之争。该罪名在司法实践中很少适用。对一种行为入罪的前提是行为对他人或社会公众的利益造成侵犯。所谓聚众淫乱却仅涉及特定个人以及特定群体的自愿生活方式选择,它尽管足以在道德层次上来讨论、剖析和批判,但是否具有刑事意义是否需要上升到刑法层面作犯罪处理值得探讨。尤其是随着社会道德观念的演进和社会对窥淫、性道德双重标准和舆论规则的反思,聚众淫乱罪基于其流氓动机带来的立罪根基不稳而不断受到挑战,这种挑战屡次以名人“聚众淫乱”被追究而达到顶峰,该罪存在的必要性、合理性因此备受质疑。如果从否定该罪的“流氓动机”出发而反思其存废,并适时加以清理,必将成为现代法治的理性清理范本,从整体上提升我国刑法的权威性、严谨性和可靠性,带来的法治效应会远远高于试图对此类行为作出规制却名存而实废行为。

(3)流氓动机涉重复评价之虞。不容否认,每一个刑法罪名本身都已经承载一定的社会道德判断和价值取向,就聚众斗殴罪而言,其中就包含着对聚众和斗殴两种行为的否定性评价,这种否定本身就是一种道德评判,如果再加之以流氓动机,则存在重复评判和用法律审判道德之虞,这显然是违背立法最基本准则的。从这个角度看,寻衅滋事罪基于其流氓动机而产生的"小口袋罪"弊病同样值得认真反思和检讨。

(4)法条的历史承继性。从现行法条与原司法解释对比看:1984年11月2日,最高人民法院、最高人民检察院《关于当前办理流氓案件中具体应用法律的若干问题的解答》第3条第2款规定:"群众中因民事纠纷而互相斗殴甚至结伙械斗,不应按流氓罪处理。其中犯故意伤害罪(包括轻伤、重伤)、故意杀人罪、或故意毁坏公私财物等罪的,是什么罪就定什么罪"。从该规定可以看出,类似本案这种群众中因民事纠纷而互相斗殴甚至结伙械斗的行为,司法解释排除了原来严格要求具有流氓动机的流氓罪的适用,而代之以其他诸如故意伤害罪、故意杀人罪或故意毁坏公私财物等罪。该司法解释随着1997年《刑法》的修订而不再适用,至今没有对群众中因民事纠纷而互相斗殴甚至结伙械斗的案件如何处理有特别规定。但1997年《刑法》对流氓罪进行分解后的聚众斗殴罪第2款明确规定:聚众斗殴,致人重伤、死亡的,依照故意伤害罪、故意杀人罪的规定定罪处罚。该款规定可以认为是对前述司法解释的吸收,即1997年《刑法》仅将聚众斗殴致人重伤、死亡的案件进行转化处理,对于前述司法解释在聚众斗殴中造成轻伤或低于轻伤后果的案件以及造成公私财产损失的案件在目前没有明确立法、司法解释或刑事政策依据将其排除入罪情况下,显然仍然应当按照聚众斗殴罪定罪处罚。前提则是,聚众斗殴罪已经不再延续旧法"母罪"流氓罪要求的流氓动机。

(5)要求具备流氓动机会人为缩小犯罪圈。聚众斗殴罪从流氓罪中独立出来后,置于妨害社会管理秩序罪一章里,它打击的应该是所有破坏社会公共秩序的行为。随着社会生活的演进,社会利益随之多元化,民众素养随之提高,流氓动机的空间也被挤压,单纯的流氓动机显然已无法涵盖所有破坏社会秩序的聚众斗殴行为。这种情况下,要求聚众斗殴罪具有流氓动机显然会导致基于其他更符合现代社会生活特征的犯罪动机而产生的聚众斗殴行为无法用本罪来规制,人为缩小本罪的犯罪圈。

综上所述,流氓动机的不合理性值得深入审视,从立法和司法适用便宜性上讲,放弃对聚众斗殴罪流氓动机的要求也都具有重要的理论和现实意义。

2. 聚众斗殴罪的犯罪目的与犯罪动机是否应该具有明确界限?

即便暂时抛开聚众斗殴罪是否要具备流氓动机的理论纷争而采用肯定的观点,本案中,施某某等人是否完全不具有流氓动机也值得推敲。这关系到聚众斗殴罪的犯罪目的与犯罪动机的区分问题。对此,陈文首先认为,在心理学与刑法学上,目的与动机还是有所不同的:动机是推动行为的主观要素,而目的则是指行为所指向的结果。从时间维度上看,动机在前,而目的在后。但在刑法学界在聚众斗殴罪"出于私仇、争霸或者其他不正当"目的或动机的表述含混不清时,也同意关于此罪的犯罪目的的表述等同于犯罪动机,并且体现在随后结论部分的表述中,即"施某某等人的行为显然不具有所谓流氓动机,而是出于邻村之间的土地和水利的纠纷引发的群体性械斗事件"。[①] 对此,笔者持不同看法,犯罪目的与犯罪动机应该具有明确界限。

从本案来看,解决两村之间的土地和水利纠纷恰恰是行为指向的目的而非动机,而围绕这一目的,两村所在的永宁镇政府屡次组织人员对纠纷地界的土地及排水问题进行施工都被两村村民阻挠未果,案发当天,双方也是在镇政府再次在争议地界施工时集结斗殴。从客观行为看,施某某等两村村民屡次排斥镇政府咨询专家意见后确定的施工方案而选择集结械斗,完全是在两村之间近年来纠纷不断背景下藐视公权无视社会公德借此逞村强要村横的动机支配下实施的。这种村间

① 参见陈兴良:《施某某等聚众斗殴案:在入罪与出罪之间的法理把握与政策拿捏——最高人民检察院指导性案例的个案研究》,载《法学论坛》2014年第5期。

集体械斗在20世纪50年代至70年代的石狮市经常发生(旧称“封建械斗”),完全可以纳入流氓动机话语体系里进行评价。检察机关对施某某等人作相对不起诉的理由在于,其参与聚众斗殴的目的并非为了私仇或争霸一方,此处的目的应等同为动机,并且,排除了私仇或争霸此动机,并非就否定其存在逞强耍横等其他不正当的彼动机。这样表述的潜台词是:如果本案的发生是出于私仇或争霸一方的动机,则属严厉打击对象,不在从轻处罚考虑范围之列。排除此“流氓”动机而并未否认彼“流氓”动机,对施某某等人作相对不起诉并非因为严格界定其犯罪目的与动机而是充分考虑村间集体械斗(“逞村强耍村横”)这一动机或现象在石狮市当地的历史渊源的结果。历史上,居于村间集体事务或利益而导致的械斗一旦引发,作为村居的每名成年男性都会自觉参加,否则,其家庭今后在村居中将难以立足。这种现象在20世纪50年代至70年代的石狮市广泛存在,古称“封建械斗”。即便是当事者主动选择搬离或被动流动到外地,但其家族与乡村中的族谱、祖庙都始终血脉相连,无法割离。而这一点,正是指导性案例要旨中所强调的需要深入了解的案件背后的复杂因素。

三、相对不起诉的法律与政策权衡

施某某等人聚众斗殴案显然是个难办案件:从社会层面看,本案历史积怨深、社会影响大、案发原因已消除,且在涉案两村达成和解协议后,两村村民及海外侨胞均表达对涉案村民作相对不起诉的强烈意愿,处理不善其不良社会影响将从施某某等17人蔓延到两村近千名村民甚至海外华侨。从案件事实及法律规定看,从轻处理又存在法律障碍。本案属非轻微案件,存在两个不可逾越的从重情节:一是本案是两村共百余名村民参与的群体性事件;二是双方村民手持铁锹、木棍,身背石块等器械,在两村交界处对峙一个多小时。这两方面正是聚众斗殴罪法律规定应处3年以上10年以下有期徒刑的其中两种情形:即参与人数多、规模大和持械聚众斗殴。检察机关在全面考察案发背景、石狮市当地风土人情、案件的客观情况以及对案件作不同处理的不同影响进行充分研判基础上,协调多方力量,努力化解案件本身存在的法律和社会学上的障碍;程序上对案件进行公开审查,充分听取律师、石狮市当地社会各界人士和全国知名法学专家的意见。最终,石狮市检察院在综合各方智慧基础上,顶住"不严惩不足以保稳定煞歪风、'封建械斗'恐怕要死灰复燃"的声音,对案件处理达成共识:全案可作相对不起诉,以极大的实践智慧和理论勇气稳妥地处理了维权和维稳的关系,其合理性最终得到近 7 年来实践的验证。对此,本人曾从"检察实践对和谐社会构建应积极回应、转型期社会特殊情势对执法方式的深层影响、法律规则与人文温情可以实现统一、检察官的创新勇气和责任担当、准确理解刑事和解内涵的标本、构建常态性敏感案件矛盾化解机制以及建立刚性不起诉审查启动程序"[①]七个方面作了个案价值分析。受陈文思路启发,本案至少还有以下几个方面值得深入思考或加以强调。

(一)法律效果与社会效果的衡平

陈文提出了一个很现实的话题,也就是法律效果与社会效果的冲突问题。"由于立法与司法的差异,适用法律的效果未必都是公正的,这就是所谓一般公正与个案公正之间的矛盾与冲突。"[②]个人很认同陈文对二者关系的处理原则,即"一定要坚守罪刑法定原则",不能通过牺牲法律效果来获取社会效果,使社会效果成为违法办案的"挡箭牌"。反之,追求法律效果,严格依据罪刑法定原则办案如果与社会效果发生冲突时,所追求的社会效果则可通过刑法教义学或者刑事政策进行调节。[③] 司法实践中,越是社会影响大的案件越容易集中司法内外的智慧办成经得住历史检验的铁案,如同施某某等聚众斗殴案一样。

---

① 参见胡激洋、吴美满:《从刑法文本到社会学意义的成功实践》,载《中国检察官》(司法实务)2011 年第 2 期(上)。

② 陈兴良:《施某某等聚众斗殴案:在入罪与出罪之间的法理把握与政策拿捏——最高人民检察院指导性案例的个案研究》,载《法学论坛》2014 年第 5 期。

③ 同上。

在施案处理前后，个人的深刻体会是，检察机关面对如此难办案件，一直在小心翼翼掂量法律效果与社会效果的天平，在二者的夹缝中努力找寻最佳平衡点，既追求社会效果又不牺牲法律尊严，并做到案结事了。“机械执法应该避免，但为片面追求和谐而排斥法律同样不可取，从这个意义上讲，执法办案应当是多种价值的集合，生硬的法律与温情的人性在能动司法的调和下完全可以实现统一。”①问题在于，当法律效果与社会效果发生冲突时，司法人员运用刑法教义学或刑事政策进行调节的内心自觉来源何处、对这种自觉应如何评价和规制，这才是更值得深入研究的话题。

1. 准确处理“人”与“法”的关系。即便不采用传统的法律效果与社会效果的表达谱系，而代之以刑法教义学与刑事政策学的新表达，都离不开法律人的悲悯情怀作为支撑。因为，一般公正与个案公正之间的矛盾与冲突是永恒的，司法人员在遵循刑法教义学上的“法”时，还需看到刑事政策学所要关怀的“人”，因此，司法人员眼里除了有“案与法”，还要有“人与法”。因案适法很容易，但这是只要给定标准则适法机器都能做到的事情，如果司法人员的视界仅及于此，则有损其尊严，司法的意义也要重新检视。司法人员只有饱含敬畏与悲悯，既看到专业训练出的“案与法”，更看到“案与法”背后站着的活生生的人。“法之理，在法外”，只有人，才是法的意义。眼里有“人”的司法，才是人民乐见的司法，不但不会损害“罪刑法定原则”，反而会培养民众对法的尊崇。

2. 准确定位“情”与“理”的次序。即便司法人员准确处理了人与法的关系，但在司法裁断过程中，案件事实与法律规定并不总能如人所愿地达致平衡，当二者发生冲突时，就需要在两种价值的轻重或先后之间作出选择，此为“情”与“理”的次序。笔者认为，当平衡不得时，司法裁断的重心应该落实到规范和引导人的行为上，即法律效果在前，而社会效果在后。其实，不得不承认，立法时已经把社会效果深深嵌入法律

① 参见胡激洋、吴美满：《从刑法文本到社会学意义的成功实践》，载《中国检察官》（司法实务）2011 年第 2 期（上）。

中加以考虑,因为如果法律不能反映社会效果,本身就失去其规范社会生活的功能,从这个意义上讲,法律效果置前也具有深刻的合理性。

3. 准确理解社会效果的边界。所谓社会效果,不是司法裁断者的个人主观标准,而是要从社会一般观念出发、兼顾立法背景和立法意图来认定。同时,追求社会效果要始终遵循法律框架,不得逾越法律界限,否则,损害了法律权威,破坏公众对法律的信仰与尊崇,才是对社会效果的最大背离。检察机关在处理施某某等聚众斗殴案过程中,一直都在小心翼翼求证对双方当事人作相对不起诉的事实前提和法律依据,确保适用相对不起诉具备"犯罪情节轻微"这一前提条件。

4. 理性设计考评机制。施案的处理提供了一个考评范本:从规范角度讲,检察人员如果单纯从刑法教义学层面上考虑对案件直接提起公诉,虽将矛盾下移到下一诉讼程序,但鉴于没有违反任何制定法,很难否定这是一个"没有错"的决定。但是,简单化起诉又确实大大背离了社会对此案妥善处理的期待,因而在"天理人情"或"自然法"的层面上又肯定是"错"的。这就为考评机制的设定提供了一个思考难题:如何对没有违反制定法却又造成恶劣社会影响的案件准确作出"对"与"错"的评判,特别是在司法官员额制改革和错案责任终身制下,这是一个不容绕过的管理课题。

(二)司法权介入社会生活的取与舍

最高人民检察院指导性案例关于本案的要旨指出:"检察机关办理群体性事件引发的犯罪案件,要从促进社会矛盾化解的角度,深入了解案件背后的各种复杂因素,依法慎重处理,积极参与调处矛盾纠纷,以促进社会和谐,实现法律效果与社会效果的有机统一。"对此,陈文认为:办案人员在本案办理过程中,进行双方的和解工作,作出了巨大的努力,这些法外事务对于社会稳定当然是发挥了作用的。这是一种在中国目前社会环境下所特有的办案方式,确实会有其一定的社会效果,但它也会使司法资源流失,以司法权干预了社会生活,代替了社会管理,这不是法治的常态。① 陈文观点对当下大力倡导法治确有警醒作用,但就案论案,本案的指导意义具有它的特定性。

1. 时间特定性:针对转型期这一特定历史阶段

陈文也肯定在中国目前社会环境下这种特有的办案方式确有其一定的社会效果,但同时认为,所谓法律效果与社会效果的统一,一般都是指通过牺牲法律效果以获得社会效果的代名词,而社会效果成为高悬于法律之上的"达摩克利斯之剑",当它每每落下的时候,就又成为违法办案的"挡箭牌"。因此,所谓法律效果与社会效果的统一之类的话语应该摒弃,改换为刑法教义学与刑事政策的关系,纳入这一新的话语进行言说。笔者认为,撇开关于本案客观要件和主观要素在刑法教义学上的认识差异,仅就法律效果而言,这样的办案方式对于法律效果的意义也是不可否认的。法律效果的达成与评判往往不是孤立存在的,而是与社会效果相辅相成且相得益彰的。就本案而言,在认定施某某等人涉嫌聚众斗殴罪情况下,如果没有检察机关深入了解案件背后的各种复杂因素,积极调动各种社会力量共同参与调处矛盾纠纷,最终促成两村达成和解协议从根本上化解历史积怨(社会效果),为作出相对不起诉决定(法律效果)提供前提条件,那么,两村案发 5 年至今一改以往几年的矛盾冲突状态做到和睦相处局面的出现是不可想象的。当私人间的妥协需要得到公权力的认同和尊重,当法律效果需要得到社会效果的补给与彰显,二者之间往往不能够自动进行嫁接,检察机关的法外事务正是为此提供了桥梁,因此是必要的。尤其是在还将持续相当长时期的转型期,"有不少地方性的历史、社会、人情、心理等方面的积淀要与法治的理性发生冲突。因此,这必然对执法者的执法方式产生深层次的影响,执法要收到良好的法律效果,实现多种效果的有机统一,甚至于不激化旧矛盾或引发新矛盾,执法者要从原来纯粹用案件事实直接套用刑法文本或司法解释进行法律论证,得出案件处理结果的传统机械办案思维和办案模式中解脱出来,除关注具体犯罪过程中

① 参见陈兴良:《施某某等聚众斗殴案:在入罪与出罪之间的法理把握与政策拿捏——最高人民检察院指导性案例的个案研究》,载《法学论坛》2014 年第 5 期。

的行为外,还必须用更深远的目光对犯罪行为作社会学意义上的考察,多分析行为的成因、评估适法的后果,而不只是作为一台对刑法文本的适法机器。"①因此,这样的办案方式,不但不应排斥,尤其应该与社会转型期共始终。这也是当年施案处理结束后,笔者及时作出反应,认为很有必要从法理上加以总结提升、将这种办案模式和办案理念加以传播的最初动因。

当然,一种做法在特定历史阶段的价值,并不意味着它具有永恒不变的意义。从另一个角度理解,当我们评判某一事件时,一定要具备历史眼光将事务置于特定的时空条件下来考察,即若干年后的批判立场并不能直接否定当年的做法。这里其实还涉及指导性案例的指导期限问题。目前,尚未见有关指导性案例退出机制的规定,个人认为,个别指导性案例的价值具有历史阶段的特定性,当历史条件渐渐隐退,指导性案例已无存在价值或者该价值已经阻碍社会更加推崇的另一价值时,就需要设定一定的退出机制。两高的指导性案例制度有待完善。

2. 对象特定性:针对群体性事件引发的特定案件

检例第 1 号要旨明确指出:"检察机关办理群体性事件引发的犯罪案件,要……"据此,本案的指导性明确针对群体性案件,那么便有两个问题需要进一步明确:(1)这样的办案方式对其他非群体性案件是否具有指导意义。答案应该是否定的(借鉴意义另当别论)。而群体性案件在检察机关整体办案数中所占比例不高。② 这样,通过案件类别上的区分,对有限司法资源的应用进行分流,集中优势资源处理群体性事件引发的案件,其实并不存在陈文所担忧的"司法资源流失"问题。另外,刑事诉讼法上存在简易程序和普通程序简易审,通过刑事诉讼程序的繁简分流,也进一步为这种处置方式的合理性提供了诉讼法上的支撑。(2)对于群体性案件这种特定办案方式是否值得推崇。当

---

① 胡激洋、吴美满:《从刑法文本到社会学意义的成功实践》,载《中国检察官》(司法实务)2011 年第 2 期(上)。

② 以石狮市检察院为例:如果以 5 年为考察期限并以处理施案的 2010 年为分界线,则前 5 年和后 5 年由群体性事件引发的案件均为 0 件。

前对群体性事件性质的认识、行政处置手段、社会管理配套等都还存在很多盲区、误区和弱区,处置效果有限。加之刑事诉讼时效限制,因此当群体性事件引发的案件进入刑事诉讼领域时,很多本该在诉前解决的问题随之带入诉讼流程中,让检法两家必须直面。比如施某某等聚众斗殴案,当公安机关第一时间平稳控制事态后,检察机关对刑事强制措施的收放自如运用起了促进双方有效沟通引导村间舆论和控制村民情绪的重要作用。当案件移送审查起诉时,双方虽有和解意愿但分歧较大仍没有达成和解协议,两村村民及散居海内外的两村贤达又都表达强烈的从轻处罚意愿。面对此种情势,如果检察机关对案件作简单流水处理将矛盾移转给下一诉讼环节的法院,则作为绝对中立的法院就更遑论运用法外事务从中沟通、为案件从轻处理提供条件了。这样一来,该案可能造成的不良局面不难预见。因此,检察机关面对难办案件,灵活结合多种手段,积极化解寓于个案中的各种社会矛盾,分化社会整体矛盾,这或许是中国特色检察制度能够扮演的另一重要角色。如果说这是司法权干预了社会生活的话,那么,这种干预也是一种基于时代使命和法律关怀的被动干预,是当前司法面对群体性事件行政手段应对不足局面的有益补充,是检察机关在特定历史阶段的主动担当,符合民众的期待和吁求。同时,如果检察机关在社会治理"补充"过程中发现存在行政违法违纪问题则可直接启动检察监督职能,及时纠正违法行为,推动群体性事件在法治轨道内解决,也推动行政机关的行政管理工作。从这个意义上讲,这种干预也是司法促进依法行政和善政的有效路径。

当然,我们也期待早日找到一套成熟的群体性案件诉前处置机制,当案件进入诉讼程序时即能以纯法律关系的面目出现,彼时,这种特定的办案方式自然走向消亡。

3. 空间特定性:针对乡土中国

当代中国在汹涌的城市化浪潮中,大多数的目光都投射给了城市,传统乡土中国的一切或被漠视,或被嘲笑,仅有的针对乡村的切入角度或许丰富多样,但大多局限于经济视角,差序格局、男女有别、家族、血缘、民风民情等乡村印象被定格在费孝通先生的《乡土中国》里。而源自乡村中的种种却是当代中国无法割裂、无法绕过的历史延续,发生于乡土中的刑事案件特别是村间矛盾引发的刑事案件则是传统乡村自治或乡村表达与当代法治要求之间发生冲突的结果。施某某等聚众斗殴案恰恰是这种冲突的集中体现:在石狮当地的乡土传统认同中,“风水”观念根深蒂固,而村与村之间因“风水”等原因发生械斗的传统文化影响深远,在这种传统乡土认同下,任何对其传统信仰的冒犯在一定程度上会让一个群体即便在懂法或信法情况下也宁愿冒法律风险去自觉维护,置于这样的场域下,批判村民不懂法或不信法显得苍白无力。因此,这必然对执法者的执法方式产生深层次的影响,生硬严打并非意味着法治,法治在这个乡土与现代的交融、纠缠中,需要有另类的理解和表达方式。因此,施某某等聚众斗殴案的有效处理,并不是像陈文说的“以司法权干预了社会生活,代替了社会管理”,恰恰是提供了一种乡土中国场域中面对城市化法治化浪潮的司法处置经验。

有观点或许会担忧,将检察机关第1号指导性案例置于特定的时间、空间和对象条件下,会否减损指导性案例的普遍指导性意义。个人认为,这种担忧可以理解但却无必要。任何一种理论、学说或精神都有其适用的边界,指导性案例的指导作用亦然。施某某等聚众斗殴案作为检例第1号,在其要旨中就已经明确是适用于群体性事件这一特定对象。当前社会转型加快了社会结构、社会规范和价值观念的变迁,引致现实社会中各种矛盾激化,群体性事件是社会公众应对这一时代嬗变的应急表达。由于完成社会转型需要相当的时间,因此,群体性事件将在一定时期内持续存在。群体性事件具有自发性、失范性、复杂性、可变性、情绪性等特征,一旦处置不良其产生的社会危害之大和处置得当其对社会善治的推动之功,都直接决定检例第1号的指导性价值丝毫不会因为其时间、空间和对象的特定性而有所减损。

(三)相对不起诉适用之检讨和前瞻

基于前述在构成要件认定上与陈文的认识差异,检察机关认为施某某等人的聚众斗殴犯罪行为已经构成犯罪且属既遂,但是,检察机关并不受“有罪必诉”“有罪必罚”的观念影响,而是有效解决了法律与事实障碍对施某某等17人作有罪相对不起诉,以极大的实践智慧和理论勇气在检察环节做到案结事了,没有对案件作简单流水处理将矛盾下移。对此,陈文也给予充分肯定,认为在我国司法实践中存在在起诉环节未能充分发挥相对不起诉制度的起诉裁量功能的现象情况下,施某某聚众斗殴案适用相对不起诉的并作为最高人民检察院的指导性案例发布,确实有其对于扩大适用相对不起诉的现实指导意义。

但是,笔者确实也注意到相对不起诉在司法实践中的艰难处境。如同当初在《从刑法文本到社会学意义的成功实践》一文中所指出的,本案中如果没有很多非机制性原因促成了不起诉处理决定的诞生,检察机关对这类案件一般都会作起诉处理。司法实践中,相对不起诉适用比例低是全国检察机关的公认事实,①从我们所做的调查看,高起诉率背后实际是没有多少合理依据支撑的。② 产生“一高二低”(高起诉率、低不起诉率和低刑罚)问题的原因是多方面的。对此,顾永忠教授曾经为此揭示了检察人员心理和观念上的原因,③包括有罪必诉、有罪必罚的观念;缺乏对不起诉人的有效监管和制约;检察机关系统内部对酌定不起诉存在认识误区以及酌定不起诉的适用条件不明确等。时移势易,其实这些都已不成其为主要问题。近几年来,检察机关也已取消不起诉率的考评项目(自侦案件除外)。笔者认为,检察机关考评上和观念上的改变并未促成酌定不起诉适用上的根本改变,最需要检讨的是现有的不起诉审查启动机制。

从刑诉法中不起诉的规定可以看出,检察机关没有启动不起诉审查程序的刚性义务。加上作不起诉会增加起诉环节承办人很多程序上的麻烦,同时还要承受外界是否关于承办人与当事人或家属勾结的异

① 参见历届全国人大《最高人民检察院工作报告》提起公诉和不起诉的人数比例。

② 2010年,我们为此特地组织对S院2005年以来公诉案件判决情况进行调研。在调研中发现,提起公诉后被判1年以下6个月以上有期徒刑的案件竟占了起诉案件的40%多,如果包括判处缓刑、管制、拘役以及附加刑的案件,则比例更高。

③ 参见顾永忠:《关于酌定不起诉条件的理解与思考》,载《人民检察》2014年第9期。

样猜测。趋利避害是人的天性,对于“可以”不起诉的案件,检察人员为了省事往往选择起诉。因此,个人再次呼吁,要彻底改变相对不起诉适用的尴尬局面,需要在刑事诉讼程序配套方面,建立刚性不起诉审查启动程序。具体程序设计如下:将启动审查程序分成两类,包括依职权启动和依申请启动。具体操作上,可以参照适用简易程序案件的告知程序,对于可能被判处3年以下有期徒刑的案件,检察机关要履行“可提出适用不起诉的书面请求”的告知义务。就是否适用相对不起诉,认真听取犯罪嫌疑人、法定代理人、近亲属或辩护人的意见,书面请求要求详述理由,并附相关社会调查材料,补足检察机关进行社会调查受制于检察职能以及耗时耗力方面的不足。一旦行为人提出书面请求,检察机关即应启动不起诉审查程序。依职权启动方面,可以设定应当启动的类案标准①以及检察机关可以酌情掌握的情况两种。刚性不起诉审查启动程序的建立有助于避免不少本应作不起诉处理的案件被起诉处理,这对于遏制“低”刑罚案件被“低”不起诉和“高”起诉、分化“二低一高”现象所带来的社会危害、在检察环节全面化解社会矛盾和提高司法公信具有重大意义。同时,也有助于遏制对案件作不起诉处理需要私下沟通、产生司法腐败的现象。

四、结　　语

现代法治的核心在于有良法又能善治。检察机关决定对施某某等人作相对不起诉前后,始终遵循法律的边界指引和刑事政策的目的引导,通过充分的情势预判,创造性地输出让公民“信法而不至于去信访”的典型案例,对传统文化浓郁的石狮市当地民众逐步建立对法治和司法的内心认同与实践偏好,产生深远的影响,对全国检察机关办理群体性事件引发的案件具有引领和示范作用。值得一提的是,在施某

① 如现在有的检察机关就设定应当启动相对不起诉审查的类案标准,如危险驾驶案件体内乙醇检测浓度摩托车为100毫克/100毫升以下,机动车为120毫克/100毫升以下;信用卡诈骗案件数额5万元以下,本息已经还清的等。

某等人聚众斗殴案处理结束后几年来，石狮检察院公信力达到历史顶峰，连续创造了人大会上检察长连任满票当选、检察工作报告满票通过以及四名检察员提请人大常委会任命满票通过的“三个满分”奇迹。最后，需要特别强调的是，“越乡土的案件需要越精英的司法官”，转型期面对类似施案这样的难办案件，司法机关所能把握的那个最佳平衡点并不会明白无误写在刑法文本中，要使司法善治成为一种法治常态而不偏离法律边界和政策目的，我们需要的司法官不仅在静态选任标准上要知识和伦理都出类拔萃而且要具有严格的道德自律和行业自制，在动态标准上要求能不断自我审视，确保始终以正确的方式履行职责，而不至于脱离司法职能的边界。随着依法治国方略的全面推进，完全有理由期待，十八届三中全会以来逐渐开启的真正意义上的司法改革能在这方面有所突破和建树。

The Integrated Analysis on the Affray Crime Evaluation

—A Discussion on the Example of Shi Moumou etc. Affray Case

Wu Meiman

[内容摘要]文章通过对近7年来施某某等人聚众斗殴案处理效果的持续追踪和社会各界对施案的各种关注进行深入分析后认为，聚众斗殴罪虽属于复行为犯，但本案既有聚众行为又有斗殴行为，因而是既遂；主观违法要素上，流氓罪分解而来的四个罪名不需要无一例外地继承其“母罪”的流氓动机，且认定本案不具备“私仇或争霸一方”的“此动机”并未否认其“逞强耍横”的“彼动机”，因此主客观相一致，应当认定成立聚众斗殴罪。检察机关决定对施某某等人作相对不起诉前后，始终遵循法律的边界指引和刑事政策的目的引导，通过充分的情势预判，创造性地输出让公民“信法而不至于去信访”的典型案例，对传统文化浓郁的石狮市当地民众逐步建立对法治和司法的内心认同与实践偏好，产生了深远的影响，对全国检察机关办理群体性事件引发的案件也具有引领和示范作用。

[关键词]聚众斗殴；复行为犯；主观违法要素；相对不起诉

Abstract: Through the analysis of all kinds of attention and various social concerns for the past seven years on Shi etc. affray case, this paper considers that although the crime of affray is guilty of multiple acts, but it has accomplished because it has both the crowd behavior and the behavior of fighting. On the Subjective elements of the law, the four charges decomposed from the Rogue crime are unwanted without exception to inherit the rogue motive, and cognize that the case does not have the motivation of private or hegemony doesn't deny the other motivation that "they try to be brave". Therefore, the subjective and objective are consistent, thus, the establishment of Affray should be recognized. The procuratorial organ has always followed the legal boundary guidelines and the purpose of criminal policy guidance around the decision to make the relative non-prosecution, and creatively output the typical case to allow citizens to "trust law and not to go to the petition".

Keywords: Affrays Crime; Complex behavior; Subjective illegal elements; Relative non-prosecuting

异质同构、内在背反与纠偏复位
——贪污受贿罪视阈内的“财物”研究[*]

莫晓宇[**]

目　　次

一、异质同构:现行刑法对贪污受贿罪“财物”的立法安排

在1997年《刑法》确立了将贪污犯罪与贿赂犯罪共同布局于刑法分则第八章“贪污贿赂罪”的体例安排后,[①]《刑法修正案(九)》继续遵

* 本文系作者参与的2016年国家社科基金年度重点项目“风险社会视阈下刑事立法科学性研究”(批准号:16AFX009)的阶段性成果。

** 四川大学法学院副教授、硕士研究生导师,刑法学博士。

① 我国《刑法》第八章“贪污贿赂罪”的名称,实为相关犯罪类型之概括、而并非所含罪名的归纳。按照该章个罪的具体规定,贿赂类型犯罪实际上包括了受贿罪、单位受贿罪、利用影响力受贿罪、行贿罪、对有影响力的人行贿罪、对单位行贿罪、介绍贿赂罪、单位行贿罪等八个罪名。鉴于在贿赂犯罪范畴内“财物”的内涵外延具有同一性,出于行文论证方便的目的,故全文在论证部分均仅以受贿罪作为贿赂类型犯罪的典型进而与贪污罪作对应阐释。

循这一基本立法例。与此同时,刑法条文的相关规定也均以“财物”统一指称贪污罪与受贿罪的犯罪对象,由此形成了共体例、同罚则的立法安排。

(一)贪污罪“财物”之刑法规定

《刑法》第 382 条第 1 款规定:“国家工作人员利用职务上的便利,侵吞、窃取、骗取或者以其他手段非法占有公共财物的,是贪污罪。”该条第 2 款规定:“受国家机关、国有公司、企业、事业单位、人民团体委托管理、经营国有财产的人员,利用职务上的便利,侵吞、窃取、骗取或者以其他手段非法占有国有财物的,以贪污论。”同时,《刑法》第 394 条规定:“国家工作人员在国内公务活动或者对外交往中接受礼物,依照国家规定应当交公而不交公,数额较大的”以贪污罪论处。此外,《刑法》第 183 条第 2 款规定:“国有保险公司工作人员和国有保险公司委派到非国有保险公司从事公务的人员有前款行为的,依照本法第三百八十二条、三百八十三条的规定定罪处罚。”此处的“前款行为”系指《刑法》第 183 条第 1 款规定的“保险公司的工作人员利用职务上的便利,故意编造未曾发生的保险事故进行虚假理赔,骗取保险金归自己所有的”,对此行为按照贪污罪处断。再有,《刑法》第 271 条第 1 款规定:“公司、企业或其他单位的人员,利用职务上的便利,将本单位财物非法占为己有,数额较大的”构成职务侵占罪,该条第 2 款规定:“国有公司、企业或者其他国有单位中从事公务的人员和国有公司、企业或者其他国有单位委派到非国有公司、企业以及其他单位从事公务的人员有前款行为的”,依照贪污罪的规定定罪处罚。

(二)贪污罪“财物”之内涵解读

由上述条款分析可见,《刑法》第 382 条以贪污罪“标准条款”的方式明确将该罪的行为对象规定为“财物”;[①]《刑法》第394条所拟制的贪污罪中,[②]将对象界定为“应当交公”的相关“礼物”;而同样作为法律拟制的第183条第2款将贪污罪的对象规定为“保险金”,第271条第2款仍将贪污罪的对象规定为“财物”。

由上可见,贪污罪对象的最典型形态为“财物”,非典型形态则为特定贪污行为中具体化的“礼物”和“保险金”。无论从语义学角度还是从社会通念侧面看,礼物和保险金显然都应当归属于财物的范畴。因此,贪污罪的对象完全可以使用“财物”一词统一指称。刑法规定也是鲜明地彰显了该罪对象为“财物”的基本立场。进一步就前几者的共性观察,无论规定为“财物”,还是界定为“礼物”,抑或表述为“保险金”,都具有客观性、现实性、物理形态性的基本特征。就客观性而言,指贪污罪的财物系不依赖于人的意志而存在的;就现实性而论,指贪污罪的财物是已然存在,而非尚需特定时日或条件才能形成;就物理形态性来讲,则指贪污罪的财物以可直接感知的形式存在。由此,笔者认为可以得出一个妥当的结论,即贪污罪的行为对象均应为“实体化之物”。

当然,就贪污罪对象“财物”的本质属性,有两点需要特别说明。

一是贪污罪对象属于“实体物”,但绝不等同于“有体物”。例如,电力、燃气、电信网络资源等,虽系无体、无形,但却因仍然具有客观性、现实性和物理形态性(电力、燃气、电信网络资源等都是以物理

① 关于贪污罪的对象,《刑法》第382条第1款规定为“公共财物”,第二款规定为“国有财物”,《刑法》第271条第2款规定为“本单位财物”,无论是“公共”、“国有”抑或“本单位”,都只是财物所归属的权利主体不同,贪污罪对象系“财物”的本质属性并未受到影响。

② 按照《刑法》第394条之规定,行为人虽具有完全适格于贪污罪的主体身份,但其应当交公而不交公相关礼物的行为,并不属于贪污罪中侵吞、窃取、骗取的行为类型之一;而行为人在对内对外公务活动中正当取得礼物的行为,也不能归入“以其他手段非法占有”的范畴,故刑法该条是将客观要件上原本不能评价为贪污罪的行为强制规定为贪污罪,在此意义上讲,属于“明知不同而等同视之”的立法行为,故《刑法》第394条应当理解为法律拟制。

形态客观存在于自然界的,且电力带来光照、驱动电器;借助燃气实现取暖、烹饪;利用电信资源进行通信,都是能直接为人所感知和触及的),而仍属于实体化的"物"的范畴,也正因如此,相关司法解释也是将秘密窃取前述资源的行为界定为盗窃。[①] 申言之,如国家工作人员利用职务便利,将具有公共属性的前述资源侵吞的,亦应当以贪污罪处断。

二是刑事司法实践中的个案尚不能否定前述结论。笔者也注意到,在刑事审判活动中,有过将国有土地使用权作为贪污罪对象的个别案例。[②] 该个案的裁判理由认定"土地使用权具有财产性利益,属于刑法第三百八十二条第一款规定中的'公共财物',可以成为贪污的对象"。仅凭这一案例并不能证成贪污罪对象包含财物之外的"财产性利益"的论断。理由在于,指导案例中被告人非法获取的对象,究其实质仍然是某一宗国有土地这一"实在物",之所以司法机关将犯罪对象认定为土地使用权,仅仅因为按照我国土地制度的顶层设计,国有土地的所有权都归属于国家且不可让渡,任何单位或个人对国有土地仅享有使用权而不可能具有所有权,故在该案的司法审理时不可能违反国家土地制度的根本规定,认定被告人贪污的是土地本身,而只能是国有土地使用权。换言之,假定国家土地制度允许土地归非国家的主体所有,该案的贪污罪对象就毫无疑问地应当系该宗土地,此其一。其二,该案中,被告人实施行为后非法控制并进而非法获益的指向物也是该土地本身,而非空泛的土地使用权。其三,土地本身显然更是具有显著的客观性、现实性和物理形态性特征,也是完全符合前文所述"财物"系实体之物的标准的。

---

① 2013年4月2日最高人民法院、最高人民检察院《关于办理盗窃刑事案件适用法律若干问题的解释》中,将秘密窃取电力、燃气、电信资源等对象的行为作为盗窃论处。

② 参见2012年9月18日最高人民法院《关于发布第三批指导性案例的通知》。该文件第11号指导案例"杨延虎等贪污案"中,将被告人杨延虎利用职务便利伙同他人骗取国有土地使用权的行为认定为贪污罪。载《人民法院报》2012年9月26日,第3版。

（三）受贿罪"财物"之刑法规定

《刑法》第385条第1款规定："国家工作人员利用职务上的便利，索取他人财物的，或者非法收受他人财物，为他人谋取利益的，是受贿罪。"该条第2款规定："国家工作人员在经济往来中，违反国家规定，收受各种名义的回扣、手续费，归个人所有的，以受贿论处。"从前述法条规定来看，"贿赂的标的或者内容只能是财物"。[①] 1997年《刑法》颁布施行后，"由于贿赂表现形式的日益多样化，狭义财物说已经不能满足严厉打击贿赂犯罪的实际需要，于是财产性利益说逐步成为贿赂对象的主流观点"。[②] 由此，最高人民法院、最高人民检察院在司法解释或具有司法指导功能的文件中，将受贿罪的对象由标准形态的"财物"外延不断拓宽并渐次扩张至财产性利益。

具体而言，早在2003年最高人民法院《全国法院审理经济犯罪案件工作座谈会纪要》关于受贿犯罪的法律适用问题上，就已经根据当时受贿犯罪的实际，将未支付本金的股票，或者股票已经上市且已经升值时仅支付股本金从而形成股票实际价值与股本金差价部分作为受贿对象。就此文件所提及的股票或者股票实际价值与股本金差价部分而言，其实并没有超出"财物"的一般语义范畴，故该规定应当理解为最高人民法院以注意性规定的方式对各级司法机关认定财物时的一个列举化的特别提示。这也反映出进入新世纪以后作为受贿犯罪对象的"财物"类型已经不再局限于传统的金钱或物品，而是随着经济发展尤其是金融市场的活跃呈现出多样化趋势。

2007年最高人民法院、最高人民检察院《关于办理受贿刑事案件适用法律若干问题的意见》以司法解释的形式，明确将这一时期较大量出现的"未出资而获得的股份"即干股、以合作开办公司为名实

---

① 钱叶六：《贪贿犯罪立法修正释评及展望——以〈刑法修正案（九）〉为视角》，载《苏州大学学报》（哲学社会科学版）2015年第6期。

② 王玉钰：《受贿罪司法认定的轨迹与趋势》，载《法学》2013年第10期。

际系请托人的出资以及以委托请托人投资证券、期货或委托理财名义未实际出资而获取的"收益",或虽实际出资,但获取的"收益"明显高于出资应得收益等解释为"财物"。该司法解释中提及的干股、公司出资额明显已经与通常意义上实物形态的"财物"有了一定的区别,这也表明彼时受贿犯罪借助于兴办公司、投资理财等新类型经济活动的外壳更为隐蔽,为此,"财物"的外延也实有必要与时俱进作必要拓展。

2008 年出台的另一司法解释,即最高人民法院、最高人民检察院《关于办理商业贿赂刑事案件适用法律若干问题的意见》则明确规定:"商业贿赂中的财物既包括金钱和实物,也包括可以用金钱计算数额的财产性利益,如提供房屋装修、含有金额的会员卡、代币卡(券)、旅游费用等。具体数额以实际支付的资费为准。"①这一司法解释首次将受贿罪的"财物"范围扩展至"财产性利益",并提示性地列举出了具有物化劳动性质的"房屋装修"和具有物化享受内容的"旅游"等。

随着国家高层对贪贿犯罪立法完善的不断重视,十八届四中全会发布的《中共中央关于全面推进依法治国若干重大问题的决定》中明确指出,"完善惩治贪污贿赂犯罪法律制度,把贿赂犯罪对象由财物扩大为财物和其他财产性利益"。此后 2015 年颁布施行的《刑法修正案(九)》在保留 1997 年刑法条文对受贿犯罪对象规定为"财物"的同时,2016 年 3 月由最高人民法院、最高人民检察院发布的《关于办理贪污贿赂刑事案件适用法律若干问题的解释》(以下简称 2016 年"两高"解释)延续了此前司法解释对贿赂类型犯罪"财物"扩张界定的趋势,坚持了将"财产性利益"纳入"财物"之中的立场。2016 年"两高"解释第 12 条规定:"贿赂犯罪中的'财物',包括货币、物品和财产性利益。财

---

① 该司法解释虽然从名称上是针对商业贿赂而制定的,但该解释第 1 条就开宗明义地指出:商业贿赂犯罪涉及刑法规定的以下八种罪名,即非国家工作人员受贿罪、对非国家工作人员行贿罪、受贿罪、单位受贿罪、行贿罪、对单位行贿罪、介绍贿赂罪、单位行贿罪。因此,该司法解释也是贿赂类型犯罪的法律渊源。

产性利益包括可以折算为货币的物质利益如房屋装修、债务免除等，以及需要支付货币的其他利益如会员服务、旅游等。后者的犯罪数额，以实际支付或者应当支付的数额计算。”这一解释几乎是以 2008 年最高人民法院、最高人民检察院关于商业贿赂司法解释为模板，并结合近年来新类型受贿样态，将“债务免除”“会员服务”等列举为“财产性利益”，进而解释为“财物”。

（四）受贿罪“财物”之内涵界定

由上可见，自 1997 年《刑法》以降，刑事法律为因应恒动变化的受贿犯罪态势，对受贿罪“财物”的规定亦步亦趋、持续跟进、不断调整，直至 2016 年“两高”解释的出台。依照该司法解释的界定，作为受贿罪对象的“财物”内涵不再停留于传统意义货币、物品两种实体物，还包括除此之外的物质性利益。而就“利益”一词而言，从词源上分析，就是指“益处、好处”，①而根据相关古典文献的表述来看，也是指为非具象化的良性、上佳效果，如“教民种殖桑柘麻紵之属，劝令养蚕织屦，民得利益焉”②中的民众所获益处，又如“汉与突厥……不如和好，国家必有重赉，币帛皆入可汗，坐受利益”③的国家成效等。可见“利益”一词显然已经超越了实体物的范畴而更多地具有抽象性、非实物性的特征。也正是基于“利益”一词本原的抽象性、形而上性，2016 年“两高”解释仅仅将贿赂犯罪的“财物”扩大至“利益”范畴。换言之，贪污罪的“财物”范围则不应当包含“利益”；此外，考虑到惩治受贿犯罪的可操作性，2016 年“两高”解释将纳入受贿罪财物范围的“利益”仍然加上了“财产性”的前缀作为限定。按照这一理解，国家工作人员利用职务上的便利为他人谋取利益而取得的尚不具有直接、对应财产价值性的“好处”，如从请托人处取得的荣誉、地位或者子女的入学机会等都不

---

① 《辞海（普及本）》，上海辞书出版社 2010 年版，第 1270 页。

② 《后汉书 · 循吏传 · 卫飒》。

③ （宋）吴曾：《能改斋漫录 · 沿袭》。

能一概而论地认定为“财物”。[①]

二、内在背反:当前贪污受贿罪“财物”同构化规定之缺憾

(一)语义逻辑上的不自洽

按照《现代汉语词典》的解释,“财物”是指“钱财和物资”。[②] 如果再将“财物”一词分解,进一步做语素意义上的分析,在相关汉字的权威辞典中,“财”通常是指“金钱物质的总称”,[③]而“物”的首要释义为“事物”,且该辞典还引用《列子·黄帝》对此加强释明:“凡有貌象声色者,皆物也”。[④] 可见,在汉字的传统文义和经典文本中,无论是单独的“财”与“物”,还是组合而成的“财物”都应当具有实体性,即,就汉字的本原意义上探究,“财物”就应当为实体化之物。

作为逻辑学基本规律之一的同一律要求,“在同一个思维过程中,所使用的概念和命题必须保持自身的确定与同一”。[⑤] 即在同一个语言系统中,表达思想的语词其内涵和外延应当前后一致。以此标准进行比对,刑事法律就贪污罪所规定的“财物”显然是完全符合了该概念应具有的实体物基本特质的;但对受贿罪所规定的“财物”却超出了实体物的范畴,进入了非实体化、相对抽象化的“利益”范畴。由此便出现了:同为“财物”的语词,且同被规定于刑法分则第八章之中,但在此

---

① 需要特别说明的是,如国家工作人员利用职务上的便利为请托人谋取利益,请托人利用自身资源帮助国家工作人员的子女就读了本不符合就读条件的名校,国家工作人员所获取的该利益显然不属于财产性利益;但如请托人按照该名校的择校费标准缴纳了相关费用从而帮助国家工作人员子女获得就读资格的,由于该利益具有对应的直接财产属性、且有具体数额,则应当归入财产性利益的范畴。

② 《现代汉语词典》(第 5 版),商务印书馆 2005 年版,第 123 ~ 124 页。

③ 《辞海(普及本)》,上海辞书出版社 2010 年版,第 345 页。

④ 同上书,第 4208 页。

⑤ 陈波:《逻辑学十五讲》,北京大学出版社 2008 年版,第 52 页。

罪中仅指实体化的物，而在彼罪中却又可以扩张至特定利益的情形。申言之，在刑事法律体系中，对于同一语词出现彼此法条内涵不同、外延各异的立法释义，这在语义上是不能自洽的、在逻辑上也是无法协调的，由此造成的缺陷也就显而易见了。①

（二）法益彰显上的不昭然

一般而论，刑法对贪污罪的规定，“保护的首要法益是公共财产权，其次才是职务行为的廉洁性”；②而受贿罪所侵犯的法益是“国家工作人员职务行为的不可收买性，也可以说是国家工作人员职务行为与财物的不可交换性。这种法益不是个人法益，而是超个人法益”。③ 可见，贪污罪与受贿罪的法益完全不同，前者所侵犯法益的本质为合法财产权，后者所侵犯法益的本质为公权力的正常运行秩序。换言之，贪污罪是对“权利”的损害，受贿罪是对“权力”的侵蚀。正因二罪法益的殊异，1979 年《刑法》将贪污罪规定在侵犯财产罪一章，而将受贿罪规定在渎职罪一章，这无疑是科学和合理的。

由于“刑法法益是刑事立法上的指导形象，从而对刑事立法发挥重要的导向作用，这一作用体现在刑事立法的全过程，整个刑事立法都是围绕如何保护刑法法益而展开的，是对各种客观利益现象进行有目

---

① 其实，同一语词，在不同的法律体系中存在不同的语义解读的现象是客观存在。例如，从现行婚姻法的规定看，“婚姻”必须是同时具备缔结婚姻关系的实质要件和形式要件的，故只要未取得婚姻登记机关的法定文件，即使以夫妻名义共同长期公开生活、且也给周遭民众形成了二人系“夫妻”的认知，亦不能认定为存在“婚姻关系”。换言之，现行婚姻法并不承认“事实婚姻”；然而，出于对严重破坏一夫一妻制度严重危害行为的规制，刑法对仅具有婚姻实质要件的男女关系仍界定为“事实婚姻”。对此，基于刑民规制的不同旨意和刑事政策的考量，似乎可以理解。但是，在同一法律体系中存在对同一语词的不同定义，则显然是难以被接受的。

② 王刚：《我国受贿罪处罚标准立法评析》，载《环球法律评论》2016 年第 1 期。

③ 张明楷：《刑法学》（第 4 版），法律出版社 2014 年版，第 1063 页。

的的、有方向的调控”。[①] 从这一意义上讲,透过罪状的描述来展现立法者的意旨,彰显出刑法希冀保护的法益是实有必要的。

但依照现有的刑法体系安排和相关释义解读,贪污罪与受贿罪的对象均定义为“财物”,而犯罪对象往往又是犯罪客体的重要载体和外显形态;加之,二罪共体例安排、同刑罚配置的刑事立法布局极易消弭二罪法益的基础属性、遮蔽各自法益的本质区别、混淆刑法规制的不同指向。特别就受贿罪而言,因贪污罪的犯罪对象“财物”在该罪罪状中居于中心化地位,同处一章、“比邻而居”、共用刑罚的受贿罪难免也受此影响,使得“财物”亦成为该罪定罪量刑的核心权重,[②]造成受贿罪法益在刑事评价过程中被相当程度地“边缘化”和“空心化”,进而形成受贿罪的法益与贪污罪的法益完全一致的误读,最终导致立法者意图彰显的国家公权力不可收买、国家公职人员廉洁性不容玷污的立场无法鲜明地加以呈现。

(三)量刑适用上的不均衡

从量刑角度观察,仅因犯罪对象均为“财物”而将贪污罪、受贿罪予以相同的刑罚配置,势必在二罪的裁量上造成诸多不均衡。

1. 在数额一致的情形下,对贪污罪、受贿罪适用均等的法定刑,并不能实现二罪之间量刑的公平。

现行刑事法律框架下,对贪污罪、受贿罪的量刑仍然主要是以犯罪对象“财物”数额或价值为基础的,[③]且法定刑完全一致。因此,在假定二罪行为均不具有特定的非数额情节(如贪污特定款物、索贿、赃款赃物用于非法活动、拒不交代赃款赃物去向、为他人谋取职务提拔、调整

---

① 杨春洗、苗生明:《论刑法法益》,载《北京大学学报》(哲学社会科学版)1996年第6期。

② 对于“财物”事实上已经成为受贿罪定罪量刑的最关键因素的问题,后文还将详细阐述。

③ 虽然2016年“两高”解释明确了若干具有降格入罪、升档量刑功能的非数额情节,但“财物”数额在贪污受贿罪定罪、量刑中的基础性地位仍然未被撼动。

等情形)的“标准形态下”,按照刑事法律规定,贪污10万元与受贿10万元适用的法定刑应当完全一致。但正是这种“同数额、同处罚”,看似“依法”的量刑恰恰会造成二罪之间裁量的不公正。因为,贪污罪系主动地实施将公共财产据为己有的行为;而受贿罪是被动地收受他人财物。就主观上而言,前者的贪利性动机更为强烈、犯罪意志也更为坚决、对党纪国法的蔑视更为明显,而后者的犯罪决意则相对被动;就客观上而论,前者的行为更为积极,后者的行为则相对消极。因此,在标准形态下,即使犯罪对象的金额完全相同,贪污都应当较受贿罪的量刑更重才能体现刑罚与行为人罪责刑的一致。这也就不难理解,为什么1979年《刑法》在施行之初,规定贪污罪最高刑为死刑,而受贿罪最高刑仅为15年有期徒刑的原因。①

2. 就受贿类型案件而言,“财物”的数额在量刑中权重的过度膨胀,易使司法人员忽视受贿行为的非数额情节,机械地唯数额量刑,造成对不同类型受贿犯罪量刑时的严重不平衡。

由于受贿案件的特殊罪质,在受贿罪的量刑中,犯罪对象“财物”的数额仅仅是量刑的基础性条件,而对非数额情节的权重更值得关注。究其原因,“对受贿罪之所以要重视情节,是因为对职务行为的不可收买性的侵害,并不直接取决于数额,而是取决于财物与职务(行为)的关联程度、国家工作人员是否利用职务行为为他人谋取利益,以及利益的性质等因素”。② 此外,“受贿罪的对象为他人财物,也就是行贿人的财物,这类财物在法律上被评价为不法财物,不受法律保护,因此,受贿罪中财物的不法内涵程度较低”。③ 所以,在对具体受贿罪案件审理中,更要充分考量行为人的身份职责情节、谋取利益性质情节和行为方

① 1982年全国人大常委会通过《关于严惩严重破坏经济的罪犯的决定》,才将受贿罪的最高刑提升至死刑。

② 张明楷:《贪污贿赂罪的司法与立法发展方向》,载《政法论坛》2017年第1期。

③ 姜涛:《贪污受贿罪的法定刑应当区分》,载《政治与法律》2016年第10期。

式情节等若干非数额情节要素。① 详言之,在不同类型的受贿案件中,“不同的身份,意味着受贿主体在职责、地位上的不同,意味着法律所期待该主体依法履职、廉洁用权的程度也有所不同”,②特别是“受贿后实施背职行为的,容易使行贿人获取非法利益、损害相关主体的合法权益或者造成更加严重的危害后果”。③ 因此,“单纯犯罪数额一般不能全面反映受贿罪的危害程度”。④ 然而,正是由于 1997 年《刑法》施行 20 年以来贪污罪、贿赂罪的异质同构,犯罪对象“财物”的中心地位不断凸显,原本仅作为贪污罪核心权重要素的“财物”价值(数额)于无形中也拉动了受贿罪财物数额在量刑中影响度的攀升,导致司法人员相当程度上形成了对受贿罪量刑的唯数额化思考,并将受贿犯罪量刑权重要素与贪污罪无区别化对待,受贿罪的“财物”数额事实上成为了司法机关对不同类型受贿犯罪量刑时考量的关键因子,也就出现了在大多数受贿案件的裁判过程中,犯罪情节的作用要显著低于犯罪数额的非正常现象。⑤ 这势必遮蔽不同形态受贿行为的特有个性和重要区别,导致量刑的不公。例如,一次受贿财物数额均为 8 万元,⑥但被动收受的行为人和主动索取的行为人显然在对二者量刑时不可同日而语;又如,同为受贿 5 万元,作为教育局工作人员的行为人系为他人子女就读提供帮助,作为食品药品监督管理局的工作人员系为他人取得药品批准文号提供便利,即使二者为他人谋取的均非不正当利益,但后

---

① 莫晓宇:《非数额情节在受贿案件中定罪量刑的功能分析——〈关于办理贪污贿赂刑事案件适用法律若干问题的解释〉第 1 ~ 3 条评析》,载《浙江社会科学》2016 年第 8 期。

② 卢建平、赵康:《论受贿罪犯罪门槛的科学设置》,载《北京师范大学学报》(社会科学版)2015 年第 5 期。

③ 王刚:《我国受贿罪处罚标准立法评析》,载《环球法律评论》2016 年第 1 期。

④ 曾粤兴、周兆进:《受贿罪立法若干问题探析》,载《中州学刊》2015 年第 4 期。

⑤ 王剑波、景景:《受贿罪量刑影响因素问题研究》,载《北京师范大学学报》(社会科学版)2014 年第 6 期。

⑥ 之所以举例时设定为“一次性受贿”,系因为 16 年两高解释仅将“多次索贿”作为具有降格入罪和升档量刑功能的非数额情节,而通常情形下的一次,甚至两次索贿并不是应当单独评价的非数额情节。这也是该司法解释的缺憾之一。

者可能给民众健康造成的较高危害风险显然应当在量刑时予以考量、评价,并作出有别于前者的从重裁量。

3. 由于对贪污罪与受贿罪法益本质区别的忽视,导致退赃情节在贪污罪和受贿罪量刑中本应具有的不同权重未被充分关注,亦会影响量刑的科学性、公正性。

就退赃情节在二罪的量刑中是否应当等量齐观、等同视之的问题也颇值得关注。一方面,行为人具有退赃情节时,固然在主观上都能反映出行为人认罪悔罪、归顺法律的真诚意愿。另一方面,如前所述,贪污罪侵犯的法益是公共财产的合法所有权,而受贿罪侵犯的法益是国家公权力的不可收买性与公职人员的廉洁性。故"对贪污罪应当重视数额、对受贿罪应当重视情节。对贪污罪之所以要重视数额,是因为贪污罪是财产犯罪,行为人所贪污的数额就是公共财产的损失数额,因而直接决定其不法程度,同时也决定了其责任程度"。[①] 换言之,"对贪污罪而言,定罪主要还是看数额的多少"。[②] 因此,就贪污罪而论,在行为人主动退还全部或者绝大多数赃款的情形下,受到损害的财产权很大程度上恢复原状,被侵害的法益得以相当程度地修复,就此而言,退赃情节应当在贪污罪的量刑中具有更大的权重;与此相对应,就受贿罪而言,即便行为人全额退赃,其收取贿赂行为所造成的国家公权力被"寻租"的状态已经不可逆地产生,借用网络流行语表述方式形象地讲,贿赂财物"退或者不退,危害都在那,不增也不减"。因此,在受贿犯罪中,退赃情节在量刑中也应当予以评价,但在量刑时则应适当从严掌握,尤其是当贪污罪与受贿罪财物数额相当,且均具有一致的退赃情节时,绝不能将该情节在二罪中适用完全一致的从轻幅度。然而,在现实中贪污罪、受贿罪异质同构、同处一章的法律安排下,在对贪污罪和受

① 张明楷:《贪污贿赂罪的司法与立法发展方向》,载《政法论坛》2017 年第 1 期。

② 孙国祥:《贪污贿赂犯罪刑法修正的得与失》,载《东南大学学报》(哲学社会科学版)2016 年第 3 期。

贿罪量刑时,退赃情节的权重几乎都是无区别化对待的。[①] 正因如此,“法官对退赃等从宽情节的适用范畴缺乏正确认识,是导致量刑不公的重要原因之一”。[②]

三、纠偏复位:贪污、受贿罪犯罪对象规定困境之解决路径

在贪污罪与受贿罪法益存在显著区别和重大差异的情形下,现有的刑事法律依据二者犯罪对象均为“财物”的思路,将二罪予以体例内同构,并共用法定刑,由此在语义逻辑、刑法教义和刑罚适用等方面造成了一系列的困境。就如何破解前述困境而言,可以考虑近期方案与远期规划相衔接的解决进路。

(一)近期方案:量刑“纠偏”

面对当下短期内刑事立法尚不可能对贪污贿赂犯罪的体例进行大幅度修改的背景,在现有的刑事法律框架下,应当充分认知贪污罪、受贿罪的不同罪质,因应犯罪对象“财物”的不同刑罚承载功能,发挥特定情节在两罪中的不同权重,从量刑上对二罪公正、科学地适用刑罚,通过此近期方案尽可能地消弭异质同构立法构造下的弊端。

具体而言,体现在如下几个方面:

1. 对贪污受贿犯罪的犯罪对象“财物”作二分化认定,即贪污罪的“财物”仅应当解释为实体化的物,受贿罪的“财物”除实体物外,还应

---

① 据笔者从西南某省会城市中级人民法院获取的2013年至2015年两级法院贪污罪、受贿罪的78例生效判决的不完全统计,在犯罪人均具有退赃情节的情形下,审判人员对贪污罪、受贿罪考虑适用从宽处罚的考量因素仅为“部分退赃”还是“全部退赃”或“绝大部分退赃”,而均未考虑到,即使同样的退赃情节在贪污罪和受贿罪中,是否应区别对待的问题。

② 蒋太珂、彭文华:《量刑应实行定量与自由裁量并行——以贪污、受贿罪量刑标准的修改为视角》,载《华东政法大学学报》2016年第2期。

当包括扩张解释的“财产性利益”。

鉴于贪污罪本质上“是一种特殊的财产犯罪,其与普通财产犯罪的区别主要表现在犯罪主体的身份和财物的属性上”,①因此,对于贪污罪的犯罪对象应当作出实体化认定。在实践中,假如出现国家工作人员在单位组织的公务考察活动中,利用职务上的便利带领家人随行,并由单位支付家人的相关交通、食宿费用的行为,按照2016年“两高”解释,具有旅游性质的费用应当被认定为“财产性利益”,但毕竟该具有旅游内容的消费并非财产型犯罪所侵害的实体化“财物”,且该规定仅适用于贿赂犯罪范畴,并未扩张适用至贪污罪,故即使单位以公款支付了前述开支,且金额达到了入刑标准也不能认定为贪污。又如,国家工作人员趁单位办公楼装修之机,利用职务便利安排装修施工方使用单位装修建材为其住房一并进行免费装修,对该家庭装修虽也有财产性利益的性质,但同样因不具有财物的实体性亦不能作为贪污罪的对象;但若装修施工方基于希望通过该国家工作人员的帮助,以便此后能更顺利地从单位取得装修工程款而无偿为该国家工作人员提供装修的,则对应的装修款项应当作为“财产性利益”,该国家工作人员应当以受贿论处。

相较而言,由于受贿罪的本质是将公权力作为商品并以此进行交易,而“随着社会的变迁与日益复杂,法律所涉范围日益扩大,仅将法益限制在财(物)上,无法解释不断出现的非物质化的法律保护客体”,②尤其是物质利益表现形态的多元化、多层次性,公职人员用公权力换取的对价往往不再局促于传统意义的物理型实物;相反,通过支付金钱方能获得的房屋装修、旅游休闲、消遣娱乐等利益也完全具有向公职人员“购买”权力的功能。因此,如墨守成规地坚持将受贿的“财物”束缚在传统意义上的实体化财物范畴,确实会给治理受贿犯罪带来掣肘之困。从这一点上看,从1997年《刑法》施行到2016年“两高”解释

---

① 王刚:《我国受贿罪处罚标准立法评析》,载《环球法律评论》2016年第1期。

② 舒洪水、张晶:《法益在现代刑法中的困境与发展——以德日刑法的立法动态为视角》,载《政治与法律》2009年第7期。

的出台,都反映出受贿罪“财物”为适应反腐现实而亦步亦趋、不断“堵漏”的释法轨迹。在司法实践中,显然也应按照2016年“两高”解释之明确规定,将受贿罪的“财物”予以实质化解释为“财物”和“财产性利益”。

2. 贪污罪的财物数额在诸情节中具有最大权重性,应当作为量刑的决定性情节;受贿罪的财物数额虽亦具有极大权重影响,但仅属支配性情节。

鉴于“贪污罪实质上是一种贪利性犯罪,其危害性很大程度上可以通过贪污数额直观反映出来”。[①] 申言之,“犯罪数额作为表现犯罪对象经济价值的货币金额,直接反映着犯罪行为的规模及程度,是衡量财产犯罪社会危害性的客观标准”。[②] 加之,在具体的贪污犯罪中,行为人非法占有“数额的大小体现了行为的进行程度,从而体现了对法益的侵犯程度”。[③] 因此,贪污罪的犯罪对象财物数额在该罪的诸量刑情节中居于核心地位,对量刑具有最为密切的正相关关系。而反观受贿罪,其“社会危害性是受贿数额难以完全反映的,其更多的是要通过受贿的情节、危害后果、违法的程度等因素来体现”。或者说,“还应当通盘考虑全案的罪中、罪前、罪后各个环节的各种主客观因素综合决定的案件情节之轻重”。[④] 因此,受贿金额固然是定罪量刑的基础事实和具有支配作用的情节,但绝非量刑的决定性考量因素。例如,国家工作人员收取贿赂的财物虽仅10万元,但因违规批准药品批文批号,给民众健康造成极大威胁,对其量刑时,10万元的贿赂金额显然不应当是量刑的首要考量指标,而应充分评价受贿后背职行为的危害后果;又如,公职人员利用审核办理许可证照之机收取办证申请人员的财物,因时间跨度长、办理证照多,收受的贿赂高达100万元,但经查,其在审核

---

① 高铭暄、范连玉:《略析贪污罪中数额数额起点与共犯责任》,载《云南社会科学》2014年第1期。

② 丁英华:《确定犯罪数额标准的原则与方法》,载《法律适用》2008年第12期。

③ 李希慧主编:《贪污贿赂犯罪研究》,知识产权出版社2004年版,第203页。

④ 赵秉志:《贪污受贿犯罪定罪量刑标准问题研究》,载《中国法学》2015年第1期。

办理证照过程中均系被动收取且并无为他人谋取不正当利益的情形，此时，显然亦不能简单、机械地完全对照100万元数额量刑。可见，在受贿罪中，犯罪对象财物的数额不应成为决定性的量刑权重。因此，在尚不考虑其他非数额情节的“标准形态”下，当贪污罪、受贿罪的犯罪对象财物金额相同时，前者的数额情节在刑罚裁量中应当居于决定性地位，且量刑时应当充分体现出犯罪对象财物数额的最大权重值。换言之，即同等的财物数额，贪污罪的量刑应适当重于受贿罪。

3. 在退赃情节相同的情形下，对贪污罪宜较之受贿罪适当从宽。

如前反复论述的，因贪污罪与受贿罪法益的根本区别，以及贪污罪保护公共财产合法所有权的立法意旨和规制目的，当贪污犯罪人具有退赃情节，尤其是退还全部或绝大多数贪污所得时，一度受到破坏的法益很大程度上得以修复；此外，在全额或绝大多数退赃的情形下，行为人因贪污的数额所形成的不法程度和责任程度也相应降低。[①] 因此，司法人员在量刑时理应对贪污罪的退赃情节作出较受贿罪的退赃情节更为积极的评价。根据2014年1月1日实施的最高人民法院《关于常见犯罪的量刑指导意见》之相关规定，对常见的15种犯罪中犯罪人退赃的，“可以减少基准刑的30%以下”。虽然该规定不适用于贪污贿赂犯罪，但完全可以作为量刑的重要参照，特别是在退赃情节相同时，贪污罪的退赃情节所获得的减少基准刑的从宽处罚幅度应当较显著地大于受贿罪。由此，也有利于促成贪污犯罪人更为积极、主动地形成退赃动力。

4. 在贪污罪、受贿罪的死刑适用裁量时，在二罪的“财物”数额均符合死刑适用标准时仍应当区别对待、分别考量。

同样基于贪污罪与受贿罪的犯罪对象“财物”名同实异，且所反映出的法益相去甚远的客观事实，在二罪共用法定刑的法律机制下，对贪

① 参见张明楷：《贪污贿赂罪的司法与立法发展方向》，载《政法论坛》2017年第1期。

污罪、受贿罪考虑死刑及附随的终身监禁执行方式适用时,[①]亦应对财物及其数额有不同的区分和各自的侧重。虽然“基于死刑的法治和法理缺陷以及贪污罪和受贿罪的罪质特征及其产生原因,贪污罪和受贿罪死刑的废止是中国刑事立法发展的必然前景。但是受制于中国历史传统和现实国情尤其是当前反腐败形势的制约,立即废止或者在短期内废止严重贪污罪和受贿罪的死刑尚不现实,因而需要对严重贪污罪和受贿罪的死刑予以严格控制”。[②] 为此,《刑法修正案(九)》将刑法对贪污受贿犯罪的死刑适用条件由此前的“数额在十万元以上,情节特别严重,处死刑,并处没收财产”改为犯贪污受贿罪“数额特别巨大,并使国家和人民利益遭受特别重大损失的,处无期徒刑或者死刑,并处没收财产。”就修《刑法修正案(九)》之后的刑法规定来看,财物“数额特别巨大”是对贪污受贿罪适用死刑的前提条件,但仅有该情节并不能判处死刑,还需要具备“并使国家和人民利益遭受特别重大损失的”这一必备要件。恰恰是在对“使国家和人民利益遭受特别重大损失”这一情节的认定上,贪污罪与受贿罪应各有侧重、区别对待。就贪污罪而言,基于其系侵财犯罪的本质,故“使国家和人民利益遭受特别重大损失”应当解读为犯罪人在贪污数额特别巨大的情形下又拒不退赃或贪污的绝大部分财物未能被司法机关有效追缴,由此导致特别巨大公共财物损失的严重后果最终无法挽回,如公职人员利用职务便利将上亿元国有资产侵吞后悉数转移至境外且无法追回等情形。而鉴于受贿罪系侵害公权力不可收买性的罪质,“使国家和人民利益遭受特别重

① 根据《刑法修正案(九)》的修改,《刑法》第 383 条增设了“因有第三项规定情形被判处死刑缓期执行的,人民法院根据犯罪情节等情况可以同时决定在其死刑缓期执行二年期满后依法减为无期徒刑后,终身监禁,不得减刑、假释”的规定。就终身监禁而言,到底是独立的刑种,或只是创新的刑罚执行方式,以及该制度与刑法总则相关规定是否冲突等,学界还有争论。但立足于刑法文本的解读,终身监禁显然仅针对判处死刑缓期执行的罪犯,从这一点上讲,笔者倾向于将终身监禁作为贪污受贿犯罪死刑的特有刑罚执行方式。

② 参见赵秉志:《论中国贪污受贿犯罪死刑的立法控制及其废止——以〈刑法修正案(九)〉为视角》,载《现代法学》2016 年第 1 期。

大损失”应当指犯罪人因收取数额特别巨大的财物后为他人谋取违法利益，引发特别严重的次生社会危害后果，如国家工作人员利用职务上的便利收取请托人数额特别巨大的财物后，违法批准高污染企业的建设生产，给当地生态环境造成灾难性破坏等。概言之，在贪污罪、受贿罪均具备了“数额特别巨大”情节的前提下，对贪污罪考虑死刑适用时，主要应当关注公共财产遭受到的无可挽回的“特别重大损失”；而对受贿罪考虑死刑适用时，除财产性质的损失外，还应当关注因受贿行为导致的“溢出式”严重危害结果，且相关危害结果往往是非财产性质的“特别重大损失”，尤其是应当关注受贿后背职行为在国家安全、民生、环保等领域所造成的特别严重的非财产性次生危害后果。同理，作为具有替代死刑立即执行的意义，且有助于“走出一条从实践中停止适用再到立法上废止贪污受贿犯罪死刑的道路”①的终身监禁制度，在考虑对贪污、受贿犯罪人适用时，当财物数额均符合特别巨大的条件下，也应当根据前述原理对二罪予以不同区分适用。② 对贪污罪决定执行终身监禁刑罚措施时，主要考量因素为特别巨大公共财产的无法追回所导致国家利益特别重大损失；而对贪受贿罪决定执行终身监禁刑罚措施时，除受贿款项特别巨大外，还应特别关注背职行为或为他人所谋取的非法利益给国家、社会或广大民众所造成的特别巨大危害。

---

① 参见赵秉志：《论中国贪污受贿犯罪死刑的立法控制及其废止——以〈刑法修正案(九)〉为视角》，载《现代法学》2016 年第 1 期。

② 2016 年 10 月 9 日，全国人大环境与资源保护委员会原副主任委员、云南省委原书记白恩培一审被判判处死刑，缓期 2 年执行，并决定在其死刑缓期执行 2 年期满依法减为无期徒刑后，终身监禁，不得减刑、假释。此后不久，国家能源局煤炭司原副司长魏鹏远、黑龙江龙煤矿业集团股份有限公司物资供应分公司原副总经理于铁义也均因受贿罪被判处死刑，缓期 2 年执行，并在死刑缓期执行 2 年期满依法减为无期徒刑后，终身监禁，不得减刑、假释。白恩培的受贿金额为 2.46 亿元，魏鹏远的受贿金额为 2.11 亿元，于铁义的受贿金额为 3.06 亿元。从媒体披露的相关信息来看，三人除受贿金额均特别巨大外，判决文书对适用死刑应具备的“并使国家和人民利益遭受特别重大损失的”情节的认定似乎并未详尽展开说明。

(二)远期方案:立法"复位"

如果近期方案在司法实践中完全付诸推行,能很大程度上将贪污罪、受贿罪异质同构且均根据财物数额而共用法定刑所带来的弊病降到最低,但这毕竟非长远之计。从贪污罪、受贿罪立法的科学性、量刑的公正性角度而言,未来通过系统的刑事立法重新安排贪污罪、受贿罪的体例布局,以恢复到1979年《刑法》时期对二罪分章设置的立法模式仍是大势所趋。

回溯我国刑法典的立法沿革可以发现,新中国成立之初的刑事法律渊源中,囿于当时的认识局限和贪污贿赂行为几乎均为公职人员才能实施的客观事实,1952年颁布的《惩治贪污条例》第2条曾一度规定,"一切国家机关、企业、学校及其附属机构的工作人员,凡侵吞、盗窃、骗取、套取国家财物,收受贿赂以及其他假公济私违法取利之行为,均为贪污罪"。该规定事实上将贪贿行为均定义为贪污罪,逻辑上讲,贪污罪的对象也就涵盖了合法的"国家财物",也包括不受法律保护的"他人财物"贿赂。这显然是不科学的。在1979年《刑法》修改草稿第22稿中,立法者曾一度将贪污罪从"侵犯财产罪"移入"渎职罪",后来考虑到其主要还是侵犯了公共财产权,所以最终恢复了其原来的位置。① 由此在1979年《刑法》中确立了贪污罪、受贿罪分别设置的模式。将贪污罪规定在"侵犯财产罪"一章之中,使"贪污罪的规定实际上保护了所有单位的财物。在此意义上说,1979年《刑法》对不同法益主体的财产实行了平等保护,符合法律面前人人平等的宪法原则。"② 但在1979年《刑法》运行近10年后,随着对该部刑法修改进程的推进,重新布局贪污罪、受贿罪体例安排的观点再次出现,且此次"一体论"

---

① 参见高铭暄:《中华人民共和国刑法的孕育诞生和发展完善》,北京大学出版社2012年版,第132～133页。

② 参见张明楷:《贪污贿赂罪的司法与立法发展方向》,载《政法论坛》2017年第1期。

的论调占据了上风。彼时,国家立法机关考虑到"惩治贪污受贿犯罪,是我国现阶段反腐败斗争的重点,将贪污贿赂罪列为专门的一章,作为独立的类罪,对于整顿吏治,加强国家的廉政建设,突出刑法惩治腐败的打击重点,有效地遏制这类犯罪活动,都具有积极意义",①在此背景下最终形成了 1997 年《刑法》将贪污罪、受贿罪在一章中异质同构的布局。

就未来刑法回归贪污罪、受贿罪分立格局而言,可以从如下角度考虑:

首先,恢复将贪污罪规定到侵犯财产罪中,受贿罪重新纳入渎职罪中的立法安排。在具体的体例设计上,鉴于贪污罪的主体通常是国家工作人员,②加之其犯罪对象系公共财产较之其他侵犯财产罪的一般财物所造成的危害也更严重,故从"有贪必肃""治吏从严"角度而言,在侵犯财产罪一章的次序安排上,宜将贪污罪设置于职务侵占罪之前。与此同时,将受贿罪以及均属于贿赂犯罪类型的单位受贿罪、利用影响力受贿罪、行贿罪、对有利用影响力的人行贿罪、对单位行贿罪、介绍贿赂罪、单位行贿罪等罪名悉数转入渎职罪一章。基于受贿罪系最典型的渎职犯罪,且往往伴生着次生危害后果产生,因此,宜将受贿罪排列于渎职罪之首,单位受贿罪、利用影响力受贿罪等贿赂型犯罪则依次排列,由此在立法上昭示严厉惩治贪腐的鲜明立场。

其次,在法律规定中对贪污罪和受贿罪的对象予以明确区分。正如本文反复阐释,贪污罪的对象应当为实体化的物,故未来刑法对二罪体例进行大改时,仍然应当保留目前贪污罪的对象仅为"公共财物"的

---

① 高铭暄、马克昌主编:《刑法学》(下编),中国法制出版社 1999 年版,第 1119 页。

② 因现行《刑法》第 382 条第 2 款规定"受国家机关、国有公司、企业、事业单位、人民团体委托管理、经营国有财产的人员,利用职务上的便利,侵吞、窃取、骗取或者以其他手段非法占有国有财物的,以贪污论"。故特定情形下的非国家工作人员亦可以成为贪污罪的主体。

规定。[①] 而鉴于受贿行为对象表现形态的多元化和多层次性,[②]建议将受贿罪的罪状修改为:"国家工作人员利用职务上的便利,索取他人财物或财产性利益的,或者非法收受他人财物或财产性利益,为他人谋取利益的,是受贿罪。"以此直接将"财产性利益"与"财物"并列规定为受贿罪的对象,从而消除当前司法解释以扩张释义的方式牵强附会地以"财物"硬行囊括"财产性利益",导致本应属于两个范畴的概念合为一体而给语义逻辑上造成的不自洽性。

在此,需要说明的是,即使未来刑法的修改将贪污罪、受贿罪分列,在受贿罪的犯罪对象问题上,笔者也并不赞同有学者提出的"从立法论上,有必要立足于贿赂犯罪的新特点、新情况及反腐败斗争的现实需要,参照《联合国反腐败公约》,将贿赂的范围扩张至非财产性利益,以解决现行《刑法》对贿赂犯罪的规制不足之问题",[③]以及更为激进的观点,即"将贿赂犯罪的对象扩大至'不当利益',包括各种不允许的利益和导致公共利益与私人利益产生冲突而获得的利益"。[④] 对此的理由在于:一方面,从法理上讲"刑法并不一般化地保护抽象的利益",[⑤]既然受贿罪的本质是侵害了公权力的不可收买性,就此而论,刑法规制的是权力"寻租"行为,"寻租"则意味着用权力换取金钱、实物或者具有财物属性的利益,而不是泛泛的权力交换行为,因此,受贿人"出租"公权力的"对价"显而易见应当是财物或具有财产属性的利益,否则,权力"寻租"也就无从谈起。另一方面,现实中虽然也客观存在着请托人

---

① 当然,现行刑法所规定的公务活动中应当交公的礼物等也以提示条款的方式规定。

② 近年来作为网络虚拟货币的"比特币"不断受到一些发达国家民众的追捧,其"币值"甚至一度飙升。假如未来该虚拟货币在我国也逐渐具有了等价交换物的流通功能,那么国家工作人员收受"比特币"为他人谋利的行为亦应当构成受贿。

③ 钱叶六:《贪贿犯罪立法修正释评及展望——以〈刑法修正案(九)〉为视角》,载《苏州大学学报》(哲学社会科学版)2015 年第 6 期。

④ 魏昌东:《〈刑法修正案(九)〉贿赂犯罪立法修正评析》,载《华东政法大学学报》2016 年第 2 期。

⑤ 舒洪水、张晶:《近现代法益理论的发展及其功能化解读》,载《中国刑事法杂志》2010 年第 9 期。

以提供荣誉称号、文凭学历等作为换取公权力的条件，但这毕竟是少数，况且，将不具有财产属性的利益作为受贿对象认定，也明显不符合民众对于贿赂的常识性认知；再一方面，建言将贿赂对象扩展至非财产性利益的少数学者所参照的发达国家的犯罪概念中并无定量因素，乃是行为本位刑法，只要行为符合刑法规定，不论行为结果数量大小，也无须考虑行为人主观恶性深浅，刑法均可规制。① 但这种定性不定量的刑法模式并不适用于我国。因此，未来分立后受贿罪对象的范围也应当以财产性利益为边界。

Different Nature but Collective Construction, Inherent Antinomy, Rectifying a Deviation to Restoration

—On the Property of the Crime of Embezzlement and Bribery

Mo Xiaoyu

［**内容摘要**］刑法对贪污、受贿罪对象均采“财物”一词，且共体例布局、同刑罚配置，司法解释亦渐进地将受贿“财物”扩张解释至“财产性利益”以应治理之需。但因二罪法益异质，无差别化同构的立法安排造成了概念逻辑的不自洽、法益彰显的不契合、量刑适用的不均衡等问题。解决路径上，近期方案可考虑对贪污罪“财物”恪守实体化理解，对受贿罪“财物”坚持实质化解读，将财物数额分别作为贪污罪的决定性情节和受贿罪的支配性情节，界分退赃情节在二罪量刑中的不同权重；远期方案则是二罪回归分列体例，并将贪污罪、受贿罪对象予以不同定义。

［**关键词**］贪污罪；受贿罪；财物；法益

Abstract: In present, the Criminal Law prescribes the same legal punishment for the crime of embezzlement and bribery, and pays equal

---

① 参见赵秉志：《贪污受贿犯罪定罪量刑标准问题研究》，载《中国法学》2015 年第 1 期。

attention to property of the crime of embezzlement and bribery. Such legislative model ignores that the interest of law of the crime are different at all. Such pattern also results in inevitably the disharmony between the crime of corruption and embezzlement. Besides, Defects in current standard of conviction and sentencing of embezzlement and bribery failed to reflect its social harmfulness of two crimes. To avoid such predicament, judicial departments shall pay attention to criminal circumstances of the crime of bribery, while pay attention to criminal amounts of the crime of embezzlement. In the future, the crime of embezzlement shall be prescribed into the chapter of the crime against property, and the crime of bribery should be prescribed into the chapter of the corruption crime.

Keywords: Crime of embezzlement; Crime of bribery; Property; Interest of law

〔外国刑法〕

试论英美法系法人犯罪的归责路径及其对我国的启示

许　佳*

目　　次

在英美法系中，犯罪心态(mens rea)是追究刑事责任的前提条件。"Blackstone 概括地说明任何犯罪必须首先存在恶意，可见 18 世纪英国普通法完全接受了这个原则。"①其时，行为主体之所以被认定构成犯罪并需承担刑事责任，一是因为实施了法律禁止的行为，二是因为实施这些行为时具有意图、轻率、明知或疏忽等犯意，二者缺一不可。而对于法人，因为"既没有应当坠入地狱的灵魂，也没有应当受到鞭笞的肉体"，所以早期的英美法并不承认法人犯罪。到了 19 世纪上半叶，出于功利主义，英美两国先后通过判例确认了法人可以承担刑事责任，法

---

* 中国人民大学法学院刑法学博士研究生，上海市人民检察院助理检察员。

① *Morissette* v. *United States*, 342 U. S. 246, 251 (1952).

人犯罪应运而生。但是,时至今日,如何解决法人犯罪的犯意问题,一直是理论与实践中的争议焦点。具体而言,法人犯罪的归责路径大致可以分为三条:(1)不考虑犯意的严格责任;(2)以自然人犯意作为法人犯意的替代责任;(3)以法人自身意志作为犯意的整体责任。本文试图在系统梳理英美法系有关理论沿革及最新成果的基础上,厘清上述三条归责路径,希望对我国单位犯罪的理论研究、立法完善和司法实践有所裨益。

一、法人犯罪的严格责任

(一)严格责任的概念

所谓严格责任(strict liability),一般是指在行为人不具备犯罪意图或者法律无法证明其具备犯罪意图时,只要行为人自愿实施了违反法律规定的行为,则可根据法律规定对其追究刑事责任。严格责任与替代责任(vicarious liability)的关系一直存在争议,对此主要存在包容说(严格责任包容替代责任)、交叉说和并列说三种观点。国内多数学者主张,两者既相区别又有联系。[①] 在论述法人犯罪的场合,英美学界对于两个概念通常不加区分地随意使用,故而有人又把法人刑事责任称作法人的严格替代责任(strict vicarious liability)。这是因为就法人犯罪而言,如果认为法人本身没有犯意,只是代替其代理人(agent)的犯罪行为承担刑事责任,则可认为法人承担的任何刑事责任都是严格责任——这是广泛意义上的法人严格责任,相当于法人的替代责任;同时,在法律实务中,由于替代责任常常适用于严格责任犯罪,即对雇员实施的严格责任犯罪适用替代责任处罚雇主,因此代理责任和严格责

---

① 参见赵秉志:《英美刑法学》(第2版),科学出版社2010年版,第74页;刘士心:《美国刑法中的犯罪论原理》,人民出版社2010年版,第296页。

任往往交织在一起。[①] 但是，毕竟二者还是存在明显的区别，特别是严格责任适用于行为人自身实施特定危害行为的场合，并不仅仅是替代他人受过，因此，本文采取并列说的观点，分别予以阐述，这样更有利于探究其存在的价值与意义，准确揭示法人犯罪归责理论的发展与变化。

(二)严格责任的发展和成因

1. 严格责任的发展

严格责任犯罪起源于18世纪中后期，和法人犯罪相伴相生。工业化"使得暴露于渐长的强有力并复杂的机械带来的伤害的工人的数量成倍增长，同时导致城市的集中和街区的拥挤，因此催生了简单时代未曾想过的健康和福利制度"。[②] 此外，广泛的经销系统亦使危害扩散，那些分销食品、饮料、药品甚至公司股份的公司或个人并不遵守有关质量、诚信、披露和关注的合理标准。工业化导致的新的"危险"使立法者"越来越多地采用大量的细致的规定，这些规定增加了影响公共卫生、安全或福利的特定的工业、贸易、财产或活动的控制方的责任"，创设了一种新型的严格责任犯罪，也就是"公共福利犯罪"，究其实质就是"忽略法律要求注意的事项或不履行法律强加的义务的行为"。因为不管违法者的意图如何，上述犯罪都会造成伤害，因此"相关法律，作为政策的产物，未将犯意视为必要元素"。[③] 可见，严格责任可谓工业社会发展的刑法果实。

法人犯罪的首次确认是在1842年。是年，英国法院在 *The Queen* v. *Birminghan & Glouchester Ry.* 一案中确认，受政策确认可对违反法定义务的企业进行刑事处罚；此后在1846年的 *The Queen* v. *Great N.*

---

① 参见刘士心：《美国刑法中的犯罪论原理》(第1版)，人民出版社2010年版，第296页。

② Morissette, 342 U. S. at 253 – 54.

③ [美]约书亚·D. 格林伯格、艾伦·D. 布罗特曼：《公司及其主管的严格替代刑事责任：犯罪化边界的扩张》，许佳译，载《国家检察官学院学报》2014年第11期。

of Eng. Ry. 一案中,英国法院引用侵权法中的代理责任,以被告企业没有履行法定义务为由,追究其刑事责任。不久以后,美国法院也作出了相同的裁决。此项发展最终鼓励法院将法人刑事责任拓展到所有无须犯罪意图的犯罪:“一旦对造成公害的法人可以定罪的原则得以确立,那么对于追究法人其他违法行为的法律责任便再无理论上的障碍了……”“法院相应地会强制法人服从法院对其诸如不守安息日,以一个冠冕堂皇的理由来允许赌博,对发放高利贷的指控,向未成年人提供酒类,非法行医所作的裁决。”①如今,英国刑法中不仅8000个犯罪中超出一半是严格责任犯罪,而且严重到由刑事法院审理的案件中,半数有严格责任的因素。1963年的《美国模范刑法典》(Model Penal Code)也在有限范围内承认了严格责任。在将广义犯罪(offences)分为犯罪(crimes)和违章(violations)的基础上,该法典规定:对“犯罪”不能适用严格责任;但对“违章”适用严格责任,除非行为定义中对罪过有明确规定或者法院认为适用罪过原则符合有效执法的要求。

2. 严格责任的成因及质疑

严格责任何以能够突破普通法对于犯意的一贯要求,一度成为法人犯罪的首选归责路径?究其原因,或有以下四个方面,但反对的声音也一直相伴:

(1)功利性。即促使从事容易引起危险行为的行为者采取防范措施[之后发展为合规政策(compliance programme)],从而避免失误乃至灾难。严格责任自诞生之日,便承担着最大限度地保障社会公众利益的任务。但反对者认为,过错责任体现的社会公正是更大的公众利益,而摒弃“犯意”的严格责任并不符合社会公正的基本要求。

(2)便宜性。即可以减轻控方的证明责任。但反对者认为,法律若图诉讼之便而舍正义于不顾,将为滥惩无辜打开方便之门,不可舍公正而求效率。

(3)非污名性。初始的严格责任犯罪,只是出于对社会公众利益

---

① [美]约书亚·D.格林伯格、艾伦·D.布罗特曼:《公司及其主管的严格替代刑事责任:犯罪化边界的扩张》,许佳译,载《国家检察官学院学报》2014年第11期。

谨慎保护的考虑,而给道德上或刑罚上都与真正犯罪有所区别的"准犯罪"(quasi-criminal offenses)披上了犯罪的外衣。严格责任犯罪是缺乏犯罪意图的犯罪,因此以严格责任被定罪的犯罪人不具有道德上的可谴责性。但反对者认为,"准犯罪""违法""民事不法行为""社会福利不法行为"或是"违反规章的不法行为"只是术语上的遁词,无法就此否定其犯罪性质从而摒弃"犯意"要素。

(4)轻刑性。就像美国最高法院就 *Morissette* v. *United States* 一案所评论的,初始的严格责任犯罪,"处罚通常较轻,而且犯罪行为不会对犯罪者的名誉造成重大损害"。近年来法院亦有类似的观点:"当然,那些定义公共福利犯罪的第一批案件几乎均仅适用了规定罚金或短期监禁等轻微刑罚而非须在州监狱服刑的成文法。"法院承认,"对这类犯罪处于轻刑在逻辑上补充了犯罪心态这一要素的缺失:在一个普遍以'恶意'作为犯罪前提的法律制度中,对不需要犯罪心态的犯罪施以重刑是不协调的"。① 但反对者认为,这显然是在为放任适用严格责任寻找借口。

(三)严格责任的完善

归根结底,严格责任这一归责路径的完善主要是围绕其存在的两个问题而展开的。具体分析如下:

问题一,严格责任与责任主义的冲突至今无法解决,其合宪性备受质疑。美国最高法院一直不愿认可严格责任犯罪,其一再表示此类犯罪"不受欢迎"。法院认为,"仅凭犯罪的成文定义中没有犯罪心态的相关语汇,不足以认定摒弃犯意的合法性"。法院不想让成文法对法律主体的自由决定权失语,故"建议只有在国会明示或暗示同意的情况下,才可摒弃犯罪心态这一构罪要素"。因而法院使用了一个"主张

---

① [美]约书亚·D.格林伯格、艾伦·D.布罗特曼:《公司及其主管的严格替代刑事责任:犯罪化边界的扩张》,许佳译,载《国家检察官学院学报》2014年第11期。

犯罪心态的理论假定”。[①] 这是严格责任的根本问题,对于自然人犯罪和法人犯罪都是存在的。对此,实务界和理论界均提出一些完善方案,主要包括:(1)允许在主观方面的辩护理由,包括法定的辩护理由和善意辩护;[②](2)须以成文法的明确规定为前提;[③](3)增设预先警告程序(prior warning method);[④](4)把严格责任犯罪解释成过错责任犯罪,(5)检察官自由裁量延迟起诉(DPAs)或不起诉(NPAs);等等。显然,其中(1)和(4)完全改变了严格责任的性质,(2)和(3)则没解决严格责任摒弃犯意要件这个根本问题,而(5)则是否定法人构成犯罪,自然也就无须承担严格责任了。

问题二,严格责任限制了法人犯罪的类型。早期的法人犯罪仅被限定在违反法定义务罪(nonfeasance)、刑事违法行为罪(criminal malfeasance)、刑事滋扰罪(criminal nuisance)等严格责任犯罪之内。这是因为,严格责任不以故意或过失以及身体活动作为构成要件要素,据此追究法人责任,违背了传统的刑法理论。也正因如此,当时法人犯罪类型有限,“因为没有灵魂的公司不可能拥有邪恶的目的,只有自然人才能实施伪证罪、叛国罪以及暴力犯罪”。如1852年,在约克郡的Holmfirth有一个水堤溃决,造成78人死亡。陪审团对这一事件表示遗憾,他们认为“因为这个水库是由一家法人公司管理的,所以我们无

① [美]约书亚·D.格林伯格、艾伦·D.布罗特曼:《公司及其主管的严格替代刑事责任:犯罪化边界的扩张》,许佳译,载《国家检察官学院学报》2014年第11期。

② 参见赵秉志:《英美刑法学》(第2版),科学出版社2010年版,第71~72页。

③ 美国律师Joshua D. Greenberg和Ellen C. Brotman认为,New York Central一案并未对公司的刑事替代责任采取基本认可的态度。该案只是适用了一个明确规定了刑事替代责任的成文法[《埃尔金斯法》(Elkins Act)],并且认为只有国会才有使一公司承担刑事替代责任的宪法权利,而不是法规本身必须被解读为认可这样的责任。当一项成文法没有规定公司是否可以担责时,New York Central一案并未判定允许(更加没有规定)公司承担上述刑事责任。如果没有成文法的规定,则对公司未行公平的预警之责,此与正当程序不符。

④ 所谓“预先警告”,是指当有关管理机关发现违法行为后,首先对当事人提出改正的警告,经过警告后如果发现当事人又实施同种违法行为,不待证明主观罪过就可以定罪。

法认定它犯有过失杀人罪，即便我们认为本案中负责人士的重大疏忽如果是发生在个人或非法人公司身上，他们就会被认定为犯有过失杀人罪”。[①] 之后在1926年，为了防备在煤矿罢工中出现偷盗行为，Cory Brothers这家地处南威尔士的煤矿公司在某场区范围竖起一道电网。一名失业矿工在捉耗子时撞上电网触电死亡。尽管公司负责人经历了从关押到接受审判的过程，但是法官认为，一家公司是不能以侵犯个人而被定罪的。

对此，美国在20世纪初率先通过替代责任理论将法人犯罪的类型扩大到了包括以故意和过失作为构成要件要素的重罪。

（四）以严格责任归责的路径对我国的启示

综上所述，严格责任的出现，具有一定的合理性基础，具体体现为在价值选择的过程中，突出了诉讼效率和打击便利，而对被告人权利的保护则呈现出有节制的退让，这是严密法网、维护社会利益的政策需要。对于我国是否应当采取严格责任，理论界意见不一，总体上反对的呼声较大。不少学者明确指出，在现阶段，我国不宜采纳严格责任，其原因可以概括为如下几点：(1)我国的立法和司法中问题较多，承认以减轻或者免除公诉方罪过证明责任为特征的严格责任一旦合法，就可能导致滥用，被告的正当程序利益难以保障。(2)英美刑法中将严格责任作为犯罪起诉的一部分案件，在我国作为行政违法行为或侵权行为处罚。(3)即使在英美两国，严格责任的适用范围也越来越小，并且受到宪法的限制。对比较严重或者量刑较重的犯罪，原则是公诉方必须排除一切合理怀疑地证明被告主观罪过的存在。(4)我国虽然继受了大陆法系的犯罪构成理念，完全采纳了主客观相统一的原则，但是还没有完全确立起同样成熟的规范责任论的归责体系。而根据规范责任论，犯罪人并非对一系列行为完全没有意图，而是从其他方面的意图可

---

① ［美］约书亚·D.格林伯格、艾伦·D.布罗特曼：《公司及其主管的严格替代刑事责任：犯罪化边界的扩张》，许佳译，载《国家检察官学院学报》2014年第11期。

以推定缺失的意图。在这种情况下,贸然承认严格责任,非但不会推动我国犯罪构成的进步,反而会破坏现有的体系,阻碍我国犯罪构成体系的进一步完善。[①] 但是,也有学者认为,对严格责任适用持反对观点的学者并没有真正了解严格责任的内涵,也没有真正理清英美法系国家适用严格责任案件的范围,严重偏离了英美刑法严格责任的本旨。无论英美法系还是大陆法系国家,过错责任永远会居于追究刑事责任的主导地位,但在特定情况下严格责任完全可以成为过错责任的补充。[②]

由上述分析可以看出,严格责任作为一种法人犯罪的归责路径,从产生至今就一直伴随着争议。尽管从我国犯罪构成的四要件体系和大陆法系坚守的违法且有责性出发,英美法系的严格责任似乎显得有些离经叛道。但是,透过英美刑法运用严格责任惩罚造成公害的法人犯罪并不断对其进行修正或者完善的过程,仍然有很多地方值得我们思考和借鉴,集中体现在以下两个方面:

1. 从严格责任产生的现实基础来看

任何一种新的理论产生都有着其特定的历史背景。如前所述,自 19 世纪以来,随着大工业的发展和高新技术的应用,一批高度危险的行业出现,直接冲击和危害到公共利益和公共福利,有关环境污染、工业灾害、伪劣产品等所谓公害犯罪日益增多。对此,传统的归责方式遭到严重挑战,严格责任理论便随之应运而生,展现出极大的灵活性,满足了追究法人犯罪的现实需要。可以说,正是为了应对风险社会所带来的挑战催生了严格责任。20 世纪 80 年代,德国社会学家贝克曾经将当代社会概括为"风险社会",指出风险社会是当代社会发展的一个阶段,在这个发展阶段里,全球性风险开始出现,使人类日益生活在文明的火山口上,面临着越来越多由社会所制造的威胁其生存的风险。[③]

---

① 参见于佳佳:《我国刑法中严格责任之否定》,载《上海政法学院学报》2006 年第 4 期。

② 参见穆丽霞、冷凌:《刑法前沿问题研究》,中国政法大学出版社 2016 年版,第 107 ~ 108 页。

③ 参见[德]乌尔里希 · 贝克:《风险社会》,何博闻译,译林出版社 2004 年版,第 15 ~ 16 页。

因此,“控制风险以安抚公众成为现代社会压倒性的政治需要,刑法不再为报应与谴责而惩罚,主要是为控制风险而威慑”,①因为此时的人们对安全的需要比以往任何一个时代都显得更加迫切。风险社会理论对刑法的最大影响,就是将刑罚的目的从消极的一般预防论转变为积极的一般预防论,即为了消除风险社会中人们对未来的极度不安,保障社会安全,立法者就大量采用了刑事干涉普遍化和刑事处罚提前化的做法。前者表现为刑法干涉范围的扩大,将许多过去由行政法规调整的行为纳入刑法的处罚范围之内;后者是通过采用处罚抽象危险犯或者将预备犯独立成罪的方式,将处罚的重心从引起结果转移到实施行为本身上去了。而且,这种做法,还有一个很冠冕堂皇的理由,就是应对现代社会的发展,积极地活用刑法,形成新的规范意识,从而保障社会的安全。② 严格责任理论的出现及在英美法中大量采用就是这种刑法观的一种直接体现。

当前,我国正处于一个社会经济各个方面快速发展的时期,某种程度上讲,也可以说是属于风险社会的特殊阶段,食品安全、环境污染、公共卫生、伪劣产品等大量公害问题突出,面临的诸多挑战与当初英美等国严格责任理论出现时的状况十分相似,犯罪形态也在很多方面与传统犯罪表现不同。如法人犯罪就是必须面对的社会风险之一,它与自然人犯罪相比具有明显不同的行为特征和客观危害。有学者认为,法人犯罪的特点体现在多个方面,如多是通过正常的业务活动实施的,合法或违法的界限在行为当时难以划分;在发生被害的场合,被害的范围广、数量大;不仅对人们的财产、身体健康造成难以估量的损失和危害,而且还会败坏社会整体的道德水准,并造成最终瓦解国家统一的法律秩序的后果等。③ 因此,在这种情况下,如何采取刑罚的手段惩治公害法人犯罪就摆在我们面前。对于风险刑法理论,我国刑法学者给予了

① 劳东燕:《公共政策与风险社会的刑法》,载《中国社会科学》2007 年第 3 期。

② 参见[日]金尚均:《风险社会和刑法》,成文堂 2001 年版,第 265 页以下。

③ 参见黎宏:《近年来国外法人刑事责任理论的若干特点》,载《比较法研究》2002 年第 4 期。

必要的关注,陆续发表了不少研究成果,但至今争论不止。[①] 笔者在此不做深入评述,只是想强调一点:对于事实已经证明能够在防卫社会公共利益安全方面发挥有效作用的严格责任,我们的理智选择应当是积极借鉴其思路,反思其不足,并结合中国实际,找出解决问题的最佳之道,而不是要么简单全盘接受,要么一律给予否定。

2. 从严格责任发展的客观态势来看

如前所述,当前英美法中严格责任面对来自实践和理论的各种质疑,也在处于不断调整、逐渐完善之中。本质上而言,刑事法律关于保护被告人权利自由与维护社会公众安全的价值取向之间存在一定的冲突,严格责任的发展与改变也就是在这种价值选择中寻找着合适的平衡点。刑法理论从来不是一成不变的。有学者指出,"当代社会的风险性质使得刑法变成管理不安全性的控制工具,风险成为塑造刑法规范与理论的重要社会力量。这种塑造往往以公共政策为中介,后者由此成为刑法体系构造的外在参数……刑事责任基本原则构成现代刑法的根基,有必要以此对当代刑事政策中日益强烈的功利倾向予以抵制。但这并不意味着有理由固守原则。原则不是神明也非生活世界的边界,它只构成法律运行中的决策基点。只要必需、可行并且结果好,任何原则都可以存在例外。对原则与例外之间的关系作这样的处理,将是风险社会刑法发展的合理选择。"[②]我们知道,英美法系较之于大陆法系在很多方面展现出较强的灵活性、快捷的适应性,这与其注重法律效率与实践效果的理念和传统有着密切联系,严格责任的出现就鲜明地证明了这一点。当英美法运用严格责任理论处理公害法人犯罪并取得一定成效时,大陆法还在固守着原有的责任体系而对严格责任问题争论不休。当然,这并不是说这种责任体系必然存在问题,而是说其理论对现实问题的反应总是显得有些滞后。实际上,与目前大陆法一些学者否定严格责任的合理性,另一些学者试图为严格责任问题在责任

---

① 参见劳东燕:《风险社会与变动中的刑法理论》,载《中外法学》2014年第1期;张明楷:《"风险社会"若干刑法理论问题的反思》,载《法商研究》2011年第5期;等等。

② 劳东燕:《公共政策与风险社会的刑法》,载《中国社会科学》2007年第3期。

主义体系中寻找生存空间形成反差的是，英美法中的严格责任已经悄然实现了华丽转身，在不断检讨中日趋走向合理。笔者认为，这种合理具体体现在两个方面：

一是从绝对责任到相对责任。严格责任有时候被称为“绝对责任”，然而“有关严格责任的最麻烦的问题是，没有人能说清严格责任究竟有多么严格”。[①] 实际上，当今的严格责任已不再是“绝对”的不考虑主观因素的责任，而是类似于大陆法系的过错推定责任。我国有学者就认为，“在严格责任的场合，仍然是以行为人在实施违法行为时具有故意或过失的罪过心理为基础的，只不过是为了保护较大的公众利益，对这种罪过心理采取了严格推定的态度。只要没有有力地证据证明行为人毫无过失，就推定其有过失，从而认定其存在罪过心理。”[②]从前述分析可以看出，在英美刑法中，所谓的严格责任，一直是在尝试与责任主义的调和中发展，可以说，它其实已成为针对某些特定的犯罪，依据特定的侵害行为推定行为人具备犯罪意图（至少存在过失）的一种归责制度，并不是只要有犯罪行为就必须承担责任的客观归罪。与此相类似，我国对一些犯罪主观目的的认定在司法上也采取了推定故意的原则，如《全国法院审理金融犯罪案件工作座谈会纪要》针对金融诈骗罪就明确规定，对于诈骗行为人具有明知没有归还能力而大量骗取资金、非法获取资金后逃跑、肆意挥霍骗取资金等 7 种情形之一的，可以认定为具有非法占有的目的。应该说，不同法系基于打击特定犯罪的相同需要，在相对的严格责任上实现了殊途同归。这对于我们解决包括公害法人犯罪等特定犯罪的归责依据及司法认定具有积极的借鉴意义，建议在立法上予以明确。同时，立足相对严格责任的立场，对于扩大法人承担刑事责任的犯罪类型也就有了充分的归责依据。

二是从突出功利到更加公正。面对严格责任诞生之后遭受到的种种质疑，英美法“现在在一些法定的犯罪中，专门规定了可以用来辩护

---

① ［英］鲁珀特·克罗斯、菲利普·A. 琼斯：《英国刑法导论》，赵秉志等译，中国人民公安大学出版社 1991 年版，第 77 页。

② 张智辉：《刑事责任通论》，警官教育出版社 1995 年版，第 264 页。

的理由,一旦起诉方证实被告实施了被控罪名的犯罪行为,被告方就可以用这些理由进行辩护,这样一来,就使不公正的程度有所减轻”。[①]功利与公正都是法律追求的价值目标,实现功利仍然应当以确保公正为最终的边界,这也是现代法治精神的基本要求。围绕立法上限定适用犯罪的范围、建立在特定危害行为基础上的推定故意、匹配较为轻缓的刑罚、允许被告人对主观罪过的推定进行抗辩等方面对严格责任进行的完善,可以说就是在为功利与公正找到一个具体的结合点。如英国制定法上第一个以“无过失”为辩护理由的《1986年贸易种类法》第24条规定,“如果被告能证明他触犯该法的犯罪是由于认识错误、意外事故或者不能控制的其他原因,并且他曾做出了适当努力来避免发生该项犯罪,则可以此为辩护理由”。基于对以社会保护为核心的风险刑法可能出现立法与司法价值取向偏离的担心,日本有学者认为,刑法是所有的法律领域中最为严厉的制裁手段,必须贯彻最后手段性原则和谦抑原则。刑法必须以保护个人为中心,保护环境,也应当以保护市民的安全为前提。即便说环境自身是独立的法益,但其也是以保护个人法益为立法动机。[②] 国内有学者也指出,我们“应对‘风险社会’的挑战,刑法的因应之策不是基本立场的背离和机能的转变,而是对谦仰性的捍卫与犯罪多元化治理的实践”。[③] 笔者赞同这种见解。就严格责任而言,上述的有关完善措施基本上就是回归了刑法责任主义的原则立场,对于限制刑罚处罚范围,实现刑法的谦抑性具有一定的积极意义。同时,这种探索不仅局限于刑法的范围,而且从以特定理由进行抗辩的角度实现了以程序法保证实体法的目的,更有助于促进诉讼过程中被告人人权的保护,值得今后立法吸收借鉴。

---

① [英]鲁珀特·克罗斯、菲利普·A. 琼斯:《英国刑法导论》,赵秉志等译,中国人民公安大学出版社1991年版,第78~79页。

② 参见[日]金尚均:《风险社会和刑法》,成文堂2001年版,序言部分。

③ 田宏杰:《“风险社会”的刑法立场》,载《法商研究》2011年第4期。

二、法人犯罪的替代责任

(一)替代责任的概念

刑事替代责任,是指被告人为他人的犯意和行为而非自己的作为或不作为承担有罪的责任。美国联邦法院一般认为,如果公司雇员在职权范围内为了或部分为了公司的利益而实施犯罪,那么公司应当承担替代责任。《美国检察官手册》规定,"要让一个公司为其代理人的行为承担责任,政府必须确认公司代理人(i)系在职责范围内(ii)至少部分意图为了公司利益行事"。① 可见,法人的替代责任要比民法语境中的雇主责任的标准严格。民事上的雇主责任要求雇员在职权范围内行事,而法人的替代刑事责任额外要求雇员至少部分意图为了公司利益行事。

(二)替代责任的发展

刑事替代责任源自民事上的雇主责任,也即雇主应对其雇员在受雇时作出的行为负责。国际法中将特定个人的行为视为国家行为,并由国家承担责任的做法,同为刑事替代责任提供了积极参照。最早的刑事替代责任可以追溯到古代的血亲复仇、株连九族等。现代刑法虽然承认替代责任,但是因其突破了罪责自负的原则,故而无论是普通法还是制定法,均对其持谨慎态度。

1903 年,美国颁布了规范洲际航运的《埃尔金斯法》,该法案首先具体规定了法人的刑事替代责任:

受商业调整法案及其修正法案管辖的公共运输公司的任何作为或

---

① U. S. Dep't of Justice, United States Attorneys' Manual § 9 – 28. 200 (B) (2008) [hereinafter USAM], *available at* http://www. justice. gov/usao/eousa/foia_reading_room/usam/title9/28mcrm. htm. Accessed on Dec. 20, 2017.

不作为，如果假设为该公司的任何董事或管理人员的作为或不作为，或者代表该公司行事或受雇于该公司的任何接管人、受托人、承租人、代理人或其他主体的作为或不作为，将构成上述法案或本法案项下的轻罪的，则也应被认定为该公司所犯的轻罪，并且在定罪后，该公司应受到与上述法案或本法案规定的、对上述主体的处罚相类似的处罚，但本法案中对该等处罚作出变更的情况除外。

在对本条规定进行释义及强制执行时，代表任何公共承运人行事或受雇于任何公共承运人的任何管理人员、代理人或其他主体在其受雇范围内的作为、疏忽或失职应在每种情况下不但被视为该主体的作为、疏忽或失职，也同样被视为上述承运人的作为、疏忽或失职。①

1909 年，最高法院做出 *New York Central & Hudson River Railroad Co.* v. *United States* 的判例，②之后许多法院都声明支持法人的刑事替代责任。比如，第六巡回法院引用 New York Central 的案例提出这样的观点，"只要犯罪行为与公司职员或代理人的分内工作直接相关，公司总裁就对犯罪行为有责，且可被认定正是其'授权'行使了犯罪行为"。③ 第四巡回法院同样将 New York Central 一案理解为是对公司严格替代刑事责任的确认。④ 第三巡回法院则说该案"使得公司为其代理人之犯罪行为担责成为普遍现象"。⑤ 哥伦比亚特区巡回法院借用 New York Central 一案一言以蔽之："对于基于雇员知识和意图的具有

① *Id.* at 491 – 92 (quoting statute).

② 在该案中，Hudson River 铁路公司的一个总经理和一个副总经理与蔗糖经销商及其一名客户达成了协议：铁路公司按照公开费率运完蔗糖后，就向蔗糖经销商及其客户支付一定的回扣。这个协议违反了《埃尔金斯法》关于"如果运输公司收售回扣，使得洲际运输的实际运费低于公开费率，那么就是犯罪"的规定。铁路公司辩称"这些法律规定是违宪的，因为国会没有权力将刑事犯罪归咎于一个公司身上"。法院并不同意，其认为"国会在保障洲际贸易各方权利平等的行动中，毫无疑问地有权认定公司对其代理人的行为负责"。

③ *Cont'l Baking Co.* v. *United States*, 281 F. 2d 137, 149 (6th Cir., 1960).

④ *Old Monastery Co.* v. *United States*, 147 F. 2d 905, 908 (4th Cir., 1945).

⑤ *Genty* v. *Resolution Trust Corp.*, 937 F. 2d 899, 909 (3d Cir., 1991).

特殊意图的犯罪,公司都要承担责任。"①类似地,第七巡回法院也引用该案以支持这样的论述,"如果一个犯罪行为至少从表面上看有利于公司的财产利益,且为公司的管理层或董事会层面的领导行使或为其纵容,那么公司本身亦需承担刑事责任"。②

(三)替代责任的类型

法人如何替代自然人承担刑事责任,或曰如何公正的将自然人的违法犯罪行为归咎于法人,素来就是英美刑法热议的话题。根据自然人的身份以及过错类型的不同,笔者将法人犯罪的替代责任归纳为以下三类:

1."第二自我"原则

根据《模范刑法典》§2.07(1)(c)的规定,当"董事会""或者高级管理职员在其职责或者雇佣范围内代表法人"实行(perform)犯罪行为时,"可对法人作有罪认定"。这种将高级代理人直接实施的犯罪行为归于法人的归责路径在英国刑法中又被称为"第二自我"(alter ego)原则。因为高级代理人在公司内部占有足够重要的地位,他们可以被视为公司的一部分,他们操控公司的头脑和意愿,是公司的化身。他们的言行和思想就是公司的言行和思想,他们的行为和犯罪心态就是公司的行为和犯罪心态。"第二自我"原则和接下来谈到的"高级代理人"原则虽然都需公司高级代理人的实质参与,但前者是基于高级代理人的直接犯罪行为,后者却是基于高级代理人授权、要求、命令或者轻率地容忍了一般雇员的犯罪行为。因此也有学者认为,此时公司承担的刑事责任并非替代责任,而系直接责任。当然这是狭义意义上的解释。

2."高级代理人"原则

根据《模范刑法典》§2.07(1)(c)的规定,当董事会或者高级管理职员"授权、要求、命令"或者"轻率地容忍犯罪的实行"时,"可对法人

---

① *Genty* v. *Resolution Trust Corp.*,937 F.2d 899,909 (3d Cir.,1991).

② *Flomo* v. *Firestone Natural Rubber Co.*,643 F.3d 1013,1018 (7th Cir.,2011).

作有罪认定”。可见,如果高级代理人对于一般雇员的犯罪行为,或是采取授权、要求、命令的故意态度,或是采取轻率地容忍的过失态度,那么该犯罪行为导致的刑事责任才由公司承担。因此,“高级代理人”归责原则,一是要求一般雇员在职权范围内为了公司利益实施犯罪行为,二是要求高级代理人对此具有过错——两个条件同时具备,公司才能承担刑事替代责任。如在 *State* v. *Christy Pontiac-GMC, Inc.* 一案①中,因为公司代理人的犯罪行为系:(1)在受雇范围内;(2)该公司收到了骗取的钱财;(3)犯罪行为被公司老板事后许可(如果不是事先授权的话),所以这个雇员的犯罪行为就被判决归责于公司了。可见,只有实质性地参与了法人代理人的犯罪行为的法人董事会成员及其他高级管理人员的主观意思才能归于法人自身。《联邦组织体量刑指南》也将法人高级职员对犯罪行为的参与视为判断法人责任的要素之一。②

“高级代理人”原则和“第二自我”原则一般统称为同一视原则或同一化原则。但是,“高级代理人”原则和“第二自我”原则明显不同。关于“高级代理人”原则,如果没有一般代理人的犯罪行为,高级代理人的授权、要求、命令或者轻率地容忍的行为就没有了载体,成为无源之水、无本之木。相反地,如果高级代理人并不存在过错,一般代理人的犯罪行为也就不会被归责于法人,此时高级代理人的授权、要求、命令或者轻率地容忍行为就是连接自然人责任和法人责任的一道桥梁。然而无论如何,此时法人承担的罪名是由一般代理人所犯罪名决定的,其所承担的并非高级代理人的渎职责任,尽管高级代理人很可能因为渎职受到刑罚处罚。但于“第二自我”原则而言,因为高级代理人系法人的“第二自我”,高级代理人直接实施犯罪就是法人直接实施犯罪,二者之间没有鸿沟。综上所述,将两种归责路径分开比笼统处理更有利于厘清法人犯罪的归责路径。

---

① Christy Pontiac 汽车零售公司的一名销售员从两名顾客那里骗取了回扣金而且把钱给了公司。

② 参见黎宏:《美国近年来的法人刑事责任理论述评》,载《法商研究》1999年第1期。

“高级代理人”原则受到如下批判:一是由于高级代理人具有过错成为法人承担刑事责任的必要条件,因此若无足够证据证实高级代理人实质性地参与犯罪,法人犯罪即不成立;二是如果高级代理人的犯罪行为根本就与法人的基本政策相悖,法人自身仍然需要承担刑事责任,这对法人而言显然不公;三是由于现行法律对于努力避免违法行为的公司及主管和无所作为的公司及主管一视同仁,故该原则实际鼓励高级代理人疏于对其下级从业人员的管理和监督。

就美国各州的刑事立法及司法实践的现状来看,多数州虽在形式上采取了“高级代理人”原则,但却同时扩大了高级代理人的范围并且否定公司的积极抗辩,故实质上采取了同“一般雇员”原则并无二致的立场。

3. “一般代理人”原则

“一般代理人”原则有时也被称作“上级责任原则”(the doctrine of respondeat superior),是指只要法人的代理人实施犯罪,不论其级别,也不论犯罪的严重程度,只要为了公司利益并在职权范围内行使,都可在所不问地归于公司,不对涉嫌犯罪的公司代理人进行身份认定。美国判例目前倾向于对“一般代理人”原则进行扩张解释,表现如下:

(1)代理人必须在职权范围内行事的要求,已经放宽到进行与工作相关的活动即可。

(2)即使管理层特别禁止代理人的行为,该公司实体还是应被追究刑事责任。如在 *United States* v. *Hilton Hotels Corp*. 一案中,一些酒店、餐馆、酒店和餐馆的供货商与其他行业在 Oregon 州的 Portland 市组织了一个旨在吸引会展业的协会。协会会员都得向协会交会费。希尔顿(Hilton)等酒店,就对那些替自己交会费的供应商采取优惠待遇,同时减少向那些未帮自己交会费的供货商的采购。其实酒店的总裁和经理都不同意这个做法,但是负责采购的代理人还是做了。希尔顿酒店之后被判违反了《谢尔曼反托拉斯法》(Sherman Antitrust Act)。希尔顿案仅仅要求,行为是职权范围内的行为而且外人有理由推断代理人的行为已被授权。[①]

(3)除了雇员盗窃公司财物,其他雇员的不法行为通常可使公司获得财产利益,这样也就满足了上述关于"意图"的要求;况且即使法人没有从雇员的犯罪行为中获益,基于雇员使其收益的部分"意图",法人亦要承担替代责任。

(4)"一般代理人"原则并不限于适用轻罪。根据《模范刑法典》§2.07(1)(a)的规定,如果"法人的代理人在其职责或者雇佣范围内代表法人",实施"违警罪或是本法典以外明确要求法人承担责任的制定法规定的犯罪",那么"可对法人作有罪认定"。违警罪通常是指一些"准犯罪行为",有时甚至都不称之为犯罪(offenses)而仅是违法(violations);而"本法典外明确要求法人承担责任的制定法规定的犯罪"往往即指法定犯或行政犯,就是不具有传统上的道德谴责性的犯罪。因为上述犯罪的可谴责度较低,因此量刑通常也低。只要一般雇员代表公司实施上述轻罪,无须高级代理人的授权或轻率的容忍,罪责即可直接归于公司。但事实上,美国法院无论最轻最重,一般都以"一般代理人"原则处理。

(5)事实上,很多法院不对涉嫌犯罪的公司代理人进行身份认定。

"一般代理人"原则最近受到了猛烈的批判:第一,只要一个无赖施行了不法行为,即使该行为直接违反了公司的规章制度,或者即便公司制定了严格的合规计划,该行为仍然发生,那么公司仍须承担刑事责任。其结果是,"一个犯错的员工便可导致一个跨国企业的倒台以及数以千计的失业"。[②] 第二,该制度使负责的公司和没有采取合理努力阻止不法行为的公司承担相同的责任。然而二者的状况不同。如果一个公司的行为确实该受指责,那也存在程度的差异,实行了健全的合规计划的公司应当比那些没有实行的公司的受谴责程度低一些,然而严格替代刑事责任制度却将二者平等对待。第三,该制度降低了公司实

① Paul H. Robinson & Michael T. Cahill, *Criminal Law*, Published by Wolters Kluwer Law & Business in New York, p. 271.

② Alschuler, *supra* note 38, at 1364.

行有效有力的合规计划的积极性,因为这些政策的缺失对于公司是否需要为员工的犯罪行为承担责任没有影响。反而当一个合规计划提供了关于犯罪行为的信息时,这些信息最后会被政府用来指控公司。因此,公司就会决定弃用合规计划,否则或为自己承担严格替代刑事责任提供证据。第四,惩罚一个没有做错任何事且为阻止员工的不法行为采取合理措施的公司,达不到任何威慑或报应的目的。如果一个公司具有健全的合规计划,那么该责任不会达到威慑那些合规计划不够积极的公司的目的。同样地,该责任也不会对那些没做任何错事且合规计划健全的公司起到报应的作用。第五,该制度惩罚了无辜的股东和雇员,然而那些对犯罪确有责任的人却未因其使得公司"无辜"遭罪而被惩罚。第六,如果雇员因为犯罪受到刑罚,那么对公司追究刑事责任则导致了双重责任,这与构成替代公司刑事责任基础的雇主责任原则并不协调。在民法语境中,一个侵权行为的原告不能既从公司的代理人那里获得全额赔偿,也从基于雇主责任原则而需要赔偿的公司那里获得赔偿;"如果代理人已经满足了该原告的全部需求,那么公司的义务就算完成了"。然而,替代责任却要求公司和犯罪的雇员因为同样的行为均遭受刑罚。第七,该制度赋予检察官过多的权力,起诉的威胁可能迫使公司签署一项延迟起诉或不起诉的协议,该协议本身就会产生实质性的后果。考虑到"指控的深远影响以及替代责任缺乏抗辩理由,仅仅是刑罚的威胁就足以迫使一个公司满足一个既不合理也不合法的索赔要求"。第八,追究公司的民事责任以及犯罪雇员的刑事责任足以补救雇员的犯罪行为导致的危害。雇员的不当行为导致的任何财物损失均可以在民事判决中由公司充分赔偿;没有必要额外追究公司的刑事责任。①

同时有人认为,当一个特定的法人成员在实施某种犯罪行为时不具有该种犯罪所要求的主观要素时,即使该种行为是法人政策的必然产物,但据"一般代理人"原则仍然不能追究该法人自身的刑事责任,

---

① 参见[美]约书亚·D. 格林伯格、艾伦·D. 布罗特曼:《公司及其主管的严格替代刑事责任:犯罪化边界的扩张》,许佳译,载《国家检察官学院学报》2014 年第 11 期。

这样也会不当地缩小法人刑事责任的范围。当然,如果该特定的法人成员实施的犯罪行为系严格责任犯罪,那么即使无法证实其有犯意,根据“一般代理人”原则仍然可以追究法人的刑事责任——此谓狭义上的严格替代刑事责任。

综上所述,关于刑事替代责任的归责路径,可用表1简单概括:

表1　刑事替代责任的归责路径

自然人犯罪		
一般雇员	高级代理人	法人承担刑事替代责任
实施犯罪	N/A	一般雇员
实施犯罪	授权、要求、命令或者轻率地容忍	高级代理人
N/A	实施犯罪	第二自我

(四)替代责任的完善

1. 主张采取“集合知识”原则

“集合知识”(collective knowledge)原则主张,如果多个公司雇员的主观心态和客观行为集合到一起能够满足犯罪要求的犯意和行为条件,就可以对公司定罪。即使没有一个雇员能够承担所有过错,只要认定公司的行为是其所有雇员在其职责范围内的行为的集合,一个公司也可被追究刑事责任。“集合知识”原则主要为了解决两个问题:一是当无法确定到底是谁实施了违法行为,或特定的法人成员在实施某种犯罪行为时是否具备该种犯罪所要求的主观要素不得而知之时,替代责任理论就无法将自然人犯罪归责于法人。二是大公司中由于职责划分细致,很多公司行为不是通过一个人的行为实施的,而是很多人行为的整合体,因此单个看谁都不能代表公司的头脑和意愿,这样便无从追究公司的刑事责任。这样,便可防止公司通过划分不同职责而规避责任。

在美国第一巡回法院作出 *United States* v. *Bank of New England* 的判决之后,很多人认为“集合知识”可以作为一个独立的归责原则。但是,美国一些法院一起拒绝认同该原则,且该原则也未得到英国司法的认可。理由如下:“集合知识”只是强调了公司的知识而非公司的意图,那么如果公司代理人没有犯罪意图,若无其他证据,“集合知识”不能为公司创设犯罪意图。只有当某个雇员拥有犯罪意图,或者同时公司对于法律要求视而不见或者作出了可以谴责的行为,公司才能具备犯罪意图。①

2. 允许基于合规政策的积极辩护

《模范刑法典》§2.07(5)规定,“如果多数证据可以证实具有监管职责的高管对于犯罪行为已采取了适当勤勉(due diligence)的阻止行为,这便是被告人可以采取的一项抗辩理由”。② 有人认为,具备以下六个理由可以说明允许公司及其主管进行积极抗辩,才可以消除严格替代刑事责任的不公平的恶果。第一,该抗辩可以消除无赖员工引起不当行为给公司及其主管带来的不公平的后果。第二,该抗辩权鼓励公司及其主管实施积极有效的合规政策。③ 第三,该理由与第二点相关,现行法律对于努力避免违法行为的公司及主管和无所作为的公司及主管一视同仁,而该抗辩权就是对前者的努力表示认可。第四,由于

---

① Irina Kotchach Bleustein, Lauren J. Kelleher and Danielle Zeitz-Winston, “Corporate Criminal Liability”, *American Criminal Law Review*, 2015, pp. 862 – 863.

② MODEL PENAL CODE § 2.07(5) (1985). Section 2.07(5) does not apply to “an offense for which absoluteliability has been imposed.” *Id.* In the terminology of the Model Penal Code, such an offense is merely a“violation,” which is not a crime. *See id.* § 2.05(2)(a) (“Notwithstanding any other provision of existing law andunless a subsequent statute otherwise provides: when absolute liability is imposed with respect to any materialelement of an offense defined by a statute other than the Code and a conviction is based upon such liability, theoffense constitutes a violation...”); *Id.* § 1.04(5) (“A violation does not constitute a crime and conviction of aviolation shall not give rise to any disability or legal disadvantage based on conviction of a criminal offense”).

③ *Cf. Kolstad* v. *Am. Dental Ass'n*, 527 U.S. 526, 544 – 46 (1999) (recognizing an affirmative defense foremployers that make good-faith efforts to prevent workplace discrimination because “[a]pplying the Restatementof Agency's ‘scope of employment’ rule in the Title VII punitive damages context... would reduce the incentivefor employers to implement antidiscrimination programs”).

该抗辩权只将严格替代刑事责任加于未尽合理措施阻止不法行为发生的公司及其主管身上,法律的威慑性和报复性大大增强。第五,如果该抗辩权成立,检察官就会知道如果公司具备一个合理的合规政策,公司员工也为实施该守则作了合理的努力,那么起诉就不会成功,所以检察官在作类似起诉时就会比较小心,这对检察官目前无约束的权力也是一种制约。第六,也是最后一点,该抗辩权也会减少有才能的人对于公司高管职位的恐惧,因为他们知道合理的努力在起诉中可以作为积极抗辩。① 然而至今,公司的"适当勤勉"的抗辩事由只为少数人接受,联邦政府没有采纳;根据2013年的一篇论文,"只有六个州明确采用了《模范刑法典》2.07(5)的适当勤勉抗辩的抗辩事由"。②

综上所述,无论一般代理人的犯罪行为可以直接归于公司,还是需要高级代理人的实质参与,刑事替代责任的归责路径总会存在诸多不足。究其原因,主要在于刑事替代责任理论是以自然人责任为基础的,但是法人乃系拟制人格,其与自然人存在本质不同。

(五)替代责任路径对我国的启示

1. 我国法人犯罪归责中存在的问题

法人犯罪,在我国刑法上被称为单位犯罪。目前,司法实践在单位犯罪归责过程中存在两个突出问题:

一是单位犯罪行为类型单一。理论上一般认为,只有经单位集体讨论或单位负责人决定实施的危害社会的行为才能构成单位犯罪。这实际上采取的是类似于前述美国刑法中的同一化原则的归责理论。但是,从现实发生的情况来看,单位危害社会的行为还应包括一种类型,

---

① [美]约书亚·D.格林伯格、艾伦·D.布罗特曼:《公司及其主管的严格替代刑事责任:犯罪化边界的扩张》,许佳译,载《国家检察官学院学报》2014年第11期。

② Peter J. Henning, Be Careful What You Wish for: Thoughts on a Compliance Defense Under the ForeignCorrupt Practices Act, 73 *OHIO ST. L. J.* 883, 2012, pp. 905 - 906.

就是并非基于单位集体讨论或者单位负责人决定,而是由于单位的一般工作人员在履行业务的过程中造成重大财产损失或人员伤亡的行为。对此之所以需要追究单位自身的刑事责任,是因为单位作为其下级从业人员的监督者(通过单位法定代表人或管理阶层成员)和利益的归属主体,对其下级从业人员在业务活动过程中的违法行为负有监督责任。当单位没有履行这种责任从而引起严重后果时,就得追究单位自身的刑事责任。这样理解单位的刑事责任,也是符合单位犯罪的实际情况的。尤其是在现代社会中,由于单位监督措施不力而使单位自身体制存在缺陷或设定的组织目标不切合实际而导致单位从业人员犯罪的情况是大量存在的。如某公司领导对本单位销售商品的质量情况长期不闻不问,只关心利润而不关心消费者的利益,不按规定定期检查商品的进货渠道,不对有关业务人员进行教育培训,各项规章制度得不到应有的落实,以致销售了大量的假冒伪劣产品。这种情况若在国外,无论是按替代责任原理还是按推定过失责任原理,单位都是要负刑事责任的。但在我国,由于生产、销售伪劣产品罪是故意犯罪,所以单位领导只有在决定销售伪劣产品的情况下,才可作为单位犯罪处理,若仅是没有履行监督的过失责任,无论如何是不可能转嫁给单位自身而追究单位自身的刑事责任的。这种情况的出现,显然是违背了刑法设立单位犯罪制度的初衷,况且,这种由于单位自身的原因而导致单位从业人员犯罪的情况是单位犯罪的典型形式。①

二是单位犯罪主观目的不明。从上述归责理论来看,单位代理人或者雇员"为了单位利益"是作为单位承担刑事责任的基本要素之一;但这一要件在我国刑法之中却显得并不清晰甚至十分混乱。如《刑法》第273条规定,挪用救灾、抢险、防汛、优抚、扶贫、移民、救济款物,情节严重,致使国家和人民利益遭受重大损害的,构成挪用特定款物罪。一般认为,《刑法》第273条中规定的挪用特定款物,是指未经合法批准,擅自将自己经营的上述款物调拨、使用于其他方面,如修建楼堂馆所、购买小汽车等。可见,在挪用特定款物罪中,尽管挪用行为主

① 黎宏:《单位犯罪的若干问题新探》,载《法商研究》2003年第4期。

要是“为了单位利益”而实施的,但刑法并没有因此而将其规定为单位犯罪。与之相反的是,行为人即便出于为个人谋取利益的主观意图而实施法定的犯罪,也能被作为单位犯罪处理。如《刑法》第 396 条中规定的私分国有资产罪和私分罚没财物罪,都是单位中的主管人员和直接责任人员为了单位组成人员个人的利益,以单位名义所实施的犯罪,但是按照现行刑法的规定,上述行为都是单位犯罪。类似的还有《刑法》第 327 条规定的非法私赠文物藏品罪等。有学者指出,法人内部成员为了法人利益实施犯罪行为是构成法人犯罪的实质条件。① 笔者赞同这一观点。正如美国学者所言:“大组织(单位)不是人的集合体,而是由可替换的人们所拥有的地位的集合体。这些可替换的人们受到他们所拥有的地位的限制。拥有这些地位的人所受的训练便是以某种方式行事和提高组织的利润。例如,对公司解雇事件所进行的一项重要研究发现,评价他们最重要的标准是利润。在研究者们看来,这就意味着,‘如果不能带来高利润的经理被解雇,就不能指望他们把社会责任看得比利润更重要。’无论经理是谁,追求利润的责任迫使他们降低成本,随之而来的可能是导致污染、不安全的工作条件、妨害反托拉斯法和生产不安全产品。这则进一步表明,当某个组织中的个人从事犯罪活动时,组织本身也可能是罪犯。”②可见,摒弃“为了单位利益”的要素并不符合单位犯罪的构成特征。

2. 解决我国法人犯罪归责问题的途径

笔者认为,借鉴上述英美法系法人犯罪替代责任的基本原理,可以从两个方面着手解决上述问题:

一是从立法论的角度,重新定义单位犯罪。我国《刑法》第 30 条规定:“公司、企业、事业单位、机关、团体实施的危害社会的行为,法律规定为单位犯罪的,应当负刑事责任。”显然,该条规定未对单位犯罪的主观目的和客观行为进行定义,“已经虚化得不成其为单位犯罪的

① 陈兴良:《刑法适用总论》(上卷),法律出版社 2006 年版,第 526 页。

② 黎宏:《单位犯罪的若干问题新探》,载《法商研究》2003 年第 4 期。

概念,几乎只是对单位犯罪应当追究刑事责任的宣言式规定"。[①] 这实际上已经成为导致对于上述第二种情况无法追究单位刑事责任的重要原因之一。虽然"定义工作十分辛苦,但是不能放弃。没有确定的定义就不能清晰地思考、科学地认识。"[②]因此,我国现行刑法首先要对单位犯罪作出科学合理的定义,进一步明确单位犯罪的责任根据和成立条件。根据上述分析,笔者认为,单位犯罪的定义应该在涵盖上述两种单位犯罪情况的基础上进行表述,并明确将"为了单位利益"规定为构成单位犯罪的必要条件,即单位犯罪是为了单位利益,由单位集体讨论或者单位负责人决定实施以及由于单位未尽监督管理职责而使单位成员在业务活动过程中所实施的刑法所规定的危害社会的行为。据此,建议将现行刑法分则中所谓为了私利而实施的单位犯罪调整为个人犯罪。

二是从解释论的角度,重新阐述"单位意志"。对单位成员所实施的某种行为是否体现"单位意志",不应拘泥于特定形式,而应具体情况具体分析。一般情况下,它是通过单位决策机构经集体研究决定实施,或者由单位的法定代表人在行使职权的过程中决定实施来体现的。但是,在有的情况下,虽然没有事先经过单位集体研究或者单位负责人决定的程序,仍然体现了单位意志,其主要表现有:一是单位成员为单位利益所实施的犯罪活动事后得到了单位决策机构或者负责人的默认或者确认。这种情况与事先得到允许而实施犯罪活动本质上相同。二是单位部门负责人或者一般成员在其职权范围内为单位利益而决定实施。根据最高人民法院2001年《全国法院审理金融犯罪案件工作座谈会纪要》,"单位的分支机构或者内设机构、部门实施犯罪行为的处理。以单位的分支机构或者内设机构、部门的名义实施犯罪,违法所得亦归分支机构或者内设机构、部门所有的,应认定为单位犯罪。"但是,这里所说的单位犯罪的主体是该分支机构或者内设机构、部门,并不能对单位追究其刑事责任。笔者认为,当前许多单位与其内设部门实行目标

---

① 陈兴良:《刑法适用总论》(上卷),法律出版社2006年版,第527页。

② [德]魏德士:《法理学》,丁晓春、吴越译,法律出版社2005年版,第9页。

管理或者岗位责任制,其将特定范围内的经营自主权交给部门行使,单位只对部门实行目标考核。因此,从合理解释的角度出发,此时的“部门意志”可以被解释成“单位意志”。在这种情况下,部门为单位利益而实施的行为应当视为单位的行为,构成犯罪的,应当归责于单位。特别是单位法定代表人对各部门的经营行为存在管理监督过失的情况下更是如此。在这方面,如何判断管理者存在管理监督过失就成为一个重要问题,为此,引入合规审查制度就显得非常必需和重要。这也是英美法系法人犯罪替代责任理论的积极意义所在,值得我们吸收借鉴。所谓合规机制,一般是指企业或者其他组织体在法定框架内,结合组织体自身的组织文化、组织性质以及组织规模等特殊因素,设立一套违法及犯罪行为的预防、发现及报告机制,从而达到减轻、免除责任甚至正当化的目的的机制,而这种机制不仅仅是制度层面的,它应该被切实地贯彻和执行,形成组织体的守法文化。① 可见,合规计划,一方面可以促进企业的自我管理,预防单位犯罪,从而形成对企业犯罪双重治理的局面。“即便企业主或者经营者并未直接参与上述行为,但是假如他们真正地履行了自己的职责义务,那么就可以大大减少这些危害的发生。”②另一方面可以从行为是否合规入手来推断单位是否存在犯罪的意志,从而为依法追究单位犯罪的刑事责任提供主观方面的依据。

三、法人犯罪的整体责任

刑事替代责任理论是以自然人责任为基础的,但是法人乃系拟制人格,其与自然人存有本质不同。正如台湾学者陈朴生指出,“刑法理论,无论从何角度检讨其刑事责任之基础,均未能脱离个人责任,即所谓个人责任刑法。以此理论,以解决企业组织体的责任仍嫌格格不入。社会随时代之进步,企业组织体固益臻其重要性、普遍性;而其灾害之

① 李本灿:《企业犯罪预防中合规计划制度的借鉴》,载《中国法学》2015年第5期。

② 童德华:《刑事替代责任制度研究》,载《中国刑事法杂志》2002年第1期。

发生,则远较个人为广,亦非个人之行为所生之损害所能比拟。因之,为防止企业灾害之蔓延,对于企业组织体之刑事责任,如不能脱离现今刑法个人责任的传统理念,另谋寻求其解决方法之根据,实难收其效果"。[①] 因此,20 世纪 70 年代之后,美国法人犯罪的理论和实践开始发展法人的整体责任(organizational liability)。

(一)整体责任的概念及其代表性理论

整体责任理论不再以自然人责任为媒介,而是探寻一个组织体的自身的意志,只有在法人构成人员的行为确实反映了法人自身的意志时,法人才能对该行为负责任。显然,这样更加符合刑法的平等适用原则。而且,不同于严格责任和替代责任,整体责任仅用于团体,可谓法人犯罪的专属归责路径。具体有以下几种有代表性的理论:

1."刺破法人面纱"论

在美国,有组织犯罪与组织体犯罪的概念大致是混同的。如其 1970 年通过的《反勒索及受贿组织法》(Racketeer Influenced and Corrupt Organization Act)规定,该法中的企业,包括"个人、合伙、公司、联合体或其他合法的实体,以及各种尽管并非合法但确是由个人组成的事实上的联合或团体"。可见,合法实体与非法的事实上的团体作为犯罪主体,二者具有同等的法律地位。[②] 美国 1991 年的《联邦组织体量刑指南》(Federal Organizational Sentencing Guidelines)将适用其规定的组织体分为两类,一是"主要是以犯罪为目的或靠犯罪手段维持其运营的组织",二是上述组织以外的"其他组织"。对于前者,应根据该组织的犯罪性质、状况及该组织的过去的历史等性质,判断其是否为犯罪组织。一旦确定其是以犯罪为目的的组织,法院必须对其判处相

① 陈朴生:《企业犯罪与组织责任》,载《军法专刊》1979 年第 1 期。

② 参见张克文:《拟制犯罪和拟制刑事责任——法人犯罪否定论之回归》,载《法学研究》2009 年第 3 期。

当于剥夺其全部财产的罚金。这样的话,便无异于判了该组织的死刑。[①] 无独有偶,《法国刑法典》第 131～139 条也规定:"如法人之设立即是为实施犯罪行为,或者法人被转移经营目标而实施犯罪行为,其所犯重罪或轻罪对自然人可处五年以上监禁刑者,法人予以解散。"

笔者认为,这种基于法人的犯罪性质而对法人判处"死刑"的做法与公司法中的刺破法人面纱(piercing the corporation's veil)理论一致。刺破法人面纱,是指当股东滥用这层面纱,进行逃避法律义务、损害公共利益、保护犯罪、欺诈等违法行为时,法院刺破这层面纱,否定法人的独立人格,要求股东直接为公司的行为承担无限责任。刺破法人面纱可谓追究法人整体责任的终极体现。

2. 法人文化论

法人的目标、等级结构、培训机制、法人成员的现行的违法行为、法人对其成员的违法行为的处理、法人的赔偿政策等构成了法人文化(corporate culture)。根据《美国检察官手册》,美国司法部指引检察官们在决定是否起诉一个公司时应当考虑九个因素:(1)犯罪行为的性质及严重性;(2)公司内部该种行为是否普遍;(3)公司之前是否具有类似不法行为;(4)公司对于不法行为的披露的及时性和主动性,及其在调查代理人时的配合度;(5)公司是否存在合规计划以及该计划的有效性;(6)公司采取的救济措施;(7)不法行为造成的其他后果;(8)起诉实施犯罪行为的代理人是否足够;(9)民事、行政等救济措施是否足够。[②] 笔者认为,其中第 2～6 个因素集中体现了法人文化在决定法人犯罪的刑事责任时的重要地位。

但是,仅凭法人文化无法归责,因为归责要素除了犯意,还要行为——行为必须通过自然人实施,所以法人文化并非独立的归责路径。但在追究法人刑事责任之时,法人文化具有不容忽视的作用。一方面,

---

① 参见黎宏:《美国近年来的法人刑事责任理论述评》,载《法商研究》1999 年第 1 期。

② Irina Kotchach Bleustein, Lauren J. Kelleher and Danielle Zeitz-Winston, "Corporate Criminal Liability", *American Criminal Law Review*, 2015, p. 864.

可以成为一种积极的抗辩事由。例如,有人主张,应当允许公司及其主管在庭前主张积极抗辩权——也就是法院应该举行庭前听证会,评估法人是否具有合理的合规政策以及有责任的公司职员是否为实施该守则作了合理努力。如果上述两个问题的答案都是肯定的,那么公司及其主管在法律上就是无罪的。这样的抗辩权可以节约公司及其主管的审判风险和花费。[①] 另一方面,法人文化可以作为衡量法人"责任点数"的依据。例如,1991 年的《联邦组织体量刑指南》规定:"法人的高级管理职员参与了犯罪及容允或故意放任犯罪的发生",则会加重法人的责任点数。

3. 构成的法人责任论

构成的法人责任(constructive corporate culpability)论认为,法人犯罪的认定,必须同时存在(1)法人的构成的违法行为,以及(2)与该违法行为相对应的法人的构成的犯意。构成的法人责任论引入以一般的、理性的法人为判断基准,从法人的性质、程序、构造等现实的法人状况出发,通过合理推论直接构筑法人本身的精神状态。具体而言,构成的法人责任论对现行刑法中所通常采用的记述性的精神要素作了如下表述:首先,法人犯罪的目的。所谓目的,只有在意图引起一定的可以预见的结果发生的情况下才存在。因此,它可以根据以下证据进行判断:(1)法人的鼓励、促进犯罪行为的政策、习惯;(2)法人的允许违法行为的措施;(3)对犯罪的明示或暗示的命令、许可、同意或支持。其次,法人犯罪的认识。所谓认识是指认识到该行为会导致一定结果发生的状态。因此,在判断法人犯罪的认识时,得根据有关法人的认识,允许或默认违法行为的事实证据,若是同等规模的法人、是否能认识其行为的性质来进行判断。再次,法人犯罪的轻率。所谓轻率,是指忽视引起危害结果发生的危险的选择。被告人对危险行为的忽视即意味着对守法的一般人的行为基准的重大偏离。因此在判断法人活动的轻率时,当以若是一般法人的话,在该情况下,对危险的认识会达到什么程

① [美]约书亚·D. 格林伯格、艾伦·D. 布罗特曼:《公司及其主管的严格替代刑事责任:犯罪化边界的扩张》,许佳译,载《国家检察官学院学报》2014 年第 11 期。

度为中心来考虑。最后,法人犯罪的过失。所谓过失是指由于不注意而导致了实质上不允许的危险的发生,因此它不要求证明行为人积极地意识到了实质上不允许的危险,只要求证明行为人在该种情况下,偏离了对一般法人所期待的注意标准,便足够了。①

如上所述,传统的归责理论认为,法人至多只有拟制人格,没有意图,因此只能借助自然人实施犯罪承担刑事责任。构成的法人责任论则认为,法人本身也有意图,可用记述性的精神要素描述,可见此时法人承担的是过错责任而非替代责任。同时,由于法人的精神状态的确定系依据其形态、政策、目的等变量进行,故不要求对有责任的法人代理人进行特殊认定,可见该理论对于解决"集体知识"原则的困境也有帮助。然而,构成的法人责任首先必须存在法人的构成的违法行为,也即法人成员依据法人授权而实施的应当归于法人自身的行为。所以,构成的法人责任理论只在法人犯意独立于自然人犯意方面有所突破,然而法人行为必须依托自然人进行,所以实际上亦非独立的法人刑事归责理论。

(二)整体责任路径对我国的启示

1.重构单位犯罪的独立理论体系。法人和自然人在犯罪心态和犯罪行为上有本质不同,必须分而思之,这也是整体责任理论得以发展的根本动因。但是,从根本上讲,我国目前的刑法学理论体系还是以自然人为中心展开的,法人犯罪只是作为一种特殊情况而附属存在,这在一定程度上导致了法人犯罪理论研究的不足或偏差。首先,从犯罪论来看,有关刑法教科书基本上是将法人犯罪作为"犯罪主体"的一个具体问题展开论述,对于法人犯罪的主观方面、法人犯罪的未完成形态、法人共同犯罪、法人犯罪的数罪并罚等问题鲜有涉及。即使有的进行了一定的探讨,也基本上是套用自然人的认定标准而已,难以突出法人犯罪的特殊性。其次,从刑罚论来看,更是"罚金刑"一统法人犯罪的天

---

① 黎宏:《美国近年来的法人刑事责任理论述评》,载《法商研究》1999年第1期。

下。对法人犯罪的刑种、法人的自首与立功、法人犯罪的累犯等问题缺乏深入研究。因此,如何构建完备、科学、合理并具有中国特色的法人犯罪理论体系,是我们应当认真思考的一个问题。为此,有的学者提出,单位已成为与自然人并列的具有普遍意义的犯罪主体,单位犯罪与自然人犯罪在诸多方面存在差异,应当建立自然人与单位犯罪并行的二元理论体系。[①] 这是一种具有开拓思维的见解,有助于提高单位犯罪研究的针对性、整体性和有效性,更好地指导和服务于单位犯罪的刑事立法和司法活动。

2. 回归单位犯罪的整体意志。如上所述,单位犯罪,有的是单位成员自身的违法行为所导致的,但有的却是单位自身的政策、宗旨所导致的。因此,当单位的某一下级从业人员按照事先所设计好的业务程序进行操作但最终引起了严重的违法后果时,尽管该从业人员的行为与单位代表或机关或负责人没有任何关系,但它是单位自身的原因所引起的,所以也应看作单位自身的犯罪行为。[②] 但是,迄今为止的单位犯罪,往往对单位自身的情况导致单位成员犯罪——在某种意义上讲这种情况才是真正的单位犯罪,完全没有考虑。这样,即便在某一次单位犯罪中单位的主管人员或直接责任人员受了刑事处罚,单位自身可能也被判处罚金,但是导致本次单位犯罪的根源——单位引发其成员犯罪的体制性原因却未改变,于是在某个具体的场景之下同样的剧情再次上演。实际上,从《刑法》第 30 条关于“公司、企业、事业单位、机关、团体实施的危害社会的行为,法律规定为单位犯罪的,应当负刑事责任”的内容来看,它突出的是整体责任,并未涉及个人,但在理论研究和司法实践之时却往往单纯强调通过单位主管人员和直接责任人员来认定法人的故意,忽略从单位整体意志来考虑归责的路径,显然存在一定的偏差和片面;而这恰恰是“整体责任理论”所要解决问题的关键所在,值得借鉴。而且,即使从法教义学的角度出发,“整体责任理论”也

① 参见王志祥、姚兵:《单位犯罪立法与理论的双重偏差——兼论二元模式之提倡》,载赵秉志、郎胜主编:《和谐社会与中国现代刑法建设》,北京大学出版社 2007 年版。

② 参见黎宏:《单位犯罪的若干问题新探》,载《法商研究》2003 年第 4 期。

是与我国刑法的上述规定相符合。这里值得研究的是,根据最高人民法院 1999 年《关于审理单位犯罪案件具体应用法律有关问题的解释》第 2 条,“个人为进行违法犯罪活动而设立的公司、企业、事业单位实施犯罪的,或者公司、企业、事业单位设立后,以实施犯罪为主要活动的,不以单位犯罪论处”。有人认为,单位必须真实、依法成立。此司法解释规定的这种情况由于不符合单位设立的宗旨,且通常具有借此规避法律制裁的目的,故应按自然人犯罪处理。[①] 可见在我国,犯罪集团和单位犯罪之单位是两个本质不同的概念,对于犯罪组织的行为,并不以单位犯罪论处,此时也就无所谓追究“法人”的整体责任了。笔者认为,这种以实施犯罪为主要活动的单位行为,既具有一般单位犯罪的特征,又体现严格的整体意志,与单纯个人犯罪存在较大不同。如果仅以个人犯罪对待,难以全面揭示其本质特征,容易导致认定上的偏差,我国的司法解释似有重新检讨的必要。

3. 完善适用单位的刑罚措施。强化单位的整体责任,就必须寻求更加完备的适用单位的刑罚措施,以最大限度地减弱或者剥夺单位重新犯罪的能力。因此,借鉴有关国外相关经验,除了对单位判处罚金之外,还必须对引起或者放任犯罪发生的单位进行内部结构干涉。根据《美国联邦组织体量刑指南》的规定,在现行“两罚制”外,还可以对单位进行以下处罚:(1)责令停产停业整顿;(2)吊销营业执照或者许可证;(3)禁止参与公共工程的投标和公开募集资金;(4)强制从事公益活动;(5)通过新闻媒体公开犯罪事实及审判结果;(6)将犯罪单位置于司法机关或司法机关指定的机构的监督之下,并命令其在限期内建立防止再次发生犯罪的监督机制。其实,这些处罚方法的某些内容在我国的相关法律、法规中已有所体现,只不过是作为行政处罚方法予以规定而已。笔者认为,将其中一些措施通过立法上升为刑罚手段,进一步完善适用单位的资格刑,无疑会对我国惩治和预防单位犯罪产生积极的推动作用。

---

① 参见最高人民法院刑事审判庭:《刑事审判参考》[2004 年第 4 集(总第 39 集)],法律出版社 2005 年版,第 8、9 页。

四、结　　语

如上所述，严格责任因为摒弃犯意，违背主客观相统一的归责原则，一直处在争议之中；整体责任关于法人自身意志的研究尚处探索阶段，且对整体行为鲜有论及；替代责任从法人替代自然人承担刑事责任的立场出发，同时解决了犯意和行为的归属，可谓目前主流的归责理论，尽管仍受责任主义的困扰。甚至有学者认为，在美国几乎每一篇有关这一主题（法人犯罪）的学术文章在某种意义上都承认："法人刑事责任原则的发展没有任何理论上的正当根据"。① 为此，美国的司法实践开始了新的探索——延迟起诉（deferred prosecution agreements，DPAs）和不起诉（non-prosecution agreements，NPAs）协议，成为除起诉或不起诉之外的处理法人案件的第三条路。两个协议都要求法人认罪认罚，配合政府调查，同时还有一些其他条件，不同的是延迟起诉具有一个类似缓刑的期间，"缓刑"期满则不起诉。目前联邦检察官越来越多地以这两个协议解决法人案件。自 2000 年起，美国司法部共缔结了 283 个公开协议，其中超过一半是 2010 年 1 月 1 日后缔结的。2013 年，司法部缔结了 12 个不起诉和 15 个不起诉协议。②

然而，无论如何，我们应该认识到，这些理论既各有其长，又各显其短，一直处于相互影响、不断发展之中。英美刑法对于法人犯罪的归责路径的探索，对于我国单位犯罪的理论研究、立法完善和司法实践，均具有相当的启示意义。

---

① 张克文：《拟制犯罪和拟制刑事责任——法人犯罪否定论之回归》，载《法学研究》2009 年第 3 期。转引自 Andrew Weissmann and David Newman，Rethinking Criminal Corpoarte Liability，82（418）*Ind. 1. J.* 423（418），2007。

② Irina Kotchach Bleustein，Lauren J. Kelleher and Danielle Zeitz-Winston，"Corporate Criminal Liability"，*American Criminal Law Review*，2015，p. 866.

On the Theories of Corporate Liability in Common Laws and Their Implications for China

Xu jia

[**内容摘要**]围绕如何追究法人的刑事责任,英美法系国家进行了大量研究和探索,形成了不考虑犯意的严格责任、以自然人犯意作为法人犯意的替代责任和以法人自身意志作为犯意的整体责任三大理论体系和归责路径。本文在系统梳理英美法系有关理论沿革及最新成果的基础上,结合中国刑法理论和司法实践进行了分析研究,提出了一些可资借鉴的具体意见。

[**关键词**]法人犯罪;严格责任;替代责任;整体责任

Abstract: The common law countries have done a series of research on the theories of corporate liability. Now strict liability, the vicarious liability based on the individual will and the organizational liability based on the corporate will are three main theories that applied to corporate crimes. Based on the new development of these theories, this article analyzes the criminal theory and judicial practice in China and gives some suggestions.

Keywords: Corporate crimes; Strict liability; Vicarious liability; Organizational liability

美国化学阉割制度及其启示

庄　劲*

目　次

《韩国性暴力犯罪者的性冲动药物治疗相关法律》于 2012 年 5 月首次执行，标志着抗雄性激素药物治疗——这种俗称"化学阉割"(Chemical Castration)的新型刑罚——登陆亚洲。但药物治疗和传统阉割有何区别，其适用对象和条件是什么？其医学机理与刑罚效果怎样，是否反人道的酷刑？于我国有否借鉴价值？对此，国内学界尚鲜有研究。美国从 20 世纪中叶便开始研究该种刑罚，迄今先后有 8 个州将其纳入刑法典，各州的制度设计也是世界各国立法的重要借鉴来源。本文将以美国诸州的立法例为范本，结合美国学界的研究，回答上述问题。

* 中山大学法学院副教授，法学博士。

一、药物治疗刑的发轫、机理与实效

(一)药物治疗刑的产生背景

抗雄性激素药物治疗刑罚(以下简称药物治疗刑)的创设初衷,是为了遏制娈童症(Pedophilia)犯罪。据统计,25%的美国女性在其童年曾经被性骚扰(sexually molested);①另一项研究则显示,2.5%~26%的男孩在其满18岁前被性侵。② 娈童者一旦与儿童接触即可能产生难以控制的性欲,而这种欲望往往无法从主要提供成人性服务的"红灯区"获得满足,因而娈童犯罪的再犯率一直居高不下。据美国加州官方统计,全州登记在册的性罪犯约66,000人,而其中约33,000人属于性侵儿童的罪犯。这些罪犯当中,50%的人会在假释后的第一年内再犯,而在假释后的第二年,这一数字将上升到80%。③ "娈童罪犯即便面临现实和立即的监禁,甚至是终身监禁或者死刑,在性欲的驱使下,仍然会实施犯罪。"④为遏制娈童犯罪,欧洲国家自1906年起,美国部分州自20世纪40年代起,对严重的性犯罪者采取外科阉割(Surgical Castration)。⑤ 但这种切除睾丸的刑罚被认为是残酷和不人道的。既要保护儿童,又要坚守人道主义的底线,药物治疗刑登上了历史舞台。

1966年,美国约翰霍普金斯大学的教授约翰梅利(John Money)发

① Sue Blume, *Secret Survivors: Uncovering Incest and its Aftereffects in Women*, Ballantine Books, 1990, p. xiv.

② Mic Hunter, *Abused Boys: The Neglected Victims of Sexual Abuse*, Lexington Books, 1990, p. 3.

③ Office of Governor Pete Wilson, *Chemical Castration Fact Sheet*, 1996, p. 1.

④ Courtney Flack, "Chemical Castration: An Effective Treatment for the Sexually Motivated Pedophile or an Impotent Alternative to Traditional Incarceration?", *Journal of Law in Society*, 2005, p. 173.

⑤ Office of Governor Pete Wilson, *Chemical Castration Fact Shoet*, 1996, p. 309.

现,女性避孕药"醋酸甲羟孕酮"(Medroxyprogesterone Acetate,MPA)可控制男性血液中的荷尔蒙浓度,从而降低娈童症罪犯的犯罪欲望。① 但该药物长期未获美国食物与药物管理局许可,故药物治疗刑一直无法在美国进入立法。直到 1992 年,MPA 才得以"得普乐"(Depo-Provera)的商标获美国政府的药物许可。四年后,加利福尼亚州通过了化学阉割法案,成为全美最早确立这一制度的州。② 之后,佛罗里达、佐治亚、爱荷华、蒙大拿、俄勒冈、威斯康星、路易斯安那等州分别确立了化学阉割制度。③ 尽管药物治疗刑是针对娈童症而提出,但其药理机能对一般性犯罪同样有预防效果,因而在美国诸州后期的立法例中,其适用对象往往扩展至对成年人的性犯罪。

(二)药物治疗刑的机理与实效

MPA 是药物治疗刑罚的官方推荐药物,美国立法上往往称化学阉割为"MPA 疗法"(MPA Treatment)。MPA 是一种可以作用于大脑中与性行为相关的细胞的药物,其作用机理是:通过注射药物,加速受药者雄性荷尔蒙——睾丸素——的新陈代谢;同时,抑制脑下垂体中黄体生成素的释放,从而降低受药者体内睾丸素的水平。④ 人们之所以称其为"化学阉割",系因该疗法通过药物化学作用降低犯人体内的雄性激素,在效果上类似于传统的外科阉割——抑制了受刑者的性欲。

---

① Rhonda L. Rundle, Will "Chemical Castration" Really Work?, *Wall St. J.*, Sept. 19, 1996, B1.

② Act of Sept. 17, 1996, ch. 596, 1996 Cal. Stat. 92 (to be codified at Cal. Penal Code S 645).

③ 但佐治亚和俄勒冈分别于 2006 年和 2011 年废止了化学阉割。乔治亚州的废止理由在本文第三部分讨论;俄勒冈州则是因为找不到愿意执行刑罚的执业医生。Ga. Code Ann. § 16-6-4 (repealed in 2006); Or. Rev. Stat. Ann. § 144.625(1) (2006) (repealed by Law 2011, c. 419 § 1, eff. June 17, 2011).

④ Brody and Green, "Washington State's Unscientific Approach to the Problem of Repeat Sexual Offenders", *Bull Am Acad Psychiatry Law* 22(3), 1994, p. 350.

但药物治疗刑并非真的阉割,它在美国立法的官方称谓是“疗法”(Treatment),意即它只是一种医学治疗手段,而非传统上的肉刑。它不会破坏受刑者身体的完整性,也不会永久伤害其性功能。药物注射只是降低——而非完全消灭——受刑者体内的雄性激素,罪犯不会因此而女性化,也不会因此而阳痿。有研究甚至指出,在伴侣或研究者的刺激下,受刑者仍可进行正常的性生活。该种治疗有可逆性,停药两星期内,受刑者的雄性激素即可恢复到受刑之前的水平。[①] 当然,MPA也会导致一些副作用,如体重增加、盗汗、噩梦、肌无力、疲劳等。[②] 它还可能与以下症状存在关联:胆囊功能紊乱、大肠憩室炎、糖尿病、静脉炎、呼吸困难、高血糖症、小腿抽筋、体毛脱落、体温升高等。[③] 但研究者指出,上述副作用很少发生,即便发生了也是可逆的,一旦停药症状往往很快消失。[④]

药物治疗刑在欧美之所以大受欢迎,在于其对性犯罪明显的遏制作用。从1989年到1996年,丹麦监狱共有26名性犯罪囚犯选择接受荷尔蒙注射,其中16人即因此获得缓刑。这16人中,只有1人事后再犯。[⑤] 瑞典、德国等欧洲国家对性犯罪者注射雄性激素抑制药物后,其再犯率从原来的接近100%下降到2.2%。[⑥] 美国霍普金斯大学曾经对626位自由接受MPA治疗的性犯罪者跟踪研究,他们5年内的再犯率低于10%,而同期全美性犯罪者的再犯率约为65%。在柏林(Berlin)博士主持的研究中,20位接受睾丸素抑制药物的恋童症罪犯中,只有

---

① Edward A. Fitzgerald, Chemical Castration: MPA Treatment of the Sexual Offender, *Am. J. Crim. Law*, 18(1), 1990, p. 7.

② Kimberly A. Peters, Chemical Castration: An Alternative to Incarceration, 31 *Duq. L. Rev.* 307, p. 1311.

③ Edward A. Fitzgerald, Chemical Castration: MPA Treatment of the Sexual Offender, *Am. J. Crim. Law*, 18(1), 1990, p. 7.

④ Ibid.

⑤ Chemical Castration Seems to Be Working in Denmark, *St. Louis Post-Dispatch*, Sept. 1, 1996, p. 4D.

⑥ Peter J. Gimino III, Mandatory Chemical Castration for Perpetrators of Sex Offenses Against Children: Following California's Lead, *Pepperdine Law Review* 25, 1997, p. 100.

1 人在服药后 1 年再犯,再犯率为 5%。在他的另一项研究中,他追踪研究了 48 位接受治疗的罪犯,其中仅 7 人在 3 年内再犯,再犯率为 14.6%。① 在克拉维兹(Kravitz)博士的研究中,29 名受试罪犯平均两周后其反常性幻想和欲望完全消失,在治疗后的 6 个月内,只有 1 人自报再犯性罪行,但没有人因此被再次逮捕。②

二、药物治疗刑的制度框架

美国诸州对药物治疗刑的制度设计各具特色,③以下讨论将尽量兼顾各州不同的立法模式。

(一)刑罚的执行程序

1. 抗雄性激素药物的定期注射

在美国,MPA 是各州共通的行刑药物。尽管 MPA 可以口服,但只有注射才能达到效果的最大化,故各州均规定受刑罪犯接受药物肌肉注射的期间。MPA 的药效有时限性,罪犯每星期至少须在手臂或臀部肌肉注射 500 毫克的药物。④ 关于注射期限的规定,存在两种模式:一是不定期刑模式。如在加州刑法中,罪犯须在假释前一个星期开始注射药物,直到惩治局(Department of Corrections)向监禁刑期委员会(Board of Prison Terms)证明,犯人不再需要该药物的治疗。这意味

① Ray Taylor and Douglas Kirk, Representing Sex Offenders and the Chemical Castration Defense, 34 *Am. Jur. Trials*, Charles S. Parnell, 1987, p. 1.

② Howard M. Kravitz et. al., Medroxyprogesterone Treatment for Paraphiliacs, *Bull Am Acad Psychiatry Law*, 23(1), 1995, p. 21.

③ 各州规定化学阉割的条文分为如下:California, Penal Code, §645; Florida, §794.0235; Louisiana, §15:538; Montana, §45-5-512; Wisconsin, §302.11; Iowa, §903B.10。下文不再重复注明出处。

④ Peter J. Gimino III, Mandatory Chemical Castration for Perpetrators of Sex Offenses Against Children: Following California's Lead, *Pepperdine Law Review* 25, 1997, p. 74.

着,罪犯的刑期并不确定,它取决于惩治局和监禁刑期委员会的观察和判断。二是判决确定模式。如佛罗里达州的刑法规定,法院应在判决中明确犯人接受治疗的刑期。当然,若法院认为有需要,可判决犯人终身受药。

2. 行刑甄别程序

所谓行刑甄别,是指法院指派专家对被告的心理、生理等情况作出评估,以决定是否对其实施药物治疗的程序。加州刑法并未规定行刑甄别程序,凡是再犯规定的性犯罪者便须接受药物治疗。但这种立法模式饱受诟病:性犯罪者不仅包括男人,也包括女人,对女性被告抗雄性激素药物不可能有效;即使是男性被告,其犯罪原因并非纯粹源于体内的荷尔蒙问题,药物治疗未必全然奏效。[①] 有鉴于此,后来各州之立法多规定专家甄别程序。如路易斯安那州的刑法规定,在获得缓刑、假释或缓判之前,特定的性犯罪者须接受专家的"精神健康情况评估",这份评估报告包含了"药物注射对罪犯是否优先的治疗方案"之鉴定。爱荷华州也规定,即使案件属于"应当"判处药物治疗的情形,若法院或假释委员会认为其对犯人可能无效,仍可排除其适用。这样,法院便可借自由裁量权,选择适合药物治疗的犯人。

3. 知情同意程序

当法院决定对罪犯实行药物治疗后,罪犯并非无可选择。在行刑之前,法院须执行"知情同意"(informed consent)的程序,告知罪犯 MPA 注射的疗效及副作用,并让他在知情同意书上签名确认。该规定源于美国联邦法院在"Canterbury 诉 Spence 案"中确立的"知情同意原则",即医生有义务向病人披露一切相关的信息,这些信息包括:治疗蕴含的风险,预期的效果,不予治疗的结果,其他替代方案。[②] 因此,罪犯在行刑前有权知道:(1)MPA 治疗的副作用和风险;(2)对其荷尔蒙水平和性欲的遏制效果;(3)若不予治疗再犯的可能性;(4)可以替代

---

① Avital Stadler, California Injects New Life Into an Old Idea: Taking a Shot at Recidivism, Chemical Castration, and the Constitution, 46 *Emory Law Journal*, 1997, p. 1316.

② *Canterbury* v. *Spence*, 464 F. 2d 772 (D. C. Cir., 1972).

的其他治疗方案。[①] 罪犯知情后有权拒绝接受刑罚,但他也会因此无法获得相关的刑罚优惠(如附条件提前释放),也可能面临更严厉的外科阉割。

(二)刑罚的对象

药物治疗的行刑对象是性犯罪者,但具体对象的限定,各州立法分歧较大。详言之,包括以下两方面:

1. 对被害人或被告的年龄有否限制

加州刑法规定,MPA 注射的对象须为性侵不满 13 周岁儿童的罪犯,其所犯罪行也限于四种:鸡奸,猥亵和性挑逗,口交,异物插入。[②] 其中,所谓异物侵入,是指为满足性欲,使用一切可能的异物,插入他人的生殖器或肛门,或使他人插入本人或第三人的生殖器或肛门之行为。爱荷华州刑法也规定,化学阉割仅适用于性侵不满 12 周岁被害人的严重性犯罪。

相反,佛罗里达州对被害人的年龄并无限制,其刑法规定,药物治疗的对象为构成"性侵犯"的罪犯。所谓"性侵害",既包括与不满 12 周岁者发生口交、肛交、性交的行为,也包括未经已满 12 周岁者之同意,与之发生口交、肛交、性交的行为。但是,对于仅犯猥亵和性挑逗罪的,则不适用本刑罚。

同时,有的州会限制受刑者的年龄。如蒙大拿州刑法规定,对不满 16 周岁者犯有性攻击、强奸或乱伦等罪行,且年龄至少大于被害人 3 岁,方可对其判处药物治疗。换言之,若被告人与被害人年龄相仿(未超过 3 岁),不能判处本刑罚。显然,这是想将那些因"早恋"而犯法的年轻被告排除在外,也体现了对青少年罪犯以感化和保护为主的精神。

---

① Peter J. Gimino III, Mandatory Chemical Castration for Perpetrators of Sex Offenses Against Children: Following California's Lead, *Pepperdine Law Review* 25, 1997, p. 97.

② Cal. Penal Code § 286, § 288, § 288a, § 289.

2. 是否限于再犯

尽管药物治疗刑是为遏制性犯罪的再犯率而提出,但美国各州立法很少将其限于再犯或累犯。通常的做法是,对初犯和再犯分别规定不同的刑罚适用条件。如加州刑法规定:初次实施对不满 13 周岁儿童性犯罪的,法院可以将药物治疗作为其假释条件;再次犯对不满 13 周岁儿童性犯罪的,法院应当将药物治疗作为其假释条件。路易斯安那州则根据被告所犯罪行的性质区别对待:若被告对不满 12 周岁的被害人实施性犯罪,即使初犯,在获得假释、缓刑时,必须接受抗雄性激素注射;若被告实施其他的性犯罪,只有再犯时,才须以接受药物治疗作为获得假释、缓刑的条件。

也有州并不区分受刑者初犯抑或再犯,而是授权司法机关自由裁量。如威斯康星州刑法规定,凡与不满 13 周岁之儿童性交的,惩治局可以要求其接受抗雄性激素的药物治疗,以此作为假释的条件。在蒙大拿州,只要被告实施了规定的性犯罪且年龄大于被害人 3 岁以上,法院可以判处其接受药物治疗。至于何时属于“可以”之情形,由惩治局或法院根据案情自由裁量。

(三)药物治疗的刑法地位

药物治疗的刑法地位,是指它是独立于监禁刑的刑种,还是监禁刑的替代性处遇之问题。大部分州持后者之立场,将接受药物治疗作为获得缓刑、假释的条件。如在加州刑法中,凡被法庭判处药物治疗的罪犯,必须接受 MPA 治疗才能获得假释。路易斯安那州则规定,凡具备药物治疗资格的罪犯,必须接受 MPA 注射,否则不能获得假释、缓刑、减刑;但也有少数州将药物治疗作为附加刑,即罪犯在被判处自由刑等刑罚的同时,还会被判处接受 MPA 治疗。这样,接受药物并非缓刑、假释或减刑的条件,罪犯不能因此获得刑罚减免和提前释放。如佛罗里达州刑法明确规定,若法院判处被告接受药物治疗,不得因此改变、减轻性侵犯罪(第 794.011 条)项下任何的其他刑罚。在这种立法例下,罪犯首先须在监狱服刑,获释后还须继续接受抗雄性激素治疗,后者并非抵免前者的条件。

(四)行刑替代

如果犯人不想接受药物治疗,他是否有其他替代的司法方案供选择呢?在以药物治疗刑作为独立刑种的州,只能选择更为严厉的外科阉割,即通过外科手术的方式摘除犯人的睾丸,永久性地剥夺其生殖功能。如佛罗里达州规定,若被告提交书面申请,表明其认知、理解且自愿接受外科阉割,法院可判处被告外科阉割作为药物治疗的替代刑罚。另外,在将药物治疗刑作为缓刑、假释或减刑条件的州,罪犯可选择外科阉割,也可选择在监狱里服刑。

(五)行刑保障

药物治疗往往是性犯罪者获得释放的条件,那么,如何保证罪犯在释放后自觉接受治疗呢?若犯人获释后逃避治疗,将受到严厉处罚。在将药物治疗作为获释条件的州,将会被撤销相应的处遇而收监。如路易斯安那州规定,若被告没有接受治疗,将撤销缓刑、假释或减刑,且丧失之前在狱中获得的“善行时点”(good time)。在将药物治疗作为独立刑种的州,将会被作为重罪而处罚。如佛罗里达州规定,若被告拒绝配合或接受 MPA 治疗,将会作为二级重罪处罚,最高可能被判处 15 年监禁并 10,000 美元罚款。蒙大拿州更严厉,拒绝接受治疗者将构成蔑视法庭罪,应被判处 10 年以上 100 年以下无假释可能性之监禁。

三、药物治疗刑的正当性论争

如同其他新生的法律制度一样,药物治疗刑在美国也引发了巨大的争议,支持论者和反对论者主要围绕化学阉割的合宪性、有效性、公正性、经济性等问题而展开。

(一)反对药物治疗刑的理由

1.与禁止酷刑原则相悖

反对论者首先认为,药物治疗刑就是化学阉割,属于美国宪法禁止的酷刑。美国宪法第八修正案确立了“禁止残酷和非常刑罚原则”,联邦最高法院据此确立了判断残酷和非常刑罚的三条标准:[①](1)该刑罚是否具有内在的残酷性;(2)刑罚是否与罪行相当;(3)就法律目标的实现而言,刑罚是否过剩。有人认为,依此三方面的标准,化学阉割属于酷刑。

第一,抗雄性激素药物会剥夺压抑犯人的性欲和性功能,侵犯其生育权和享受性趣的权利。同时,这些药物还会带来一系列已知的副作用,并且具有未知的长期的副作用。[②] 这意味着,每一针的注射,都会为罪犯带来永久性的伤害,因而具有内在残酷性。

第二,药物治疗的严厉性超出了与性犯罪合比例的刑罚。很多州的立法并未明确规定MPA治疗的终止时间,而MPA一旦中止治疗,犯人体内的荷尔蒙将会回升,便会重新犯罪。这极可能导致,当局为达到彻底预防再犯的效果,要求罪犯接受MPA注射直到终老,这相当于终身刑罚,显然过于严厉。[③]

第三,药物治疗并不能治疗一切的性犯罪者。佛罗里达州立大学的辛普森(Simpson)博士认为,如果说化学阉割是为了降低性犯罪者的再犯率,对于非源于性欲的性犯罪者而言,MPA注射并不能实现这

---

① In re Kemmler, 136 U.S. 436 (1890); *Wilkerson* v. *Utah*, 99 U.S. 130 (1878); *Harmelin* v. *Michigan*, 501 U.S. 957 (1991); *Furman* v. *Georgia*, 408 U.S. 238, 279 (1972).

② Tanya Simpson, Florida's Chemical Castration Statute Misses the Mark, 34 *Florida State University Law Review*, 2007, p.1232.

③ Avital Stadler, California Injects New Life Into an Old Idea: Taking a Shot at Recidivism, Chemical Castration, and the Constitution, *Emory Law Journal* 46, 1997, p.1323.

一立法目的，故属于多余的刑罚。[①]

2. 放纵性犯罪者

药物治疗往往作为缓刑、假释的条件而规定，这意味着性犯罪者可通过接受抗雄性激素药物注射来免除自由刑。反对论者据此认为，这使得罪犯逃避本来该当的监禁，是对作恶者的纵容。2005 年发生了震惊全美的杰西嘉·伦斯福特被害案（Murder of Jessica Lunsford），年仅 9 岁的女孩杰西嘉在家中被歹徒掳至其寓所反复性侵，三天后遭活埋。[②] 本案发生在率先实行化学阉割的加州，且案中令人发指的被告柯维（Couey）曾有多次性侵儿童前科而皆获假释，正是药物治疗的适用对象。案件发生后，为了顺应"对性犯罪者从重处罚"的汹涌群情，乔治亚州于 2006 年废止了药物治疗刑。

3. 侵犯罪犯的私权

其一，侵犯罪犯的生育权。美国宪法第 14 修正案正当程序条款肯定了对公民私权（right to privacy）的保护，而联邦法院的判例认为，公民的生育权属于私权之一。[③] 有学者认为，药物治疗刑侵犯了罪犯的宪法权利——生育权。因为，MPA 注射会降低罪犯体内的雄性荷尔蒙，从而降低其性欲；而要生育，就须有性行为，便须依赖相应的性激素和性欲。[④] 斯塔德勒（Stadler）博士则指出，法律规定药物治疗须持续直到当局认为不再需要为止，这意味着大部分的罪犯可能要终身受刑。这样，罪犯的性权利和生育权被终身褫夺，化学阉割在效果上将等同于外科阉割。[⑤]

---

① Tanya Simpson, Florida's Chemical Castration Statute Misses the Mark, 34 *Florida State University Law Review*, 2007, p. 1232.

② Ross Jim, Judge: Couey confession out, *St. Petersburg Times*, June 30, 2006.

③ *San Antonio School Dist.* v. *Rodriguez*, 411 U. S. 1 (1973); Skinner, 316 U. S. p. 541.

④ Max Vanzi, Assembly OKs Castration Drug for Molesters, *L. A. Times*, Aug. 31, 1996, at A1.

⑤ Avital Stadler, California Injects New Life Into an Old Idea: Taking a Shot at Recidivism, Chemical Castration, and the Constitution, *Emory Law Journal* 46, 1997, p. 1320.

其二,侵犯罪犯拒绝治疗的权利。如辛普森博士认为,法律表面规定,罪犯必须同意接受治疗方能行刑,但实际他们没有拒绝的权利。因为,拒绝治疗就是拒绝假释(或缓刑)的条件,罪犯要么在监狱待下去,要么须选择更为残酷的外科阉割。① 印第安纳大学的戴利(Daley)博士甚至愤怒地追问道:"当罪犯面临这些更为痛苦的选择时,能够说对化学阉割的同意是真实的选择吗?"②

4. 违反平等保护条款

药物治疗刑是通过降低受刑者的雄性激素而抑制其犯罪欲望,但这只对男性罪犯有作用,对女性罪犯不可能奏效。美国刑法的性犯罪主体不限男女,女性同样可成为性犯罪的被告,这本是为了体现宪法第 14 修正案平等保护之精神。然而这样,刑法便会陷入"宪法性悖论"(constitutional paradox):③若将女性也作为药物治疗对象,由于抗雄性激素药物对女性无法产生预防犯罪的效果,刑法将因刑罚之冗余性而违反禁止酷刑原则;若将女性排除于药物治疗之外,则女性罪犯将无法享受相关的缓刑和假释,刑法又会违反平等保护原则。

5. 有效性数据存在瑕疵

犯罪学家巴尔福德(Braford)认为,药物治疗刑其实治标不治本,一旦药物治疗停止后,罪犯的再犯率将有戏剧性的反弹。④ 另外,南加州大学学者吉尔克里斯特(Gilchrist)则认为,化学阉割的再犯率数据具有误导性。因为在实验中,再犯率数据源于接受治疗的罪犯的自报,

---

① Tanya Simpson, Florida's Chemical Castration Statute Misses the Mark, 34 *Florida State University Law Review*, 2007, p. 1239.

② *Matthew* v. *Daley*, "A Flawed Solution to the Sex Offender Situation in the United States: The Legality of Chemical Castration for Sex Offenders", *Indiana Health Law Review*, 2008, p. 101.

③ Harvard Law Review Association, California Becomes the First State to Require Chemical Castration of Certain Sex Offenders, 110 *Harvard Law Review*, 1997, p. 802.

④ John Bradford, Research on Sex Offenders: Recent Trends, 6 *Psychiatric Clinics of N. AM.*, 1983, p. 723.

事实上,罪犯因担心自报可能招致处罚,常隐瞒再犯的情况。① 斯塔德勒博士认为,那些自愿参与实验的罪犯,本来就具有自我矫正的愿望,而实践中,很多罪犯缺乏自我更新的动机,故药物治疗的实效并无实验数据那么完美。②

(二)支持药物治疗刑的理由

1.兼顾监狱容量和保护社会

支持论者认为,这种新处遇有利于在减轻监狱压力的同时,保护被害人免受再犯者的侵犯。因为,美国大部分州的监狱已人满为患,以缓刑、假释等为核心的酌情释放(discretionary release)制度,已成为各州纾缓狱政压力的重要手段。佩珀代因大学的学者 Gimino 博士认为,附条件释放群体之再犯率往往超过五成,这使得政府在饱和的监狱容量和高企的再犯率间而常左右为难;将 MPA 治疗作为缓刑或假释的条件,既可以减少监狱服刑的人数,又可以降低再犯率,可谓一石二鸟。③

2.廉价的行刑成本

远低于监禁刑的成本,也是人们支持药物治疗刑的重要理由。美国政府花在每个在押囚犯身上的成本为25,000美元每年,但实际的费用要高得多,因为这个数字并未包括加盖新监舍等项目。④ 有研究指出,关押重罪犯的费用,占了美国国民生产总值的0.5%~0.7%。⑤ 在

① Carol Gilchrist, Examination of the Effectiveness of California's Chemical Castration Bill in Preventing Sex Offenders From Reoffending, 7 *Southern California Interdisciplinary Law Journal*, 1998, p. 189.

② Avital Stadler, California Injects New Life Into an Old Idea: Taking a Shot at Recidivism, Chemical Castration, and the Constitution, *Emory Law Journal* 46, 1997, p. 1318.

③ Peter J. Gimino III, Mandatory Chemical Castration for Perpetrators of Sex Offenses Against Children: Following California's Lead, *Pepperdine Law Review* 25, 1997, p. 101.

④ Ibid.

⑤ Karen Harrison, The High-Risk Sex Offender Strategy in England and Wales: Is Chemical Castration an Option?, *How. J. Crim. Just.* 46, 2007, p. 19.

传统的监禁刑中,即使罪犯从监狱获释后仍会被执行预防性拘留(involuntarily commitment)——在医院中接受强制的治疗,这会进一步花费政府的财政。各州花费在预防性拘留上费用每年从50万美元到4亿5000万美元不等。[①] 药物治疗刑的费用仅每人每月160美元,每年不足2000美元。而且,根据爱荷华州和路易斯安那州的立法,接受MPA注射的罪犯必须自行承担费用,这使行刑成本更为低廉。[②]

3. 符合"禁止酷刑原则"

针对"化学阉割是酷刑"的指控,支持论者同样围绕联邦法院关于酷刑的三重标准,展开针锋相对的辩护:

其一,药物治疗刑并非真正意义上的"阉割",不具有内在残酷性。因为,它只是一种抑制雄性激素的药物肌肉注射,不会造成受刑者的身体残疾。它对身体的影响是完全可逆的,一旦停药,受刑者的雄性荷尔蒙会立即恢复到正常水平,并不会损害其性功能。[③]

其二,药物治疗刑符合犯罪与刑罚的相当关系。一方面,药物注射并不会造成过度的痛苦与不适合。相反地,治疗可以降低罪犯的性欲,使其从变态和痛苦的性幻想中得到解脱。[④] 据丹麦学者的研究,90%接受阉割的罪犯表示,他们对行刑效果感到满意。[⑤] 另一方面,性犯罪不仅会侵犯他人的性自由,且会造成其终身心理创伤,尤其是儿童被害人,他们会因此形成"心理的定时炸弹",在将来的人生中发生人格紊乱。[⑥] 与性犯罪的危害性相比,药物治疗属于轻缓的处遇。

---

① Wash. St. Inst. for Pub. Pol'y, Involuntary Commitment of Sexually Violent Predators: Comparing State Laws, Doc. No. 05-03-1101, 2005, pp. 2, 6.

② Elizabeth M. Tullio, Chemical Castration for Child Predators: Practical, Effective, and Constitutional, 13 *Chapman Law Review*, 2009, p. 208.

③ Peter J. Gimino III, Mandatory Chemical Castration for Perpetrators of Sex Offenses Against Children: Following California's Lead, *Pepperdine Law Review* 25, 1997, p. 88.

④ Ibid., p. 89.

⑤ William Winslade, Castrating Pedophiles Convicted of Sex Offenses Against Children: New Treatment or Old Punishment?, 51, *S. M. U. L. REV.*, 1998, p. 375.

⑥ Edward A. Fitzgerald, Chemical Castration: MPA Treatment of the Sexual Offender, *Am. J. Crim. Law*, 18(1), 1990, p. 38.

其三,药物治疗刑对实现立法目的而言是必要的。性犯罪刑法之目的是防止性犯罪,抗雄性激素注射恰是为了实现这一目的,且它比监禁罪犯或外科阉割造成的损害更小,不存在刑罚过量的问题。诚然,这种治疗未必对所有罪犯都奏效,尤其是对女犯人,但这可以通过设立甄别程序控制其适用,这只是程序完善的问题,不能成为否定药物治疗刑的理由。①

4. 对私权的合理干预

支持者认为,药物治疗刑作为一种可逆的医学疗法,是对罪犯私权有节制的合理干预。其一,它并未完全剥夺罪犯的生育权。Gimino 博士指出,药物会降低罪犯的性欲,但并不会彻底剥夺其性功能。医学研究表明,治疗者在性伴侣或研究者的帮助下,仍可进行性生活。因此,认为化学阉割会像外科阉割那样剥夺罪犯的生育权,根本是一种误解。② 图利奥(Tullio)则认为,即使药物弱化了受刑者的生育能力,也是正当的,因为这里存在利益权衡:它使儿童免受性侵之伤害,而儿童的人身安全大于性罪犯的生育权。③

其二,它只是合理限制了罪犯的治疗选择权。支持论者进而指出,药物治疗并没有侵犯宪法赋予的公民对药物治疗的选择权。一方面,在知情同意程序中,罪犯可以在外科阉割和药物注射之间选择,在以药物治疗为假释或缓刑条件的州,罪犯还可以选择在监狱中服刑。④ 换言之,罪犯是有权拒绝药物治疗的。另一方面,诚如彼得斯(Peters)博士所指出,即使罪犯的选择权有限,也不能认为药物治疗侵犯其宪

① Courtney Flack, "Chemical Castration: An Effective Treatment for the Sexually Motivated Pedophile or an Impotent Alternative to Traditional Incarceration?", *Journal of Law in Society*, 2005, p. 184.

② Peter J. Gimino III, Mandatory Chemical Castration for Perpetrators of Sex Offenses Against Children: Following California's Lead, *Pepperdine Law Review* 25, 1997, p. 93.

③ Elizabeth M. Tullio, Chemical Castration for Child Predators: Practical, Effective, and Constitutional, *Chapman Law Review* 13, 2009, p. 217.

④ Edward A. Fitzgerald, Chemical Castration: MPA Treatment of the Sexual Offender, *Am. J. Crim. Law*, 18(1), 1990, p. 43.

法权利。因为根据联邦法院的判例,若相关的国家利益更为重要,法律可以限制国民的选择权。这些国家利益包括:其一,对生命的保护;其二,对自杀的预防;其三,对无辜第三人的保护;其四,对医药专业领域的保护。抗雄性激素的强制治疗保护了潜在的性犯罪的被害人,这符合"对无辜第三人的保护"。[①] 也有论者采取"举重明轻"的思路:既然联邦法院认为,对精神病人的强制性节育和对罪犯的抗精神病药物治疗并不违反宪法,那么更为轻缓的抗雄性激素治疗当然也符合宪法。[②]

5. 符合当代社会的刑罚观念

如果一种刑罚不为社会观念所接受,当然不能成为正当的刑罚。但彼得斯博士指出,化学阉割这个俗称只是名字比较吓人,其实质内容只是一种可逆的药物治疗,既然民众可以接受传统的刑罚,同样能接受它。其一,抗雄性激素治疗的介入程度,和对罪犯传统的药物治疗(如抗抑郁、抗精神病、镇静剂治疗),并无本质的不同。其二,既然法院可以判处性犯罪者不得假释的终身监禁,人们当然也能接受终身的抗雄性激素治疗。其三,既然社会承认国家有判处罪犯死刑的权力,则比死刑轻得多的性欲抑制治疗,当然能为社会接受。[③]

四、药物治疗刑的本土构建

(一)借鉴的理由

药物治疗刑开启了运用抗雄性激素药物来预防性罪犯的新路径,值得我国借鉴。具体理由在于:

---

① Kimberly A. Peters, Chemical Castration: An Alternative to Incarceration, 31 *Duq. L. Rev*. 307, p. 323.

② Peter J. Gimino III, Mandatory Chemical Castration for Perpetrators of Sex Offenses Against Children: Following California's Lead, *Pepperdine Law Review* 25, 1997, p. 94.

③ Kimberly A. Peters, Chemical Castration: An Alternative to Incarceration, 31 *Duq. L. Rev*. 307, p. 90.

第一,药物治疗刑对性犯罪有明显的预防作用。西方国家罪犯假释后的再犯率高达50%以上,而在注射MPA的群体中,其再犯率均低于15%,最低甚至仅2.2%。反对者认为,这些数据可能建立在罪犯虚假的“自我报告”的基础上,这固然不可否认;但相关研究中的再犯数字,还包括他们被警方查获的案件,这是真实的。既然注射药物后,罪犯被警察查获的再犯比例远低于适用前,恰恰说明它对预防犯罪仍有明显的效果。

一种可能的顾虑会认为,美国迄今也只有八个州曾将药物治疗纳入刑法,有两个州还撤销了这一刑罚,立法进程缓慢,它是不是可靠、有效的性犯罪预防措施?其实,美国诸州在立法上的观望与反复,有复杂原因。其一,美国诸州的立法程序繁复,包括提出议案,专门委员会审查,提交一院审议(如参议院),通过后提交另一院(如众议院)审议,两院协商,议案批准等程序,其中还掺杂共和、民主两派党争,这使得很多州的药物治疗法案仍在立法过程中。其二,部分民众和议员对药物治疗仍有误解,仍将其与物理阉割等同,这需要一个较漫长的科普、说服过程。其三,美国医生出于职业文化往往拒绝充当国家的“行刑者”,美国医学协会曾强烈反对将医学方法作为刑罚手段来制裁罪犯,这导致俄勒冈州因找不到行刑医生而放弃本刑罚。① 但上述成因主要是美国立法和文化观念上的,与药物治疗本身的安全性和有效性无关。另外,我们应看到,越来越多的国家将药物治疗纳入刑法典,丹麦、德国、意大利、瑞典、瑞士、哥伦比亚、萨尔瓦多、阿根廷、波兰、韩国等国家早已确立了这一刑罚,而英国、法国、新西兰、印度、印尼等国家也纷纷将其纳入立法进程。可见,药物治疗刑由于其高效和安全已成为全球刑事立法上的趋势,正处于蓬勃发展之中。

第二,药物治疗刑具有人道性。那些将药物治疗刑与肉刑相提并论的看法,是对它的严重误解。化学阉割并非传统意义的“阉割”,而是一种可逆的药物治疗手段,药物注射不会破坏罪犯身体的完整性,它只是以化学药物为手段,在一定期间内抑制罪犯过高雄性荷尔蒙的治

---

① *People* v. *Gauntlett*, 352 N. W. 2d 310, 318 (Mich. Ct. App., 1984).

疗方法。更为重要的是,这种疗法的效果是可逆的——停药后罪犯的雄性激素可逐渐恢复,不会对犯人造成永久性伤害。有人认为,药物治疗作为强制性治疗,会侵犯罪犯对医学处遇的自决权。但药物治疗刑毕竟属于刑罚,刑罚总具有强制性,任何处遇都要经罪犯同意,就不是惩罚了。我国《刑法》第18条规定,对精神病人必要时可由政府强制治疗。既然对不构成犯罪的精神病人都可以强制治疗,举轻明重,对性犯罪者更加可以适用强制治疗。

第三,有利于降低行刑成本。美国的行刑药物MPA,在我国国内也是极为廉价的避孕药,其网上售价为人民币5元/200毫克。① 若按美国法院的剂量,每人每星期500毫克,行刑的药物成本每人每年不超过700元人民币。这显然远低于关押罪犯的成本。

第四,药物治疗是刑罚轻缓化的体现。在实行药物治疗刑的国家,接受抗雄性激素治疗往往是假释与减刑的条件。这意味着,那些本来应当在监狱服刑的罪犯,现在多了提前获释的机会——接受药物治疗刑。这样,在保证罪犯不再危害社会的前提下,药物治疗避免了不必要的监禁刑,体现了刑罚的谦抑性。

第五,让罪犯配合接受药物治疗,具有实践的可行性。有人可能担心,药物治疗的对象主要是获释后的罪犯,其执行需要罪犯定期主动到指定机构接受注射,是否可行?必须承认,并非所有性犯罪者都会自愿接受药物治疗,但相关的研究表明,确实有为数不少的罪犯自愿配合治疗。这与性犯罪者的犯罪学类型有关。美国学者霍特尔(Hottle)根据性犯罪者事后的表现而将其分为四种类型:第一类人的犯罪出于性欲,往往拒绝承认自己的错误行为;第二类犯罪人虽承认自己有性犯罪,但会把责任归咎于性冲动以外的原因,如吸毒、醉酒或高度紧张状态;第三类属于暴力性犯罪人,其动机并非单纯满足性欲,而是出于暴怒、权欲或本身有暴力性倾向;第四类则是出于性癖好异常、性心理障碍,如恋童癖、恋物癖、恋兽癖等。霍特尔指出,第四类罪犯最适合药物治疗

① 参见健客网:http://www.jianke.com/product/03189.html,最后访问日期:2014年6月22日。

刑，因为他们出于无法控制自身的欲望而犯罪，但同时能认识到自己的行为是不可容忍的。他们事后往往有悔罪态度，有强烈的求治欲，希望通过治疗而摆脱欲望和错误行为，因而会主动接受药物注射，并取得“极好的效果”。[①] 事实上，西方诸国的行刑实践中，绝大部分受刑罪犯都能按时配合药物治疗，因拒绝治疗而逃匿的，是极少数的现象。当然，这也因为罪犯一旦违背药物治疗规定，将面临立即收监等严厉的惩罚措施。因此，我们可通过具体刑罚制度的设计提高行刑的可行性。其一，设立甄别程序，挑选那些有悔罪意识和求治欲，适合于药物治疗的罪犯；其二，药物治疗应与惩罚性强制相结合，若罪犯未如期接受注射，应处以严厉的惩罚（如撤销假释）。

第六，不能因为停药后可能造成再犯率上升，就否定这种刑罚。刑罚终止执行后再犯率会回升，是大部分刑罚共通的缺陷，如罪犯获释后的再犯率绝对高于在监狱中，但不能因此认为自由刑无效。研究表明，即便终止药物注射后，罪犯的再犯率仍低于用药之前。[②] 这说明即便停止用药，抗雄性激素治疗仍有较为持续的效果。

第七，药物治疗不会剥夺罪犯的生育权和女性罪犯的平等权。一方面，即使用药期间，罪犯在伴侣的帮助下，仍可进行性生活，故不会侵犯其生育权。而且，若没有药物治疗，罪犯因有较高的再犯可能性而丧失假释的机会，仍须在监狱中服刑，这样更无法行使生育权。另一方面，抗雄性激素注射不适用于女性罪犯，并非行刑歧视。“刑法面前人人平等”并非禁止一切法律上的差别对待，而是禁止无理据的差别对待。刑罚没有效果就不能适用，这是刑罚谦抑原则的要求。由于抗雄性激素药物对女性性犯罪没有预防效果，因而不予适用，这并非无理据的区别对待。

当然，药物治疗刑也有一定的局限性：其一，抗雄性激素药物有副

---

① Douglas M. Hottle, Chemical castration : an alternative to incarceration, 31 *Duq. L. Rev.* 1992 – 1993, p. 307.

② Pierre Gagne, Treatment of Sex Offenders with Medroxyprogesterone Acetate, 138 *AM. J. Psychiatry*, 1981, p. 645.

作用,可能会影响未成年人的性发育。其二,效果存在时间性,一旦停药,罪犯的再犯率可能反弹。其三,若完全以药物治疗替代自由刑,难平社会对性犯罪的义愤,或有失罪刑均衡。对此,需在制度设计上有所提防。

(二)构建我国药物治疗刑的构想

1. 适用罪名的范围

笔者认为,药物治疗刑的适用罪名应限于性侵儿童的犯罪。尽管药物治疗可以降低罪犯的性欲,对一切性犯罪均有明显的遏制效果,但一般的性犯罪者并非药物治疗的适合犯罪人类型。药物治疗对象主要是获释的罪犯,因为在押罪犯性犯罪机会不大,本身就没有必要适用药物。这样,药物治疗需要罪犯能主动到指定的医疗机构接受注射。但根据霍特尔对性犯罪人类型的研究,一般的性犯罪者(前三种类型)不具有求治欲望,不可能在获释后主动配合药物治疗。只有第四种类型,即出于性癖好异常、性心理障碍而犯罪的人,他们事后往往有强烈的悔罪心理和求治欲望,能够配合自愿接受治疗。但在我国刑法中,上述病态性行为只有娈童行为才构成犯罪。犯罪研究认为,娈童癖的特点恰恰是一旦与幼童接触,就会产生高度的性亢奋,即使面临极刑,也难以压制犯罪冲动。[①] 通过药物控制犯罪人的荷尔蒙,能够抑制娈童犯的犯罪欲望,从而预防犯罪。因此,我国刑法中药物治疗刑的适用罪名应限于性侵儿童的罪名:强奸罪(奸淫幼女型)、猥亵儿童罪、嫖宿幼女罪、拐卖儿童罪(有奸淫被拐卖幼女之法定情节的)。

2. 适用的对象

药物治疗刑是否仅限于再犯的性犯罪者?回答是否定的。药物治疗之目的是控制性犯罪的再犯率,其适用对象应是具有较高再犯可能

---

① Courtney Flack, "Chemical Castration: an Effective Treatment for the Sexually Motivated Pedophile or an Impotent Alternative to Traditional Incarceration?", *Journal of Law in Society*, 2005, p. 173.

性的犯罪人。据此,罪犯是初犯或者再犯,只具有参考价值,而非决定性因素。因此,应仿效蒙大拿州的立法,对罪犯是否适用药物治疗刑不作刚性规定,而委付法官根据罪犯的表现及专家作出的人格、精神报告作自由裁量。但药物治疗的适用对象应排除未成年犯,因为未成年人处于生长发育期,强行控制其雄性激素,可能影响其正常发育,造成终身伤害。

3. 刑法上之地位

显然,药物治疗不能作为主刑,因为犯罪的主刑只有一个,医学手段不可能替代自由刑,否则刑罚将过于轻缓。同理,它也不应作为缓刑的条件,因为我国刑法的性犯罪皆重罪,若接受治疗即可判处缓刑,将放纵罪犯。同时,它也不应作为附加刑;因为药物治疗刑的对象主要是获释罪犯,这需要严厉的惩罚措施来保证罪犯定期接受注射,而我国的附加刑缺乏这种惩罚措施。因此,药物治疗应作为假释的条件,即若罪犯在行刑期间获假释,须在获释后即接受抗雄性激素注射。如果罪犯未能遵守规定定期到指定机构接受药物注射,司法机关可以撤销假释,将罪犯收监,以此作为罪犯接受药物治疗的保障。但行刑之前,须保障罪犯的知情同意权,让罪犯在理解抗雄性激素药物的风险,预期的效果,可能的替代方案的情况下,自愿选择是否治疗。当然,若罪犯拒绝接受药物注射,将无法获得假释。

4. 行刑甄别程序

并非所有针对儿童的性罪犯都应接受药物治疗。如因恋爱而与幼女发生性关系的,其再犯可能性不大,没有必要药物治疗。抗雄性激素药物也未必对所有性罪犯都有效,如对女性罪犯。同时,药物对一些身体异常的罪犯可能有强烈副作用,也不能适用本刑罚。此外,如果罪犯并非因为病态欲望而犯罪,或者缺乏悔罪心理和求治欲望,药物治疗也不可能取得预防犯罪的效果。故在施行刑罚之前,法院应对罪犯进行行刑甄别,判断其是否适合化学阉割。甄别程序应包括两个阶段:其一,由医学、心理学专家对罪犯提交生理、精神和人格评估报告,鉴定罪犯是否适合治疗;其二,法院根据专家意见,结合被告在诉讼中的表现,判定罪犯应否接受药物治疗。

5. 行刑期限

药物注射的疗效具有时间性,故应在罪犯出狱之前一个星期开始注射,并在出狱后一段时间内持续肌肉注射。关于行刑的终止时点,不宜如加州刑法那样,完全交由行刑机关决定,因为这相当于规定了不定期刑。但若如佛罗里达州刑法那样,由法院一开始就决定罪犯接受注射的刑期,又有罔顾罪犯矫治情况之虞。适当的做法应是:法院在判决时确定罪犯接受注射的最长刑期,在行刑期间定期对罪犯进行行刑甄别,若综合罪犯的精神和人格评估,已无适用药物的必要,法院可裁定提前终止药物注射。

Chemical Castration: Legal System, Debates, and Lessons

Zhuang Jin

[内容摘要]化学阉割并非真正意义的肉刑,它只是通过注射抗雄性激素药物降低罪犯性欲的医学处遇,不会对罪犯身体造成永久性伤害。化学阉割包括行刑程序、行刑对象、处遇地位、行刑替代、行刑保障等方面,美国多个州对此作了详尽而各具特色的规定。在美国学界,支持论和反对论就该刑罚的合宪性、公正性、有效性和经济性等问题开了激烈的争论。化学阉割在遏制娈童犯罪上有显著效果,值得我国刑法借鉴,但在具体制度的设计上对其局限性应有所提防。

[关键词]化学阉割;娈童犯罪;性犯罪

Abstract: Chemical castration is not a real corporal punishment. It merely reduces the medical treatment of criminals' sexual desire by injecting anti-androgen drugs. It does not cause permanent harm to the offender's body. The system of chemical castration includes execution procedures, execution targets, the status in the punishment system, alternative executions, and execution protection. Many states in the United States have provided detailed and distinctive regulations. In the academic community of the United States, supporters and opponents have heatedly debated the constitutionality, fairness, effectiveness, and economy of the penalty. However, chemical castration has a remarkable effect in curbing the crime of Pedophilia. It is worthy for our country's criminal law to draw lessons from the American system of chemical castration. However, in the design of specific systems, it should be guarded against its limitations.

Keywords: Chemical castration; Child moles crimes; Sexual crimes

〔比较刑法〕

受害人承诺与受害人自冒风险中的刑民关系研究
——基于英美法系与德国的比较视角

周子实*

目　　次

罗马法谚"对自愿者非侵害"(Volenti non fit iniuria,又被译为"得承诺者非不法")的理念在英美法系与大陆法系都得到了传承。它衍生出两层含义,一是受害人承诺(同意),二是受害人自冒风险,①二者

---

* 湖南大学法学院助理教授,德国弗莱堡大学法学博士与马普刑法所博士后研究人员。本文受"中央高校基本科研业务费"资助。

① 三个概念需要首先得到澄清:其一,"受害人"是我国《侵权责任法》上的称呼,《刑法》上称为"被害人",本文为求统一均称为"受害人",因为按照本文观点,刑法上的被害人必然是侵权法上的受害人,反之则不然;其二,受害人承诺,也被称为受害人同意,英美法与德国法存在差异,按照我国通常的译法,本文在英美法中译为"受害人同意",在德国法及中国法中称为"受害人承诺";其三,自冒风险,也被译为自甘风险、自陷风险、自担风险、危险接受等。

既是刑法上的抗辩事由，也是侵权法上的抗辩事由。在我国民法中，受害人承诺与自冒风险目前依据过错相抵规则予以减轻处罚，但学界有一种重要观点认为应在未来的《民法典》中将它们明文规定为免责抗辩事由；在我国刑法中，受害人承诺作为正当化事由已经获得了学界的广泛认可，但是在司法实践中仍处于被否定的状态，而受害人自冒风险的问题目前正处于激烈的争议之中。因此，关于这一主题的研究，对于刑法与民法的发展皆有裨益。

一、问题的引出

受害人承诺与受害人自冒风险既涉及刑法，又涉及侵权法，其中的刑民关系值得注意。在实体法上，刑民关系的常态是民事违法"量变"为刑事违法的单向关系，比如正当维权与敲诈勒索、民事欺诈与刑事诈骗，也就是说，民事违法并不一定刑事违法，但民事不违法的不会出现刑事违法的情况。然而，在现实生活中，出于各种原因，某行为受到民法保护却在刑法上成立犯罪的情况也时有发生，即所谓刑民交叉问题。这种情况出现最多的是合同效力的认定，比如构成保险诈骗罪但保险合同仍有效，[①]构成非法吸收公众存款罪但借贷合同仍有效。对此，学界存在"当然无效说"和"部门法自洽说"两种极端对立观点，但是更为理性的观点在认可这种特殊现象否认同时认为，"这种特殊性不应被随意扩大化，民法评价与刑法评价的不一致，毕竟不是常态，只是例外而已"。[②] 在民法上，受害人承诺与受害人自冒风险涉及的是对侵权责任的减免。与非法集资案频发所引发的合同效力热议相比，对这一领域中刑民关系的研究则冷清得多——有学者认为，刑法所禁止的，侵权

① 参见张明楷：《实体上的刑民关系》，载《人民法院报》2006 年 5 月 17 日，第 B01 版。

② 税兵：《犯罪所涉合同的效力认定——最高人民法院公报案例"吴国军案"评析》，载《澳门法学》2014 年第 11 期。

法上也应得到禁止,①有学者试图将刑法上的正当化事由引入侵权法的免责事由中(抗辩事由包括免责事由与减轻责任事由),但是没有提及受害人承诺与受害人自冒风险;②还有学者对刑事犯罪与民事侵权进行了整体比较研究,得出了刑法应较侵权法谦抑的结论,③但是也未讨论受害人承诺与受害人自冒风险。可见,这一领域在我国目前尚属于理论空白。

在笔者看来,刑法与合同法在性质上差距较大,民法评价与刑法评价被颠倒并不少见。与此不同,刑法与侵权法本就是同源而生的,更确切地说,侵权法正是在公私法分离的历史过程中从刑法中分离出来的,④二者之间有着天然的相似性——侵权法的德文名称 Deliktsrecht,从字面上看就是"犯罪法"的含义。这种分野,在目的上就要求刑法保持其谦抑性,一般侵权只需要承担民事责任,只有侵权行为超越了侵权法的边界,才需要刑法的介入。因此,在刑法上被评价为违法却在侵权法上被评价为不违法的异化局面,就必须得到避免。理所当然的结果是,作为抗辩事由的受害人承诺与受害人自冒风险,在刑法上的出罪门槛应当低于在侵权法上的免责门槛。当然,不同行为在刑法上所涉及的法益各不相同,有的行为所侵犯的是社会秩序等公法益,比如聚众斗殴的,承担刑事责任而通常不承担民事责任,这是正常现象。本文仅将讨论局限在私法益,主要研究对象是人身损害案件中的受害人承诺与受害人自冒风险。

对于我国而言,在关于受害人承诺与受害人自冒风险的理论研究与规则建构中,必须时刻关注刑民关系的和谐。如果承诺或自冒风险在侵权法上成为免责事由,而在刑法上却没有出罪的功能,就会导致同

---

① 参见廖焕国、曾祥生:《民刑互动:侵权责任法与刑法的冲突与协调》,载《武汉大学学报》(哲学社会科学版)2010年第2期。

② 参见王骏:《正当化事由的刑民关系初探》,载《法治研究》2013年第11期。

③ 参见周雪梅:《刑事犯罪与民事侵权比较研究》,西南财经大学出版社2013年版,第140页。

④ 参见廖焕国、曾祥生:《民刑互动:侵权责任法与刑法的冲突与协调》,载《武汉大学学报》(哲学社会科学版)2010年第2期。

一行为在民事上合法却在刑事上违法的矛盾局面。与个别合同的效力问题导致的刑民关系不和谐相比,这种具有普遍性的法律规则所造成的刑民关系不和谐对法律体系的危害影响更广泛也更深远,甚至可能动摇民众对法治的信念。试想,如果一个人在刑事判决中被判有罪,而在附带民事诉讼中因自冒风险的抗辩事由而被判不承担赔偿责任,他和受害人会对我国法治做如何感想?也许这种刑民关系不和谐的局面无法完全避免,但是研究者、立法者与司法者都应当尽最大可能地防止它出现。因此,最有效的方案就是,自一开始就从刑法和民法上对这一问题进行整体思考。本文通过考察英美法与德国法的现状,试图对中国的问题提出自己的见解。

二、英美法中的受害人同意与受害人自冒风险

在英美法系,受害人同意(consent)在广义上包含了受害人自冒风险(assumption of risk),二者在刑法上通常不加区分,但是民法上得到了分别讨论。

(一)刑法上的受害人同意与受害人自冒风险

在英美刑法中,受害人自冒风险通常被包含在受害人同意之下进行讨论。在英美国家,受害人同意有可能成为免责事由,但是受到了严格的限制,这尤其体现在人身损害案件中。英国上议院在 1993 年的 *R* v. *Brown* 案的中,否认了性虐中受害人的同意成为抗辩事由,该判决体现出英国刑法的基本立场是:"对于一般的简单人身攻击,同意可构成抗辩;但是对于构成实际的身体伤害或以上程度的人身攻击,同意不能构成抗辩,除非存在诸如手术、合法体育活动、文身等被认可的例外情形和'良好理由'。"①根据美国通说与法院判决,受害人同意通常不能成为刑法上的抗辩事由,因为犯罪行为直接或间接地侵犯了公众利

① 赵西巨:《英美刑法中的"同意"抗辩》,载《刑事法评论》2008 年第 1 期。

益,除非该罪本就以违背意志作为构成要件,比如强奸罪。[①]《美国模范刑法典》第2.11条虽然将受害人同意规定为免责事由,但是进行了严格的限制:(1)受害人同意产生免责效果的第一种情形,是该同意否定了犯罪构成要素,即前文所言的强奸罪等;(2)第二种情形是排除了法律试图防止的损害,这本质上指的是个人法益,但是美国法对于犯罪,甚至连财产也被视为公共利益或系统,因此个人法益实际上所能包含的就是人身;[②](3)该条文进一步规定,对身体伤害的同意原则上也是无效的,除非受害人遭受的伤害不严重,或者他参与的是合法的体育活动。实际上,这与美国通行观点与实践做法并无二致,受害人同意基本无法成为抗辩事由。不过,受害人的同意尽管无法免除行为人的刑事责任,但在一定程度上可以减轻,比如《美国模范刑法典》第210.6条中有规定,受害人同意杀害行为的,属于减轻处罚情节。

总结而言,在人身损害案件中,受害人同意基本无法实现出罪效果。同样地,受害人自冒风险作为受害人同意的一种类型,通常也无法成为抗辩事由,但是手术、合法体育活动等特殊情况是例外。比如,病人同意医生实施高风险的手术,手术失败而病人死亡,显然不能认定医生有罪。[③] 再如,密苏里州法典(Missouri Revised Statutes)第565.080条规定,在合理的可预见的风险范围内,两种情况下受害人的同意具有辩护效力,一是受害人的职业或专业,二是参与合法的体育竞技活动。不过,并非体育活动中的所有伤害都可以免责,若超出了"合理的可预见的风险",那么抗辩同样无法成立。[④]

---

① See John M. Schneb and John M. Scheb II, *Criminal Law*(6th edition), Wadsworth 2011, p. 413.

② See Markus D. Dubber, *An Introduction to the Model Penal Code*, Oxford 2015, pp. 175-176.

③ See John M. Schneb and John M. Scheb II, *Criminal Law*(6th edition), Wadsworth 2011, p. 413.

④ 参见景年红:《英美法国家竞技体育暴力行为刑事责任问题》,载《山东社会科学》2011年第8期。

(二)侵权法上的受害人同意与受害人自冒风险

与刑法相比,受害人同意与受害人自冒风险在英美侵权法中的地位举足轻重,有学者指出,“在侵权法中,没有这二项,英美法根本建立不起来。如果上升到法哲学层面,那么这二项意味着什么?意味着侵权法的核心所在:意思自治,或者说,每个人对自己的行为承担责任”。[①] 民法学界区分了受害人同意与受害人自冒风险,前者主要适用于故意侵权行为,而后者主要是针对过失侵权行为和严格责任而言。[②] 英美法系的研究重点是后者,作为抗辩事由的 Volenti non fit iniuria (Volenti)指的就是受害人自冒风险。

受害人同意是所有故意侵权行为的抗辩事由,[③]涉及人身损害的故意侵权主要是殴打(battery),如果有受害人同意,那么殴打行为便不构成侵权。[④] 但是,如果造成了严重的身体伤害,那么这一同意便无效。

受害人自冒风险分为明示与默示两种,主要在英美侵权法上的三个领域得以适用,即雇佣关系、交通事故与体育活动,但是在英国呈现出被限制适用的趋势:(1)19 世纪前后,在工业化导致工伤故事频发的背景之下,英国法院通过 1799 年 *Cruden* v. *Fentham* 案与 1837 年 *Priestley* v. *Fowler* 案中的两个判决正式确立自冒风险是侵权抗辩事由的规则。[⑤] 但是在 1891 年的 *Smith* v. *Charles Baker & Sons* 案与 1944 年的 *Bowater* v. *Rowley Regis Corporation* 案中,这一抗辩理由遭

---

① 徐爱国:《从英美法传统看我国侵权法》,载 http://www. iolaw. org. cn/showNews. asp? id =22591,最后访问日期:2017 年 12 月 1 日。

② 参见程啸:《论侵权行为法中受害人的同意》,载《中国人民大学学报》2004 年第 4 期。

③ See Cathy J. Okrent, *Torts and Personal Injury Law*, (5th edition), 2015, p. 258.

④ See Cees Van Dam, *European Tort Law*, second edition, Oxford, 2013, p. 113.

⑤ 参见汪传才:《自冒风险规则研究》,载《法律科学》(西北政法大学学报)2009 年第 4 期。

到了否定,法院认为,抱怨危险但继续工作并不意味着工人自愿同意放弃其合法权利。(2)自冒风险在醉酒驾驶致乘客损伤的案件中得以成立抗辩,但是同样受到了严格限制,英国法院在1939年的*Dann* v. *Hamilton*中认定,自冒风险抗辩通常不成立,除非乘客明知司机的醉酒非常严重,驾驶明显会造成危险。根据这一规则,在1991年英国的*Morris* v. *Murray*案中,被告提出的自冒风险抗辩事由得到了法院的支持,其案情是,原告与被告大量饮酒一整天后,持有飞行执照的被告建议去开飞机,原告欣然同意,被告启动引擎后不久即发生事故,原告受到重伤。(3)参与体育活动所造成的损伤,一般都可以通过自冒风险进行抗辩,不过这并非没有限制。在1965年的*Rootes* v. *Shelton*案中,法官认为,体育竞技的参与者接受了风险,但是这并不意味着行为人的所有义务都被免除。在1985年的*Condon* v. *Basi*案中,法官认为,体育比赛中严重犯规所造成的损害应当承担民事责任,但是主观上的罪过应当根据客观情况来确定,尤其是赛事的等级程度。对于类似的游戏活动,在实践中也存在分歧,2004年的*Blake* v. *Galloway*案中,一审法院否认了自冒风险的抗辩事由,但是根据过错相抵规则(contributory negligence,又被译为混合过错等)减除了50%的责任,而上诉法院则认可了自冒风险进而判定免责。

在美国,这种限制趋势更加明显,从20世纪60年代开始,甚至越来越多的法院和学者不再承认它为一项独立的抗辩。20世纪90年代美国法学会起草的《侵权法(第三次)重述:责任分配》时,"废除派"在与"保留派"的争论中占据了上风,自冒风险理论已经处于岌岌可危的死亡边缘。① 我国有学者认为,自冒风险理论在这次变革中得到了重生,由"传统型自冒风险"发展为"现代型自冒风险":"以约定的责任限制取代了明示自冒风险,只是形式改变,内容基本没变。再者,不承认默示自冒风险作为一项独立抗辩,而是主张留给侵权法解决。由于只承认明示自冒风险,自冒风险新规则得到简化,内涵更加清晰,从而避

① 参见汪传才:《自冒风险归责:死亡抑或再生?》,载《比较法研究》2009年第5期。

免了旧规则的模糊和混乱……"①可以说,尽管自冒风险仍是抗辩事由,但其适用空间已经越来越小。

(三)总结:异化但趋同的刑民关系

在英美法中,受害人同意与受害人自冒风险在刑法上基本无法成为抗辩事由,而在侵权法上则可能成立抗辩,这导致刑民关系在局部被扭曲,可能出现刑法评价为违法而民法评价为不违法的局面。美国波士顿大学的 Kenneth W. Simons 教授总结了受害人同意与受害人自冒风险在侵权法与刑法上的差异。他指出,刑法关注的是损害、危险、人格,而较少关注直接受害人;即使不涉及对第三人的损害风险,刑法也比侵权法更倾向于不考虑当事人同意,刑法在伤害、杀害案件中向行为人强加了责任;受害人同意与受害人自冒风险还涉及受害人过错的问题,在侵权法中受害人的过错能够削弱或完全消除法律救济,但是在刑法中,受害人过错与行为人的刑事责任几乎没有任何关联。②

这种刑民关系异化的局面,从本质上说,是民法与刑法的出发点不同。民法调整的是平等主体之间的关系,其基本原则是意思自治,因此尊重受害人的自我决定权,使受害人同意与受害人自冒风险能够发挥重要作用。与此相对应,"英美刑法在分析行为人的刑事责任时并不重视受害人,这一点集中体现在'不要谴责被害人'(Don't Blame the Victim)这句公认的法谚上"。③ 刑法涉及的是国家与犯罪人之间的关系,受害人在其中并无独立地位,而且,刑法关注的不仅仅是行为本身的社会危害性,还有行为人通过行为显现出的人格特征,这就决定了它不能像民法那样对个人意志给予完全的尊重,受害人的同意与受害人的自冒风险所能发挥的作用十分有限。这种道德论与家父论的刑法干

① 汪传才:《自冒风险归责:死亡抑或再生?》,载《比较法研究》2009 年第 5 期。

② See Kenneth W. Simons, Consent and Assumption of Risk in Tort and Criminal Law, in: *Untravelling Tort and Crime*, Cambridge 2014, pp. 331 – 334.

③ 江溯:《英美刑法上的被害人共同责任》,载《北方法学》2012 年第 6 期。

涉观,[①]正是刑法家长主义的体现。不过,随着意思自治的理念在侵权法中受到限制,受害人承诺与自冒风险能够发挥的抗辩作用变小,导致民法评价与刑法评价逐渐趋同,这种刑民关系异化的局面得到了改变。

三、德国法中的受害人承诺与受害人自冒风险

在大陆法系的德国,受害人承诺(Einwilligung)的概念同时存在于民法与刑法中,而受害人自冒风险在民法和刑法上则分别称为"自甘危险之行为"(Handeln auf eigene Gefahr)与"危险接受"(Risikoübernahme),本文统一称为自冒风险。

(一)刑法上的受害人承诺与受害人自冒风险

1. 受害人承诺

尽管《德国刑法典》并没有明确规定,但受害人承诺(Einwilligung)是德国刑法学界公认的阻却违法事由。[②] 相似的概念是受害人同意(Einverständnis),它仅涉及部分以违背意志作为构成要件的犯罪,比如强奸罪,起的是阻却构成要件该当的作用,本文不予深究。

根据通说,有效的受害人承诺必须具备合格的承诺能力、明确的意愿表达,且不存在胁迫、欺骗、错误等意志缺陷的情况,同时,所承诺的范围仅局限在承诺者的个人法益。[③] 对于财产案件,承诺通常能够排除行为的违法性,它与是否违背善良风俗(gute Sitte)无关,比如为保险诈骗而毁损财物,尽管违背了善良风俗,物主的承诺仍能够对毁损行为起

---

① 参见赵西巨:《英美刑法中的"同意"抗辩》,载《刑事法评论》2008 年第 1 期。

② 德国刑法学界关于该问题存在一元论与二元论的争议,本文不予探究,仅依据通说。关于一元论与二元论,参见车浩:《论被害人同意的体系性地位——一个中国语境下的"德国问题"》,载《中国法学》2008 年第 4 期。

③ Vgl. Uwe Murmann, Grundkurs Strafrecht, München 2011, SS. 247 – 250.

到排除违法性的作用。① 不过,在涉及人身伤亡的犯罪中,情况则完全不同。按照通说,首先要运用犯罪事实支配理论(Tatherrschaftslehre)区分自己损害(Selbstschädigung)与合意的他者损害(Einverständliche Fremdschädigung),即确认是受害人自己还是他人实施了杀害或伤害行为。参与自己损害在德国不是犯罪,比如帮助自杀、帮助自残。受害人承诺解决的是合意的他者损害问题,比如受嘱托杀人、受承诺伤人,这二者分别被《德国刑法典》明文禁止或限制。其一,受嘱托杀人,按照《德国刑法典》第216条应判处6个月至5年自由刑。该规定否认了受害人承诺在故意杀人中的免责效果,但承认了其减轻处罚的效果。安乐死是其中争议最大的一类案件,不过目前的共识是,至少消极安乐死不构成犯罪。② 其二,伤害他人身体的,《德国刑法典》第228条规定,只有在没有违背善良风俗(gute Sitte)的条件下,受害人承诺方才发生违法性阻却的效果。根据联邦最高法院的判决,判断是否违背善良风俗的标准是,在考察所有相关情形的基础上,从客观角度来看,受害人对身体伤害行为的承诺是否导致了具体的生命危险。③

2. 受害人自冒风险

在德国过去的很长一段时间,受害人自冒风险都不能成为出罪的理由,这种情形直到1923年的梅梅尔河案的无罪判决才有所改变。但是这之后,德国法院在具体案件中既考察注意义务是否被违法,又考察承诺是否具备效力,并以后者为主要的考察标准,较少作出无罪判决;学术界则在注意义务说与承诺说的对立之外,又产生了以Roxin为代表的客观归责说。④ 在这其中,Roxin将受害人自冒风险区分为两种情

---

① Vgl. Lenckner/Sternberg-Lieben, Schönke/Schröder Strafgesetzbuch, 29. Auflage 2014, Vorbemerkungen zu den § § 32 ff., Rn. 38.

② Vgl. Claus Roxin, Tötung auf Verlangen und Suizidteilnahme—Geltendes Recht und Reformdiskussion, GA 2013, S. 314.

③ Vgl. BGH 1 StR 585/12 – Beschluss vom 20. Februar 2013.

④ 关于德国司法实务界与学术界关于自冒风险案件的观点汇总与变迁,可参见周子实:《危险接受理论的历史考察与概念界分——以德国为镜评我国的研究现状》,载《东南法学》2016年第2期。

形进行分别讨论,一是自己危险化(Selbstgefährdung),二是合意的他者危险化(Einverständliche Fremdgefährdung),以区别于受害人承诺所涉及的合意的他者损害。① 这一区分之后得到了德国学界与司法实务界的广泛认同,而区分自己危险化与他者危险化的通说标准则是犯罪事实支配理论。② 造成危险的行为如果被确定为由受害人自己实行,则属于自己危险化,如果被确定为由被告人实行,则属于他者危险化。

对于自己危险化,联邦最高法院在1972年的"手枪案"③与1984年的"海洛因案"④中进行了两次推论,正式确立了自己危险化自我答责这一原则。这一原则之后在实务界与学界均成为通说。比如,怂恿他人游泳,致人溺亡,就不应当认定怂恿者有罪;与他人进行摩托车竞赛,自己因操控不佳翻车身亡,也不能认定其他参与者有罪。自我答责的前提当然是,自己危险化是由受害人自由意志所实施的,而非受到了他人的操控或欺骗。尽管在司法实践中存在若干例外,如行为人对风险的认识超越受害人、法律条文保护特殊法益、纵火造成营救者损害,但整体上并未动摇该原则的主导地位。

与自己危险化不同,合意的他者危险化仅在部分情况下才由受害人自我答责。在1923年的梅梅尔河案中,船夫反复警示旅客暴雨与洪水,但仍在旅客的催逼之下渡河,结果翻船致死,帝国最高法院判决船夫无罪。⑤ 类似的无罪判决很多,如艾滋病案⑥与小货车案⑦。不过,

---

① Vgl. Claus Roxin, Zum Schutzzweck der Norm bei fahrlässigen Delikten, in: Festschrift für Wilhelm Gallas zum 70. Geburtstag, Berlin 1973, S. 252.

② Vgl. Rudolf Rengier, Strafrecht AT, 7. Aufl. 2015, § 13, Rn. 81. BGHSt, 32, 262. BGHSt 53, 60. 不过,德国也存在区分否认说与危险来源说等其他观点,本文不再展开,详见周子实:《危险接受理论的历史考察与概念界分——以德国为镜评我国的研究现状》,载《东南法学》2016年第2期。

③ Vgl. BGHSt 24, 342 ff.

④ Vgl. BGHSt 32, 262ff.

⑤ Vgl. RGSt, 57, 172ff.

⑥ Vgl. BayObLG JR 1990, 473.

⑦ Vgl. OLG Zweibrücken JR 1994, 519 f.

在一些其他案件中,如汽车冲浪案[①]与加速测试案[②],法院却又作出了有罪判决。究竟采用了哪一种标准进行出罪,判决并没有形成明确的规则;客观归责说还是承诺说,在学界同样争议不断。一个经常被提及的疑难情形是,如果乘客明知司机醉酒仍要求乘车,若发生交通事故致死,其死亡结果是由乘客自我答责还是由司机承担?无论如何,可以肯定的是,合意的他者危险化具有出罪效果,在德国有着众多的支持者。

(二)侵权法上的受害人承诺与受害人自冒风险

1. 受害人承诺

与英美侵权法上的受害人同意以及德国刑法上受害人承诺相比,德国民法中的受害人承诺一直很少被人关注,[③]《德国民法典》中并未将其规定为违法阻却事由;同时,根据德国通说,受害人承诺也并非法律行为,因此只能依据《德国民法典》第138条通过考察其行为是否违背善良风俗或者乘人之危来进行权衡。[④] 通常情况下,受害人承诺只有在涉及个人法益时且在财产案件和医疗行为中才能免除责任。[⑤]

对于侵害生命的案件,理论界争议较大的是安乐死,比如,医生应病人要求对其实施安乐死,尽管按照刑法构成犯罪,但是医生是否也同时应承担民事赔偿责任?按照目前的通说,生命是不可自行处分的最高法益,受嘱托杀人(包括实施积极的安乐死)不仅构成犯罪,在民法上也不能排除民事赔偿责任,不过消极的安乐死则不承担民事责任,[⑥]

---

① Vgl. OLG Düsseldorf NStZ – RR 1997, 325.

② Vgl. BGHSt 53, 55.

③ Vgl. Ansgar Ohly, „Volenti non fit iniuria" Die Einwilligung im Privatrecht, Tübingen 2002, S. 1.

④ 参见刘文杰:《论德国侵权法中的不法性》,载《环球法律评论》2007年第3期。

⑤ Vgl. Erwin Deutsch, Hans-Jürgen Ahrens, Deliktsrecht, 4. Auflage, Köln 2002, S. 50.

⑥ Vgl. Rolf Schmidt, Schuldrecht Besonderer Teil II, 10. Auflage, 2015, SS. 213 – 214.

这与刑法中的做法是一致的。此外需另行指出的是,帮助自杀的不承担民事责任,这也与刑法上的做法保持了一致。[①]

对于人身伤害案件,是否违背善良风俗成为是否免除民事责任的标准,《德国刑法典》第228条在此发挥着重要的参考价值。[②] 对善良风俗的认定在刑法与侵权法上保持着高度一致,比如,甲为牟取暴利而卖血,与乙达成卖血协议,尽管该民事合同因违背善良风俗而无效,但是乙对其的抽血行为在刑法上和侵权法上都不违背善良风俗,因此承诺有效,在刑法与侵权法上都阻却了抽血行为的违法性。[③] 相类似地,在奥地利民法上,尽管自冒风险被认可为侵权法上的正当化事由之一,但是通常只适用于财产侵权,对于人身伤害,只有轻微损伤与为受害人利益时的承诺才有阻却违法性的效果。[④] 因此,对于受害人承诺只能依据《德国民法典》第254条"过错相抵"(Mitverschulden,又译为共同过错或混合过错)来减轻行为人的民事责任。

2. 受害人自冒风险

受害人自冒风险这一概念在德国民法中早已有之。我国有学者声称,"在德国,自冒风险……作为一种完全的抗辩,即绝对地排除被告的责任",[⑤]这是完全错误的。关于受害人自冒风险与受害人承诺的关系以及对受害人自冒风险的处理方式,德国法院在历史上几经反复。帝国最高法院起先认为受害人自冒风险是自己危险化,不同于受害人承诺,但之后的一些案件中又将它作为默示的受害人承诺进行处理。[⑥]

---

① Vgl. Rolf Schmidt, Schuldrecht Besonderer Teil II, 10. Auflage, 2015, S. 214.

② Vgl. Erwin Deutsch, Hans-Jürgen Ahrens, Deliktsrecht, 4. Auflage, Köln 2002, S. 50.

③ Vgl. Lenckner/Sternberg-Lieben, Schönke/Schröder Strafgesetzbuch, 29. Auflage 2014, Vorbemerkungen zu den § § 32 ff., Rn. 38.

④ Vgl. Peter Apathy (hrsg.), Bürgerliches Recht, Band III, Schuldrecht, Besonderer Teil, 4. Auflage, Wien 2010, S. 172.

⑤ 参见汪传才:《自冒风险规则研究》,载《法律科学》(西北政法大学学报)2009年第4期。

⑥ Vgl. Ansgar Ohly, „Volenti non fit iniuria" Die Einwilligung im Privatrecht, Tübingen 2002, S. 39.

在 1961 年的一个重要判决中，联邦最高法院指出，乘客让一个不会驾驶的人开车，若发生事故致乘客损害，不算具有阻却违法性的承诺，但是可以根据《德国民法典》第 254 条“过错相抵”减轻赔偿（第 254 条是由第 242 条的“诚信原则”引申而来）。① 判决中一个重要理由就是，当时此类情形在刑法中无法出罪，法院有义务维持法秩序的统一性。自那时起，受害人自冒风险就不再是阻却违法性的事由，而以自己危险化的名义依据《德国民法典》第 254 条成为减轻责任的事由，之后绝大多数此类案件都是通过这种方式得到了解决。② 目前德国民法学界争议的焦点是，《德国民法典》第 254 条是否以及在何种程度上可以适用于受害人自冒风险；通说认为，对于受害人自冒风险，一般应当适用《德国民法典》第 254 条，但在特殊情况下也可以直接通过排除构成要件该当来免除责任。③

不过，笔者认为，德国民法学界将自冒风险等同于自己危险化的认识已经过时了，应当吸收刑法学界 20 世纪 70 年代之后的理论成果，将自冒风险区分为自己危险化与合意的他者危险化，比如前述 1961 年的案件就属于典型的合意的他者危险化。自己危险化与合意的他者危险化之间的差异其实相当显著，这在刑法学界已成为通说。不对二者进行区分，并在此基础上进行分别讨论，就无法对自冒风险进行更为深入的研究。

在自冒风险案件中，参与体育竞技是比较特殊的一类情况。德国民法学界有观点认为，参与体育竞技不属于自冒风险，而属于承诺，④ 这是一种从结果倒推原因的错误认识。参与体育竞技当然属于自冒风险，只是在部分情况下视为承诺进行处理。德国司法实践中的具体作法是：参与极度危险的体育竞技如拳击、格斗与赛车，视作对损害结果

---

① Vgl. BGHZ 34 355ff.

② Vgl. Ansgar Ohly, „Volenti non fit iniuria“ Die Einwilligung im Privatrecht, Tübingen 2002, SS. 226, 121.

③ Vgl. Dirk Looschelders, Die Mitverantwortlichkeit des Geschädigten im Privatrecht, SS. 64 – 65.

④ Vgl. Wolfgang Fikentscher, Schuldrecht, 9. Auflage, Berlin 1997, S. 317.

的承诺;参与其他危险度较低的体育活动,如果遵守了竞赛规则,则排除责任,如果没有遵守竞赛规则而致人损害,则需要按照过错相抵的规则承担民事责任。①

(三)总结:常态的刑民关系

刑民关系问题,在德国法学理论被包含在"法秩序的统一"(Einheit der Rechtsordnung)之中。对于"法秩序的统一"的呼吁在德国法学界由来已久,②最出名的,莫过于Engisch的那句名言:"一个行为不能既被禁止又被需要,或者既被禁止又被允许。"③德国法院接受了这一理念,并体现在若干判决之中。④ 当然,批评的声音不绝于耳,"部门法自洽说"在德国同样有广泛的支持者。⑤ 具体到刑民关系这部分,也有学者主张分而视之,⑥佐证其观点的一个例子是,儿童同意他人损害其物品,在刑事上排除了违法性,但是在民事上根据《德国民法典》第104条(无行为能力)却刚好相反。⑦ 其实,这种刑法评价为不违法但民法评价为违法的现象恰是刑民关系的正常状态,如果刑民评价颠倒过来,那才是刑民关系的异化。应当说,实现部门法之间绝对的法秩序的统一既不应当也不可能,但是,实现部门法之间的相对统一却是必要且可能的,这在刑民关系中就体现为违法评价的单向关系。

对于受害人承诺,德国刑法与民法在排除违法性上保持了高度一

---

① Vgl. Hans-Joachim Mertens, Bürgerliches Gesetzbuch mit Einführungsgesetz und Nebengesetzen, Band 2/1, Schuldrecht I/1, Stuttart 1986, SS. 367－368.

② Vgl. Manfred Baldus, Die Einheit der Rechtsordnung, Berlin 1995.

③ Engisch, Einheit der Rechtsordnung, Heidelberg 1935, S. 53.

④ Vgl. Bverf 13, 331ff. BverwG 17, 207ff. BverfG 12, 45ff.

⑤ Vgl. Thomas Würtenberger, Über „Wertfreiheit" und „Einheit der Rechtsordnung" im Steuerrecht, in: Finanz-Rundschau 1966, S. 22.

⑥ Vgl. Ansgar Ohly, „Volenti non fit iniuria" Die Einwilligung im Privatrecht, Tübingen 2002, S. 113ff.

⑦ Vgl. Ansgar Ohly, „Volenti non fit iniuria" Die Einwilligung im Privatrecht, Tübingen 2002, S. 116.

致。在财产案件中,受害人承诺通常能够完全免除刑事责任或侵权责任;在侵害生命的案件中,受承诺而杀人(包括积极安乐死)既承担刑事责任又承担民事责任,而消极安乐死被同时排除了刑事责任与民事责任;在人身伤害案件中,善良风俗确定了刑法与民法中受害人承诺的边界。

对于受害人自冒风险,刑法的出罪门槛比民法上的免责门槛更低。在民法上,不区分自己危险化与他者危险化,自冒风险通常不能免除民事责任,只能减轻民事责任。在刑法上,自己危险化与他者危险化被明确区分,前者通常能够免除刑事责任,而后者在许多情况下也能够起到出罪的效果。因此,在受害人自冒风险案件中,行为人往往刑事不违法但民事违法,这符合刑民关系的常态。

在德国,刑民关系之所以和谐,有两方面的原因。直接原因是受害人在德国刑法中地位不断提高。传统的德国刑法学也是以行为人为中心,受害人在其中几乎没有地位。自20世纪40年代以来,犯罪学中的受害人研究对刑法学产生了深远的影响,受害人在犯罪中的作用成为刑法学所关注的对象。正是在这一背景之下,以受害人自由决定权为哲学基础的受害人自我答责理论逐渐流行开来,受害人的意志得到了刑法层面越来越多的尊重。可以说,这种趋同方式与英美法系的刑民评价趋同方式恰巧相反。刑民关系和谐的根本原因是德国的实务界与学术界都普遍注重“法秩序的统一”,民事法官与民法学者在断案与研究时都主动参考与借鉴刑法规则与刑法理论,自觉地维护了刑民评价的一致性,尽最大可能避免了刑民关系的异化。

四、中国法上的受害人承诺

我国目前正处于《民法典》编纂的关键时刻,受害人承诺与受害人自冒风险在将来的《民法典》中如何规定,关系重大,影响深远。因此本文的重点是,从刑法的角度出发,对受害人承诺与受害人自冒风险的民法问题提供思路,即民法上应如何规定才能够最大限度地实现刑民关系的和谐。

(一)受害人承诺与受害人自冒风险的区分

受害人承诺与受害人自冒风险之间有着显著的差异,这在我国刑法学界和民法学界都已成为共识。一方面,承诺者对于损害结果的发生通常明知且希望,而自冒风险者是抱着侥幸的心理,内心深处是抗拒损害结果发生的;另一方面,自冒风险中的加害人对于损害结果多是过失心态,而承诺中的加害人则通常抱着故意的心态实施加害。因此,不能说承诺的抗辩效果就一定比自冒风险强。在研究中国的情况时,应当将受害人承诺与受害人自冒风险进行区分,分别讨论其中的刑民关系问题。

(二)刑法上的受害人承诺:司法现状与理论前沿

我国《刑法》并未将受害人承诺规定为正当化事由,不少学者呼吁在立法中予以明确化。[①] 在我国司法实践中,受害人承诺排除了部分犯罪的犯罪构成的成立,因为违背受害人意志本就是犯罪构成要件之一,比如强奸罪、非法侵入住宅罪、盗窃罪、故意毁坏财物罪等。[②] 但是对于人身损害案件,受害人承诺无法起到出罪效果。受嘱托杀人的,成立故意杀人罪,但是在量刑中属于酌定量刑情节,可以起到从轻处罚的效果。受承诺而故意伤害他人,同样不能阻却犯罪成立。在2015年的一个案件中,被告人郑某、李某与被害人王某某共属一碰瓷团伙,为诈骗他人,两名被告人经被害人同意将其打至轻伤,上海市第二中级人民法院认定二人成立故意伤害罪,其理由是:"我国刑法只明文规定了正当防卫、紧急避险两种违法性阻却事由,被害人承诺不属于我国刑法规定的违法性阻却事由,故郑某、李某等人在被害人王某某同意的情形下

---

① 参见张亚军:《被害人承诺新论》,载《中国刑事法杂志》2005年第4期。

② 参见张明楷、黎宏、周光权:《刑法新问题研究》,清华大学出版社2003年版,第343页。

打伤王某某手臂,不影响本案中郑某、李某犯故意伤害罪的认定。”[①]总的来说,承诺在中国刑法中的效力不及其在德国法中的效力,但与英美法上相差无几。

我国学界对于受嘱托杀人的处理方式基本不存在争议,但是对于受承诺伤害的处理方式存在异议,普遍认为受害人承诺应当在一定情况下具备出罪的效果。在具体的出罪标准上,有的主张以是否违背善良风俗为标准,有的主张以是否造成生命危险为标准,有的主张绝对不可罚;[②]还有的主张仅在“以特别残忍的手段致人重伤造成严重残疾”的情况才可罚。[③] 前文提及过,根据德国判决,善良风俗的判断标准就是是否造成了生命危险,因此在德国,第一种主张与第二种主张本就是一致的。不过,笔者认为,要达到生命危险的程度在我国并不恰当,它会导致出罪门槛过低,而以伤势的现行鉴定标准作为判断标准在实践中更具有可操作性,对于轻伤承认其出罪的效果,对于重伤则只能进行减轻责任。相较于修改法律,出台明确的司法解释可能是将受害人承诺理论在实务中贯彻的更佳途径。

(三)侵权法上的受害人承诺:现状、趋势及意见

依据我国现行民法规定,受害人承诺并非独立的抗辩事由,与德国一样,我国通过过错相抵的方式减免行为人的责任。旧《民法通则》第131 条规定了过错相抵原则:“受害人对于损害的发生也有过错的,可以减轻侵害人的民事责任。”依据此条,最高人民法院《关于审理人身损害赔偿案件适用法律若干问题的解释》第 2 条规定,“受害人对同一损害的发生或者扩大有故意、过失的……可以减轻或者免除赔偿义务人的赔偿责任。但侵权人因故意或者重大过失致人损害,受害人只有

① 上海市第二中级人民法院(2015)沪二中刑终字第 992 号判决书。

② 参见黎宏:《被害人承诺问题研究》,载《法学研究》2007 年第 1 期。

③ 参见车浩:《论被害人同意在故意伤害罪中的界限——以我国〈刑法〉第 234 条第 2 款中段为中心》,载《中外法学》2008 年第 5 期。

一般过失的,不减轻赔偿义务人的赔偿责任”。2010年生效的《侵权责任法》第26条规定:“被侵权人对损害的发生也有过错的,可以减轻侵权人的责任。”第27条规定:“损害是因受害人故意造成的,行为人不承担责任。”

在人身伤亡案件中,受害人承诺固然可以依据《侵权责任法》第26条减轻行为人的责任,但是否可以依据该法第27条免除行为人责任呢?如果按照字面解释,损害是因受害人故意造成的,那么就应当免除行为人的责任。但是,这种结论不仅从民法原理本身出发就存在问题,而且从刑民关系角度出发也是不可行的。它会异化刑民关系,使刑事违法但民事不违法的局面常见多发。比如,医生受病人嘱托对其实施安乐死,在刑法上是故意杀人罪,不能说他就不需要承担民事责任了。因此,只能按照第26条减轻民事责任,才能出现刑事与民事上同时违法的刑民关系常态。这一观点同样适用于教唆、诱发、帮助自杀,因为这种行为在我国司法实践中也被认定为有罪,尽管它并不属于受害者承诺的理论范围。

我国民法中关于受害人承诺的发展趋势是,原则上承认其免除责任的效果,但是设置了严格的界限。张新宝教授主持的《中国民法典·侵权行为编草案建议稿》第17条规定:“受害人同意加害人对其实施加害行为……加害人不承担民事责任……受害人同意的内容违反法律和善良风俗的,不发生免除加害人民事责任的效力。”王利明教授主持的《中国民法典草案建议稿》第1851条也有类似规定。杨立新教授主持的《侵权责任法司法解释草案建议稿》第58条也规定,同意加害人对在受害人同意的范围内造成的损害免除赔偿责任,但是造成对方人身伤害或者因故意或者重大过失造成对方财产损失的除外。不难看出,在造成人身伤亡的案件中,受害人承诺无法实现免除民事责任的效力,此时也只能运用过错相抵的规则予以减轻责任。在中国当前司法实务中,这种情况符合刑民关系的常态,是应当得到肯定的。

五、中国法上的受害人自冒风险

(一)刑法上的受害人自冒风险:司法现状与理论前沿

受害人自冒风险,是我国刑法学界近年来才开始关注的问题,学界积极引入了德国的理论。对于自己危险化,大多数论者都接受了受害人自我答责的观点;对于合意的他者危险化,部分论者认可其出罪效果,部分论者否认其出罪效果。① 不过,受害人自冒风险理论在我国司法实践中尚未得到普遍认同,即使是自己危险化,在很多情况下也无法起到出罪效果,比如,怂恿他人下水游泳致人溺亡,司法实践中就认定怂恿者构成过失致人死亡罪。

(二)侵权法上的受害人自冒风险:现状、趋势及批判

在侵权法上,我国对于受害人自冒风险通常也采取了过错相抵的做法。《侵权责任法》生效之前,2009 年徐州的一个案件中,甘某醉酒驾驶发生交通意外,导致乘客孙某死亡。甘某并没有被追究交通肇事罪的刑事责任,但是被孙某的家人起诉要求承担民事赔偿责任。甘某辩称,孙某明知其醉酒仍搭车,应减轻其赔偿义务。该案法官认为此案属于自冒风险,适用于过错相抵规则,于是根据最高人民法院《关于审理人身损害赔偿案件适用法律若干问题的解释》第 2 条的规定,减轻了

---

① 参见冯军:《刑法中的自我答责》,载《中国法学》2006 年第 3 期;王俊:《危险接受理论的法理思考》,载《刑事法评论》(第 24 卷),北京大学出版社 2009 年版,第 379 ~ 401 页;王海桥、马渊洁:《被害人自冒风险的刑事归责——论自我负责原则》,载《中国刑事法杂志》2011 年第 1 期;张明楷:《刑法学中危险接受的法理》,载《法学研究》2012 年第 5 期;江溯:《日本刑法上的被害人危险接受理论及其借鉴》,载《甘肃政法学院学报》2012 年第 6 期;江溯:《过失犯中被害人自陷风险的体系性位置》,载《北大法律评论》(第 14 卷第 1 辑),北京大学出版社 2013 年版,第 115 ~ 142 页;车浩:《过失犯中的被害人同意与被害人自陷风险》,载《政治与法律》2014 年第 5 期。

甘某的赔偿责任。[1]《侵权责任法》生效之后,第 27 条免除责任的规定并不适用,因为受害人毕竟不是故意追求损害结果的发生,因此,对于受害人自冒风险,也只能适用第 26 条的减轻责任规定。

在我国民法学界,自冒风险理论的发展趋势是,借鉴英美法,由减轻责任效果为主的过错相抵规则,转变为以具有免除责任效果的独立抗辩事由。张新宝教授主持的《中国民法典 · 侵权行为编草案建议稿》第 17 条与杨立新教授主持的《侵权责任法司法解释草案建议稿》第 60 条均将自冒风险规定为一种具有免除民事责任效果的抗辩事由,但是违反法律或者社会公共道德的,不得免除。从刑民关系的角度来看,这种转变是值得怀疑的。与受害人承诺不同,在涉及人身伤亡时,受害人自冒风险在很多情况下很难说违背了法律或公共道德,按照前述观点就能够成为民事免责事由,而这将导致刑民关系出现异化。受害人自冒风险在我国刑法学界尚处于研究的起步阶段,在司法实践中也没有成为被广泛认可的规则。如果它成为具有免除民事责任的抗辩事由,就会导致某行为刑事上违法而民事上不违法的异化局面,有损法律体系内部的和谐。王利明教授主持的《中国民法典草案建议稿》并没有将自冒风险规定为抗辩事由之一,笔者认同这种作法。

也许有人会说,问题不在民法而在刑法的现有规则,在民法上确立自冒风险的免责原则之后,刑法上也应当尽快跟进,甚至可以更进一步,让民法条文的效力延伸至刑法领域以实现直接出罪,也就是民法条文直接对刑法教义学的理解产生影响。但是,从刑法层面来看,自冒风险能够免除刑事责任的观点其实目前尚不具备足够的说服力。其一,我国刑法学界对于自己危险化由受害人自我答责的原则几乎不假思索地全盘接受,这需要检讨。在德国,受害人自冒风险由完全不考虑受害人过错骤然转变为以受害人自我答责为原则,是从一个极端走向了另一个极端。无论是联邦最高法院的两次推论,还是学界各种学说,其实都没能阐释令人信服的理由,更何况司法实践中存在诸多例外情形。大多数情况下,很难说其他参与人就完全没有责任。德国刑法学界同

① 参见徐州市鼓楼区人民法院(2009)鼓民一初字第 3194 号生效民事判决书。

样存在反对自我答责的声音,比如 Puppe 认为,实际上只有在恣意且没有合理原因的自己危险化情况下,才应当由受害人自我答责。[①] 其二,在德国,自己危险化的推论基础是参与自己损害(如帮助自杀)不承担刑事责任,但是这种情形在中国是可罚的,因此中国不应也无法直接照搬德国的论证模式,需要思考其他的理论路径。我国大多数学者是从哲学层面的自己决定权进行抽象的论证,只有张明楷教授从刑法理论本身进行了论证,但他的共犯从属性解释路径也具有明显的缺陷。[②] 在结论上,张明楷教授主张自己危险化绝对出罪也并不合理。[③] 其三,合意的他者危险化,无论是在德国还是在中国,都是一个争议极大的问题,我国学界目前倾向于否认其出罪的效果。应当说,在自己危险化的出罪效果都成疑问时,合意的他者危险化就更缺乏出罪的理论根基了。

即使不考虑刑民关系的因素,自冒风险成为侵权法上的免责事由也没有足够的理由。在民法学界内部,自冒风险作为独立抗辩事由已经遭受到了质疑。[④] 在笔者看来,与刑法上一样,自冒风险由受害人自我答责仅仅具有哲学上的根据,而缺乏法学层面的理论与实践支持。英美国家不断限制自冒风险的民事免责效力,而德国早已否认了它的民事免责效力,转而采用过错相抵规则。我国学界却试图将它规定为独立的免责事由,这岂非与世界潮流背道而驰?

(三)本文观点

本文认为,受害人自冒风险的出罪效果需要建立在更为深入的理论探讨与更为广泛的共识达成之上,当前的理论争议与司法实践情况尚不具有足够的支撑力。对于 Puppe 所言的"恣意且没有合理原因的

---

① Vgl. Ingeborg Puppe, Die Selbstgefährdung des Verletzten beim Fahrlässigkeitsdelikt, ZIS 6/2007, S. 253.

② 参见张明楷:《刑法学中危险接受的法理》,载《法学研究》2012 年第 5 期。

③ 同上。

④ 参见廖焕国、黄芬:《质疑自甘冒险的独立性》,载《华中科技大学学报》(社会科学版)2010 年第 5 期。

自己危险化”这种少数情况,可以通过《刑法》第 13 条的“但书”规定不认为其是犯罪,或者按照正当业务等正当化事由进行出罪(如医疗手术)。其他情况下,受害人自冒风险只可以成为酌定量刑情节,在量刑时发挥从轻处罚的效果。相应地,至少从刑民关系和谐的角度出发,民法上目前也不宜将自冒风险作为具有免责效果的抗辩事由,而应维持过错相抵的现行做法,以减轻责任为原则,免除责任为例外。如此,一个行为在刑法与民法上就可同时被评价为违法,而不会出现刑事违法民事不违法的尴尬局面;从轻处罚与减轻民事责任也体现出法律顾及了自冒风险的情节。

当然,承担民事责任但未被追究刑事责任的情形也会出现,但这是符合刑民关系常态的。在我国,最典型的是在劝酒致死案中,如果劝酒者在受害人醉酒后尽到了充分的照管与救治义务,通常就不承担刑事责任,但是仍需承担民事责任。2012 年 12 月 3 日,受害人刘某与八位被告喝酒期间,通过玩扑克牌比大小方式来定输赢,输者喝酒。玩牌结束之后,大伙又起哄让受害人刘某与被告黄乙对喝,后两人对喝完一大碗米酒后一起昏倒在地,被告黄甲见状即打“120”电话求救,“120”救护车到来时,受害人刘某已经死亡。2013 年 2 月受害人刘某的家属以黄甲、黄乙、黄丙、黄丁、胡某、许某、吴某、黎某为被告起诉至法院要求赔偿因受害人刘某死亡所造成的损失 23.7 万元。在该案中,受害人的过错也减轻了劝酒者的赔偿责任。①

医疗行为与体育运动损害是自冒风险问题中的特殊情况。无论是在英美还是在德国,对于此两类行为都予以了特别的关注。无论是在刑法上还是在侵权法上,相比于其他情形,自冒风险在这两类案件中都具有更强的抗辩效果。因此,有必要制定单独的民事规则,以区别于对一般案件的处理,同时,也应当注重刑法评价与民法评价的一致。这是一个需要细致与深入研究的课题,本文在此不再展开。

---

①　参见马小梅:《劝酒过量致人死亡,谁担责?》,载 http://court.gmw.cn/html/article/201303/19/122955.shtml,最后访问日期:2017 年 12 月 2 日。

On the Consent of Victims and Assumption of Risk of Victims from Relations between Criminal Law and Civil Law

—A Comparative Perspective based on Common Law Legd System and Germany

Zhou Zishi

[**内容摘要**]对于人身损害案件,在英美法中,由于受害人承诺与受害人自冒风险在刑法与侵权法上的抗辩效力存在差异,因此存在着刑法评价违法而民法评价不违法的异化局面,但是刑民评价随着侵权法的转变而逐渐趋同。在德国法中,刑法与侵权法关于受害人承诺保持着高度一致,受害人自冒风险则可能在刑法上被评价为不违法但在民法上被评价为违法,两种情形均符合刑民关系的常态。对于我国而言,为了实现刑民关系的和谐,需要对受害人承诺与受害人自冒风险进行刑法与民法上的整体思考。在《民法典》制定中,受害人承诺可以成为受到严格限制的免责事由,而受害人自冒风险尚不宜成为免责事由,仍应维持过错相抵的现行做法。

[**关键词**]人身损害;受害人承诺;自冒风险;刑民关系;过错相抵

Abstract: In the Anglo-American law, the case of personal injury which includes the victim's consent or the assumption of risk can be evaluated illegal in criminal law, but not illegal in tort law, which results in an inappropriate relationship between criminal and civil law, but the change of the tort law lead to a convergence between these two evaluations. In German law, the attitudes of criminal law and tort law towards the victim's consent maintain a high degree of consistency, and the case of the assumption of risk can be assessed not illegal in the criminal law, but illegal in civil law, which is acceptable and normal. In order to achieve a harmonious relationship between criminal law and civil law in China, the victim's consent and the assumption of risk should be considered as a whole in both criminal and civil law. In the formulation of the Civil Code, the victim's consent can be a defense with strict limits, while the assumption of risk should maintain the rule of contributory negligence.

Keywords: Personal injury; Consent; Assumption of risk; Relationship between criminal and civil law; Contributory negligence

〔国际刑法〕

叶真理引渡案及其对我国境外追逃的启示*

张　磊**　徐建龙***

目　次

一、基本案情

叶真理(Zhenli Ye Gon),1963 年 1 月 31 日出生于中国上海,1990 年被所任职的中国制药公司派往墨西哥工作。2002 年加入了墨西哥国籍,后在墨西哥首都墨西哥城成立了 Unimed 制药公司。根据墨西哥当时的法律,在获得政府授权之后可以进口麻黄碱和伪麻黄碱类物质,并在墨西哥国内生产制造。Unimed 制药公司在取得墨西哥政府的

---

* 本文系国家社科基金项目"法治反腐背景下境外追逃问题研究"(14BFX001)的阶段性成果。

** 北京师范大学刑事法律科学研究院副教授、法学博士,博士生导师,二十国集团(G20)反腐败追逃追赃研究中心副主任。

*** 北京师范大学刑事法律科学研究院硕士生。

授权之后,一直从事麻黄碱和伪麻黄碱的进口业务。2005 年 7 月,墨西哥政府发现部分进口入境的精神类药物被挪用于制作毒品甲基苯丙胺,[①]并由此开始着手削减已获得进口精神类药物授权的公司数量。Unimed 公司也被取消了授权,但在被取消授权之后,该公司依然从事着精神类药物的进口,并于 2006 年 4 月开始生产精神类药物。[②] 2007 年 3 月,墨西哥司法机关在 Unimed 公司位于托卢卡(Toluca)的工厂查获了在那里存放的麻黄碱、伪麻黄碱和其他精神药物的样品,同时还在叶真理位于墨西哥城的办公室找到了 12 包盐酸伪麻黄碱粉末和一把抹掉了序列号的手枪,在叶真理住宅中的主卧室的一个隐蔽的房间中发现了 4 支武器和超过 2.05 亿美元的现金,[③]创造墨西哥历史上单次缴获赃款最大金额。2007 年 3 月 16 日,墨西哥针对叶真理向国际刑警组织发出"红色通缉令",同年 6 月 13 日发布逮捕令。2007 年 7 月,叶真理在美国华盛顿一家餐馆里被捕。2008 年 6 月,墨西哥向美国提出引渡叶真理的请求。2016 年 9 月 18 日,叶真理被美国引渡回墨西哥,[④]至今墨

---

① 在 2002 年至 2004 年,墨西哥认识到伪麻黄碱等精神类药物的进口远远超过合法需求,政府制定了一系列限制进口和更好地规范精神类药物的条例和政策。首先,在 2004 年至 2005 年,墨西哥政府采取了控制进口数量、限制主体资格、提高监管程度等措施来加强对精神类药物的监管;2007 年 9 月,墨西哥政府实施更加严厉的管制措施,决定不会再颁发进口麻黄碱、伪麻黄碱和含有这些化学品的产品的许可证,并要求麻黄碱和伪麻黄碱产品的销售商必须在 2009 年之前将剩余的含有这些化学品的产品的处理掉。参见 InternationalNarcoticsControl Strategy Report,载 https://www.state.gov/j/inl/rls/nrcrpt/2008/vol1/html/100775.htm,最后访问日期:2017 年 4 月 20 日。

② *Zhenli Ye Gon*, *Petitioner* v. *Floyd Aylor*, *Warden*, *et al.*, the Supreme Court of the United States. On Petition for a Writ of Certioari to the United States Court of Appeals for the Fourth Circuit.

③ *Zhenli Ye Gon*, *Petitioner* v. *Floyd Aylor*, *Warden*, *et al.*, the Supreme Court of the United States. On Petition for a Writ of Certioari to the United States Court of Appeals for the Fourth Circuit.

④ *Andrew* V. *Pestano*, U. S. extradites Chinese-Mexican businessman in meth case, available at https://www.upi.com/Top_News/World-News/2016/10/19/US-extradites-Chinese-Mexican-businessman-in-meth-case/6241476883591/ccessed on Dec. 10, 2017.

西哥尚未完成针对叶真理的审理程序。①

二、叶真理案在美国的诉讼程序

美国围绕叶真理同时展开了两个诉讼程序:美国指控叶真理犯走私毒品犯罪的刑事诉讼程序,围绕墨西哥针对叶真理提起的引渡请求展开的关于引渡诉讼程序。

(一)美国针对叶真理在美国实施犯罪所提起的指控

2007 年 7 月,叶真理在美国华盛顿一家餐馆里被捕。由于除了在墨西哥的犯罪以外,叶真理所控制的工厂还将其制造的化学药加工成伪麻黄碱等精神药物,卖给毒贩大量输入到美国,所以还涉嫌在美国实施了走私毒品罪。基于此,2007 年 6 月 15 日美国司法当局向美国哥伦比亚特区地方法院提起了刑事指控,指控叶真理阴谋帮助和教唆毒品制造,并走私到美国。② 因此,对于叶真理向美国走私毒品的行为美国拥有管辖权。但是在案件审理过程中,由于数名关键性的证人或翻供或拒绝出庭,2009 年 8 月,美国哥伦比亚特区地方法院驳回了起诉,③美国针对叶真理的诉讼到此为止。

---

① 由于本文主要关注美国和墨西哥之间针对叶真理的引渡程序,所以本文不涉及墨西哥本国针对叶真理案件的诉讼程序。

② *Zhenli Ye Gon*, *Petitioner* v. *Floyd Aylor*, *Warden*, *et al.* , the Supreme Court of the United States. On Petition for a Writ of Certioari to the United States Court of Appeals for the Fourth Circuit.

③ Jorge Carrasco, Mexico, the DEA, and the Case of Zhenli Ye Gon, available at http://www. washingtonpost. com/wp-dyn/content/article/2008/10/28/AR2008102801364. html ccessed on Dec. 10, 2017.

(二)美国针对墨西哥提起的引渡请求所展开的诉讼程序

由于叶真理是在美国被逮捕,所以墨西哥对叶真理进行审判的前提是将叶真理引渡回国。引渡是指一国应他国的请求,将处于本国境内而在他国受到刑事追诉或者已被判刑的人,依照一定程序移交请求国,以便对其进行审判或者处罚的制度。引渡要以互惠或者双边条约为前提,①对此不同的国家有不同的规定。美国在引渡合作中坚持"条约前置主义",以两国签订有双边引渡条约为前提,同时美国排斥将国际公约作为引渡合作的依据。② 美国和墨西哥在1978年5月4日签署了《美利坚合众国与墨西哥合众国签署的双边条约》(以下简称《美国和墨西哥引渡条约》),该条约奠定了美国和墨西哥引渡合作的主要法律依据,第1条就明确规定双方有对在对方领域内实施犯罪的人开展引渡合作的义务。③

在各国国内法关于引渡程序的规定中,都包括主动引渡程序和被动引渡程序,调整本国分别作为请求国和被请求国与他国所开展的引渡活动。主动引渡,又称为请求引渡,是指请求国请求将犯罪嫌疑人、被告人或者已经在他国被审判的人引渡回国的活动,指的是请求国的行为。被动引渡,又称被请求引渡,是指一国向其他国家引渡犯罪嫌疑人、被告人、已判刑人的活动,指的是被请求国的行为。④ 在墨西哥和

---

① 黄风:《国际刑事司法合作的规则与实践》,北京大学出版社2008年版,第3~4页。

② 张磊:《境外追逃中的引渡替代措施及其适用——以杨秀珠案为切入点》,载《法学评论》2017年第2期。

③ 《美国和墨西哥引渡条约》第1条规定:"双方同意根据本条约针对已经因为在请求国领域内实施的犯罪而被指控,被定罪,或被判处剥夺自由刑罚的人开展引渡合作。针对在请求国领域之外实施的犯罪,在符合下列条件的情况下,被请求国也应当同意引渡:(1)被请求国对于在同样条件下实施的犯罪也规定了刑罚;(2)被请求引渡人是请求国国民,请求国根据该国法律对该人有管辖权。"

④ 参见黄风:《国际刑事司法合作的规则与实践》,北京大学出版社2008年版,第19~43页。

美国围绕叶真理开展的引渡合作中,墨西哥是请求国,美国是被请求国,所以双方的合作就要依据墨西哥法律中的主动引渡程序和美国法律的被动引渡程序开展,其中美国的被动引渡程序是本案涉及的主要程序。美国被动引渡程序的法律依据,除了美国和墨西哥的双边引渡条约之外,还有《美国法典》第 18 编。①

在对他国引渡请求的审查上,各国一般采取双重审查模式,即分别由被请求国的司法机关和行政机关针对该案件进行审查。根据行政审查和司法审查结合模式不同,又分为“行政审查—司法审查—行政审查”模式,“行政审查—司法审查模式”和“司法审查—行政审查模式”。美国采取的是最后一种模式,即先由美国司法机关对于外国的引渡进行全面审查,之后再由政府机关最终决定是否引渡。② 具体来说,外国的引渡请求一般由该国驻美国大使馆向美国国务院提出,美国国务院初步审查后将引渡材料交给美国司法部,由该部所属的国际事务办公室对于引渡请求进行形式要件的审查,然后将材料交给被请求引渡人发现地的联邦地区法院,由该法院审理判断请求方所提交的请求引渡材料是否达到了“合理根据”的标准。在法院裁决同意引渡之后,由美国国务院也就是国务卿最终对于该引渡请求作出裁决。③ 一旦国务卿签署了引渡令,除非逃犯由于特殊原因导致中止,否则美国的警察机关将会采取措施实施引渡程序。④

2007 年 3 月,叶真理在墨西哥案发之后就消失了。3 月 16 日,墨西哥向国际刑警组织发出“红色通缉令”,同年 6 月 13 日对叶真理发布了逮捕令。2007 年 5 月,消失了两个月的叶真理在美国高调亮相,并

① 《美国法典》,第 18 编,第 209 章,第 318 条至第 3196 条。

② 黄风:《国际刑事司法合作的规则与实践》,北京大学出版社 2008 年版,第 89 ~ 90 页。

③ 黄风、赵林娜主编:《境外追逃追赃与国际司法合作》,中国政法大学出版社 2008 年版,第 279 ~ 281 页。

④ Bruce Zagaris, Julia PadiernaPeratta, Mexico-United States Extradition and Alternatives, From Fugitive Slaves to Drug Traffickers – 150 Years and Beyond the Rio Grande's Winding Courses, *American University International Law Review*, Volume 12.

在纽约和华盛顿接受了美国媒体的采访,采访中他指控墨西哥政府对其进行政治迫害,声称其豪宅内所藏的2亿美元左右的巨款中的1.5亿美元都是墨西哥总统竞选的非法经费。① 同年7月,叶真理在美国华盛顿一家餐馆里被捕,美国司法机关针对其向美国走私毒品的行为进行指控。2008年6月9日,墨西哥依据《美国和墨西哥引渡条约》以涉嫌参加组织犯罪、涉毒品犯罪、非法拥有武器、洗钱罪等多项罪名向美国请求引渡叶真理。在经过美国国务院的初步审查,司法部国际事务办公室的形式审查之后,引渡请求被递交给了哥伦比亚特区地方法院。② 2009年10月23日,墨西哥副总检察长莱奥波尔多·贝拉尔德·奥尔蒂斯称,叶真理日前向美国司法机关承认,他确实曾在黑市上贩卖数吨可用来制造去氧麻黄碱(冰毒)的化学药品。③ 2011年2月9日,美国判决将叶真理引渡至墨西哥受审。④ 但叶真理其律师一直设法利用美国法律所规定人身保护令、上诉等多种救济措施推迟引渡时间,直到美国最高法院2016年最终驳回其上诉。⑤ 2016年9月18日,叶真理由美国法警陪同由美国弗吉尼亚抵达墨西哥首都墨西哥城,⑥被交给墨西哥刑侦调查局(AIC)的工作人员,之后他将被送至墨西哥

---

① 《头号华裔大毒枭叶真理:无疑是个"人物"》,载 https://m.sohu.com/n/268412555/,最后访问日期:2018年1月2日。

② *Zhenli Ye Gon*, *Petitioner* v. *Floyd Aylor*, *Warden*, *et al.*, the Supreme Court of the United States. On Petition for a Writ of Certioari to the United States Court of Appeals for the Fourth Circuit.

③ 《墨西哥称叶真理已承认贩毒 期待美引渡华裔"毒枭"》,载 http://news.163.com/09/1025/09/5MFA51V70001121M.html,最后访问日期:2018年1月2日。

④ "Ye Gon still isn't gone", Avaiblable at http://voices.washingtonpost.com/crime-scene/del-quentin-wilber/ye-gon-still-isnt-gone.html, auessed on Jan. 2. 2018.

⑤ Mark Sherman, "Alleged drug trafficker jailed in U. S". Available at http://usatoday30.usatoday.com/news/topstories/2007-07-24-290799915_x.htm, auessed on Jan. 2. 2018.

⑥ *Andrew* V. *Pestano*, U. S. extradites Chinese-Mexican businessman in meth case, Available at https://www.upi.com/Top_News/World-News/2016/10/19/US-extradites-Chinese-Mexican-businessman-in-meth-case/6241476883591/, auessed on Jan. 2. 2018.

中部安全级别最高的高原联邦监狱(Altiplano)等待审判。①

叶真理涉嫌的犯罪事实主要在墨西哥实施,但是由于多数证据随着时间的推移而消失,使对于叶真理的多数指控难以进行。有资料显示,2007至年2008年,墨西哥当局和美国毒品管制局在墨西哥和美国逮捕了超过30个与叶真理有关联的人,但是这些涉案的大多数人都因缺乏证据而未遭起诉。而且,虽然他被引渡回墨西哥后面临12项指控,但是多数都没有有力证据。② 事实上,2008年6月9日,墨西哥基于《美国和墨西哥引渡条约》向美国提起的引渡请求中,主要涉嫌叶真理的四项犯罪:参加犯罪组织,意图进行毒品犯罪和洗钱犯罪;数种毒品罪,包括进口和运输精神药物以及利用这些精神药物意图制造毒品持有违禁武器罪;洗钱罪。③

根据《墨西哥联邦刑法典》的规定,叶真理的行为涉嫌在墨西哥构成以下犯罪:(1)有组织犯罪。《墨西哥联邦刑法典》第164条规定,参加三人或者三人以上的以实施犯罪为目的的组织或者匪帮的,处5年至10年监禁,并处100日至300日罚金。如果任何警察机构的公务员参加该组织的,前款所指的刑罚应当加重1/2,同时撤销其公共雇用、公共职务、公共委托并且剥夺其从事其他雇用、职务、委托的资格1年至5年。如果属于墨西哥武装部队的退役成员、预备役成员、现役成员的人参加该组织的,前款所指的刑罚应当加重1/2。根据该条之规定,如果参加三人或者三人以上的以实施犯罪为目的组织的,可能构成有组织犯罪。叶真理实施毒品犯罪,是其组织多人共同实施的,涉嫌构成

① 《墨西哥一华人被从美国遣返家中曾搜出2亿美金(图)》,载 http://news.ifeng.com/a/20161022/50140841_0.shtml,最后访问日期:2017年8月11日。

② 《墨西哥华商涉毒案近10年悬而未决　豪宅藏2亿美元》,载 https://news.qq.com/a/20161030/000374.htm,最后访问日期:2018年2月3日。

③ Zhenli Ye Gon, Petitioner v. Floyd Aylor, Warden, et al., the Supreme Court of the United States. On Petition for a Writ of Certioari to the United States Court of Appeals for the Fourth Circuit.

有组织犯罪。[①] (2)制作、持有、交易、转换毒品罪。《墨西哥联邦刑法典》第193条和第194条的规定,在不具有墨西哥《卫生基本法》规定的合法授权的情况下,生产、运输、交易等与毒品有关的行为,依照《墨西哥联邦刑法典》均可构成法典第七编第一章规定的罪名。[②] 在墨西哥政府采取措施限制精神类药物的进口后,叶真理的Unimed公司下属工厂依然从事盐酸伪麻黄碱等精神类药物和甲基苯丙胺半成品的加工,并将伪麻黄碱售于毒贩,[③]涉嫌构成制作、持有、交易、转换毒品罪。(3)持有、储存违禁武器罪。根据《墨西哥联邦刑法典》第160条之规定,行为人在不具有合法目的的情形下,持有、制造、进口、储存用于攻击而不是用于生产活动或娱乐活动的器具的,构成持有、存储违禁武器罪,将被处以3个月至3年监禁,并处罚金和没收财产。墨西哥当局在叶真理办公室搜到四支序号已经被刻意抹掉的手枪,如果有证明其持有该手枪没有合法目的,其将构成持有违禁武器罪。(4)洗钱罪。《墨西哥联邦刑法典》第400条A规定:"明知是衍生于或者代表非法活动收益的任何性质的资源、权利、财物,出于藏匿、力图藏匿这些资源、权利、财产或者隐瞒、阻碍查明其来源、位置、最终用途、所有权人或者鼓励任何非法活动目的,亲自或者通过中间人对之予以获取、处分、管理、保管、转换、寄存、设定担保、投资、在国内运输或转移、运输或转移到国外、运输或转移到国内的"构成交易来源非法的财产罪。[④] 在本案中,叶真理对明知来自非法活动中的财物,特别是处理Unimed公司制造精神药物所获得资金上,并没有向有关机关报告财物的来源或者用途,涉嫌构成洗钱罪。

---

① 《墨西哥联邦刑法典》,陈志军译,中国人民公安大学出版社2010年版,第71页。

② 同上书,第85、86页。

③ 经过美国检察机关的侦查,在叶真理实际控制下制造的一些化学药品被加工成了伪麻黄碱等精神药物,并售与了毒贩,这也是美国司法机关起诉叶真理的犯罪事实之一。参见Zhenli Ye Gon v. Floyd Aylor. No. 14-1131,美国联邦最高法院判决书。

④ 转引自《墨西哥联邦刑法典》,陈志军译,中国人民公安大学出版社2010年版,第194页。

三、叶真理引渡程序中的理论问题

为了抗拒引渡，叶真理曾经利用美国关于引渡制度的相关规定，多次对引渡程序提出异议，力图阻碍引渡程序的进展：

（一）双重犯罪原则

引渡中的双重犯罪原则是指引渡请求所指行为依照请求国和被请求国的法律均构成犯罪，是罪刑法定原则在国际刑事司法合作领域的体现。[①] 该原则是美国在开展引渡合作中坚持的重要原则，在美国同其他国家缔结的所有引渡条约中都规定了双重犯罪原则。例如，《美国和墨西哥引渡条约》第 2 条第 1 款规定：故意实施本条约附录所规定的犯罪行为，并且根据双方法律规定至少被判处 1 年以上有期徒刑的犯罪，是可引渡犯罪。而叶真理所涉嫌的制作、持有、交易、转换毒品罪、持有、储存违禁武器罪、洗钱罪等均符合上述规定。[②]

在具体到认定标准上，双重犯罪的界定既不要求两国对于该犯罪的罪名完全相同，也不要求对于刑事责任或者刑罚的规定是完全相同，只要涉案行为在两国管辖权范围内都构成犯罪即可。由于美国存在联邦和州两个司法系统，如果他国想要从美国引渡逃犯，在双重犯罪的认定上，既可以是联邦法律也可以是州法律。同时如前所述，根据《美国和墨西哥引渡条约》之规定，这里的犯罪还必须是故意实施该条约附录所规定的 31 种犯罪，而且被请求引渡人必须被判处 1 年有期徒刑以上刑罚。在审理叶真理一案时，叶真理曾经以违反双重犯罪原则对抗

---

① 参见黄风：《国际刑事司法合作的规则与实践》，北京大学出版社 2008 年版，第 7 页。

② 该条约附录规定了 31 种犯罪，其中第 12 种为接受或者运输任何金钱、有价值的债券或者其他非法犯罪收益罪，第 14 种为非法持有、生产、制造、进出口毒品或者危险物品罪，第 19 种为违法持有违禁武器罪。

引渡,但是被美国法院驳回,因为在该案中,墨西哥指控的每一项行为都将是作为美国法律下的重罪。①

(二)一事不再理原则

一事不再理(ne bis in idem)原则,也被称为禁止双重危险原则(rule against double jeopardy),指在刑事诉讼中不能因为同一事实针对同一被告人进行两次审理并给予两次处罚。美国宪法第五修正案明确规定:任何人不得因同一犯罪行为而两次遭受生命或身体的危害,从而确立了一事不再理原则。美国在引渡中坚持一事不再理原则,多数同他国签订的引渡条约中均包含有在被请求引渡人面临双重惩罚或者双重危险时禁止引渡的条款。《美国和墨西哥引渡条约》第6条规定"当被请求引渡人已经因为被请求引渡的犯罪而在被请求国被起诉,被请求方审判、定罪或宣告无罪的,不得准予引渡"。

规定禁止双重危险原则的同时,美国的引渡条约中也明确规定在某些情形下不违反一事不再理原则。例如,《美国和英国引渡条约》第5条规定:"1. 当某人在被请求国就同一犯罪已经被判处有罪或者宣告无罪,那么应当拒绝引渡。2. 如果被请求引渡人已经在第三国针对同一行为被判处有罪或者宣告无罪,也应当拒绝引渡。3. 但是被请求引渡国主管机关的下列事实不得拒绝引渡:(a)已经决定针对被请求引渡的行为不起诉某人;(b)针对被请求引渡人所开始的任何刑事诉讼程序已经中断;或者(c)仍然在就行为人被提起引渡的同一行为针对其继续调查。"该条首先明确了如果行为人在请求国或者第三国因为同一行为被判处有罪或者无罪应当拒绝引渡,同时强调如果被请求国主管机关针对被请求人的诉讼程序已经决定不起诉,诉讼程序中断等情况下,可以引渡,并不违反一事不再理原则。类似的规定还有《美国和玻利维亚引渡条约》第V(2)条也规定:"当某人在被请求引渡国已

① 毒品犯罪、黑社会性质的犯罪、洗钱犯罪,都是在国际刑法中严厉打击的犯罪,在《美国法典》中对这些行为也有规定。

经因为引渡涉及的罪行被判处有罪或者宣告无罪,应当拒绝引渡应当。但是引渡不得因为下列事实被拒绝:被请求国主管机关已经决定不再就同一行为针对行为人起诉,或者中断了针对行为人上述行为已经开始的诉讼程序。"①

在本案中叶真理辩称,美国针对自己关于毒品犯罪的指控与墨西哥引渡请求中指控的犯罪相同。如果将其引渡到墨西哥,就违反了一事不再理原则,希望美国通过"一事不再理条款"拒绝将自己引渡到墨西哥。② 法官经过审理认定否定了叶真理就该部分的辩护。法院认为:墨西哥的指控与美国起诉书中涉及毒品相关犯罪的指控不同,叶真理不符合《美国和墨西哥引渡条约》中规定的"被请求引渡人已被指控、被审判、被定罪或被宣告无罪"这一情形。基于此美国地方法院作出此裁决,认为引渡叶真理并不违反一事不再理原则。

(三)特定性原则

引渡合作中的特定性原则是指,引渡合作的请求方只能针对引渡请求所列举的并且得到被请求国引渡准予的特定犯罪对被引渡人实行追诉或者执行刑罚,不得擅自将该人再引渡给任何第三国,而且应当严格遵守自己就追诉或量刑问题向被请求国所作出的承诺。③ 美国所签订的许多引渡条约都规定了特定性原则,该原则主要是为了保障被请求引渡人的利益,防止请求国以引渡请求之外的罪行针对被请求引渡人起诉。在相同罪行的判断上,只要求是针对被引渡人的同一犯罪事

---

① 类似的规定还有:《美国和斯里兰卡引渡条约》第 5 条;《美国和特立尼达和多巴哥引渡条约》第 5 条;《美国和巴哈马引渡条约》第 5 条;《美国和约旦引渡条约》第 5 条;《美国和匈牙利引渡条约》第 5(1)条。

② *Zhenli Ye Gon*, *Petitioner* v. *Floyd Aylor*, *Warden*, *et al.*, the Supreme Court of the United States, On Petition for a Writ of Certioari to the United States Court of Appeals for the Fourth Circuit.

③ 黄风:《国际刑事司法合作的规则与实践》,北京大学出版社 2008 年版,第 12 页。

实,而不要求必须以同一罪名起诉。也就是说,请求国的起诉只要是针对在引渡请求中阐明的同一事实即可,而不是强制性要求起诉和引渡请求中的指控必须完全一致。但是,如果是在引渡之后实施的罪行,或者是被请求国同意,或者该人在被引渡回请求国后离开请求国,后又自愿回到请求国的,或者是在引渡回请求国后可以离开请求国而在一定时期之后没有离开的,可以进行起诉。《美国和墨西哥引渡条约》第 17 条规定:“(1)根据本条约引渡的人不能够因为引渡批准的犯罪之外的其他犯罪而在请求国被羁押,审判、惩罚,或者被引渡给第三国,除非:(a)他在被引渡后离开了请求国领土,后又自愿回到该国;(b)他在被引渡回请求国被释放之后 60 天之内没有离开该国领土;(c)被请求国同意因为引渡批准之外的犯罪对该人进行羁押、审判、惩罚,或者将其引渡给第三国。上述规定不适用于行为人在被引渡之后实施的犯罪……”

在叶真理引渡的审理中,叶真理在辩解的时候曾提到墨西哥在引渡请求之外对他提出了额外指控,不应当被引渡回墨西哥。美国地方法院对此解释说叶真理的这项请求并不成立,因为叶真理的引渡“尚未发生”,而且虽然美墨引渡条约中载有其他可以对其加以审判的例外情况,但是叶真理并不符合这些条件。①

(四)政治犯罪不引渡原则

引渡合作中的政治犯罪不引渡原则是指如果被请求引渡的犯罪是政治犯罪,应当拒绝引渡。政治犯罪例外原则的核心是对于政治犯罪的界定。美国引渡条约中,对于政治犯罪外延的界定有以下特征:(1)将具有政治或者歧视动机的犯罪视为政治犯罪。例如,《美国和墨西哥引渡条约》第 5 条第 1 款规定:“如果引渡所针对的犯罪是政治犯

---

① *Zhenli Ye Gon*, *Petitioner* v. *Floyd Aylor*, *Warden*, *et al.*, the Supreme Court of the United States, On Petition for a Writ of Certioari to the United States Court of Appeals for the Fourth Circuit.

罪或者具有政治因素，应当拒绝引渡。如果适用前款规定有任何疑问，由被请求国的行政机关决定。再如，《美国和牙买加条约》（1991 年 7 月 7 日生效）第Ⅲ（2）条规定："在下列情况下引渡应当被拒绝：（b）虽然声称是可引渡犯罪，但是引渡请求事实上是基于某人的种族、宗教、国籍或者其政治观点而对其进行起诉或者惩罚，或者（c）该人是由于种族、宗教、国籍或者政治观点而被缉捕，并因此而似乎不能得到公正审判或者惩罚，羁押，限制人身自由"。（2）将恐怖犯罪、暴力犯罪等排除在政治犯罪之外。为了避免政治犯罪概念的扩大，成为部分国家庇护被请求引渡人的幌子，美国的引渡条约将部分犯罪排除在政治犯罪之外，不得将此类犯罪以政治犯罪为理由而拒绝引渡。例如，《美国和墨西哥引渡条约》第 5 条第 2 款规定："为了本条约之目的，下列犯罪不被认为是第 1 款所规定的犯罪：（a）针对一国元首或者政府首脑或者其家庭成员所实施的谋杀以及其他针对生命和身体健康的故意犯罪；（b）缔约国根据多边国际公约有义务起诉的犯罪。"再如，《美国和匈牙利引渡条约》（1997 年 3 月 18 日生效）第 4（2）条规定："为了本条约之目的，下列犯罪不应当被认为是政治犯罪：a. 针对本国或者缔约方的国家元首，或者其家庭成员的谋杀或故意犯罪……c. 谋杀，故意杀人，或者其他涉及人身伤害的犯罪；d. 涉及绑架或者其他形式的非法拘禁的犯罪，包括挟持人质；e. 放置或者使用能够危害生命或者造成严重人身伤害，严重财产损害的爆炸性，纵火性或者毁坏性的器械的犯罪；f. 密谋或者任何形式的共同实施第 2 条第 2 款规定的犯罪，或者犯罪未遂，或者参与实施前述犯罪的行为。"

在叶真理引渡案件当中，2007 年叶真理在接受媒体采访时候曾经声称，墨西哥豪宅内所藏的 2 亿美元巨款中的 1.5 亿美元都是墨西哥总统竞选的非法经费，他是受胁迫而储藏这些经费，墨西哥政府对其进行政治迫害。但是，其所实施的有组织犯罪，毒品犯罪，持有违禁武器罪，洗钱罪等，均为普通的刑事犯罪，并不是政治犯罪。

(五)人身保护令

美国的引渡司法审查程序主要是由刑事诉讼的法律加以调整的,从一定意义上讲,它可以被理解为刑事诉讼的特别程序。根据美国的法律制度,任何受到羁押的人都有权向联邦地区法院申请“人身保护令”(writ of habeas corpus)。该命令是针对政府非法拘禁的一项救济措施,也被称为自由大令状,任何被剥夺人身自由的人都可以向法庭申请,法庭签发后要求实施羁押的人把被羁押的人带到法庭说明为何羁押以及继续羁押的理由。因为被请求引渡而被羁押的人,也可以向联邦地区法院申请该命令,针对引渡羁押提出质疑。接受申请的联邦地区法院将审查以下内容:作出羁押决定的法庭对于引渡程序和被请求引渡人是否有管辖权,引渡国提起的引渡请求是否符合双边引渡条约以及美国国内法,是否有合理根据认为被请求引渡人实施了犯罪,证据是否合法,引渡涉及的罪行是否属于政治犯罪,人身保护请求是否存在法律错误等。当事人不服联邦地区法院裁决的,可以向联邦巡回法院提起上诉。仍然不服的还可以申请上诉法院重申案件,如果被拒绝,还可以申请将案件移送至美国联邦最高法院审理。① 因此从法律程序上来看,被请求引渡人可以通过申请“人身保护令”的程序,援用美国刑事诉讼的相关规则,获得进一步的法律救济,将司法审查程序拖得很长。在本案中,叶真理曾经向美国弗吉尼亚西区地方法院申请人身保护令状,随后被该法院驳回。②

---

① 《美国法典》第 2101 条。

② *Zhenli Ye Gon*, *Petitioner* v. *Floyd Aylor*, *Warden*, *et al.*, the Supreme Court of the United States, On Petition for a Writ of Certioari to the United States Court of Appeals for the Fourth Circuit.

四、叶真理引渡案对于我国境外追逃的启示

在全球化的背景下，犯罪国际化趋势日益明显，犯罪分子携款外逃现象频繁发生，特别是美国、加拿大、澳大利亚等国已经成为犯罪分子潜逃的主要国家。2014 年以来，我国陆续开展了以“猎狐行动”“天网行动”等为代表的境外追逃追赃专项行动，取得了突出的成绩。但是当前我国从美国追回的犯罪嫌疑人相对较少，一个突出原因就是中美之间尚没有双边引渡条约，所以，关注美国引渡制度，关注他国与美国开展引渡合作的典型案例，从中总结经验教训，对于推动我国与美国的境外追逃合作具有重要意义。从叶真理案件我们可以得出以下启示：

（一）境外追逃要坚定信心、持之以恒

美国坚持条约前置主义，开展引渡合作原则上需要以双边条约的存在为前提，但是我们也应该看到，双边引渡条约只是引渡开展的前提，并不意味着双方的追逃合作能够在短时间内进行。美国和墨西哥是邻国，两国之间早在 1978 年就签订了双边引渡条约，即便如此，在叶真理案件当中，叶真理 2007 年出逃到 2016 年被引渡回墨西哥，中间经历了 9 年时光。在此期间，在墨西哥和美国开展引渡合作的同时，叶真理也在采取各种措施对于引渡程序提出质疑，力图尽量延缓引渡程序的进行，同时美国还对叶真理在美国的犯罪进行起诉。最终能够引渡回国，是美国和墨西哥多年共同努力的结果。自 2014 年以来，我国开展了系统的境外追逃，例如以“天网行为”“猎狐行动”为代表的境外追逃追赃专项行动，取得了突出的成绩，境外追逃中最难啃的硬骨头——“百名红通人员”，[①]截

① 张磊：《从“百名红通人员”归案看我国境外追逃的发展》，载《北京师范大学学报》（社会科学版）2017 年第 3 期。

至 2017 年 9 月 25 日也被追回了 46 名,[①]表面上看来都是在短短几年内取得的成绩,但是我们应该看到,每一个追回的外逃人员凝聚了我追逃人员的大量心血,是我国同他国多年来开展国际合作的结果。特别是与国外合作开展非法移民遣返,异地追诉和引渡合作的案件,都涉及其他国家乃至国际社会的视角对于我国刑事司法制度的评价问题,而评价过程本身都不是短时间内能够完成的。如赖昌星案件,从赖昌星 1999 年出逃到 2011 年,历经 12 年才被追回。[②] 黄海勇引渡案,从黄海勇 1998 年出逃,到 2016 年被引渡,追逃 18 年,引渡 8 年,其间更是历经各种艰辛曲折。[③] 通过叶真理案我们应当明确,任何国家之间,引渡合作的开展都会经历漫长的诉讼程序,都难以在短时间内完成。所以,在境外追逃的案件当中,面对西方发达国家烦琐诉讼程序甚至是故意刁难,我们一定要坚定信心,持之以恒,以咬定青山不放松的精神,与外逃人员比拼意志,斗耐力,一定能够将其追逃回国。

(二)熟稔对方引渡、遣返等基本法律制度

作为西方发达国家,美国的引渡制度较为完善,不仅有美国法典进行了规定,而且和 100 多个国家签订了双边引渡条约,对于引渡制度规定了一系列的重要原则,例如政治犯不引渡,双重犯罪原则,特定性原则等,同时还规定了一系列的保障犯罪嫌疑人权益的诉讼程序,例如人身保护令制度。这些制度虽然在很大程度上延缓了引渡程序的开展,但是我们也应该看到,该程序的确在维护犯罪嫌疑人权方面起到重要作用。所以,我们在和西方国家开展引渡合作的时候,一定要认真研究对方的法律制度,正如习近平总书记所强调的,在境外追逃追赃国际合

---

① 《"百名红通人员"徐雪伟回国投案》,载 http://www.ccdi.gov.cn/special/ztzz/ztzzjxs_ztzz/201709/t20170925_107819.html,最后访问日期:2017 年 9 月 27 日。

② 关于赖昌星案件的详细内容请参见赵秉志、张磊:《赖昌星案件法理研究》,载《政法论坛》2014 年第 4 期。

③ 关于黄海勇引渡案的详细内容请参见赵秉志、张磊:《黄海勇引渡案法理问题研究》,载《法律适用》2017 年第 4 期。

作中,我们"要加强对国际规则和国际组织情况的研究,深入了解和掌握有关国家的相关法律和引渡、遣返规则。要及时了解和掌握国际反腐败最新动态,提高追逃追赃工作的针对性"。[①] 具体来说,我们在开展引渡合作中,一定要查清行为人所涉及的犯罪如果在被请求国实施是否构成犯罪,可能会判处多重的刑罚,避免在提起引渡请求的时候违反双重犯罪原则;在引渡回国之后,严格按照批准引渡的犯罪追究犯罪嫌疑人刑事责任,并且不得引渡给第三国,避免违反特定性原则。在对于腐败犯罪分子提起引渡请求的时候,提供证据证明该犯罪仅仅是普通刑事犯罪,没有政治性的因素,避免外逃人员利用政治犯罪不引渡原则对抗引渡等。只有认真研究并熟稔对方法律规则,并严格遵守,才能最大限度避免对方因为请求方的法律技术员原而延缓甚至搁置引渡程序的进行。

(三)在实践中创造条件推动与美国签订引渡条约的进程

当前,虽然我国尚未和美国签订引渡条约,但是我们也已经成功采取劝返、非法移民遣返、异地追诉等措施从美国追回大量犯罪嫌疑人。[②] 例如,我们采取上述三种措施最终从美国劝返百名红通人员杨秀珠,[③]采取异地追诉从美国追回余振东,等等。也就是说,即使没有引渡条约,中美之间也已经开展了成功的境外追逃国际刑事司法合作。但是我们也应当看到,作为世界上最强大的国家和法治较为发达的国

① 《在十八届中央政治局常委会第七十八次会议上关于加强反腐败国际追逃追赃工作的讲话》,载中共中央纪律检查委员会、中共中央文献研究室编:《习近平关于党风廉政建设和反腐败斗争论述摘编》,中央文献出版社、中国方正出版社 2015 年版,第 101 页。

② 关于百名红通人员的归案情况及其分析的详细内容请参见张磊:《从"百名红通人员"归案看我国境外追逃的发展》,载《北京师范大学学报》(社会科学版)2017 年第 3 期。

③ 关于杨秀珠案件的详细内容请参见张磊:《境外追逃中的引渡及其替代措施的适用——以杨秀珠案为切入点》,载《法学评论》2017 年第 2 期。

家,美国与他国签订引渡条约,实际上是美国对于他国刑事司法制度的认可与肯定,是对于该国刑事司法制度信任的表现。而美国对于他国司法制度的态度,对于其他国家也具有无形的影响与推动。所以,我们在采用其他措施与美国开展追逃中,在外逃人员回国之后,一定要充分保障其诉讼权利,严格遵循在合作中对于美国政府以及犯罪嫌疑人所作出的承诺,依法对其进行审判,通过一个一个追逃的案例,向美国和国际社会证明中国刑事法治建设所取得的成就,增强对于中国法治的信任与认可,创造与其缔结引渡条约的条件,致力于建立长期的中美国际合作关系,从而全面推动整个国际社会对于中国司法制度认可,推动境外追逃追赃在全世界范围内良性循环的展开。

The Case of Zhen li Ye Gon Extradition and Its Enlightenment to Chinese Fugitive Repariation

Zhang Lei & Xu Jianlong

[**内容摘要**]华裔毒枭叶真理 2016 年 10 月从美国引渡回墨西哥。叶真理涉嫌有组织犯罪、毒品犯罪、洗钱犯罪等多种犯罪,他的成功引渡引起了国际社会的广泛关注。叶真理引渡案涉及美国引渡中的双重犯罪原则、一事不再理原则、特定性原则、政治犯罪不引渡原则、人身保护令制度等问题。借鉴叶真理引渡案的成功经验,我们应当对于境外追逃抱有正确的心态,严格按照对方法律要求提出引渡请求和证据材料,在实践中创造条件推动与美国签订引渡条约的进程。

[**关键词**]引渡;双重犯罪原则;一事不再理原则;特定性原则

Abstract:The drug trafficker of Chinese descent, Zhen li Ye Gon, was extradited from the United States back to Mexico in October 2016, He was suspected of organized crime, drug crime, money laundering and other crimes. Ye's successful extradition has aroused wide concern of the international society. The extradition case of Zhen li Ye Gon relates to many principles in American extradition, such as the principle of double criminality, the principle against double jeopardy, the principle of speciality, the principle of non-extradition of political offence, and the system of habeas corpus. Learning the successful experience from this extradition, we should have the correct mentality of escaping abroad, make extradition request and present evidential materials in accordance with the legal requirements of the requested country strictly. What's more, we should create conditions to promote the process of signing extradition treaty with the United States in practice.

Keywords: Extradition; The principle of double criminality; The principle against double jeopardy; The principle of speciality

〔刑事执行法〕

论我国监狱法修改的若干问题 *

吴宗宪 ** 王 辉 *** 张崇脉 **** 王志强 *****

目 次

1999年12月29日颁布的《中华人民共和国监狱法》(以下简称《监狱法》),经过2012年10月26日的修改后,解决了一些法律冲突和其他方面的重大问题,但是,仍然存在不少需要改进之处。为此,我们撰写这份报告,供未来修改《监狱法》时参考。

---

* 本文是吴宗宪主持的中国法学会2015年度部级课题《〈监狱法〉修改研究》[项目编号:CLS(2015)C35]的部分成果。

** 北京师范大学刑事法律科学研究院教授、博士生导师。

*** 法学博士、北京工业大学讲师。

**** 法学博士,浙江警官职业学院副教授。

***** 北京师范大学刑事法律科学研究院在读博士研究生,天津商业大学副教授。

一、修改《监狱法》的理论问题

在研究如何进一步修改和完善监狱法的过程中,应当认真考虑相关理论问题。这些理论问题涉及的内容,是修改《监狱法》时应当予以考虑的重要基础。

(一)适应我国社会的发展变化

监狱是社会的组成部分之一,监狱工作的运行是在社会的大背景下进行的,监狱工作的顺利进行,有赖于相关的社会环境条件。因此,《监狱法》的修改,必须考虑我国社会的发展变化。在此次修改《监狱法》的过程中,特别重视了我国社会的下列发展变化:

1. 我国社会的经济发展水平

监狱是和平年代中经济消耗最为昂贵的社会机构之一,监狱的发展必须考虑经济发展水平。监狱的最初建设和日常运行,都要耗费巨大的社会资源。对于发展中国家是这样,对于经济发达国家也是这样。美国的一些监狱研究者就曾经指出,"监禁是一项昂贵的选择。在最高警戒度监狱中监禁一名犯人花费的资金,可以让一名学生在这个国家最好的一些大学中读书;可以在社区中监督 20 ~ 25 名缓刑犯人或者假释犯人;可以向数千名穷人提供热饭菜"。[①] 在我国,尽管国家监狱主管部门没有发布监狱经济花费方面的统计资料,但是,根据笔者长期以来对于监狱系统经济花费的观察和估计,近些年来我国监狱中每监禁一名罪犯的年度花费在人民币 3 万元左右。[②] 因此,监狱领域中各个方面的建设和发展,特别是相关人员的配置、相关设施的配备和运

---

① Jeanne B. Stinchcomb and Vernon B. Fox, *Introduction to Corrections*, 5th ed. , Upper Saddle River Prentice-Hall, 1999, pp. 219 - 220.

② 这个数值是指国家在监狱系统投入的经费总额与监狱罪犯总数相除后的平均数。

行、相关制度的建立和落实等,都要以强大的经济实力作为后盾。在社会的经济发展水平较低的情况下,监狱的建设和发展要适应这种情况,监狱系统不可能脱离整个社会的经济发展水平而运行。在整个社会经济发展水平较低时,国家不能在监狱系统投入过多的经费,否则,就会引起多种负面效果。只有在社会的经济发展水平有了显著提高,国家的综合经济力量有了很大的发展之后,才可以考虑在监狱领域增加经费投入,才能进一步完善需要花费经济资源的人、财、物、制度等。自1994年颁布《监狱法》以来,我国的经济力量有了快速的发展,到2010年时,中国的国内生产总值(GDP)超过日本,居世界第二;[①]到2015年时,我国的国内生产总值总量在20余年间增长了约13倍。[②] 我国经济的发展,为国家各个方面的发展提供了必要的经济基础,在这个基础上,才能在修改《监狱法》时考虑进一步完善监狱的人员、设施、制度等方面的革新与发展。所以,我们对于《监狱法》的修改中,充分考虑了我国社会中的经济发展水平。

2. 依法治国理念的确立发展

监狱制度的发展应当考虑整个国家的法治建设环境。在我国,法治理念的确立和法律制度的发展,对于监狱领域中法律制度的发展提出了新的要求。自第九届全国人民代表大会第二次会议1999年3月15日通过的宪法修正案中确立了"中华人民共和国实行依法治国,建设社会主义法治国家"的内容后,"法治"的理念逐步确立并深入人心,使我国的法治建设环境有了重要的发展,"法治"理念自身的内容对于人们产生了重大影响。根据权威的解释,"法治"的基本要求是,"对于国家行政机关等'公权'来说,法无授权即禁止,凡是法律没有明确规定的权力,任何国家机关都不得行使;对于公民、法人和其他社会组织

---

① 李宗泽、王欢:《日本公布2010年GDP数据中国超越日本居世界第二》,载http://world.huanqiu.com/roll/2011-02/1494343.html? test=1,最后访问日期:2016年1月21日。

② 根据国家统计局公布的数据,1994年我国GDP总量为48,637.5亿元,2015年GDP总量为685,505.8亿元。参见http://data.stats.gov.cn/easyquery.hem? cn=c01,最后访问日期:2016年7月15日。

等'私权'来说,法无禁止即允许,凡是法律没有禁止的行为,任何机关都不能认为是违法的"。[①] 这意味着,作为国家刑罚执行机关的监狱,必须高度重视制度建设,监狱工作的所有方面都要有法律的明确授权,而不能再像过去那样依靠个人认识或者自觉开展监狱工作,也不能仅仅依靠内部文件、低层次规定等运行。可以说,法治理念要求监狱工作的各个方面,都必须有《监狱法》等立法的明确授权和规定,这对修改监狱法提出了多方面的、很高的要求。

而且,必须看到,在监狱工作中,侵害罪犯权利的风险更大。监狱是国家的刑罚执行机关,它在日常运行过程中,会对其中服刑的罪犯的权利,进行很多的限制甚至剥夺,如果法律制度不完备,很有可能损害罪犯的合法权利。监狱必须更加严格地贯彻"依法治国"的要求,更加严密地规范自己的运行,否则,就会侵犯罪犯的人权,就会违反《宪法》第33条第3款关于"国家尊重和保障人权"的规定。因此,监狱的性质决定了监狱系统对于法治建设的要求更高,这种要求必然要体现在《监狱法》的修改之中,要求修改后的《监狱法》的内容更加详细和完毕,能够给监狱的所有工作提供明确的法律依据。

3. 法律体系形成的要求

通过多年的努力,特别是在"依法治国"入宪以来的更大努力,我国的法律制度有了重要发展,制定、颁布了大量的法律,社会主义法律体系初步建成。国务院新闻办公室2011年10月27日发表的《中国特色社会主义法律体系》白皮书指出,"截至2011年8月底,中国已制定现行宪法和有效法律共240部、行政法规706部、地方性法规8600多部,涵盖社会关系各个方面的法律部门已经齐全,各个法律部门中基本的、主要的法律已经制定,相应的行政法规和地方性法规比较完备,法律体系内部总体做到科学和谐统一,中国特色社会主义法律体系已经

① 本书编写组:《党的十六大报告学习辅导百问》,党建读物出版社、人民出版社2002年版,第182～183页。

形成”。[①] 我国法律体系中的许多法律和行政法规,与监狱工作有不同程度的联系,应当在修改《监狱法》时注意这些立法的内容,将它们整合到监狱法中。

4. 宽严相济刑事政策的贯彻

宽严相济刑事政策的提出,是我国刑事政策发展过程中的重大事件,是对我国刑事政策的重大发展,《监狱法》的修改应当考虑这方面的情况。在 2005 年 12 月 5 日至 6 日召开的全国政法工作会议上,时任中央政法委员会书记罗干提出,要注意贯彻宽严相济的刑事政策。他指出,宽严相济,是“指对刑事犯罪区别对待,做到既要有力打击和震慑犯罪,维护法制的严肃性,又要尽可能减少社会对抗,化消极因素为积极因素,实现法律效果和社会效果的统一”。他又说,“贯彻宽严相济的刑事政策,一方面,必须坚持‘严打’方针不动摇,对严重刑事犯罪依法严厉打击,在稳准狠上和及时性上全面体现这一方针;另一方面,要充分重视依法从宽的一面,对轻微违法犯罪人员,对失足少年,要继续坚持教育、感化、挽救的方针,有条件的可适当多判一些缓刑,积极稳妥地推进社区矫正。”这是中国高层出台宽严相济的刑事政策的重要标志,标志着中国刑事政策的重大转变。[②] 宽严相济的刑事政策是一项具有高度科学性的刑事政策,十分符合心理学、社会学、教育学等多学科的原理,在以后的刑事立法中也得到体现。例如,在 2011 年通过的《中华人民共和国刑法修正案(八)》[③]中,规定“审判的时候已满七十五周岁的人,不适用死刑,但以特别残忍手段致人死亡的除外”的内容,就符合这种政策的精神。因此,在监狱领域中,应当得到充分贯彻和落实宽严相济的刑事政策,在修改《监狱法》时具体体现这种刑事政策的内容。

---

① 中华人民共和国国务院新闻办公室:《中国特色社会主义法律体系》,载 http://www.gov.cn/zwgk/2011 - 10/27/content_1979526.htm,最后访问日期:2011 年 11 月 1 日。

② 参见吴宗宪:《解读宽严相济的刑事政策》,载《中国人民公安大学学报》(社会科学版)2007 年第 1 期。

③ 以下简称《刑法修正案(八)》。

5. 公民法律意识的不断增强

公民法律意识的不断增强，对于监狱工作提出了很高的新要求。这些年来，我国社会的重大变化之一，就是公民法律意识的不断增强。在监狱领域中，这种变化带来的重要结果之一，就是监狱中服刑的罪犯的法律意识也不断提高，对监狱工作带来巨大挑战。由于在监狱服刑的罪犯处于被监管地位，受监狱干警的管理，在过去，即使监狱干警的工作有问题、要求无依据甚至行为违反法律时，罪犯也可能忍气吞声，很少提出异议。但是，随着公民法律意识的不断增强，罪犯的权利观念也不断增强，他们不仅更多地了解和认识了有关的法律规定，而且在其权利遇受侵犯时，会鼓起勇气向监狱干警提出，要求停止侵犯活动或者依法处理所发生的问题。这种状况导致监狱干警普遍反映现在的罪犯难管。为了解决这方面的问题，需要在修改《监狱法》时，尽可能详细地规定监狱中服刑的罪犯、监狱中工作的干警各自的权利和义务，促使他们明确这方面的具体内容，从而为监狱工作的顺利进行提供法律依据。

（二）重视修改立法的价值取向

价值取向就是在判断事物价值所秉持的价值标准和态度倾向。在修改监狱法的过程中，特别重视了下列价值取向：

1. 贯彻落实法治理念

在修改《监狱法》时，努力体现依法治国的理念。根据“法治”理念的要求，对于国家机关等“公权”而言，法无授权即禁止。因此，为了使监狱的执法工作符合法治要求，在修改监狱法时，尽可能地对相关事项作出明确、具体的规定。基于这样的考虑，在修改监狱法时，特别重视了两方面的内容：(1)直接细化相关规定。这意味着，在表述修改的内容时，直接将许多过去缺失或者语焉不详的内容具体化，做出明确的规定。目前的《监狱法》仅仅有 78 条，是一部过于简略的法律，对于监狱运行的很多事项都没有加以规定。为了改革这种状况，在修改《监狱法》时，补充、细化了大量内容。(2)明确授权给监狱主管部门。在修改《监狱法》时,对于一些内容过于具体或者不适合在《监狱法》中明确、具体规定的事项,明确授权国家监狱主管部门制定相关制度。这种授权性规定,可以给国家监狱主管部门制定相关规章等,提供法律依据。从另一方面来看,这种授权性规定也是对国家监狱主管部门提出的完善法制的要求,要求其必须制定相关的规章,保障监狱工作的合法运行和健康发展。

2. 重视增强法律权威

法律规范应当是具有高度权威性的行为规范。与道德和其他社会规范相比,法律规范的显著区别就是法律规范的高度权威性,即法律规范中规定的内容,人们必须切实遵守;如果不遵守,就要以国家强制力保证其得到落实。没有国家强制力作为后盾的法律规范,不可能具有权威性,充其量是一些行为宣言式的文字。对于监狱法而言,也是如此。现行的《监狱法》尽管规定了不少内容,但是,缺乏保障其贯彻落实的内容,没有充分体现国家强制力作为后盾的特征,对于大量的内容没有规定法律责任。为了改变这种状况,为了使《监狱法》的规定切实得到重视和遵守,在修改《监狱法》时,不仅专门增加了一章"法律责任",也在规定相关内容时,增加了刑事司法机关之间互相制约的内容,努力将《宪法》第135条规定的"互相制约"的刑事司法原则体现在《监狱法》的条文中。

3. 重视立法的可操作性

法律规范的可操作性,是保障法律规定得到严格遵守和执行的重要条件。如果法律规范的内容含糊其词,人们可以根据各自的需要进行不同的解释,或者高度概括,内容抽象,与实际工作有很大距离,都会影响甚至损害法律的操作性,使其难以得到贯彻落实。基于这样的考虑,在修改《监狱法》时,对于大量可以具体化的内容,作了详细、具体的表述,努力增强《监狱法》规定的可操作性。这方面的努力有多方面的表现,既有对很多内容的详细、具体的表述,也有对很多概念、词语所下的定义等。

4. 重视理想现实的结合

在修改《监狱法》时,认真考虑了理想与现实相结合的问题。从理论研究和大幅度提高立法质量的角度出发,应当追求理想中的《监狱法》。这意味着,应当有全新的篇章结构,应当有大量理想化的条文表述等;对于新制定一部法律而言,这样的思考和想法可能是合适的。但是,对于修改一部已经颁布的法律而言,必须考虑已经颁布的法律的既有规定。因此,从修改《监狱法》的角度出发,不能提出过于理想化的建议,也不能完全抛开《监狱法》的现有规定而另起炉灶。这就是在修改《监狱法》时对于现实情况的考虑。为了平衡理想和现实的关系,在探讨如何修改《监狱法》时,既提出了一些理想化的建议,也提出了一些较为现实的想法。不过,在撰写《监狱法》修改方案时,主要以现实考虑为指导,努力在《监狱法》的既有规定的基础上,提出如何修改的具体建议。

5. 重视借鉴国际经验

在修改《监狱法》的过程中,注意立法的国际性,恰当解决中国与国际的关系,重视借鉴国际经验,是很重要的。

首先,有利于解决中国的国际问题。这些年来,随着我国对外交流的发展和深入,外国人(包括无国籍人,下同)在中国犯罪的数量不断增加,在我国监狱中服刑的外国人也不断增加,监狱在管理这些外籍犯的过程中,遇到越来越多的国际问题,监狱领域已经成为国际交流的重要领域。因此,在修改《监狱法》的过程中,必须涉及国际交流的内容,借鉴国际社会的良好实践和成功经验,有利于我国监狱系统做好管理外籍犯的工作。

其次,有利于完善中国的监狱制度。如果把人类社会看作一个大的社会,那么,中国就是这个社会中的一个成员。尽管中国有自己独特的历史和文化传统,有自己独特的经济社会条件,这使中国社会区别于国际社会中的其他成员,但是,作为人类社会的成员,中国与国际社会的其他成员之间,应当有很多的共同点,这是中国在其发展中与国际社会的其他成员相互交流、取长补短的重要基础。无论是在开展具体工作的过程中,还是在进行相关立法的过程中,都应当立足中国情况,放眼国际社会,吸收人类社会文明进步的成果,发展我们自己的事业。在修改《监狱法》的过程中重视借鉴国际经验,是我们在监狱工作中吸收人类社会文明进步的成果的重要途径;对于国际社会在监狱领域中有益经验的了解和借鉴,肯定会有助于完善我国的监狱制度,提高我国监狱法的立法质量。

再次,有利于履行中国的国际义务。在监狱系统中值得重视和借鉴的国际经验中,包含了联合国通过的公约、条约以及联合国倡导的一系列宣言、原则、准则等文件中的内容。联合国的这些文件,是国际社会普遍共识和成功经验的重要体现,中国作为联合国的重要成员,有利于遵守所签订的公约、条约中承诺的义务,也有义务践行联合国倡导的普遍共识和一般原则,因此,在修改《监狱法》的过程中,重视吸收联合国相关文件的内容和精神。

在借鉴联合国文件的内容和精神方面,应当注意区分不同的情况。根据联合国文件约束力的强弱,可以将其划分为两类,[①]对不同类型的文件应当有不同的态度和做法:

(1)履行"硬法"规定的义务。所谓"硬法"(hard law),是指具有强制性约束力的国际法,主要是指一国协商签订之后必须遵守的公约(convention)、条约(treaty)、协定(agreement)、规约(statute)等。涉及罪犯法律地位的硬法主要有《禁止酷刑和其他残忍、不人道或有辱人格的待遇或处罚公约》(CAT,联合国大会 1984 年 12 月 10 日通过,中国 1988 年加入)、《公民权利和政治权利国际公约》(ICCPR,1966 年 12 月 16 日在联合国大会上通过;1998 年 10 月 5 日,中国常驻联合国代表秦华孙大使在联合国总部代表中国政府签署了本公约,但是,尚未得到中国人大的批准)、《儿童权利公约》(1989 年 11 月 20 日联合国大会通过,中国 1992 年加入该公约)等。对于中国批准加入的公约、条约等文件中的相关内容,中国必须遵照执行,切实履行在签署和批准时承诺的国际义务。

(2)响应"软法"倡导的精神。所谓"软法"(soft law),是指号召有

---

① Don Stolworthy, *International Standards that Relate to Detentions, Corrections, and Prisons* (*INPROL Consolidated Response*), 10 - 002, International Network to Promote the Rule of Law, 2010, pp. 3 - 8.

关国家和地区遵守但是不具有强制性约束力的规则(rules)、准则(norms)、原则(principles)、宣言(declaration)、指南(guidelines)等。例如,联合国《世界人权宣言》(1948 年通过)、《囚犯待遇最低限度标准规则》(1955 年通过,2015 年修订后再次通过)、《囚犯待遇基本原则》(1990 年通过)、《保护所有遭受任何形式拘留或监禁的人的原则》(1988 年通过)、《预防少年犯罪准则》("利雅得准则",1990 年通过)、《有关医务人员、特别是医生在保护被监禁和拘留的人不受酷刑和其他残忍、不人道或有辱人格的待遇或处罚方面的任务的医疗道德原则》(1982 年通过)、《保护被剥夺自由少年规则》(1990 年通过)等。这类软法是人类文明发展进步的结晶,是人类智慧和经验的总结,体现了人类社会的普遍一致的看法,有助于增强监狱工作的合理性和科学性,我国应当积极响应,在修改《监狱法》时予以重视和参考。

最后,有利于顺应国际上普遍趋势。中国作为国际社会的重要成员,不仅要重视自己的传统和文化,也要重视国际社会中普遍的趋势和做法。如果国际社会中普遍的趋势和做法具有合理性、必要性时,中国也应当注意吸收其中的有益成分,进一步丰富中国的法律制度,以实际行动顺应国际社会的大趋势。这是中国融入国际社会、在国际上树立负责任的大国形象的必要措施。为此,在《监狱法》修改中注意了国际社会监狱领域的一些普遍做法,例如,罪犯的宗教信仰事务,在拟定的修改条文中提出了相关的完善建议。

(三)妥善解决修改的技术问题

在修改《监狱法》的过程中,还重视了对一些技术问题的恰当解决。这些技术问题主要包括下列方面:

1. 注意立法的衔接性

在修改《监狱法》的过程中,注意了《监狱法》与其他相关法律的内容衔接。大体而言,和《监狱法》的内容相关的法律主要有两类,在处理衔接关系时,对于这两类法律采取了不同的处理方法:

(1)刑事法律。这是指规定犯罪与刑罚事务的法律,包括刑法、刑事诉讼法以及正在制定的社区矫正法等。在处理监狱法与这类法律的内容衔接问题时,根据不同法律的性质和调整领域,做了相应处理:属于监狱工作领域的内容,在监狱法中作了详细规定;对于那些与监狱工作有关系但是不属于监狱领域的事务,仅仅作了简略的规定。例如,暂予监外执行方面的不少事项,属于社区矫正法调整的范围,在修改《监狱法》中尽量限制其内容,仅仅规定与监狱关系特别密切的部分,其他大量的内容留待社区矫正法想加规定。

(2)其他法律。这是指规定其他事项的法律,包括宪法以及教育法、公务员法、劳动法等。在处理监狱法与这类法律的内容衔接问题时,将相关的内容吸收到监狱法中,并根据监狱工作的实际情况,拟定了具体的内容。

2. 注意立法的发展性

在修改《监狱法》的过程中,注意吸收在这些年来的监狱工作中发展起来的监狱制度。与时俱进地修改法律是一项重要原则。自 1994 年颁布实施监狱法之后,在 20 多年的监狱工作中,我国监狱制度的许多方面都有了新的发展,这些新的发展不仅体现在监狱实务工作中,成为我国监管改造罪犯的良好实践和成功经验,也体现在国家监狱主管部门等发布的一系列规章等文件中。在修改《监狱法》的过程中,十分注意我国监狱制度的这些新发展,将其中具有普遍性、合理性,适合在《监狱法》中规定的内容,经过提炼、规范之后,写入修改建议中。

3. 重视立法的前瞻性

立法中的前瞻性是指在立法中要考虑未来一段时间内监狱工作的发展趋势并作出相应规定的特性。在立法中重视前瞻性,是增强立法的科学性、维护立法的稳定性、提高立法质量的重要内容。在修改《监狱法》的过程中,我们根据长期以来对监狱工作的系统研究、对未来监狱工作发展趋势的预测判断,对一些内容的表述中体现了前瞻性,以便给了未来监狱工作的开展预留空间。

4. 恰当处理详略关系

在修改《监狱法》的过程中,也注意恰当处理立法中详与略的关系。在拟定修改建议时,对于事关重大、比较敏感的事项,作出尽可能详细的规定,如罪犯死亡的处理;对于相关立法中涉及的内容,一般简略规定,如人民法院决定暂予监外执行。

二、修改《监狱法》的实践问题

自1994年12月29日颁布《监狱法》至今,我国政治、经济、科技、文化等诸方面均发生了深刻变革。伴随社会变革的步伐,社会对监狱工作的要求也越来越高,监狱法面临的实践问题也越来越多。如何进一步适应社会发展的需求,主动应对各种变化,正视在监狱工作中出现的这些实践问题,为国家刑罚执行提供充分的法律依据和可靠的法律保障,是修改《监狱法》时必须认真考虑的问题。

从当前来看,修改《监狱法》时应当考虑的监狱工作中遇到的实践问题,主要有以下四个方面:

(一)我国监狱人口特征发生重大变化

首先,我国监狱押犯数量不断增加。据统计,1994年我国监狱场所685个,押犯人数1,286,208人,[①]2014年押犯增至近170万人,[②]20余年间增长了40余万人。《刑法修正案(八)》实施以后,我国刑罚制度的一些方面更加趋于严厉,罪犯减刑、假释适用条件有所收紧,无期徒刑、死刑缓期2年执行的罪犯减刑幅度受到较大限制。《刑法修正案(八)》第4条对死刑缓期2年执行罪犯的减刑进行了限制,对被判处死刑缓期执行的累犯以及因故意杀人、强奸、抢劫、绑架、防火、爆炸、投放危险物质或者有组织的暴力新犯罪被判处死刑缓期2年执行的犯罪

① 参见本书编委会:《中国司法行政年鉴》(1995年卷),法律出版社1995年版,第1300页。

② 《我国监狱规范管理提高公正文明执法水平监狱持续安全稳定创历年最好水平》,载http://www.legaldaily.com.cn/locality/content/2014-08/04/content_5701644.htm?node=31344,最后访问日期:2016年7月15日。

分子作出了限制减刑的规定;第 7 条增加恐怖活动犯罪和黑社会性质的组织犯罪的犯罪分子为特殊累犯;第 11 条、第 12 条提升了缓刑的适用条件;第 15 条对减刑后实际执行的刑期进行了限制;第 16 条进一步提高了假释的条件;2015 年通过的《中华人民共和国刑法修正案(九)》[①]第 44 条增加了对贪污贿赂罪犯实行终身监禁的规定。以上规定的内容,必将导致今后我国监狱人口的进一步增长。今后我国押犯人口仍可能呈现增长的趋势,是《监狱法》修改中必须认真解决的问题。

其次,我国监狱中罪犯的特征也发生了重大变化,给监管改造工作带来了新问题和新挑战。这方面的重大变化主要体现在以下方面:

(1)财产型罪犯数量下降,暴力型罪犯数量上升。1949 年以后,我国监狱中押犯的构成长期以财产型罪犯为主,特别是盗窃犯占据很大比例。但是,随着我国社会的发展,监狱中的押犯结构逐步变化,暴力型罪犯的数量逐步增加,目前,以杀人、伤害、抢劫、暴力破坏秩序、暴力破坏财物等为代表的暴力型罪犯已经成为监狱押犯中人数最多、比例最大的一类罪犯,暴力型罪犯已经超过财产型罪犯而成为监狱押犯中数量最多的累犯类型。

(2)新的罪犯类型显著增加。这些年来,随着我国社会的发展和变化,监狱押犯中出现新的罪犯类型,并且其数量不断增加。例如,实施了互联网犯罪、恐怖主义犯罪、毒品犯罪等新兴犯罪的罪犯数量呈现增长趋势。同时,押犯中出生较晚的罪犯数量不断增加,“80 后”、“90 后”甚至“00 后”成为监狱押犯的主力军,他们的思想观念、人权意识、行为模式、受教育水平等方面呈现出新的特征。此外,患有艾滋病和携带艾滋病病毒的罪犯数量也有所增加。

(3)长刑犯的数量稳步增加。长刑犯是指在监狱服刑时间很长的罪犯,通常是指服刑 10 年以上的罪犯。随着《刑法修正案(八)》和《刑法修正案(九)》的实施,罪犯在监狱中实际执行的刑期增加,监狱中刑期长的罪犯的数量稳步增加。

---

① 以下简称《刑法修正案(九)》。

(4)外籍犯数量不断增加。随着对外开放的深化,在我国境内犯罪的外国人数量增加,导致监狱中关押的外籍犯(包括无国籍罪犯)的数量不断增加。

(5)罪犯权利意识显著增强。随着我国公民法律意识的增强,罪犯的权利意识也得到显著增强,罪犯不仅学习与自己的犯罪有关的立法规定,为自己的申诉等寻找依据和理由,而且在学习和了解其他相关的法律制度,特别是与其权利有关的立法规定等方面,也有很大变化,他们往往很熟悉这方面的规定和内容,在服刑生活中时刻关注监狱规定的制度和监狱干警提出的要求等是否符合法律规定,对于法律依据不明确的制度和要求,会采取公然抵制的态度和行为,过去那种无条件地服从监狱制度和干警要求的局面已经不复存在。监狱押犯这些特征的变化,给监管改造工作带来巨大的挑战,在修改监狱法的过程中必须高度重视这些变化。

(二)互联网给监狱工作带来巨大冲击

互联网的发展已经给监狱工作带来巨大影响甚至冲击。1994 年是《监狱法》颁布实施的一年,也是我国互联网开通的元年。经过 20 余年的跨越式发展,互联网加速了时代发展的进程,近几年特别是大数据、云计算、网络游戏、QQ、微博、微信、支付宝等新工具层出不穷,深刻地改变了人类的生活、工作和社交方式。当前互联网已渗透到人类生活的各个方面,监狱虽然相对封闭,但也不能例外。随着信息化、网络化的快速发展,互联网在社会舆论引导方面发挥的作用越来越突出,网络舆论在社会舆论的形成和传播格局中发挥着越来越重要的作用,对社会稳定和群众情绪的影响越来越大。作为国家刑罚执行机关的监狱,其管理活动和执法活动经常成为各类新闻媒体关注的重点,甚至成为互联网负面炒作的焦点。特别是一些监狱机关应对网络舆情还存在很多缺失和不足,一旦发生突发事件进而引发网络炒作时,监狱机关会处于社会舆论的风口浪尖,处于十分被动的局面。对监狱管理者而言,如何使用好互联网这把双刃剑,既要发挥好互联网给监狱工作所带来的便利,在管理信息化、执法流程化、罪犯社会化等方面有所作为,又要尽量避免互联网给监管安全、警察执法、网络舆情等带来的冲击和挑战,是摆在他们面前的一个重大课题。特别是在修改《监狱法》时,应当充分认识到信息化给监狱工作带来的机遇和挑战,作出相应的规范或调整。

(三)监狱工作人员构成发生了新变化

经过20余年的培训与发展,我国监狱工作人员构成也发生了重大变化。

首先,监狱警察承担起监管改造罪犯的主要任务。随着监狱生产模式的转型和监狱体制改革的推进,传统意义上的监狱工人数量锐减,监狱警察成为监狱工作人员的主力军,承担依法管理监狱、执行刑罚、对罪犯进行教育改造等职责。与此同时,一些监狱通过签订劳动合同的方式,从社会上招聘了一定数量的工作人员,但这些人员主要是协助监狱警察开展一些后勤保障工作,不具有监狱人民警察身份,不承担刑罚执行、罪犯管理教育等工作。由监狱警察承担刑罚执行和监管改造罪犯的职责是无可厚非的,但监狱警察的身份在一定程度上也不利于罪犯教育改造效果,从社会上招聘一些心理学家、社会学家、精神病学家、医生、教育工作者等专业人员来协助监狱开展罪犯矫正是国际社会通行的做法,招募社会志愿者协助监狱工作也被证明是有效转化罪犯的重要方法。我国现行《监狱法》中只规定了监狱人民警察的职责,对其他工作人员没有任何规定。在修改《监狱法》时,应当考虑增加关于其他人员,特别是专业人员在监狱中工作的规定,进一步优化监狱工作人员队伍的结构。

其次,干警队伍呈现出年轻化的特征。近年来监狱系统通过公务员招考的方式,从高等院校招录大批大学毕业生,为监狱干警队伍增添了新鲜血液,在一定程度上改变了干警队伍的年龄结构和知识结构。但与此同时,新招录的干警存在职业认同感低、对监狱工作难度估计不足、奉献精神不强、实际工作经验缺乏等问题。在修改监狱法时,应当考虑如何增强新招录警察的职业道德和工作技能等方面的内容。

最后,监狱干警工作压力普遍较大。监狱工作是一项充满压力的工作,从我国监狱工作的实际情况来看,监狱警察工作压力的来源主要表现为工作任务重、工作风险大、工作时间长、工作要求高、工作角色多、工作环境差和工作成就低。① 长期或者过度的工作压力会对监狱工作者产生多方面的消极影响。因此,在修改监狱法时,应当进一步保障监狱工作人员的合法权益,给他们履行职责提供合理的制度环境。

(四)社会对监狱工作提出了更高要求

当前,我国正面临前所未有的社会变迁,社会对监狱工作提出了新的更高的要求,要求监狱切实保证监管安全,不断提高改造质量。监狱执法环境显著改变,监狱不可能仅仅满足于"关得下、跑不掉、不死人",而是要树立新的形象。监狱工作人员承担着管理者、执法者、教育者、心理工作者、帮助者、保护者等诸多角色于一身,工作职责极其复杂。监狱安全已成为国家安全的重要组成部分,受到前所未有的重视,哪怕一名罪犯脱逃或出现其他安全问题,都可能演化成地区性甚至全国性的重大新闻事件。监狱执法工作受到前所未有的重视,无论在哪个执法环节出现问题,都可能受到网络和其他媒体的批评报道,对整个监狱警察队伍形象产生负面影响。监狱不仅要监管好罪犯,还要教育好罪犯,想方设法把罪犯改造成守法公民,努力提高罪犯改造质量,使其顺利回归社会。在教育改造罪犯的同时,不仅要重视教育改造效果,还要注重降低行刑成本,提升行刑效率,司法部 2012 年开始倡导的"循证矫正"就是这种理念的体现。在修改《监狱法》时,应当适度考虑社会对于监狱提出的新要求。

① 参见吴宗宪:《监狱学导论》,法律出版社 2012 年版,第 80 ~ 82 页。

三、《监狱法》自身存在的问题

《监狱法》的颁布发行是我国监狱法治建设的里程碑事件,但囿于 20 年前的立法条件和立法技术,以及后来国情、社情、民情的显著变化,《监狱法》在诸多方面暴露出一些问题。这些问题既有立法技术层面的,也有立法内容层面的。

(一)立法技术层面的问题

立法技术是指立法活动过程中所应体现和遵循的有关法律制定、修改、废止和补充的技巧规则的总称,其核心内容是立法结构和立法语言。我国现行《监狱法》无论是在立法结构上还是在立法语言上,都存在一些问题,需要在《监狱法》修订时认真对待。

1. 立法结构问题与改善

立法结构是否合理是判断一部立法成熟与否的重要标志。现行《监狱法》共分为七章,主要依据“刑罚执行”“狱政管理”“教育改造”三大基本改造手段对章节逻辑结构进行划分。这种立法逻辑结构有其合理性,主要章节内容清晰,一目了然。但是,这种分类也存在逻辑不清、比例失调和流程不畅等问题。

(1)现行立法结构存在逻辑不清的问题

监狱法中“刑罚执行”“狱政管理”“教育改造”三大改造手段的划分标准不一,内涵、外延界定不科学。首先,在划分三大基本改造手段时,“刑罚执行”是在狭义的基础上进行界定的,即“与监禁刑的执行有关的工作与活动”。① 但实际上,“刑罚执行”一词在立法上更应从广义上使用。“监狱是国家专门为了执行刑罚而设立的机关,它的一切活动都要依法进行,都要围绕刑罚执行工作而进行,因此,监狱依法进行

① 吴宗宪:《监狱法导论》,法律出版社 2014 年版,第 320 页。

的所有活动都是刑罚执行活动的组成部分。”①人们对一部法律中术语有广义和狭义两种解释,这是应当尽量避免的,作为立法者,应当尽量使用广义解释,这样才能更好地避免产生歧义。何况今后条件成熟时我国还将制定《刑事执行法》,如果在《刑事执行法》中还使用“刑罚执行”这样的表述作为章节标题的话,是很不严肃的事情。监狱在今后《监狱法》修改时不再使用“刑罚执行”一词作为章节标题。

其次,《监狱法》中“狱政管理”一词也是在狭义的概念上使用的,即“监狱对罪犯服刑相关事务进行的行政管理活动”。但实际上,监狱管理活动涉及方方面面,也可以在广义上使用,罪犯收监、监外执行、释放与安置等很多方面都可以看作管理问题。因此,“狱政管理”与“刑罚执行”在内涵上也存在相互交叉的问题。因此,建议在今后《监狱法》修改时也不再使用“狱政管理”一词。

最后,罪犯改造手段有多样,除了刑罚执行、狱政管理、教育改造之外,还有心理矫治等其他多种手段;三大改造手段还可以细分为多种手段。监狱法的章节构建不应过分从手段的视角进行解读,而应重点从监狱工作流程的视角进行分析。

(2)现行立法结构存在章节内容比例失调的问题

现行《监狱法》共七章 78 条,其中“狱政管理”一章有七节 35 条,约占监狱法条文的一半;“刑罚的执行”一章就有五节 24 条,约占三分之一;“对罪犯的教育改造”也有 13 条。而对比其他章来看,第二章“监狱”和第六章“对未成年犯的教育改造”都是仅有 4 条,与“狱政管理”“刑罚的执行”等章相比存在明显的比例失调问题。在监狱法修改时,应当注意章节之间的内容多寡问题,对章节进行合理划分,避免出现章节内容比例严重失调的现象。

(3)现行立法结构存在流程不畅的问题

在监狱工作流程中,罪犯收监是第一步,随后应当是分押分管、教育改造、劳动改造、计分考核等内容,最后才涉及减刑、假释和释放等。但现行《监狱法》采用了条块划分的方式,过于重视内容规定而忽视流程设计,在

① 吴宗宪:《监狱法导论》,法律出版社 2014 年版,第 320 页。

罪犯收监后即规定了罪犯的申诉、监外执行、减刑、假释以及释放和安置等刑罚执行内容,把本应放置在《监狱法》后端的内容放置在了前端或中端,不符合监狱工作的流程。在今后修改《监狱法》时,也应当考虑到这一问题。

2. 立法语言问题与改进①

(1)修改和完善章的名称

监狱法虽然条文简单,但是,在一些章的名称的表述方面却存在问题,需要加以修改和完善。

首先,《监狱法》第二章使用的标题是"监狱",但是,仔细分析该章的内容,发现这个标题与具体规定的内容不吻合。这一章共有 4 条,其中只有一条(第 11 条)是规定监狱的,其余 3 条是规定监狱工作人员的。为了解决这一章名实不符的问题,建议在修改《监狱法》时,将这一章的标题改为"监狱及其工作人员"。在对本章的标题进行这样的修改之后,可以在本章中对监狱工作人员进行更多相关的规定,例如,规定监狱工作人员的分类问题。

其次,《监狱法》沿用过去立法中使用的表达用词和在监狱系统约定俗成的表述,在第三章采用了"刑罚的执行"的名称。这个名称的准确性有待进一步探讨。严格地讲,监狱是国家的刑罚执行机关,监狱的所有工作都是在执行国家的刑罚,如果将监狱中进行的一部分工作称为"刑罚的执行",就会使人们产生这样的错觉:监狱中进行的其他工作难道不属于"刑罚的执行"吗?因此,在修改《监狱法》的时候,对于这一章的标题,应当重新考虑,采用更准确的标题。例如,可以考虑将这一章的标题改为"刑罚执行的程序"或者"程序性规定",因为这一章的内容主要规定了监禁刑执行的程序问题。

再次,《监狱法》第五章的标题与实际内容不吻合。这一章的标题是"对罪犯的教育改造",但是,本章中规定的内容不仅包括习惯上所讲的"教育改造"的内容,即对罪犯的文化教育和职业技术教育,还包

---

① 吴宗宪、王虹:《论〈监狱法〉文字表述的修改与完善》,载《法学杂志》2009 年第 9 期。

括了罪犯的“文体活动”(文化娱乐和体育,第 67 条)、对罪犯的“社会教育”(利用社会力量对罪犯进行的教育,第 68 条)以及“劳动改造”(通过组织罪犯参加劳动对他们进行的改造,第 69 ~ 73 条)方面的内容。建议在修改《监狱法》时,对这一章进行必要的修改。具体修改方法可以采用下列方法中的一种:

①修改本章的标题而其内容基本保持不变。可以考虑将这一章的标题改为“对罪犯的改造与服务”。其中“改造”指所有旨在促使罪犯发生积极变化的活动,包括上述的文化教育、职业技术教育、体育、社会教育以及劳动改造;“服务”是指监狱根据罪犯的需要而开展的有关工作,这方面的工作除了根据罪犯的需要提供的文化娱乐活动之外,还应当包括有关罪犯心理矫治等方面的规定。“罪犯心理矫治”现在更多地被称为“服刑人员心理矫治”,它是指利用心理学原理和方法调整服刑人员心理和行为并促使其发生积极变化的活动。[①] 目前,这方面的活动已经在大部分监狱中普遍开展起来,但是,在《监狱法》中却没有任何规定。因此,建议在修改《监狱法》时,不仅要修改第五章的标题,还应当在这一章中增加对于服刑人员心理矫治的规定。实际上,在外国立法例中可以发现在规定类似内容时使用“服务”字样的例子。例如,《加拿大矫正与附条件释放法》多处使用了“矫正服务”(correctionalservice)的字样(第 79、80、82 条)。挪威《刑罚执行法条例》(Regulationstothe Execution of Sentences Act)就使用了“心理健康服务”(mentalhealthservice)(第 3 ~ 6 条)、“公共健康服务”(publichealthservice)与“健康服务”(healthservice)(第 3 ~ 16 条)等术语。《欧洲监狱规则》多处使用了“服务”的字样。这里提出“服务”的概念,主要基于三个方面的考虑。第一,重视罪犯的愿望。在新中国罪犯改造的过程中,长期强调根据改造者(监狱方面)的想法组织对罪犯的改造活动,而很少考虑罪犯本人的愿望和态度。但是,事实证明,并非所有强制进行的活动都能够产生预期的改造效果,在很多情况下,强制进行的改造活动往往会引起罪犯的心理抗拒。在监狱

① 参见吴宗宪主编:《中国服刑人员心理矫治》,法律出版社 2004 年版,第 2 页。

纪律的压力下,他们表面上会参与这类活动,会进行遵从行为,但是内心并不认同这类活动,也不接受这类活动所隐含的观念。这样的改造活动往往是没有改造效果的,甚至会产生和预期相反的效果。例如,助长罪犯的抗拒心理与反社会态度,引发消极抵抗行动。因此,在监狱工作中,在组织一些活动时,应当考虑罪犯的想法,尊重他们自己的愿望。第二,考虑罪犯的需要。罪犯存在的实际需要,应当是组织监狱活动的重要依据。只有在罪犯存在具体需要的情况下有针对性地组织相应的活动,所组织的活动才能满足罪犯的需要,才能解决罪犯中存在的问题,才能调动起罪犯参加活动的积极性,这样的活动才能产生积极的效果。仅仅从监狱工作人员的观念出发而组织的不考虑罪犯需要的活动,是缺乏针对性的、无的放矢的活动,这类活动不仅浪费了大量资源,而且往往也是无效的。第三,尊重罪犯的人格。根据罪犯的愿望和需要组织相关的监狱活动,是尊重罪犯的法律人格的重要体现,是把罪犯当作监狱法律关系中平等的主体看待的重要方面,是在监狱工作中贯彻现代法治理念的具体表现。因此,中国监狱系统的实务人员、研究人员、管理人员甚至有关的立法者,都要转变观念,认识到在监狱工作中,除了组织进行强制性、强迫性的改造活动之外,还应当有根据罪犯的愿望和需要进行服务活动;向罪犯提供有关服务,也是监狱工作的必要组成部分。

②对这一章的内容进行合理拆分。将这一章的内容拆分为不同的章后分别进行规定。

最后,监狱法第六章的标题也与实际内容不吻合。这一章的标题虽然是"对未成年犯的教育改造",但是,具体内容远远超出了"教育改造"的范围。这一章不仅规定了对未成年犯的教育改造问题,还规定了未成年犯执行监禁刑罚的场所(第 74 条)、未成年犯的劳动改造(第 75 条第 1 款)、未成年犯的刑罚执行与年龄的关系(第 76 条)等问题。因此,建议在修改《监狱法》时,对这一章进行必要的修改。具体修改方法可以采用下列方法中的一种:

①将这一章的标题修改为"未成年犯的刑罚执行"。如果对本章的标题进行这样的修改,那么,就使本章具有了能够容纳更多内容的空

间，就可以对未成年犯执行监禁刑罚过程中存在的一些特殊问题，进行更为详细的规定，例如，对未成年犯管教所的特殊管理制度、特殊警戒制度、特殊教育制度、特殊劳动制度等，进行更多的、更加全面的规定。

②对这一章的内容进行调整，并且根据调整后的内容确定章的标题。

(2)解决以偏概全的表述

目前《监狱法》中的一些表述存在以偏概全的问题，需要在修改《监狱法》时加以解决。例如，《监狱法》第2条第1款规定，“监狱是国家的刑罚执行机关”。从逻辑分析可知，这句话是一个全称判断；依照逻辑推理，这句话的含义应当为：监狱是国家所有刑罚的执行机关。但是，这与实际情况不符，因为该法第2款规定，“依照刑法和刑事诉讼法的规定，被判处死刑缓期二年执行、无期徒刑、有期徒刑的罪犯，在监狱内执行刑罚”。根据这一规定，监狱负责执行我国刑法规定的五种主刑中的“两个半”，[①]而被判处管制、拘役、死刑、罚金、没收财产刑罚以及被判处有期徒刑宣告缓刑的罪犯，都不在监狱中执行刑罚。因此，这样的全称判断是不恰当的，它可能反映了《监狱法》制定者的某种愿望，即试图把监狱变成大多数刑罚(包括所有监禁刑罚和死刑)的执行场所，但是，这并不符合监狱的实际情况。在完善该款的规定时，还有一个如何理解“监狱”概念的问题。在中国目前的很多场合中，往往把“监狱”和“看守所”区分开来，仅仅狭义地把监狱理解为关押已决犯的场所，《监狱法》就是这样使用“监狱”一词的。这样区分的重要原因是监狱和看守所分别由不同的部门管理：监狱由司法行政机关管理(最高管理机关是国家司法部)，而看守所由公安机关管理(最高管理机关是国家公安部)。但是，在其他情况下，对监狱作广义的理解，即把看守所看成是监狱的一种类型，即看守所就是未决犯监狱。[②] 所以，在修改《监狱法》时，存在着对“监狱”一词如何理解的问题。如果对监狱作

① 参见力康泰、韩玉胜、袁登明：《刑事执行一体化初探》，载《犯罪与改造研究》2000年第10期。

② 参见吴宗宪：《当代西方监狱学》，法律出版社2005年版，第90页。

广义的理解,那么,该款应当修改为“监狱是国家监禁刑罚的执行机关”,因为非监禁刑罚不在监狱中执行;如果对监狱作狭义的理解,那么,就应当修改为“监狱是国家大部分监禁刑罚的执行机关”,因为属于监禁刑的拘役和刑期较短的有期徒刑,①都不在狭义的“监狱”中执行。

(3)解决概念混乱的问题

在我国刑法学中,明确区分刑种和刑罚执行制度。例如,认为死刑是一种刑罚种类(刑种),而死刑缓期执行“不是独立的刑种,而是死刑的一种执行制度”。② 因此,在法条中不能将不同性质的对象同等对待和并列规定,否则就会产生概念错误。但是,《监狱法》第 2 条第 2 款就犯了这样的错误。该款规定,“依照刑法和刑事诉讼法的规定,被判处死刑缓期二年执行、无期徒刑、有期徒刑的罪犯,在监狱内执行刑罚”。其中,“被判处死刑缓期二年执行”指的是刑罚执行制度,而无期徒刑和有期徒刑则属于刑种。因此,这款的规定发生了将不同性质的对象进行并列规定的错误,其中包含着概念混乱。建议在修改《监狱法》时,把这一款修改为“依照刑法和刑事诉讼法的规定,被判处死刑(缓期二年执行)、无期徒刑、有期徒刑的罪犯,在监狱内执行刑罚”。用括号将“缓期二年执行”几个词语括起来,一方面使罪犯一词之前的定语具有一致性,即都是刑种,另一方面也表明这里所讲的“死刑”的独特之处,即这里所讲的死刑实际上是指缓期 2 年执行的死刑(刑罚执行制度),而不是立即执行的死刑(刑种)。

当然,如果考虑到在未来死刑也在监狱执行并且将看守所也纳入监狱系统进行管理的话,可以根据未来的变化调整这方面的表述。例如,可以将这一款修改为“依照刑法和刑事诉讼法的规定,被判处死刑和监禁刑的罪犯在监狱中执行刑罚。”

---

① 《刑事诉讼法》第 253 条第 2 款规定,“对被判处有期徒刑的罪犯,在被交付执行刑罚前,剩余刑期在三个月以下的,由看守所代为执行”。

② 高铭暄、马克昌主编:《刑法学》(第 5 版),北京大学出版社 2011 年版,第 239 页。

(4)解决“代为执行”的问题

《监狱法》第15条第2款规定,“罪犯在被交付执行刑罚前,剩余刑期在三个月以下的,由看守所代为执行”。在这里,“代为执行”一词的含义不清,意思不明。从立法资料来看,这一条的规定来源于《刑事诉讼法》第253条第2款,该款规定“对于被判处有期徒刑的罪犯,在被交付执行刑罚前,剩余刑期在三个月以下的,由看守所代为执行”。那么,这些规定中的“代为执行”是什么意思呢?是不是指看守所“代替”或者“代表”监狱执行呢?如果是这样的话,就是指看守所在帮助监狱对这一部分罪犯执行刑罚。如果可以这样理解,那么,是否包含着监狱要指导甚至领导看守所对这部分罪犯的刑罚执行工作的含义呢?因为如果对这些词语进行逻辑推理的话,就会得出这样的结论。如果不能这样理解,又该怎样理解呢?所以,在未来修改《监狱法》时,建议首先深入研究和明确这一款的立法意图和确切含义,然后再使用更加准确的词语作出规定。

(5)解决主语不当的问题

《监狱法》的一些规定存在主语不当的问题。例如,第45条规定,“监狱遇有下列情形之一的,可以使用戒具”。在这句话中,存在主语不当的语法毛病,其中所讲的“监狱”,实际上应当是“监狱人民警察”。因此,在修改《监狱法》时,应当将其中的“监狱”改为“监狱人民警察”。

(6)解决语言赘述的问题

《监狱法》的一些条文存在同义词或者近义词重叠赘述的问题。例如,第45条第1款第2项规定,“罪犯有使用暴力行为的”。这项规定中使用了两个谓语动词“有”和“使用”,是明显的重复使用谓语,属于语法错误。在修改时,应当选择使用一个谓语词汇。考虑到与该款中第1项的表述的对应,可以将这项修改为“罪犯有暴力行为的”。

(7)解决意图不清的问题

《监狱法》的一些规定意图不清。例如,第48条规定,“罪犯在监狱服刑期间,按照规定,可以会见亲属、监护人”。该条中“按照规定”的含义不明确,立法意图不清楚。这是因为,在这里提出“按照规定”,似乎是要参照其他的规定解决会见亲属和监护人的问题。但是,应当认识到,这样的规定是不合理的。首先,《监狱法》是目前有关监狱工作的最高规格的立法,这样的立法所规定的内容,应当是作出其他规定的依据,而不是相反;《监狱法》不应当依赖其他下位的规定作出自己的规定。其次,监狱法的上位法,例如《刑法》和《刑事诉讼法》都不可能做出这样的规定。如果把"按照规定"理解为按照《监狱法》的上位法中的规定,在立法技术上是恰当的,但是,在实际上是不可能的。这是因为,罪犯会见他人是监狱管理中的一个具体问题,有关的上位法律不可能,也不应该对这样具体的问题作出明确规定,有关的上位法律有更多更重要的事项需要加以规定,它们不会也不应该越俎代庖,规定属于下位法律调整范围的内容。因此,在修改时,可以考虑删除"按照规定"的表述,在"会见亲属、监护人"之后,增加一句"具体办法另行制定。"如果这样修改,既可以与《监狱法》是监狱领域中最高立法的地位相吻合,也可以为监狱管理部门作出更具体的规定提供法律依据。

(8)解决表述混乱的问题

《监狱法》中有的条文表述混乱。例如,第 75 条第 1 款规定:"对未成年犯执行刑罚应当以教育改造为主。未成年犯的劳动,应当符合未成年人的特点,以学习文化和生产技能为主。"这一款将不同的内容硬性规定在一款内,甚至规定在一句话内,造成了表述混乱。什么是"未成年犯的劳动"?"未成年犯的劳动"中包括了"学习文化和生产技能"的内容吗?如果不包括,为什么在规定"劳动"之后,又紧接着规定"学习文化和生产技能"呢?这句话显然逻辑不通。同时,既然在本款一开始就明确提出了"教育改造",那么,后面的规定就应当围绕教育改造展开,接着规定"学习文化和生产技能"方面的内容,而不应当中间又插入"劳动"方面的内容。

因此,为了逻辑严密和意思清晰,在修订监狱法时,可以考虑将这一款分为两款加以规定,其中,第 1 款可以表述为:"对未成年犯执行刑罚应当以教育改造为主。"第 2 款可以表述为:"未成年犯的劳动,应当符合未成年人的特点,以学习生产技能为主。"因为学习文化的内容已经包含在"教育改造"中。

(9)消除对“可以”的混乱使用

在监狱法中存在多处不恰当使用“可以”一词的现象。大体而言,可以分为下列类型:

第一,弱化罪犯的权利。例如,第47条“罪犯在服刑期间可以与他人通信”,第48条“罪犯在监狱服刑期间,按照规定,可以会见亲属、监护人”等所规定的都是罪犯在服刑期间应当享有的权利,这是现代监狱工作中的基本共识。但是,《监狱法》在规定它们时,却使用了“可以”这样模棱两可的词语,在客观上产生了弱化罪犯权利的效果。应当认识到,这些规定所涉及的内容是罪犯的权利,在具体表述时,自然要使用体现罪犯权利的词语,即用“有权”代替“可以”。当然,为了维护监管安全,可以考虑对第47条进行更加详细的规定:“罪犯在服刑期间有权与他人通信,具体办法另行制定。”对于第48条,也可以进行类似的修改。

第二,淡化执法者的职责。《监狱法》在规定执法者的职责时,使用“可以”字样,在客观上淡化了执法者应当履行的职责,似乎执法者可以这样做,也可以不这样做,从而在客观上有可能给执法者不尽职责提供借口或者依据。例如,《监狱法》第55条中规定,“人民检察院对监狱的医疗鉴定有疑义的,可以重新对死亡原因作出鉴定”。作为专门的法律监督机关,在对罪犯因病死亡的鉴定有异议时,必须认真对待,应当重新鉴定,从而查明事实、追求公平、主持正义,而不能无所作为,敷衍搪塞。因此,在修改《监狱法》时,可以考虑将这一款修改为:“人民检察院对监狱的医疗鉴定有疑义的,应当重新对死亡原因作出鉴定。”又如,《监狱法》第47条中也有这样的规定,“监狱发现有碍罪犯改造内容的信件,可以扣留”。既然发现罪犯的信件中有不被允许的内容,那么,任意处理这样的信件(可以扣留,也可以不扣留),岂不是在渎职吗?因此,在修改《监狱法》时,可以考虑将这一条中的“可以”改为“应当”,从而强调执法者必须严格履行职责,而不能以不作为的方式渎职。

综上所述可见,《监狱法》中确实存在文字表述方面的问题。这些问题的发生,首先表明《监狱法》存在立法质量不高的问题,说明对于《监狱法》的文本缺乏严谨细致的推敲。其次,也表明对于监狱立法的理论研究存在严重的不足。高质量的监狱学理论研究成果应当是高水平的监狱立法的必要基础,缺乏这种基础的立法,只能是水平较低、瑕疵较多的立法。最后,也说明监狱系统存在“熟视无睹”和理论素养不足的现象。《监狱法》已经颁布20多年,但是,其间发表的专门探讨《监狱法》文字表述的高质量研究成果很少,人们对于《监狱法》中存在的文字表述问题“熟视无睹”,这种现象背后存在的问题是人们的专业理论素养不足。因此,要科学地修改和完善《监狱法》,必须要加强对监狱学理论和《监狱法》文本的深入研究。

(二)立法内容层面的问题

除立法技术上存在的问题外,《监狱法》在立法内容上也存在诸多问题,需要在修改《监狱法》时认真分析和妥善解决。立法内容层面的问题可分为实体性问题和程序性问题。其中,实体性问题主要是指与罪犯实体性权利和义务相关的问题,而程序性问题主要是指罪犯程序性权利和义务相关的问题。

1.实体性问题及其解决

(1)缺乏关于法律责任的规定①

法律和其他社会规范的显著区别,就是法律是以国家强制力保证执行的行为规范,而行使国家强制力的重要前提,就是规定了对于违法行为的法律责任。在明确规定了对违法行为的法律责任时,如果出现了违法行为,就会以国家强制力为后盾,迫使违法者承担相应的法律责任。法律责任的规定与落实,是保证严格遵守和执行法律规定的重要保障。因此,在制定某项立法时,都很重视法律责任方面的规定,但是,这种情况在《监狱法》中似乎没有得到体现。

仔细分析《监狱法》的条文,就会发现其中的很多规定属于号召性

① 参见吴宗宪:《论〈监狱法〉的修改与完善》,载《中国社会科学院研究生院学报》2010年第1期。

规定,其中没有规定法律责任,致使这类规定缺乏作为保障其执行的约束性措施。这些条文仅仅号召、要求、提倡有关机关或者人员如何执行刑罚,但是,对于违反这些号召性规定的违法行为,往往没有规定明确的法律责任。结果,导致大量规定充满“弹性”,得不到严格遵守和执行。例如,《监狱法》第30条规定,“减刑建议由监狱向人民法院提出,人民法院应当自收到减刑建议书之日起一个月内予以审核裁定;案情复杂或者情况特殊的,可以延长一个月”。如果人民法院在收到减刑建议书的2个月之后还不“审核裁定”的,应该承担什么法律责任?对此没有规定。在实践中,一些地区的法院往往不能按照《监狱法》规定的时间范围裁定减刑,而监狱机关没有任何制约措施。因此,《监狱法》这一条规定的内容缺乏权威性,属于“刚性”不足的弹性条款。因此,在未来修改《监狱法》的过程中,对于可能出现的违法行为,都要规定相应的法律责任和追究法律责任的具体机制。

(2)缺少监狱分类和罪犯分类规定

恰当的监狱分类和罪犯分类,是监狱管理科学化的重要体现,也是我国监狱未来发展的方向。然而,在目前,我国缺乏监狱分类和罪犯分类的规定。首先,缺乏监狱分类规定。我国的监狱主要分为三类:未成年犯管教所(简称“未管所”,关押未成年犯的监狱)、女犯监狱和成年男犯监狱;除此之外,没有其他的分类,特别是对于在监狱总数中占绝大多数的成年男犯监狱,没有进一步地明确分类标准。在实践中,有些省份根据罪犯所判刑罚轻重,将监狱划分为重刑犯监狱和轻刑犯监狱。在一些地区根据罪犯特征成立了一些关押特定类型的监狱,如监狱分类中心、新收犯监狱、出监监狱、老年犯监狱、职务犯监狱等,但是,这些做法缺乏规范性和统一性。因此,在《监狱法》修订过程中,应当考虑监狱分类问题;在监狱工作的未来发展中,应当将这些实践探索加以完善并且将其中的有益做法固定下来,在借鉴国际上通行的监狱分类方法的基础上,建立中国的监狱分类体系。例如,可以根据监狱关押对象人身危险性的不同,按照不同的戒备等级将我国监狱分为严管监狱(或者“高度戒备监狱”)、普管监狱(或者“中度戒备监狱”)和宽管监狱(或者“低度戒备监狱”);不同戒备等级监狱在基本建设、狱政设施、警戒设施、技术装备和警力配备等方面进行区分。这既可以降低行刑成本,又可以更好地促进罪犯回归社会。

其次,缺乏统一的罪犯分类规定。在长期管理罪犯的过程中,各地在分类管理罪犯和对不同类型罪犯实行分类处遇方面,进行了不少探索,但是,存在分类方法粗放、分类处遇力度不够的问题。就分类方法而言,存在下列问题:第一,分类标准简单。强调以犯罪性质为主进行分类,对于其他因素,如人身危险性、改造难易程度等,缺乏应有的关注。第二,分类方法简单。既没有专门化的分类工具,如量表,细则等,也没有专业性的机构和人员。第三,分类的动态性不够。目前的罪犯分类主要局限于初次分类,缺乏重新分类,即根据罪犯的改造表现进行的分类。罪犯分类方法方面存在的这些情况,限制了分类制度在指引监管改造活动、激励罪犯接收改造等方面的积极功能的发挥。① 同时,就分类处遇力度而言,也存在一些问题,例如,由于缺乏监狱分类,对于不同类型罪犯的分类处遇差别很小,难以增强分类处遇的激励强度。又如,缺乏不同类型罪犯在不同类型监狱之间的流动,使改造表现良好的罪犯无法有效改善服刑环境,难以发挥不同类型监狱的激励或者惩罚作用。如果改造表现良好的罪犯能够逐步从严管监狱向普管监狱、宽管监狱流动,就能够充分体现服刑环境的改变对于罪犯激励作用;同样地,如果让改造表现不好的罪犯进行反向流动,即从宽管监狱向普管监狱、严管监狱流动,就可以有效发挥服刑环境的改变对于罪犯的惩罚作用。因此,在《监狱法》的修改中,不仅要对分类教育作出规定,还要对分类处遇的其他方面作出明确规定,从而促进罪犯分类的科学化,更好地发挥罪犯分类在监狱管理和罪犯改造中的积极作用。

(3)监狱工作人员的分类问题②

目前,中国监狱中的所有工作人员都是警察,缺乏对监狱工作人员的进一步分类。这种状况的产生,有复杂的原因。但是,事实已经证

---

①　参见吴宗宪:《监狱学导论》,法律出版社2012年版,第370~371页。

②　参见吴宗宪:《论〈监狱法〉的修改与完善》,载《中国社会科学院研究生院学报》2010年第1期。

明,所有监狱工作人员都是警察的做法,不利于监狱工作人员素质的提高,不利于监狱工作人员的专业化发展,不利于建立合理的专业人员待遇制度,也不利于开展很多罪犯教育改造等方面的工作。因此,有必要对监狱工作人员进行分类。在修订《监狱法》时,应当对监狱工作人员的类型作出科学的规定。例如,可以根据中国监狱的情况和罪犯管理与改造的需要,在《监狱法》中增加这样一条:"根据监狱管理和罪犯改造的需要,实行监狱工作人员分类制度。"至于具体如何进行监狱工作人员分类,可以由司法部在充分调查研究的基础上,通过颁布部门规章的方式加以规定。

(4)缺少有关心理矫治的规定

目前的《监狱法》中缺乏有关服刑人员心理矫治的规定。服刑人员心理矫治是指利用心理学原理和方法调整服刑人员心理和行为并促使其发生积极变化的活动。[①] 服刑人员心理矫治是 20 世纪 80 年代中期以来发展起来的一项重要监狱工作,在促进罪犯转变、维护监管安全等方面,已经发挥了重要作用,成为保障监狱正常运行的重要的、综合性的方法或者手段,其重要性完全可以和传统的狱政管理、教育改造和劳动改造这"三大改造手段"并列,成为"第四大改造手段"。而且,与"三大改造手段"相对独立的是其作用的情况有所不同,心理矫治更具有综合性和渗透性。可以说,心理矫治工作及其在监狱各个领域中的应用,是未来中国监狱工作发展最有希望的出路之一,是在提高罪犯改造质量方面最有可能取得突破的领域之一。[②] 在修订《监狱法》时,应当突破仅仅规定传统的劳动改造、教育改造、文化和技术教育的做法,考虑增加对于服刑人员心理矫治方面的规定,为他们提供更多迫切需要的服务。[③]

---

① 参见吴宗宪:《监狱学导论》,法律出版社 2012 年版,第 551 页。

② 同上书,第 554 页。

③ 参见吴宗宪:《论〈监狱法〉的修改与完善》,载《中国社会科学院研究生院学报》2010 年第 1 期。

(5)关于不同性别工作人员看守罪犯的问题[①]

《监狱法》第40条规定,“女犯由女性人民警察直接管理”。这一条规定仅仅考虑了问题的一个方面,即男性警察直接管理女犯可能会对女犯的生活带来不便,甚至可能会使男性警察容易利用工作之便侵害女犯,但是,却忽略了问题的其他方面。立法者没有认识到,在监狱的封闭环境中,创造正常的服刑环境对于罪犯人格的维护、情绪的疏泄、心理的健康等,都具有重要意义。立法者也没有认识到,服刑环境中异性的存在,能够发挥自然的影响力,有利于促进罪犯表现出良好的行为方式和健康的精神面貌。因此,可以考虑在修改《监狱法》时,不作这样的规定,为监狱工作人员改革监管方式提供必要的自由度。

(6)“期间”的规定需进一步明确[②]

在立法中明确时间界限,是增强立法确定性和执法严肃性的重要体现。监狱法虽然只有区区78个条文,但是,对于“期间”的规定却存在不明确、不具体的问题。在“期间”规定上用“及时”(第16条、第21条第1款,第22条、第23条、第27条、第28条有2处,第31条)、“立即”(第26条第2款,第42条,第55条第1、3款)、“即时”(第42条有2处)等含糊表述的就有14处之多!其中,“即时”一词属于在日常生活和专业文献中都较少使用的生僻词汇。在立法中对“期间”作出含糊的规定,甚至使用生僻词汇描述时间期限,这是立法缺乏严谨性、严肃性的一种表现。在修改《监狱法》时,应当以“日”甚至“小时”为时间单位,明确规定期限的时间范围,增强立法规定对于刑罚执行活动的时间制约性,增强这类规定的可操作性。

(7)罪犯劳动报酬的分配问题

现行《监狱法》第72条规定,监狱对参加劳动的罪犯,应当按照有关规定给予报酬并执行国家有关劳动保护的规定。目前我国一些监狱向参加劳动的罪犯支付劳动报酬,但是总体而言,存在一些问题,例如,

---

① 参见吴宗宪:《论〈监狱法〉的修改与完善》,载《中国社会科学院研究生院学报》2010年第1期。

② 同上。

各地做法不统一;罪犯劳动报酬发放率偏低,即使发放,劳动报酬也极少等。罪犯的劳动报酬至少应当达到一定标准,同时,应当低于社会上同工种的最低工资。这是因为:第一,罪犯的劳动强度与社会上同工种的劳动者相当,甚至强度更大,劳动报酬太低显示公平,也不利于调动罪犯的劳动积极性。第二,罪犯劳动报酬有很多正当用途,劳动报酬太低,不能满足需要。例如,我国台湾地区"监狱行刑法"第33条就有这样的规定:"作业收入扣除支出后,之百分之五十充劳动金;劳动金总额,提百分之二十五充犯罪被害人补偿费用。前项作业剩余提百分之三十补助受刑人饮食费用;百分之五充受刑人奖励费用;百分之五充作业管理人员奖励费用;年度剩余应循预算程序以百分之三十充作改善受刑人生活设施之用,其余百分之七十拨充作业基金。"第三,罪犯在监狱生活中不缴纳任何费用,这虽然是现代监狱制度的特色,但是,让全体纳税人负担由于少数人犯罪而产生的监狱费用,也缺乏公平性,因此,需要从罪犯劳动报酬中留下一部分上缴国库,作为他们公平负担监狱费用的资金。① 因此,在修改《监狱法》时,可以对罪犯的劳动报酬问题作出明确规定,规范这方面的做法。

(8)减刑条件问题

现行《监狱法》在减刑条件的规定上与刑法的规定并不完全一致,影响了两部法律之间的衔接。我国《刑法》第78条规定:"被判处管制、拘役、有期徒刑、无期徒刑的犯罪分子,在执行期间,如果认真遵守监规,接受教育改造,确有悔改表现的,或者有立功表现的,可以减刑;有下列重大立功表现之一的,应当减刑……"而在《监狱法》第29条规定:"被判处无期徒刑、有期徒刑的罪犯,在服刑期间确有悔改表现或者立功表现的,根据监狱考核的结果,可以减刑。有下列重大立功表现之一的,应当减刑……"缺少"遵守监规,接受教育改造"的规定,与我国刑法规定不符。在修改《监狱法》时应当解决与刑法规定衔接的问题。

---

① 参见吴宗宪:《监狱学导论》,法律出版社2012年版,第548页。

(9)武装警戒问题①

在我国监狱中,外围的武装警戒由武装警察负责。《监狱法》第 41 条规定,“监狱的武装警戒由人民武装警察部队负责,具体办法由国务院、中央军事委员会规定”。但是,自《监狱法》1994 年颁布以来,20 多年过去了,仍然没有看到国务院和中央军事委员会作出相关的规定,使监狱法的这一规定长期得不到贯彻落实,监狱和担负外围武装警戒任务的武装警察之间的关系缺乏明确的法律规范的调整。在修改《监狱法》时,应当在考虑以往规定和目前实际做法的基础上,妥善解决这个问题。具体办法可以考虑如下:在《监狱法》中明确规定“监狱对执行警戒任务的武装警察实行业务领导”的内容。同时,在《监狱法》中对于监狱和武装警察之间的工作机制,还可以作出更多的规定。例如,规定在武装警察与监狱之间根据需要举行联席会议等。

2. 程序性问题及其解决

(1)追捕逃犯问题②

《监狱法》关于追捕逃犯的规定存在问题。追捕逃跑的罪犯是监狱工作中可能会不断遇到的问题,这个问题的合理解决对于维护监管秩序和保护社会安全,都具有重要的意义。但是,《监狱法》第 42 条的规定,不利于这个问题的恰当解决。该条规定,“监狱发现在押罪犯脱逃,应当即时将其抓获,不能即时抓获的,应当立即通知公安机关,由公安机关负责追捕,监狱密切配合。”这一条规定存在三方面的问题:首先,“即时”的表述存在问题。“即时”是一个含糊的词语,没有明确的时间界限。其次,所讲的“公安机关”不明确。究竟是指监狱所在地的公安机关,还是罪犯户籍所在地或者犯罪前常住地的公安机关,或者是其他公安机关?最后,没有涉及监督检查问题。监狱发生罪犯脱逃行为,是重大的监管安全事件,驻监检察部门应当了解情况,及时进行监督检查。因此,在修订《监狱法》时,需要解决这个问题。

---

① 参见吴宗宪:《论〈监狱法〉的修改与完善》,载《中国社会科学院研究生院学报》2010 年第 1 期。

② 同上。

(2)罪犯特赦问题

《监狱法》缺少关于特赦的程序性规定。特赦是指国家权力机关决定免除特定种类罪犯的剩余刑期的法律制度。《宪法》第67条第17款规定,全国人大常委会有决定特赦的职权,第80条规定国家主席有根据全国人大和全国人大常委会的决定发布特赦令的职权,《刑法》第65、66条涉及了"赦免"的内容。特赦不仅是我国一项重要的法律制度,也是包含大量的刑罚执行内容的法律制度,与《监狱法》的关系极为密切。自1959年首次实行特赦以来,我国已经在1960年、1961年、1963年、1964年、1966年、1975年和2015年实行了特赦。但是,对于这样一项重要的涉及刑罚执行内容的法律制度,《监狱法》没有任何规定,这是《监狱法》的重大缺陷。在修改《监狱法》时,应当在总结特赦实践的基础上,对"特赦"的相关内容作出明确规定,进一步完善特赦制度。

(3)关于释放时间①

《监狱法》对释放时间缺乏具体的规定。《监狱法》第35条规定,"罪犯服刑期满,监狱应当按期释放并发给释放证明书"。但是,对于什么是"按期释放",却没有明确的规定。在实践中,不同的监狱采取了不同的时间标准,有的是在期满当天的上午,有的是在下午,甚至有的在第二天,各地执行不统一。对于在监狱中服刑的罪犯而言,在监狱中服刑真正是"度日如年";在服刑期满之后,他们一刻也不想待在监狱中,及时将他们释放出去,不仅是对他们的尊重,也是严格执法的具体表现。因此,在修改《监狱法》时,应当解决这个问题。从所见到的资料来看,对于释放时间的规定,立法中采取了两种方式:第一,明示式,即明确规定释放的时间。例如,《日本监狱法》第68条规定,"刑满者,在其刑期届满的第二天午后6时以前,予以释放"。我国台湾地区的"监狱行刑法"第83条规定,"执行期满者,应于其刑期终了之次日午前释放之。……受赦免者,应于公文到达后至迟24小时内释放之"。

---

① 参见吴宗宪:《论〈监狱法〉的修改与完善》,载《中国社会科学院研究生院学报》2010年第1期。

第二,授权式,即在立法中授权有关机关制定具体的释放时间方面的规定。例如,《丹麦刑事执行法》第 79 条第 2 款规定,"司法部长应当制定有关释放时间以及短时间提前释放之规则"。

在未来修改《监狱法》时,应当对释放时间作出明示式的规定。可供选择的具体方案有三种:

①规定刑满释放的时间。例如,对于刑满出狱的罪犯,应当规定在服刑期满当天早上 8 时或者更合适的时间释放。之所以规定在早晨释放,是因为被释放人员要有充裕的时间办理相关手续、解决回家的交通等问题。

②规定其他释放的时间。对于被特赦罪犯的具体释放时间、被假释罪犯的具体释放时间以及有其他特殊情况的罪犯的具体释放时间,例如,对于患重病罪犯的释放时间,可以作出特别规定。从一些国家的规定来看,如果罪犯在服刑期满时患有重病的话,可以根据刑满人员的请求,仍然留在监狱中继续治疗,待疾病缓解后再离开监狱。例如,《日本监狱法》第 69 条规定,"被释放者患有重病,仍在监狱治疗中的,可根据其请求,准许其继续在监"。这类规定值得我们在修改《监狱法》时加以借鉴。

③授权主管机关另行规定。可以授权国家监狱主管部门就释放时间等事项另行制定办法。

(4)关于服刑罪犯死亡后的处理问题

监狱法对于服刑罪犯死亡后的处理问题的规定有待改进。《监狱法》第 55 条虽然对罪犯服刑期间死亡后的处理问题作出了相应的规定,但是由于规定过于原则,并且没有赋予监狱相应的权限,造成监狱有时在处理罪犯死亡问题上备受牵制,工作十分被动。特别是在服刑罪犯死亡后家属有疑义的情况下,虽经检察院检验后对死亡原因作出鉴定,而服刑罪犯的亲属仍无理取闹、拒绝火化尸体时,监狱对此常常感到束手无策,难有好的解决办法。一些监狱为了平息事端,最后只好花钱了事。为了解决此类问题,近年来,有关部门在深入调研的基础上,对此问题作出了新的规定,例如,最高人民检察院、民政部和司法部 2015 年 3 月 18 日联合发布了《监狱罪犯死亡处理规定》。在修改《监狱法》时,应当考虑新发布的相关规定中的内容,进一步完善处理罪犯死亡问题的法律制度。

四、与其他相关法律的衔接

尽管2012年10月26日第十一届全国人民代表大会常务委员会第二十九次会议通过的《关于修改〈中华人民共和国监狱法〉的决定》,对《监狱法》作了7个方面的修改,解决了《监狱法》中存在的一些重大问题,也解决了与当时已经颁布的其他法律的衔接问题,进一步完善了《监狱法》的内容。不过,在修改《监狱法》之后,我国陆续颁布和实施了一些新的法律,其中有一些涉及监狱工作的内容,应当在修改《监狱法》时予以考虑,协调解决。

1.《立法法》的修正

2015年修正的《立法法》,对于立法工作提出了新的要求。例如,该法第6条第2款规定,“法律规范应当明确、具体,具有针对性和可执行性。”这是一项很高的立法要求,以此衡量《监狱法》的内容,可以发现《监狱法》的一些条文中存在用语模糊、可操作性等问题。有研究曾指出,《监狱法》既是实体法又是程序法,随意性大,在78个条文中,在“期间”的规定上,涉及“及时”“立即”表述的有14处之多。[①] 另外,还有些《监狱法》的条文表述为“依照有关规定”,但究竟是依照哪些规定却又未明确。显然,《监狱法》的类似情形不符合《立法法》的要求,应当在修改《监狱法》时认真解决此类问题。

2.《刑法修正案(九)》的出台

2015年通过的《刑法修正案(九)》中,有一些与监狱工作相关的规定。相对于《刑法修正案(八)》,《刑法修正案(九)》对刑法的“总则”部分做了相应调整。其中,与监狱法相关的包括三处:

(1)被判处死刑缓期2年执行的罪犯立即执行的条件的变化。根

---

① 参见谢利苹:《关于监狱法修改和完善的思考》,载《中国司法》2009年第2期。包括《监狱法》第41条、第46条、第48条、第50条、第72条和第73条。

据《刑法修正案(九)》,对于被判处死刑缓期2年执行的罪犯,只有在故意犯罪并且情节恶劣的情况才予以立即执行死刑。按照刑事诉讼法规定,被判处死刑缓期2年执行的罪犯是在监狱执行刑罚。那么,这些罪犯的故意犯罪在哪些情况下构成情节恶劣?这个问题主要是刑法规定的内容,但是,在修改《监狱法》时应当予以关注。

(2)对某些罪犯终身监禁,不得减刑、假释的规定。根据《刑法修正案(九)》,对于一部分实施贪污、贿赂犯罪的犯罪分子,被判处死刑缓期执行的,人民法院根据犯罪情节等情况可以同时决定在其死刑缓期执行2年期满依法减为无期徒刑后,终身监禁,不得减刑、假释。由此,《监狱法》第29条关于减刑的规定、第32条关于假释的规定,就需要作相应修改。

(3)禁止从业的规定。《刑法修正案(九)》给《刑法》新增第37条之一,规定了禁止从业事项:"因利用职业便利实施犯罪,或者实施违背职业要求的特定义务的犯罪被判处刑罚的,人民法院可以根据犯罪情况和预防再犯罪的需要,禁止其自刑罚执行完毕之日或者假释之日起从事相关职业,期限为三年至五年。被禁止从事相关职业的人违反人民法院依照前款规定作出的决定的,由公安机关依法给予处罚;情节严重的,依照本法第三百一十三条的规定定罪处罚。其他法律、行政法规对其从事相关职业另有禁止或者限制性规定的,从其规定。"这一规定对于部分刑满释放人员有影响,与《监狱法》第37条、第38条的内容相关,在修改《监狱法》时应当考虑刑法的变化。

3.《精神卫生法》的实施

第十一届全国人民代表大会常务委员会第二十九次会议于2012年10月26日通过的《精神卫生法》,与监狱工作有一定关系。该法第18条规定,"监狱、看守所、拘留所、强制隔离戒毒所等场所,应当对服刑人员,被依法拘留、逮捕、强制隔离戒毒的人员等,开展精神卫生知识宣传,关注其心理健康状况,必要时提供心理咨询和心理辅导"。该条规定不仅是对监狱中的罪犯心理矫治工作的要求,也与多年来我国监狱中开展的罪犯心理矫治工作相吻合,因此,在修改《监狱法》时,应当考虑《精神卫生法》的这条内容,对罪犯的心理健康教育等心理矫治作出明确规定。监狱法在这方面的规定,不仅与精神卫生法的内容相衔接,也为进一步规范监狱中的罪犯心理矫治工作、促进在监狱中开展的罪犯心理矫治工作,提供明确的法律依据。

4.《反恐怖主义法》的通过

为了适应打击恐怖主义的需要,第十二届全国人民代表大会常务委员会第十八次会议 2015 年 12 月 27 日通过了《反恐怖主义法》,该法中有两条与监狱工作密切相关。

该法第 29 条第 2 款规定,"监狱、看守所、社区矫正机构应当加强对服刑的恐怖活动罪犯和极端主义罪犯的管理、教育、矫正等工作。监狱、看守所对恐怖活动罪犯和极端主义罪犯,根据教育改造和维护监管秩序的需要,可以与普通刑事罪犯混合关押,也可以个别关押"。

第 30 条第 1 款规定,"对恐怖活动罪犯和极端主义罪犯被判处徒刑以上刑罚的,监狱、看守所应当在刑满释放前根据其犯罪性质、情节和社会危害程度,服刑期间的表现,释放后对所居住社区的影响等进行社会危险性评估。进行社会危险性评估,应当听取有关基层组织和原办案机关的意见。经评估具有社会危险性的,监狱、看守所应当向罪犯服刑地的中级人民法院提出安置教育建议,并将建议书副本抄送同级人民检察院"。第 2 款规定,"罪犯服刑地的中级人民法院对于确有社会危险性的,应当在罪犯刑满释放前作出责令其在刑满释放后接受安置教育的决定。决定书副本应当抄送同级人民检察院。被决定安置教育的人员对决定不服的,可以向上一级人民法院申请复议"。第 3 款规定,"安置教育由省级人民政府组织实施。安置教育机构应当每年对被安置教育人员进行评估,对于确有悔改表现,不致再危害社会的,应当及时提出解除安置教育的意见,报决定安置教育的中级人民法院作出决定。被安置教育人员有权申请解除安置教育"。第 4 款规定,"人民检察院对安置教育的决定和执行实行监督"。

《反恐怖主义法》中这两条规定的内容,是《监狱法》的规定所没有的,也是《监狱法》在修改时需要增加的内容。首先,要考虑对在监狱服刑中服刑的恐怖活动罪犯和极端主义罪犯的教育问题。其次,要考虑在释放前对恐怖活动罪犯和极端主义罪犯进行社会危险性评估的问题。最后,要考虑对于经过社会危险性评估发现确有社会危险性的释放人员的安置教育问题。

总之,在与相关法律制度的衔接方面,存在一些复杂的问题。在修改《监狱法》时,要根据《监狱法》的特点、监狱工作的实践等,作出相应的规定。

五、修改《监狱法》的域外借鉴

世界各国之间交流监狱法治建设经验,是完善监狱法治的重要途径。从相关资料来看,这方面的事例不少。例如,18世纪中后期,英国监狱改革家约翰·霍华德(John Howard,1726－1790)以及英国哲学家和法学家杰里米·边沁(Jeremy Bentham,1748－1832)关于建立感化院(penitentiary)的监狱改良思想不仅在英国开花结果,而且还横渡大西洋,在美国生根发芽。① 19世纪20年代,美国创立的宾夕法尼亚制(Pennsylvania system),亦称"独居制"(separate system),则备受欧洲国家的青睐。1846年在德国召开的第一届国际监狱大会(First International Prison Congress)上,大多数人赞同宾夕法尼亚模式(Pennsylvania model),此后,这种监狱制度迅速在德国、法国、比利时以及荷兰等国的监狱制度中被采用。②

在我国现代监狱制度的建立过程中,也很好地借鉴了国际社会的做法。例如,清末监狱改良即以借鉴域外制度为开端。1910年,日本监狱学家小河滋次郎博士受托起草《大清监狱律(草案)》,在中国监狱立法史上留下了里程碑式的印记。③ 新中国成立后,1954年公布实施的《中华人民共和国劳改工作条例》大量吸收了苏联关于劳动改造罪

① Todd R. Clear and George F. Cole, *American Corrections*, 9th ed., Wadsworth Publishing Company, 2001, pp. 39－41.

② Ibid., p. 51.

③ 参见郭明:《中国监狱学史纲》,中国方正出版社2005年版,第94～95页。

犯的理论学说和实践经验。[①] 因此,国内学者翟中东教授等认为,像中国这样的发展中国家的监狱法立法,其理想的立法模式应当是:第一,继承本国历史上探索的积极成果;第二,保持对外的开放,吸收国际合理的理论与制度。前者的价值在于积累已有的经过实践检验适合国情,同时又有效的经验;后者的价值在于借鉴他国经验与研究成果,促进本国监狱制度的现代化。[②] 所以,在修改《监狱法》的过程中,也要从域外监狱立法理论、域外监狱立法文本、联合国监狱管理规范三个方面梳理相关经验,为我国《监狱法》的修改提供参照。

(一)域外监狱立法理论

域外监狱立法理论的核心在于要求充分保障罪犯权利,并极力论证其正当性。例如,2006 年《欧洲监狱规则(草案)》的起草者之一、英国诺丁汉大学法学院的德克·范·齐尔·施米特(Dirk Van Zyl Smit)教授等人认为:“监狱的问题就是为罪犯的权利提供一种刑罚学的构架。”[③]学者们论证罪犯权利正当性的逻辑进路主要有以下三方面:

1. 监狱机构的特殊性

与学校、邮局、商场、车站等许多社会机构相比,监狱有其特殊性。美国著名社会学家欧文·戈夫曼(Erving Goffman,1922 - 1982)曾将监狱描述为“全面控制机构”(total institutions)的典型代表。所谓全面控制机构就是全面、严密地控制人们行为的机构。根据戈夫曼的论述,这类机构是大量境遇相似的个体共同居住和工作的一个场所;这些个体在相当长的一段时间内与广泛的社会断绝往来,从而一起形成了一

① 参见《中国劳改学研究》编写组:《中国劳改学研究》,中国社会科学文献出版社 1992 年版,第 38 ~ 39 页。

② 参见翟中东、孙霞:《监狱法立法不足及修改原则》,载《犯罪与改造研究》2014 年第 10 期。

③ Dirk Van Zyl Smit, Sonja Snacken, *Principles of European Prison Law and Policy*, Oxford University Press, 2009, p. 38.

个封闭的、管理正式的、循环往复的生活模式。① 戈夫曼将全面控制机构大致分为孤儿院、精神病院、监狱、军队以及修道院五种。孤儿院、精神病院、军队以及修道院等全面控制机构分别会为孤儿、精神病患者、军人以及僧侣谋求福利,监狱则不同,监狱的主要目标是保护社会大众免受罪犯的侵害,而不是为罪犯谋求福利。因此,社会对安全的需求基本上决定了监狱的日常生活形态。从入监开始,罪犯就需要拍照片、录指纹、移交个人物品、接受裸体检查、脱下个人服装并更换统一的囚服。监狱剥夺罪犯的社会角色,代之以罪犯的角色。监禁使罪犯丧失脸面和隐私、丧失控制自己命运的能力和尊严;监狱日复一日地进行搜查监舍、检查信件、裸体搜身以检查违禁品等活动,从而进一步控制罪犯的行为。

监狱用这种精细的方式来控制罪犯的生活,以维护监狱的权威,形成自身的特色,包括森严的等级制度、烦琐的例行公事、官僚的分类体系、可怕的社会隔绝等。这种严密控制的监狱生活给罪犯的身体与心理造成了巨大损害。国外很多实证研究表明,罪犯身心受到的巨大损害包括身体机能退化、反应迟钝、自我意识下降、自我导向的敌意增加、对外部关系和未来失去兴趣,严重的甚至产生人格监狱化。② 欧洲人权法院(the European Court of Human Rights)也承认存在这些损害。约翰·欧文(John Irvin)等学者认为:虽然官方的监禁目的并不包括伤害

---

① Erving Goffman, *Asylums*: *Essays on the Social Situation of Mental Patients and Other Inmates*, Anchor Books, 1961, p. XIII.

② Harjit S. Sandhu, The Impact of Short-Term Institutionalization on Prison Inmates, *The British Journal of Criminology*, Vol. 4, No. 5, 1964, pp. 461 - 474; P. A. Banister, F. V. Smith, K. J. Heskin, N. Bolton, Psychological Correlates of Long-term Imprisonment, *The British Journal of Criminology*, Vol. 13, No. 4, 1973, pp. 312 - 330; K. J. Heskin, N. Bolton, F. V. Smith, P. A. Banister, Psychological Correlates of Long-Term Imprisonment: III Attitudinal Variables, *The British Journal of Criminology*, Vol. 14, No. 2, 1974, pp. 150 - 157. 关于"罪犯人格监狱化的一般机制"的中文文献,参见郭明:《监狱学基础理论》,中国政法大学出版社2015年版,第73~76页。

罪犯;但是,监禁无不造成伤害。① 因此,承认罪犯拥有权利并保证有效实现罪犯权利,是限制监狱伤害的重要方式。

监狱与其他全面控制机构的另一个重要区别就是,管理者与罪犯之间的权力对比严重失衡。罪犯受到他们并不一定认可的权威的控制,而这一权威的代表(监狱工作人员)可以使用武力压制罪犯以维护其权威。所以,监狱很容易产生权力垄断和暴政。第二次世界大战期间的纳粹集中营就是典型的例证。纳粹集中营的经历表明,人被剥夺自由之后会产生极端的依赖。在监狱中,这种极端的依赖蕴含着管理者滥用权力去实施酷刑甚至进行种族灭绝的巨大风险。美国的菲利普·津巴多(Philip Zimbardo)②和斯坦利·米尔格拉姆(Stanley Milgram)③等学者的科学实验已经证明,不只是少数纳粹分子才有极端行为,只要给予合适的条件和激励,很多普通民众也会对罪犯实施同样惊人的暴行。在民主社会中,监狱工作人员对罪犯实施集权的、残忍的、永恒的压制,并不能被人们接受。为了尽可能防止存在权力垄断的监狱对罪犯实施酷刑等极端行为,赋予罪犯应有的权利是极为必要的。

2. 监禁刑罚的目的

既然确有必要保障罪犯权利,那么罪犯权利的边界在哪里?其具体内容又是什么?学者们认为,这取决于政府秉持何种监禁刑罚目的观。"刑罚目的观体现的是人们从根本上希望刑罚所能实现的目标;刑罚的具体规定、量定和执行都是实现特定的刑罚目的观的手段。"④监禁刑的刑罚目的具有一定的复杂性。报应主义论者将刑罚视为对犯罪行为的报复与反应。犯罪是一种恶害,而刑罚的显著特征就是痛苦。

---

① John Irwin, Barbara Owen, Harm and The Contemporary Prison, in Alison Liebling, Shadd Maruna, eds., *The Effects of Imprisonment*, Willan, 2005, p. 94.

② 津巴多的斯坦福监狱实验报告,参见 Craig Haney, Curtis Banks, Philip Zimbardo, Interpersonal Dynamics in a Simulated Prison, *International Journal of Criminology and Penology*, No. 1, 1973, pp. 69 – 97。

③ 米尔格拉姆的电击实验,参见[美]斯坦利·米尔格拉姆:《对权威的服从》,赵萍萍、王利群译,新华出版社2015年版。

④ 李川:《刑罚目的理论的反思与重构》,法律出版社2010年版,第1页。

对罪犯实施刑罚是基于报应的原理,符合正义的要求。[①] 绝对报应主义论者伊曼努尔·康德(Immanuel Kant,1724 - 1804)认为,刑罚只能是报应,除此之外,作为报应的刑罚本身不具有也不应当去追求其他任何目的。“法院的惩罚绝对不能仅仅作为促进另一种善的手段,不论是对犯罪者本人或者对公民社会。因为一个人绝对不应该仅仅作为一种手段去达到他人的目的。”[②]

单纯强调报应的刑罚目的观过于狭窄,因而遭到功利主义论者的强烈批判。切萨雷·贝卡利亚(Cesare Beccaria,1738 - 1794)[③]指出:“刑罚的目的既不是要摧残折磨一个感知者,也不是要消除业已犯下的罪行……刑罚的目的仅仅在于:防止罪犯重新侵害公民,并规诫其他人不要重蹈覆辙。”[④]功利主义论者在方法论上坚持结果主义,认为刑罚的目的在于减少未来的犯罪,而一般预防和特殊预防可以实现这一目的。一般预防就是借助刑罚的威慑力,让普通公民遵纪守法,避免犯罪。特殊预防就是通过刑罚威慑、隔离监禁、教育改造等方式来减少罪犯重新犯罪的可能性。单纯追求预防犯罪的功利主义刑罚目的观也不能让人完全信服。20世纪中后期,就出现了折中主义论者,将报应主义的“正义”与功利主义的“预防”都视为刑罚的目的所在。

由此可见,如何平衡报应与功利,如何教育、矫正、改造罪犯,使之重返社会,就成为世界各国监狱立法无法回避的现实问题。20世纪70年代,德国、英国以及欧洲人权法院就抛弃了罪犯权利因被剥夺自由而受到固有限制的理论。人们在看待罪犯的自由时,区分两类自由,即人身自由(personal liberty)与剩余自由(residual liberty)。虽然监禁制裁的判决使罪犯失去了人身自由,不过,在监狱范围内,剩余自由以及相

---

① 参见董淑君:《刑罚的要义》,人民出版社2004年版,第126页。

② [德]伊曼努尔·康德:《法的形而上学原理——权利的科学》,沈叔平译,商务印书馆2002年版,第164页。

③ 贝卡利亚的刑罚思想虽然有很大报应的成分,但是一般也被认为是功利主义的。参见董淑君:《刑罚的要义》,人民出版社2004年版,第34页。

④ [意]切萨雷·贝卡利亚:《论犯罪与刑罚》,黄风译,中国方正出版社2004年版,第28页。

关人权应该留给罪犯。人身自由与剩余自由这两个相互区别的概念,比较清晰地划定了罪犯权利的边界。在“剩余自由”范围内,罪犯拥有哪些具体的权利呢?在英国,人们已经接受这样的观念,即“尽管罪犯被监禁,但仍然保留所有不被明示或必然暗示所夺走的公民权利”。[①]相比较而言,德国赋予罪犯权利的内容更为明确一些。德国联邦宪法法院将罪犯再社会化确定为执行监禁刑罚的明确目标。在这一宪法原则的指引下,德国法院确认罪犯在法律上拥有消极权利(negative rights)和积极权利(positive rights)。[②]“消极权利”与“积极权利”的区分,一直被认为是德国等大陆法系国家宪法教义学上的固有学理。[③]宪法上所规定的、由公民所享有的权利,一般被称为“基本权利”。传统宪法理论一般以基本权利实现需要国家介入的程度为标准,把基本权利分为消极权利和积极权利,并以此为基础确定国家相应的义务。消极权利如生命、自由、财产和人身安全权,住宅权,通信自由,迁徙自由,思想、良心和宗教自由,主张和发表意见的自由,和平集会以及结社自由等,人们一般称为“自由权”。从各国人权保障的历史看,这类权利最容易受到国家公权力的侵害,因而宪法对这类权利予以规定,其目的在于创造一个排除国家权力恣意介入的个人自由活动空间,所以消极权利又被称为“免予国家干涉的权利”。积极权利如工作权、休息权、生存权、社会保障权、受教育权、社会文化生活权以及对其所创作的任何科学、文学或美术作品而产生的精神和物质的利益享有受保护的权利等,人们一般称为“社会权”。公民这类权利的实现需要国家权力的积极介入以提供法律上、组织上及财政上的保障,所以积极权利又被称为“免予国家匮乏的权利”。[④] 1976年通过的《德国刑事执行法》在

---

① Dirk Van Zyl Smit, Sonja Snacken, *Principles of European Prison Law and Policy*, Oxford University Press, 2009, p. 77.

② Ibid., p. 78.

③ 参见周刚志:《论“消极权利”与“积极权利”——中国宪法权利性质之实证分析》,载《法学评论》2015年第3期。

④ 参见杨福忠:《消极权利与立法者的积极义务——以德国联邦宪法法院第二次堕胎判决为例》,载《北方法学》2011年第1期。

总则部分就确立了追求罪犯再社会化的监狱管理目的,并要求保障罪犯的消极权利。在行刑实践中,德国也存在一些罪犯权利实现的体制障碍,如监狱官员抵制、法律援助不足等。面对这些障碍,德国联邦法院一直重申罪犯再社会化的宪法原则,并不断发展罪犯的积极权利,如获得足够的劳动报酬的权利、获得以回归社会为目的的判决的权利、离监探亲以及其他形式的消遣放松的权利等。①

3. 人权事业的发展

学者们还从国内与国际人权事业的发展来寻找保障罪犯人权的根据。近代以来,西方发达国家逐步强调下列三项基本的宪法原则:②

(1)人权(human rights)。人权被视为政治结构的核心。在防止国家公权力不必要地干预和侵犯私人领域时,人权是公民自我保护的壁垒。在需要国家采取行动保护个人利益时,人权是救助公民的指示器。

(2)法治(rule of law)。法治原则要求监狱管理必须理性,对管理者大量的自由决定进行限制。为了防止罪犯免受监狱管理者武断的、情绪化的发号施令之苦,就要重视法治原则。

(3)民主(democracy)。民主则要求政府考虑大多数人的意愿,并关护公共利益。罪犯人权也是公共利益的组成部分。大多数时候,社会大众对于监狱内部的日常运作漠不关心。然而,越狱或暴动等特殊事件或丑闻的发生又会牵动着公众神经。监禁条件不人道的偶然报道也会突然引发一时的媒体关注或政治炒作。这些都会对监狱管理的合法性产生不良影响。这也清晰地表明,民主原则要求政府关护罪犯人权这一公共利益确有必要。

上述三个基本原则都证明了保障罪犯人权的合法性。这意味着判

---

① Liora Lazarus, Conceptions of Liberty Deprivation, *The Modern Law Review*, Vol. 69, No. 5, 2006, pp. 738 – 769.

② Paul De Hert, Serge Gutwirth, Rawls' Political Conception of Rights and Liberties, in M. Van Hoeck, ed., *Epistemology and Methodology of Comparative Law*, Hart, 2004, pp. 317 – 357.

决的执行、剥夺自由的措施、监狱的管理等刑事司法实践应该与这些基本原则相一致。

区域性人权公约也是该地区各个缔约国在监狱立法中保护罪犯权利的重要法律渊源。欧洲是区域性人权国际保护发展最早,也是最发达的地区。欧洲理事会以1953年9月生效的《欧洲人权公约》为据,创立了人权保护的第一个国际机制。① 《欧洲人权公约》第3条规定:"任何人不得施以酷刑或非人道或有辱人格的待遇或处罚。"②2006年修订的《欧洲监狱规则》第1条、第2条、第3条分别规定:"所有被剥夺自由的人的人权应该得到尊重""被剥夺自由的人仍保留所有未因判决或羁押而被依法剥夺的权利""对被剥夺自由的人的限制应该维持在必要的最小限度,并与制裁他们的目标相适合"。③ 这是《欧洲监狱规则》尊重罪犯人权的三个基本原则,成为各缔约国保障罪犯人权的国际法渊源。1969年11月生效的《美洲人权公约》、1986年10月生效的《非洲人权和民族权宪章》则分别为美洲与非洲国家保障罪犯人权奠定了国际法渊源。

全球性的国际人权公约也成为世界各国保障罪犯人权的重要基础。自联合国成立以来,已经根据《联合国宪章》的精神制定了一系列关于人权的文件,其中最重要的是1948年制定的《世界人权宣言》、1966年制定的《经济、社会及文化权利国际公约》和《公民权利和政治权利国际公约》。这三个法律文书和《公民权利和政治权利国际公约》任择议定书被统称为"国际人权宪章"(International Bill of Human Rights)。④ 1984年,联合国大会还通过了《禁止酷刑和其他残忍、不人道或有辱人格的待遇或处罚公约》。这些国际公约的缔约国必须承担

① 杜仕菊:《欧洲人权的理论与实践——以欧洲社会现代化进程为视角》,浙江人民出版社2009年版,第66页。

② Sir Nigel Rodley, Matt Pollard, *The Treatment of Prisoners under International Law*, Oxford University Press Inc. ,2009,p.637.

③ The Council of Europe, *European Prison Rules*, Council of Europe Publishing, 2006,pp.6 -7.

④ 杨宇冠:《人权法》,中国人民公安大学出版社2003年版,第9页。

遵守、履行公约的义务,并将国际公约中确立的刑事司法准则贯彻到国内立法中去。

(二)域外监狱立法文本

基于上述认识和精神,欧洲、美洲等世界发达国家在监狱立法时十分重视保障罪犯权利,努力平衡管理者与罪犯之间的力量对比,以维护监狱系统的正常运转。在此,我们以域外一些国家与地区的监狱法或《刑事执行法》文本为参照,以保障罪犯权利为视角,从监狱工作人员、罪犯、对监狱的监督三个方面探讨我国《监狱法》修改时值得借鉴的相关制度。

1. 监狱工作人员

监狱工作人员在监狱的运行中发挥着极其重要的作用。"监狱的日常道德氛围以及痛苦程度,取决于监狱工作人员与罪犯之间的关系状况。"①监狱工作人员与罪犯之间建设性的、积极的关系,不仅可以降低虐待罪犯的风险,而且还会提高监狱对罪犯的控制能力和安全水平。如何才能使监狱工作人员与罪犯之间形成良性互动,从而使监狱拥有面向未来的、积极的道德氛围并减轻痛苦呢?有些国家与国际组织认为需要从改变监狱工作人员入手。欧洲防止酷刑委员会在 2001 年的年度总报告中指出:人道的监狱系统的基石,是经过正规招募和培训的工作人员。他们知道怎样采取合适的态度来处理与罪犯的关系。他们将自己的工作视为职业而不仅仅是谋生的手段。真正的专业精神要求他们在关注安全和良好秩序的同时,能够以体面的、人道的方式对待罪犯。②

基于上述认识,在一些监狱立法中规定了提高监狱工作人员的社

① Ben Crewe, The Sociology of Imprisonment, in Yvonne Jewkes, ed., *Handbook of Prisons*, Willan, 2007, p. 142.

② Dirk Van Zyl Smit & Sonja Snacken, *Principles of European Prison Law and Policy*, Oxford University Press, 2009, p. 111.

会地位、明确监狱工作的岗位和职责、改善职员的工作环境等内容。例如,1992年《加拿大矫正与有条件释放法》第4条第i款规定:矫正局应当适当选拔、培训职员,并给予职员:(ⅰ)适当的职业发展机会;(ⅱ)良好的工作条件,包括个人尊严不受损害的工作环境;(ⅲ)参与制订矫正政策和计划的机会。① 这款关于矫正职员的规定,是加拿大矫正服务指导原则之一。2006年修订的《欧洲监狱规则》第8条规定:"监狱工作人员开展重要的公共服务。他们的招聘、培训和工作条件应使他们在照顾罪犯时能够保持高的标准。"②这是《欧洲监狱规则》首次将对监狱管理人员的要求上升到刑罚执行基本原则的高度。以前监狱工作被认为是低端的,工作人员的社会地位低下也就不足为奇。强调监狱工作是一项重要的公共服务事业,意在正面提高工作人员的社会地位。《欧洲监狱规则》还在第5部分用6个条文对严格筛选监狱工作人员以及相关培训进行了详细规定。

有些国家通过监狱立法明确工作岗位以及其职责,以提升工作人员的整体素质。新加坡《监狱法》在第4部分以专章规定了监狱工作人员的内容,条文多达13个。这些条文详细界定了监狱专员(Commissioner of Prisons)、警长、医生、警员的岗位职责,并列举了警员使用武器、不得使用武器的各种情形。第31条第7款还说明了使用武器的限度为"尽可能使对方失去反抗能力而不致死"。③《德国刑事执行法》则在第155条和第156条规定了监狱工作人员由五种不同身份的人员组成:监狱长和代理监狱长、行政人员、总务执行人员(Allgemeiner Vollzugsdienst)、工务人员(Werkdienst)、社会工作人员,包括牧师、教师、心理医生和社会工作者。《德国刑事执行法》第155

① Corrections and Conditional Release Act,http://laws-lois.justice.gc.ca,最后访问日期:2016年8月6日。

② The Council of Europe, *European Prison Rules* , Council of Europe Publishing, 2006, p. 7.

③ The Statutes of the Republic of Singapore Prisons Act(Chapter 247) pp. 15 – 20. http://statutes.agc.gov.sg/aol/download/0/0/pdf/binaryFile/pdfFile.pdf? CompId:b6147001 – 8a6f – 47dc – 8594 – f036543657a6,最后访问日期:2016年8月10日。

条第 2 款还规定,各州有义务提供足够数量的各类监狱工作人员以保证其各自任务的履行。①

对于罪犯来说,如果监狱工作人员分工明确、富有人道精神而且充满热情,就是罪犯的一种福利。有论者指出,近几年来,"安全至上"等畸形"安全观"使我们的监狱管理在排班、巡查、定责、问责等诸多方面进行了严密的设计,高强度的工作模式导致监狱警察的时间、精力、体力都容易出现透支情况,②也使职业倦怠现象较为广泛地存在于监狱警察队伍之中。一些监狱机关对民警在日常管理中出现的违规违纪行为进行经济处罚,挫伤了监狱警察工作的积极性、主动性。此外,我国监狱工作者往往扮演多种社会角色,最基本的角色包括监狱管理者、罪犯改造者,除此之外,还有生产经营者、心理咨询员、社会工作者等。众多的角色,容易使监狱工作者产生角色冲突和角色超载,引起他们的工作压力。③ 这种状况与上述国外监狱立法中的原则要求形成强烈反差。近年来,对监狱工作人员进行分类、维护监狱警察合法权益的呼声也日益高涨。在修改《监狱法》时,应当借鉴上述国外的立法经验,以解决这方面存在的突出问题。

2. 罪犯

域外一些国家和地区在监狱立法中重视罪犯权利的保障。例如,《德国刑事执行法》的一个重大特点就是立法的指导思想采取罪犯权利中心主义,整部法律立足于保护罪犯权利免受国家公权力的侵害。④从一些国家监狱法编排体例上也能看出这种罪犯权利中心的立法理念。2010 年英国最新修订的《监狱规则 1999》由"说明、罪犯、监狱工作人员、访问监狱、独立监督委员会、附则"六个部分构成,共计 85 条,其中第二部分"罪犯"包括 59 个条文。在这 59 个条文中,也是将监狱

① 参见司绍寒:《德国刑事执行法》,中国长安出版社 2010 年版,第 73 页。

② 参见宫照军:《监狱警察职业倦怠现状研究》,载《犯罪与改造研究》2015 年第 5 期。

③ 参见吴宗宪:《监狱学导论》,法律出版社 2012 年版,第 82 页。

④ 参见司绍寒:《德国刑事执行法》,中国长安出版社 2010 年版,第 13 页。

培训与矫正目的、鼓励与外界保持联系、安置帮教、优惠待遇、临时释放、请愿与诉冤、宗教信仰、就医、衣物食宿、卫生、教育与图书馆等罪犯权利事项先行规定,而将入监检查、日常监控、违规违纪等事项放在后面。[①]《俄罗斯联邦刑事执行法典》在第1编第2章以"被处刑人员的法律地位"为标题,对罪犯法律地位的基础、罪犯的基本义务、罪犯的基本权利、罪犯的人身安全权利、保障罪犯的信仰自由和宗教信仰自由、罪犯诉冤等涉及罪犯一般权利的事项进行了规定,并作为俄罗斯联邦刑事执行立法的基本原则。[②] 这样便于罪犯在学习监狱法规时,首先知道自己拥有哪些权利,然后才去关注应该遵守哪些纪律。

保护罪犯人权的观点也得到研究者的肯定。国内刑罚学者王利荣教授认为,现代行刑除了"以恶制恶"的基本机能,还有"罪犯人权保护"的重要机能。[③] 但是,目前我国《监狱法》的编排模式尚不足以体现这种"罪犯人权保护"的机能。诚如汪勇博士所言:我国《监狱法》按照"总则—监狱—刑罚执行—狱政管理—教育改造(由两章规定,其中包含劳动改造)—附则"有序排列,由监狱主导行刑关系的意图表现强烈,而罪犯主体的地位没有得到应有的体现。[④] 这是一种由监狱主导的立法思想的必然结果。我们认为,在修改监狱法时,可以适度参照《英国监狱规则1999》《俄罗斯联邦刑事执行法典》的立法体例,也可以考虑采纳汪勇博士的建议,即"以监狱和罪犯两个主体的权利(力)义务关系的产生、变更和消灭来安排监狱法的章节和条文次序"。

部分国家对罪犯权利保障的重视,还体现在监狱法有关罪犯权利条文的精细程度上。丹麦《刑事执行法》的第9章从请假、探视、信函收发、电话通话、阅读报纸和收听收看广播电视、与媒体接触七个方面

---

① Margaret Obi, *Blackstone's Prison Law Handbook* 2014 – 2015, Oxford University Press, 2013, pp. 337 – 379.

② 参见《俄罗斯联邦刑事执行法典》,赵路译,中国人民公安大学出版社2009年版,第7~12页。

③ 王利荣:《行刑法律机能研究》,法律出版社2001年版,第87~154页。

④ 汪勇:《完善监狱法的模式及修正理念——兼论监狱法修订应处理的若干关系》,载《云南大学学报法学版》2005年第6期。

规定了罪犯与狱外的联系。第 51 条第 1 款规定:“囚犯有权每周至少有一次一小时接受探视的时间,并尽可能允许探视时间延长至两小时。各个行刑机构可以准许增加本款第一句规定之探视次数。”①南非共和国《矫正法》第 11 条有关锻炼的规定是:“为了保持健康,必须为每名被监禁人提供充分的运动机会,被监禁人有权进行每日至少 1 小时的运动。如果天气允许,这种运动必须在户外进行。”②这种非常精确的立法为实现罪犯相关权利提供了可操作性的量化保证。与此相比,我国《监狱法》的许多规定缺乏具体性和可操作性。有论者指出,我国立法者采取“宜粗不宜细”的做法,从宏观视野、战略高度进行原则性、概括性设计,虽然有一定的优点,例如,有利于维持立法的稳定性,但是,其缺陷更加明显,很不利于对立法内容的贯彻落实,甚至有违我国“依法治国”“以人为本”的国策。在《监狱法》修改时,可以对罪犯生活的实物量标准、罪犯劳动报酬以及通讯会见等涉及罪犯权利的事项进行量化规定,增强法律条文的可操作性。

3. 对监狱的监督

对于相对封闭的监狱而言,实行有效的监督是极其重要的。封闭的监狱环境与制度,导致在管理上形成监狱内部与外部社会以及监狱内部各功能区块的相互隔离;被限制和剥夺人身自由的罪犯处于监狱工作人员的绝对权力控制之下,其合法权益很容易被监狱工作人员以执法名义侵犯。因此,各国都非常重视对监狱工作的监督,但在立法形式上存在一定差异。《俄罗斯联邦刑事执行法典》第 12 条第 4 款规定:“被处刑人员享有向刑罚执行机关与机构的行政管理部门、刑罚执行机关与机构的上级机关、法院、检察机关、国家权力机关及地方自治机关、社会团体,以及国家间人的权利与自由保护机关提出建议、声明与

① 《丹麦刑法典与丹麦刑事执行法》,谢望原译,北京大学出版社 2005 年版,第 93 页。

② 席逢遥、丁盛编译:《南非共和国矫正法(一)》,载《犯罪与改造研究》2012 年第 3 期。

申诉的权利。"①这一原则性的规定形成了俄罗斯对刑罚执行三个层次的监督体系：国家监督、社会监督、国际监督。该法典还从第 19 条至第 23 条对国家权力机关、法院、上级主管部门、检察机关、社会团体五个主体的监督权逐一细化。这体现了俄罗斯联邦对刑罚执行监督的立法比较全面。

英国的监狱监督立法也较有特色。2010 年英国最新修订的《监狱规则 1999》在第五部分用 7 个条文对国务大臣为每个监狱任命独立监督委员会(Independent Monitoring Board)的相关事项进行了详细规定。这些事项包括独立监督委员会监督员的任职资格、任职期限、岗位培训、任命解除以及独立监督委员会的议事程序、一般职责、特殊职责、向国务大臣提交年度报告等。《监狱规则 1999》第 78 条规定的独立监督委员会的特殊职责是：听取罪犯的投诉或请愿、经常检查罪犯的伙食、调查罪犯因监禁环境而遭受的身体健康或者心理健康方面的伤害。为了有效履行职责，《监狱规则 1999》第 79 条规定监督员应该经常探访监狱，监督员有权随时进入监狱各个部门、接触所有罪犯、不受监狱工作人员监督监听地访谈任何罪犯、查阅监狱记录。②

一些国家尤其重视对监狱的社会监督。"社会监督是指公民、法人或者其他社会组织对监狱工作进行的监督。"③《俄罗斯联邦刑事执行法典》赋予公民以社会团体形式对刑罚执行是否公正合理进行监督的权利。社会监督的客体是被羁押人员和罪犯的权利与合法利益的保障、羁押的环境条件、劳动处遇(其中包括处罚措施)、涉及未成年人发展要求的遵守情况等。社会监督的形式主要包括视察受监督的监禁场所、参与相关审查活动、会见罪犯并提供法律援助、查阅羁押条件与奖惩措施等相关材料、向国家权力机关等有关监督机关反映罪犯的诉求、

---

① 《俄罗斯联邦刑事执行法典》，赵路译，中国人民公安大学出版社 2009 年版，第 9 页。

② Margaret Obi, *Blackstone's Prison Law Handbook* 2014 - 2015, Oxford University Press, 2013, pp. 374 - 377.

③ 吴宗宪：《监狱学导论》，法律出版社 2012 年版，第 598 页。

通过大众媒体向社会通报有关监督审查结果等。[①] 英国监狱也存在三个外部监督机构:皇家监狱检察署、监狱及缓刑服务渎职调查机构、独立监督委员会。独立监督委员会的监督员由民间社会人士志愿担任,没有工作报酬,与监狱没有任何利益牵连。独立监督委员会与监狱之间也不存在任何附属关系。因此,有论者将独立监督委员会视为英国监狱的社会监督机构。[②] 社会监督机构通过新闻媒介的传播,对社会大众产生广泛的影响,使社会大众对监狱状况有一个可信任的了解,是监狱与社会进行沟通的一个重要桥梁。我国《监狱法》第 44 条、第 68 条分别规定社会力量有义务协助监狱做好安全警戒工作和罪犯的教育改造工作,却没有赋予社会力量监督监狱工作的权利。希望《监狱法》修改时能够借鉴俄罗斯与英国的立法经验,让社会力量参与监狱工作时既有义务协助,也有权利监督。

(三)联合国的相关文献

联合国在改进监狱管理等方面进行了大量的努力,应当重视联合国有关监狱工作的各类文献。《联合国宪章》第 1 条第 3 款规定,联合国的宗旨之一是"促成国际合作,以解决国际间属于经济、社会、文化及人类福利性质之国际问题,且不分种族、性别、语言或宗教,增进并激励对于全体人类之人权及基本自由之尊重"。[③] 犯罪危害经济发展和社会进步,威胁公民的人权和基本自由。因此,联合国自 1945 年创立之初就开展预防犯罪和刑事司法活动,发布了大量的文献。

联合国发布的相关文献种类较多,可以按照不同标准进行分类。例如,按照联合国文献约束力的强弱,可以将其划分为"硬法"和"软

---

① 参见刘旭、李深、田越光:《俄罗斯联邦刑事执行制度研究(续 4)——刑罚执行机关及其工作监督制度》,载《中国监狱学刊》2012 年第 2 期。

② 叶旺春:《英国监狱社会监督制度及对我国的借鉴价值》,载《中国监狱学刊》2011 年第 2 期。

③ 联合国:《联合国宪章》,载 http://www. un. org/zh/sections/un-charter/chapter-i/index. html,最后访问日期:2016 年 7 月 31 日。

法"(具体内容已如上述)。又如,仅就监狱管理方面"软法"而言,可以根据其内容和特点,将它们分为三类:第一类是联合国关于监狱管理的专门规范;第二类是联合国关于预防犯罪和刑事司法的一些综合性的标准或准则,其中含有监狱管理方面的内容;第三类是联合国关于人权的标准或规则,其中含有监狱管理方面的内容。[①] 国际人权宪章体系的相关内容上文已有涉及。限于篇幅,这里仅选取联合国关于监狱管理的三个专门规范,探讨我国监狱法修改中可资借鉴的内容。

1.《联合国囚犯待遇最低限度标准规则》

《联合国囚犯待遇最低限度标准规则》是1955年在第一届联合国预防犯罪和罪犯待遇大会上通过的有关监狱工作的基本规则。2015年12月17日,联合国大会以A/RES/70/175号决议通过了最新修订的《联合国囚犯待遇最低限度标准规则》,[②]并在文件标题中添加了"纳尔逊·曼德拉规则"(the Nelson Mandela Rules)字样(以下简称《曼德拉规则》),以纪念南非前总统纳尔逊·曼德拉(1918~2013年)的精神遗产;曼德拉在为人权、平等、民主、倡导和平文化的斗争中做出了巨大的贡献,曾在监狱度过27年。《曼德拉规则》在尊重囚犯作为人所固有的尊严和价值、医疗保健服务、纪律和惩罚、对被剥夺自由的弱势群体的保护、完善罪犯申诉权等方面,作了大幅度修改。[③] 虽然《曼德拉规则》不具有法律约束力,仅具有指导意义,但仍然是世界各国监狱立法的重要参考依据。我们认为,我国《监狱法》修改值得借鉴以下四个方面:

(1)对于国际社会监狱制度的最新发展

《曼德拉规则》是整合了多年来联合国在监狱领域中的相关文献

---

① 参见郭建安:《联合国监狱管理规范概述》,法律出版社2001年版,第36页。

② 联合国第70届大会A/RES/70/175号决议:《联合国囚犯待遇最低限度标准规则(纳尔逊·曼德拉规则)》,第15页,载https://documents-dds-ny.un.org/doc/UNDOC/GEN/N15/443/40/PDF/N1544340.pdf? OpenElement,最后访问日期:2016年7月31日。

③ 参见司绍寒:《〈曼德拉规则〉与我国监狱法发展——评〈联合国囚犯待遇最低限度标准规则〉的最新修订》,载《犯罪与改造研究》2015年第11期。

内容后产生的集大成的文件。根据《曼德拉规则》前言中的介绍,该规则整合了自 1955 年在第一届联合国预防犯罪和罪犯待遇大会上通过《囚犯待遇最低限度标准规则》以来联合国在人权和相关领域中制定的所有公约,所发布的所有宣言、原则、准则等文献中的相关内容。仅就公约而言,吸收了《公民权利和政治权利国际公约》《经济、社会及文化权利国际公约》《禁止酷刑和其他残忍、不人道或有辱人格的待遇或处罚公约》及其《任择议定书》的内容。至于其他文献,可以说穷尽了联合国发布的与监狱工作有关的所有宣言、原则、准则等文献中的相关内容。因此,这个规则是联合国在监狱领域中发布时间最近(最新)、涉及范围最广、论述内容最全、凝聚了最广泛共识的综合性文件,是对全人类在监狱管理领域中文明、进步和智慧的最新概括和集中体现。联合国的专家组经过 5 年的努力才完成这份文件。这个原则除了长长的"前言"之外,其本身共有 4 个"序言"和 122 条规则,中文版字数达 2.2 万多字;与 1955 年的《囚犯待遇最低限度标准规则》相比《曼德拉规则》的规则数量增加了 27 条,而中文版的字数增加了一倍(1955 年规则中文版仅仅 1.1 万多字)。可以说,《曼德拉规则》的内容体现了联合国在监狱问题上的基本立场和态度,通过这个文件的内容,可以了解联合国在监狱领域的主要观点和建议。因此,在修改《监狱法》时,高度重视《曼德拉规则》的内容,全面、详细地关注和参考曼德拉规则的内容。

(2)兼顾特殊类型罪犯需求的条文编排方式

《曼德拉规则》的编排方式有值得借鉴之处。《曼德拉规则》仍然保留了原来《囚犯待遇最低限度标准规则》的编排方式,分为序言、一般适用的规则、适用于特殊类别的规则三个部分。对于特殊类型的囚犯的有关事项,例如,有精神残疾和健康问题的囚犯、在押或等候审讯的囚犯、民事囚犯、未经指控而被逮捕或拘留的人,集中规定在第三部分中。从立法技术角度来说,这种编排模式比较科学合理地兼顾到保护各种特殊类别囚犯的相关需求和权利。考虑到未成年犯的特殊性,我国《监狱法》对未成年犯的教育改造进行了专章规定,突出其重要性。如此立法的初衷被广为称赞。但是,这种编排方式也有缺陷,即整部法律体系的逻辑自洽存在瑕疵。《监狱法》还涉及女犯、少数民族罪犯等特殊群体。例如,第 18 条第 2 款规定女犯入监时由女性人民警察检查;第 40 条规定女犯由女性人民警察直接管理;第 52 条规定"对少数民族罪犯的特殊生活习惯,应当予以照顾"。在行刑实践中,人们还呼吁监狱法应当对外国籍罪犯的刑罚执行作出规定。如何突出各种特殊类别罪犯的合法权利呢?有论者指出,从未来女犯矫正制度的发展方向来看,需要加强女犯矫正制度的法制化建设,并建议在监狱法修改时将"女犯矫正工作"设立独立章节,以强化女犯改造工作。① 在修改《监狱法》时,可以借鉴《曼德拉规则》的编排方式来处理特殊类别罪犯的有关事项。

(3)发挥罪犯档案数据的循证研究价值

《曼德拉规则》重视发挥罪犯档案数据的循证研究价值。曼德拉规则两次出现"循证"(evidence-based)的概念。一处是《曼德拉规则》第 10 条:"囚犯档案管理系统还应当用于生成关于监狱人口趋势和特点的可靠数据,包括居住率,以便为循证决策提供依据。"另一处为《曼德拉规则》第 75-2 条:"所有监狱工作人员就职前应就其一般和特定职责接受定制训练,训练应当反映刑罚科学的当代最佳循证做法。"这体现了《曼德拉规则》紧跟当代刑罚实践的最新发展的特色。在我国,循证矫正已经得到重视。2012 年 2 月,司法部预防犯罪研究所成立课题组,对国外循证矫正的理论与经验展开研究,并以特稿形式在《犯罪与改造研究》刊物上连续刊载《美国循证矫正实践的概念及基本特征》等编译文章,拉开了我国循证矫正研究的序幕。几年来,在循证矫正研究和实践方面已经进行了一些工作,取得了一些成绩。学者们对循证矫正数据库建设做了有益探索,也认识到将服刑人员的基础信息、成长经历、前科情况等建设为循证矫正研究基础数据的重要性。② 人类社

① 参见杨木高:《女犯矫正制度法制化建设回顾与前瞻》,载《犯罪与改造研究》2014 年第 6 期。

② 参见周勤、侯义斗、马伟青:《循证矫正信息化基础数据建设研究》,载《犯罪与改造研究》2015 年第 5 期。

会已经进入“大数据”时代,深入挖掘并充分发挥犯罪大数据的学术研究价值,为制定更为科学的刑事政策服务,是公安、检察、法院、监狱等系统义不容辞的责任。① 因此,监狱法修改时,可以新增“罪犯档案管理系统的数据为循证研究与决策提供依据”的内容。

(4)促进狱内违纪行为惩罚的法定化

《曼德拉规则》进一步促进了对罪犯狱内违纪行为惩罚的法定化。《曼德拉规则》对狱内违纪行为的惩罚作了较大幅度的修订,条文由原来的 6 个增加到现在的 11 个,强调对惩罚的法定化,明确要求有关违反纪律的行为、应受惩罚的种类和期限、有权执行惩罚的机关、与监狱一般囚犯分开的非自愿隔离等内容,都要由法律或主管行政机关的规章予以核准(参见《曼德拉规则》第 37 条)。而且,《曼德拉规则》进一步限制了惩罚狱内违纪行为的任意性。例如,《曼德拉规则》第 43 条规定:限制或纪律惩罚在任何情况下都不可发展成酷刑或其他残忍、不人道或有辱人格的待遇或处罚,特别应当禁止无限期的单独监禁、长期单独监禁、将囚犯关在黑暗或持续明亮的囚室中、体罚或减少囚犯饮食和饮水、集体处罚;戒具绝不应用作对违反纪律行为的惩罚;纪律惩罚或限制措施不应包括禁止与家人联系。只可在有限的一段时间内限制与家人联系的方式,而且这种惩罚方式应确实是维持安全和秩序所必要的。我国《监狱法》只有第 58 条对八种狱内违纪行为、三种惩罚措施以及禁闭期限进行了规定;没有条文限制惩罚违纪行为的随意性。近年来,国内理论界与实务界对监狱惩罚进行了有益探讨,认识到现代监狱的惩罚功能显然已经有别于传统,表现为惩罚的法治性、文明性、适度性、人文性、监督性和救济性。② 在修改监狱法时,应该明文禁止一些变相惩罚措施,例如剥夺违纪罪犯与家人的联系等。

---

① 参见张崇脉:《我国重新犯罪研究的内容分析》,载《预防青少年犯罪研究》2015 年第 6 期。

② 参见陈光明:《现代监狱惩罚新探——兼谈监狱法若干条文之修改》,载《中国监狱学刊》2011 年第 1 期。

2.《联合国保护被剥夺自由少年规则》

《联合国保护被剥夺自由少年规则》于1990年12月14日由联合国大会第68次全体会议以45/113号决议通过。这个规则是《联合国囚犯待遇最低限度标准规则》《保护所有遭受任何形式拘留或监禁的人的原则》《联合国少年司法最低限度标准规则》在青少年监禁领域的特殊体现。[①] 该规则共87条,对被剥夺自由少年的诸多方面作出有别于成年犯的规定。例如,《联合国保护被剥夺自由少年规则》第67条写道:"应严格禁止任何构成残忍、不人道或有辱人格的待遇的惩戒措施,其中包括体罚、关在暗室、密闭或单独禁闭或其他任何有害少年身心健康的惩罚。"[②]我国《监狱法》单列专章规定了对于未成年犯的教育改造,突出了未成年犯的特殊性以及教育改造的重要性,其重大意义不必多言。但是与《联合国保护被剥夺自由少年规则》相比,我国《监狱法》对未成年犯权利的保护还存在差距。例如,"对未成年犯的教育改造"这一章共计4个条文,均没有涉及对未成年犯使用戒具、武力以及惩戒措施与程序;而这一章最后一条即第77条写道:"对未成年犯的管理和教育改造,本章未作规定的,适用本法的有关规定。"这就意味着适用于成年犯的警告、记过、禁闭等惩戒措施同样也适用于未成年犯。1999年12月18日司法部第56号令《未成年犯管教所管理规定》第62条对此也予以确认:未成年犯有《监狱法》第58条规定的破坏监管秩序情形之一的,未成年犯管教所可以给予警告、记过或禁闭处分。[③] 我们认为,单独禁闭这一惩罚措施会对未成年人身心健康造成很大损害,在《监狱法》修改时,可以考虑采纳《联合国保护被剥夺自由少年规则》的倡议,严格禁止对未成年犯适用单独禁闭的惩罚措施。

---

① 参见卞建林、杨宇冠:《联合国刑事司法准则撮要》,中国政法大学出版社2003年版,第225页。

② 郭建安:《联合国监狱管理规范概述》,法律出版社2001年版,第216页。

③ 参见司法部监狱管理局:《监狱工作手册(1998.1-2003.1)》(第4辑),法律出版社2003年版,第297页。

3.《联合国关于外国籍囚犯待遇的建议》

《联合国关于外国籍囚犯待遇的建议》是在联合国第七届预防犯罪和罪犯待遇大会通过的一份重要文献,这次大会于 1985 年 8 月 26 日至 9 月 6 日在意大利米兰举行。① 该建议倡导各会员国在教育、职业培训、劳动、离监休假等方面给予外国籍囚犯与本国囚犯相同的待遇。同时,建议在语言、同外界接触、申诉、饮食、宗教信仰、法律、住宿等方面,所在监狱应当对外国籍囚犯予以应有的照顾和帮助。改革开放之后,来华经商、工作、学习、旅游、探亲的外国人日益增多,外国人在我国犯罪的情况也日渐突出,一些犯罪的外国人因此而进入监狱服刑。如何矫正这些外国籍罪犯,已经成为我国监狱管理机关面临的一个现实问题。《监狱法》颁布之前,就有人意识到这一问题并探讨建立外国籍罪犯移管制度。② 然而令人遗憾的是,1994 年的《监狱法》没有涉及外国籍罪犯的条款。随着改革开放的深入,外国籍罪犯的数量不断增加。监狱人民警察在监管外国籍罪犯的实践中,在处理会见、通讯、减刑、假释、暂予监外执行、移管、死亡、释放等事项时存在无法可依、无章可循的现象。为了解决这方面的问题,2002 年 4 月 25 日至 27 日,司法部监狱管理局在上海召开了部分省(区、市)外国籍罪犯管理研讨会,形成了《外国籍罪犯管理工作研讨会纪要》,要求相关监狱予以落实。③ 近年来,外国籍罪犯迅速增加,截至 2013 年年底,有 29 个省 86 所监狱关押外国籍罪犯 6225 人,涉及近百个国家和地区。④ 外国籍罪犯矫正涉及我国参加相关国际条约的履行义务,事关国家利益和我国的国际

---

① Seventh United Nations Congress on the Prevention of Crime and the Treatment of Offenders, Milan, 26 August - 6 September 1985: *Report of the Secretariat*, United Nations publication, Sales No. E. 86. IV. 1, Chap. I, sect. D. 1, Annex II, p. 57.

② 参见郑勇:《论外籍囚犯的移管问题》,载《政法论丛》1993 年第 1 期。

③ 参见司法部办公厅:《关于印发〈外国籍罪犯管理工作研讨会纪要〉的通知》,载司法部监狱管理局编:《监狱工作手册(1998. 1 - 2003. 1)》(第 4 辑),法律出版社 2003 年版,第 210 ~ 214 页。

④ 参见李豫黔:《全面推进法治监狱建设——监狱法颁布实施 20 年的回顾与思考》,载《犯罪与改造研究》2014 年第 4 期。

形象,应当认真对待。也有论者对外国籍罪犯矫正的立法模式、立法内容以及立法层次提出一些建议。[①] 在修改《监狱法》时,应以《联合国关于外国籍囚犯待遇的建议》为基础,参考相关国家的立法文本,增加外国籍罪犯刑罚执行的相关内容,为加强外国籍罪犯管理提供法律依据。

此外,在修改《监狱法》时,还应当认真关注联合国的其他相关文献。例如,1966 年的《公民权利和政治权利国际公约》、1984 年的《禁止酷刑和其他残忍、不人道或有辱人格的待遇或处罚公约》、1989 年的《儿童权利公约》以及联合国大会 1990 年 12 月 14 日通过的《囚犯待遇基本原则》(该原则正文有 11 条)、联合国大会 2010 年 12 月 21 日以 65/229 号决议通过的《联合国关于女性囚犯待遇和女性罪犯非拘禁措施的规则》(曼谷规则)(该规则有 70 条)等。

On Several Issues of the Revision of the Prison Law of China

Wu Zongxian, Wang Hui, Zhang Chongmai & Wang Zhiqiang

[**内容摘要**]1999 年颁布的《监狱法》在 2012 年修改之后,仍然存在一些问题,需要进一步修改。在未来修改《监狱法》时,应当考虑相关的理论问题、实践问题以及监狱法自身存在的问题,还应当考虑与其他法律的衔接问题。同时,也要认真借鉴域外的立法经验,特别是联合国的相关文献。

[**关键词**]中国;监狱法;修改;问题

Abstract: The prison law of China was promulgated in 1999, and was amended in 2012. After that, there are still some problems that need further revision. When revising the prison law in the future, we should consider the relevant theoretical issues, practical problems and the problems existing in the prison law itself, but also should consider the

① 参见杨木高、杨帆:《外籍犯矫正立法问题研究》,载《中国监狱学刊》2015 年第 3 期。

connection with other laws. At the same time, we must also learn from the experience of overseas legislation, especially the relevant documents of the United Nations.

Keywords: China; Prison law; Revision; Issues

〔犯罪学与刑事政策〕

与犯罪被害人相关的国际政策的发展

[荷]马克·格伦惠森* 著 梁 坤** 田艳丽*** 译

目 次

一、导 言

那样一个时代,已经悄然远去。20世纪80年代初,被害人问题领域的一些专家倡议联合国参与到这一问题的研究当中。下文将展现的便是一个标志性的成功案例。被害人权利的倡导者们开展了一

* 荷兰蒂尔堡大学法学院教授、国际被害人学学会(World Society of Victimology)主席、欧洲被害人学研究中心主任。

** 西南政法大学刑事侦查学院副教授、法学博士。

*** 西南政法大学刑事侦查学院硕士研究生。

项经过精心筹划的活动并得以切实开展,促使国际政策的决定者和立法者们相信,变革已经势在必行。作为被害人权利的主张者,他们主要的目的就是希望改革刑事司法系统。在短短的几年内,他们的理念获得了广泛的支持,推动联合国大会一致通过了《关于公正对待犯罪和滥用权力的被害人的基本原则宣言》(UN Declaration of Basic Principles of Justice for Victims of Crime and Abuse of Power)(以下简称《宣言》)。①

毫无疑问,《宣言》反映了当时的时代精神。巧合的是,同在 1985 年,作为一个建立起来主要致力于促进人权的国家间组织——欧洲委员会(Council of Europe),通过了第 R(85)11 号建议案,而具体内容便涉及被害人在刑法和刑事程序框架中的地位。② 在这两份国际协议中,许多内容是相通的。限于篇幅,这里无法对那些助推这些新法产生的政治及社会条件予以宽泛的阐述。相反地,只要提及以下这些因素就足以让人明了了:所谓的妇女运动扮演了重要的角色;一些特别具有侵犯性的恐怖袭击案件促使一些国家朝着保护被害人的方向发展,并且确实采取了相应的措施;社会中也出现了更具个体主义特征的大趋势(公民强调拥有更多的个人权利),从而使政府官员也更易于接受新提出的改革方案。而在事后看来,人们甚至可以提出这样的主张,即全球化这一概念绝佳地适应了被害人的法律地位所应当

---

① 《宣言》于 1985 年 11 月 29 日由联合国第 A/res/40/34 号决议通过。关于《宣言》发展历史的进一步记述,参见 Kirchhoff GF, The Function of UN instruments and the path to success, in Dussich JPJ and Mundy KG eds., *Raising the Global Standards for Victims: The Proposed Convention on Justice for Victims of Crime and Abuse of Power*, Seibundo Publishing, 2009, pp. 50 – 63。

② 于 1985 年 6 月 28 日由部长委员会(committee of ministers)通过,参见 Reeves H, New developments in policies and services for victims in Europe: An introduction to Council of Europe Recommendation (2006) 8, in Winkel FW, Friday PC, Kirchhoff GF, et al. eds., *Victimization in a Multidisciplinary Key: Recent Advances in Victimology*, Wolf Legal Publishers, 2009。

展现出来的新面貌。[①]

一方面,《宣言》是一个非常重要的突破。另一方面,它只是与被害人相关的国际政策制定的一个开端。《宣言》被称为被害人权利保护的大宪章,从多重意义上讲,这种表达都是合情合理的。首先,《宣言》为各地的政治实体机构提供了示范,并且为后者纷纷效仿。随后,一些国家的立法者也改良了他们的体制,并且直接呼吁遵循《宣言》所确定的标准。[②] 不过,这还只是一个开始。此后,联合国所采取的方案主要是针对某一类弱势的被害人群体。这就导致了一场争论的出现,也即在某些特殊情况下是否需要诸如公约(Convention)这类更具强制效力的法律文件加以应对。在其他领域,人们关注的并不是具体的被害人群体,而是强调特定的问题。在这其中,国家赔偿便是一个典型的例子。在同一时期,基于武装冲突而造成的国家间的冲突或国家内部的暴力斗争等因素,人们更多地专注于大规模侵害的问题,而非考虑特定的被害人所遭受的伤害。针对这种情况,最突出的应对措施是建立国际特设刑事法庭,[③]以及随后设立的国际刑事法院。

被害人政策的发展变化导致了一系列新的问题出现,而这些问题只能在被害人学领域的学术研究中得到检视。很快,这样的问题便凸显出来——刑法和刑事程序中所确定的关于被害人地位的国际标准并没有相应地改变涉事人员的现实境遇。于是,对规约的遵守问题又被提上了议事日程。在什么情况下国际协议方才有效?法律文件带来真正的改变了吗?对于被害人而言,从含义上讲所谓的"硬法"比"软法"更为有效吗?许多国家从一开始就清楚它们将不会完全遵守那些规约,为什么仍会乐于同意国际社会所确定的新标准?在成千上万的人

① Letschert R and Van Dijk J eds., *The New Faces of Victimhood. Globalization, Transnational Crimes and Victims Rights*, Springer, 2011.

② 典型的例子便是印度,参见 Chockalingam K, Impact of the UN Declaration on victims: developments in India, in Vetere E and Pedro D eds., *Victims of Crime and Abuse of Power: Festscrift in Honour of Irene Melup*, United Nations Press David, 2005, pp. 118 - 125。

③ 分别为前南斯拉夫国际刑事法庭和卢旺达国际刑事法庭。

被侵害的情况下,如何以具有可行性的方式处理参与权和赔偿权的问题?在此方面,传统的刑事司法体制在未来的角色应当如何定位?作为新的、可替代的刑事司法运行方式,诸如调解和恢复性司法这样的新举措是否更为可取?

这些问题都是本文将要探讨的话题。不言而喻,并非每一个问题都会得到深入的分析。如果要那样做的话,就需要一本全新的被害人学领域的文献来加以探讨。然而,似乎也可以以一种更为实用、系统的方式来简要讨论这些问题。本文的主要目的是要明确,作为被害人学研究团体的我们,已经从被害人权利主张者的阶段向前迈进了一步。与数十年前相比,我们提出的建议更多地得到了研究成果的支撑。① 当然,我们还有很长的路要走。本文旨在提供一些切实的证据来支持这些学术观点。

二、联合国 1985 年的《宣言》及其后果

开篇指出,联合国《宣言》的通过相对来说是比较容易的,这是可以确定的事实。不过,这种说法需要稍作修正。对此,一些成员国或者说某些国家集团针对一个问题产生了分歧。发达国家希望《宣言》仅仅适用于被害人;与此相对的是,许多发展中国家的代表则主张《宣言》也适用于权力滥用的被害人(这在第三世界国家是一个不容忽视的问题),并且赋予他们以犯罪被害人享有的相同权利。此争议最后的解决方案在于,分类处理这两种不同类型的被害人,但是相比权力滥用的被害人而言,则给予犯罪被害人以更为具体的权利。

如果不对犯罪被害人的基本权利予以详细说明,就无法抓住《宣言》的本质。根据《宣言》,被害人应当享有以下权利:

---

① Schneider HJ, Victimological developments in the world during the last three decades: A study of comparative victimology, in Gaudreault A and Waller I eds., *Beyond Boundaries*, Research and action for the third millennium, Association Quebecoise Plaidoyer Victimes, 2001, pp. 19 – 68.

获得尊重对待和认可；

获取信息；

呈递他们的观点且这些观点能够得到考量；

在整个法律程序中获得适当的帮助；

隐私和人身安全的保护；①

非正式的纠纷解决方式(包括调解)；

社会救助；

国家赔偿。②

与此相对的是，对于遭受权力滥用的被害人的权利而言，如果用我们所熟悉的一些语词表达加以总结，难度要大得多。原因在于，这些权利不仅数量很有限(仅涉及第19～21条)，并且在术语的使用上更加模糊不清。根据第19条，成员国应考虑将禁止权力滥用纳入其国内的法律规定之中，并且为遭此侵犯的被害人提供救济。③ 第20条则更为模糊，是一个“感觉良好的条文”——各国应当考虑就该领域的多边国际协约展开协商。第21条或多或少是对软绵无力的第19条的重述——各国应定期审查现行的立法及实践；如果确有必要，应通过立法将严重滥用政治或经济权力的行为纳入其中予以规制，并且切实加以执行。

当我们对比联合国的《宣言》中两个单独的章节时，可以明显地看出，该《宣言》反映了那个时代各种权力之间角逐的关系。如果我们单独看看关于犯罪被害人的部分，④就可以发现，毫无疑问这部分内容不

① 顺便需要提及的是，隐私和人身安全方面权利的保护毫无例外地在类似的条款或规定中都有提及。但是从多个方面来看，这都令人感到意外。原因在于，两种权利代表的是完全不同的利益，并且对负责遵循这些标准的政府部门有着完全不同的要求。

② 可以看出，从严格意义上讲，最后两项权利(社会救助和国家赔偿)并不属于那种塑造刑事司法系统运行方式的权利。

③ 从字面上仔细阅读这些内容，这里所提供的保护是极其有限的(原文乃是“考虑……禁止权力滥用”)。注意到这点的话会令人感到羞愧难当。

④ 本文所探讨的内容仅限于犯罪这一部分。尽管国际刑事法院及特别裁判法庭的角色也会得到讨论，但是对文章内容作如此的限制也是有益的。这是因为，国际刑事法院及特别裁判法庭对大规模侵害的管辖限制在了国际性犯罪中的严重形态。参见下文将要探讨的《罗马规约》。

仅具有先见之明,而且怀有远大的抱负。就此而论,它鼓舞了下一代的立法者和政策决定者投身其中。①②

立法容易,施法却面临相当的困难。当我们为了犯罪被害人的利益而考虑对刑事司法系统进行改革的时候,这个问题更是密切相关。对此而言,有两个显而易见的原因。③ 其一,这种改革的规模是巨大的。如果国际社会决定制定关于打击伪造货币的新的统一规定,那么这样的需求相对来说是比较容易实现的,因为这只需要改变国家的刑法典条文中的一至二条规定即可。但是,当国际社会将被害人认定为“系刑事司法系统中被遗忘的一方主体”时,那么后果就难以预料了。这样一来,整个刑事司法系统便需要得到调整,并且应当考虑将所有传统的操作方式在陡然之间予以摒弃。这便要求涉及其中的每一个国家采取大量的措施加以应对。其二,直到变革之前一直存在的传统制度是基于当时的一些核心价值而建立起来的,而这些价值又深深地植根于当时的文化因素当中。在这其中,有两个核心价值很可能是至关重要的。其中之一在于,执法官员往往把抓捕罪犯当作他们的主要工作。如果突然间要求他们同时也要“友好地”对待被害人,这简直就是相当于要求他们改变自己的世界观。与此类似的是,法官们往往将每一个被告人获得公正审判作为其主要的工作。自从他们接受法律训练的第一天起,这便被视为自己神圣的使命所在,而且已然成为每一位法官的“第二天性”。鉴于律师通常只有在经过多年兢兢业业的法律服务后才能在司法系统被任命为法官的事实,他们最终会将自己职业的核心价值观带入其中,这是很容易令人理解的。如果他们认为司法程序中

---

① van Dijk JJM, Benchmarking legislation on crime victims. The UN Victims Declaration of 1985, in Vetere E and Petro D eds., *Victims of Crime and Abuse of Power: Festschrift in Honour of Irene Mellup*, United Nations Press, 2005.

② 为了清楚起见,必须予以这样的解释:本文并没有系统地对国际法和政策规则予以区分。两者均被视为国际标准的组成部分。如果缺少其中一部分,那么另一部分很可能也会变得毫无用途。在后文论述的内容中,这将会是一个反复触及的主题。

③ 当然,这其中涉及大量的障碍,但是这里所提到的两个方面的原因是不容忽视的。

突出被害人的角色潜在地威胁到了公平审判程序中被告人的权利保护，那么很显然，他们将非常不情愿或者说至少不会是真心实意地支持这种改革。

联合国的官员并没有完全察觉到这些法律障碍的存在。当然，他们也并没有想当然地认为，通过《宣言》的制定就能够立即改变世界。于是，他们制定了详细的计划以促进《宣言》条款的有效执行。1989年，联合国大会发布了一项《行动计划》（Plan of Action），此外还通过了一份《联合国经济及社会理事会决议》（1989/57），其目的不仅是督促成员国果断采取行动，而且还对后者实现目标所要采取的步骤进行了告知。在数年之后的 1994 年，[①]联合国发布了一项问卷调查，要求成员国提供相关的进展情况报告。然而，结果却让人感到相当失望。一方面，问卷的回收率十分低下——成员国中只有不到 25% 进行了回复；另一方面，回复问卷的国家（大概属于这一领域的领跑者）也并不能够令联合国秘书处相信他们的表现是完全令人满意的。[②] 作为下一步的工作计划，联合国于 1997 年出台了两份新的文件以推动其目标的实现。一份名为《〈宣言〉使用与应用手册》（Manual on the Use and Application of the Declaration），另一份则是《政策制定者指南》（Guide for Policy Makers）。[③] 这两份文件尽管是从不同的视角出发，但是相应的主题都为被害人学以及被害人权利支持领域的所有专家所熟知。两份文件都阐释了如何使成员国的政府官员意识到被害人的问题，强调了对被害人有直接接触的所有机构的工作人员进行培训的必要性，并

① 那时，国际上的外交活动已经开始转向更为不受拘束的样态。

② 关于这个问题的更多的分析，参见 Groenhuijsen MS, Victims' rights in the criminal justice system: A call for more comprehensive implementation theory, in van Dijk JJM, van Kaam R and Wemmers JA eds., *Caring for Victims*. Monsy, Criminal Justice Press, 1999, pp. 85 – 114。

③ 这一系列事件充分表明，对正式的规则（即使属于诸如《宣言》这样的不具有约束力的文件）和"政策性规则"（在许多国家甚至不会被认为是真正的法律规则）作出明确的区分是不可能的。在所有的法律体系当中，这两种规则相互之间都会存在一些微妙的影响。

且就如何建立提供服务的组织的相应程序进行了详细阐述。这些内容不仅得到了精心阐释,而且获得了最新的学术研究和实践经验所提供的支撑。然而,所有这些努力从很大程度上讲都是徒劳的。数年之后我们发现,联合国《宣言》的执行情况仍然是难以令人满意的,这样的结果还是无法避免。[①] 而且令人感到沮丧的是,发达国家和发展中国家在这一方面的发展状况并没有表现出什么不同。

这给国际社会留下一个问题,即下一步到底该怎么做?这是因为,迄今为止,所有的行动(从很大程度上讲)都失败了。一些人认为,最好的方式是争取制定一份更具强制效力的法律文件——《联合国被害人权利公约》(UN Convention of Victims' Rights,以下简称《公约》)。有人尤其提出,这项《公约》应增加对被害人问题的关注:"硬法"可能会给政府带来更大的压力,而且法院也会更加重视此问题。[②] 不过,也有一些人士提醒道,制定《公约》可能会导致条款方面的妥协,并且经协商达成这样的文件需要花费很长的时间。[③]

为了说服联合国意识到协商制定《公约》的重要性,一批学术专家于2005年共同编写了《为犯罪及权力滥用的被害人提供正义与支持的联合国公约草案》(Draft UN Convention on Justice and Support for

---

① 以研究为基础所得出的这个一般性的结论并非来自联合国后续启动的项目。相应的证据来自于对区域性文件的遵循所开展的研究,而这些文件与《宣言》一样均对被害人的权利有类似的规定。笔者将在下一部分关于欧洲被害人权利的《框架决定》的论述中详细阐述一个例子。

② Garkawe S, A victims' convention – The arguments in favor and an analysis of the draft by the World Society of Victimology/Intervict, in Winkel FW, Friday PC, Kirchhoff GF, et al. eds., *Victimization in a Multi-disciplinary Key: Recent Advances in Victimology: Selection of Papers Presented at the 12th International Symposium on Victimology, Orlando, Florida, 21 – 24 August*, Wolf Legal Publishers, 2009, pp. 171 – 206.

③ van Genugten WJM, Groenhuijsen MS, van Gestel RAJ and Letschert RM, Loopholes, risks and ambivalences in international lawmaking: The case of a framework convention victims' rights, *Netherlands Yearbook on International Law* 37, 2006, pp. 109 – 154.

Victims of Crime and Abuse of Power)。[①] 开展这项工作意在表明,《公约》可以在内容上比《宣言》更加丰富,因为它能够将被害人学领域最新的研究成果纳入其中。具体而言,这些研究成果涉及那些特别脆弱的被害人的相关问题、[②]"反复侵害"(repeated victimization)的保护问题、[③]使不起诉决定受到法院审查的权利问题、令政府执行那些涉及经济偿付的所有司法裁决的权利问题、获取信息的权利问题、[④]被害人获取救助及恢复性司法方面权利的扩展问题,而最终更为重要的则是要建立一个更好的监测法律遵循程度的体制。[⑤]

联合国可能会在未来几年内通过这样的《公约》吗?简单的回答是:不会。本文开篇是这样描述的:"那样一个时代,已经悄然远去。"现在的情形已然改变。一些知识渊博且有奉献精神的专家力推联合国为被害人建立完美制度的时代已经一去不复返。现在,人们谈论更多的则是"公约疲劳"(convention fatigue)。更为确切地说,每年一度的"联合国预防犯罪和刑事司法委员会"(UN Commission on Crime Prevention and Criminal Justice)会议业已明确,从 2006 年起,对这个项目的兴趣实际上就已经下降了。2006 年,第 15 届委员会会议决定将

---

① 参见 www. tilburguniversity. edu/upload/f482b949 - fb05 - 4fae - 8632 - 0263d903d6dc_convention. pdf; www. worldsocietyofvictimology. org/publications/Draft%20Convention. pdf. 修订及改进后的草案版本参见 Dussich JPJ and Mundy KG ,(eds) *Raising the Global Standards for Victims: The Proposed Convention on Justice for Victims of Crime and Abuse of Power*, Seibundo Publishing,2009. 以及 Groenhuijsen M and Letschert R eds. , *Compilation of International Victims' Rights Instruments*. 3rd (revised) edition, Wolf Legal Publishers,2012。

② 自 1985 年以来,我们已经了解了不同被害人群体的大量不同的需求。

③ 1985 年,"反复侵害"这一概念还鲜为人知,但是对适当的被害人政策的塑造发挥了至关重要的作用。

④ 在对被害人进行访谈时,他们所反映的最普遍的不满便是自己获取信息的权利所遭受的侵犯。

⑤ 不容忽视的是,关于与犯罪被害人相关的国际政策发展的阐释,除最后一项外,相较《宣言》而言所有的这些改进也可以追溯到欧洲委员会于 2006 年 6 月 24 日通过的《关于被害人救助的(2006)8 号建议书》[Recommendation Rec(2006)8 on Assistance to Crime Victims]。

召开一次政府间的专家组会议(IEGM),一方面审查犯罪被害人的地位,另一方面则需分析提升联合国标准和规则在这一领域适用的最好的方式和方法。专家组会议随之召开,而会议发布的报告也确实包含了上文概括介绍的“公约草案”的内容。从 2007 年第 16 届会议开始,任何官方记录中都没有再提及《公约》的相关内容。在 2010 年于巴西的萨尔瓦多市举行的“第 12 届联合国犯罪会议”(12th UN Crime Convention)中,被害人的问题不仅没有列入整个会议讨论的议题,而且也不属于议程事项或工作组讨论的具体话题。对于联合国观察员来说,这些情况已经说明了一切。那么,这是否意味着,深入思考《公约》的过程是毫无意义的呢?答案是否定的。从国际层面来说,仅仅是联合国《公约》草案的存在,便为最具可行性的被害人权利及政策措施方面的新的探索开辟了道路,而这本身就是进步。

三、区域层面的一个例子:欧盟的法律与政策

从很多方面来看,欧盟所展现的状况均与联合国存在极大的差异。当然,并不令人奇怪的是,两者之间也存在诸多重要的相似点。

在 20 世纪 80 年代中期,欧盟尚未成形,抑或并未形成一个政治实体。在那一时期,它的前身只是一个旨在促进国家间经济合作的组织体。① 因此,它在当时拒绝在刑法和刑事程序方面有任何形式的涉足。1992 年,随着《马斯特里赫特条约》(Treaty of Maastricht)的通过,欧盟正式成立。② 此条约建立了一种所谓的“第三支柱”——成员国之间在司法与国内事务方面的合作。后来,该领域又被重新定义为“自由、安

---

① 这从当时的名称就可以反映出来:“欧洲经济联盟”(European Economic Union)。

② 即 1992 年 2 月 7 日签订的《欧洲联盟条约》(Treaty on the European Union),修订后的条约编号为“OJ 2002,C 325/1”,参见 Klip A (2012a) *European Criminal Law: An Integrative Approach*, 2nd ed., Intersentia 以及 Klip A (2012b) *Materials on European Criminal Law*, Intersentia。

全与司法"领域。[①] 据此,欧盟有权颁布影响其成员国刑事司法系统的《框架决定》。强调《框架决定》(Framework Decisions)是具有约束力的法律文件,这一点相当重要。这就要求成员国须调整其国内的立法以适应欧盟的标准,而这样一个过程被称为"易位"(transposal)。

2001 年,《欧盟理事会关于被害人在刑事程序中地位的框架决定》(Council Framework Decision on the Standing of Victims in Criminal Proceedings,以下简称《框架决定》)通过。[②] 这份新文件的主要目标记述于其中的第 8 条:

特别是在被害人获得尊重对待的权利、提供和获取信息的权利、理解和被理解的权利、在不同的程序阶段受到不同保护的权利,以及因生活在不同的成员国而处于不利条件进而从犯罪发生地的国家获得赔偿的权利等方面,关于被害人的主要权利的规则和操作方式应大致相似。

这段话不仅阐明了《框架决定》的主要目标,而且也反映了起草这项新规所面临的国际环境:为了保护区域内公平的经济市场以及应对频繁发生的跨境犯罪,语言问题受到了高度的重视。

除国际层面外,《框架决定》中的规定在很大程度上也与联合国的《宣言》相似。在此基础上,可被视作进步的一些不同的内容体现在:被害人被职权机构询问的次数、[③]更进一步地获取信息的权利、[④]被害人必须出席法庭时费用的补偿,更为有趣的是还涉及法院设施的营造。[⑤]

---

① 例如,参见 Kaunert C, The area of freedom, security and justice. The emergence of a European Public Order, *European Security* 14(4), 2005, pp. 469 – 483。

② 通过日期为 2001 年 3 月 15 日,编号"2001/220/JHA"。

③ 第 3 条:"应确保当局仅基于刑事诉讼的必要目的询问被害人。"

④ 第 4 条:"当被起诉或判刑的人员被释放时,至少在被害人可能面临危险的案件中,应确保在必要的时候将相应的决定告知被害人。"(这是一个不容忽视的敏感问题,该条款中的限定条件允许成员国在履行这一义务的时候拥有相当的自由裁量权)。

⑤ 第 8 条:"……除非刑事程序的需要,应确保被害人与被告人避免在法院办公场所的相互接触。为了实现这一目标,每一个成员国都应逐步规定,法院办公场所要为被害人设置特别等候区域。"

与《宣言》相同,主要的问题仍然是成员国如何遵守这些新的义务。不过需要牢记的是,《框架决定》并不像《宣言》或《欧洲委员会建议书》(Council of Europe Recommendation)那样,它是一份“具有法律约束力的文件”。作为一种监督机制,欧盟依靠的是对相应进展进行自我报告的一种方式(第18条)。然而,这样一种机制并没有取得实效。① 在规定的期限届满之时,没有任何一个成员国向位于布鲁塞尔的欧盟委员会(European Commission)提交所要求的报告。在欧盟委员会强硬地对相关义务进行了催告之后,最终只有10个成员国“在‘易位’问题上表现出相对完整的贡献”。② 欧盟委员会的结论是持严厉批评态度的。2004年的一份报告总结道:没有“任何一个”成员国完全履行了其应尽的义务。作为最令人瞩目的失败例子,据欧盟委员会的观察,没有任何一个成员国遵守了《框架决定》中很可能是最基本而且也是最重要的条款规定(第2条):

每个成员国应确保被害人在刑事司法系统中有真正的、恰当的角色。各成员国应尽最大努力确保被害人在程序之中因其尊严而得到应有的尊重;特别在刑事诉讼中,应对被害人的权利及合法利益予以确认。

5年之后,欧盟委员会发布了另外一份评估报告。③ 这次,27个成员国中的13个相对而言已经较为完备地履行了职责。这里没有必要揭示出报告所提到的诸多不足之处,因此只需要引述其结论便足够了:“《框架决定》的实施并不令人满意。提交给欧盟委员会的国家一级的

① Groenhuijsen MS and Pemberton A, The EU Framework Decision for victims of crime: Does hard law make a difference?, *European Journal of Crime, Criminal Law and Criminal Justice*, 17(1), 2009, pp. 43-59.

② 欧盟委员会在布鲁塞尔于2004年2月16日根据《框架决定》第18条而就被害人在刑事程序中的地位发布的报告(2001/220/JHA),报告编号为“COM(2004)54 final/2”。

③ 欧盟委员会在布鲁塞尔于2009年4月20日根据《框架决定》第18条而就被害人在刑事程序中的地位发布的报告(2001/220/JHA),报告编号为“COM(2009)166 final”。

立法含有大量的疏漏。此外,这在很大程度上也反映出,相对于《框架决定》的遵循,成员国更倾向于维持现有的实践状况。”

这是一个非常有趣的结论。与2001年以前的做法相比,没有发生任何改变。这怎么可能呢?难道没有人关心欧盟新的立法吗?最明显的解释在于,成员国相信他们已经遵守了《框架决定》中主要的要求。然而有令人信服的证据表明,负责就此文件进行协商的成员国代表已经接到了指示——不要接受超越现行立法规定的额外义务。① 显然,成员国并不想改变,而且认为也无须改变。

欧盟委员会的分析则与此不同。据《委员会成员工作报告》(Commission Staff Working Paper)所言,这一立法未产生预期效果的原因表现在三个方面。② 第一,《框架决定》在起草的时候内容并不明确。这导致成员国很难知道如何以最好的方式执行新规,或者导致其在执行方面拥有广泛的裁量权。③ 第二,据称《框架决定》中的许多条文并没有施加具体的义务。实际上,各成员国可以在不采取任何行动的情况下仍然遵从《框架决定》的相关规定。④ 最后,《框架决定》并没有准许欧盟委员会或个人启动针对成员国不违背该文件的程序,因为那样的话会导致各成员国更不愿意遵循相关的规定。⑤

也许最为重要的是,欧盟委员会显然对欧盟正式立法的强制力和

① 相关的实例参见 Groenhuijsen MS and Pemberton A,The EU Framework Decision for victims of crime: Does hard law make a difference?, *European Journal of Crime, Criminal Law and Criminal Justice*,17(1),2009,pp. 43-59。

② 该报告由欧盟委员会在布鲁塞尔于2011年5月18日发布,报告编号为“SEC(2001)580 final”。

③ 这是一个令人惊讶的发现;《框架决定》中的语言表述至少与其他所有关于被害人权利的国际协约并无二致。

④ 这是一个明显无法令人不能信服的声明。如果不存在真正的义务,那么欧盟委员会如何能够得出成员国未能遵守义务的规定呢?

⑤ 如果欧盟委员会发现“所有的成员国”都未履行义务,那么针对后者启动违背该协约的问责程序显然不是解决办法。然而,这里不是讨论法律术语的恰当场所,因此不再展开。

有效性有着不可动摇的信念。[①] 委员会的成员毫不怀疑地信奉“法律命令说”(command theory of law)。[②] 当《框架决定》没有奏效之时,他们便转而诉诸一种更具强制效力的法律文件——指令(Directive)。[③] 新的指令从字面内容来看并没有复制《框架决定》的内容——考虑到现行条款的“易位”所面临的可悲境地,那样做的话其实是有意义的。然而,欧盟委员会展开了却是一项更具野心的冒险行动,在指令中纳入了要求更高的标准。[④] 新的标准增加了一些权利,包括获得个体性评估的权利、便利地获得来自警察及被害人救助服务方面的提示的权利、对不起诉决定予以审查的权利,以及在警察的侦查及刑事司法程序的整个阶段获得保护从而免受二次及反复的侵害、恐吓和报复的权利。其中的一些具有创新性的规定是有道理的。然而,其他的一些规定也只不过是过于夸大其词罢了。对于这些规定的所内含的理念,从第 22

① 笔者及另一位研究者曾从根本上对这样一种信念提出了质疑,并且主张“软法”不一定就比“硬法”的影响力要小,参见 Groenhuijsen MS and Pemberton A, The EU Framework Decision for victims of crime: Does hard law make a difference? , *European Journal of Crime, Criminal Law and Criminal Justice*, 17(1), 2009, pp. 43 – 59。

② 相关的许多引证参见 Finch JD, *Introduction to Legal Theory*. 2nd ed. London: Sweet and Maxwell, 1974。Hart 则从根本上不接受这一理论,参见 Hart HLA, Positivism and the separation of law and morals, *Harvard Law Review* 71(3), 1957, pp. 493 – 529。在欧盟内部,对此观点的质疑存在着一个特别的原因。政治科学领域所开展的研究表明,一些成员国对欧盟的立法选择“字面上的易位”(literary transposal),但实际上却并不遵守,这无异于“法律的形同虚设的状态”(World of Dead Letters)。参见 Falkner G, Treib O, Hartlapp M, et al. , *Complying with Europe: EU Harmonization and Soft Law in the Member States*, Cambridge: Cambridge University Press, 2005. 以及 Pemberton A and Groenhuijsen MS, Developing victims' rights within the European Union: Past, present, future, in Morosawa H, Dussich J and Kirchhoff G, eds. , *Victimology and Human Security: New Horizons*, Wolf Legal Publishers, 2012, pp. 535 – 559。

③ 根据《里斯本条约》(《欧洲联盟条约》和《欧洲联盟运行条约》),《框架决定》转变为指令,并于 2009 年 12 月 1 日生效。

④ 2012 年 10 月 25 日,欧洲议会和欧盟理事会通过的指令(2012/29/EU)确立了对犯罪被害人的权利、救助和保护方面的最低标准,从而取代了欧盟理事会的《框架决定》(2001/220/JHA)。

条的整个内容中便可见一斑：

由于被害人特别容易受到二次及反复的侵害、恐吓和报复，各成员国均应根据国内的程序确保被害人得到及时且个体性的评估，以此确定特别的保护程序，并且决定被害人在刑事程序中是否以及在什么程度上获得特别措施的帮助(……)[①]。

不可否认，第22条的规定是极具关怀特性且相当开明的。这样的规定同样有着坚实的被害人学理论的支撑，而相应的理论则揭示了被害人的需求所存在的多样性。[②] 但问题在于，这不仅不切实际，而且也不具有可行性，因此没有办法奏效。任何熟悉风险评估模型的人都清楚，如果仅仅使用刑事报案阶段能够操作的一项简单测试，便欲探测到第22条提及的被害人可能面临的伤害，简直就是一件不可能完成的任务。不可避免的是，这导致了一个更为根本性的问题出现。如果需要执法主体对被害人进行额外和耗时的评估，便可能会造成常规的执法程序拖延，而且一般而言也会影响到警察对被害人保护问题的核心态度。这种观点将在下文得到详细的阐释。

四、国家赔偿

事实上，就国家赔偿这一议题而言，联合国1985年的《宣言》是相当先进的。[③] 尽管因为考虑到在全球范围的适用性而采用了谨慎的措辞，但其基本原则也得到了明确的阐述，其中第12条规定：

当无法从罪犯或者其他渠道充分获取赔偿时，各国应尽力面向以下主体提供经济赔偿：(a)由于严重的犯罪而在身体或心理方面遭受

---

① 接下来的第23、24条进一步对这里所谓的个体性评估的细节进行了规定。

② Shapland J and Hall M, What do we know about the effects of crime on victims?, *International Review of Victimology* 14(2), 2007, pp. 175－217.

③ 在这方面，在《宣言》之前唯一存在的国际/区域层面的文件是《暴力犯罪被害人赔偿问题欧洲公约》(European Convention on the Compensation of Victims of Violent Crimes, by the Council of Europe)，于1983年11月24日在法国斯特拉斯堡通过。注意：这仅仅是一个公约，各成员国可以根据自愿原则自行决定是否批准。

严重的身体创伤或损害的被害人;(b)家庭成员,尤其是因遭受这种侵害而死亡或在身体或心理方面出现伤残的被害人的被抚养人。

此外,第13条规定:"应鼓励国家建立、强化和扩充对被害人进行赔偿的国有基金。"这些规定背后的理念构成了与犯罪被害人相关的国际政策发展的重要一环。它主张面向犯罪被害人给予社会的团结相助。同时,它也发出了这样一个信息——虽然国家从法律上讲对于严重故意犯罪造成的损害并不承担责任,但是也不能简单地对被害人所遭受的影响不闻不问。对于有能力给予偿付的某些国家而言,国家赔偿可以被视为文明的一种衡量标准。

在随后的几年,一些支持国家赔偿的一般理念的国际协约陆续得以通过。在此,没有必要罗列所有的这些协约。然而有趣的是,2001年欧盟的《框架决定》却完全忽视了这一主题。正如上一节提到的那样,原因在于,成员国在那个时候并不愿意在其国内体系中已经存在的负担之外再加入这些额外的义务。2004年,欧盟通过了一个令人瞩目的指令,旨在处理国家赔偿所涉及的一个特别复杂的问题。① 该指令组建了一个协作系统,以此为跨境犯罪的被害人获得赔偿提供便利。这个系统应确保犯罪被害人通常可以向其居住地的成员国当局寻求帮助,并且促使跨境犯罪情形中出现的所有现实问题及语言困难都容易得到解决。② 对身在异国他乡遭受犯罪侵害的被害人而言,这是一项十分重要的政策举措。这样一种机制是为了在犯罪地所在国建立一个"决策部门"(deciding authority)(决定谁应负责赔偿),并在被害人居住地所在国建立"救助当局"(assisting authority)。正如名称所示,"支持部门"是为了帮助被害人而存在的。受害人于是可以使用母语在其母国提出赔偿申请,在本国和居住国申请赔偿。2009年,这个简便但

① 欧盟理事会于2004年4月29日通过的关于犯罪被害人赔偿的指令(2004/80/EC)。

② 分别对应的是《指令》的第7条和第12条。

巧妙的体系接受了评估。① 从表面来看,这一体系呈现出的实际效果要比《框架决定》更佳。评估报告显示,国家赔偿机制提供了公平且适当的赔偿,基于此,“成员国看上去在遵守度方面要更好一些”。然而当涉及跨境犯罪的特定情况(标准形式的采用、语言的选择及通讯技术的运用)的时候,索赔人却没有像对待“决策部门”和“支持部门”那般肯定这一程序。于是,欧盟委员会提出了一些改善这种情况的建议,鼓励成员国尽力收集关于指令适用的数据。② 成员国应确保公民对指令及国家赔偿方案能够有更好的理解(相关国家赔偿方案关键要素的清晰度和透明度很重要)。最后,各国应确保《指令》所要求的语言选择能够得到尊重。

被害人学领域的专家对国家赔偿所开展的独立研究得出了一些额外的结论。③ 每年约有 10 亿人成为犯罪被害人。在他们当中,有很大一部分人受到了暴力犯罪的打击,而且在身体、心理和经济方面遭受了严重的不利影响。然而,他们中只有极少数人能够从犯罪人那里抑或

---

① 2009 年 4 月 20 日,欧盟委员会、欧盟理事会、欧洲议会、欧洲经济和社会委员会(European Economic and Social Commitee)于布鲁塞尔共同发布了关于犯罪被害人赔偿的评估报告[COM(2009)170 final]。

② 在重要的新法确立之后的数年间,可靠的数据似乎总是无法呈现,这个问题着实令人感到惊讶。

③ 关于理论基础和荷兰的情形,参见 Mulder JDWE, *Compensation. The Victim's Perspective*, Wolf Legal Publishers,2013;关于国际及比较层面的问题,参见 Groenhuijsen MS,Public damage funds. European developments and some comparative observations, in Fattah E and Parmentier S, eds., *Victim Policies and Criminal Justice on the Road to Restorative Justice. Essays in Honor of Tony Peters*,Leuven University Press,2001,pp. 83 - 97.;Goodey J,Compensating victims of violent crime in the European Union,in Vetere E and Petro D,eds., *Victims of Crime and Abuse of Power: Festschrift in Honour of Irene Melup*, United Nations Press David,2005,pp. 395 - 409. 以及 Miers D,Looking beyond Great Britain: The development of criminal injuries compensation,in Walklate S,ed., *Handbook of Victims and Victimology*,Willan Publishing,2007,pp. 337 - 362。

通过国家赔偿得到弥补。① 这样一种局面是由一个发人深省的原因造成的,也即,尽管现在已经有严格的政策性规则(尽管存在许多限定条款),但是全球范围内的大多数国家却没有制定自身的国家赔偿方案。而在已经出台国家赔偿方案的一些国家,被害人不仅没有意识到自身的存在,而且也无法诉诸相应的赔偿方案维护自己的权益,这样的状况已经反复得到了证明。除少数国家而外,大部分国家的标准在于,有资格获得国家赔偿的被害人中只有一小部分人将实际得到赔偿。在这个问题上,与国家赔偿的宣传欠缺相关的另一个问题在于,在许多国家,超过 50% 的索赔申请遭到了拒绝。② 我们可以想象,这一数据统计暗含着怎样的重要意义。除了给予被害人期望而后又令其失望从而无法达致预期目标这个问题外,几乎便不存在造成他们遭受二次侵害的其他因素。而在另外一些国家,另一个问题则是速度。从提出索赔到最后决定的出台,往往需要很长的时间——可能是好几年! 正如古老的格言所言,"迟到的正义乃是非正义"。幸运的是,也有一些好消息。研究结论始终显示,如果被害人及时获得赔偿,那么他们就不会过度地关注所获得的赔偿款的具体数额。③

① 一个重要且前后一致的研究结论表现在,被害人倾向于接受罪犯支付的赔偿,而不是来自于国家或其他渠道,参见 Okimoto TG and Wenzel M, The symbolic meaning of transgressions: Towards a unifying framework of justice restoration, *Advances in Group Processes*, 25, 2008, pp. 291 – 326. 以及 Shapland J, Wilmore J and Duff P, *Victims in the Criminal Justice System*, Gower, 1985。

② Miers D, Looking beyond Great Britain: The development of criminal injuries compensation, in Walklate S, ed., *Handbook of Victims and Victimology*, Willan Publishing, 2007, pp. 337 – 362.

③ Braithwaite J, Restorative justice: Assessing optimistic and pessimistic accounts, in Tonry M, ed., *Crime and Justice: A Review of Research* 25, University of Chicago Press, 1999, pp. 1 – 127.; Strang H, 2002, *Repair or Revenge: Victims and Restorative Justice*, Oxford University Press, 2002.

五、被害人的特定类型

联合国1985年《宣言》第17条规定：在向被害人提供服务和救助的时候，应当特别注意那些有特殊需要的人。从这个时间点开始，我们已经在与被害人相关的国际政策制定的发展过程中做了很多工作。

可以毫不夸张地说，在过去的这些年，我们已经朝"差异化被害人学研究"的方向迈进了。这意味着我们已经认识到，被害人并不具有相同的特性；在各种极为不同的情境当中，个体在遭到侵害之后实际上都有不同的需求。① 这一方面的研究始于对被害人类型的构思。② 不过，同样的理念也越来越多地渗透进了新的政策文件及其他的国际法律文件当中。或许，欧盟于2010年发布的指令（2012/29/EU）便是这种新方案的最好体现，其中对不同类型的被害人进行了区分。然而在过去的一些年中，这些被害人都被列入到了"特别脆弱的被害人"的行列之中。该指令根据被害人的个体特征、③犯罪的类型或性质、犯罪的具体情形，将被害人的特别需求进行了区分。然后，该指令紧接着列举了被害人可能需要得到特别关注和救助的大量犯罪：

应该对以下类型的被害人予以特别关注：基于犯罪的严重性而遭受显著侵害的被害人；源自偏见、歧视动机（这类动机可能与被害人的个体特征密切相关）而实施的犯罪所侵害的被害人；基于与罪犯的关系以及对罪犯的依赖而致其特别脆弱的被害人。就此而论，恐怖主义、有组织犯罪、拐卖人口、基于性别的暴力，密切关系人实施的暴力、性暴力、仇恨犯罪方面的被害人以及身体残疾的被害人也应受到特别关注。

最重要的是，儿童被害人理应得到特别的保护。④ 可以说，这是代

---

① Laxminarayan M, *The Heterogeneity of Crime Victims: Variations in Procedural and Outcome Preferences*, Nijmegen: Wolf Legal Publishers, 2012.

② 参见 Fattah EA*Understanding Criminal Victimization. An Introduction to Theoretical Victimology*, Scarborough, Prentice-Hall Canada, 1991。

③ 学术文献中常提及的例子是：过往与刑事司法系统的接触、个性特征等。

④ 所有这些内容都规定于指令第22条。

表被害人而得以改革的为数不多的领域之一。在这些公有的改革领域当中,国际政策的标准从总体上讲处于领先地位,并且引导着成员国的立法者。就目前而言,在刑事程序领域抑或类似的法律中,极少有国家存在以系统且差异化的方式对不同类型的被害人予以保护的规定。但与此不同的是,儿童被害人领域的许多国际协约则已经采取了相应的举措,而且这些举措也已经得到了许多甚或绝大多数国家的司法系统的采纳。

如果我们进一步讨论这个观点的话,那么非常有必要查阅一些专门的国际文件。本文第二部分已经得出这样的结论,即联合国关于被害人权利的《公约》无法在不久的将来问世。上文采用了“公约疲劳”这一术语来展现这一境况。显然,这里所谓的“疲劳”仅仅是针对犯罪被害人整体而言的,而非针对具体类型的被害人。对此,联合国层面的实例尤其表现在《联合国打击跨国有组织犯罪公约》(UN Convention Against Transnational Organized Crime)①以及补充性的《预防、禁止和惩治贩运人口特别是妇女和儿童行为的议定书》(Protocol to Prevent,Suppress and Punish Trafficking in Persons Especially Women and Children)②的出台。同时,也可以参考 1998 年的《国际刑事法院的罗马规约》(Rome Statute,以下简称《罗马规约》)、③紧随《在涉及犯罪的儿童被害人和证人的事项上取得公理的准则》(Guidelines on Justice in Matters involving Child Victims and Witnesses of Crime)之后的《儿童权利公约》(Convention on the Rights of the Child)。④ 除此之外,还可以参考《严重违反国际人权法和严重违反国际人道主义法行为受害人获得补救和赔偿的权利基本原则和导则》(the Basic Principles and Guidelines on the Right to a Remedy and Reparation for Victims of Gross

① 其中涉及被害人的特别条款包括:第 24 条(对证人的保护)、第 25 条(对被害人的救助和保护)。

② 于 2000 年 11 月 15 日由联合国大会决议(55/25)通过,采取了诸多措施保护和救助贩卖人口犯罪的被害人。

③ 下一部分将有更为详细的论述。

④ 联合国大会第 44/25 号决议附件。

Violations of International Human Rights Law and Serious Violations of International Humanitarian Law)。①

在区域层面,存在同样的现象。对此,我们越来越多地发现,新的文件陆续出台,旨在为大量特别脆弱的被害人的利益提供特定的政策举措。此外还需要提及的是,《欧洲委员会反人口贩运行动公约》(Council of Europe Convention on Action against Trafficking in Human Beings)②以及《欧洲委员会防止和反对针对妇女的暴力和家庭暴力公约》(Council of Europe Convention on preventing and combating violence against women and domestic violence)③也起到了这样的效果。

与犯罪被害人相关的国际政策的发展很可能还需要一段时间来完成。毫无疑问,以最符合被害人个体需求的方式处理问题是极具说服力的。也许这种方式唯一明显的不足之处在于,被害人中有一部分人没有充分的正当理由便获得了某些"优惠"待遇。④ 如果这种情况发生,将会违背禁止任何形式的区别对待的基本原则。⑤

---

① 于2005年12月16日由联合国大会决议(60/147)通过。这些基本原则通常也被称为"范博芬-巴西奥尼原则"(Van Boven-Bassiouni principles),因为原则的内容是由这两位杰出的学者最初起草的。

② 于2005年5月16日在华沙通过。

③ 于2011年5月1日在伊斯坦布尔通过。所有的这些文件都收录于Groenhuijsen M and Letschert R, eds., *Compilation of International Victims' Rights Instruments*. 3rd (revised) edition, Wolf Legal Publishers, 2012。

④ 就这种情况而言,可能有问题的具体情况在于对恐怖主义被害人的特别安排。参见Albrecht HJ and Kilchling M, Victims of terrorism policies: Should victims of terrorism be treated differently?, *European Journal of Criminal Policy and Research* 13(1-2), 2007, pp. 13-31. 以及Letschert R, Staiger I and Pemberton A, *Assisting Victims of Terrorism. Towards a European Standard of Justice*, Springer, 2010。

⑤ Best J, *Random Violence: How We Talk About New Crimes and New Victims*, University of California Press 1999.

六、国际刑事法院与大规模的侵害

在国际关系领域，一些法律专家和学者对“世界法”(global law)的概念越来越感兴趣。[①] “世界法”由一系列系统的规则构成，而这样的规则旨在为覆盖整个世界的全球化社会的利益提供服务。我们应注意到，“全球法”不仅仅是比较法研究的产物，这一点相当重要。对于如何裁决冲突，这绝对是一种新的理念。而对于一些真正希望在国际层面为犯罪被害人谋取利益的决策者而言，“全球法”应该是一个极具吸引力的概念。

大规模的侵害发生在战争以及类似战争的状况之中，我们这里所做的初步分析则可以看作国际社会如何处理导致这类侵害发生的大规模暴行的背景资料。为了应对这个情形，《罗马规约》于1998年问世，国际刑事法院(ICC)也随之设立。[②] 众所周知，国际刑事法院的管辖权延伸到了我们所熟知的种族灭绝、战争罪行和反人类罪的领域之中。

综观国际刑事法院的程序形态，它看上去就像是盛行于世界上各个国家和地区的不同“法系”(families of law)相关制度的完美融合。[③]它不仅包含明显的对抗式法律制度的因素，而且也为大陆法体系留下了同样的抑或至少是实质性的施展空间。显然，国际政策的决定者成功地设计出了一个处理复杂、严重刑事案件的裁判体系，而这样的方式满足了参与其中的各方主体的愿望。被告人能够确保获得公平的审判，而被害人也能得到公平的处理结果。被害人在国际刑事司法中被

---

① 其中的一些例子参见 Nardin T, Justice and authority in the global order., *Review of International Studies*, 37(5), 2011, pp. 2059 - 2072 及 Lesaffer R The Lighthouse of Law, *Tilburg Law Review*, 17(2), 2012, pp. 153 - 158。

② 《国际刑事法院的罗马规约》的文本文件(A/CONF. 183/9)于1998年7月17日通过。《规约》的生效日期为2002年7月1日，当时的内容补充了“程序和证据规则”这一部分。

③ 这一经典的论述来自于 Damaska M, *The Faces of Justice and State Authority. A Comparative Approach to the Legal Process*, New Haven, Yale University Press, 1986。

赋予了真正的程序性权利,这在历史上还是第一次。[①] 根据相应的规则,被害人拥有参与权、代表权和获得保护权。[②] 为了切实保障这些权利,国际刑事法院中至少有三个不同的部门具体负责涉及被害人利益的相关事务。[③] 所以概言之,国际刑事法院的组织"模式"看上去几乎是完美无缺的。但是,这一"模式的运行情况"到底如何呢?[④] 这是一个比较复杂的问题。由于国际刑事法院近年来才开始真正审理案件,我们很大程度上必须依赖于其他国际法庭的经验来探讨这个问题。从一开始,有一个情况就是很清楚的:大量牵涉其中的被害人将会对国际刑事法院所有的结构性安排和供给产生重大的影响。首先,与国家的司法系统不同,向国际刑事法院报告自己所遭受的犯罪的人并不会被当然地认可为是被害人。为了被确认为是被害人,他们必须申请具备这样的身份。然而,这是一个烦琐的程序。与此相关的还有参与条款的实用性。如果成百上千的被害人都亲自来到海牙参加审判的话,这是令人难以想象的。解决这个问题的唯一方法只能是由单个人代表整

---

① 在"二战"之后的纽伦堡审判和东京审判期间,被害人完全遭到了忽视。而在诸如前南斯拉夫国际刑事法庭和卢旺达国际刑事法庭这样的特别法庭,被害人获得的关注也极其有限。在此,笔者无法对相关条文的细节展开详细的阐述。实际上,对国际刑事法院框架下被害人进行研究的文献也是为数众多,可参见 Ferstman C, Goetz M and Stephens A eds., *Reparations for Victims of Genocide, War Crimes and Crimes Against Humanity: Systems in Place and Systems in the Making*, Martinus Nijhoff, 2009。

② Wemmers J-A and de Brouwer A-M, Globalization and victims' rights at the international criminal court, in Letschert R and Van Dijk J eds., *The New Faces of Victimhood. Globalization, Transnational Crimes and Victims Rights*, Springer, 2011, pp. 279 - 300.

③ Garkawe S, The victim-related provisions of the Statute of the International Criminal Court - A victimological analysis, *International Review of Victimology* 8(3), 2001, pp. 269 - 289; Garkawe S, Victims and the International Criminal Court: Three major issues, *International Criminal Law Review* 3(4), 2003, pp. 345 - 367.

④ Groenhuijsen MS, Victims' rights and the International Criminal Court: The model of the Rome Statute and its operation, in van Genugten W, Scharf M and Radin S eds., *Criminal Jurisdiction* 100 *Years after the* 1907 *Hague Convention*, T. M. C. Asser Press, 2009, pp. 300 - 309.

个被害人群体开展诉讼。如果确需这么做的话,也只能采取强制的方式来实现。[①] 特别重要的是,特别法庭的经验表明:在海牙对提供证据的被害人及其家庭进行保护是相当困难的。最后,赔偿也表现出极为独特的一面,因为是面向成千上万的被害人,而不仅仅是那位代表。于是,根据"范博芬-巴西奥尼原则"适当扩展赔偿概念的内容,允许象征性的、集体性的赔偿形式存在,从而为这个问题提供了解决方案。

总而言之,如果没有遭遇甚至引发一些严重的摩擦,这样一种模式似乎是无法运行的。这些摩擦不可避免地影响到实际运行该系统的人员的工作,并且也受到了一些学者的关注。国际法庭中的许多公诉人以及相当一部分法官对于庭审中被害人的参与都感到忧心忡忡,这已经成为了一个公开的秘密。在学术界,许多学者对《罗马规约》及相应的程序和证据规则中关于被害人的规定提出了越来越多的批评。[②] 这是一个我们必须应对的现实问题。

为了强调这一点,参考国家层面的刑事司法可能有所助益。对于存在大量被害人的案件而言,关于被害人权利的国际协约并没有作出相应的例外规定。例如,网络犯罪[③]、环境犯罪[④]以及金融犯罪中的某些表现形态均属于典型的案件类型。常规的裁判没有办法处理这类大规模侵害的问题,这是不争的事实。于是,这又导致官方对被害人的权利感到困惑,而且有时甚至还持近乎拒绝的态度。结果便是,被害人的

---

① 关于申请程序及强制代表这两个问题的法律上的细节讨论,参见 de Brouwer AM and Groenhuijsen MS, The role of the victims in international criminal proceedings, in Sluiter G and Vasiliev S eds., *International Criminal Procedure: Towards a Coherent Body of Law*, London: Cameron May Ltd., 2009, pp. 149 – 204。

② 其中可以参见 McGonigle Leyh B, *Procedural Justice? Victim Participation in International Criminal Proceedings*, Antwerpen/Oxford: Intersentia, 2011。

③ Prins C, Digital tools: Risks and opportunities for victims. Explorations in E-victimology, in Letschert R and Van Dijk J eds., *The New Faces of Victimhood. Globalization, Transnational Crimes and Victims Rights*, Springer, 2011, pp. 215 – 230.

④ Verschuuren J and Kuchta S, Victims of environmental pollution in the slipstream of globalization, in Letschert R and Van Dijk J eds., *The New Faces of Victimhood. Globalization, Transnational Crimes and Victims Rights*, Springer, 2011, pp. 127 – 156.

权利就这样遭到了忽视。甚至尽管不存在法定的理由,被害人的诉求也不会获得法院的认可。

七、当前的热点问题与结论性的意见

对于仅仅一篇文章而言,“与犯罪被害人相关的国际政策的发展”是一个过于宽泛的话题。因此,笔者必须对相关内容做出取舍。文章讨论的逻辑起点是联合国 1985 年的《宣言》以及随后在区域层面出台的一些类似的文件。国家赔偿十分重要,因为它在国际议事日程中占有显著的地位,但是却在大多数国家实际运行的时候则表现出突出的问题。由于差异化的被害人学研究正在迅速成为明显的特征,而且也获得了国际层面的立法者的认可,因此有必要对特定类似的被害人分别予以探讨。最后,本文选择了国际刑事法院作为主要的实例来说明大规模的侵害所导致的问题。重要的是,笔者选择对这些话题展开讨论,绝非出于随意。实际上,之所以作如此选择,是基于话题本身的重要性,从而以此展开推论并得出结论,而相应的结论也与本文可能尚未触及的政策领域存在关联。

主要的结论将尽量以简略的方式加以展现。第一个结论涉及的是国际政策的制定者对法律文件的选择。总体的趋势似乎表现出这样一种状态,即负责设定最低标准的机构都越发倾向于使用一些更具强制效力的法律文书——从前述《宣言》《欧洲委员会建议书》再到《联合国被害人权利公约》,均是如此。在欧洲,从《框架决定》再到《指令》,亦是呈现出同样的模式。然而,这类不断增多的法律文件并未取得预期的效果。从我们观察到的这一现象出发,可以发现,每一次进展都伴随着“最低”标准的实质要求的提升。而在成员国不遵守国际标准的情况下,相应的标准也在提升。于是有人会提出这样的疑问,投入精力以令成员国遵守首要的标准和规则,到底还属不属于一种明智的做法?

从上文的内容得出的第二个结论是关于救济的。我们遇到的一个频繁出现的问题在于,被害人的权利即使已被写入成员国的国内立法之中,也会在大范围遭到侵犯。[①] 当我们考虑采取一系列措施改进这种境况之时,却极少注意到救济方面的问题。当被害人的权利没有得到尊重时,制裁的效果实现了吗?实际上,在大多数国家,他们的权利都没有得到保障。如果罪犯的权利遭到忽视,会有各种各样的补救措施(如证据排除规则及其他更多的机制)来加以应对。但是,在被害人的基本权利受到侵害的情况下,刑事司法制度却并没有提供任何一种系统性的救济。于是,为了使这种令人奇怪的失衡状态得以修复,我们就需要对业已达成一致意见的被害人权利加以更多的遵从。

限于篇幅,本文没有对恢复性司法展开讨论。从国际政策制定的角度来看,关于恢复性司法的一些表述是恰如其分的。在恢复性司法领域的"第一批"国际文件中,人们想当然地假定,调解以及恢复性司法的其他举措是符合被害人的最大利益的。[②] 相比之下,这一领域近期出台的文件则更为现实,而且从被害人学研究所提供的证据而言要更为先进一些。[③] 即使如今欧盟的指令已经引入了有关恢复性司法的全新条款,但是这也只能被看作恢复性司法运动的整体工作所取得的一个进步而已。具体而言,指令中与此相关的条款包括:"恢复性司法服务只有在符合被害人利益的情况下方可采用";"成员国不仅应当采取措施确保被害人不受二次及反复的侵害,而且也应当在提供任何一种恢复性司法服务的时候采取相应的举措。"

笔者在前述导言中已经提到,在刑事司法系统的某些领域,对于为

---

① 这里仅举一个例子就清楚了:在"绝大多数"案件中,国家向被害人提供信息的义务并没有实际履行。(参见本文第二部分)。

② 《关于在刑事事项中采用恢复性司法方案的基本原则》(UN Basic Principles on the Use of Restorative Justice Programmes in Criminal Matters)(2002/12);《欧洲委员会关于刑事调解的第R(99)19号建议》[Council of Europe Recommendation R(99)19 concerning Mediation in Penal Matters](1999年9月15日)。

③ 引自Pemberton A, Winkel FW and Groenhuijsen MS, Taking victims seriously in restorative justice, *International Perspectives in Victimology*, 3(1), 2007, pp. 4－14; Pemberton A, Winkel FW and Groenhuijsen MS, Evaluating victims experiences in restorative justice, *British Journal of Community Justice*, 6(2), 2008, pp. 99－119, 以及Sherman LW and Strang H (2007) *Restorative Justice: The Evidence*, The eSmith Institute。

了被害人的利益而作出的改变,存在一些根深蒂固的抵制。回顾前文几个部分的内容,我们必须面对的是,某些群体所发出的反对声音甚至已经表现出越发强烈的状态。法官们则感到,新近的一些标准损害了被告人接受公平审判的权利。甚至一些学者在公开辩论中主张,"被害人的权利"一词的使用是草率的,他们认为"假定的被害人"(presumed victims)的权利这一表述更为妥帖。① 我们应当对这种发展变化的状况予以关注,了解并努力加以制止。此外还存在的多个问题之一在于,一些人认为,我们最近所采取的旨在保护被害人权益的措施事实上不仅仅是不公平的,而且还"过头"了。这样的例子包括强制性量刑规则的频繁采用、法定诉讼时效的废除以及禁止双重危险原则的废弃。这样做是在招惹麻烦,而且"被害人疲劳"的现象也不可避免。

那样一个时代,已经悄然远去。在20世纪80年代早期和中期,旨在维护犯罪被害人权益的刑事司法系统的改革相对而言容易取得成功,而且这些改革的内容相对来说不仅比较合理,而且也比较明智和适度。不过,时代已经发生了变化。新的机会就在我们的眼前,但是我们也面临着严峻的挑战。我们作为被害人学领域的国际学术团体,必须对过度的需求保持警惕,但也绝不能允许投入巨大热忱于其中的政治家与经验不足的被害人权益主张者为我们所面临的强烈反对意见担责。

无论需要克服的困难有多大,还是需要避免的陷阱有多么凶险,我们最后可以得出的最重要且无可争辩的结论在于——在过去的大约30年间,我们在犯罪被害人保护方面的工作已经取得了巨大的进步。

---

① 有学者对关于无罪推定的一个明显错误的理解持支持态度,参见 Schünemann B, Die Vorschläge der Europäischen Kommission für eine Opferschutzrichtlinie ("The European Commission's proposals for a Victims' Rights Directive"). *ERA-Forum* 12(3), 2011, SS. 445-463。

The Development of International Policy in Relation to Victims of Crime

Writen by Marc Groenhuijsen, Translated by Liang Kun& Tian Yanli

[**内容摘要**]本文以 1985 年联合国《关于公正对待犯罪和滥用权力的被害人的基本原则宣言》为开端,论述了尽管联合国致力于提升该宣言的标准与准则,但是成员国的实施状况却不容乐观。欧洲也出现了类似的情况。2001 年,欧盟通过了一套于刑事司法系统中保障被害人最低权利的《框架决定》(一份具有法律效力的文件)。不过,2004 年和 2009 年的评估报告均显示:没有哪一个成员国是完全遵守其规定的。文章提出,在采用具有强制效力的法律文件对被害人的权利加以更大程度的保护之后,随之而来的结果则是成员国更不愿意予以遵从。那么,强有力的法律文件是否是最为有效的办法?"硬法"是否总是比"软法"更为有效?最近,随着被害人权利的保护不断走向深入,负责刑事司法系统运行的部分官员却出现了"被害人疲劳"的现象。

[**关键词**]国际被害人政策;联合国宣言;犯罪被害人权利

Abstract: This article addresses the development of international policy in relation to victims of crime. It starts with an outline of the 1985 United Nations (UN) Declaration of Basic Principles of Justice for Victims of Crime and Abuse of Power. It demonstrates that compliance by Member States with the provisions of the Declaration is still unsatisfactory, despite serious efforts by the UN to promote its standards and norms. A similar trend is described on a regional level in Europe. In 2001, the European Union adopted a Framework Decision (a legally binding instrument) on minimum rights for crime victims in the criminal justice system. Evaluations undertaken in 2004 and 2009 have proved that none of the Member States fully complied with its content. In the article it is argued that a lack of compliance is usually followed by the adoption of an even stronger legal instrument, containing even more ambitious rights for victims of crime. It is questioned whether this is the most productive approach. It is doubted that "hard law" is always more effective than "soft law". The most recent generation of more elevated rights run the risk of leading to "victim fatigue" on the part of the officials responsible for the operation of the criminal justice system.

Keywords: International victims' policy; United Nations Declaration; Rights for victims of crime

图书在版编目(CIP)数据

刑法论丛. 2018年. 第1卷：总第53卷 / 赵秉志主编. -- 北京：法律出版社, 2018
ISBN 978-7-5197-2802-1

Ⅰ. ①刑… Ⅱ. ①赵… Ⅲ. ①刑法-文集 Ⅳ. ①D914.04-53

中国版本图书馆CIP数据核字(2018)第236653号

刑法论丛(2018年第1卷·总第53卷) **XINGFA LUNCONG (2018 NIAN DI-1 JUAN · ZONG DI-53 JUAN)**	赵秉志 主编	责任编辑 黄倩倩 装帧设计 李 瞻

出版 法律出版社
总发行 中国法律图书有限公司
经销 新华书店
印刷 北京虎彩文化传播有限公司
责任校对 杨锦华
责任印制 陶 松
编辑统筹 学术·对外出版分社
开本 A5
印张 18.25
字数 522千
版本 2018年10月第1版
印次 2018年10月第1次印刷

法律出版社/北京市丰台区莲花池西里7号(100073)
网址/www.lawpress.com.cn
投稿邮箱/info@lawpress.com.cn
举报维权邮箱/jbwq@lawpress.com.cn
销售热线/010-83938336
咨询电话/010-63939796

中国法律图书有限公司/北京市丰台区莲花池西里7号(100073)
全国各地中法图分、子公司销售电话：
统一销售客服/400-660-6393
第一法律书店/010-83938334/8335
西安分公司/029-85330678
重庆分公司/023-67453036
上海分公司/021-62071639/1636
深圳分公司/0755-83072995

书号:ISBN 978-7-5197-2802-1
定价:89.00元